JURA INTENSIV

**Skript
Grundfall
Klausurfall**

ARBEITSRECHT

Zahlungsansprüche

Beendigungsstreitigkeiten

Zulässigkeit und Begründetheit der Klage

Betriebsübergang

Vertragsgestaltung/Allg. Geschäftsbedingungen

Dr. Dirk Schweinberger
3. Auflage, November 2015

Herr **Dr. Dirk Schweinberger** ist Assessor und Franchisenehmer des Repetitoriums **JURA INTENSIV** in Frankfurt, Gießen, Heidelberg, Mainz, Marburg und Saarbrücken. Er wirkt seit über 15 Jahren als Dozent des Repetitoriums und ist Redakteur der Ausbildungszeitschrift RA – Rechtsprechungs-Auswertung. In den Skriptenreihen von **JURA INTENSIV** ist er Autor bzw. Co-Autor der Skripte: Strafrecht AT I und II, Arbeitsrecht, Crashkurs Strafrecht, Crashkurs Handelsrecht, Crashkurs Arbeitsrecht, Pocket Strafrecht AT, Pocket Strafrecht BT I und II.

Autor
Dr. Dirk Schweinberger

Verlag und Vertrieb
Jura Intensiv Verlags UG (haftungsbeschränkt) & Co. KG
Zeil 65
60313 Frankfurt am Main
verlag@jura-intensiv.de
www.jura-intensiv.de

Verlagslektorin
Ines Susen

Konzept und Gestaltung
Stefanie Körner

Druck und Bindung
Copyline GmbH, Albrecht-Thaer-Straße 10, 48147 Münster

ISBN 978-3-9421-7417-6

Dieses Skript oder Teile dieses Skriptes dürfen nicht vervielfältigt, in Datenbanken gespeichert oder in irgendeiner Form übertragen werden ohne die schriftliche Genehmigung des Verlages.

© November 2015, Jura Intensiv Verlags UG & Co. KG

VORWORT

Das Skript enthält eine systematische Darstellung des **Individual-Arbeitsrechts**. Behandelt werden vor allem alle in Prüfungen denkbaren Beendigungsstreitigkeiten. Den zweiten Schwerpunkt bilden die prüfungsrelevanten wechselseitigen Zahlungsansprüche. Prozessual werden die Zulässigkeit und die Begründetheit einer Klage im arbeitsgerichtlichen Verfahren dargestellt, da in Klausuren sehr häufig nach den Erfolgsaussichten einer Klage gefragt wird. Die Darstellung orientiert sich an den Bedürfnissen von Studierenden. Das Skript wendet sich an Anfänger zur Vorbereitung auf universitäre Klausuren und Examenskandidaten gleichermaßen, indem es zunächst die Grundstrukturen erklärt, um sodann das examensnotwendige Detailwissen zu vermitteln. Didaktisches Ziel dieses Skripts ist es, Klausurwissen und Klausurtechnik zu vermitteln.

Zu diesem Zweck ist das Skript in vier Schritte unterteilt:

1. Schritt: Kurze Einführung zu jedem Thema

2. Schritt: Prüfungsschema
Allen Themengebieten sind Aufbauschemata vorangestellt, welche die Gliederung einer entsprechenden Klausur veranschaulichen. Die inhaltlichen Ausführungen orientieren sich am Prüfungsschema, damit stets deutlich ist, welches Problem an welcher Stelle im Gutachten zu behandeln ist.

3. Schritt: Details zu jedem Thema
Systematisch werden die klausurrelevanten Probleme und die gängigen Meinungsstreitigkeiten dargestellt.

4. Schritt: Hinweise zur gutachterlichen Falllösung
Alle Fälle sind im Gutachtenstil gelöst. Immer wieder werden Merksätze gebildet, Formulierungsbeispiele gegeben und Klausurhinweise zur Gutachtentechnik erteilt. Marginalien am Rande weisen auf Alternativen hin, ohne den Lesefluss zu stören.

Die Ausführungen sind mit stets anschaulichen Beispielen versehen. Definitionen und Merksätze sind besonders hervorgehoben. Über 1400 Fußnoten geben vertiefende Hinweise auf aktuelle Rechtsprechung und Literatur.

Für Anregungen, Verbesserungsvorschläge und Kritik sind wir besonders dankbar. Sie erreichen uns im Internet unter **www.jura-intensiv.de** und per E-Mail über **verlag@jura-intensiv.de**.

Dr. Dirk Schweinberger

INHALT

EINLEITUNG — 1

A. Arbeitsrecht als Arbeitnehmerschutz — 1
B. Arbeitsrecht als Standortfrage — 2

DIE GESCHICHTLICHE ENTWICKLUNG DES ARBEITSRECHTS — 4

A. Die Arbeitsrechtsentwicklung im Zeitalter des Liberalismus — 4
B. Arbeitsrecht in der Weimarer Zeit — 5
C. Arbeitsrecht im Nationalsozialismus — 5
D. Arbeitsrecht in der Bundesrepublik — 5

GRUNDBEGRIFFE DES ARBEITSRECHTS — 7

A. Begriff und Teilbereiche des Arbeitsrechts — 7
B. Arbeitsverhältnis und Arbeitsvertrag — 8
C. Arbeitsvertrag/Arbeitnehmerbegriff — 9

RECHTSQUELLEN DES ARBEITSRECHTS — 21

A. Einleitung — 21
B. Rangfolge der Rechtsquellen — 21
C. Systematik und Vertiefung — 21
D. GRUNDFALL: „Die jährliche Sonderzahlung" — 23

DER ABSCHLUSS DES ARBEITSVERTRAGES — 24

A. Vertrags- und Eingliederungstheorie — 24
B. Das faktische und das fehlerhafte Arbeitsverhältnis — 24
C. Das Fragerecht des Arbeitgebers — 29
D. Der Lohn — 34

DIE VERTRAGSGESTALTUNG/ALLGEMEINE GESCHÄFTSBEDINGUNGEN — 39

A. Grundlagen — 39
B. Prüfungsschema — 40
C. Systematik und Vertiefung — 41

DIE PFLICHTEN AUS DEM ARBEITSVERTRAG — 59

A. Die Pflichten des Arbeitnehmers — 59
B. Die Pflichten des Arbeitgebers — 65

VERZUG UND UNMÖGLICHKEIT — 68

A. Einleitung — 68
B. Prüfungsschema — 69
C. Systematik und Vertiefung — 69
D. GRUNDFALL: „Der dusselige Kellner" — 81

DIE BETRIEBSRISIKOLEHRE — 83

A. Einleitung — 83
B. Prüfungsschema — 83
C. Systematik und Vertiefung — 83

ENTGELTFORTZAHLUNG IM KRANKHEITSFALL — 87

A. Einleitung — 87
B. Prüfungsschema — 88
C. Systematik und Vertiefung — 88

ENTGELTFORTZAHLUNG AN FEIERTAGEN — 100

A. Einleitung — 100
B. Prüfungsschema — 100
C. Systematik und Vertiefung — 100

ERHOLUNGSURLAUB NACH BUrlG — 102

A. Einleitung — 102
B. Prüfungsschema — 103
C. Systematik und Vertiefung — 103

DER ARBEITSRECHTLICHE GLEICHBEHANDLUNGSGRUNDSATZ — 114

A. Einleitung — 114
B. Prüfungsschema — 114
C. Systematik und Vertiefung — 114

GRATIFIKATIONEN — 117

A. Einleitung — 117
B. Prüfungsschema — 117
C. Systematik und Vertiefung — 117
D. KLAUSURFALL: „Immer das Gleiche" — 125

ALLGEMEINES GLEICHBEHANDLUNGSGESETZ, AGG — 128

A. Einleitung — 128
B. Prüfungsschema — 129
C. Systematik und Vertiefung — 129

TEILZEITARBEIT, TzBfG — 142

A. Einleitung — 142
B. Prüfungsschema — 142
C. Systematik und Vertiefung — 142

SCHADENSERSATZANSPRÜCHE IM ARBEITSRECHT — 148

1. Teil – Ansprüche des Arbeitgebers gegen den Arbeitnehmer — 148
    A. Betrieblich veranlasste Tätigkeit — 148
    B. Sonderfall: Mankohaftung — 157

2. Teil – Schadensersatz für Schädigungen des Arbeitnehmers — 159
    A. Personenschäden — 159
    B. Sach- und Vermögensschäden — 164
    C. GRUNDFALL: „Der Brummi-Fahrer" — 166

DIE ZULÄSSIGKEIT DER KLAGE DES ARBEITNEHMERS — 170

A. Einleitung — 170
B. Prüfungsschema — 170
C. Systematik und Vertiefung — 170

BEGRÜNDETHEIT BEI ORDENTLICHER ARBEITGEBER-KÜNDIGUNG — 181

1. Teil – Allgemeine Grundlagen — 181
    A. Einleitung — 181
    B. Prüfungsschema — 181
    C. Systematik und Vertiefung — 182

2. Teil – Die personenbedingte Kündigung — 231

- A. Einleitung — 231
- B. Prüfungsschema — 232
- C. Systematik und Vertiefung — 232
  - Prüfungsschema: Krankheitsbedingte Kündigung — 238
  - Prüfungsschema: Kündigung bei Langzeiterkrankung — 242
  - Prüfungsschema: Kündigung bei krankheitsbedingter Leistungsminderung — 244
- D. KLAUSURFALL: „Die Infektion" — 246

3. Teil – Verhaltensbedingte Kündigung — 249

- A. Einleitung — 249
- B. Prüfungsschema — 249
- C. Systematik und Vertiefung — 249
- D. KLAUSURFALL: „Montag ist kein guter Tag" — 262

4. Teil – Die betriebsbedingte Kündigung — 265

- A. Einleitung — 265
- B. Prüfungsschema — 265
- C. Systematik und Vertiefung — 266
  - Prüfungsschema: Abfindungsanspruch nach § 1a KSchG — 284
- D. KLAUSURFALL: „Frei oder nicht frei?" — 289

5. Teil – Druckkündigung — 294

- A. „Unechte" Druckkündigung — 294
- B. „Echte" Druckkündigung — 294

BEGRÜNDETHEIT BEI AUSSERORDENTLICHER KÜNDIGUNG — 296

- A. Einleitung — 296
- B. Prüfungsschema — 296
- C. Systematik und Vertiefung — 297
- D. KLAUSURFALL: „Das Lachsbrötchen" — 313

DIE ÄNDERUNGSKÜNDIGUNG, § 2 KSchG — 316

- A. Einleitung — 316
- B. Prüfungsschema — 316
- C. Systematik und Vertiefung — 317

DER BEFRISTETE ARBEITSVERTRAG — 325

- A. Einleitung — 325
- B. Prüfungsschema — 326
- C. Systematik und Vertiefung — 326
- D. KLAUSURFALL: „Die nachträgliche Befristung" — 343

DIE ANFECHTUNG DES ARBEITSVERTRAGS — 348

A. Einleitung — 348
B. Prüfungsschema — 348
C. Systematik und Vertiefung — 348

AUFHEBUNGSVERTRAG — 355

A. Einleitung — 355
B. Prüfungsschema — 355
C. Systematik und Vertiefung — 355

WEITERE BEENDIGUNGSGRÜNDE — 361

A. Störung der Geschäftsgrundlage — 361
B. Rücktritt — 361

BETRIEBSÜBERGANG — 362

A. Einleitung — 362
B. Prüfungsschema: Voraussetzungen eines Betriebsübergangs — 363
C. Systematik und Vertiefung — 363

EINLEITUNG: DIE GESELLSCHAFTLICH-ÖKONOMISCHE FUNKTION DES ARBEITSRECHTS

Mehr als viele andere Rechtsgebiete setzt die verständige Anwendung des Arbeitsrechts Einsichten in seine Entstehung sowie in seine eigentliche Funktion in der gegenwärtigen Wirtschafts- und Gesellschaftsordnung voraus. Das Arbeitsrecht hat vor allem eine Schutzfunktion, aber auch eine wirtschaftsverfassungsrechtliche Lenkungsfunktion.

1 Schutzfunktion und Lenkungsfunktion

Für den Arbeitgeber ist der Faktor Arbeit eine betriebswirtschaftliche Rechengröße, für den Arbeitnehmer ist er die meist einzige Grundlage seiner wirtschaftlichen und sozialen Existenz. Die sich aus diesem Bedeutungsunterschied des Faktors Arbeit für Arbeitgeber und Arbeitnehmer ergebenden Konflikte zu regeln, ist die Aufgabe des Arbeitsrechts.

A. Arbeitsrecht als Arbeitnehmerschutz

Arbeitsrecht hat sich historisch als besonderer Teil des Zivilrechts entwickelt, der gegenüber dem Dienstvertragsrecht, §§ 611 ff. BGB, der besonderen sozialen Schutzbedürftigkeit der Arbeitnehmer Rechnung trägt.[1] Dieser Schutz wird vor allem durch drei Elemente erreicht.

2 Besonderer Teil des Zivilrechts

Schutzwirkung entfaltet zunächst die Einschränkung der im Zivilrecht geltenden Vertragsfreiheit durch Arbeitnehmerschutzgesetze.

3 Einschränkung der Vertragsfreiheit

So können etwa die Festlegung der näheren Umstände der Arbeitsleistung und die Länge der Arbeitszeit, um die Arbeitnehmer vor Gesundheitsschäden zu bewahren, nicht im freien Belieben der Vertragsschließenden stehen, vgl. § 618 BGB, das ArbSchG und das ArbZeitG.

> **MERKSATZ**
> Die **Vertragsfreiheit** wird begrenzt durch unabdingbare (zwingende) gesetzliche Schutzbestimmungen, sog. Arbeitnehmerschutzgesetze.

Arbeitnehmerschutzgesetze

BEISPIELE: § 1 KSchG erlaubt in seinem Anwendungsbereich die Kündigung eines Arbeitsverhältnisses nur unter bestimmten Bedingungen. Das MuSchG enthält zahlreiche Beschäftigungsverbote und ein Kündigungsverbot in § 9 I. Das BUrlG schreibt in § 3 I unabdingbar einen jährlichen Mindesturlaub vor.

Schutzwirkung entfaltet ferner die verfassungsrechtliche Garantie des kollektiven Aushandelns von Arbeitsbedingungen mit dem Ziel des Abschlusses von Tarifverträgen, vgl. Art. 9 III GG i.V.m. dem TVG. Die damit verbundene Garantie der kollektiven Arbeitsniederlegung (Streik) ist in der Hand der Arbeitnehmer ein wirksames Druckmittel zur Erzwingung fairer Arbeitsbedingungen.

4 Tarifverträge

---

1 MünchArbR/Richardi, § 1 Rn 11 ff.

Betriebsverfassungsrecht

5 Schließlich garantiert das Betriebsverfassungsrecht den Arbeitnehmern weitgehende Mitbestimmungsrechte auf Betriebsebene. Über einen demokratisch zu wählenden Betriebsrat als mitbestimmungsberechtigtes Organ wirken die Arbeitnehmer direkt auf Unternehmensentscheidungen ein und bestimmen mit (Mitbestimmung). Am weitesten reicht dieser Schutz in sozialen Angelegenheiten.

> **BEISPIELE:** Die Lage der Arbeitszeit oder Fragen der betrieblichen Ordnung sind über den Kopf des Betriebsrats hinweg nicht regelbar, vgl. § 87 I Nr. 1 – 3 BetrVG.

Weniger weitreichend ist die Mitbestimmung in personellen Angelegenheiten, wie etwa Einstellung und Entlassung, vgl. §§ 92 ff. BetrVG. Am schwächsten ist sie ausgeprägt in wirtschaftlichen Angelegenheiten, vgl. §§ 106 ff. BetrVG, da sie sich dort weitgehend in Anhörungs- und Beratungsrechten erschöpft, vom erzwingbaren Sozialplan bei Entlassungen, § 112a BetrVG, einmal abgesehen.

B. Arbeitsrecht als Standortfrage

Standort Deutschland

6 Das Arbeitsrecht hat für die Erzeugung von Gütern im Wirtschaftsprozess und deren Verteilung zentrale Bedeutung. Dies zeigt sich bereits an der öffentlichen Diskussion über den „Standort Deutschland". Ein wesentlicher Punkt ist darin die häufig beklagte Rigidität des deutschen Arbeitsrechts als negativer Standortfaktor. Wertungsfrei lässt sich dazu feststellen, dass das Bestehen eines gesetzlichen Kündigungsschutzes die Produktionsbedingungen beeinflussen kann, indem es Entlassungen verteuert und erschwert. Das zeigt sich derzeit insbesondere in den südlichen Ländern Europas. Arbeitsrecht hat ebenfalls Einfluss auf die Verteilung ökonomischer Güter. Der aus dem Produktionsprozess fließende Ertrag wird auch und nicht zuletzt nach den arbeitsrechtlichen Lohnregelungen zwischen Arbeitnehmern und Unternehmern verteilt.

Soziale Marktwirtschaft

7 Schließlich ist das Arbeitsrecht auch integraler Bestandteil einer sich als sozial definierenden Marktwirtschaft. Gesetzliche und insbesondere tarifliche Arbeitszeitregelungen etwa beschränken, wenn auch nicht allein, grundsätzlich den Umfang der Güterproduktion. Lohnkosten, die Gewährung bezahlten Urlaubs oder die Entgeltfortzahlung im Krankheitsfall erhöhen die Produktionskosten und beeinflussen die Wettbewerbsfähigkeit. Wesensmerkmal einer sozialen Marktwirtschaft ist aus arbeitsrechtlicher Sicht, dass sie derlei Beschränkungen durch das soziale Regulativ des Arbeitsrechts grundsätzlich als systemimmanent hinnimmt.

Kartellwirkung des Tarifvertrags und des MiLoG

8 Das Arbeitsrecht beschränkt den freien Markt auch bei der Bereitstellung des Produktionsfaktors Arbeit. Dessen Verfügbarkeit und vor allem sein Preis werden insbesondere durch Tariflöhne aber seit dem 1.1.2015 auch durch den eingeführten gesetzlichen Mindestlohn stark reguliert. In einer Marktwirtschaft bilden sich Preise und damit auch Löhne über den Markt. Wenn die Nachfrage nach einem Produkt oder einer Dienstleistung nur zu einem niedrigeren Preis stattfindet, müssen auch die Löhne am Arbeitsmarkt entsprechend niedrig sein.[2] Mögen also Arbeitgeber tendenziell an niedrigen Löhnen interessiert sein, um z.B. kostengünstig produzieren zu können, so sind dennoch z.T. gerade auch die Arbeitgeber an Mindestlöhnen interessiert. Das hängt mit der Kartellfunktion des Tarifvertrags und

---

2 Wank, RdA 2015, 88, 88

ebenso eines Mindestlohns zusammen. Wenn ein Unternehmen hohe Löhne zahlt, sieht es sich dem Unterbietungswettbewerb anderer Unternehmen ausgesetzt, die mit niedrigen Löhnen wettbewerbsfähiger sind. Das gilt insbesondere in Dienstleistungsberufen, weil dort die Löhne einen großen Anteil an den Kosten ausmachen. Gerade in diesem Bereich ist die Tarifbindung besonders gering, und die Tariflöhne sind besonders niedrig. Wird ein Mindestlohn eingeführt, etwa nach § 5 TVG oder nach dem Arbeitnehmer-Entsendegesetz, dann sind die Unternehmen vor dieser Form der Konkurrenz geschützt. So verwundert es nicht, dass gerade in Branchen, die wegen schlechter Lohnbedingungen in die Schlagzeilen geraten waren, wie Fleischhersteller und Arbeitnehmerüberlassungsunternehmen, die Arbeitgeber für die Einführung von Mindestlöhnen waren.[3]

Und vor allem darf eines nicht vergessen werden: Ein funktionierendes Arbeitsrecht sichert den sozialen Frieden, was ein nicht zu unterschätzender positiver Standortfaktor ist.

Sozialer Frieden

---

3   Wank, RdA 2015, 88, 88

DIE GESCHICHTLICHE ENTWICKLUNG DES ARBEITSRECHTS

Historischer Kontext

10   Das Arbeitsrecht kann nur vor dem Hintergrund seines historischen Kontexts richtig verstanden werden. Die Geschichte des Arbeitsrechts ist im Wesentlichen eine Geschichte des Arbeitnehmerschutzes mit den Mitteln des Rechts.

A. Die Arbeitsrechtsentwicklung im Zeitalter des Liberalismus

Laissez-faire-Liberalismus

11   Die seit dem 16. Jahrhundert anhaltende Bevölkerungsvermehrung, der Untergang der feudalen Gesellschaft und die von England ausgehende rasche Industrialisierung ab Mitte des 19. Jahrhunderts ließen eine Situation entstehen, mit der die Rechtsentwicklung zunächst nicht Schritt halten konnte. Eine vor allem durch Produktivitätsfortschritte in der Landwirtschaft ausgelöste Landflucht schuf ein verarmtes Industrieproletariat, das massenweise Beschäftigung in den neu entstandenen Fabriken suchte, ohne jede Beschäftigungssicherheit und in aller Regel zu erbärmlichen Bedingungen. Grundlage des Beschäftigungsverhältnisses war der freie Arbeitsvertrag, der im System eines durch extremen Laissez-faire-Liberalismus geprägten Denkens praktisch keinerlei inhaltlichen Beschränkungen unterworfen war. Der in kein ständisches Normensystem eingebundene neue Typ des Industriearbeiters war somit gänzlich dem freien Spiel der Marktkräfte ausgesetzt.[4]

Inakzeptable Arbeitsbedingungen

12   Das anfängliche Fehlen jeder arbeitsrechtlichen Regulierung führte oft zu inakzeptablen Arbeitsbedingungen. Wegen der sehr niedrigen Löhne war es üblich und zum Überleben der Familien erforderlich, auch Kinder ab 6 Jahren in Fabriken und Bergwerken zur Arbeit zu schicken. Die erste Arbeitsschutzgesetzgebung setzte 1813 in Frankreich ein mit dem Verbot, Kinder unter 10 Jahren unter Tage zu beschäftigen. 1833 führte England die 48 Stunden Arbeitswoche für Kinder in Textilfabriken ein und 1839 beschränkte Preußen die Arbeitszeit für Kinder und Jugendliche bis 16 Jahre in Bergwerken und Fabriken auf 10 Stunden täglich. Für Kinder bis 9 Jahre wurde ein Beschäftigungsverbot eingeführt. Erst allmählich wurden auch erwachsene Arbeitnehmer in die sich zum Ende des 19. Jahrhunderts hin verdichtende Arbeitsschutzgesetzgebung einbezogen.

Legalisierung der Gewerkschaften

13   Mit der Gewerbeordnung von 1869 wurden die bis dahin als konspirative Vereinigungen verbotenen Gewerkschaften legalisiert und mit ihnen entwickelte sich ein Tarifvertragssystem, das allerdings 1913 nicht einmal 10% aller Arbeitsverhältnisse erfasste.

Bismarck'sche Sozialgesetzgebung

Erst ab 1883 wurden durch die Bismarck'sche Sozialgesetzgebung Krankenversicherung (1883), Unfallversicherung (1884) und Invaliditäts- und Altersversicherung (1889) eingeführt. Dies war eine für lange Zeit einmalige Errungenschaft in Europa und – obwohl nicht im engeren Sinne zum Arbeitsrecht gehörig – für die Stärkung der Stellung der Arbeitnehmer von herausragender Bedeutung.

Arbeitnehmervertretung

Der Gedanke einer Arbeitnehmervertretung auf Betriebsebene findet 1891 seinen Niederschlag in einer Änderung der Gewerbeordnung durch Zulassung von Fabrikausschüssen in den Betrieben. Diese Fabrikausschüsse waren die Vorläufer der heutigen Betriebsräte. Vorläufer der Arbeitsgerichte waren die 1904 eingerichteten Gewerbe- und Kaufmannsgerichte.

---

4   Ausführlich (auch zum Folgenden) MünchArbR/Richardi, § 2 Rn 1 ff.

B. Arbeitsrecht in der Weimarer Zeit

Eine sprunghafte Entwicklung erlebte das Arbeitsrecht in der Zeit bis zum Zweiten Weltkrieg. Die damals geschaffenen Strukturen sind wesensbestimmend für das moderne Arbeitsrecht.[5]   **14**

Der Arbeitsschutz wurde wesentlich modernisiert und erweitert. Kennzeichnend sind Mutterschutz, Schwerbehindertenschutz und Arbeitszeitschutz, z. B. die Einführung der 48-Stunden-Arbeitswoche und des Achtstundentags.

Von entscheidender Bedeutung für die Stärkung der Arbeitnehmerrechte waren die Gewährleistung der Koalitionsfreiheit in Art. 159 der Weimarer Reichsverfassung (WRV) von 1919, welche die Bildung von Gewerkschaften und Arbeitgeberverbänden ermöglichte, und Art. 165 WRV, die institutionelle Garantie der Betriebsräte. Ihre Bildung war später nach dem Betriebsrätegesetz von 1920 in jedem Betrieb obligatorisch.   **15**   *Koalitionsfreiheit und institutionelle Garantie der Betriebsräte*

Die soziale Stellung der Arbeitnehmer wurde durch Schaffung der Arbeitslosenversicherung 1927 gestärkt. Die Durchsetzung von Arbeitnehmerrechten wurde durch Schaffung des Gerichtszweigs der Arbeitsgerichtsbarkeit durch das Arbeitsgerichtsgesetz (ArbGG) von 1926 gewährleistet.   *Arbeitslosenversicherung*

C. Arbeitsrecht im Nationalsozialismus

Die Machtergreifung durch die Nationalsozialisten führte zur sofortigen Auflösung der Gewerkschaften und Arbeitgeberverbände sowie zur Beseitigung des gesamten kollektiven Arbeitsrechts. Das Gesetz zur Ordnung der nationalen Arbeit von 1934 (AOG) stellte die Arbeitsverfassung in den Dienst der nationalsozialistischen Ideologie. Arbeit wandelte sich von einer Privatsache zum „Dienst an Volk und Staat", das Arbeitsrecht wurde dem „Führerprinzip" unterstellt. Die Betriebsräte wurden durch gleichgeschaltete Vertrauensräte abgelöst, der Arbeitgeber wurde zum „Führer des Betriebs" stilisiert, der Arbeitsbedingungen einseitig festlegen konnte (§ 27 I AOG).   **16**   *Auflösung der Gewerkschaften und Arbeitgeberverbände*

Das Arbeitsvertragsrecht blieb von der nationalsozialistischen Ideologie praktisch vollständig verschont. Bemerkenswert ist, dass das Arbeitsschutzrecht unter dem nationalsozialistischen Regime stark erweitert wurde, nämlich etwa durch die Arbeitszeitordnung (1938), das Heimarbeitsgesetz (1934) und das Mutterschutzgesetz (1942). Es handelt sich dabei aber um ideologieunverdächtige Regelungen.[6]   **17**   *Arbeitsvertragsrecht*

D. Arbeitsrecht in der Bundesrepublik

Die Kontinuität der Arbeitsrechtsentwicklung der Weimarer Zeit war durch die Nationalsozialisten gehemmt, aber nicht gebrochen worden. So wurde nach dem Zweiten Weltkrieg zunächst das kollektive Arbeitsrecht wiederhergestellt und an die Entwicklung der Weimarer Zeit angeknüpft.   **18**

Durch die dem Bund in Art. 74 I Nr. 12 GG zugewiesene konkurrierende Gesetzgebungszuständigkeit auf dem Gebiet des Arbeitsrechts sind den Ländern kaum mehr entsprechende Gesetzgebungskompetenzen geblieben, sodass das Arbeitsrecht bundesrechtlich stark vereinheitlicht wurde. Zu nennen sind etwa das Tarifvertragsgesetz (1949), das Kündigungsschutzgesetz (1951), das Bundesurlaubsgesetz (1963) und das Betriebsverfassungsgesetz (1952 und 1972).   *Gesetzgebungskompetenz des Bundes*

---

5   *Ausführlich MünchArbR/Richardi, § 3*
6   *Ausführlich hierzu Ramm, ZfA 1990, 407 ff.*

Einfluss des EG-Rechts	**19**	Inhaltlich wurden Arbeitnehmerrechte durch die Gesetzgebung, maßgeblich auch unter dem Einfluss des EG-Rechts, aber vor allem durch die arbeitsgerichtliche Rechtsprechung erheblich ausgebaut. Die durch die Einheit Deutschlands notwendig gewordene Rechtsvereinheitlichung auf dem Gebiet des Arbeitsrechts – in der früheren DDR gab es ein Arbeitsgesetzbuch – ist praktisch abgeschlossen.
Modernisierung des Schuldrechts	**20**	Die neuesten Entwicklungen im (Individual-) Arbeitsrecht sind maßgeblich durch die immer weiter voranschreitende europäische Rechtsvereinheitlichung geprägt. Daneben hat das Arbeitsrecht durch die Modernisierung des Schuldrechts weitere Änderungen erfahren. Vor allem wurden normative Grundlagen für bisher richterrechtlich geprägte Bereiche, etwa die Betriebsrisikolehre, § 615 S. 3 BGB, oder die Inhaltskontrolle allgemeiner Geschäftsbedingungen, § 310 IV 2 BGB, geschaffen.

GRUNDBEGRIFFE DES ARBEITSRECHTS

A. Begriff und Teilbereiche des Arbeitsrechts

Auf der Suche nach einer griffigen Definition wird Arbeitsrecht nicht selten als „Sonderrecht der Arbeitnehmer" bezeichnet, was den falschen Eindruck erwecken kann, es würde nicht oder nur bedingt der Dogmatik des Zivilrechts gehorchen.

> **DEFINITION**
> Arbeitsrecht ist das für die Rechtsbeziehungen zwischen Arbeitgeber und Arbeitnehmer geltende Recht.[7]

Der für das Arbeitsrecht wie auch für das Zivilrecht im Übrigen maßgebliche Grundsatz ist die Vertragsfreiheit (Privatautonomie). Allerdings, das wird schon aus der eingangs skizzierten Entstehungsgeschichte[8] deutlich, erfährt die Vertragsfreiheit überall dort Einschränkungen, wo dies wegen der Schutzbedürftigkeit der abhängig beschäftigten Arbeitnehmer geboten ist. Solche Einschränkungen ergeben sich häufig aus öffentlich-rechtlichen Normen, z. B. dem Mutterschutzgesetz, den Regelungen zur Teilhabe schwerbehinderter Menschen (SGB IX) u. a. Das Arbeitsrecht, obwohl Zivilrecht, wird also in erheblichem Umfang auch durch öffentlich-rechtliche Normen geprägt.

Das Arbeitsrecht lässt sich grob betrachtet in fünf Teilbereiche einteilen.[9]

Das **Arbeitsvertrags- und Arbeitsverhältnisrecht**, welches die Summe der Rechtsnormen umfasst, nach denen sich das durch den Arbeitsvertrag zwischen Arbeitgeber und Arbeitnehmer begründete Arbeitsverhältnis richtet. Beispiele: §§ 611 ff. BGB, MuSchG, BUrlG u. a.

Das **Arbeitsschutzrecht**, das die Summe der im öffentlichen Interesse vorwiegend zum Schutze der Gesundheit des Arbeitnehmers erlassenen Rechtsnormen umfasst.

BEISPIEL: Das Arbeitsschutzgesetz, ArbSchG, von 1996.

Das **Tarifvertrags- und Arbeitskampfrecht**, das die Zulässigkeit der kollektiven Regelung von Arbeitsbedingungen durch Tarifvertrag und die Mittel ihrer Erzwingung durch Streik betrifft.

BEISPIEL: Das Tarifvertragsgesetz, TVG.

Das **Betriebs- und Unternehmensverfassungsrecht**, das die Mitwirkung der Arbeitnehmer an unternehmerischen Entscheidungen auf Betriebs- und Unternehmensebene regelt.

BEISPIEL: Das Betriebsverfassungsgesetz, BetrVG.

---

7   MünchArbR/Richardi, § 1 Rn 1
8   Vgl. oben Rn 10 ff.
9   Hromadka/Maschmann, ArbR I, § 2 Rn 1

B. Arbeitsverhältnis und Arbeitsvertrag

Arbeitsverfahrensrecht

Schließlich das **Arbeitsverfahrensrecht**, das die praktische Durchsetzbarkeit arbeitsrechtlicher Ansprüche vor den Arbeitsgerichten regelt.

BEISPIEL: Das Arbeitsgerichtsgesetz, ArbGG.

B. Arbeitsverhältnis und Arbeitsvertrag

Arbeitsverhältnis ist mehr als der Arbeitsvertrag

24 Das Arbeitsverhältnis ist mehr als nur der Arbeitsvertrag. Es ist die Summe der durch Arbeitsvertrag begründeten Rechtsbeziehungen zwischen Arbeitgeber und Arbeitnehmer. Der Arbeitsvertrag ist also regelmäßig Voraussetzung für die Entstehung eines Arbeitsverhältnisses. Das Arbeitsverhältnis wird aber nicht nur durch den Arbeitsvertrag, sondern vor allem auch durch das kollektive Arbeitsrecht definiert, insbesondere durch Tarifverträge und Betriebsvereinbarungen (vgl. § 1 TVG, der sich auf die Gestaltung von Arbeitsverhältnissen bezieht).

Arbeitsvertrag ist Unterfall des Dienstvertrags

25 **MERKSATZ**
Der Arbeitsvertrag ist ein **privatrechtlicher Dienstvertrag besonderer Art**, also ein Unterfall des in § 611 BGB geregelten Dienstvertrags. Daraus ergibt sich bereits, dass andere als privatrechtlich begründete Dienstverhältnisse nicht zu einem Arbeitsverhältnis führen und daher nicht Gegenstand des Arbeitsrechts sein können.

Privatrechtlicher Vertrag

BEISPIELE: Beamte etwa arbeiten auf der Grundlage eines öffentlich-rechtlich begründeten Dienst- und Treueverhältnisses. Strafgefangene arbeiten zwangsweise und nicht aufgrund eines Arbeitsvertrags. Die Regeln des Arbeitsrechts sind auf sie nicht anwendbar. Das gilt ebenso für Ordensleute oder im Haushalt mithelfende Familienangehörige.

Abgrenzung zum Werkvertrag

26 Gegenstand des Arbeitsvertrags ist die Erbringung von Dienstleistungen. Dieses Merkmal grenzt den Arbeitsvertrag vom Werkvertrag nach § 631 BGB ab. Während der Vergütungsanspruch desjenigen, der Dienste auf der Grundlage eines Werkvertrags erbringt, nur durch Leistung des versprochenen Erfolgs – etwa mangelfreie Herstellung und Einbau von Fenstern in ein Haus – abhängt, entsteht der Vergütungsanspruch aus einem Arbeitsvertrag auch dann, wenn der erwartete Erfolg nicht eintritt.[10]

Kein Erfolg geschuldet

27 **MERKSATZ**
Der Arbeitnehmer schuldet keinen Erfolg.

BEISPIEL: Der Schreinergeselle fertigt die Fenster zu klein, sodass sie nicht passen. Sein Vergütungsanspruch gegen den Arbeitgeber besteht unabhängig von dem Erfolg seiner Arbeit. Der Inhaber des Betriebs kann seine Vergütung vom Auftraggeber aber erst nach Abnahme des mangelfreien Werks (passender Fenster) fordern.

---

10 Hromadka/Maschmann, ArbR I, § 1 Rn 11, 13

C. Arbeitsvertrag/Arbeitnehmerbegriff

I. GRUNDLAGEN

Für den einzelnen Beschäftigten ist die Frage, ob er Arbeitnehmer ist oder nicht, von entscheidender Bedeutung, da von der Arbeitnehmereigenschaft die Anwendbarkeit vieler Arbeitnehmerschutzgesetze abhängt:

28 Bedeutung der Arbeitnehmereigenschaft

BEISPIELE: § 1 I KSchG, § 1 I EFZG, § 1 BUrlG, § 1 Nr. 1 MuSchG, § 1 BetrVG und § 1 TVG.

All diese Gesetze sind nur anwendbar, wenn Arbeitsverhältnisse eingegangen wurden.

> **MERKSATZ**
> Eine Legaldefinition des Begriffes „Arbeitnehmer" bzw. des Begriffs „Arbeitsvertrag" ist im deutschen Arbeitsrecht nicht zu finden.

29 Keine Legaldefinition

Verschiedenen Gesetzen können jedoch Hinweise entnommen werden, was einen Arbeitnehmer bzw. einen Arbeitsvertrag kennzeichnet.
Zunächst kann aus § 621 BGB abgeleitet werden, dass jeder Arbeitsvertrag gleichzeitig auch ein Dienstvertrag i.S.d. §§ 611 BGB ff. ist (vgl. den Wortlaut: „(...) Dienstverhältnis, das kein Arbeitsverhältnis (...) ist"). Umgekehrt führt aber nicht jeder Dienstvertrag zu einem Arbeitsverhältnis, weil er wie bei Rechtsanwälten, Ärzten oder freien Mitarbeitern auch auf die Leistung selbstständiger Dienste gerichtet sein kann. „Dienstverhältnis" ist also der Oberbegriff.[11]

30 Gesetzliche Hinweise § 621 BGB

Im Zusammenhang mit dem Problem der sog. **Scheinselbstständigkeit** hat der Gesetzgeber im Bereich des Sozialrechts einen Definitionsversuch unternommen. Die hier interessierenden Passagen lauten wie folgt:

31

BEISPIEL § 7 I SGB IV: Beschäftigung ist die nichtselbstständige Arbeit, insbesondere in einem Arbeitsverhältnis. Anhaltspunkte für eine Beschäftigung sind eine Tätigkeit nach Weisungen und eine Eingliederung in die Arbeitsorganisation des Weisungsgebers.

§ 7 I SGB IV

Dieser gesetzgeberische Definitionsversuch im Bereich des Sozialrechts wird auch im Bereich des Arbeitsrechts zur Abgrenzung zwischen Selbstständigen und Arbeitnehmern herangezogen.[12]
Einen weiteren wichtigen Hinweis gibt der Gesetzgeber in § 84 I 2 HGB. Danach ist ein Handelsvertreter ein selbstständiger Gewerbetreibender, wenn er „im wesentlichen frei seine Tätigkeit gestalten und seine Arbeitszeit bestimmen kann".
Im Umkehrschluss ist Arbeitnehmer, wer fachlich weisungsgebunden ist und seine Arbeitskraft an einem festen Arbeitsplatz zu einer festen Zeit schuldet.

32 § 84 I 2 HGB

---

11 Hromadka/Maschmann, ArbR I, § 1 Rn 22
12 Zur Abgrenzung von Arbeits- und Sozialrecht Junker, ArbR, Rn 104

Maßgeblich: persönliche Abhängigkeit

33 | **MERKSATZ**
Maßgebend dafür, ob ein abhängiges Arbeitsverhältnis, auf das die Vorschriften des Arbeitsrechts Anwendung finden, oder ein unabhängiges Dienstverhältnis vorliegt, ist folglich der **Grad der persönlichen Abhängigkeit**, in der sich der zur Dienstleistung Verpflichtete befindet.[13]

Typologische Abgrenzungsmethode

Bei der Frage, in welchem Maße der Mitarbeiter persönlich abhängig ist, ist vor allem die Eigenart der jeweiligen Tätigkeit zu berücksichtigen. Es gibt keine abstrakten, für alle Arten von Arbeitnehmern schlechthin geltenden Kriterien.[14] Die Art der Tätigkeit kann es mit sich bringen, dass dem Dienstverpflichteten ein hohes Maß an Gestaltungsfreiheit, fachlicher Selbstständigkeit und Eigeninitiative verbleibt, was vor allem bei Dienstleistungen höherer Art der Fall ist.

BEISPIEL: Man kann keine allgemein-gleichen Kriterien anwenden, um die persönliche Abhängigkeit eines Chefarztes und diejenige eines Bauarbeiters zu ermitteln.

Nicht entscheidend: wirtschaftliche Abhängigkeit

34 | **MERKSATZ**
Nicht abzustellen ist demgegenüber auf eine u.U. bestehende wirtschaftliche Abhängigkeit.[15]

BEISPIEL: Ein Rechtsanwalt, der seine Mandate fast ausschließlich von einem großen Unternehmen bezieht, kann von dieser zwar wirtschaftlich abhängig sein; dennoch übt er einen freien Beruf aus und ist kein Arbeitnehmer dieses Unternehmens.

Für die Beantwortung der Frage, ob eine persönliche Abhängigkeit vorliegt, wurde ein Bündel von Indizien entwickelt, die für die Arbeitnehmereigenschaft (wegen persönlicher Abhängigkeit) oder für Selbstständigkeit (wegen persönlicher Unabhängigkeit) sprechen.

Indizien für die Arbeitnehmereigenschaft

35 Indizien für die **Arbeitnehmereigenschaft** sind:

Der Arbeitnehmer

- schuldet i.d.R. einem Auftraggeber seine ganze Arbeitskraft,
- ist in den Betrieb eingegliedert, vgl. § 7 I 2 SGB IV,
- ist weisungsgebunden, vgl. § 7 I 2 SGB IV, § 84 I 2 HGB, hinsichtlich Inhalt, Durchführung, Zeit, Dauer und Ort der Tätigkeit,
- darf die geschuldete Leistung nur in eigener Person erbringen, § 613 BGB,
- benutzt fremde Arbeitsmittel,
- bezieht ein festes Gehalt,
- führt Lohnsteuer und Sozialabgaben ab und
- erhält bei Urlaub und Krankheit Lohnfortzahlung.

---

[13] BAG, AP Nr. 37 zu § 611 BGB Rundfunk; Hromadka/Maschmann, ArbR I, § 1 Rn 27 ff.
[14] BAG, DB 1978, 1035, 1036; Schaub-Vogelsang, § 8 Rn 26 ff.; vgl. auch BVerfG, NZA 1996, 1063, 1063; a.A. ErfK-Preis, § 611 BGB Rn 53 ff., der das Merkmal der persönlich abhängigen Leistungserbringung für entscheidend hält.
[15] BAG, AP Nr. 19 zu § 611 BGB Abhängigkeit; Junker, ArbR, Rn 97

Für die Bejahung der Arbeitnehmereigenschaft müssen keinesfalls alle Indizien vorliegen, sondern es genügt, wenn die Indizien überwiegend für die persönliche Abhängigkeit sprechen.

> **MERKSATZ**
> Unbeachtlich ist dagegen die Bezeichnung des Vertrags durch die Parteien.

36 Bezeichnung des Vertrags nicht maßgebend

Der Arbeitgeber kann sich den zwingenden Arbeitnehmerschutzvorschriften nicht dadurch entziehen, dass er den dem Arbeitsuchenden angebotenen Vertrag nicht als Arbeitsvertrag bezeichnet. Dadurch würden sämtliche Arbeitnehmerschutzgesetze zur Makulatur, da ihre Anwendung in das Belieben des Arbeitgebers gestellt würde. Entscheidend ist also allein die faktische Ausgestaltung des Vertragsverhältnisses.[16] Ob die Entgeltlichkeit eine begriffliche Voraussetzung für die Arbeitnehmereigenschaft ist[17], ist eine eher theoretische Frage. Es ist kaum denkbar, dass sich jemand dazu verpflichtet, ohne Entgelt weisungsgebundene Tätigkeiten zu verrichten. Durch eine ehrenamtliche Tätigkeit, die nicht vergütet wird, wird kein Arbeitsverhältnis begründet.[18]

Falsa demonstratio

37 Entgeltlichkeit

> **DEFINITION**
> **Arbeitnehmer** ist, wer aufgrund eines privatrechtlichen Vertrags im Dienste eines anderen zur Leistung weisungsgebundener, fremdbestimmter Arbeit in persönlicher Abhängigkeit verpflichtet ist.[19]

38

Schließlich muss auch eine **Abgrenzung zum Werkvertrag**, § 631 BGB, erfolgen.

39 Werkvertrag

> **MERKSATZ**
> Während Gegenstand eines Werkvertrags ein bestimmter Erfolg und Gegenstand eines Dienstvertrags das Tätigwerden als solches ist, wird bei einem Arbeitsverhältnis die vereinbarte Tätigkeit weisungsgebunden, d.h. in persönlicher Abhängigkeit geleistet. Welches dieser Rechtsverhältnisse vorliegt, ist anhand einer Gesamtwürdigung aller maßgebenden Umstände des Einzelfalls zu ermitteln. Widersprechen sich Vereinbarung und tatsächliche Durchführung, ist letztere maßgebend.[20]

40 Statusklage

> **KLAUSURHINWEIS**
> In der Klausur kann als Teilaufgabe eine sog. **„Statusklage"** geprüft werden. Hierbei handelt es sich um eine (allgemeine) Feststellungsklage gem. § 256 ZPO, welche das Ziel hat, festzustellen, dass das zwischen den Parteien bestehende Vertragsverhältnis (kein freier Dienstvertrag, sondern) ein Arbeitsverhältnis ist. Die einzige Begründetheitsvoraussetzung einer derartigen Klage ist die Tatsache, dass der Kläger nach o.g. Kriterien ein Arbeitnehmer ist.

---

16 BAG, NZA 1994, 169, 169 f.; Junker, ArbR, Rn 100
17 Ablehnend MünchArbR-Richardi, § 17 Rn 8 ff.; Schaub-Vogelsang, § 8 Rn 29; bejahend ErfK-Preis, § 611 BGB Rn 20, § 612 Rn 1
18 BAG, NZA 2012, 1433, 1435
19 BAG, NJW 2012, 2903, 2904; NJOZ 2004, 2595, 2596
20 BAG, NZA 2013, 1348, 1350

II. EIN-EURO-JOB

Öffentlich-rechtliche Basis

41 Das Rechtsverhältnis zwischen einer erwerbsfähigen (wirtschaftlich) hilfebedürftigen Person und der Leistungserbringerin auf der Basis von § 16 III 2 SGB II (so genannter „Ein-Euro-Job") ist kein Arbeitsverhältnis, sondern kommt vielmehr auf öffentlich-rechtlicher Basis zustande.[21]

III. GESELLSCHAFTER UND GESELLSCHAFTSORGANE

1. Arbeitnehmerstellung der Gesellschafter

GbR, OHG, KG

42 Grundsätzlich sind die persönlich haftenden Gesellschafter einer Personengesellschaft keine Arbeitnehmer.

GmbH

Die Gesellschafter einer GmbH können auch deren Arbeitnehmer sein. Voraussetzung ist jedoch, dass der Geschäftsführer der GmbH ihnen gegenüber weisungsbefugt ist. Hat aber ein Gesellschafter als Kapitaleigner einen so großen Einfluss auf die Führung der Gesellschaft, dass er über seine Gesellschafterstellung letztlich auch die Leitungsmacht hat, so unterliegt er nicht dem Weisungsrecht des Geschäftsführers. Ein Gesellschafter einer GmbH, dem mehr als 50 % der Stimmen zustehen, kann folglich auch dann kein Arbeitnehmer der Gesellschaft sein, wenn er nicht Geschäftsführer ist. Unerheblich hierbei ist, ob der Gesellschafter seine Leitungsmacht tatsächlich ausübt.[22]

2. Arbeitnehmerstellung der Gesellschaftsorgane

a) Grundlagen

Organe einer juristischen Person

43 Wer Mitglied eines Organs einer juristischen Person ist, das zur gesetzlichen Vertretung berufen ist, steht nicht in einem Arbeitsverhältnis zur juristischen Person, sondern repräsentiert die juristische Person unmittelbar als Arbeitgeber. Der Geschäftsführer kann nicht gleichzeitig Arbeitgeber und Arbeitnehmer sein.[23] Der Geschäftsführer einer GmbH ist zwar gegenüber den Gesellschaftern weisungsgebunden (§ 37 GmbHG). Diese gesellschaftsrechtliche (!) Weisungsgebundenheit prägt die Organstellung des Geschäftsführers; sie macht ihn aber nicht zu einem Arbeitnehmer der GmbH.

Trennung von Organstellung und Anstellungsvertrag

44 | **MERKSATZ**
| Die **gesellschaftsrechtliche Organstellung** ist strikt vom bürgerlich-rechtlichen Anstellungsvertrag zu trennen.

Die Eigenschaft als Vorstandsmitglied einer AG oder als Geschäftsführer einer GmbH wird durch Bestellung gewonnen und durch Abberufung bzw. Niederlegung verloren, § 84 AktG, § 38 GmbHG. Der Anstellungsvertrag hingegen folgt den allgemeinen Regeln des Vertragsschlusses, §§ 145 ff. BGB, und kann befristet, § 620 I BGB, oder gekündigt, §§ 621, 622, 626 BGB, werden.

---

21 BAG, NZA 2007, 1422, 1423 f.; BSG, NJOZ 2012, 1428, 1429
22 BAG, NZA 1998, 939, 940
23 BGH, NZA 2010, 889, 890; MünchArbR-Richardi, § 17 Rn 53 ff.

MERKSATZ

Der **Verlust der Organstellung** führt folglich nicht automatisch zur Auflösung des Anstellungsverhältnisses.[24] Umgekehrt endet mit der Berufung zum Geschäftsführer die Stellung als Arbeitnehmer, sofern nicht ausdrücklich etwas anderes vereinbart ist.[25]

45 Berufung zum Geschäftsführer

Dies gilt erst recht, wenn die Geschäftsführerbestellung die Bestimmung enthält, dass mit dem neuen Vertrag alle früheren Vereinbarungen der Parteien ersetzt werden sollen oder wenn der neue Vertrag vollständig neue Regelungen enthält, einen neuen Aufgabenbereich und eine höhere Vergütung festlegt.[26] Diese Grundsätze gelten auch bei einem Geschäftsführerdienstvertrag, der einer AGB-Kontrolle nach §§ 305 ff. BGB unterliegt. Die Unklarheitenregel des § 305c II BGB ist nicht einschlägig, weil es um den Eintritt einer typischen Rechtsfolge bei der Bestellung zum Organ geht.[27] Der schlüssig geschlossene Aufhebungsvertrag wahrt durch den schriftlich geschlossenen Geschäftsführerdienstvertrag nach BAG auch das Schriftformerfordernis des § 623 BGB.[28]

46 § 305c II BGB

47 Schriftform, § 623 BGB

b) Geltung von Arbeitnehmerschutzgesetzen

Ausnahmsweise können zwischen dem Organ und der juristischen Person zwei Rechtsverhältnisse bestehen, von denen eines ein eindeutig abgrenzbares Arbeitsverhältnis ist (sog. **„Doppelstellung"** als Organ und Arbeitnehmer). Auch wenn dieser Fall der „Doppelstellung" der absolute Ausnahmefall ist, so hat der Gesetzgeber doch in einigen Fällen für genau diesen Ausnahmefall geregelt, dass bestimmte Arbeitnehmerschutzgesetze auf Organmitglieder nicht anwendbar sind. Es sind dies z.B. § 14 I KSchG und § 5 II Nr. 1 BetrVG und § 3 I MitbestG. In diesem Fall sind für sie im Übrigen aber die arbeitsrechtlichen Schutzgesetze anwendbar. Daher kann auch der Sonderkündigungsschutz nach dem SGB IX eingreifen.[29]

48 Arbeitnehmerschutzgesetze

MERKSATZ

Allein die Bestellung eines Arbeitnehmers zum Organ schließt gem. § 14 I Nr. 1 KSchG die Anwendbarkeit des KSchG aus. Die ordentliche Kündigung bedarf somit auch dann keiner sozialen Rechtfertigung, wenn die Grundlage für die Organbestellung ausnahmsweise ein Arbeitsvertrag ist.

49

Umgekehrt schließt eine Qualifizierung des Geschäftsführeranstellungsvertrages als freier Dienstvertrag nicht aus, dass die Vertragsparteien gleichwohl die Geltung arbeitsrechtlicher Normen vereinbaren. Solche Abreden dürfen aber wegen des grundsätzlichen Vorrangs des Gesellschaftsrechts nicht in die gesetzliche oder statuarische Ausgestaltung des Organverhältnisses eingreifen, weil dies die Funktionstüchtigkeit der Gesellschaft beeinträchtigen könnte. Mit diesen Grundsätzen ist es vereinbar, wenn zB die Geltung des KSchG vereinbart wird.[30]

50 Vereinbarung der Geltung arbeitsrechtlicher Normen

---

24 BGH, AP Nr. 1 zu § 38 GmbHG
25 BAG, NZA 2009, 669, 670
26 Schaub-Vogelsang, § 14 Rn 4
27 Schaub-Vogelsang, § 14 Rn 4
28 BAG, NZA 2007, 1095, 1097
29 Schaub-Vogelsang, § 14 Rn 5
30 Schaub-Vogelsang, § 14 Rn 5

c) Rechtswegseröffnung

51 Hinsichtlich der Rechtswegseröffnung ist § 5 I 3 ArbGG zu beachten. Hiernach ist für Organvertreter der Rechtsweg zu den Arbeitsgerichten grundsätzlich ausgeschlossen. Dies ist nur dann anders wenn – ausnahmsweise – zwischen dem Organ und der juristischen Person zwei Rechtsverhältnisse bestehen, von denen eines ein eindeutig abgrenzbares Arbeitsverhältnis ist (sog. „Doppelstellung" als Organ und Arbeitnehmer). Soweit in einem solchen Fall eine Streitigkeit aus dem eindeutig abgrenzbaren Arbeitsverhältnis vorliegt, sind die Arbeitsgerichte gem. § 2 ArbGG zuständig, obwohl die Klage von einem (ehemaligen) Organvertreter erhoben wird.[31]

Randspalte: Rechtswegseröffnung: beachte § 5 I 3 ArbGG

52 Mit der Abberufung aus der Organschaft bzw. mit deren Eintragung in das Handelsregister entfällt die gesetzliche Fiktion des § 5 I 3 ArbGG. In diesem Fall ist anhand des Anstellungsverhältnisses zu prüfen, ob der abberufene Geschäftsführer einer GmbH deren Arbeitnehmer ist mit der Folge der Zuständigkeit der Arbeitsgerichte gem. § 2 I Nr. 3 lit. a ArbGG.[32]

Die Zuständigkeit der Arbeitsgerichte für die Klage eines Geschäftsführers kann auch dann (noch) begründet werden, wenn dessen Abberufung erst nach Klageerhebung, jedoch vor einer rechtskräftigen Entscheidung über die Rechtswegzuständigkeit erfolgt.[33]

Randspalte: Abberufung als Geschäftsführer

IV. DIE ARBEITNEHMERÄHNLICHE PERSON

1. Grundlagen

53 Von den Arbeitnehmern abzugrenzen sind die sog. arbeitnehmerähnlichen Personen. Die Definition kann aus § 12a TVG hergeleitet werden.

Randspalte: Definition: Arbeitnehmerähnliche Person; § 12a TVG

> **DEFINITION**
> **Arbeitnehmerähnliche Personen** sind Personen, die
> • wirtschaftlich abhängig und
> • einem Arbeitnehmer vergleichbar sozial schutzbedürftig sind, weil sie
> • aufgrund eines Dienst- oder Werkvertrags überwiegend für eine Person tätig sind,
> • die geschuldete Leistung persönlich und
> • im Wesentlichen ohne Mitarbeit von Arbeitnehmern erbringen.[34]

54 Arbeitnehmerähnliche Personen sind im Gegensatz zu Arbeitnehmern nicht persönlich abhängig, weil sie nicht in eine betriebliche Organisation eingegliedert sind und im Wesentlichen ihre Arbeitszeit frei bestimmen können, vgl. § 84 I 2 HGB.

Randspalte: Keine persönliche Abhängigkeit

55 An die Stelle der persönlichen Abhängigkeit und Weisungsgebundenheit tritt das Merkmal der wirtschaftlichen Unselbstständigkeit.

Randspalte: Wirtschaftliche Unselbstständigkeit

---

31 BAG, NZA 2009, 669, 670
32 OLG München, NZA-RR 2014, 660, 661 = RA 2015, 137, 139
33 BAG, NZA 2015, 60, 61 = RA 2015, 137, 138
34 BAG, AP Nr. 12 zu § 5 ArbGG 1979; Junker, ArbR, Rn 97

> **DEFINITION**
> **Wirtschaftliche Unselbstständigkeit** ist regelmäßig gegeben, wenn der Beschäftigte auf die Verwendung seiner Arbeitskraft und die Einkünfte aus der Tätigkeit für den Vertragspartner zur Sicherung seiner Existenzgrundlage angewiesen ist.[35]

Weiterhin muss die arbeitnehmerähnliche Person auch ihrer gesamten sozialen Stellung nach einem Arbeitnehmer vergleichbar und sozial schutzbedürftig sein.

56

> **DEFINITION**
> **Soziale Schutzbedürftigkeit** ist anzunehmen, wenn das Maß der Abhängigkeit nach der Verkehrsanschauung einen solchen Grad erreicht, wie er im allgemeinen nur in einem Arbeitsverhältnis vorkommt und die geleisteten Dienste nach ihrer sozialen Typik mit denen eines Arbeitnehmers vergleichbar sind.

Definition: Soziale Schutzbedürftigkeit

Wann dies der Fall ist, kann unter Berücksichtigung der Verkehrsanschauung nur den gesamten Umständen des Einzelfalls entnommen werden.[36]
Die soziale Schutzbedürftigkeit liegt jedenfalls dann nicht vor, wenn ein Dienstnehmer über den Umfang und den Ablauf seines Arbeitseinsatzes selbst entscheidet und über erhebliche Einkommenschancen oder anderweitige Einnahmen, die seine Existenz sichern, verfügt.[37] Bei den arbeitnehmerähnlichen Personen handelt es sich im Wesentlichen um zwei Personengruppen: um Heimarbeiter und um Einfirmen-Handelsvertreter, vgl. § 92a HGB.

BEISPIEL: G wird in der Kartei der Promotionagentur P geführt. P fragt bei G an, ob sie an 7 Tagen am Stück für einen Kräuterlikör Werbung machen könne. G sagt zu, wird orange eingekleidet und bekommt einen Tourenplan. Ansonsten bekommt G Handlungsanweisungen für das Verhalten gegenüber den Verbrauchern. G soll sich in jeder Kneipe per Unterschrift eines Mitarbeiters bestätigen lassen, dass sie dort auf Tour gewesen ist. Als es über die Entlohnung zum Streit kommt, fragt sich G, vor welchem Gericht sie zu klagen hat.

57

Der Rechtsweg zu den Arbeitsgerichten ist gem. § 2 I Nr. 3a ArbGG für Arbeitnehmer eröffnet. G ist jedoch keine Arbeitnehmerin, da sie den Promotion-Job nicht hätte annehmen müssen und folglich nicht weisungsgebunden ist. Der Rechtsweg zu den Arbeitsgerichten ist gem. § 5 I 2 ArbGG aber auch für arbeitnehmerähnliche Personen eröffnet. G ist jedoch im Verhältnis zu P nicht wirtschaftlich unselbstständig. Dies zeigt schon der geringe Umfang der Tätigkeit, die nicht auf Dauer angelegt ist. G muss folglich vor den ordentlichen Gerichten klagen.

58

Rechtsweg zu den Arbeitsgerichten

2. Rechtsfolgen

Prozessuale Rechtsfolge der Einordnung als arbeitnehmerähnliche Person ist die Zuständigkeit der Arbeitsgerichte, § 5 I 2 ArbGG. Sie sind zuständig für Rechtsstreitigkeiten aus Dienst- oder Werkverträgen mit arbeitnehmerähnlichen Personen.

59

Prozessuale Rechtsfolge

---

35   BAG, NZA 2007, 699, 700
36   BAG, AP Nr. 12 zu § 5 ArbGG 1979; Hromadka/Maschmann, ArbR I, § 3 Rn 35
37   BAG, AP Nr. 1 zu § 12a TVG

Materiell-rechtliche Rechtsfolge	**60**	Materiell-rechtlich gilt, dass arbeitsrechtliche Vorschriften auf arbeitnehmerähnliche Personen grundsätzlich nicht anwendbar sind. Insbesondere gelten für sie weder das KSchG noch die Sonderkündigungsschutzbestimmungen (§ 2 ArbPlSchG, § 9 MuSchG, § 18 BEEG, §§ 85 ff. SGB IX). Die anwendbaren Rechtsvorschriften richten sich im Wesentlichen nach dem jeweils vereinbarten Vertragstyp (Dienstvertrag §§ 611 ff. BGB, Werkvertrag §§ 631 ff. BGB oder Werklieferungsvertrag § 651 BGB). Ein wesentlicher Vertragsschutz wird durch die Inhaltskontrolle nach Maßgabe der §§ 305 ff. BGB gewährleistet.
Arbeitnehmer-ähnliche Personen	**61**	Nur vereinzelt sind arbeitsschutzrechtliche Normen ausdrücklich auf arbeitnehmerähnliche Personen erstreckt worden. Hier sind vor allem zu nennen der Anspruch auf bezahlten Urlaub, § 2 S. 2 BUrlG, der Arbeitsschutz, § 2 II Nr. 3 ArbSchG, der Schutz vor Benachteiligung, § 6 I Nr. 3 AGG, und die Möglichkeit, die Arbeitsbedingungen durch Tarifvertrag zu regeln, § 12a TVG.

V. LEITENDE ANGESTELLTE

62 Die leitenden Angestellten sind zwar als Arbeitnehmer persönlich abhängig, nehmen aber Arbeitgeberfunktionen wahr und haben deshalb als arbeitgeberähnliche Personen eine arbeitsrechtliche Sonderstellung.[38]

Beispielsfälle Als leitender Angestellter ist in der Regel einzuordnen, wer selbstständig Arbeitnehmer einstellen und entlassen darf, ferner wer Prokura oder Generalvollmacht hat oder wer unternehmerische Aufgaben (z.B. Entwicklung von Arbeitsabläufen) in eigener Verantwortung wahrzunehmen hat, vgl. § 5 III BetrVG.

BEISPIELE: Prokuristen, Betriebsleiter, Leiter einer Forschungsabteilung, Syndikus.

	63	Die Sonderstellung zeigt sich z. B. in folgenden wichtigen Regelungen:
§ 18 I Nr. I ArbZG		Sie unterliegen gem. § 18 I Nr. I ArbZG keinem Arbeitszeitschutz.
§ 5 III BetrVG		Das BetrVG ist gem. § 5 III BetrVG auf sie nicht anwendbar, sodass der Betriebsrat bei Einstellung, Versetzung oder Entlassung von leitenden Angestellten nicht mitzubestimmen hat. Sie haben aber nach dem Sprecherausschussgesetz (SprAuG) eine eigene Vertretung erhalten. Jedoch haben die Sprecherausschüsse erheblich geringere Kompetenzen als die Betriebsräte.
§ 14 II KSchG		Das KSchG ist gem. § 14 II KSchG für einen Teil der leitenden Angestellten nur eingeschränkt anwendbar. Vor allem kann der Arbeitgeber ohne Begründung den sog. **Auflösungsantrag** nach § 9 KSchG stellen.

VI. AUSZUBILDENDE, PRAKTIKANTEN UND VOLONTÄRE

BBiG	**64**	Auszubildende stehen in einem Berufsausbildungsverhältnis nach dem Berufsbildungsgesetz (BBiG). Es handelt sich dabei zwar um ein echtes, durch die Schutzbestimmungen des BBiG aber wesentlich modifiziertes Arbeitsverhältnis.
Praktikanten	**65**	Praktikanten sind Arbeitnehmer, soweit sie dem Betriebsinhaber zur Arbeitsleistung verpflichtet sind. Dafür ist maßgebend, ob der Ausbildungszweck im Vordergrund steht, oder ob die für den Betrieb erbrachten Leistungen und Arbeitergebnisse überwiegen. Dies gilt auch für Studenten, die im Rahmen ihres Studiums ein Betriebspraktikum ableisten. Die Rechte der Praktikanten sind allerdings durch das BBiG

---

38 Hierzu und zum Folgenden z.B. Hromadka/Maschmann, ArbR I, § 3 Rn 14 ff.

modifiziert, vgl. § 26 BBiG, weil – anders als im Berufsausbildungsverhältnis – keine systematische Berufsausbildung erfolgt.[39] Ein Anspruch auf den gesetzlichen Mindestlohn besteht nur unter den Voraussetzungen des § 22 I MiLoG.

Von einem Praktikanten unterscheidet sich der Volontär dadurch, dass er eine Ausbildung allein aus eigenem Interesse für ein bestimmtes Gebiet oder einen Beruf betreibt. Hauptpflicht des AG ist die Ausbildung des Volontärs, während dieser zur Leistung der zur Erreichung dieses Ziels erforderlichen Dienste verpflichtet ist. Üblicherweise erfolgt die Abgrenzung zwischen Praktikanten und Volontären nach der Verpflichtung, die Ausbildung zu absolvieren. So ist ein Volontariat üblicherweise freiwillig, während das Praktikum zwingender Bestandteil einer Gesamtausbildung oder Zulassungsvoraussetzung zu dieser ist. Auf Volontäre findet über § 26 BBiG das Berufsbildungsgesetz (Auszubildender) weitgehende Anwendung. Volontäre können sowohl aufgrund eines Arbeitsverhältnisses als auch aufgrund eines anderen Vertragsverhältnisses i.S.v. § 26 BBiG tätig sein. Für die Unterscheidung kommt es auf das Schwergewicht der vertraglichen Pflichten an. Überwiegt die Pflicht zur Erbringung der vertraglich geschuldeten Arbeitsleistung, liegt ein Arbeitsverhältnis vor. Steht der Lernzweck im Vordergrund, ist § 26 BBiG anwendbar.[40]

66 Volontäre

VII. DER ARBEITNEHMER ALS VERBRAUCHER

1. Grundlagen

Fraglich ist, ob der Arbeitnehmer als „Verbraucher" i.S.d. § 13 BGB angesehen werden kann.[41] Dies hat Konsequenzen für die Anwendbarkeit des niedrigeren Zinssatzes des § 288 I BGB, den erweiterten Anwendungsbereich für die Inhaltskontrolle, § 310 III Nr. 1 BGB und das Widerrufsrecht für Haustürgeschäfte nach § 312 BGB.

67 Praktische Relevanz

Nach e.A. ist dies zu verneinen, da der Begriff des Verbrauchers „situationsgebunden" sei und in erster Linie eine Person meine, die Waren oder Dienstleistungen kaufe oder konsumiere (sog. relativer Verbraucherbegriff).[42] Folglich trete der Arbeitnehmer seinem Arbeitgeber z.B. beim Abschluss eines Kaufvertrags (z.B. mit Personalrabatt) oder im Rahmen eines Arbeitgeberdarlehens als Verbraucher gegenüber. Nicht allerdings bei der Begründung und Beendigung des Arbeitsverhältnisses.

68 Relativer Verbraucherbegriff

Nach a.A. sei der Arbeitnehmer sowohl wegen des weit gefassten Wortlautes des § 13 BGB als auch wegen der ausdrücklichen Erwähnung von „Arbeitnehmer" und „Arbeitgeber" bzw. von „Arbeitsverträgen" in den §§ 491 II Nr. 2, 310 IV 2 BGB stets zugleich auch Verbraucher (sog. **absoluter Verbraucherbegriff**). Folglich sei jede Verbraucherschutznorm – unabhängig von ihrer Zweckrichtung – im Arbeitsverhältnis anwenden.[43]

69 Absoluter Verbraucherbegriff

Der Gesetzgeber wollte durch die Fassung des § 13 BGB klarstellen, dass z.B. der Angestellte, der eine Kaffeemaschine für sein Büro kauft, Verbraucherschutz genießen soll.[44]

Das BAG hat sich dem absoluten Verbraucherbegriff angeschlossen und dies im Wesentlichen wie folgt begründet: Der Wortlaut des § 13 BGB erfasse auch

BAG: absoluter Verbraucherbegriff

---

39   Hromadka/Maschmann, ArbR I, § 4 Rn 31 b
40   BAG, NZA 2005, 779, 781; Schaub-Vogelsang, § 15 Rn 8
41   Vgl. zum Streit die Darstellung bei Hümmerich/Holthausen, NZA 2002, 173, 175 ff. und Micha, Jura 2006, 761, 766.
42   Henssler, RdA 2002, 129, 133 ff.
43   Hümmerich/Holthausen, NZA 2002, 173; Hunold, NZA-RR 2006, 113, 114; Riesenhuber/v. Vogel, JURA 2006, 81, 82
44   BT-Drucks. 14/6040, S. 243

Arbeitsverträge. Die Bestimmung gelte nach ihrer systematischen Stellung für alle Rechtsgeschäfte. Für die sachgerechte Anwendung des § 13 BGB komme es auf der Rechtsfolgenseite ohnedies mehr auf die konkret in Rede stehende Norm an, und § 310 III BGB passe in systematisch-teleologischer Hinsicht durchaus auf Arbeitsverhältnisse.[45]

70 **MERKSATZ**
Der **Begriff des Verbrauchers** ist nach h.M. kein Tatbestandsmerkmal des § 13 BGB, sondern ein rechtstechnischer Oberbegriff. Ein irgendwie geartetes „Konsumieren" wird folglich nicht verlangt.[46]

2. Konsequenzen für §§ 288 I, 310 III Nr. 1 und 312 BGB

71 Der herrschende absolute Verbraucherbegriff hat die folgenden praktischen Konsequenzen.

§ 288 I BGB — Der verminderte Zinssatz gem. § 288 I BGB für Rechtsgeschäfte, an denen ein Verbraucher beteiligt ist, findet auf Arbeitsverträge Anwendung.[47]

§ 310 III Nr. 1 BGB — Der Individualarbeitsvertrag unterliegt gem. § 310 III Nr. 1 BGB einer erweiterten Inhaltskontrolle.[48]

§§ 312, 312b, 312g, 355 I BGB — Es stellt sich schließlich die Frage, ob der Arbeitnehmer einen abgeschlossenen Aufhebungsvertrag gem. der Vorschriften über den Haustürwiderruf, §§ 312, 312b, 312g, 355 I BGB, widerrufen kann.[49]

VIII. DER ARBEITGEBER

1. Grundlagen

72 Der Arbeitgeber ist der Vertragspartner des Arbeitnehmers, der von diesem die Arbeitsleistung verlangen kann und zur Lohnzahlung verpflichtet ist.

Definition: Arbeitgeber

DEFINITION
Arbeitgeber ist, wer mindestens einen Arbeitnehmer beschäftigt.[50]

Funktionen des Arbeitgebers — Der Arbeitgeber organisiert den Arbeitsablauf, teilt die Arbeit ein und weist die einzelnen Arbeitsaufgaben den Arbeitnehmern zu.

Delegierung **73** Die Arbeitgeberfunktionen können vom Arbeitgeber delegiert werden. So kann die Einstellung und Entlassung von Arbeitnehmern einem leitenden Angestellten übertragen werden, vgl. § 5 III 2 Nr. 1 BetrVG. Auch kann das Direktionsrecht gegenüber einem Gesellen einem ebenfalls angestellten Meister übertragen werden. Im Ergebnis können sich auf diese Weise – vor allem in größeren Betrieben – die Arbeitgeberfunktionen aufspalten.[51]

---

45 BAG, NZA 2005, 1111, 1115 f.; bestätigt durch BVerfG, NZA 2007, 85, 86
46 BAG, NZA 2005, 1111, 1115 f.
47 Preis, Ind. ArbR, § 8 IV 3; im Ergebnis ebenso BAG, AP Nr. 9 zu § 55 InsO
48 Hierzu ausführlich unten ab Rn 179
49 Hierzu ausführlich unten ab Rn 1490
50 Junker, ArbR, Rn 120
51 ErfK-Preis, § 611 BGB Rn 192

2. Personen- und Kapitalgesellschaften

Neben einer natürlichen Person können auch Personen- oder Kapitalgesellschaften Arbeitgeber sein. **74**

Bei den **Kapitalgesellschaften** stehen die AG und die GmbH im Mittelpunkt. Die AG und die GmbH sind als juristische Personen rechtsfähig, § 1 I 1 AktG, § 13 I GmbHG. Ist der Arbeitgeber eine juristische Person, ist sie der Vertragspartner des Arbeitnehmers. Gleiches gilt für die Vor-GmbH.[52] Ihr steht der Anspruch auf die Arbeitsleistung zu, nicht den Aktionären und nicht den Gesellschaftern der GmbH. Die Weisungsbefugnis wird aber von den natürlichen Personen ausgeübt, die für die juristische Person handeln.[53] **75** Kapitalgesellschaften

Etwas anders gelagert ist der Fall bei den Personengesellschaften. **76** Personengesellschaften

Die **Personenhandelsgesellschaften** OHG und KG sind – ähnlich wie die Kapitalgesellschaften – mit eigener Rechtspersönlichkeit ausgestattet, §§ 124 I, 161 II HGB. Damit sind OHG und KG der Arbeitgeber des Arbeitnehmers, nicht aber die gem. § 128 HGB unbeschränkt persönlich haftenden Komplementäre.[54]

> **MERKSATZ** **77** Arbeitgeberstellung i.S.d. ArbGG
>
> Für einen **Rechtsstreit eines Arbeitnehmers gegen den Kommanditisten** über seine Einstandspflicht nach § 171 HGB sind die Gerichte für Arbeitssachen nicht zuständig. Der Kommanditist ist weder AG nach § 2 I Nr. 3a ArbGG noch dessen Rechtsnachfolger (§ 3 ArbGG).[55]
>
> Der persönlich haftende Gesellschafter der KG, der von einem Arbeitnehmer auf Zahlung von Arbeitsvergütung in Anspruch genommen wird, welche die KG dem Arbeitnehmer schuldet, ist neben der KG Arbeitgeber im prozessualen Sinn i.S.d. § 2 I Nr. 3 ArbGG. Der persönlich haftende Gesellschafter vertritt die KG (§ 161 II i.V.m. § 125 HGB). Er ist die einzige Person, die von Natur aus – d.h. ohne besondere rechtsgeschäftliche Vertretungsmacht – für die Kommanditgesellschaft auftreten und für sie Arbeitgeberfunktionen wahrnehmen kann. Dies rechtfertigt es, persönlich haftende Gesellschafter einer KG als Arbeitgeber i.S.d. des ArbGG zu behandeln.[56]
>
> Gleiches gilt natürlich für die Gesellschafter einer OHG.

Die **Gesellschaft bürgerlichen Rechts** (GbR) wird inzwischen ebenfalls als rechtsfähig angesehen, soweit sie durch Teilnahme am Rechtsverkehr (sog. **Außengesellschaft**) eigene Rechte und Pflichten begründet.[57] Es gibt keine arbeitsrechtlichen Besonderheiten, die einer Anerkennung der Arbeitgeberfähigkeit der GbR entgegenstehen.[58] Da § 128 HGB inzwischen analog auf die GbR angewendet wird,[59] erscheint es als konsequent, ebensowenig wie die Komplementäre einer OHG oder einer KG auch die Gesellschafter einer GbR nicht als Arbeitgeber anzusehen.[60] **78** Gesellschaft bürgerlichen Rechts

---

52 ErfK-Preis, § 611 BGB Rn 190
53 Junker, ArbR, Rn 122 f.
54 Junker, ArbR, Rn 121
55 BAG, NZA 1993, 862 863 f.; Schaub-Linck, § 16 Rn 9
56 BAG, NZA 2006, 453, 454; Schaub-Linck, § 16 Rn 9
57 BGH, NJW 2001, 1056, 1057 f.
58 BAG, NZA 2008, 1289, 1290; Schaub-Linck, § 16 Rn 8; Diller, NZA 2003, 401, 403
59 BGH, NJW 2001, 1056, 1061
60 BAG, NZA 2009, 485, 487; Schaub-Linck, § 16 Rn 8; Diller, NZA 2003, 401, 403

IX. BETRIEB UND UNTERNEHMEN

Betriebsbegriff

79 Der **Betriebsbegriff** ist insofern ein zentraler Begriff, als zahlreiche arbeitsrechtliche Gesetze darauf aufbauen. Z. B. ist der allgemeine Kündigungsschutz von der Beschäftigungsdauer im selben Betrieb oder Unternehmen und der Größe des Betriebs abhängig, §§ 1 I, 23 I KSchG. Bedeutung hat der Betriebsbegriff weiterhin für die Anwendbarkeit des BetrVG, § 1 I BetrVG, und für die Regelungen zum Betriebsübergang, § 613a BGB.

> **MERKSATZ**
> Für die Stellung der GbR-Gesellschafter als „Arbeitgeber i.S.d. ArbGG" gelten die obigen Ausführungen für die Komplementäre einer KG entsprechend.

> **DEFINITION**
> Unter einem **Betrieb** versteht man die Organisationseinheit, innerhalb derer der Arbeitgeber mit seinen Arbeitnehmern unter Einsatz sächlicher oder immaterieller Mittel bestimmte arbeitstechnische Zwecke fortgesetzt verfolgt.[61]

KSchG

Diese aus dem Betriebsverfassungsrecht stammende Grunddefinition des Betriebs gilt grundsätzlich auch im Kündigungsschutzrecht.

§ 613a BGB

Etwas anders stellt sich die Situation im Recht des Betriebsübergangs, § 613a BGB, dar. Hier sind die Vorgaben der Richtlinie 01/23/EG zu beachten, die für die Begriffe „Unternehmen, Betrieb und Betriebsteil" den Oberbegriff der „wirtschaftlichen Einheit" verwendet.[62]

Unternehmen

80 Die über dem Betrieb stehende nächst höhere Organisationseinheit des Arbeitgebers ist das Unternehmen.

> **DEFINITION**
> Ein **Unternehmen** ist die organisatorische Einheit, mit welcher der Unternehmer seine wirtschaftlichen oder ideellen Zwecke verfolgt.[63]

Der Unternehmensbegriff hat vor allem im Betriebsverfassungsrecht (vgl. §§ 47, 106 ff. BetrVG) und im Kündigungsschutzrecht (vgl. § 1 I KSchG) Bedeutung.

---

61   *Junker, ArbR, Rn 125*
62   *Junker, ArbR, Rn 125*
63   *BAGE 52, 325, 329; Junker, ArbR, Rn 126*

RECHTSQUELLEN DES ARBEITSRECHTS

A. Einleitung

Wer sich mit arbeitsrechtlichen Fragen beschäftigt, muss einen Überblick über die Normenpyramide im Arbeitsrecht und die geltenden Kollisionsregeln haben.
Die Normenpyramide im Arbeitsrecht bezeichnet das Verhältnis der verschiedenen Rechtsquellen zueinander.
Die Hierarchie der arbeitsrechtlichen Normen gestaltet sich wie folgt:

Normenpyramide im Arbeitsrecht

B. Rangfolge der Rechtsquellen

1. Europäisches Primärrecht und Sekundärrecht
2. Deutsches Verfassungsrecht
3. Zwingendes Gesetzesrecht
4. Tarifvertrag
5. Tarifdispositives Gesetzesrecht (z.B. § 622 IV BGB)
6. Betriebsvereinbarung (§ 77 IV BetrVG)
7. Arbeitsvertrag
8. Dispositives Gesetzesrecht (z.B. § 616 I BGB)
9. Direktionsrecht des Arbeitgebers (§ 106 GewO)

C. Systematik und Vertiefung

Sofern Normen den gleichen Regelungsbereich betreffen, setzt sich im Verhältnis zueinander grundsätzlich die höhere Rechtsquelle gegen die niederrangige durch. Dieses Grundprinzip der Normenpyramide wird jedoch im Arbeitsrecht durch das Günstigkeitsprinzip durchbrochen. Hiernach kommt immer die für den Arbeitnehmer günstigste Norm zur Geltung.
Das Günstigkeitsprinzip ist eine allgemein anerkannte Kollisionsregel im gesamten Bereich des deutschen Arbeitsrechts, die in der Regel dann zur Anwendung kommt, wenn Normen verschiedener, inhaltlich unterschiedlicher Rechtsquellen auf ein Arbeitsverhältnis Anwendung finden.

Günstigkeitsprinzip

> **DEFINITION**
>
> Das **Günstigkeitsprinzip** ist Ausdruck des arbeitsrechtlichen Schutzprinzips. Es ordnet an, dass die für den Arbeitnehmer jeweils günstigere Regelung anzuwenden ist und die ungünstigere verdrängt, es sei denn, die höherrangige Norm lässt eine ungünstigere Regelung durch eine niederrangige Norm ausdrücklich zu.

Arbeitnehmerschutz

Ein Unterfall dieses arbeitsrechtlichen Günstigkeitsprinzips ist in § 4 III TVG geregelt, der nur dann erlaubt, von den zwingenden Normen eines Tarifvertrags abzuweichen, wenn entweder der Tarifvertrag selbst eine solche Öffnungsklausel enthält oder die vertragliche Regelung zu Gunsten des Arbeitnehmers abweicht.

§ 4 III

Maßstab des Günstigkeitsvergleichs

85 **MERKSATZ**

Beim Günstigkeitsvergleich ist immer auf das verobjektiviert-individuelle Interesse des einzelnen Arbeitnehmers abzustellen. Gesamtinteressen der Belegschaft sind ebenso wenig maßgeblich, wie das subjektive Urteil des jeweils Betroffenen.

BEISPIEL 1: Im Arbeitsvertrag sind im Fall der arbeitgeberseitigen Kündigung längere Kündigungsfristen geregelt als sie ein Tarifvertrag oder § 622 BGB vorsieht. Dem gekündigten Arbeitnehmer N wäre eine kürzere Kündigungsfrist lieber, weil er bereits eine lukrative Anschlussbeschäftigung gefunden hat.

N kann sich nicht darauf berufen, jetzt sei der Arbeitsvertrag für ihn ungünstiger. Bei einer verobjektivierten Sicht sind möglichst lange Kündigungsfristen für den Arbeitnehmer von Vorteil, weil er dadurch mehr Zeit hat, sich um eine Anschlussbeschäftigung zu bemühen.

Sachgruppenvergleich

86 Der Günstigkeitsvergleich hat darüber hinaus in Form eines so genannten Sachgruppenvergleiches stattzufinden, wobei alle Bestimmungen, die in einem inneren Zusammenhang stehen, miteinander zu vergleichen sind (also etwa die gesamte Regelung zu Kündigungsfristen und nicht nur eine einzelne Frist). Dadurch wird verhindert, dass z.B. vorteilhafte Regelungen im Bereich der Kündigungsfristen mit z.B. nachteilhaften Regelungen im Bereich des Urlaubs „verrechnet" werden können.

BEISPIEL 2 (nach BAG, NZA 2015, 673): Im Arbeitsvertrag ist geregelt: „Die Kündigungsfrist beträgt beiderseits sechs Monate zum 30. Juni oder 31. Dezember des Jahres." Der Arbeitgeber kündigt der Arbeitnehmerin nach über 20 Jahren Betriebszugehörigkeit Ende Dezember 2012 zum 30.6.2013.

Die einzelvertragliche Regelung von Kündigungsfrist und Kündigungstermin ist als Einheit zu betrachten. Aus dem Günstigkeitsvergleich folgt in Beispiel 2, dass nur die siebenmonatige Kündigungsfrist Geltung beanspruchen kann. Die Kündigung ist daher weder zum 30.6.2013 wirksam, noch ist sie als Willenserklärung unwirksam. Sie ist vielmehr in eine Kündigung zum 31.7.2013 umzudeuten (bzw. nach a.A. auszulegen).

Betriebsübergang

87 In Fällen eines Betriebsübergangs wird das Günstigkeitsprinzip zum Teil durch die Regeln des § 613a I 3, 4 BGB verdrängt.

D. Grundfall: „Die jährliche Sonderzahlung"

SACHVERHALT

Arbeitnehmer A ist bei Arbeitgeber G beschäftigt und Mitglied der für den Betrieb zuständigen Gewerkschaft. Im Arbeitsvertrag ist geregelt, dass er ein Weihnachtsgeld in Höhe von 750,- € enthält. Im vom G mit der zuständigen Gewerkschaft abgeschlossenen Haustarifvertrag ist ein Weihnachtsgeld von 500,- € geregelt, wohingegen der einschlägige Manteltarifvertrag sogar ein Weihnachtsgeld von 1.000 € vorsieht. Der Betriebsrat hat schließlich mit G eine Betriebsvereinbarung geschlossen, die ein Weihnachtsgeld von 1.500 € festschreibt. A fragt sich, wie viel Weihnachtsgeld er erhalten wird.

88

A. Anspruch auf 1.500 € aus § 611 BGB i.V.m. der Betriebsvereinbarung

LÖSUNG

A könnte einen Anspruch auf Weihnachtsgeld in Höhe von 1.500 € aus der Betriebsvereinbarung haben, § 77 IV 1 BetrVG.
Da Regelungen auf verschiedenen Rangebenen der Normenpyramide vorliegen, gilt im Grundsatz das Günstigkeitsprinzip. Hiernach ist im Arbeitsrecht grundsätzlich diejenige Norm anwendbar, welche die für den Arbeitnehmer günstigste Rechtsfolge anordnet.
Da Weihnachtsgelder ein typischer Bereich für tarifvertragliche Regelungen sind, droht jedoch eine Konkurrenz zwischen Tarifverträgen und Betriebsvereinbarungen. Da der Gesetzgeber nicht wollte, dass der Betriebsrat, dem kein Streikrecht zusteht, den Gewerkschaften den Rang abläuft, hat er die Regelungssperre des § 77 III BetrVG geschaffen. Nach dieser Vorschrift dürfen Bereiche die (typischer Weise) durch Tarifverträge geregelt sind, nicht Gegenstand einer Betriebsvereinbarung sein.
Die Regelung in der Betriebsvereinbarung zum Weihnachtsgeld ist folglich unwirksam.
A hat keinen Anspruch auf Zahlung von 1.500 € aus der Betriebsvereinbarung.

Regelungssperre des § 77 III BetrVG

B. Anspruch auf 1.000 € aus § 611 BGB i.V.m. § 4 I 1 TVG

A könnte einen Anspruch auf Weihnachtsgeld in Höhe von 1.000 € aus dem Manteltarifvertrag haben, § 4 I 1 TVG.
Das oben angesprochene Günstigkeitsprinzip hat keine Geltung bei Regelungen auf derselben Rangstufe. In diesem Fall gelten das Spezialitäts- und das Ablöseprinzip. Das Spezialitätsprinzip besagt, dass bei Regelungen auf derselben Rangstufe die speziellere Regelung die allgemeinere verdrängt. Das Ablöseprinzip führt dazu, dass die zeitlich jüngere Regelung die zeitlich ältere ablöst.
Mangels Hinweisen zum Zeitpunkt des Abschlusses von Haus- und Manteltarifvertrag kommt hier das Spezialitätsprinzip zur Anwendung.
Der Manteltarifvertrag regelt grundsätzliche Rahmenbedingungen (z.B. die Gehaltsgruppen an sich), und wird meist auf längere Zeit geschlossen. Hingegen gelten die „normalen" Haus- oder auch Verbandstarifverträge meist nur für 12 bis 18 Monate und reagieren auf die aktuellen wirtschaftlichen Rahmendaten, welche sich z.B. in der Höhe der jeweiligen Lohnerhöhung niederschlagen. Somit ist der Manteltarifvertrag der generellere, der hinter dem spezielleren Haustarifvertrag zurücktritt. A hat keinen Anspruch auf Zahlung von 1.000 € aus dem Manteltarifvertrag.

Spezialitäts- und Ablöseprinzip

C. Anspruch auf 750,- € aus § 611 BGB i.V.m. dem Arbeitsvertrag

Der Anspruch aus dem Arbeitsvertrag, der ein höheres Weihnachtsgeld gewährt als der Haustarifvertrag, ergibt sich aus dem Günstigkeitsprinzip. A hat einen Anspruch auf Weihnachtsgeld i.H.v. 750,- € aus dem Arbeitsvertrag.

FALLENDE

DER ABSCHLUSS DES ARBEITSVERTRAGES

A. Vertrags- und Eingliederungstheorie

Vertragstheorie 89

DEFINITION
Nach der heute ganz herrschenden Vertragstheorie ist das **Arbeitsverhältnis** das Rechtsverhältnis, das zwischen dem einzelnen Arbeitnehmer und dem Arbeitgeber aufgrund des Arbeitsvertrages entsteht.[64]

Eingliederungstheorie

Demgegenüber entsteht nach der Eingliederungstheorie das Arbeitsverhältnis auch ohne Arbeitsvertrag bereits dadurch, dass der Arbeitgeber den Arbeitnehmer in seinen Betrieb eingegliedert hat.[65]

Theorienstreit ist weitgehend überwunden

Dieser Theorienstreit ist weitgehend überwunden, insbesondere weil die ganz h.M. die Lehre vom faktischen Arbeitsverhältnis aufgenommen hat. Damit ist die Eingliederung in den Betrieb (nur) ein wichtiges Indiz für das Vorliegen eines Arbeitsvertrags.[66]

90 **KLAUSURHINWEIS**
In der Klausur ist auf diesen veralteten Theorienstreit nicht einzugehen. Problematisch und klausurrelevant ist aber der (schon angesprochene) Fall des faktischen Arbeitsverhältnisses.

B. Das faktische und das fehlerhafte Arbeitsverhältnis

I. DIE BEGRIFFBILDUNG

91 Die Begriffe des „**faktischen**" und des „**fehlerhaften**" **Arbeitsverhältnisses** werden verbreitet gleichgesetzt und als Synonyme verwendet. Allerdings liegen diesem Problemkreis (mindestens) zwei unterschiedliche Fallgestaltungen zugrunde:

Vertrag ist von Anfang an nichtig

92 **1. Fall:** Der Vertrag ist von Anfang an nichtig.

BEISPIEL 1: Arbeitnehmer A und Arbeitgeber G schließen einen Arbeitsvertrag. A arbeitet mehrere Monate als schließlich herauskommt, dass G seit mindestens einem Jahr unerkannt geisteskrank ist.

In diesem Fall ist der Vertrag von A und G gem. §§ 104 Nr. 2, 105 I BGB anfänglich nichtig.

---

[64] Begründet von A. Hueck, DArbR 1938, 180, 180 ff.; vgl. aktuell nur MK-Müller-Glöge, BGB, § 611 Rn 163
[65] Nikisch, Arbeitsrecht und Arbeitsverhältnis (1941) und in jüngerer Zeit ähnlich wieder Boemke, Schuldvertrag und Arbeitsverhältnis, S. 226 ff.
[66] MK-Müller-Glöge, BGB, § 611 Rn 163 f.

2. Fall: Der Vertrag ist anfechtbar.

BEISPIEL 2: Arbeitnehmer A legt im Vorstellungsgespräch bei Arbeitgeber G gefälschte Zeugnisse vor aufgrund derer er eingestellt wird.

In diesem Fall ist der Arbeitsvertrag zwischen A und G zwar voll wirksam, aber dem G steht gem. § 123 I 1. Var. BGB das Recht zur Anfechtung wegen arglistiger Täuschung zu. Trotz dieser unterschiedlichen Fallgruppen werden beide Fälle meist unter dem gleichen Oberbegriff als entweder „faktischer" oder „fehlerhafter" Arbeitsvertrag zusammengefasst.[67] Wie noch zu zeigen sein wird, gibt es jedoch zwischen beiden Fällen Unterschiede. Dies rechtfertigt es, beide Fälle – auch begrifflich – auseinander zu halten.[68]

> **MERKSATZ**
> Ein von Anfang an nichtiger Arbeitsvertrag, der aber in Vollzug gesetzt wurde, sollte **„faktischer" Arbeitsvertrag** genannt werden.
> Ein bloß anfechtbarer Arbeitsvertrag sollte „fehlerhafter" Arbeitsvertrag genannt werden.

Diese Begrifflichkeit liegt auch den weiteren Ausführungen in diesem Skript zugrunde.

> **KLAUSURHINWEIS**
> In einer Klausur sollten die verwendeten Begriffe z.B. durch den Einschub „hier sogenannt faktischer Arbeitsvertrag" kurz geklärt werden, um Missverständnisse beim Prüfer zu vermeiden.

II. DER „FAKTISCHE" (VON ANFANG AN NICHTIGE) ARBEITSVERTRAG

> **DEFINITION**
> Hatten sich die Beteiligten über die Arbeitsaufnahme wenigstens tatsächlich geeinigt und ist das Arbeitsverhältnis von vornherein nichtig und hatte der Arbeitnehmer die Arbeit bereits aufgenommen, so besteht ein sog. **faktisches Arbeitsverhältnis**, also ein zwar nicht rechtlich, wohl aber tatsächlich bestehendes Arbeitsverhältnis.

Die tatsächliche Einigung verlangt korrespondierende (wenn auch fehlerhafte) Willenserklärungen der Parteien, also den beiderseitigen Wille zum Abschluss eines Arbeitsvertrages.
Ein solches faktisches Arbeitsverhältnis kann zwar jederzeit ohne Einhaltung der Voraussetzungen einer (fristlosen) Kündigung von beiden Teilen durch eine

---

67 MK-Hergenröder, § 1 KSchG Rn 9; MK-Kramer, BGB, Einl vor § 241 Rn 74
68 MK-Müller-Glöge, BGB § 611 Rn 638

form- und fristlose Beendigungserklärung beendet werden. Weder ist eine Kündigung erforderlich, noch greift § 623 BGB, noch gilt der allgemeine oder besondere Kündigungsschutz, noch ist der Betriebsrat gem. § 102 BetrVG anzuhören.[69]

Vergangenheit: voll wirksam

99 | **MERKSATZ**
Für die Vergangenheit wird das bloß faktische Vertragsverhältnis jedoch wie ein rechtsgültiges behandelt. Folglich bestehen für die Dauer des vollzogenen faktischen Arbeitsverhältnisses die gleichen Rechte und Pflichten wie im wirksam begründeten.[70]

Das bedeutet, dass der Arbeitnehmer seinen Lohnanspruch für die erbrachte Arbeitsleistung behält. Auch bestehen Ansprüche aus dem EFZG und dem BUrlG.

EFZG, BUrlG statt § 812 BGB

100 Der Grund hierfür liegt vor allem in den für den Arbeitnehmer nachteiligen Folgen einer ansonsten notwendigen Anwendung des Bereicherungsrechts. In Zeiten von Krankheit und Urlaub hätte der Arbeitnehmer beispielsweise nichts „geleistet" und könnte folglich keinen Wertersatz gem. § 818 II BGB erhalten. Außerdem würde der Pfändungsschutz des Arbeitsentgelts nach § 850 ff. ZPO und das Aufrechnungsverbot nach § 394 BGB nicht eingreifen.

Zitierung: analoge Anwendung

101 | **KLAUSURHINWEIS**
Da der Arbeitsvertrag nur „faktisch" nicht aber tatsächlich besteht, sollten alle Anspruchsgrundlagen, die einen wirksamen Vertrag voraussetzen, analog und nicht direkt angewendet werden.

Zuständigkeit Arbeitsgerichte

Ansprüche aus faktischen Arbeitsverhältnissen fallen ebenso in die Zuständigkeit der Gerichte für Arbeitssachen wie Ansprüche aus einem nichtigen Arbeitsverhältnis.[71]

Ausnahme: besonders schwerer Mangel

102 | **MERKSATZ**
Nur in Fällen eines besonders schweren Mangels kommen die Grundsätze über das faktische Arbeitsverhältnis nicht zur Anwendung; die erbrachten Leistungen werden dann nach Bereicherungsrecht rückabgewickelt.[72] Dies ist z.B. der Fall bei Verstößen gegen die guten Sitten oder bei vorsätzlichen Verstößen gegen Strafgesetze.[73]

BEISPIEL: Ist ein Arbeitsvertrag nichtig, weil er die Ausübung des ärztlichen Berufs zum Gegenstand hat und die erforderliche Approbation oder Erlaubnis weder vorliegt noch erteilt werden kann, kommt kein faktisches Arbeitsverhältnis zu Stande. Folge ist vielmehr die Rückabwicklung der erbrachten Leistungen nach Bereicherungsrecht.[74]

---

69 *MK-Müller-Glöge, BGB, § 611 Rn 639*
70 *BAG, AP Nr. 66 zu § 1 LohnFG, MK-Müller-Glöge, BGB, § 611 Rn 639*
71 *Hümmerich/Boecken/Düwell-Krasshöfer, § 2 ArbGG Rn 9*
72 *BAG, NZA 2005, 1409, 1410*
73 *BAG, NJW 1976, 1958, 1959; MK-Hesse, BGB, Vor §§ 620-630 Rn 64*
74 *BAG, NZA 2005, 1409, 1410; MK-Müller-Glöge, BGB, § 611 Rn 638*

III. DER „FEHLERHAFTE" (ANFECHTBARE) ARBEITSVERTRAG

DEFINITION — 103 — Definition: fehlerhafter Arbeitsvertrag
Sofern ein wirksamer Arbeitsvertrag geschlossen wurde, der aber von zumindest einer Vertragspartei angefochten werden kann, liegt ein **„fehlerhafter" Arbeitsvertrag** vor.

Die Anfechtung wirkt im Arbeitsrecht – sofern das Arbeitsverhältnis bereits in Vollzug gesetzt wurde – nicht gem. § 142 I BGB ex tunc, sondern nur ab Zugang der Anfechtungserklärung für die Zukunft (ex nunc).[75] Dadurch bleibt das Arbeitsverhältnis in der Vergangenheit unangetastet, ebenso wie bei einer Kündigung. — 104 — Wirkung der Anfechtung

KLAUSURHINWEIS — 105 — Zitierung: direkte Anwendung
Da der Arbeitsvertrag in der Vergangenheit voll wirksam ist, sollten alle Anspruchsgrundlagen, die einen wirksamen Vertrag voraussetzen, direkt angewendet werden.

Schon an dieser Frage der Zitierung (direkte oder analoge Anwendung) zeigt sich, dass es gerechtfertigt ist, zwischen einem „faktischen" (von Anfang an nichtigen) und einem „fehlerhaften" (anfechtbaren) Vertrag zu unterscheiden. — 106
Alles Nähere zur Anfechtung an sich wird im Kapitel „Die Anfechtung des Arbeitsvertrages" behandelt.[76]

IV. SONDERFALL: WEITERBESCHÄFTIGUNGSURTEIL

Streitig ist, ob auch dann ein faktisches Arbeitsverhältnis entsteht, wenn der Arbeitgeber den Arbeitnehmer lediglich aufgrund eines Weiterbeschäftigungsurteils wieder in seinem Betrieb arbeiten lässt und der Arbeitnehmer schlussendlich seinen Kündigungsschutzprozess verliert.[77] Wollte man dies bejahen, wäre das Arbeitsverhältnis lediglich auflösend bedingt durch die spätere Abweisung der Kündigungsschutzklage. — 107

MERKSATZ — 108 — Rein tatsächliche Arbeitsbeziehung
Aus dem Weiterbeschäftigungsurteil ergibt sich grundsätzlich nur eine rein tatsächliche Arbeitsbeziehung.

Dies folgt aus dem Sinn des Weiterbeschäftigungsanspruchs. Er sichert das Persönlichkeitsrecht des Arbeitnehmers, Art. 2 I GG, insbesondere seinen Anschluss an die technische Entwicklung und den Kontakt zu seinen Arbeitskollegen. Dagegen ist es nicht Sinn und Zweck des Weiterbeschäftigungsanspruchs, den Arbeitnehmer in dieser Zeit wirtschaftlich gleichzustellen. Dies passt schon nicht zur verfassungsrechtlichen Herleitung dieses Anspruchs. Folglich findet nach h.M. in diesem Fall eine bereicherungsrechtliche Rückabwicklung statt.[78] — Bereicherungsrechtliche Rückabwicklung

---

75 Ausführlich hierzu unten ab Rn 1439.
76 Ab Rn 1411
77 Ausführlich zum Weiterbeschäftigungsanspruch unten Rn 306 und 339.
78 BAG, NZA 2004, 90, 92; 1991, 769, 770; MK-Müller-Glöge, BGB, § 611 Rn 980

V. SONDERFALL: WEITERBESCHÄFTIGUNGSANSPRUCH AUS § 102 V 1 BetrVG

109 Wurde der Weiterbeschäftigungsanspruch aus § 102 V 1 BetrVG durchgesetzt, besteht das Arbeitsverhältnis kraft Gesetzes fort. Es ist auflösend bedingt durch die rechtskräftige Abweisung der Kündigungsschutzklage. Die beiderseitigen Vertragspflichten werden in diesem Fall aufgrund des bisherigen Arbeitsverhältnisses erbracht.[79]

Der Grund für die unterschiedliche Behandlung im Vergleich zum allgemeinen Weiterbeschäftigungsanspruch liegt in dem unterschiedlichen Zweck des § 102 V 1 BetrVG, der nicht primär das Beschäftigungsinteresse des Arbeitnehmers schützen, sondern vor allem die Stellung des Betriebsrates bei Ausübung seiner kollektivrechtlichen Befugnisse stärken soll.

VI. SONDERFALL: MINDERJÄHRIGKEIT EINES VERTRAGSPARTNERS

110 Aus dem Schutzzweck der §§ 104 ff. BGB folgt grundsätzlich, dass eine vertragliche Verpflichtung der nicht geschäftsfähigen Personen auch für die Vergangenheit nicht gegeben ist. Dennoch zwingt die soziale Schutzbedürftigkeit des Arbeitnehmers zu einer differenzierten Betrachtungsweise.

111 Liegt ein Mangel der Geschäftsfähigkeit auf Arbeitnehmerseite vor, so erfordert es der Schutzzweck der §§ 104 ff. BGB, dass der Arbeitgeber nicht in gleichem Maße alle Rechte aus dem Arbeitsvertrag herleiten kann wie der Arbeitnehmer. Aufgrund des Mangels seiner Geschäftsfähigkeit konnte sich der Arbeitnehmer nicht wirksam verpflichten, sodass ihn auch keine Pflichten aus dem Arbeitsvertrag treffen können. Der Arbeitgeber ist insofern auf Ansprüche aus §§ 823 ff. BGB und § 812 BGB beschränkt. Der minderjährige Arbeitnehmer erhält demgegenüber seine Arbeitsleistung – so lange er sie trotz fehlender Verpflichtung erbringt – so vergütet, wie dies nach dem fehlerhaften Arbeitsvertrag vorgesehen war.[80]

112 War hingegen der Arbeitgeber bei Abschluss des Arbeitsvertrags geschäftsunfähig, so geht das soziale Schutzinteresse der Arbeitnehmer dem Schutz des nicht voll geschäftsfähigen Arbeitgebers vor. Das bedeutet, der Arbeitgeber kann sich nicht zu Lasten der Arbeitnehmer auf die Nichtigkeit des Arbeitsvertrags berufen.[81]

VII. DIE BEREICHERUNGSRECHTLICHE RÜCKABWICKLUNG

113 Sollte es nach obigen Grundsätzen zu einer bereicherungsrechtlichen Rückabwicklung kommen, stellt sich die Frage, wie diese durchzuführen ist.

Die bereits erbrachte Arbeitsleistung des Arbeitnehmers kann nicht mehr herausgegeben werden. Gemäß § 818 II BGB ist deshalb ihr Wert zu ersetzen. Dabei ist auf den objektiven Wert des Erlangten abzustellen, also i.d.R. auf den Tariflohn.[82] Sollten die Parteien selbst einen höheren Lohn vereinbart haben, gilt dieser.[83]

Für die Zeiten tatsächlicher Arbeitsleistung ergeben sich somit keine relevanten Unterschiede zwischen den Regeln über das faktische Arbeitsverhältnis und der Rückabwicklung nach den §§ 812 ff. BGB.

---

79 *BAG, NJW 1987, 2251, 2252*
80 *BeckOK-Wendtland, BGB, § 105 Rn 15; MK-J. Schmitt, BGB, § 105 Rn 54 f.*
81 *BeckOK-Wendtland, BGB, § 105 Rn 15; MK-J. Schmitt, BGB, § 105 Rn 57*
82 *BAG, NZA 1998, 199, 200*
83 *BAG, NZA 1993, 177, 178*

> **MERKSATZ**
> Hat der Arbeitnehmer jedoch nicht gearbeitet (z.B. wegen Krankheit oder Urlaubs), hat der Arbeitgeber keine „Leistung" des Arbeitnehmers erlangt. Folglich findet für diese Zeiten auch keine bereicherungsrechtliche Rückabwicklung statt. Der Arbeitnehmer verliert dadurch im Ergebnis den Anspruch auf bezahlten Urlaub oder Entgeltfortzahlung im Krankheitsfall.

114 Zeiträume fehlender Arbeitsleistung

Steht die Höhe der beiderseits rückabzuwickelnden Leistungen fest, werden diese gemäß der **Saldotheorie** gegeneinander verrechnet.[84]

115 Saldotheorie

Ist der nach § 818 II BGB ermittelte Wert der Arbeitsleistung geringer als der gezahlte Lohn, kann dem Arbeitnehmer wegen des verbleibenden Differenzbetrags der Einwand des Wegfalls der Bereicherung, § 818 III BGB, zustehen. Insoweit erkennt das BAG an, dass bei einer geringfügigen Differenz und einem kleinen oder mittleren Einkommen der Beweis des ersten Anscheins dafür sprechen kann, dass die Überzahlung für die laufenden Lebenshaltungskosten alsbald verbraucht worden ist.[85]

116 Entreicherung

C. Das Fragerecht des Arbeitgebers

Zu den tragenden Grundsätzen der deutschen Zivilrechtsordnung gehört die Vertragsabschlussfreiheit, d.h. die Freiheit eines jeden, sich seinen Vertragspartner selbst auszusuchen.

117 Vertragsabschlussfreiheit

Dieses Recht steht gerade auch dem Arbeitgeber zu, denn die Einstellung eines Arbeitnehmers führt zu weitreichenden Verpflichtungen des Arbeitgebers insbesondere finanzieller Art. Auch kann sich bei Anwendbarkeit des KSchG die Trennung von einem einmal eingestellten Arbeitnehmer schwierig gestalten. Deshalb versuchen viele Arbeitgeber, in Einstellungsgesprächen und auf Fragebögen Informationen über den Bewerber zu erhalten, die häufig tief in dessen Privatsphäre eingreifen. Damit sollen Krankheitsrisiken ebenso abgemildert werden, wie die „Gefahr" einer Schwangerschaft. Auch interessieren sich Arbeitgeber aus den verschiedensten Gründen häufig für Gewerkschafts-, Partei- oder Religionszugehörigkeit.

I. ZULÄSSIGE UND UNZULÄSSIGE FRAGEN

1. Grundlagen

Grundsätzlich ist der Arbeitnehmer verpflichtet, Fragen des Arbeitgebers, an deren Beantwortung der Arbeitgeber wegen des zu begründenden Arbeitsverhältnisses ein berechtigtes, billigenswertes und schutzwürdiges Interesse hat, wahrheitsgemäß zu beantworten. Dieses Interesse des Arbeitgebers muss objektiv so stark sein, dass dahinter das Interesse des Arbeitnehmers am Schutz seines Persönlichkeitsrechts und der Unverletzbarkeit seiner Intimsphäre zurücktreten muss.[86]

118 Interessenabwägung

---

84 BAG, NZA 1993, 177, 178
85 BAG, NJW 1996, 411, 412
86 BAG, NZA 1999, 975, 975; MK-Thüsing, BGB, § 11 AGG Rn 16

Datenschutzrecht Diskriminierungsrecht	119	**MERKSATZ** Aus diesem die gegenseitigen Interessen abwägenden Ansatz haben sich zwei Begrenzungen des Fragerechts herausgebildet, das **Datenschutzrecht** und das **Diskriminierungsrecht**.

Zum einen muss die Antwort auf die Frage erforderlich für die Beurteilung der Fähigkeit sein, die Arbeit zu verrichten, § 32 I BDSG; zum anderen darf auch Arbeitsplatzrelevantes nicht gefragt werden, soweit dies mit einem unverhältnismäßigen Eingriff in die Privatsphäre verbunden ist.[87]

	120	**KLAUSURHINWEIS** In einer Klausur bedeutet dies, dass die Frage der Interessenabwägung (1. Stufe) stets klar von den Begrenzungen des Fragerechts (2. Stufe) zu trennen ist.
Einzelfälle		**2. Einzelfälle** Im Einzelnen gilt folgendes:
Behinderungen	121	**Behinderungen/Schwerbehinderteneigenschaft:** Nach der früheren Rspr. des BAG war die Frage nach der formellen Schwerbehinderteneigenschaft im Sinne des SGB IX (behördliche Anerkennung) stets zulässig.[88] Diese Rechtsprechung kann nach der Normierung des Verbots, schwerbehinderte Menschen wegen ihrer Behinderung zu benachteiligen, § 81 II 1 SGB IX, nicht mehr aufrechterhalten werden. Die Frage nach der Schwerbehinderung ist damit im Grundsatz unzulässig.[89] Dies gilt erst recht seit der Einführung des AGG. Die Frage nach der Behinderung kann gemäß § 7 I, 2 I Nr. 1 AGG eine unzulässige Benachteiligung sein. Da § 81 II 2 SGB IX hinsichtlich der Einzelheiten auf das AGG verweist, kann die Frage jedoch im Einzelfall gem. § 8 I AGG als berufliche Anforderung zulässig sein.[90]
Frage im bestehenden Arbeitsverhältnis zulässig	122	Inzwischen hat das BAG entschieden, dass im bestehenden Arbeitsverhältnis jedenfalls nach sechs Monaten, also nach dem Erwerb des Sonderkündigungsschutzes für behinderte Menschen, die Frage des Arbeitgebers nach der Schwerbehinderung zulässig ist. Das gilt insbesondere zur Vorbereitung von beabsichtigten (betriebsbedingten) Kündigungen, da die Schwerbehinderung ein Kriterium im Rahmen der Sozialauswahl darstellt.[91]
Berufliche Fähigkeiten	123	**Berufliche Fähigkeiten:** Fragen zum beruflichen Werdegang und das Verlangen, Zeugnisse vorzulegen, sind selbstverständlich uneingeschränkt zulässig.[92]
Eheschließung	124	**Eheschließung:** Die Frage nach bevorstehender Eheschließung ist unzulässig, weil es sich meist um eine verdeckte Frage nach der Schwangerschaft oder einer „drohenden" Elternzeit handelt.
Gesundheitszustand	125	**Gesundheitszustand:** Wegen der Lohnfortzahlung im Krankheitsfall hat der Arbeitgeber am Gesundheitszustand des Arbeitnehmers ein starkes Interesse. Andererseits greifen solche Fragen besonders stark in die Persönlichkeitssphäre des Arbeitnehmers ein. Deshalb darf nur nach ansteckenden Krankheiten gefragt

---

[87]   *MK-Thüsing, BGB, § 11 AGG Rn 16*
[88]   *BAGE 81, 120, 124*
[89]   *MK-Hesse, BGB, Vor §§ 620-630 Rn 13; Thüsing/Lambrich, BB 2002, 1146, 1148 f.; Wisskirchen/Bissels, NZA 2007, 169, 173*
[90]   *MK-Hesse, BGB, Vor §§ 620-630 Rn 13; MK-Thüsing, BGB, § 11 AGG Rn 24; Merten, ZIP 2007, 8, 11*
[91]   *BAG, NZA 2012, 555, 556 f.*
[92]   *BAG, AP Nr. 17 zu § 123 BGB; Palandt-Weidenkaff, BGB, § 611 Rn 6*

werden, welche die künftigen Kollegen gefährden und nach Krankheiten, die die Eignung für die vorgesehene Tätigkeit einschränken.

BEISPIEL: Krankheitsbedingte Untauglichkeit für Nachtschichten.[93]

Schließlich darf auch nach einer absehbaren Arbeitsunfähigkeit z.B. durch eine geplante Operation oder Kur oder durch eine zur Zeit bestehende Erkrankung gefragt werden.[94] Nach einer bestehenden Alkoholkrankheit darf den genannten Grundsätzen entsprechend gefragt werden.

Die Frage nach einer **HIV-Infektion** ist deshalb grundsätzlich unzulässig, da in diesem Stadium weder eine Leistungsminderung des Arbeitnehmers noch eine Ansteckungsgefahr bei der üblichen betrieblichen Tätigkeit besteht. Etwas anderes gilt, wenn die vorgesehene Tätigkeit für Dritte, insbesondere wegen der Möglichkeit der Übertragung von Körperflüssigkeiten, eine besondere Gefahr bildet (z.B. Einsatz im Bereich des Gesundheitswesens oder bei Küchenpersonal).[95] Dagegen soll der Arbeitgeber nach einer akuten HIV-Erkrankung („Aids") uneingeschränkt fragen dürfen, da nach dem derzeitigen Stand der Medizin mit alsbaldiger Arbeitsunfähigkeit zu rechnen sei.[96]

126 HIV-Infektion

Gewerkschaftszugehörigkeit: Eine solche Frage ist wegen Art. 9 III 2 GG und § 75 I 1 BetrVG unzulässig. Eine Ausnahme besteht bei Tendenzbetrieben, § 118 I 1 Nr. 1 BetrVG, also bei Anstellungen bei einer Gewerkschaft oder einem Arbeitgeberverband.[97]

127 Gewerkschaftszugehörigkeit

Höhe des bisherigen Verdienstes: Das BAG zählt zur geschützten Individualsphäre auch die Einkommensverhältnisse des Arbeitnehmers. Die Frage ist deshalb zumindest dann unzulässig, wenn der bisherige Verdienst für den zu besetzenden Arbeitsplatz nicht aufschlussreich hinsichtlich der Qualifikation ist.[98] Das ist beispielsweise bei Akkordlohn oder bei Provisionszahlungen der Fall.

128 Höhe des bisherigen Verdienstes

Religions- oder Parteizugehörigkeit: Fragen hiernach sind unzulässig, wie sich für die Religionszugehörigkeit schon aus Art. 140 GG i.V.m. Art. 136 III 1 WRV und für die Parteizugehörigkeit aus Art. 2 I, 5 I und 21 GG ergibt. Die Frage nach der Religionszugehörigkeit kann gemäß § 7 I, 2 I Nr. 1 AGG eine unzulässige Benachteiligung sein. Eine Ausnahme besteht bei Tendenzbetrieben, vgl. § 118 BetrVG, also z.B. bei einer Anstellung bei kirchlichen Einrichtungen (berufliche Anforderung gemäß § 8 I AGG) oder z.B. bei Parteizeitungen.[99]

129 Religions- oder Parteizugehörigkeit

Schwangerschaft: Nach der aktuellen Rechtsprechung des EuGH scheint die Frage nach der Schwangerschaft gem. Richtlinie 76/207/EWG generell unzulässig zu sein.[100] Ausnahmefälle werden vom EuGH (und dem folgend vom BAG) nicht anerkannt. Folglich ist die Frage nach der Schwangerschaft unzulässig, auch wenn sich gar keine Männer auf die Stelle beworben hatten,[101] auch wenn sich eine Schwangere

130 Schwangerschaft

---

93 Hessisches LAG, 21.09.2011 – 8 Sa 109/11
94 MK-Hesse, BGB, Vor §§ 620-630 Rn 12
95 Palandt-Weidenkaff, BGB, § 611 Rn 6; vgl. auch LAG Berlin-Brandenburg, 13.01.2012 – 6 Sa 2159/11
96 Palandt-Weidenkaff, BGB, § 611 Rn 6; Wisskirchen/Bissels, NZA 2007, 169, 172; zweifelnd und differenzierend MK-Hesse, BGB, Vor §§ 620-630 Rn 12
97 MK-Hesse, BGB, Vor §§ 620-630 Rn 18
98 BAG, DB 1984, 298, 298 f.
99 MK-Hesse, BGB, Vor §§ 620-630 Rn 18
100 BAG, NZA 2003, 848, 848 f.; MK-Hesse, BGB, Vor §§ 620-630 Rn 14; MK-Thüsing, BGB, § 11 AGG Rn 20
101 EuGH, NZA 1991, 171, 172 („Decker-Urteil")

auf eine Vertretungsstelle für eine Schwangere bewirbt,[102] auch wenn es zum Schutz der Schwangeren ein Beschäftigungsverbot, vgl. § 618 BGB, gibt[103] und auch wenn die Arbeitnehmerin befristet eingestellt wurde und feststeht, dass sie während eines wesentlichen Teils der Vertragszeit nicht arbeiten kann.[104]

MERKSATZ
Nach dem AGG ergibt sich die Unzulässigkeit der Frage aus §§ 7 I, 3 I 2, 2 I Nr. 1 AGG.

Vorstrafen

131 Vorstrafen: Unter Berücksichtigung des Resozialisierungsgedankens darf nicht allgemein nach Vorstrafen gefragt werden. Soweit jedoch ein Bezug zur künftigen Tätigkeit des Bewerbers besteht, ist die Frage zulässig. Entscheidend ist ein objektiver Maßstab, nicht die subjektive Einstellung des Arbeitgebers.[105]

BEISPIELE: So darf bei einem Kassierer oder Buchhalter nach Vorstrafen wegen Eigentumsdelikten ebenso gefragt werden, wie bei Kraftfahrern nach Vorstrafen wegen Verkehrsdelikten.

Unabhängig davon darf sich der Bewerber als nicht vorbestraft bezeichnen, wenn die Verurteilung nicht in das Führungszeugnis aufzunehmen oder zu tilgen ist, §§ 51, 53 BZRG.[106]

Ermittlungsverfahren

132 In besonderen Fällen ist auch die Frage nach laufenden Ermittlungsverfahren zulässig.[107]

BEISPIEL: Ermittlungsverfahren wegen sexuellen Missbrauchs von Kindern bei einem Stellenbewerber als Erzieher.

Unschuldsvermutung

Dem steht die Unschuldsvermutung, Art. 6 II MRK, nicht entgegen, denn diese bindet unmittelbar nur den Strafrichter und nicht die gesamte Rechtsordnung.[108] Arbeitsrechtlich relevant ist zudem, ob die Verfügbarkeit des Bewerbers durch das Verfahren eingeschränkt ist, wenn mit umfangreichen Ermittlungen oder gar Untersuchungshaft zu rechnen ist.[109] Demgegenüber ist die Frage nach inzwischen eingestellten Ermittlungsverfahren unzulässig, da derart unspezifizierte Fragen gegen das Datenschutzrecht und die Wertentscheidungen des § 53 BZRG verstoßen.[110]

3. Offenbarungspflichten

Offenbarungspflichten

133 Vereinzelt kommen sogar Offenbarungspflichten in Frage. Ohne die entsprechende Frage des Arbeitgebers muss der Arbeitnehmer von sich aus aber nur auf solche Tatsachen hinweisen, deren Mitteilung der Arbeitgeber nach Treu und Glauben erwarten darf. Bei der Annahme einer Offenbarungspflicht ist allerdings Zurückhaltung

---

102 BAG, NZA 1993, 257, 257 f.; kritisch Ehrich, DB 1993, 431, 434
103 EuGH, NZA 2000, 255, 256 f. („Mahlburg")
104 EuGH, AP Nr. 27 zu EWG-Richtlinie Nr. 76/207 („Brandt-Nielsen")
105 BAG, NZA 2013, 1087, 1089; 1999, 975, 976
106 BAG, DB 1958, 282, 282; MK-Hesse, BGB, Vor §§ 620-630 Rn 11
107 MK-Hesse, BGB, Vor §§ 620-630 Rn 11
108 BAG, NZA 2013, 1087, 1089; 1999, 975, 976
109 Raab, RdA 1995, 36, 42
110 BAG, NZA 2013, 429, 431 f.

geboten, da der Arbeitgeber, der eine zulässige Frage nicht stellt und damit eigene Interessen nicht wahrgenommen hat, nur in reduziertem Maße schutzwürdig ist.

> **MERKSATZ** 134
> Nach der Rechtsprechung des BAG ist eine Offenbarungspflicht des Arbeitnehmers an die Voraussetzung gebunden, dass er aufgrund fehlender Qualifikationen oder Fähigkeiten für die Arbeit völlig ungeeignet ist, die verschwiegenen Umstände dem Arbeitnehmer die Erfüllung der arbeitsvertraglichen Leistungspflicht unmöglich machen oder sonst für den in Betracht kommenden Arbeitsplatz von ausschlaggebender Bedeutung sind.[111] Umgekehrt besteht erst Recht in den Fällen keine Offenbarungspflicht, in denen eine entsprechende Frage des Arbeitgebers nicht zulässig wäre.

Krankheit: Sofern die Krankheit Auswirkungen auf die geschuldete Tätigkeit hat, ist diese zu offenbaren.[112] Dies ist vor allem der Fall, wenn zum Zeitpunkt des Dienstantritts bzw. in absehbarer Zeit mit einer Arbeitsunfähigkeit durch eine zurzeit bestehende Erkrankung zu rechnen ist. 135 Krankheit

Schwerbehinderung: Eine Offenbarungspflicht trifft den Arbeitnehmer grundsätzlich nicht. Etwas anderes gilt nur, wenn er erkennen muss, dass er wegen der Behinderung die vorgesehene Arbeit nicht zu leisten vermag oder eine deswegen beschränkte Leistungsfähigkeit für den vorgesehenen Arbeitsplatz von ausschlaggebender Bedeutung ist.[113] 136 Schwerbehinderung

Vorstrafen: Bei besonderen Vertrauenspositionen kann eine Offenbarungspflicht bestehen, in denen es erkennbar auf die Integrität des Stelleninhabers ankommt. Weiterhin muss der Bewerber den Arbeitgeber aufklären, wenn er demnächst eine Freiheitsstrafe anzutreten hat.[114] 137 Vorstrafen

II. DAS „RECHT ZUR LÜGE"

Für den Bewerber ist entscheidend, wie er sich verhält, wenn ihm eine unzulässige Frage gestellt wird. 138

> **BEISPIEL:** Frau A ist im zweiten Monat schwanger. Fragt sie der Arbeitgeber B beim Bewerbungsgespräch, ob sie schwanger ist und bejaht sie die Frage, wird sie wegen des kostspieligen Mutterschutzes nicht eingestellt. Verweigert sie die Antwort, wird sich der B seinen Teil denken und sie ebenfalls nicht einstellen.

Von daher bleibt dem Bewerber im Bewerbungsgespräch bei einer unzulässigen Frage nur ein Weg, um seine Einstellungschancen nicht zu verlieren: Er muss die Antwort geben, die der potenzielle Arbeitgeber (vermutlich) hören will. Darin liegt dann weder ein Kündigungsgrund noch eine arglistige Täuschung, denn nur wenn man dem Bewerber ein „Recht zur Lüge" zugesteht, kann er auf die unzulässige Frage des Arbeitgebers adäquat reagieren.[115]

---
111 BAG, AP Nr. 35 zu § 123 BGB; ErfK-Preis, § 611 BGB Rn 288; MK-Hesse, BGB, Vor §§ 620-630 Rn 19
112 MK-Hesse, BGB, Vor §§ 620-630 Rn 19
113 BAG, AP Nr. 19 und 30 zu § 123 BGB; ErfK-Preis, § 611 BGB Rn 290
114 ErfK-Preis, § 611 BGB Rn 289
115 BAG, AP Nr. 15 zu § 123 BGB; MK-Thüsing,BGB, § 11 AGG Rn 16

Gutachten im Rahmen des § 123 I BGB

139 KLAUSURHINWEIS
Unterschiedlich wird die Frage beantwortet, wo das „Recht zur Lüge" im Rahmen des Prüfungsschemas des § 123 I BGB zu prüfen ist. Dies wird z.T. bei der „Widerrechtlichkeit"[116] und z.T. bei der „Arglist"[117] geprüft. Es wird empfohlen, dem BAG zu folgen, wobei dies ein rein dogmatischer Unterschied ist, der keinerlei Auswirkung auf die Lösung des Falles hat.[118]

Schadensersatzanspruch

140 Denkbar ist auch ein Schadensersatzanspruch des Bewerbers wegen einer Verletzung des Persönlichkeitsrechts aus §§ 823 I, 253 II BGB oder nach den Grundsätzen des Verschulden bei Vertragsschluss, §§ 280 I, 311 II BGB. Schließlich kommt auch ein Entschädigungsanspruch nach § 15 AGG in Betracht.

III. RECHTSFOLGEN BEI LÜGE AUF ZULÄSSIGE FRAGEN

Anfechtung

141 Der Arbeitgeber kann den Arbeitsvertrag bei einer Lüge auf eine zulässige Frage (bei Vorliegen der sonstigen Voraussetzungen) wegen arglistiger Täuschung anfechten, § 123 I BGB.

Kündigung

142 Möglich ist auch eine Kündigung, § 626 BGB, § 1 KSchG, wobei dem Arbeitgeber dieser Weg wegen der Kündigungsschutzvorschriften und vor allem wegen der Beteiligungsrechte des Betriebsrates nicht zu empfehlen ist.

§ 280 I BGB

143 Schließlich können dem Arbeitgeber auch Ansprüche aus § 280 I BGB zustehen. Diese Schadensersatzpflicht umfasst auch einen Anspruch auf Aufhebung des Vertrags, da der Arbeitgeber so zu stellen ist, wie er bei richtiger Beantwortung seiner (zulässigen) Frage stünde. In diesem Fall hätte er vom Vertragsschluss abgesehen.

D. Der Lohn

§ 612 BGB

144 Eine Vereinbarung über die Lohnhöhe gehört nicht zu den **essentialia negotii**. Das ergibt sich aus § 612 BGB. Deshalb ist ein wirksamer Arbeitsvertrag auch dann zustande gekommen, wenn über die Frage des Lohns nicht gesprochen wurde.

145 Keine mittelbare Diskriminierung von Frauen (vgl. § 3 II AGG) liegt vor, wenn sich die Vergütung nach den Dienstjahren beim Arbeitgeber richtet. Dienstzeitabhängige Vergütungen sind geeignet, ein legitimes Ziel, nämlich die Honorierung von Berufserfahrung, zu erreichen.[119]

Mindestlohn

146 Eine massive Änderung der Rechtslage ist im Bereich des **Mindestlohns** eingetreten. Bis Ende 2014 gab es in Deutschland keinen für alle Berufsgruppen gesetzlich festgelegten Mindestlohn. Mindestlöhne wurden Branchenabhängig über das sog. Entsendegesetz (AEntG) geregelt. Ansonsten gab es eine Lohnuntergrenze über die Regeln zum sog. „**Lohnwucher**".

---

116 BeckOK-Wendtland, BGB, § 123 Rn 15
117 BAG, NJW 1958, 516, 517; unklar Hromadka/Maschmann, ArbR I, § 5 Rn 161: „nicht widerrechtlich – und damit nicht arglistig"
118 Wer dem BAG folgt, spart sich auch – überflüssige – dogmatische Ausführungen zur Frage, warum das Merkmal der Widerrechtlichkeit geprüft wird, obwohl es nach dem Wortlaut nur in der Drohungsvariante zu prüfen ist; hierzu z.B. MK-Armbrüster, BGB, § 123 Rn 18.
119 EuGH, NZA 2006, 1205, 1206 f.

MERKSATZ § 1 MiLoG
Der **Anspruch auf Mindestlohn** an sich ergibt sich aus § 1 I MiLoG. Die Höhe des Mindestlohns beträgt gem. § 1 II 1 MiLoG ab dem 1. Januar 2015 brutto 8,50 € je Zeitstunde.

I. LOHNWUCHER
Ein unzulässiger Lohnwucher im Sinn von § 138 II BGB wurde bisher angenommen, wenn der Arbeitslohn den in der entsprechenden Branche und Region üblichen Tariflohn um mehr als ein Drittel unterschreitet. Maßgeblich ist der Vergleich mit der tariflichen Stunden- und Monatsvergütung ohne Zulagen und Zuschläge, wobei auch die besonderen Umstände des Einzelfalls zu berücksichtigen sind. Ein zunächst nicht zu beanstandender Arbeitslohn kann durch die spätere Entwicklung des Tariflohns wucherisch werden.[120]   147 Lohnwucher

II. DAS MINDESTLOHNGESETZ
Seit dem 01.01.2015 ist das Mindestlohngesetz (MiLoG) in Kraft.   148

1. Grundlagen
Nach § 1 I MiLoG hat jede Arbeitnehmerin und jeder Arbeitnehmer einen Anspruch auf Zahlung eines Arbeitsentgelts mindestens in Höhe des Mindestlohns.   149 Mindestlohn

KLAUSURHINWEIS   150 Anspruchs-grundlage
§ 1 I MiLoG beinhaltet die zivilrechtliche Anspruchsgrundlage des Arbeitnehmers für die Zahlung eines Arbeitsentgelts mindestens in Höhe des Mindestlohns.

In § 3 MiLoG ist zudem normiert, dass durch (Tarif-)Vertrag nicht wirksam auf diesen Anspruch verzichtet werden kann und auch die Verwirkung nicht möglich ist. Lediglich durch gerichtlichen Vergleich kann die Arbeitnehmerin oder der Arbeitnehmer auf den Mindestlohn verzichten.   151 I.d.R. kein Verzicht möglich

Die Höhe wird in § 1 II MiLoG zum 01.01.2015 mit 8,50 € je Zeitstunde festgelegt. Dies dürfte auch für Feiertage, Zeiten einer krankheitsbedingten Arbeitsunfähigkeit und im Rahmen der Urlaubsabgeltung gelten. Das ergibt sich aus dem **Entgeltausfallprinzip** des Entgeltfortzahlungsgesetzes und dem Referenzprinzip des Bundesurlaubsgesetzes.[121]   152 8,50 €/Stunde

Der Mindestlohn ist wohl auch für Bereitschaftsdienste zu zahlen,[122] aber wohl nicht für die bloße Rufbereitschaft.   153 Bereitschaftsdienst

2. Zahlungspflicht und Fälligkeit
Die Pflicht des Arbeitgebers zur Zahlung des Mindestlohns wird in § 20 MiLoG geregelt. Demnach sind alle Arbeitgeber mit Sitz im In- und Ausland verpflichtet, ihren im Geltungsbereich des Gesetzes beschäftigten Arbeitnehmern ein Arbeitsentgelt mindestens in Höhe des Mindestlohns gem. § 1 II MiLoG und spätestens zum Zeitpunkt nach § 2 I 1 Nr. 2 MiLoG zu zahlen.   154 Zahlungspflicht des Arbeitgebers und Zahlungsfrist

---

120 BAG, JuS 2010, 259, 259 f.
121 BAG, 10 AZR 191/14 (für einen tariflich geregelten Mindestlohn)
122 BAG, BB 2015, 510, 511 = RA 2015, 313, 315 (für § 2 PflegeArbbV, der nach diesem Urteil geändert wurde); offen gelassen von ArbG Aachen, BeckRS 2015, 68118 = RA 2015, 313, 316

DER ABSCHLUSS DES ARBEITSVERTRAGES

Anrechenbarkeit von Einmalzahlungen

155 MERKSATZ

§ 2 MiLoG verpflichtet den Arbeitgeber, spätestens am Ende des Monats, der auf den Monat folgt, in dem die zu vergütende Arbeitsleistung erbracht wurde, den Mindestlohn zu zahlen. Damit muss spätestens nach zwei Monaten im Durchschnitt der Mindestlohn erreicht sein. Eine Anrechnung im Übrigen ist unzulässig. Daraus folgt, dass die Anrechnung zu späteren Zeitpunkten geleisteter Einmalzahlungen auf den Mindestlohn unzulässig ist, wenn ohne diese zum Fälligkeitszeitpunkt für das gesetzliche Mindestentgelt der Mindestlohn im Durchschnitt nicht erreicht wird.[123]

156 Um einen Verstoß gegen die Regelungen des MiLoG zu ahnden, ist ein umfassender Bußgeldkatalog in § 21 MiLoG aufgeführt. Geldbußen für Ordnungswidrigkeiten in Zusammenhang mit der Zahlungsverpflichtung des Arbeitgebers (§ 20 MiLoG) oder der Haftung des Auftraggebers (§ 13 MiLoG) können mit bis zu 500.000 € verhängt werden. Für Verstöße gegen Mitwirkungspflichten bei der Kontrolle oder gegen die Melde- und Dokumentationspflichten sind Geldbußen von bis zu 30.000 € vorgesehen.

Eine weitere Sanktionsmöglichkeit bietet § 19 MiLoG. Darin ist der Ausschluss von der Vergabe öffentlicher Aufträge geregelt.

§ 612a BGB

157 Kündigt der Arbeitgeber dem Arbeitnehmer als Reaktion auf dessen Verlangen, den Mindestlohn zu erhalten, so ist die Kündigung schon wegen Verstoßes gegen das Maßregelungsverbot gem. § 612a BGB unwirksam.[124]

3. Verhältnis zum Lohnwucher gem. § 138 BGB

Problem: Verhältnis zu § 138 BGB (Lohnwucher)

158 § 1 III MiLoG regelt das Verhältnis zum AEntG, AÜG und § 5 TVG. Unklar ist das Verhältnis zu § 138 BGB also die Frage, ob unabhängig vom gesetzlichen Mindestlohn eine Kontrolle der Lohnhöhe nach dieser Vorschrift durch die Gerichte stattfindet. Man könnte meinen, dass sich mit einem Mindestlohn von 8,50 € die Frage erübrigt. Das ist jedoch nicht der Fall. Wenn in Zukunft der Tariflohn um ein Drittel über 8,50 € liegt, ist der Schutz nach § 138 BGB und nach dem Mindestlohngesetz identisch, sodass auf § 138 BGB nicht zurückgegriffen werden braucht. Wie steht es aber bei einem Lohn i.H.v. 15,- €? Nach der (bisherigen) Rechtsprechung wäre dann ein Lohn i.H.v. 9,90 €, also ein Lohn oberhalb des Mindestlohngesetzes, sittenwidrig. Andererseits wird vertreten, dass nach Einführung des allgemeinen Mindestlohns ein höherer Lohn als 8,50 € nicht sittenwidrig sein könne.[125] Hier werden erst die Gerichte eine Klärung herbeiführen können.

Zentrales Problem ist die Frage, ob Zulagen, Zuschläge und Gratifikationen auf den Mindestlohn anzurechnen sind

4. Anrechnung anderer Lohnbestandteile

159 Vom Arbeitgeber gezahlte Zulagen oder Zuschläge werden als Bestandteile des Mindestlohns berücksichtigt, wenn ihre Berücksichtigung das Verhältnis zwischen der Leistung des Arbeitnehmers auf der einen und der Gegenleistung, die er dafür erhält, auf der anderen Seite nicht verändert. Das setzt voraus, dass mit der Zulage oder dem Zuschlag nicht eine Arbeitsleistung vergütet werden soll, die von der vom Arbeitnehmer geschuldeten Normalleistung abweicht, was etwa bei Mehrarbeit oder Arbeitsleistung unter erschwerten Bedingungen der Fall sein kann.

---

123 *ArbG Berlin, NZA-RR 2015, 404, 406 f.; Ulber, RdA 2014, 176, 180*
124 *ArbG Berlin, BeckRS 2015, 68089*
125 *Diringer, NZA-Editorial 2/2014; dagegen Bauer, NZA 2014, 13; Däubler, NJW 2014, 1924, 1927*

Eine Anrechnung ist demnach regelmäßig dann möglich, wenn die Zulagen oder Zuschläge zusammen mit anderen Leistungen des Arbeitgebers ihrem Zweck nach diejenige Arbeitsleistung des Arbeitnehmers entgelten sollen, die mit dem Mindestlohn zu vergüten ist (sogenannte funktionale Gleichwertigkeit der zu vergleichenden Leistungen).

> **MERKSATZ**
>
> Bei der **Anrechnung von Leistungen auf den Mindestlohn** ist darauf abzustellen, ob die vom Arbeitgeber erbrachte Leistung ihrem Zweck nach diejenige Arbeitsleistung des Arbeitnehmers entgelten soll, die mit dem gesetzlichen Mindestlohn zu vergüten ist. Besteht danach eine funktionale Gleichwertigkeit der zu vergleichenden Leistungen, ist die erbrachte Leistung auf den zu erfüllenden Anspruch anzurechnen. Zur Beurteilung der „funktionalen Gleichwertigkeit" ist es erforderlich, die „Funktion" zu bestimmen, die die reale Leistung des Arbeitgebers hat, um sodann festzustellen, ob sie sich auf diejenige vom Arbeitnehmer geleistete oder zu leistende Arbeit bezieht, die mit dem gesetzlichen Mindestlohn abgegolten sein soll.[126]

160 Funktionale Gleichwertigkeit

Nicht in den Mindestlohn pro Zeitstunde einzurechnen sind deshalb Überstunden-, Nacht- und Sonntagszuschläge, Schmutzzulagen und Aufwandsentschädigungen. So soll die Schmutzzulage nämlich z.B. nicht die „Normalleistung" des Arbeitnehmers vergüten, sondern einen Ausgleich dafür liefern, dass der Arbeitnehmer in erhöhtem Ausmaß Schmutz, Staub oder ähnlichen Einflüssen ausgesetzt ist.[127] Die Überstundenzuschläge sind in gleicher Weise wie etwa Sonntags- oder Feiertagszuschläge ein Ausgleich dafür, dass der Arbeitnehmer eine Arbeitsleistung in einem für ihn ungünstigen Zeitraum erbringt und teilweise auf seine ansonsten übliche Freizeit verzichtet.[128]

161 Erschwerniszuschläge

Trinkgelder sind ebenfalls nicht anzurechnen. Hierbei handelt es sich um freiwillige Leistungen der Kunden und nicht des Arbeitgebers selbst. Darüber hinaus hat der Arbeitnehmer auch keinen Anspruch auf einen bestimmten Betrag, vgl. § 107 III GewO.[129]

162 Trinkgelder

Fraglich ist die Behandlung von Akkord- und Qualitätsprämien oder von Leistungsboni.

163

BEISPIEL 1: A erhielt ursprünglich eine Grundvergütung von 8,10 € pro Stunde. Daneben zahlte der Arbeitgeber G einen „freiwilligen Brutto/Leistungsbonus von max. 1,- €, der sich nach der jeweilig gültigen Bonusregelung" richtete.

Leistungszulagen

Anlässlich der Einführung eines gesetzlichen Mindestlohns zum 1.1.2015 teilte G der A mit, dass die Grundvergütung zwar weiterhin 8,10 € brutto pro Stunde betrage; auch der Brutto/Leistungsbonus von max. 1,- € pro Stunde werde weiterhin gewährt. Vom Bonus würden allerdings 0,40 € pro Stunde fix gezahlt.

A verlangt neben dem Mindestlohn von 8,50 € pro Stunde den Leistungsbonus.

---

126 ArbG Berlin, NZA-RR 2015, 404, 405; BAG, NZA 2014, 1277, 1280, für einen durch Rechtsverordnung eingeführten tariflichen Mindestlohn
127 Schaub-Vogelsang, § 66 Rn 30; a.A: Sittard, NZA 2014, 951, 952
128 Schaub-Vogelsang, § 66 Rn 30; Nebel/Kloster, BB 2014, 2933, 2935; a.A. ErfK-Franzen, § 1 MiLoG Rn 13
129 Schaub-Vogelsang, § 66 Rn 30; Däubler NJW 2014, 1924, 1926; abweichend für Anrechnungsvereinbarungen Dommermuth-Alhäuser/Heup, NZA 2015, 406, 408 f.

Nach Ansicht des ArbG Düsseldorf[130] sind Mindestlohnwirksam alle Zahlungen, die als Gegenleistung für die erbrachte Arbeitsleistung mit Entgeltcharakter gezahlt werden. Folglich sei der Leistungsbonus auf den Mindestlohn anzurechnen. Denn er weise – anders als beispielsweise vermögenswirksame Leistungen – einen unmittelbaren Bezug zur Arbeitsleistung auf. Damit handelt es sich um „Lohn im eigentlichen Sinn", der in die Berechnung des Mindestlohns einzubeziehen sei.

Urlaubs- und Weihnachtsgeld

164 Die Anrechnung von Urlaubsgeld und 13. Monatsgehältern könnte entsprechend der EuGH-Rechtsprechung zum Mindestlohn nach dem AEntG vorzunehmen sein. Jedoch würden diese Zahlungen dem Empfänger nicht regelmäßig zur Verfügung stehen.

Weihnachtsgeld

165 BEISPIEL 2: Nach § 2 I 1 Nr. 2 MiLoG muss der Mindestlohn spätestens am letzten Bankarbeitstag des Monats gezahlt werden, der auf den Monat folgt, in dem die Arbeitsleistung erbracht wurde. Wird also im Dezember Weihnachtsgeld ausgezahlt, ist dieses auf den Mindestlohn im November anrechenbar, nicht jedoch auf die anderen Monate.[131]

Betriebstreue

Gegen die Anrechenbarkeit könnte aber eingewendet werden, dass eine Zahlung, die an einer weitere Bedingung geknüpft ist, z.B. die Betriebstreue, nicht „funktional gleichwertig" ist, also nicht nur die „normale" Arbeitsleistung des Arbeitnehmers vergütet.[132] Insoweit könnte bei Jahressonderzahlungen danach zu differenzieren sein, ob diese reinen Entgeltcharakter haben oder (zumindest auch) Betriebstreue belohnen.

Im Voraus gezahlte Leistungen

166 Unter der Bedingung der **„funktionalen Gleichwertigkeit"** steht § 2 I 1 Nr. 2 MiLoG dagegen einer Anrechnung von im Voraus gezahlten Leistungen nicht entgegen. Zwar besteht hier die Gefahr eines frühen Verbrauchs der Leistungen zum Bestreiten des Lebensunterhalts. Das MiLoG bezweckt aber nicht etwa eine Beeinflussung (Bevormundung) der Arbeitnehmer dahingehend, ihre Einkünfte möglichst vorausschauend einzuteilen.[133]

Urlaubsgeld

167 Auch beim Urlaubsgeld könnte man die „funktionale Gleichwertigkeit" bestreiten, da dieses nicht die Normalleistung vergüten soll. Vielmehr sollen Zusatzkosten während des Urlaubs kompensiert werden, was einer verbesserten Erholungsmöglichkeit und damit der Erhaltung der Arbeitskraft dient.[134]

Änderungskündigung

168 Sofern eine Anrechnung nach den o.g. Grundsätzen nicht in Betracht kommt, ist auch eine Änderungskündigung gem. § 2 KSchG unwirksam, wenn diese das Ziel der Anrechnung verfolgt.[135]

---

130   ArbG Düsseldorf, becklink 2000186
131   Sittard, NZA 2014, 951, 952
132   ArbG Berlin, NZA-RR 2015, 404, 406 f.
133   Schaub-Vogelsang, § 66 Rn 31; Nebel/Kloster, BB 2014, 2933, 2936
134   ArbG Berlin, NZA-RR 2015, 404, 406; Schaub-Vogelsang, § 66 Rn 31
135   ArbG Berlin, NZA-RR 2015, 404, 407 f.

DIE VERTRAGSGESTALTUNG/ALLGEMEINE GESCHÄFTSBEDINGUNGEN

A. Grundlagen

Bis zum Inkrafttreten des Gesetzes zur Modernisierung des Schuldrechts (am 1.1.2002) unterlagen vorformulierte Arbeitsverträge keiner AGB-Kontrolle (§ 23 I AGBG a.F.). Mit der Geltung des neuen Schuldrechts ist die frühere Bereichsausnahme für das Arbeitsrecht eingeschränkt worden. **169** Bereichsausnahme für das Arbeitsrecht eingeschränkt

Eine **Klauselkontrolle** findet bei Tarifverträgen, Betriebs- und Dienstvereinbarungen (im Bereich des öffentlichen Rechts) nach wie vor nicht statt, § 310 IV 1 BGB. Der Gesetzgeber wollte hierdurch verhindern, dass das System der Tarifautonomie durch eine AGB-Kontrolle konterkariert wird.[136] Demgegenüber unterliegen vorformulierte Arbeitsverträge nunmehr grundsätzlich der AGB-Kontrolle. Hierbei sind jedoch die „im Arbeitsrecht geltenden Besonderheiten angemessen zu berücksichtigen", § 310 IV 2 1. HS BGB. **170** Tarifautonomie

Seit dem Inkrafttreten des Gesetzes zur Modernisierung des Schuldrechts findet bei ausgehandelten Vertragsbedingungen eine Billigkeitskontrolle im Sinne einer allgemeinen, nicht auf die Besonderheiten des Falles bezogenen Angemessenheitsprüfung nach § 242 BGB nicht mehr statt.[137] Hingegen bleibt § 242 BGB insoweit anwendbar, als dem Verwender die Ausübung der aus einer AGB-Klausel fließenden Rechte deshalb untersagt wird, weil dies im konkreten Einzelfall aus dem Gesichtspunkt der Verwirkung oder des venire contra factum proprium oder aus anderen Gründen als mit Treu und Glauben unvereinbar erscheint (sog. **Ausübungskontrolle**).[138] **171** § 242 BGB

Verstoßen AGB gegen ein **gesetzliches Verbot**, so bleibt § 134 BGB anwendbar. Sind sie mit §§ 307 ff. BGB unvereinbar, so ergibt sich ihre Unwirksamkeit nur aus diesen Vorschriften. Die Vorschriften zur AGB-Kontrolle sind also keine Verbotsgesetze i.S.d. § 134. Sind die Voraussetzungen sowohl von § 134 BGB wie von §§ 307 ff. BGB erfüllt, so ist die Unwirksamkeit auf beide Grundlagen zu stützen.[139] **172** § 134 BGB

§ 138 BGB ist für die Wirksamkeit von AGB nur maßgeblich, wenn ihre Sittenwidrigkeit sich aus anderen als den in §§ 307 ff. BGB genannten Gründen ergibt. So etwa dann, wenn sie auf eine sittenwidrige Benachteiligung Dritter (Verleitung zum Vertragsbruch, Gläubigergefährdung) abzielen.[140] Ansonsten ist die AGB-Kontrolle im Rahmen ihres Schutzzwecks im Verhältnis zu § 138 BGB lex specialis.[141] **173** § 138 BGB

> **MERKSATZ**
> AGB sind nicht nach den §§ 133, 157 BGB, sondern objektiv auszulegen. Maßstab ist das Verständnis von redlichen, rechtlich nicht vorgebildeten durchschnittlichen Vertragsparteien.[142]

174 Auslegung von AGB

Sofern z.T. für eine „enge Auslegung" einzelner AGB-Klauseln plädiert wird, ist

---

136 Vgl. MK-Basedow, BGB, § 310 Rn 89
137 BAG, NJW 2005, 3305, 3309; kritisch hierzu Micha, JURA 2006, 761, 761
138 BeckOK-H. Schmidt, BGB, § 307 Rn 14; MK-Kieninger, BGB, Vor §§ 305 ff. Rn 11
139 BGH, NJW 2009, 667, 669; MK-Kieninger, BGB, Vor §§ 305 ff. Rn 9
140 MK-Kieninger, BGB, Vor §§ 305 ff. Rn 10
141 Palandt-Grüneberg, BGB, Vor § 305 Rn 15
142 Palandt-Grüneberg, BGB, § 305c Rn 16

demgegenüber darauf hinzuweisen, dass auf diesem Wege keinesfalls eine verdeckte Inhaltskontrolle eingeführt werden darf, die im Ergebnis zu einer geltungserhaltenden Reduktion führen würde.[143]

175

> **MERKSATZ**
> Wer AGB in den Vertrag einführt, trägt das Risiko ihrer Unwirksamkeit.[144]

Salvatorische Klauseln

176 Vertragsklauseln, die den Zweck haben, unwirksame Vertragsteile so weit wie möglich aufrecht zu erhalten (sog. „**salvatorische Klauseln**"[145]) bleiben ohne Wirkung, da sie das Tranparenzgebot verletzen.[146] Eine Ausnahme gilt nur für den Fall, dass eine derartige Klausel vorsorglich einer Regelung hinzugefügt wird, die im Zeitpunkt der Verwendung dem Stand der Rechtsprechung entspricht. Ob als Folge hiervon dem Verwender ausnahmsweise Vertrauensschutz zuzubilligen ist, oder ob grundsätzlich an Stelle der unwirksam „gewordenen" Klausel gem. § 306 II BGB als dispositives Recht tritt, ist im Einzelnen streitig.[147]

Nichtigkeitsgründe

177 Schließlich ist im Bereich des Arbeitsrechts zu beachten, dass die Prüfung einer eventuellen Nichtigkeit der Prüfung der Unwirksamkeit nach §§ 305 ff. BGB vorgeht.[148] Als Nichtigkeitsgründe kommen z.B. § 12 EFZG oder § 202 I BGB in Frage.

B. Prüfungsschema
Aufgrund arbeitsrechtlicher Besonderheiten bietet sich für die AGB-Kontrolle von Arbeitsverträgen das folgende, z.T. von der „normalen" AGB-Kontrolle abweichende Prüfungsschema an.[149]

PRÜFUNGSSCHEMA

Prüfungsschema AGB-Kontrolle

178 I. Anwendbarkeit des AGB-Rechts
   1. Vorliegen von AGB, § 305 I BGB
   2. Trotz fehlender AGB gleichwohl Anwendung des AGB-Rechts bei Verstoß gegen das Umgehungsverbot, § 306a BGB
II. Einbeziehung in den Vertrag, §§ 305 BGB
III. Auslegung, § 305c II BGB und allgemeine Auslegungsregeln
IV. Überraschende Klausel, § 305c I BGB
V. Vorrang individueller Vertragsabrede, § 305b BGB
VI. Inhaltskontrolle, §§ 307 bis 309 BGB
   1. Anwendungsbereich der Inhaltskontrolle, § 307 III BGB
   2. Klauselverbote ohne Wertungsmöglichkeit, § 309 BGB
   3. Generalklausel § 307 II, I BGB
   4. Angemessene Berücksichtigung der „Besonderheiten des Arbeitsrechts", § 310 IV 2 BGB
VII. Rechtsfolge bei Nichteinbeziehung und Unwirksamkeit der AGB, § 306 BGB

---

143 Micha, JURA 2006, 761, 763
144 BAG, BB 2006, 327, 331; Micha, JURA 2006, 761, 765
145 lat. salvatorius = „bewahrend", „erhaltend"
146 Palandt-Grüneberg, BGB, § 306 Rn 11; Micha, JURA 2006, 761, 765
147 Palandt-Grüneberg, BGB, § 306 Rn 11 i.V.m. Rn 10
148 Micha, JURA 2006, 761, 762
149 MK-Basedow, BGB, Vor §§ 307 ff. BGB Rn 6

C. Systematik und Vertiefung

I. ANWENDBARKEIT DES AGB-RECHTS

1. Vorliegen von AGB, § 305 I BGB

> **DEFINITION** **179**
> Grundsätzlich sind **Allgemeine Geschäftsbedingungen** alle für eine Vielzahl von Verträgen vorformulierten Vertragsbedingungen, die eine Vertragspartei (der Verwender) der anderen Vertragspartei bei Abschluss eines Vertrags stellt, § 305 I 1 BGB.

Definition: AGB

Das allgemeine Erfordernis, dass die Klausel für die Verwendung in einer Vielzahl von Verträgen vorgesehen ist, ist gem. § 310 III Nr. 2 BGB entbehrlich, weil der Arbeitgeber Unternehmer i.S.v. § 14 BGB und der Arbeitnehmer Verbraucher i.S.v. § 13 BGB ist.[150] Folglich unterliegen auch Einmal-Vereinbarungen der Arbeitsvertragsparteien der AGB-Kontrolle, wenn der Arbeitnehmer sie inhaltlich nicht beeinflussen kann.[151] **180** *Arbeitnehmer ist Verbraucher*

> **DEFINITION** **181**
> **„Vorformuliert"** sind Vertragsbedingungen dann, wenn sie zeitlich vor dem Vertragsabschluss fertig formuliert vorliegen, um in künftige Verträge einbezogen zu werden.[152]

Definition: Vorformuliert

Dass die Klausel **„vorformuliert"** sein muss bedeutet nicht, dass dies schriftlich erfolgt sein muss. Auch wenn der Verwender, also der Arbeitgeber, die Klausel bloß „im Kopf" vorformuliert hat und dann z.B. handschriftlich in den Arbeitsvertrag einfügt, liegt eine Vorformulierung vor.[153] Auch ist nicht erforderlich, dass der Verwender die Klausel selbst vorformuliert hat. Folglich genügt die Verwendung eines Vertragsmusters, z.B. eines Arbeitgeberverbandes.[154]

Gem. § 310 III Nr. 1 BGB gelten die in Arbeitsverträgen verwendeten Vertragsbedingungen grundsätzlich als vom Arbeitgeber gestellt, weil der Arbeitgeber Unternehmer i.S.v. § 14 BGB und der Arbeitnehmer Verbraucher i.S.v. § 13 BGB ist.[155] Mit dieser Regelung sollen die Fallkonstellationen geregelt werden, in denen der Text von einem Dritten und nicht vom Verwender selbst stammt.[156] Prozessual ist dies ein Anscheinsbeweis („**prima-facie**").[157] **182** *§ 310 III Nr. 1 BGB: AGB vom Arbeitgeber gestellt*

BEISPIEL: Arbeitgeber A verwendet einen Musterarbeitsvertrag des Arbeitgeberverbandes Gesamtmetall.

Musterarbeitsverträge

Der Musterarbeitsvertrag unterliegt der AGB-Kontrolle und die AGB gelten als von A gestellt.

---

150 Vgl. hierzu bereits oben bei Rn 67.
151 MK-Basedow, BGB, § 310 Rn 61 f.
152 MK-Basedow, BGB, § 305 Rn 13
153 MK-Basedow, BGB, § 305 Rn 13; Wank/Maties, JURA 2010, 1, 2
154 Hromadka/Maschmann, ArbR I, § 5 Rn 117
155 BAG, NZA 2008, 229, 229; Reim, JuS 2006, 120, 121
156 Stoffels, AGB-Recht, Rn 139; Wank/Maties, JURA 2010, 1, 3
157 Palandt-Grüneberg, BGB, § 310 Rn 17

§ 310 III Nr. 2 BGB unterwirft weitergehend auch Einmal-Vereinbarungen der Arbeitsvertragsparteien der AGB-Kontrolle und verzichtet auf das Merkmal des „Stellens" gänzlich.

183 Schließlich darf die Klausel nicht im Einzelnen ausgehandelt worden sein, § 305 I 3 BGB. Um ein Aushandeln bejahen zu können, muss der Arbeitgeber die Vertragsklausel inhaltlich ernsthaft zur Disposition gestellt und dem Arbeitnehmer Gestaltungsfreiheit eingeräumt haben.[158] Nicht ausreichend ist, wenn dem Arbeitnehmer nur die Wahl zwischen der Annahme oder der Ablehnung der Vertragsklausel gelassen wird.[159] Auch hier liegt ein Anscheinsbeweis in der Regel nahe.[160]

184 Hieraus ergibt sich die folgende Definition Allgemeiner Geschäftsbedingungen im Arbeitsrecht:

> **DEFINITION**
> **Arbeitsrechtlich sind Allgemeine Geschäftsbedingungen** alle vorformulierten und nicht im Einzelnen ausgehandelten Vertragsbedingungen, die der Arbeitgeber dem Arbeitnehmer bei Abschluss eines Vertrags stellt, wobei letzteres vermutet wird.

2. Trotz fehlender AGB gleichwohl Anwendung des AGB-Rechts bei Verstoß gegen das Umgehungsverbot, § 306a BGB

185 Dass die Bestimmungen der §§ 305 bis 306 „durch anderweitige Gestaltungen" umgangen werden könnten, ist nur in Ausnahmefällen vorstellbar, weil diese Vorschriften unbestimmte Rechtsbegriffe verwenden, mit denen sich bei sachgerechter Interpretation alle Sachverhalte erfassen lassen, auf die sich das Gesetz nach seinem Schutzzweck angewendet wissen will.[161] Die hierzu diskutierten Fälle spielen sämtlich außerhalb des Arbeitsrechts.[162]

II. EINBEZIEHUNG IN DEN VERTRAG, §§ 305 BGB

186 Die Vorschriften über die **Einbeziehung von AGB** in Verträge, § 305 II und III BGB, finden im Arbeitsrecht keine Anwendung, § 310 IV 2 BGB. Der Gesetzgeber hat dies damit begründet, dass § 2 I 1 Nachweisgesetz die Einbeziehung von Bestimmungen in Arbeitsverträge abschließend regelt. Hiernach hat der Arbeitgeber dem Arbeitnehmer die wesentlichen Vertragsbestimmungen auszuhändigen. Dies kann durch einen entsprechenden Hinweis auf die einschlägigen Tarifverträge, Betriebs- oder Dienstvereinbarungen und ähnliche für das Arbeitsverhältnis geltende Regelungen ersetzt werden, § 2 III Nachweisgesetz. Eine Einbeziehungskontrolle am Maßstab des § 305 II und III BGB sei daher nicht mehr notwendig.[163] Es ist jedoch zu beachten, dass die Einhaltung des Nachweisgesetzes keine Wirksamkeitsvoraussetzung für die dort genannten Vertragsbedingungen ist.[164]

---

158 BAG, NZA 2005, 1111, 1116
159 Reim, JuS 2006, 120, 121
160 Vgl. BAG, NZA 2005, 1111, 1116; Palandt-Grüneberg, BGB, § 305 Rn 23
161 MK-Basedow, BGB, § 306a Rn 3
162 Hierzu Näheres bei MK-Basedow, BGB, § 306a Rn 3
163 BT-Drucks. 14/6857 S. 54; kritisch z.B. Diehn, NZA 2004, 129, 132
164 Hromadka/Maschmann, ArbR I, § 5 Rn 122; Wank/Maties, JURA 2010, 1, 3

Dennoch bleibt es dabei, dass auch im Arbeitsrecht AGB nur kraft rechtsgeschäftlicher Vereinbarung Vertragsbestandteil werden können. Notwendig ist folglich eine ausdrückliche oder stillschweigende Willensübereinstimmung der Vertragspartner zur Geltung der AGB.[165]

187 Dennoch rechtsgeschäftliche Vereinbarung nötig

III. AUSLEGUNG, § 305c II BGB UND ALLGEMEINE AUSLEGUNGSREGELN
Bevor eine Klausel daraufhin überprüft werden kann, ob sie überraschend ist, oder ob sie der Inhaltskontrolle standhält, muss sie zunächst ausgelegt werden. Grundsätzlich ist § 305c II BGB eine **Auslegungsregel**, die besagt, dass eine mehrdeutige Klausel in der für den Verwender ungünstigsten Interpretation ausgelegt werden muss.[166]

188

§ 305c II BGB: Auslegungsregel

MERKSATZ
§ 305c II BGB regelt Fälle, in denen eine begrenzte Anzahl an Interpretationen möglich ist. Das Transparenzgebot des § 307 I 2 BGB hingegen regelt Fälle, in denen man als Vertragspartner gar keine Aussage mehr über den Inhalt der Klausel machen kann.[167]

189 Verhältnis § 305c II und § 307 I 2 BGB

Der Arbeitsvertrag ist ein **Verbrauchervertrag**. Folglich sind gem. § 310 III Nr. 3 BGB bei der Klauselauslegung im Rahmen des § 307 BGB auch die den Vertragsschluss begleitenden Umstände zu berücksichtigen. Hierdurch wird der ansonsten gebotene generalisierend-typisierende Prüfungsmaßstab[168] der AGB-Bestimmungen in Verbraucherverträgen um einen konkreten individuellen Umstand erweitert. Diese Regelung dient der Umsetzung von Art. 4 I der Richtlinie RL 93/13/EWG. Streitig ist, ob § 310 III Nr. 3 BGB dahingehend teleologisch zu reduzieren ist, dass nur die Umstände Berücksichtigung finden, die sich bei der Beurteilung einer Klausel zu Gunsten des Verbrauchers niederschlagen.[169]
Entgegen dem eindeutigen Gesetzeswortlaut wird z.T. erwogen, die Berücksichtigung der den Vertragsschluss begleitenden Umstände auf § 308 BGB, nicht jedoch auch auf § 309 BGB auszudehnen.[170]

190 § 310 III Nr. 3 BGB: Berücksichtigung vertragsschlussbegleitender Umstände

Geltung nur für § 307 BGB

IV. ÜBERRASCHENDE KLAUSEL, § 305c I BGB
Nach § 305c I BGB werden Bestimmungen in Allgemeinen Geschäftsbedingungen, die nach den Umständen, insbesondere nach dem äußeren Erscheinungsbild des Vertrags, so ungewöhnlich sind, dass der Vertragspartner des Verwenders mit ihnen nicht zu rechnen braucht, nicht Vertragsbestandteil. Durch diese Regelung soll der Vertragspartner des Verwenders, im vorliegenden Kontext der Arbeitnehmer, vor überrumpelnden und übertölpenden Klauseln geschützt werden. Auch der ungewöhnliche äußere Zuschnitt der Klausel, ihre Unterbringung an unerwarteter Stelle, kann die Bestimmung zu einer ungewöhnlichen und damit überraschenden Klausel machen.[171]

191 Schutz vor überrumpelnden und übertölpenden Klauseln

---

165 Rolfs, StudKomm ArbR, § 305 BGB Rn 10; Reim, JuS 2006, 120, 121
166 Wank/Maties, JURA 2010, 1, 5
167 Wank/Maties, JURA 2010, 1, 5
168 BGH, NJW 1999, 2180, 2182; 1998, 894, 894
169 Bejahend BeckOK-Becker, BGB, § 310 Rn 20; verneinend MK-Basedow, BGB, § 310 Rn 75
170 Vgl. hierzu BeckOK-H. Schmidt, BGB, § 307 Rn 4
171 BAG, NZA 2006, 324, 326; Wank/Maties, JURA 2010, 1, 3 f.

| Vorrang der Einbeziehung | **192** § 305c I BGB kommt nur zur Anwendung, wenn die Voraussetzungen der Einbeziehung in den Vertrag vorliegen. |

MERKSATZ
Eine **Klausel** kann grds. nur **überraschend** sein, wenn sie vorher wirksam in den Vertrag einbezogen worden ist.[172]

| Prüfung in drei Schritten | **193** Die Prüfung nach § 305c I BGB erfolgt in drei Schritten. Zunächst ist festzustellen, welche Vorstellungen und Erwartungen der Kunde vom Inhalt des abgeschlossenen Vertrages nach den Umständen hatte und haben durfte. Sodann ist der Inhalt der streitigen AGB-Klausel zu ermitteln. Schließlich ist zu fragen, ob die Diskrepanz zwischen den Vorstellungen des Kunden und dem Inhalt der AGB-Klausel so groß ist, dass sich die Annahme rechtfertigt, es handele sich um eine „überraschende" Klausel i.S.d. § 305c I BGB.[173] |

KLAUSURHINWEIS
Keinesfalls darf an dieser Stelle also geprüft werden, ob die Klausel den Vertragspartner, den Arbeitnehmer, unangemessen benachteiligt.[174]

| Verzichts- erklärungen Ausschlussfristen | **194** Da der Arbeitsvertrag für den Arbeitnehmer kein Massengeschäft ist, wird das subjektive Überraschungsmoment nur selten vorliegen. Überraschend können weit reichende Verzichtserklärungen in sog. Ausgleichquittungen sein. **Ausschlussfristen** und Verfallklauseln sind demgegenüber im Arbeitsleben üblich, also nicht überraschend.[175] |

V. VORRANG INDIVIDUELLER VERTRAGSABREDE, § 305b BGB

| § 305b BGB ist Konkurrenzregel | **195** Bei § 305b BGB handelt es sich nicht um einen zur Unwirksamkeit abweichender Klauseln führenden Maßstab der Inhaltskontrolle, wie er sich in den §§ 307 ff. BGB findet. Auch ist § 305b BGB keine Auslegungsregel.[176] Vielmehr handelt es sich um eine Konkurrenzregel, die auf der Rechtsfolgenseite zu einer Verdrängung der AGB durch die Individualabrede führt. |

MERKSATZ
Die **Individualabrede** ist spezieller als die AGBs.[177]

| AGB treten hinter Individualabrede zurück | Insoweit ist § 305b BGB nichts anderes als der Ausdruck des funktionellen Rangverhältnisses zwischen Individualvereinbarungen und AGB. Die Vorschrift beruht auf der Überlegung, dass Allgemeine Geschäftsbedingungen als generelle Richtlinien für eine Vielzahl von Verträgen abstrakt vorformuliert und daher von vornherein auf Ergänzung durch die individuelle Einigung der Parteien ausgelegt sind. Sie können und sollen nur |

---

172   MK-Basedow, BGB, § 305c Rn 3
173   MK-Basedow, BGB, § 305c Rn 5
174   Wank/Maties, JURA 2010, 1, 3
175   Rolfs, StudKomm ArbR, § 305c BGB Rn 1
176   So aber HK-Schulte-Nölke, BGB, § 305b Rn 1
177   BAG, NJW 2009, 316, 318; BeckOK-H. Schmidt, BGB, § 305b Rn 1; MK-Basedow, BGB, § 305b Rn 2; Wank/Maties, JURA 2010, 1, 4

insoweit Geltung beanspruchen, als die von den Parteien getroffene Individualabrede dafür Raum lässt. Der Widerspruch zwischen Individualabrede und AGB führt deshalb nur dazu, dass die AGB zurücktreten, ohne zwingend unwirksam zu sein.[178]

Einfache **Schriftformklauseln** nach denen Abweichungen von AGB nur gelten sollen, wenn sie schriftlich getroffen werden, sind unwirksam. Die h.M. sieht in einer abweichenden Individualvereinbarung eine konkludente Aufhebung der Schriftformklausel.[179]

196 Einfache Schriftformklauseln

Inzwischen hat das BAG auch sog. **doppelte Schriftformklauseln** (die Aufhebung der Schriftformklausel kann nur schriftlich erfolgen) für unwirksam erklärt, soweit diese Klauseln sich nicht auf den Fall der betrieblichen Übung[180] beschränken, damit § 305b BGB nicht umgangen werden könne.[181]

197 Doppelte Schriftformklauseln

VI. INHALTSKONTROLLE, §§ 307 bis 309 BGB

1. Anwendungsbereich der Inhaltskontrolle, § 307 III BGB

Nach § 307 III BGB unterliegen nur solche AGB der offenen Inhaltskontrolle gem. §§ 307 ff., durch die eine Regelung getroffen wird, welche von Rechtsvorschriften entweder abweicht (sog. **„risikoumverteilende Regelung"**) oder sie ergänzt (sog. **„spezialisierende Regelung"**). Die Inhaltskontrolle wird durch diese Formulierung in doppelter Weise beschränkt:

198 Risikoumverteilende und spezialisierende Regelung

Zum einen sollen durch die §§ 307 ff. Vorschriften anderer Gesetze nicht modifiziert werden. Sog. **deklaratorische Klauseln**, die lediglich den Inhalt gesetzlicher Regelungen wiedergeben, sind daher nicht kontrollfähig. Zu beachten ist, dass nicht nur Klauseln, die das Gesetz, sondern auch solche, die Tarifverträge, Betriebs- oder Dienstvereinbarungen wörtlich wiederholen, deklaratorisch sind, § 310 IV 3 BGB. Somit bleibt die Bezugnahme des fachlich und räumlich einschlägigen Tarifvertrags im Ganzen kontrollfrei. Demgegenüber genießt die Inbezugnahme einzelner Tarifklauseln dieses Privileg nicht, da der Tarifvertrag nur als Einheit die Vermutung inhaltlicher Ausgewogenheit in sich trägt. Wird auf einen räumlich oder vor allem fachlich nicht einschlägigen Tarifvertrag Bezug genommen, erscheint eine Inhaltskontrolle geboten.[182]

199 Deklaratorische Klauseln sind nicht kontrollfähig

Zum anderen sollen, auch wenn dies im Wortlaut nicht so deutlich zum Ausdruck kommt, vertragliche Leistungsangebote und Preise einer Inhaltskontrolle entzogen werden. Denn für eine Kontrolle solcher Leistungsbeschreibungen würde es schon an einem gesetzlichen Maßstab fehlen. Zudem muss sich das Verhältnis von Leistung und Gegenleistung in einer Marktwirtschaft grds. nach den Gesetzen von Angebot und Nachfrage richten.[183] Daher sind sowohl der Inhalt der Arbeitsverpflichtung als auch das Arbeitsentgelt einschließlich aller Nebenleistungen kontrollfrei.[184]

200 Keine Inhaltskontrolle bzgl. der Hauptpflichten

---

178 BAG, NJW 2009, 316, 318; BGH, NJW 2006, 138, 139
179 BAG, AP Nr. 1 zu § 127 BGB; BGH, NJW 2009, 433, 433
180 Hierzu ausführlich ab Rn 508
181 BAG, NZA 2008, 1233, 1233 ff.; kritisch Wank/Maties, JURA 2010, 1, 4
182 Rolfs, StudKomm ArbR, § 307 BGB Rn 6; Richardi, NZA 2002, 1057, 1062; Thüsing/Lambrich, NZA 2002, 1361, 1362
183 Hromadka/Maschmann, ArbR I, § 5 Rn 126
184 Rolfs, StudKomm ArbR, § 307 Rn 8; Henssler, RdA 2002, 131, 136; Hromadka, NJW 2002, 2523, 2527; Thüsing, BB 2002, 2666, 2667

> **MERKSATZ**
> Die **vertraglichen Hauptpflichten** unterliegen keiner Inhaltskontrolle.

Änderungsvorbehalte

201 Der AGB-Kontrolle unterworfen sind demgegenüber Vorbehalte, die vertraglichen Bestimmungen ändern zu können, also z.B. Versetzungsklauseln und Widerrufsvorbehalte. Denn mit ihnen weicht der Verwender von dem (ungeschriebenen) Rechtssatz „pacta sunt servanda" ab.[185]

Schutzzweck der Inhaltskontrolle

2. Prüfungsfolge und allgemeine Grundsätze der Inhaltskontrolle

202 Der Schutzzweck der Inhaltskontrolle ist allgemein derjenige, den Verwendungsgegner (vorliegend den Arbeitnehmer) vor unangemessenen Ergebnissen einseitig in Anspruch genommener Vertragsgestaltungsmacht des Verwenders zu schützen.[186]

Verhältnis der §§ 307 – 309 BGB

203 § 307 I und II BGB stellen die Generalklausel der Inhaltskontrolle dar, der im Verhältnis zu den §§ 308 und 309 BGB die Funktion der Auffangnorm zukommt. Dabei beeinflussen sich die Vorschriften wechselseitig. Einerseits erfährt die Generalklausel durch die Klauselkataloge der §§ 308 und 309 BGB eine Konkretisierung, andererseits sind die Wertungen der Generalklausel bei der Auslegung der konkreten Klauselverbote zu berücksichtigen.[187]

Definition: Unangemessene Benachteiligung

> **204 DEFINITION**
> Generell liegt eine **unangemessene Benachteiligung** entgegen den Geboten von Treu und Glauben vor, wenn der Verwender durch einseitige Vertragsgestaltung missbräuchlich eigene Interessen auf Kosten seines Vertragspartners durchzusetzen versucht, ohne von vornherein auch dessen Belange hinreichend zu berücksichtigen und ihm einen angemessenen Ausgleich zuzugestehen.[188]

Prüfungsreihenfolge

205 Innerhalb der Inhaltskontrolle gilt der Vorrang der spezielleren Regelung vor der allgemeineren. Deshalb ist zunächst § 309 BGB zu prüfen, dann § 308 BGB und im Anschluss daran § 307 II BGB vor § 307 I BGB.

> **MERKSATZ**
> Innerhalb der Inhaltskontrolle der §§ 307 – 309 BGB prüft man quasi „von hinten nach vorne".

206 Eine Klausel, die nach § 308 BGB oder § 309 BGB unwirksam ist, kann nicht einer erneuten Überprüfung nach § 307 BGB mit dem Ergebnis unterzogen werden, dass die Klausel auf Grund der Wertungen dieser Norm nun zulässig sei.[189]
Jedoch kann umgekehrt aus den konkreten Klauselverboten der §§ 308 und 309 BGB nicht automatisch hergeleitet werden, dass alles, was in ihrem Anwendungsbereich zulässig ist, etwa allgemein zulässig wäre. Allerdings darf die Prüfung des

---

185 BAG, NZA 2006, 40, 45; Hromadka/Maschmann, ArbR I, § 5 Rn 127; Wank/Maties, JURA 2010, 1, 5
186 BeckOK-H. Schmidt, BGB, § 307 Rn 1
187 BeckOK-H. Schmidt, BGB, § 307 Rn 18; Staudinger-Coester, BGB, § 307 Rn 10
188 BGH, NJW 2001, 2331, 2331; BeckOK-H. Schmidt, BGB § 307 Rn 27
189 BeckOK-H. Schmidt, BGB, § 307 Rn 16; Staudinger-Coester, BGB, § 307 Rn 10

§ 307 BGB auch nicht dazu führen, Wertungen des Gesetzgebers, die sich aus den konkreten Klauselverboten ablesen lassen, unter Rückgriff auf die Generalklausel mit ihren Regelbeispielen in Absatz 2 gleichsam auf den Kopf zu stellen.[190]

BEISPIEL: Der gleich folgende Fall zur Zulässigkeit einer Vertragsstrafe verdeutlicht das Zusammenspiel der §§ 308 bzw. 309 BGB einerseits und § 307 BGB andererseits.[191]

3. Berücksichtigung der Besonderheiten des Arbeitsrechts, § 310 IV 2 HS 1 BGB

Streitig ist, was mit den **„Besonderheiten des Arbeitsrechts"** gemeint ist. Das BAG vertritt eine relativ weitreichende Auslegung dieses Begriffs. Besonderheiten des Arbeitsrechts sind die Besonderheiten des Rechtsgebiets Arbeitsrecht im Ganzen[192] und nicht nur die Besonderheiten bestimmter Arbeitsverhältnisse wie z.B. kirchlicher Arbeitsverhältnisse.[193] Dabei muss es sich nicht um Besonderheiten handeln, die nur im Arbeitsrecht gelten. Es reicht vielmehr aus, wenn sich die Abweichungen von typischen Regelungslagen insbesondere im Arbeitsverhältnis auswirken.

207 Besonderheiten des Rechtsgebiets Arbeitsrecht im Ganzen

BEISPIEL: Ein gutes Beispiel findet sich gleich im Text bei § 309 Nr. 6 BGB zur Problematik der Zulässigkeit von Vertragsstrafen.[194]

Offen gelassen hat das BAG, ob auch vom Arbeitsrecht abweichende Vertragspraktiken zu berücksichtigen sind. Dies ist jedoch zu verneinen. Hätte der Gesetzgeber eine Berücksichtigung derartiger Besonderheiten auch bei Arbeitsverträgen gewollt, hätte er bei § 310 IV 2 BGB auf die Formulierung in § 310 I 2 BGB zurückgreifen können.[195]

208

4. Klauselverbote ohne Wertungsmöglichkeit, § 309 BGB

a) § 309 Nr. 6 BGB - Vertragsstrafe

Im Rahmen des § 309 Nr. 6 BGB ist fraglich, ob es zulässig ist, für den Fall des Nichtantritts des Arbeitsverhältnisses eine **Vertragsstrafe** festzusetzen.[196]

209

BEISPIEL (nach BAG, NZA 2004, 727): Am 23. 1. schlossen die Parteien einen Arbeitsvertrag, in dem die Einstellung der B als Verkäuferin bei der K ab dem 1. 3. vereinbart wurde. Nach § 2 des Arbeitsvertrags war eine sechsmonatige Probezeit mit einer beiderseitigen Kündigungsfrist von zwei Wochen vereinbart; eine Kündigung vor Antritt des Arbeitsverhältnisses wurde ausdrücklich ausgeschlossen. Für den Fall des Nichtantritts des Arbeitsverhältnisses war in dem Formulararbeitsvertrag eine Vertragsstrafe in Höhe von einem Bruttomonatsgehalt vereinbart. Mit Schreiben vom 27. 1. teilte B der K mit, dass sie die Arbeit nicht antreten werde und kündige. K verlangt nunmehr von B die Zahlung der vereinbarten Vertragsstrafe.

---

190 BeckOK-H. Schmidt, BGB, § 307 Rn 16
191 Unten Rn 209
192 BAG, NZA 2004, 727, 731
193 So aber z.B. Birnbaum, NZA 2003, 944, 946 f.
194 Unten Rn 209
195 ArbG Bochum, NZA 2002, 978, 979; Reim, JuS 2006, 120, 121 f.
196 Bejahend z.B. Henssler, RdA 2002, 129, 138; verneinend z.B. Thüsing, NZA 2002, 591, 594

§ 339 BGB

210 Gem. § 339 BGB kann eine **Vertragsstrafe** für den Fall vereinbart werden, dass der Schuldner eine Verbindlichkeit nicht oder nicht in gehöriger Weise erfüllt. Nach § 309 Nr. 6 BGB sind aber in Allgemeinen Geschäftsbedingungen Regelungen unwirksam, durch die sich der Verwender für den Fall, dass der andere Teil sich vom Vertrag löst, die Zahlung einer Vertragsstrafe versprechen lässt. Allerdings regelt § 310 IV 2 HS 1 BGB, dass bei der Anwendung der §§ 305 ff. BGB auf Arbeitsverträge die im Arbeitsrecht geltenden Besonderheiten angemessen zu berücksichtigen sind.

§ 888 III ZPO

211 Eine derartige Besonderheit des Arbeitsrechts bildet die Regelung des § 888 III ZPO, die es ausschließt, die Verpflichtung zur Arbeitsleistung zu vollstrecken. Hierdurch fehlt dem Arbeitgeber im Gegensatz zu anderen Gläubigern die Möglichkeit, den vertraglichen Primäranspruch, die Leistung der Arbeit, durchzusetzen; daher besteht ein Bedürfnis an Sanktionsinstrumenten, um zur Erfüllung der vertraglichen Hauptpflicht anzuhalten.[197]

Vertragsstrafen benachteiligen daher den Arbeitnehmer nicht generell unangemessen, weil es an ihm liegt, seine Hauptpflichten zu erbringen. Der Arbeitgeber hat ein berechtigtes Interesse an der Einhaltung der arbeitsvertraglichen Hauptpflicht, während der Arbeitnehmer in der Regel weder ein Recht noch ein schützenswertes Interesse daran hat, den Arbeitsvertrag zu brechen.[198]

Höhe der (an sich zulässigen) Vertragsstrafe

212 Eine **unangemessene Benachteiligung** gem. § 307 I BGB kann sich aber aus der Höhe der (an sich zulässigen) Vertragsstrafe ergeben. Zur Feststellung der Angemessenheit einer Vertragsstrafe ist nach BAG die maßgebliche Kündigungsfrist von erheblicher Bedeutung. Denn hierin kommt zum Ausdruck, in welchem zeitlichen Umfang der Arbeitgeber Arbeitsleistungen vom Arbeitnehmer verlangen kann und welches Interesse er an der Arbeitsleistung hat.[199] Hier hatte B eine Kündigungsfrist von zwei Wochen, weshalb auch die Vertragsstrafe nur eine Höhe von maximal zwei Wochenverdiensten hätte haben dürfen. Eine geltungserhaltende Reduktion scheidet aus. Folglich ist die Vertragsstrafen-Klausel unwirksam und B nicht zur Zahlung verpflichtet.

> **KLAUSURHINWEIS**
> Der „Plot" ist hier also, dass es quasi zwei getrennt zu prüfende Fragen gibt: Diejenige nach dem „Ob" der Vertragsstrafe (Maßstab: § 309 Nr. 6 BGB) und diejenige nach dem „Wie" (Maßstab: § 307 I BGB).

Mankoabreden

213 Mankoabreden[200] stellen eine Besonderheit des Arbeitsrechts dar und sind deshalb auch in AGB zulässig. Sie sind weder nach § 309 Nr. 6 noch nach Nr. 12 BGB unwirksam.[201]

b) § 309 Nr. 10 BGB – Wechsel des Vertragspartners

Konzernversetzungsklausel

214 Ist in den vom Arbeitgeber gestellten Arbeitsvertragsbedingungen eine „Konzernversetzungsklausel" enthalten, die es dem Arbeitgeber ermöglicht, den Arbeitnehmer zu einem anderen Unternehmen (und damit auch zu einem anderen

---

197   BAG, NZA 2004, 727, 731 f.
198   BAG, NZA 2004, 727, 733
199   BAG, NZA 2004, 727, 734
200   Hierzu Näheres bei Rn 680.
201   Wank/Maties, JURA 2010, 1, 6

Vertragsarbeitgeber) zu versetzen, findet auf den hierin vorgesehenen Wechsel des Arbeitgebers § 309 Nr. 10 wohl keine Anwendung. Die Wirksamkeit einer Konzernversetzungsklausel beurteilt sich anhand von §§ 305c I, 307 BGB.[202]

Sofern die Klausel wirksam ist, ergibt sich hieraus aber kein „konzernbezogener Kündigungsschutz" und folglich auch keine unternehmensübergreifende Weiterbeschäftigungspflicht für den Arbeitgeber.[203]

Kein „konzernbezogener Kündigungsschutz"

c) § 309 Nr. 13 – Form von Anzeigen und Erklärungen

Zweistufige **Ausschlussfristen**, bei denen der Anspruch auf der ersten Stufe binnen einer bestimmten Frist mündlich oder schriftlich geltend gemacht und – im Falle seines Nicht-(rechtzeitigen)-Anerkennens auf der zweiten Stufe binnen einer weiteren Frist rechtshängig gemacht werden muss, unterliegen nicht der strengen Klauselkontrolle nach § 309 Nr. 13 BGB. Sie normieren auf der zweiten Stufe weder ein besonderes Formerfordernis[204] noch statuieren sie ein besonderes Zugangserfordernis. Sie bestimmen vielmehr schlicht eine Ausschlussfrist für die Klageerhebung.[205] Ihre Zulässigkeit richtet sich daher allein nach den allgemeinen Vorschriften.[206]

215 Zweistufige Ausschlussfristen

Nach einhelliger Auffassung kann die Wirksamkeit einer arbeitnehmerseitigen Kündigung auch nicht davon abhängig gemacht werden, dass diese per Einschreiben erfolgt.[207]

216 Kündigung per Einschreiben

5. Klauselverbote mit Wertungsmöglichkeit, § 308 BGB

Die Klauselverbote des § 308 BGB haben nur eine geringe arbeitsrechtliche Bedeutung. Jedoch steht die Nr. 4 zu weit gefassten Freiwilligkeits- und Widerrufsvorbehalten entgegen.

217 Freiwilligkeits- und Widerrufsvorbehalte

Wegen der Unsicherheit der zukünftigen wirtschaftlichen Entwicklung hat der Arbeitgeber ein Interesse an einem Widerruf (vor allem) finanzieller Zusagen an den Arbeitnehmer. Auf der anderen Seite braucht der Arbeitnehmer eine gewisse Planungssicherheit hinsichtlich seiner finanziellen Verhältnisse. Schon deshalb setzt ein Freiwilligkeits- oder Widerrufsvorbehalt voraus, dass dem Arbeitnehmer sowohl die widerrufbare Leistung der Art und Höhe nach als auch die Widerrufsgründe vorab bekannt sind, damit der Arbeitnehmer weiß, was auf ihn zukommt. Die Widerrufsgründe müssen im Arbeitsvertrag selbst festgelegt sein.[208]

218

Die Zulässigkeit des Widerrufs ist weiterhin natürlich auch vom Umfang der Änderung der Leistung abhängig. Je einschneidender der Vorbehalt für den Arbeitnehmer ist, desto konkreter müssen die Widerrufsgründe ausgestaltet sein. Allerdings darf nicht in den Kernbereich des Vertrags eingegriffen werden. Ein derartiger Eingriff liegt regelmäßig vor, wenn der im Gegenseitigkeitsverhältnis stehende widerrufliche Teil des Gesamtverdienstes über 25 % liegt oder der Tariflohn unterschritten wird.[209]

219 Maßgeblich ist Umfang des Eingriffs

Bei Leistungen, die nicht unmittelbar im Gegenseitigkeitsverhältnis für die

---

202 MK-Müller-Glöge, BGB, § 611 Rn 438; a.A: Henssler in: Henssler/von Westphalen, Schuldrechtsreform, § 310 Rn 19
203 BAG, NZA 2007, 30 ff.
204 A.A. ArbG Frankfurt a.M., AuR 2004, 76, 76
205 BeckOK-Becker, BGB, § 309 Nr. 13 Rn 10; Gotthardt, ZIP 2002, 277, 285
206 Hierzu unten Rn 231 ff.
207 Annuß, BB 2002, 458, 463; Gotthardt, ZIP 2002, 277, 284
208 BAG, NZA 2011, 796, 796 = RA 2011, 411, 411 f.; 2005, 465, 468
209 BAG, NZA 2006, 423, 428

Arbeitsleistung stehen (z.B. Fahrtkostenerstattung), erhöht sich der widerrufliche Teil auf bis zu 30 % des Gesamtverdienstes.[210]

Verhältnis zu § 315 BGB

> **MERKSATZ**
>
> Neben § 308 Nr. 4 BGB ist noch § 315 BGB zu beachten. Während § 308 Nr. 4 BGB der Klausel als solche eine Prüfung unterzieht (Inhaltskontrolle), ordnet § 315 BGB an, dass die Ausübung eines solchen Bestimmungsrechts billigem Ermessen entsprechen muss (Ausübungskontrolle).[211]

Versetzungsvorbehalte

220 Auf arbeitsvertragliche Versetzungsvorbehalte ist Nr. 4 nicht anzuwenden, da die Vorschrift nur einseitige Bestimmungsrechte hinsichtlich der Leistung des AGB-Verwenders selbst (also des Arbeitgebers) erfasst.[212]

6. Generalklausel § 307 I, II BGB

a) Grundlagen

221 Im Rahmen dieses Skripts können die Einzelheiten der AGB-Kontrolle nicht behandelt werden. Dies würde den Rahmen dieses Arbeitsrecht-Skripts sprengen. Deshalb werden hier nur die Grundlagen kurz skizziert, um dann auf die in einer Arbeitsrechtsklausur wichtigsten Einzelfälle zu sprechen zu kommen.

Generalklausel

222 § 307 BGB stellt die **Generalklausel** der Inhaltskontrolle dar. Hiernach ist eine Bestimmung in AGB unwirksam, die den Vertragspartner (hier den Arbeitnehmer) entgegen den Geboten von Treu und Glauben unangemessen benachteiligt, was auch durch eine intransparente Regelung verursacht werden kann.

Regelbeispiele

Innerhalb der Generalklausel enthält der Absatz 2 Regelbeispiele, die eine unangemessene Benachteiligung i.S.d. Absatz 1 indizieren.

Prüfungsreihenfolge

223 **KLAUSURHINWEIS**

Daraus ergibt sich diese **Prüfungsreihenfolge**: Nach der Feststellung, dass die Bestimmung nach § 307 III BGB überhaupt der Inhaltskontrolle unterliegt,[213] sind zunächst die Regelbeispiele (Indizfälle) des § 307 II BGB zu prüfen. Bei Verneinung der Unwirksamkeit ist schließlich auf § 307 I BGB einzugehen.[214]

Benachteiligung des Arbeitnehmers

224 Alleine maßgebend ist die Benachteiligung des Vertragspartners des Verwenders (des Arbeitnehmers), der nicht eine korrelierende Begünstigung des Verwenders (also des Arbeitgebers) gegenüberstehen muss.[215] Folglich wird der Verwender natürlich nicht vor seinen eigenen AGB geschützt.[216] Ebenso gibt es (abgesehen von der Sondervorschrift des § 309 Nr. 11 BGB) grundsätzlich keinen unmittelbaren Schutz Dritter.[217]

---

210   BAG, NJW 2005, 1820, 1821
211   BAG, NZA 2011, 796, 797 = RA 2011, 411, 412
212   BAG, NJW 2006, 3303, 3305
213   Hierzu bereits oben Rn 198 ff.
214   BeckOK-H. Schmidt, BGB, § 307 Rn 18
215   Wolf/Lindacher/Pfeiffer-Wolf, AGB-Recht, § 307 Rn 165; Ulmer/Brandner/Hensen-Fuchs, AGB-Recht, § 307 Rn 108
216   Wolf/Lindacher/Pfeiffer-Wolf, AGB-Recht, § 307 Rn 95
217   Zu Ausnahmefällen, die im Arbeitsrecht keine Rolle spielen, z.B. BeckOK-H. Schmidt, BGB, § 307 Rn 24 ff.

> **DEFINITION**
>
> Generell liegt eine **unangemessene Benachteiligung** entgegen den Geboten von Treu und Glauben vor, wenn der Verwender durch einseitige Vertragsgestaltung missbräuchlich eigene Interessen auf Kosten seines Vertragspartners durchzusetzen versucht, ohne von vornherein auch dessen Belange hinreichend zu berücksichtigen und ihm einen angemessenen Ausgleich zuzugestehen.[218]
>
> Hierbei kann eine unangemessene Benachteiligung auch dadurch begründet werden, dass die beiderseitigen Rechte und Pflichten nicht klar und hinreichend deutlich umschrieben sind (**Transparenzgebot**).

225 Definition: Unangemessene Benachteiligung

In objektiver Hinsicht setzt die Benachteiligung voraus, dass die Rechtslage ohne die zu prüfende Klauselgestaltung für den Vertragspartner (den Arbeitnehmer) günstiger ist als diejenige aufgrund der Klausel.

Objektiv ungünstigere Rechtslage

Unangemessen ist die Benachteiligung, wenn die rechtlich geschützten Interessen des Vertragspartners (des Arbeitnehmers) ohne angemessenen Ausgleich oder ohne hinreichende Begründung den Interessen des Verwenders (des Arbeitgebers) hintangestellt werden.

Hintanstellung der Interessen des Arbeitnehmers

> **KLAUSURHINWEIS**
>
> Damit ergibt sich für die Feststellung einer unangemessenen Benachteiligung ein **zweistufiger Prüfungsablauf**:
>
> Zunächst ist auf der ersten Stufe die nachteilige Gestaltung der Rechtslage festzustellen.
>
> Danach ist auf der zweiten Stufe die Angemessenheit des in der Klausel zum Ausdruck gekommenen Interessenausgleichs nach einer Analyse sämtlicher in Betracht kommender Interessen zu prüfen.[219]

226 Zweistufiger Prüfungsablauf

Bewertungsmaßstab in objektiver Hinsicht ist die Rechtslage nach dem Gesetzesrecht, von der durch die zu prüfende Klausel abgewichen werden soll.[220]

227 Bewertungsmaßstab

Bei der Beurteilung der Frage, ob die Benachteiligung unangemessenen ist, sind nach § 307 I und II BGB auch die den Vertragsschluss begleitenden Umstände zu berücksichtigen, weil der Arbeitnehmer Verbraucher i.S.v. § 310 III Nr. 3 BGB ist.[221]

228 Vertragsschluss begleitende Umstände

Die Interessenlage ist umfassend und nach beiden Vertragsseiten hin zu ermitteln. Für die Beurteilung der Angemessenheit von AGB kommt es in erster Linie auf eine sorgfältige und alle Umstände des Falles in Betracht ziehende Ermittlung der Interessen an. Zu prüfen ist also zunächst, welches Interesse der Verwender (der Arbeitgeber) an der Aufrechterhaltung der AGB-Klausel hat und welches die Gründe sind, die umgekehrt aus der Sicht des Arbeitnehmers für den Wegfall der Klausel sprechen.[222]

229 Interessenabwägung

Der maßgebliche Beurteilungszeitpunkt für die Feststellung der unangemessenen Benachteiligung oder deren Fehlen im Prozess zwischen Arbeitgeber und Arbeitnehmer ist der Zeitpunkt des Vertragsabschlusses.[223]

230 Beurteilungszeitpunkt

---

218 BGH, NJW 2001, 2331, 2331; BeckOK-H. Schmidt, BGB § 307 Rn 27
219 Stoffels, AGB-Recht, Rn 466; Ulmer/Brandner/Hensen-Fuchs, AGB-Recht, § 307 Rn 98
220 Erman/Roloff, BGB, Rn 307 Rn 8; Wolf/Lindacher/Pfeiffer-Wolf, AGB-Recht, § 307 Rn 78
221 BAG, NZA 2006, 324, 328
222 Ausführlich hierzu BeckOK-H. Schmidt, BGB, § 307 Rn 30 ff.; MK-Kieninger, BGB, § 307 Rn 34 ff.
223 Vgl. Palandt-Grüneberg, BGB, § 307 Rn 7

b) Einzelfälle

aa) Ausschlussfristen

Verfallklauseln **231** Das wohl häufigste Prüfungsthema dürften die sog. **„Ausschlussfristen"** sein, die auch „Verfallklauseln" genannt werden. Ausschlussfristen dienen dem Rechtsfrieden und der Rechtssicherheit im Vertragsverhältnis. Binnen angemessener Frist soll der Schuldner erfahren, welche Ansprüche gegen ihn noch erhoben worden sind und welche nicht mehr erhoben werden können. Die Versäumung einer derartigen Frist führt zum Erlöschen des Anspruchs und ist daher von der Verjährung zu unterscheiden.

Einwendung, keine Einrede

232 | MERKSATZ
| Ausschlussfristen sind von Amts wegen zu beachten.[224]

233 Besonderheiten bestehen bei Ansprüchen aus Tarifverträgen und Betriebsvereinbarungen. § 4 IV 3 TVG schließt das Erlöschen (unverzichtbarer) tariflicher Ansprüche wegen Versäumung einer arbeitsvertraglichen Ausschlussfrist aus, wenn der Tarif-

§ 4 IV 3 TVG vertrag kraft Tarifbindung Anwendung findet. Beruht die Anwendbarkeit des Tarifvertrags hingegen auf lediglich individualrechtlicher Grundlage, also z.B. einer Bezugnahme im Arbeitsvertrag, steht § 4 IV 3 TVG dem Verfall der Ansprüche nicht entgegen.[225]

§ 77 IV 4 BetrVG Ansprüche aus einer Betriebsvereinbarung können generell nicht durch arbeitsvertragliche Ausschlussfristen in ihrem Bestand berührt werden, § 77 IV 4 BetrVG.[226]

Kondizierbarkeit **234** Das aufgrund eines verfallenen Anspruchs Geleistete kann gem. § 812 I 1 Alt. 1 BGB kondiziert werden. Bei der Leistung auf einen verjährten Anspruch ist dies gem. §§ 813 I 2, 214 II BGB nicht möglich.

Vorsatzhaftung nicht erfasst

235 | MERKSATZ
| Eine **arbeitsvertragliche Ausschlussklausel** ist regelmäßig dahingehend auszulegen, dass Fälle der Vorsatzhaftung hiervon nicht erfasst sind.[227]

Das ergibt sich aus der insoweit eindeutigen Gesetzeslage: Denn anders als bei einer tarifvertraglichen Ausschlussfrist können die Parteien eines Arbeitsvertrags weder die Verjährung bei Haftung wegen Vorsatzes im Voraus durch Rechtsgeschäft erleichtern, § 202 I BGB, noch die Haftung wegen Vorsatzes dem Schuldner im Voraus erlassen, § 276 III BGB.

(1) Besonderheiten des Arbeitsrechts, § 310 IV 2 BGB

236 Generell ist zu konstatieren, dass in arbeitsrechtlichen Gesetzen bevorzugt verhältnismäßig kurze Fristen zur Geltendmachung von Rechtspositionen vorgesehen werden. So muss der Arbeitnehmer z.B. nach § 4 KSchG innerhalb von drei Wochen

---

224 *MK-Müller-Glöge, BGB, § 611 Rn 1154 f.; Palandt-Weidenkaff, BGB, § 611 Rn 72*
225 *MK-Müller-Glöge, BGB, § 611 Rn 1166*
226 *MK-Müller-Glöge, BGB, § 611 Rn 1166*
227 *BAG, NZA 2013, 1265, 1267*

nach Zugang der schriftlichen Kündigung Kündigungsschutzklage erheben. Die gleiche Frist ist nach § 17 TzBfG für Befristungskontrollklagen vorgesehen. Solche Fristen wirken sich auf die in der Praxis des Arbeitslebens erwartete Dauer einer Ausschlussfrist aus. Sie sind in ihrer Gesamtheit als **im Arbeitsrecht geltende Besonderheiten** gem. § 310 IV 2 BGB angemessen zu berücksichtigen.[228]

(2) Einseitige Ausschlussfristen

Einseitige Ausschlussfristen in Formulararbeitsverträgen, die nur für den Arbeitnehmer zum Anspruchsverlust führen, widersprechen einer ausgewogenen Vertragsgestaltung und sind deshalb nach § 307 I 1 BGB unwirksam.[229] **237** Nach § 307 I 1 BGB unwirksam

Gleiches gilt für einseitige **Ausgleichsklauseln**, in denen Arbeitnehmer im Zusammenhang mit der Beendigung des Arbeitsverhältnisses erklären sollen, dass Ansprüche, gleich aus welchem Rechtsgrund, nicht bestehen.[230] Anders ist dies (auch bei einem vom Arbeitnehmer erklärten Verzicht auf eine Kündigungsschutzklage), wenn der Arbeitnehmer eine Kompensation durch eine substantiierte Gegenleistung des Arbeitgebers erhält.[231] Ausgleichsklauseln

Weil Tarifverträge nicht der AGB-Kontrolle unterliegen, § 310 IV 1 BGB, können jedoch tarifvertraglich auch einseitige Ausschlussfristen zum Nachteil des Arbeitnehmers vereinbart werden.[232] **238** Ausnahme: Tarifvertrag

(3) Einstufige Ausschlussfrist

Eine einzelvertragliche Ausschlussfrist, die die schriftliche Geltendmachung aller Ansprüche aus dem Arbeitsverhältnis innerhalb einer Frist von weniger als drei Monaten ab Fälligkeit verlangt, benachteiligt unangemessen entgegen den Geboten von Treu und Glauben, § 307 I 1 BGB. Sie ist mit wesentlichen Grundgedanken des gesetzlichen Verjährungsrechts nicht vereinbar, § 307 II Nr. 1 BGB, und schränkt wesentliche Rechte, die sich aus der Natur des Arbeitsvertrags ergeben, so ein, dass die Erreichung des Vertragszwecks gefährdet ist, § 307 II Nr. 2 BGB. Sie fällt bei Aufrechterhaltung des Arbeitsvertrags im Übrigen ersatzlos weg, § 306 I und II BGB.[233] **239** Mindestfrist: 3 Monate

> **MERKSATZ**
> Die **Mindestfrist** für eine vertraglich vereinbarte einstufige Ausschlussfrist beträgt: 3 Monate.

BEISPIEL: Zulässig wäre also die folgende einstufige Ausschlussklausel: „Alle Ansprüche aus dem Arbeitsverhältnis verfallen mit Ablauf von drei Monaten ab Fälligkeit, sofern sie nicht innerhalb dieser Frist schriftlich geltend gemacht worden sind. Unter die Verfallklausel fallen nicht solche Ansprüche eines Arbeitgebers oder eines Arbeitnehmers gegen einen Arbeitnehmer oder Arbeitgeber, die auf eine strafbare Handlung oder eine unerlaubte Handlung gestützt werden. Für diese Ansprüche gelten die gesetzlichen Vorschriften."

---

228 BAG, NJW 2006, 795, 798
229 BAG, NZA 2006, 324, 326; MK-Müller-Glöge, BGB, § 611 Rn 1173
230 BAG, NZA 2011, 1338, 1341
231 LAG Niedersachsen, 27.03.2014 – 5 Sa 1099/13
232 Palandt-Weidenkaff, BGB, § 611 Rn 72
233 BAG, NJW 2006, 795, 798

(4) Zweistufige Ausschlussfrist

Mindestfrist:
2 mal 3 Monate

240 In **Formulararbeitsverträgen** können auch zweistufige Ausschlussklauseln vereinbart werden. Hierunter versteht man Klauseln, die neben einer zunächst schriftlichen Geltendmachung des Anspruchs (erste Stufe) eine gerichtliche Geltendmachung des Anspruchs (zweite Stufe) verlangen, falls der Anspruch durch die Gegenpartei zurückgewiesen wird (oder – je nach Ausgestaltung der Klausel – die Gegenpartei gar nicht reagiert). Die Mindestfrist für die gerichtliche Geltendmachung der Ansprüche beträgt drei Monate.[234] Bei zu kurz bemessener Frist gilt alleine das gesetzliche Verjährungsrecht, § 306 I und II BGB.

> **MERKSATZ**
> Die **Mindestfrist** für eine vertraglich vereinbarte zweistufige Ausschlussfrist beträgt: 3 Monate für die erste Stufe und weitere 3 Monate für die zweite Stufe.

BEISPIEL: Zulässig wäre also die folgende zweistufige Ausschlussklausel: „Alle Ansprüche, die sich aus dem Angestelltenverhältnis ergeben, sind von den Vertragsschließenden binnen einer Frist von drei Monaten seit ihrer Fälligkeit schriftlich geltend zu machen und im Falle der Ablehnung durch die Gegenpartei binnen einer Frist von 3 Monaten einzuklagen. Unter die Verfallklausel fallen nicht solche Ansprüche eines Arbeitgebers oder eines Arbeitnehmers gegen einen Arbeitnehmer oder Arbeitgeber, die auf eine strafbare Handlung oder eine unerlaubte Handlung gestützt werden. Für diese Ansprüche gelten die gesetzlichen Vorschriften."

Ausnahme:
Tarifvertrag

241
> **MERKSATZ**
> Weil **Tarifverträge** nicht der AGB-Kontrolle unterliegen, § 310 IV 1 BGB, können jedoch tarifvertraglich auch kürzere Ausschlussfristen vereinbart werden.

(5) Teilweise Unwirksamkeit einer Ausschlussfrist

Teilbarkeit einer Klausel

242
> **MERKSATZ**
> Die Unwirksamkeit eines Teils einer Vertragsklausel führt zur Unwirksamkeit der gesamten Klausel, wenn die Klausel nicht „teilbar" ist.

Blue-Pencil-Test

Die mögliche Teilbarkeit lässt sich mit dem sog. **„Blue-Pencil-Test",** das heißt einer Streichung des unwirksamen Teils mit einem „blauen Stift" ermitteln. Ist die verbleibende Regelung weiterhin sachlich sinnvoll und sprachlich verständlich, bleibt sie bestehen.[235]

---

234 *BAG, NJW 2005, 3305, 3306 f.; ausführlich zum Urteil Micha, JURA 2006, 761 ff.*
235 *BAG, NZA 2008, 699, 701; Wank/Maties, JURA 2010, 1, 9*

BEISPIEL: Der Arbeitsvertrag enthält die folgende Ausschlussklausel: „Alle beiderseitigen **243** Ansprüche aus dem Arbeitsvertrag und solche, die mit dem Arbeitsvertrag in Verbindung stehen, verfallen, wenn sie nicht innerhalb von drei Monaten nach Fälligkeit gegenüber der anderen Vertragspartei schriftlich erhoben werden. Lehnt die Gegenpartei den Anspruch ab oder erklärt sie sich nicht innerhalb von zwei Wochen nach der Geltendmachung des Anspruchs, so verfällt dieser, wenn er nicht innerhalb eines Monats nach Ablehnung oder Fristablauf gerichtlich geltend gemacht wird."

Nach den o.g. Grundsätzen ist die zweite Stufe der Verfallklausel als unangemessene Benachteiligung gem. § 307 I BGB unwirksam. Fraglich ist, welche Auswirkungen dies auf die erste Stufe der Verfallklausel hat. Die erste und zweite Stufe der Ausschlussfrist sind in unterschiedlichen Sätzen der Verfallklausel geregelt. Beide Regelungskomplexe sind sachlich eindeutig voneinander abgrenzbar. Insbesondere kann die zweite Stufe problemlos vollständig gestrichen werden, ohne dass dadurch die Verpflichtung der Parteien, ihre Ansprüche innerhalb von drei Monaten schriftlich geltend zu machen, sinnlos oder unverständlich wäre. Folglich bleibt die Regelung zur ersten Stufe wirksam.[236]
Anders wäre dies im umgekehrten Fall. Denn die zweite Stufe stellt lediglich eine **244** Art „Annex" der ersten Stufe dar. Folglich wäre im Fall der nur zu kurzen Bemessung der ersten Stufe von der Unwirksamkeit der gesamten Verfallklausel auszugehen.[237]

(6) Beginn der Ausschlussfrist mit Fälligkeit des Anspruchs
Fraglich ist, ob für den Beginn der Ausschlussfrist auf die Beendigung des Arbeits- **245** verhältnisses oder auf den Zeitpunkt der Fälligkeit des jeweiligen Anspruchs abzustellen ist.

Das BAG hat entschieden, dass die Frist mit der Fälligkeit des Anspruchs zu laufen beginnt. Ein Abstellen auf die Beendigung des Arbeitsverhältnisses würde den Arbeitnehmer unangemessen benachteiligen, § 307 I 1 BGB, da sie mit dem in § 199 I Nr. 2 BGB zum Ausdruck kommenden Grundgedanken unvereinbar sei, wonach für den Beginn der Verjährungsfrist Voraussetzung ist, dass der Gläubiger von den den Anspruch begründenden Umständen Kenntnis erlangt oder ohne grobe Fahrlässigkeit erlangen müsste. Der Wertung des § 199 I Nr. 2 BGB sei in Ausschlussfristen dadurch Rechnung zu tragen, dass für den Fristbeginn die „Fälligkeit" der Ansprüche maßgebend ist.[238]

§ 199 I Nr. 2 BGB

> **DEFINITION** **246**
> Ein Anspruch ist regelmäßig erst dann im Sinne der Ausschlussfrist **fällig**, wenn der Gläubiger ihn annähernd beziffern kann.

Definition: Fälligkeit im Sinne einer Ausschlussfrist

Fälligkeit in diesem Sinne liegt nicht vor, wenn es dem Gläubiger praktisch unmöglich ist, den Anspruch mit seinem Entstehen geltend zu machen. Das ist insbesondere der Fall, wenn die rechtsbegründenden Tatsachen in der Sphäre des Schuldners liegen und der Gläubiger es nicht durch schuldhaftes Zögern versäumt hat, sich Kenntnis von den Voraussetzungen zu verschaffen, die er für die Geltendmachung benötigt.[239]

---

236   BAG, NZA 2008, 699, 701
237   BAG, NJW Spezial 2008, 371, 371
238   BAG, NJW 2006, 2205, 2205
239   BAG, NJW 2006, 2205, 2205

(7) Verhältnis von Ausschlussfristen zur Kündigungsschutzklage

Anspruch auf Annahmeverzugslohn

247 Nach der Rechtsprechung des BAG wird sowohl die erste als auch die zweite Stufe einer Ausschlussfrist alleine durch die Erhebung der Kündigungsschutzklage gewahrt, wenn der Verfall von durch die Kündigung bedrohten, regelmäßig fällig werdenden Ansprüchen verhindert werden soll. Dies betrifft vor allem den Anspruch auf Annahmeverzugslohn.[240] Darüber hinaus gilt dies aber für alle Ansprüche, die für den Arbeitgeber erkennbar mit dem Fortbestand des Arbeitsverhältnisses im Normalfall verbunden sind.[241] Gleiches gilt bei tarifvertraglichen Ausschlussfristen.[242]

Klage auf tatsächliche Beschäftigung

248 Anders soll dies aber bei einer Klage sein, die auf tatsächliche Beschäftigung gerichtet ist. Diese sei nicht zwangsläufig mit der Geltendmachung der damit zusammenhängenden Vergütungsansprüche verbunden.[243]

bb) Rückzahlung von Ausbildungskosten

Grundsätzlich zulässig

249 Einzelvertragliche Vereinbarungen, nach denen sich ein Arbeitnehmer an den **Kosten einer vom Arbeitgeber finanzierten Ausbildung** zu beteiligen hat, wenn er vor Ablauf bestimmter Fristen aus dem Arbeitsverhältnis ausscheidet, sind grundsätzlich zulässig.

Abwägung

250 Allerdings können derartige Zahlungsverpflichtungen, die an eine vom Arbeitnehmer zu verantwortende Beendigung des Arbeitsverhältnisses anknüpfen, gegen Treu und Glauben verstoßen. Ob dies der Fall ist, ist anhand einer Interessenabwägung nach Maßgabe des Verhältnismäßigkeitsgrundsatzes unter Heranziehung aller Umstände des Einzelfalls zu ermitteln. Dabei ist das Interesse des Arbeitgebers, die vom Arbeitnehmer erworbene Qualifikation möglichst langfristig zu nutzen, einerseits mit dem Interesse des Arbeitnehmers daran, durch die Ausbildung die eigenen Arbeitsmarktchancen zu verbessern und sich gegenüber dem Arbeitgeber nur in einem solchen Umfang zu binden, wie es im Verhältnis zu dessen Aufwendungen angemessen ist, andererseits ins Verhältnis zu setzen.

Geldwerter Vorteil für Arbeitnehmer

251 Eine Rückzahlungsklausel ist danach nur zulässig, wenn die Aus- und Fortbildungsmaßnahme für den Arbeitnehmer von geldwertem Vorteil ist, sei es, dass bei seinem bisherigen Arbeitgeber die Voraussetzungen einer höheren Vergütung erfüllt sind oder dass sich die erworbenen Kenntnisse auch anderweitig nutzbar machen lassen. Zudem müssen die Vorteile der Ausbildung und die Dauer der Bindung in einem angemessenen Verhältnis zueinander stehen.[244]

Grund der Beendigung des Arbeitsverhältnisses

252 Haben die Parteien in einem vom Arbeitgeber vorformulierten Arbeitsvertrag vereinbart, dass ein Arbeitnehmer bei Beendigung des Arbeitsverhältnisses vor Ablauf einer bestimmten Frist vom Arbeitgeber übernommene Ausbildungskosten zurückzahlen muss, ohne dass es auf den Grund der Beendigung des Arbeitsverhältnisses ankommt, ist diese Rückzahlungsklausel unwirksam.

---

240 *BAG, NZA 2008, 757, 759 f.*
241 *BAG, 9 AZR 745/08 Rz 26; NZA 2013, 101, 102*
242 *BAG, NZA 2013, 101, 102*
243 *BAG, NZA-RR 2015, 255, 256 f.*
244 *BAG, NZA 2012, 85, 89*

| **MERKSATZ** | 253 | Betriebsrisiko des Arbeitgebers |

Eine **Rückzahlungsklausel** stellt nur dann eine ausgewogene Gesamtregelung dar, wenn es der Arbeitnehmer in der Hand hat, durch eigene Betriebstreue der Rückzahlungspflicht zu entgehen. Verluste aufgrund von Investitionen, die nachträglich wertlos werden, hat grundsätzlich der Arbeitgeber zu tragen.

Hätte der betriebstreue Arbeitnehmer die in seine Aus- oder Weiterbildung investierten Betriebsausgaben auch dann zu erstatten, wenn die Gründe für die vorzeitige Beendigung des Arbeitsverhältnisses ausschließlich dem Verantwortungs- und Risikobereich des Arbeitgebers zuzurechnen sind, würde er mit den Kosten einer fehlgeschlagenen Investition seines Arbeitgebers belastet. Sieht eine Arbeitsvertragsklausel auch für einen solchen Fall eine Rückzahlungspflicht des Arbeitnehmers vor, berücksichtigt sie nicht wechselseitig die anzuerkennenden Interessen beider Vertragspartner, sondern einseitig nur diejenigen des Arbeitgebers. Damit benachteiligt eine solche Klausel den Arbeitnehmer unangemessen und ist damit nach § 307 I 1 BGB unwirksam.[245]   **254**

Dies gilt auch bei einer sog. **„umgekehrten Rückzahlungsklausel"**. In deren Rahmen verpflichtet sich der Arbeitgeber zu einer monatsweisen Rückzahlung von durch den Arbeitnehmer vorgelegten Fortbildungskosten.[246]   **255**   Umgekehrte Rückzahlungsklausel

Der Rechtsprechung sind unter dem Vorbehalt einer gewissen Uneinheitlichkeit tendenziell folgende Regeln für ein angemessenes Verhältnis zu entnehmen.   **256**   Faustregeln

MERKSATZ

Maßnahmedauer von bis zu 1 Monat: höchstens 6 Monate Bindungsfrist[247]
Maßnahmedauer von bis zu 2 Monaten: höchstens 1-jährige Bindungsfrist[248]
Maßnahmedauer von bis zu 4 Monaten: höchstens 2-jährige Bindungsfrist[249]
Maßnahmedauer von 6 Monaten: höchstens 3-jährige Bindungsfrist[250]
Maßnahmedauer von bis zu 1 Jahr: höchstens 3-jährige Bindungsfrist[251]
Maßnahmedauer von mehr als 2 Jahren: höchstens 5 Jahre Bindungsfrist[252]

Diese Angaben dienen als Richtwerte. Eine längere Bindungsdauer kann in Sonderfällen zulässig sein, wenn die Fortbildung/Weiterbildung besonders teuer war oder dem Arbeitnehmer besondere Vorteile bringt.[253]

cc) Vertragsstrafe wegen veranlasster Kündigung

Schon aus Sicht des Prüfers sehr interessant ist die Frage nach einer Vertragsstrafe wegen einer vom Arbeitnehmer veranlassten Kündigung durch den Arbeitgeber. Die Klausel „Wird der Arbeitgeber durch schuldhaft vertragswidriges Verhalten   **257**

---

245 BAG, NJW 2006, 3083, 3085
246 jurisPR-ArbR 4/2007, Anm. 3, Beckmann
247 BAG, NZA 2003, 559, 1. Leitsatz
248 BAG, NZA 1994, 835, 1. Leitsatz
249 BAG, NZA 1996, 314, 2. Leitsatz
250 BAG, NZA-RR 2008, 107, 2. Leitsatz
251 MK-Müller-Glöge, BGB, § 611 Rn 885
252 BAG, NZA 2012, 85, 89, Rn 34 (unter Bestätigung aller o.g. Richtwerte)
253 BAG, NZA 2003, 559, 561; Wank/Maties, JURA 2010, 1, 9

des Arbeitnehmers/der Arbeitnehmerin zur fristlosen Kündigung des Arbeitsverhältnisses veranlasst, so hat der/die Arbeitnehmer/in an den Arbeitgeber eine Vertragsstrafe in Höhe von einem Brutto-Monatsgehalt/-lohn zu zahlen." Ist nach BAG jedenfalls zu unbestimmt, da der Arbeitnehmer wegen des generalklauselartigen Charakters der Regelung nicht weiß, was auf ihn zukommt.[254]

Kein Fall von § 309 Nr. 6 BGB, sondern § 307 BGB

Dies folgt allerdings nicht bereits aus § 309 Nr. 6 BGB. Nach dieser Norm besteht ein Klauselverbot, wenn dem Verwender für den Fall der Nichtabnahme oder verspäteten Abnahme der Leistung, des Zahlungsverzugs oder für den Fall, dass der andere Vertragsteil sich vom Vertrag löst, Zahlung einer Vertragsstrafe versprochen wird. Hier geht es jedoch um eine Vertragsstrafe, weil der Arbeitgeber durch schuldhaftes vertragswidriges Verhalten des Arbeitnehmers zur fristlosen Kündigung des Arbeitsverhältnisses veranlasst wurde. Nach dem ausdrücklichen Wortlaut gilt das Verbot nach Ansicht des BAG für eine solche Vertragsstrafenabrede nicht. Die Unwirksamkeit folgt aus § 307 BGB.

Inzidentprüfung 258 **KLAUSURHINWEIS**
Im Gutachten bedeutet dies, dass zunächst die Frage nach der Einbeziehung in den Vertrag zu klären ist. Nur bei wirksamer Einbeziehung stellt sich dann die Frage, ob die Voraussetzungen der Vertragsstrafenklausel vorliegen (hier jetzt inzidente Prüfung eines bestehenden Kündigungsgrundes).

VII. RECHTSFOLGE BEI NICHTEINBEZIEHUNG UND UNWIRKSAMKEIT DER AGB, § 306 BGB

Abweichung von § 139 BGB

259 Sind Allgemeine Geschäftsbedingungen ganz oder teilweise nicht Vertragsbestandteil geworden oder unwirksam, so bleibt der Vertrag (in Abweichung von § 139 BGB) im Übrigen wirksam, § 306 I BGB. Es gibt keinen Grund, den gesamten Arbeitsvertrag für unwirksam zu erklären.

Keine geltungserhaltende Reduktion

260 Soweit die Bestimmungen nicht Vertragsbestandteil geworden oder unwirksam sind, richtet sich der Inhalt des Vertrags nach den gesetzlichen Vorschriften, § 306 II BGB. Es gibt insoweit keine geltungserhaltende Reduktion, weil die Verwendung von gesetzeswidrigen Klauseln ansonsten für den AGB-Verwender nahezu risikolos wäre: Der Verwender könnte darauf hoffen, dass sich einige Vertragspartner (hier Arbeitnehmer) durch den Wortlaut der AGB täuschen lassen und dass äußerstenfalls das Gericht die Klausel auf den gerade noch zulässigen Umfang reduzieren werde.[255]

Ausnahmefall: § 306 III BGB

261 Nur im Ausnahmefall ist der Vertrag gänzlich unwirksam, wenn das Festhalten an ihm auch unter Berücksichtigung der nach § 306 II BGB vorgesehenen Änderung eine unzumutbare Härte für eine Vertragspartei darstellen würde, § 306 III BGB.

---

254 BAG, NZA 2005, 1053, 1056
255 BGHZ 146, 377, 385; BAG, NZA 2004, 727, 733 f.; Palandt-Grüneberg, BGB, § 305c Rn 16; a.A. MK-Basedow, BGB, § 306 Rn 13 f.

DIE PFLICHTEN AUS DEM ARBEITSVERTRAG

Der Arbeitsvertrag ist ein gegenseitiger Vertrag, §§ 320-326 BGB. Die Hauptleistungspflicht des Arbeitnehmers ist die Erbringung der vertraglich geschuldeten Arbeitsleistung. Den Arbeitgeber trifft die Hauptpflicht, die vereinbarte Vergütung zu zahlen, § 611 I BGB. **262**

A. Die Pflichten des Arbeitnehmers

I. DIE ARBEITSPFLICHT ALS HAUPTPFLICHT

1. Grundsätzliches

Gem. § 611 I BGB ist der Arbeitnehmer zur Leistung der „versprochenen Dienste" **263** verpflichtet. Der Arbeitnehmer hat diese ihn treffende Verpflichtung erfüllt, wenn der richtige Gläubiger vom richtigen Schuldner die richtige Leistung am richtigen Ort zur richtigen Zeit erhält. Sofern dies der Fall ist, erlischt der Anspruch des Arbeitgebers auf die Arbeitsleistung, § 362 BGB.

§ 611 I BGB

a) Schuldner und Gläubiger

Gem. § 611 I BGB ist der Arbeitnehmer der Schuldner der Arbeitspflicht. Die Arbeit ist **264** regelmäßig in Person zu leisten, § 613 S. 1 BGB.

Arbeitnehmer ist Schuldner der Arbeitspflicht

BEISPIEL 1: A ist als Busfahrer im Schulbusbetrieb beschäftigt. Als ihm wegen einer Verkehrsordnungswidrigkeit, die er in seiner Freizeit begangen hatte, für einen Monat der Führerschein entzogen wird, schickt er seinen derzeit arbeitslosen Bruder B, der die notwendige Fahrerlaubnis besitzt, auf die Arbeit. Der Arbeitgeber weigert sich, B zu beschäftigen.

Nur im Einvernehmen mit dem Arbeitgeber kann die Regel des § 613 S. 1 BGB abbedungen werden. Sofern dies nicht passiert ist, ist A höchstpersönlich zur Erfüllung seiner Arbeitspflicht verpflichtet. Da ihm die Erbringung seiner Arbeitsleistung für die Dauer des Entzugs des Führerscheins unmöglich ist, § 275 I BGB, verliert er den Anspruch auf die Gegenleistung des Arbeitgebers, den Lohn, § 326 I BGB. Auch droht ihm im schlimmsten Fall eine Kündigung des Arbeitsverhältnisses.

Arbeit ist in Person zu leisten

Der Gläubiger des Anspruchs auf die Arbeitsleistung ist der Arbeitgeber. Er kann **265** seinen Anspruch auf die Arbeitsleistung im Regelfall nicht übertragen, § 613 S. 2 BGB, woraus ein Verbot der Abtretung resultiert, § 399 BGB.[256] Der wichtigste diskutierte Ausnahmefall ist die gewerbsmäßige Arbeitnehmerüberlassung gem. §§ 1 ff. AÜG.

Arbeitgeber ist Gläubiger der Arbeitspflicht

BEISPIEL 2: A ist bei der Zeitarbeitsfirma Z beschäftigt. Das Unternehmen U entleiht den A bei Z für die Dauer von einem Monat.

---

[256] BGH, NJW-RR 2004, 696, 697

Arbeitnehmerüberlassung/Leiharbeit

266 Nach herrschender Ansicht kommt zwischen A und Z ein echter Vertrag zugunsten Dritter, § 328 BGB, zustande. Damit sei § 613 S. 2 BGB abbedungen und der Entleiher U erhalte gegenüber A – in den Grenzen des Überlassungsvertrages – einen eigenständigen Anspruch auf die Arbeitsleistung.[257]

b) Pflichtgemäße Erfüllung der Arbeitspflicht

Direktionsrecht

267 Wie bereits dargelegt muss der Arbeitnehmer die richtige Leistung am richtigen Ort zur richtigen Zeit erbringen. Diese Punkte werden im Arbeitsvertrag allerdings in der Regel nur in Umrissen festgelegt. Der Arbeitgeber konkretisiert die Arbeitspflicht durch seine Weisungen, sein sog. **„Direktionsrecht"**. Das Direktionsrecht ist auch ohne ausdrückliche Vereinbarung wesentlicher Inhalt des Arbeitsvertrags.[258]

In der Regel kein „Konkretisierung"

268 Die Nichtausübung des Direktionsrechts über einen längeren Zeitraum schafft regelmäßig keinen Vertrauenstatbestand („Konkretisierung") dahingehend, dass der Arbeitgeber von seinem vertraglich und/oder gesetzlich Versetzungsrecht in Zukunft keinen Gebrauch mehr machen will.[259]

BEISPIEL 1: Steht im Arbeitsvertrag, dass der Arbeitnehmer im Innen- und im Außendienst eingesetzt werden kann, verliert der Arbeitgeber sein Direktionsrecht auch dadurch nicht, dass der Arbeitnehmer über längere Zeit ausschließlich im Innendienst beschäftigt wurde.

§ 106 GewO

269 Gesetzlichen Niederschlag hat das Direktionsrecht des Arbeitgebers in § 106 GewO und § 29 I SeemG gefunden. Rechtlich ist dieses Direktions- bzw. Weisungsrecht ein einseitiges Leistungsbestimmungsrecht i.S.d. §§ 315 ff. BGB.[260] Diese Weisungen sind einseitige, empfangsbedürftige, rechtsgestaltende Erklärungen, die den Inhalt, den Ort und die Zeit der vertraglichen Arbeitspflicht festlegen. Es gelten insoweit die Regeln des Allgemeinen Teils des BGB.[261]

Ordnung und Verhalten im Betrieb

270 Das Direktionsrecht beschränkt sich nicht auf die Zuweisung bestimmter Arbeiten, sondern erstreckt sich gem. § 106 S. 2 GewO auch auf die Ordnung und das Verhalten im Betrieb.

BEISPIEL 2: Rauchverbote und Kleiderordnungen

271 Das Direktionsrecht wird beschränkt durch das Arbeitsschutzrecht, Tarifverträge und Betriebsvereinbarungen sowie durch den Arbeitsvertrag selbst.

> **MERKSATZ**
> Was im Arbeitsvertrag geregelt ist, kann durch das Direktionsrecht nicht mehr geändert werden.[262]

---

257 MünchArbR-Schüren, § 318 Rn 68; Junker, ArbR, Rn 203
258 BAG, NZA 1992, 795, 796
259 BAG, NZA-RR 2014, 181, 183
260 Hromadka/Maschmann, ArbR I, § 6 Rn 11; Hromadka, DB 1995, 1609, 1611 ff.
261 Hromadka/Maschmann, ArbR I, § 6 Rn 11
262 Junker, ArbR, Rn 207

BEISPIEL 3: So muss z.B. der Fabrikangestellte nicht die Toiletten putzen,[263] eine Redakteurin darf nicht in die Produktentwicklung versetzt werden[264] und die Höhe des Lohns kann nicht einfach durch Direktionsrecht reduziert werden.

In diesen Bereichen lassen sich Änderungen des Arbeitsvertrags nur durch eine Änderungskündigung, § 2 KSchG oder einen Änderungsvertrag erzielen.
Des Weiteren ist das Weisungsrecht nach billigem Ermessen auszuüben, § 106 S. 1 GewO. **272** Dabei müssen die wesentlichen Umstände des Einzelfalls abgewogen und die beiderseitigen Interessen angemessen berücksichtigt werden.[265] Ist die Weisung unbillig, so ist sie für den Arbeitnehmer nicht verbindlich, § 106 S. 1 GewO i.V.m. § 315 III 1 BGB.

Änderungskündigung oder -vertrag

Billiges Ermessen

> **MERKSATZ** **273**
> Das **Direktionsrecht** des Arbeitgebers wird aus dem Arbeitsvertrag an sich abgeleitet. Folglich steht es im Stufenbau der Rechtsquellen auf der untersten Stufe.

Verhältnis zu anderen Rechtsquellen

Die Frage, welche Aufgaben der Arbeitnehmer zu erfüllen hat, ergibt sich aus dem **274** Arbeitsvertrag, § 2 I 2 Nr. 5 NachwG. Je enger das Tätigkeitsgebiet des Arbeitnehmers umschrieben ist, je enger ist auch das Direktionsrecht des Arbeitgebers.[266]

Art der Arbeitsleistung

> **MERKSATZ**
> Das Direktionsrecht darf den Rahmen des Arbeitsvertrags nur konkretisierend ausfüllen, aber nicht überschreiten.

Lediglich in Notfällen kann die Arbeitspflicht und damit das Weisungsrecht des Arbeitgebers den engeren arbeitsvertraglichen Rahmen überschreiten.[267]

BEISPIEL 4: Bei einem Brand muss auch der Abteilungsleiter zum Feuerlöscher greifen.

Der Arbeitsvertrag regelt ebenfalls den Ort der Arbeitsleistung, § 2 I 2 Nr. 4 NachwG. **275** Sollte dies nicht der Fall sein, ist der Arbeitsort gem. der Auslegungsregel des § 269 I BGB aus den Umständen, insbesondere aus der Natur des Schuldverhältnisses zu ermitteln.
Sofern der Arbeitgeber eine Versetzung i.S.d. § 95 III 1 BetrVG vornimmt, ist das Beteiligungsrecht des Betriebsrats nach § 99 BetrVG ausgelöst.[268]
Bei der Frage nach der Arbeitszeit ist das ArbZG zu berücksichtigen. Nach § 3 **276** ArbZG darf die werktägliche Arbeitszeit der Arbeitnehmer acht Stunden nicht überschreiten. Sie kann auf bis zu zehn Stunden nur verlängert werden, wenn innerhalb von sechs Kalendermonaten oder innerhalb von 24 Wochen im Durchschnitt acht Stunden werktäglich nicht überschritten werden. Des Weiteren regeln die §§ 4-6 ArbZG Ruhepausen, Ruhezeiten und Nacht- und Schichtarbeit.

Ort der Arbeitsleistung

Zeit der Arbeitsleistung

---

263 Vgl. MK-Müller-Glöge, BGB, § 611 Rn 1017
264 BAG, ArbRAktuell 2010, 476
265 BAG, NZA 2005, 359, 361; Preis, Ind. ArbR, § 18 VI 7
266 Hromadka/Maschmann, ArbR I, § 6 Rn 17
267 MK-Müller-Glöge, BGB, § 611 Rn 1018
268 Junker, ArbR, Rn 214

DIE PFLICHTEN AUS DEM ARBEITSVERTRAG

Mitbestimmungsrecht

277 Schließlich ist zu beachten, dass ein existierender Betriebsrat ein Mitbestimmungsrecht bei der Lage der Arbeitszeit und bei der Anordnung von Überstunden und Kurzarbeit hat, § 87 I Nr. 2 und 3 BetrVG.

Theorie der Wirksamkeitsvoraussetzung

278 MERKSATZ

Maßnahmen des Arbeitgebers, die der nach dem Betriebsverfassungsrecht notwendigen Mitbestimmung des Betriebsrats entbehren, sind individualrechtlich unwirksam, soweit sie bestehende Rechtspositionen der Arbeitnehmer schmälern (**Theorie der Wirksamkeitsvoraussetzung**).[269]

2. Schlechtleistung des Arbeitnehmers

Kein Gewährleistungsrecht

279 Das Dienstvertragsrecht kennt kein Gewährleistungsrecht, denn im Unterschied zum Werkvertragsrecht schuldet der Arbeitnehmer keinen Erfolg. Bei wiederholter Schlechtleistung kann der Arbeitgeber allenfalls zur Abmahnung und dann zur Kündigung greifen. Zur Lohnkürzung ist der Arbeitgeber in der Regel nicht berechtigt.[270] Anderes kann aber z.B. bei Akkordlohn gelten, wenn vereinbart ist, dass Ausschussstücke nicht bezahlt werden.

Völlig unbrauchbare Dienstleistung

280 Streitig ist der Fall der Schlechtleistung, die wegen völliger Unbrauchbarkeit der erbrachten Dienstleistung einer Nichtleistung gleichsteht. Nach einer Ansicht ist in diesem Fall die zu zahlende Vergütung ein durch die Schlechterfüllung entstandener und nach §§ 281 I und II, 280 I und III BGB zu ersetzender Schaden.[271] Nach anderer Ansicht kann der Dienstberechtigte in derartigen Fällen die Einrede des nicht erfüllten Vertrags erheben.[272]

Innerbetrieblicher Schadensausgleich

281 Sofern der Arbeitnehmer z.B. das Eigentum des Arbeitgebers bei der Erfüllung seiner Arbeitspflicht beschädigt, kommen Schadensersatzansprüche des Arbeitgebers gem. §§ 280 bzw. 823 I BGB in Betracht. Insoweit greifen dann die Regeln zum innerbetrieblichen Schadensausgleich.[273]

3. Nichtleistung des Arbeitnehmers

Verzug und Unmöglichkeit

282 Für den Fall, dass der Arbeitnehmer seine Arbeitsleistung gar nicht erbringt, stellt sich die Frage, ob die Verzugs- oder die Unmöglichkeitsregeln Anwendung finden. Hierauf wird weiter unten ausführlich eingegangen.[274]

II. NEBENPFLICHTEN DES ARBEITNEHMERS: VOR ALLEM DIE TREUEPFLICHT

1. Grundlagen

283 Nebenpflichten des Arbeitnehmers sind alle nicht unmittelbar die Arbeitspflicht betreffenden Pflichten aus dem Arbeitsverhältnis.[275] Hierzu zählen vor allem die sog. **Treuepflichten**.

---

269 BAG, NZA 2003, 570, 572 f.; MK-Müller-Glöge, BGB, § 611 Rn 1022
270 BAG, NJW 2004, 2817, 2817; OLG Düsseldorf, NJOZ 2012, 342, 342
271 So etwa OLG Düsseldorf, NJW-RR 2006, 1074, 1075
272 So etwa OLG Koblenz, NJW-RR 2007, 997, 997
273 Hierzu ausführlich ab Rn 641 ff.
274 Ab Rn 311
275 Hromadka/Maschmann, ArbR I, § 6 Rn 96

Die Treuepflicht des Arbeitnehmers ist eine Verhaltenspflicht, die nach früher h.M. ihre Grundlage in § 242 BGB hatte. Auf der Basis des neuen Schuldrechts kann man sie als Ausdruck der allgemeinen Rücksichtnahmepflicht gem. § 241 II BGB verstehen.[276] Der Arbeitnehmer hat seine Verpflichtungen aus dem Arbeitsverhältnis so zu erfüllen, seine Rechte so auszuüben und die im Zusammenhang mit dem Arbeitsverhältnis stehenden Interessen des Arbeitgebers so zu wahren, wie dies von ihm unter Berücksichtigung seiner Stellung im Betrieb, seiner eigenen Interessen und der Interessen der anderen Arbeitnehmer des Betriebs nach Treu und Glauben billigerweise verlangt werden kann. Dabei ergibt sich der konkrete Inhalt dieser Pflicht aus dem jeweiligen Arbeitsverhältnis. Bei Arbeitnehmern in leitenden Positionen eines Betriebs oder Arbeitnehmern, die mit ihrer Tätigkeit besondere Pflichten übernommen haben, hat deren Stellung unmittelbar Einfluss auf die vertragliche Pflichtenstruktur.[277]

284 Allgemeine Rücksichtnahmepflicht gem. § 241 II BGB

MERKSATZ
Auch die Verletzung von Nebenpflichten durch den Arbeitnehmer kann den Arbeitgeber zur Kündigung des Arbeitsvertrags berechtigen.

285 Kündigung

2. Einzelfälle

Der Arbeitnehmer ist verpflichtet, mit den Einrichtungen und Arbeitsmitteln des Betriebs sowie den Arbeitsstoffen sorgfältig umzugehen. Der Arbeitnehmer ist in den Grenzen seiner Möglichkeiten und der Zumutbarkeit verpflichtet, einen dem Betrieb oder einem Arbeitskollegen drohenden Schaden zu verhindern, jedenfalls unverzüglich dem Arbeitgeber anzuzeigen. Ebenso hat er in seinem Arbeitsbereich aufgetretene, nicht völlig unerhebliche Störungen und Schäden anzuzeigen.[278]

286 Verhinderung von Schäden

Der Arbeitnehmer hat Arbeitsschutzkleidung zu tragen und Arbeitsschutzvorrichtungen und -mittel zu benutzen, soweit das vorgeschrieben oder vom Arbeitgeber zum Schutz und zur Sicherung von Personen oder Sachen angeordnet ist.[279]

287 Schutzkleidung und -vorrichtungen

Ein arbeitsunfähig erkrankter Arbeitnehmer muss sich so verhalten, dass er bald wieder gesund wird und an seinen Arbeitsplatz zurückkehren kann. Er hat alles zu unterlassen, was seine Genesung verzögern könnte. Er hat insoweit auf die schützenswerten Interessen des Arbeitgebers, die sich aus der Verpflichtung zur Entgeltfortzahlung nach § 3 I EFZG ergeben, Rücksicht zu nehmen. Eine schwerwiegende Verletzung dieser Rücksichtnahmepflicht kann eine außerordentliche Kündigung aus wichtigem Grund an sich rechtfertigen. Dies ist nicht nur der Fall, wenn der Arbeitnehmer nebenher bei einem anderen Arbeitgeber arbeitet, sondern kann auch gegeben sein, wenn er Freizeitaktivitäten nachgeht, die mit der Arbeitsunfähigkeit nur schwer in Einklang zu bringen sind.[280]

288 Krankheit

BEISPIEL 1: Skireise nach Zermatt während einer Arbeitsunfähigkeit.

Der Arbeitnehmer ist verpflichtet, Betriebs- und Geschäftsgeheimnisse zu wahren.

289 Verschwiegenheit

---

276 MK-Müller-Glöge, BGB, § 611 Rn 1074; Hromadka/Maschmann, ArbR I, § 6 Rn 107
277 BAG, NZA-RR 2006, 636, 1. Leitsatz; MK-Müller-Glöge, BGB, § 611 Rn 1074
278 MK-Müller-Glöge, BGB, § 611 Rn 1082
279 MK-Müller-Glöge, BGB, § 611 Rn 1084
280 BAG, NZA-RR 2006, 636, 2. und 3. Leitsatz

> **DEFINITION**
> **Betriebs- oder Geschäftsgeheimnisse** sind nur einem begrenzten Personenkreis bekannte und nicht offenkundige Tatsachen, die nach dem Willen des Arbeitgebers in den Grenzen seines berechtigten wirtschaftlichen Interesses geheim gehalten werden sollen.[281]

whistleblowing

Dabei besteht eine Abhängigkeit der Verschwiegenheitspflicht des Arbeitnehmers von dem Verhalten des Arbeitgebers. Handelt dieser den Strafgesetzen zuwider, kann das öffentliche Interesse an der Aufdeckung die Allgemeinheit berührender Delikte einen Bruch der Verschwiegenheitspflicht rechtfertigen („whistleblowing").[282]

Keine Kündigung bei Erfüllung staatsbürgerlicher Pflichten

290 Sagt ein Arbeitnehmer z.B. im Rahmen eines staatsanwaltlichen Ermittlungsverfahrens gegen seinen Arbeitgeber aus und übergibt auf Aufforderung der Staatsanwaltschaft Unterlagen, so ist dieses Verhalten grundsätzlich nicht geeignet, eine fristlose Kündigung zu rechtfertigen. Denn es ist mit dem **Rechtsstaatsprinzip** unvereinbar, wenn derjenige, der die ihm auferlegten staatsbürgerlichen Pflichten erfüllt und nicht wissentlich unwahre oder leichtfertig falsche Angaben macht, dadurch zivilrechtliche Nachteile erleidet.[283]

Schadensersatzpflicht

291 Verletzt der Arbeitnehmer jedoch seine Verschwiegenheitspflicht, kann er sich nach § 280 oder § 823 II i.V.m. Schutzgesetzen wie § 17 I UWG schadensersatzpflichtig machen, wenn die notwendige Interessenabwägung den Geheimnisschutz rechtfertigt.[284] Daneben kommt eine Strafbarkeit nach § 17 I UWG in Betracht.

Nebentätigkeit

292 Der Arbeitnehmer hat jede Nebentätigkeit zu unterlassen, die mit der Arbeitspflicht kollidiert. Gleiches gilt für jede Tätigkeit, die zu einer Beeinträchtigung der Arbeitsleistung führt. Verboten ist eine Nebentätigkeit, wenn die Gesamtarbeitszeit des Arbeitnehmers aus Haupt- und Nebenbeschäftigung die Höchstgrenzen des Arbeitszeitrechts überschreitet oder es wegen physischer Überforderung zu einer Beeinträchtigung der Leistungen im Hauptarbeitsverhältnis kommt.[285]

Wettbewerbsverbot

293 Vor allem darf der Arbeitnehmer dem Arbeitgeber keine Konkurrenz machen, sog. **Wettbewerbsverbot**, vgl. §§ 60, 61 HGB.

Schmiergeldverbot

294 Die Annahme sozialadäquater Gelegenheitsgeschenke oder üblicher Trinkgelder ist Arbeitnehmern erlaubt. Hingegen stellen das Fordern und die Annahme von Schmiergeldern schwere Pflichtverletzungen dar, § 299 StGB. Wer gegen das sog. **Schmiergeldverbot** verstößt, handelt den Interessen seines Arbeitgebers zuwider und gibt diesem damit regelmäßig einen Grund zur außerordentlichen Kündigung.[286]

295 Nach § 667 2. Alt. BGB ist der Beauftragte verpflichtet, seinem Auftraggeber alles herauszugeben, was er aus der Geschäftsbesorgung erlangt. Dieser Grundsatz findet auch im Arbeitsverhältnis Anwendung. Die Herausgabepflicht gilt für alle Vorteile, die dem Arbeitnehmer von einem Dritten nicht nur bei Gelegenheit, sondern aufgrund eines inneren Zusammenhangs mit dem geführten Geschäft gewährt worden sind.

---

281   MK-Müller-Glöge, BGB, § 611 Rn 1091
282   LAK Köln, 05.07.2012 – 6 Sa 71/12, verlangt aber zunächst einen „internen Klärungsversuch", da sonst gar eine (fristlose) Kündigung droht; zustimmend Maiß, GWR 2013, 32, 32
283   BVerfG, NZA 2001, 888, 889 f.
284   BGH, WM 2001, 1824, 1824
285   MK-Müller-Glöge, BGB, § 611 Rn 1096
286   BAG, NZA 2002, 232, 1. Leitsatz

BEISPIEL 2: Dazu gehören auch die aus einem Vielfliegerprogramm erworbenen Bonusmeilen für dienstlich veranlasste und vom Arbeitgeber bezahlte Flüge eines Arbeitnehmers. Der Arbeitnehmer ist deshalb verpflichtet, auf Verlangen des Arbeitgebers die Bonusmeilen für dienstlich veranlasste Flüge im Interesse des Arbeitgebers einzusetzen.[287]

Bonusmeilen

B. Die Pflichten des Arbeitgebers

I. LOHNZAHLUNGSPFLICHT ALS HAUPTPFLICHT

Der Arbeitgeber ist zur Gewährung der vereinbarten Vergütung verpflichtet (§ 611 I BGB). Hierbei ist vor allem darauf zu achten, ob Tarifverträge auf das Arbeitsverhältnis Anwendung finden, in denen die Lohnhöhe geregelt ist. Eine geringere Vergütung als tarifvertraglich geregelt darf nicht gezahlt werden, wenn Arbeitgeber und Arbeitnehmer tarifgebunden sind. Der Arbeitgeber ist allerdings nicht gehindert, übertarifliche Löhne zu zahlen (§§ 3 I, 4 I 1, III TVG). **296**

§ 611 I BGB

Sofern eine Vergütung nicht ausdrücklich vereinbart wurde, ist gem. § 612 II BGB die übliche Vergütung zu zahlen. Für Arbeitnehmer wird die tarifliche Vergütung in der Regel die übliche sein.[288]

§ 612 II BGB

II. NEBENPFLICHTEN DES ARBEITGEBERS: VOR ALLEM DIE FÜRSORGEPFLICHT

1. Grundlagen

Der Arbeitnehmer ist in den Betrieb des Arbeitgebers eingegliedert und bringt von daher eine Reihe von Rechtsgütern (Leben, Gesundheit, Eigentum) in diesen fremden Lebensbereich ein. Den Arbeitgeber trifft die Pflicht, diese Rechtsgüter zu schützen. Das kommt in § 618 BGB zum Ausdruck, der Ausgangspunkt der Entwicklung der Fürsorgepflicht war. Man kann die §§ 617, 618 BGB als Ausdruck der allgemeinen Rücksichtnahmepflicht des § 241 II BGB verstehen.[289] **297**

§§ 617, 618 BGB und Allgemeine Rücksichtnahmepflicht

Die praktische Bedeutung von § 618 BGB ist gering. Die Fürsorgepflicht aus § 618 BGB wird durch die öffentlich-rechtlichen Verpflichtungen des Arbeitgebers aus den Normen des staatlichen Arbeitsschutzes überlagert.[290] Jedoch ist § 618 BGB rechtlich bedeutsam weil er die Schutzpflichten des öffentlich-rechtlichen Arbeitsschutzes in das Arbeitsvertragsrecht transformiert.[291] **298**

Arbeitsschutzrecht

Der aus der Verletzung der Fürsorgepflichten nach § 618 I bzw. II BGB resultierende vertragliche oder deliktsrechtliche Schadensersatzanspruch gegen den Arbeitgeber ist ebenfalls von geringer praktischer Bedeutung, weil er vom gesetzlichen Unfallversicherungsrecht überlagert wird.[292] Beim denkbaren Hauptanwendungsfall des § 618 BGB, nämlich dem vom Arbeitgeber zu vertretenden Arbeitsunfall oder einer Berufskrankheit, vgl. §§ 7 ff. SGB VII, ist die Schadensersatzpflicht des Dienstberechtigten nach § 104 SGB VII ausgeschlossen, sofern der Arbeitsunfall vom Arbeitgeber nicht vorsätzlich herbeigeführt wurde oder er bei der Teilnahme am allgemeinen Verkehr eingetreten ist.[293] **299**

Unfallversicherungsrecht

---

287 BAG, NZA 2006, 1089, 1. Leitsatz
288 MK-Müller-Glöge, BGB, § 612 Rn 30
289 Gotthardt, ArbR nach Schuldrechtsreform, Rn 28
290 Näher hierzu z.B. Hromadka/Maschmann, ArbR I, § 7 Rn 83 ff.
291 MK-Henssler, BGB, § 618 Rn 1, 8
292 MK-Henssler, BGB, § 618 Rn 7
293 Hierzu ausführlich ab Rn 691

2. Einzelfälle

Rauchfreier Arbeitsplatz

300 Vor allem im Bereich des Verlangens rauchfreier Arbeitsplätze hat § 618 BGB wieder eine gewisse praktische Bedeutung erlangt. Gefährden die Arbeitsbedingungen die Gesundheit des Arbeitnehmers, ist der Arbeitgeber regelmäßig verpflichtet, für Abhilfe zu sorgen. Das kann zu einem Anspruch auf Einräumung eines tabakrauchfreien Arbeitsplatzes führen.[294]

Schutz des allgemeinen Persönlichkeitsrechts

301 Aus § 241 II BGB kann nun auch gefolgert werden, dass der **Schutz des allgemeinen Persönlichkeitsrechts**, Art. 1 I, 2 I GG, Gegenstand einer vertraglichen Nebenpflicht sein kann.

Sexuelle Belästigungen am Arbeitsplatz

302 Ein besonders schwerer Verstoß gegen das allgemeine Persönlichkeitsrecht sind sexuelle Belästigungen am Arbeitsplatz, § 3 IV AGG. Sie stellen eine unerlaubte Handlung i.S.d. § 823 I BGB und eine schwere arbeitsvertragliche Nebenpflichtverletzung, § 7 III AGG dar. Der Arbeitgeber ist verpflichtet, die Mitarbeiter vor derartigen Angriffen zu bewahren, § 12 I AGG. Ergreift der Arbeitgeber keine oder offensichtlich ungeeignete Maßnahmen zur Unterbindung einer Belästigung oder sexuellen Belästigung am Arbeitsplatz, sind die betroffenen Beschäftigten berechtigt, ihre Tätigkeit ohne Verlust des Arbeitsentgelts einzustellen, soweit dies zu ihrem Schutz erforderlich ist, § 14 S. 1 AGG. In diesem Fall kann der Arbeitgeber natürlich auch keine Kündigung wegen Arbeitsverweigerung aussprechen.

Mobbing

303 Weiterhin trifft den Arbeitgeber die Nebenpflicht, seine Arbeitnehmer vor Mobbing durch Vorgesetzte und Kollegen zu schützen.[295] Der Arbeitgeber hat die im Einzelfall geeigneten, erforderlichen und angemessenen Maßnahmen zur Unterbindung des Mobbings wie Abmahnung, Umsetzung, Versetzung oder Kündigung zu ergreifen, § 12 III AGG analog.

Überwachung am Arbeitsplatz

304 Auch die Überwachung am Arbeitsplatz, vor allem durch technische Einrichtungen, kann zu einer Verletzung des allgemeinen Persönlichkeitsrechts der betrtoffenen Arbeitnehmer führen.[296]

3. Sonderfall: Beschäftigungspflicht/Ansprüche auf tatsächliche Beschäftigung

a) Allgemeiner Beschäftigungsanspruch

Ausfluss des allgemeinen Persönlichkeitsrechts

305 Nach BAG und h.M. hat der Arbeitnehmer gegen den Arbeitgeber einen **Anspruch auf Beschäftigung**. Dieser Anspruch wird hergeleitet aus §§ 611, 613 i.V.m. 242 BGB, wobei § 242 BGB durch Art. 1 I und 2 I GG auszufüllen sei (Ausstrahlungswirkung der Grundrechte in das Zivilrecht über die Generalklauseln). Der Arbeitnehmer ist demnach während des Bestehens eines Arbeitsvertrags im Hinblick auf den Persönlichkeitsschutz der Art. 1 I und 2 I GG zu beschäftigen. Eine Freistellung von der Arbeit unter Fortzahlung des Entgelts ist also ohne Zustimmung des Arbeitnehmers nur vorübergehend und bei besonders schutzwürdigem Interesse des Arbeitgebers zulässig.[297]

§ 102 V BetrVG

Für das Bestehen dieses Anspruchs spricht insbesondere § 102 V BetrVG. Es kann nicht angenommen werden, dass der Gesetzgeber dem gekündigten Arbeitnehmer mehr Rechte einräumen will als dieser vorher in ungekündigter Stellung hatte.

---

294 BAG, NZA 1998, 1231, 1231 f.
295 Hromadka/Maschmann, ArbR I, § 7 Rn 93
296 Näher hierzu BAG, NZA 2004, 1278 ff.; 2003, 1193 ff.
297 BAG, NJW 1985, 2968, 2969 f.

b) Weiterbeschäftigung während des Kündigungsschutzprozesses

Nichts mit der allgemeinen Beschäftigungspflicht des Arbeitgebers zu tun hat die Frage, ob der Arbeitnehmer auch während des Kündigungsrechtsstreits weiterzubeschäftigen ist. Dies ist nur für den Spezialfall des § 102 V BetrVG gesetzlich geregelt. Voraussetzung für diesen Anspruch ist neben der Klageerhebung durch den Arbeitnehmer der Widerspruch durch den Betriebsrat. Dahinter steckt die Überlegung des Gesetzgebers, dass der Widerspruch des Betriebsrates ein erstes Indiz dafür liefert, dass die Kündigung unwirksam sein könnte und deshalb das Interesse des Arbeitnehmers an der Weiterbeschäftigung auf seinem bisherigen Arbeitsplatz schutzwürdig ist.

306 § 102 V BetrVG

Außerdem wurde der **Weiterbeschäftigungsanspruch** vom BAG in zwei weiteren Fällen anerkannt:
Der Anspruch ist zum einen gegeben, wenn die Kündigung offensichtlich unwirksam ist. Das ist z.B. der Fall, wenn sich die Nichtigkeit unmittelbar aus dem Gesetz ergibt, z.B. §§ 102, 103 BetrVG, § 9 MuSchG.[298]

307 Offensichtlich unwirksame Kündigung

Auch existiert der Anspruch, solange ein der Kündigungsschutzklage des Arbeitnehmers stattgebendes Urteil noch Bestand hat. In diesem Fall ist durch das Urteil eine vorläufige Klärung der Rechtslage eingetreten, die das Beschäftigungsinteresse des Arbeitnehmers gegenüber dem Interesse des Arbeitgebers, den Arbeitnehmer nicht zu beschäftigen, als vorrangig erscheinen lässt.[299]

308 Obsiegendes Urteil

Vorsicht ist aus Sicht des Arbeitgebers geboten, wenn er im Rahmen der Weiterbeschäftigung nicht hinreichend deutlich macht, dass diese nur wegen des vom BAG anerkannten Weiterbeschäftigungsanspruchs erfolgt. In diesem Fall kann es zur Annahme des konkludenten Abschlusses eines neuen Arbeitsvertrags kommen.

309 Gefahr: Konkludenter Abschluss eines neuen Arbeitsvertrages

> **MERKSATZ**
> Wird das die Weiterbeschäftigungspflicht aussprechende Urteil das Arbeitsgerichts durch das LAG aufgehoben und setzen die Parteien (z.B. während der Revision) dennoch die Beschäftigung fort, schließen sie regelmäßig konkludent einen Arbeitsvertrag, da das faktische Beschäftigungsverhältnis als Grundlage für die Beschäftigung entfällt.
> Dieser Arbeitsvertrag ist unbefristet, wenn die Voraussetzungen des TzBfG nicht eingehalten werden.[300]

Kein konkludenter Arbeitsvertrag ist hingegen anzunehmen, wenn der Arbeitgeber dem Arbeitnehmer die Weiterbeschäftigung nach dem Obsiegen des Arbeitnehmers in der 1. Instanz anbietet, obwohl der Arbeitnehmer die Weiterbeschäftigung klageweise gar nicht geltend gemacht hatte. Die Verpflichtung des Arbeitgebers zur Weiterbeschäftigung besteht in diesem Fall nämlich unabhängig von der gerichtlichen Geltendmachung durch den Arbeitnehmer.[301]

310

---

298 BAG, NJW 1986, 1965, 1966; Hromadka/Maschmann, ArbR I, § 10 Rn 351
299 BAG, NJW 1985, 2968, 1. b) Leitsatz; Hromadka/Maschmann, ArbR I, § 10 Rn 352
300 BAG, BeckRS 2014, 70815 = RA 2015, 81 ff.
301 BAG, BeckRS 2014, 73696 = RA 2015, 81 ff.

VERZUG UND UNMÖGLICHKEIT

A. Einleitung

311 Im Arbeitsrecht bereitet das Verhältnis von Verzug (und damit § 615 BGB) und Unmöglichkeit (und damit § 326 BGB) besondere Schwierigkeiten.

Arbeitsleistung hat absoluten Fixschuldcharakter

312 Grundsätzlich setzt der Annahmeverzug die Nachholbarkeit der Leistung voraus.[302] Dies ist bei der Arbeitsleistung jedoch nicht der Fall, da diese nach überwiegender Auffassung nicht nachholbar ist, sondern **absoluten Fixschuldcharakter** aufweist. Dieser wird vor allem aufgrund folgender Erwägungen angenommen: Die Erbringung der Arbeitsleistung zu einem bestimmten Zeitpunkt ist derart wesentlich, dass bei dessen Überschreiten die Leistung nicht mehr nachzuholen ist. Da der Arbeitnehmer sich in einem Dauerschuldverhältnis befindet, wird er zumeist auch nicht in der Lage sein, die Leistung am nächsten Tag zu erbringen, weil er dann bereits die nächste Teilleistung schuldet.[303]

Jeder Verzug führt eigentlich zur Unmöglichkeit

313 Da die Arbeitsleistung absolute Fixschuld ist, führt jeder Verzug bei der Annahme und bei der Erbringung derselben quasi automatisch zur Unmöglichkeit.[304] Verbindet man diese Prämisse mit dem Grundsatz, dass Annahmeverzug und Unmöglichkeit sich wechselseitig ausschließen[305], dann hätte § 615 BGB, der einen (Annahme-)Verzug voraussetzt, im Arbeitsverhältnis keinen Anwendungsbereich.

§ 615 BGB droht, bedeutungslos zu werden

314 Da dem Gesetzgeber jedoch nicht unterstellt werden kann, dass er eine sinnlose Vorschrift ohne Anwendungsbereich habe schaffen wollen, wird darüber gestritten, auf welche Fälle § 615 BGB im Verhältnis zum Unmöglichkeitsrecht anzuwenden ist. Hierbei ist zunächst zu unterscheiden, ob die Störung „aus der Sphäre des Arbeitgebers" oder aus derjenigen des Arbeitnehmers kommt.

§ 615 BGB erfasst nur Störungen „aus der Sphäre des Arbeitgebers"

315 **MERKSATZ**

Das Problem der Abgrenzung von § 615 BGB und dem Unmöglichkeitsrecht stellt sich nur, wenn die Störung „aus der Sphäre des Arbeitgebers" kommt. Nur auf diesen Fall bezieht sich nämlich der Wortlaut des § 615 S. 1 BGB, der davon spricht, dass der „Dienstberechtigte mit der Annahme der Dienste in Verzug" kommt. Kommt die Störung hingegen „aus der Sphäre des Arbeitnehmers" ist wegen des Fixschuldcharakters Unmöglichkeitsrecht anzuwenden.

---

[302] BGHZ 60, 14, 16; Staudinger-Löwisch, BGB, Vor § 293 Rn 4
[303] ErfK-Preis, § 611 BGB Rn 676; Preis/Hamacher, JURA 1998, 11, 13
[304] BAG, NJW 1961, 381, 382
[305] Staudinger-Richardi/Fischinger, BGB, § 615 Rn 26

B. Prüfungsschema

Anspruch aus § 611 BGB i.V.m. dem Arbeitsvertrag auf Lohnzahlung

PRÜFUNGSSCHEMA

I. Entstehung des Anspruchs
  1. Abschluss eines Arbeitsvertrags
  2. Keine Beendigung des Arbeitsverhältnisses
II. Nichtleistung: Erlöschen des Anspruchs nach § 326 I 1 1. HS BGB „Ohne Arbeit kein Lohn"
Ausnahme: Mögliche Anspruchsgrundlage für „Lohn ohne Arbeit" vor allem § 615 S. 1 BGB
  1. Annahmeverzug des Arbeitgebers, §§ 293 ff. BGB
    a) Erfüllbares Arbeitsverhältnis, § 293 BGB
    b) Ordnungsgemäßes Angebot der Arbeitsleistung durch den Arbeitnehmer
    c) Kein Unvermögen des Arbeitnehmers, § 297 BGB
    d) Nichtannahme der Arbeitsleistung, § 293 BGB
  2. Ggf. Ende des Annahmeverzugs
  3. Kausalität des Annahmeverzugs für die Nichtleistung

316 „Lohn ohne Arbeit" gem. §§ 611, 615 S. 1 und 2 BGB

C. Systematik und Vertiefung

I. STÖRUNGEN AUS DER SPHÄRE DES ARBEITNEHMERS

Eine Störung aus der Sphäre des Arbeitnehmers liegt vor, wenn die Verantwortung für die (zeitweise) Nichtleistung der Arbeit beim Arbeitnehmer liegt, entweder, weil er die Nichtleistung verschuldet hat, oder weil ihm jedenfalls das Risiko für die (rechtzeitige) Leistung der Arbeit auferlegt wird.
Auf diese Fälle findet das Unmöglichkeitsrecht Anwendung. § 615 BGB erfasst diesen Fall schon von seinem Wortlaut her nicht.

317 § 615 BGB vom Wortlaut nicht einschlägig

1. Fälle des § 275 I BGB

Der Anspruch auf Leistung ist gem. § 275 I BGB ausgeschlossen, soweit diese für den Schuldner oder für jedermann unmöglich ist. Die Unmöglichkeit nach § 275 I BGB tritt automatisch Kraft Gesetzes ein.[306]

318 Unmöglichkeit kraft Gesetzes

BEISPIEL 1: Arbeitnehmer A kommt eine Stunde zu spät zur Arbeit. Arbeitgeber G zieht ihm den Lohn für diese Stunde vom Gehalt ab. Der Grund für die Verspätung des A:
  a) A hat verschlafen.
  b) Wegen einer Weichenstörung stand der Zug des A, mit dem er zur Arbeit fuhr, eine Stunde auf freier Strecke. Ein Aussteigen aus dem Zug war nicht möglich.

---

306 *MK-Ernst, BGB, § 275 Rn 67*

§ 326 I 1. HS BGB

Aus dem absoluten Fixschuldcharakter der Arbeitsleistung folgt, dass die Arbeitsleistung mit Zeitablauf unmöglich wird, § 275 I BGB. Der Arbeitgeber G wird in Beispiel 1a) gem. § 326 I 1 1. HS BGB von seiner Gegenleistungspflicht frei.

In Beispiel 1b) stellt sich die Frage, wie es sich auswirkt, dass A an der Verspätung des Zuges kein Verschulden trifft. Wegen des Zeitablaufes ist Unmöglichkeit gem. § 275 I BGB eingetreten.[307] Damit entfällt gem. § 326 I 1 1. HS BGB der Anspruch auf den Lohn als Gegenleistung.

§ 616 I BGB

319 Ein anderes Ergebnis folgt auch nicht aus § 616 I BGB, da dieser voraussetzt, dass der Arbeitnehmer ohne sein Verschulden für eine verhältnismäßig nicht erhebliche Zeit durch einen in seiner Person liegenden Grund an der Dienstleistung verhindert wird. Die Verhinderungsgründe müssen sich danach gerade auf denjenigen Arbeitnehmer beziehen, der Lohnfortzahlung verlangt, nicht auf einen größeren Kreis von Arbeitnehmern. Damit scheiden für die Anwendung des § 616 I BGB alle die Fälle aus, in denen die Arbeitsleistung wegen objektiver Hindernisse nicht erbracht werden kann. Diese liegen vor, wenn die Arbeitsleistung wegen Ereignissen nicht möglich ist, die weder in der Person des Arbeitnehmers noch der des Arbeitgebers ihre Grundlage haben.[308] Die Weichenstörung ist ein objektives Hindernis. Mithin verliert A auch in Beispiel 1b) seinen Lohnanspruch für die eine Stunde Verspätung.

Wegerisiko

320 **MERKSATZ**
Der Arbeitnehmer trägt das sog. **„Wegerisiko"**. Er hat grundsätzlich selbst dafür Sorge zu tragen, rechtzeitig zur Arbeitsstätte zu gelangen.[309]

BEISPIEL 2: Arbeitnehmer A steht am Bahnhof, als eine Verspätung seines Zuges von über einer Stunde angesagt wird. Ein Taxi nimmt A sich nicht, weil er meint, dass diese Investition sein Chef nicht von ihm verlangen könne. A wartet auf den Zug und kommt eine Stunde zu spät zur Arbeit.

§ 275 III BGB

In Beispiel 2 ergibt sich die Unmöglichkeit der Arbeitsleistung erst wegen des Zeitablaufes aus § 275 I BGB. Ursprünglich liegt, wegen der Möglichkeit ein Taxi zu nehmen, keine Unmöglichkeit gem. § 275 I BGB vor.[310] § 275 III BGB, der eine Unzumutbarkeit der Leistungserbringung voraussetzt, greift nicht ein.[311] Dem Arbeitnehmer wird zugemutet, auch zusätzliche Finanzmittel aufzuwenden oder deutlich früher als sonst aufzustehen, um zur Arbeit zu gelangen. Auch in Beispiel 2 gilt, dass der Arbeitnehmer das Wegerisiko trägt.

BEISPIEL 3: Weitere Beispielsfälle für eine Unmöglichkeit nach § 275 I BGB sind der Führerscheinentzug bei einem Auslieferungsfahrer oder Entzug der missio canonica bei einer kirchlichen Lehrkraft.

---

307 BGHZ 10, 187, 189; Gotthardt, ArbR nach Schuldrechtsreform, Rn 94
308 BAG, NJW 1983, 1078, 1079
309 MK-Henssler, BGB, § 615 Rn 34
310 Preis, Ind. ArbR, § 42 II 1
311 Gotthardt, ArbR nach Schuldrechtsreform, Rn 94

2. Fälle des § 275 III BGB

Besondere Bedeutung im Arbeitsrecht hat § 275 III BGB. Diese Vorschrift gewährt dem Schuldner einer „persönlich" zu erbringenden Leistung das Recht der Leistungsverweigerung, wenn ihm die Leistung unter Abwägung des seiner Leistung entgegenstehenden Hindernisses mit dem Leistungsinteresse des Gläubigers nicht zugemutet werden kann. Insoweit ist § 275 III BGB ein Spezialfall im Verhältnis zu § 275 II BGB.[312] Gem. § 613 S. 1 BGB (der jedoch im Einzelfall abbedungen werden kann) hat der Arbeitnehmer seine Arbeitsleistungspflicht in Person zu erfüllen.

321 Spezialfall im Verhältnis zu § 275 II BGB

MERKSATZ
§ 275 III BGB ist – im Unterschied zu § 275 I BGB – eine **Einrede**, die der Arbeitnehmer erheben muss.[313]

Einrede

Als Schulbeispiel für § 275 III BGB wird der Fall der Sängerin angeführt, die sich weigert aufzutreten, weil ihr Kind lebensgefährlich erkrankt ist.[314]

322 Anwendungsfälle

BEISPIELE: Ebenfalls über § 275 III BGB sollen folgende Fälle gelöst werden: Während der Arbeitszeit notwendige Arztbesuche[315], die notwendige Versorgung schwerwiegend erkrankter Angehöriger und die Ladung zu Behörden und Gerichtsterminen.[316]

Demgegenüber soll die Problematik der Leistungsverweigerung aus Gewissensgründen ausweislich der Gesetzesbegründung nicht unter § 275 III BGB fallen, sondern nur über § 313 BGB (Störung der Geschäftsgrundlage) oder über die Anwendung von Treu und Glauben zu lösen sein.[317] In der Lehre wird dieser Fall dennoch verbreitet dem § 275 III BGB zugeordnet.[318] Das BAG verlangt in diesem Zusammenhang vom Arbeitgeber, dass er im Rahmen des Ausübung seines Direktionsrechts, § 106 S. 1 GewO, versucht, auf den Gewissenskonflikt des Arbeitnehmers Rücksicht zu nehmen. Dies gilt jedoch nur, soweit dies dem Arbeitgeber möglich und zumutbar ist.[319]

323 Leistungsverweigerung aus Gewissensgründen

BEISPIEL (nach BAG, NZA 2011, 1087): A ist in einem Supermarkt als „Ladenhilfe" beschäftigt. Er weigert sich, alkoholische Getränke in die Verkaufsregale zu räumen, da ihm sein Glaube den Umgang mit Alkohol verbiete.

Im Beispiel kommt es maßgeblich auf die Größe des Marktes und die Anzahl der Mitarbeiter an. Ist es ohne Probleme möglich, das Einräumen des Alkohols in die Verkaufsregale von anderen Mitarbeitern erledigen zu lassen, während A andere Tätigkeiten verrichtet, muss der Arbeitgeber auf den Gewissenskonflikt des A Rücksicht nehmen und ihm entsprechend andere Tätigkeiten zuweisen, § 106 S.1 GewO.

§ 106 S.1 GewO

---

312 BeckOK-Unberath, BGB, § 275 Rn 58
313 MK-Ernst, BGB, § 275 Rn 107
314 Begr. zu § 275, BT-Drucks. 14/6040, S. 130 re. Sp.; AnwK-Dauner-Lieb, BGB, § 275 Rn 19; MK-Ernst, BGB, § 275 Rn 118; a.A. aber Canaris, JZ 2001, 499, 501
315 Zweifelnd MK-Ernst, BGB, § 275 Rn 118
316 Begr. zu § 275, BT-Drucks. 14/6040, S. 130 re. Sp.
317 Begr. zu § 275, BT-Drucks. 14/6040, S. 130 li. Sp.
318 MK-Ernst, BGB, § 275 Rn 118; Staudinger-Löwisch/Caspers, BGB, § 275 Rn 105; hiergegen explizit BAG, NZA 2011, 1087, 1090
319 BAG, NZA 2011, 1087, 1090

Verhältnis zu § 616 BGB

324 Besondere Beachtung verdient der Zusammenhang zwischen § 275 III BGB und § 616 BGB. § 275 III BGB gibt dem Arbeitnehmer – wie bereits erwähnt – einredeweise (nicht automatisch kraft Gesetzes) ein Recht, die Leistung zu verweigern. Dabei nimmt § 275 III BGB keine Beschränkung auf in der Person des Arbeitnehmers liegende Gründe vor.

Ob der Arbeitnehmer dennoch seinen Lohn erhält, richtet sich nach den §§ 616, 326 I 1 BGB. Sofern die Sonderregelung des § 616 BGB eingreift, bleibt der Lohnanspruch des Arbeitnehmers aufrechterhalten (z.B. bei schwerer Erkrankung oder Tod eines nahen Angehörigen, notwendiger Pflege eines erkrankten Kindes, Eheschließung, Niederkunft der Ehefrau[320]). Wenn nicht, greift § 326 I 1 BGB und der Arbeitgeber wird von der Lohnzahlungspflicht frei.

3. Sonderfall: Krankheit des Arbeitnehmers

Abgrenzung von § 275 I und III BGB im Krankheitsfall

325 Als ein problematischer Sonderfall erweist sich die Abgrenzung von § 275 I und III BGB im Fall der Krankheit des Arbeitnehmers. Hier ist streitig, ob die Leistungsbefreiung stets kraft Gesetzes eintritt.[321] Die wohl überwiegende Ansicht will differenzieren: Ist dem Arbeitnehmer die Erbringung der Arbeitsleistung in Folge seines Gesundheitszustandes objektiv nicht möglich, entfällt seine Arbeitspflicht kraft Gesetz. Ist der Arbeitnehmer trotz seiner Krankheit potentiell zur Arbeit imstande, handelt es sich um einen Fall der Unzumutbarkeit. Der Arbeitnehmer kann in diesem Fall die Arbeit gem. § 275 III BGB verweigern, muss dies aber nicht.[322] Diese Einredekonstruktion verlangt dann, dass man ihre rückwirkende Erhebung zulässt.[323]

BEISPIEL 1: Arbeitnehmer A liegt nach einen Verkehrsunfall mit schweren Verletzungen im Krankenhaus.

BEISPIEL 2: Arbeitnehmer B hat starke Kopfschmerzen.

In Beispiel 1 tritt die Unmöglichkeit unstreitig nach § 275 I BGB ein. In Beispiel 2 kommt die h.M. demgegenüber zur Anwendung von § 275 III BGB.

4. Rechtsfolgen

Grundsatz: § 326 I 1 1. HS BGB

326 Sofern die Arbeitsleistungspflicht unmöglich wird, verliert der Arbeitnehmer im Grundsatz gem. § 326 I 1 1. HS BGB seinen Anspruch auf die Gegenleistung, also den Lohn. Eine bereits gezahlte Vergütung kann der Arbeitgeber gem. § 326 IV BGB zurückverlangen.[324]

Arbeitsrechtliche Spezialvorschriften

Arbeitsrechtliche Spezialvorschriften können jedoch zu einem abweichenden Ergebnis führen und dem Arbeitnehmer den Lohnanspruch erhalten. Hierbei ist vor allem zu denken an § 616 BGB, die Entgeltfortzahlung im Krankheitsfall, den bezahlten Erholungsurlaub und die Entgeltfortzahlung an Feiertagen.

Schadensersatz

327 Hat der Arbeitnehmer seine Nichtleistung zu vertreten, ist er außerdem nach § 280 I, III, 283 BGB schadensersatzpflichtig. Hierbei hat der Arbeitgeber jedoch

---

320 Vgl. die Beispielsfälle bei MK-Henssler, BGB, § 616 Rn 20 ff.
321 So Palandt-Grüneberg, BGB, § 275 Rn 30; Canaris JZ 2001, 499, 501 Fn. 33; Däubler NZA 2001, 1329, 1332
322 ErfK-Preis, § 611, Rn 685; Gotthardt/Greiner, DB 2002, 2106, 2108; Kleinebrink, NZA 2002, 716, 720 Fn 63
323 Gotthardt/Greiner, DB 2002, 2106, 2109 f.
324 Preis, Ind. ArbR, § 42 III 1

keinen Anspruch auf Naturalrestitution. Dies würde nämlich bedeuten, dass der Arbeitnehmer die ausgefallene Arbeitsleistung nachholen müsste, was durch den angenommenen Fixschuldcharakter der Arbeitsleistung ja gerade ausgeschlossen werden soll.

Vielmehr hat der Arbeitnehmer nach § 251 I BGB eine Entschädigung in Geld zu leisten. Der Arbeitgeber wird diesen Anspruch mit anderen Lohnansprüchen des Arbeitnehmers aufrechnen, sofern er nicht ohnehin die Rechtsfolge des § 326 I BGB gewählt hat.[325]

§ 251 I BGB: Entschädigung in Geld

Der Schadensersatzanspruch nach § 280 I BGB hat folglich vor allem dann eine Bedeutung, wenn dem Arbeitgeber ein über den Arbeitsausfall hinausgehender Schaden entstanden ist.

BEISPIELE: Mehrvergütung für die Überstunden anderer Mitarbeiter, Kosten für Ersatzkräfte von Zeitarbeitsfirmen, Konventionalstrafen bei verspäteter Auftragserfüllung.

Grundsätzlich kommt auch ein Abmahnungs- oder gar Kündigungsrecht des Arbeitgebers in Betracht. Dies ist jedoch nur dann der Fall, wenn dem Arbeitnehmer eine Vertragsverletzung vorzuwerfen ist. Mithin scheidet eine Abmahnung aus, wenn der Arbeitnehmer mit dem Zug auf der Strecke stehen bleibt. Anders ist dies, wenn er sich weigert, ein Taxi zu bestellen, weil ihn die Kosten zu hoch sind. Im Krankheitsfall kommt eine Abmahnung oder gar verhaltensbedingte Kündigung nur in Frage, wenn der Arbeitnehmer die Arbeitsunfähigkeit dem Arbeitgeber zu spät anzeigt.[326]

328 Abmahnung- oder Kündigung

II. STÖRUNGEN AUS DER SPHÄRE DES ARBEITGEBERS

Eine Störung aus der Sphäre des Arbeitgebers liegt vor, wenn die Verantwortung für die (zeitweise) Nichtleistung der Arbeit beim Arbeitgeber liegt, entweder, weil er die Nichtleistung verschuldet hat, oder weil ihm jedenfalls das Risiko für die (rechtzeitige) Leistung der Arbeit auferlegt wird.

329

1. Abgrenzung von Verzug und Unmöglichkeit

Bei Störungen aus der Sphäre des Arbeitgebers sind zwei Fallgruppen zu unterscheiden.

330

Der „eigentliche" Fall des Annahmeverzugs liegt vor, wenn die Arbeitsleistung unterbleibt, weil sich der Arbeitgeber weigert, die vom Arbeitnehmer angebotene Arbeit anzunehmen, Fall der „Annahmeunwilligkeit". Dieser Fall wird nahezu einhellig dem Anwendungsbereich des § 615 S. 1 BGB zugeordnet.

331 Annahmeunwilligkeit

BEISPIEL: Arbeitgeber A hat dem Arbeitnehmer N ausweislich eines rechtskräftigen Urteils des Arbeitsgerichts unwirksam gekündigt.

Der Streitfall ist derjenige der sog. **„Annahmeunfähigkeit".** Ein Fall von Annahmeunfähigkeit (andere sprechen von „Annahmeunmöglichkeit") liegt vor, wenn der Arbeitgeber faktisch nicht in der Lage ist, die ihm angebotene Arbeitsleistung anzunehmen, selbst wenn er wollte.

332 Annahmeunfähigkeit

---

325   Preis, Ind. ArbR, § 42 III 1
326   Gotthardt, ArbR nach Schuldrechtsreform, Rn 104

Abstrahierungs-formel

Vor allem das BAG geht in diesem Fall davon aus, dass im Fall der Annahmeunmöglichkeit § 615 S. 1 BGB keine Anwendung findet. Vielmehr sei in diesem Fall das Unmöglichkeitsrecht anzuwenden, sog. **Abstrahierungsformel**.[327]

Lehre von der Annahmeun-möglichkeit

Andere wollen demgegenüber die These von der Alternativität von Unmöglichkeit und Annahmeverzug im Rahmen des § 615 BGB durchbrechen. Die Norm würde auch den Fall der Annahmeunmöglichkeit im Sinne einer Risikozuweisung regeln: Alle Fälle der faktischen Nichtannahme der Arbeitsleistung seien von § 615 S. 1 BGB erfasst, gleichgültig, ob der Arbeitgeber nicht willens oder nicht fähig sei, die Leistung anzunehmen, sog. **„Lehre von der Annahmeunmöglichkeit"**. Grundlage dieser Ansicht ist die Überlegung, dass die Mitwirkung des Dienstberechtigten unverzichtbare Voraussetzung der Vertragserfüllung durch den Dienstverpflichteten ist. Aus welchem Grund die Mitwirkung des Dienstberechtigten unterbleibe, sei für den Annahmeverzug sekundär, sodass es gerechtfertigt erscheine, beide Fälle gleich zu behandeln.[328]

BEISPIEL: Die Feuerwerkskörperfabrik des Arbeitgebers F explodiert. Wo eben noch eine stattliche Fabrik stand, befindet sich nunmehr nur noch ein Krater im Boden.

§ 615 S. 3 BGB: Betriebsrisiko

Dieser dogmatische Streit hat weitgehend seine Bedeutung dadurch verloren, dass § 615 S. 3 BGB inzwischen das sog. **„Betriebsrisiko"** regelt und durch eine Rechtsfolgenverweisung auf § 615 S. 1 BGB verweist.[329]

2. Rechtsnatur und Rechtsfolgen der Verzugsnorm § 615 S. 1 BGB

Ausnahme vom Grundsatz „Ohne Arbeit kein Lohn"

333 Der Arbeitnehmer ist auf seinen Lohn angewiesen und kann nicht ohne weiteres seine Arbeitskraft kurzfristig anderweitig verwerten. Vor diesem Hintergrund hat der Gesetzgeber in § 615 S. 1 BGB eine Ausnahme von dem Grundsatz „Ohne Arbeit kein Lohn", § 326 I BGB, normiert. Befindet sich der Dienstberechtigte in Annahmeverzug, kann der Dienstpflichtige gleichwohl die vereinbarte Vergütung verlangen. Dabei gewährt § 615 S. 1 BGB keinen eigenständigen neuen Anspruch. Der Dienstberechtigte behält vielmehr den ursprünglichen Erfüllungsanspruch.[330]

Erfüllungs- und kein Schadensersatzanspruch

MERKSATZ
Der Anspruch aus § 615 S. 1 BGB ist Erfüllungs- und kein Schadensersatzanspruch. Auf ihn kann § 254 nicht entsprechend angewendet werden.[331]

334 Der Gläubiger, also der Arbeitnehmer, ist so zu stellen, als hätte er vertragsgemäß gearbeitet. Dabei sind alle Entgeltbestandteile zu berücksichtigen. Dies gilt auch

Zuschläge

für Zuschläge, soweit diese Teil der vereinbarten Vergütung sind und Lohncharakter haben. Auf die tariflichen Spät- und Nachtzuschläge trifft dies zu. Anders als Zulagen, die eine bestimmte reale Mehrbelastung abgelten sollen, wie etwa Schmutzzulagen, Essenszuschüsse, Aufwendungs- oder Spesenersatz, haben die

---

327 BAG, NJW 1961, 381, 382; Preis, Ind. ArbR, § 43 II; Rolfs, StudKomm ArbR, § 615 BGB Rn 2
328 ErfK-Preis, § 615 BGB Rn 7; MK-Henssler, BGB, § 615 Rn 8; Staudinger-Richardi/Fischinger, BGB, § 615 Rn 21, 42-44
329 Dazu gleich Näheres ab Rn 360
330 BAG, AP Nr. 99 zu § 615 BGB unter 3.; MK-Henssler, BGB, § 615 Rn 1; Palandt-Weidenkaff, BGB, § 615 Rn 3; a.A. Staudinger-Richardi, BGB, § 615 Rn 8
331 BAG, ArztR 2002, 122, 124; MK-Henssler, BGB, § 615 Rn 1; Staudinger-Richardi, BGB, § 615 Rn 8

Zeitzuschläge Entgeltcharakter. Zwar stellen auch sie einen Ausgleich für erschwerte Arbeitsbedingungen dar. Sie fallen aber nicht nur an, wenn tatsächlich Spät- oder Nachtarbeit geleistet wurde. Der Anspruch auf sie erlischt auch dann nicht, wenn der Arbeitnehmer zu den betreffenden Zeiten keine Arbeitsleistung erbringt.[332]

MERKSATZ
Der Vergütungsanspruch steht dem Dienstpflichtigen zu, ohne dass er zur Nachleistung verpflichtet ist. § 615 S. 1 BGB normiert damit zugleich eine Gefahrtragungsregel.[333]

335 Keine Nachleistungspflicht

Nach § 615 S. 2 BGB muss sich der Arbeitnehmer jedoch den Wert desjenigen anrechnen lassen, was er zu erwerben böswillig unterlässt. Die Bestimmung stellt darauf ab, ob dem Arbeitnehmer nach Treu und Glauben sowie unter Beachtung des Grundrechts auf freie Arbeitsplatzwahl die Aufnahme einer anderweitigen Arbeit zumutbar ist.[334] Eine Anrechnung kommt auch in Betracht, wenn die Beschäftigungsmöglichkeit bei dem Arbeitgeber besteht, der sich mit der Annahme der Dienste des Arbeitnehmers im Verzug befindet.

336 § 615 S. 2 BGB

Unzumutbare Arbeit

MERKSATZ
Eine nicht vertragsgemäße Arbeit ist nicht ohne Weiteres mit unzumutbarer Arbeit i.S.d. § 615 S.2 BGB gleichzusetzen.

Zwar darf der Arbeitnehmer im bestehenden Arbeitsverhältnis grundsätzlich vertragsgemäße Arbeit zu vertragsgemäßen Bedingungen erwarten. § 615 S. 2 BGB schließt aber den Fall mit ein, dass der Arbeitgeber nur vertragswidrige Arbeit anbietet. Auch die objektiv vertragswidrige Arbeit kann nach den konkreten Umständen zumutbar sein. Bietet der Arbeitgeber objektiv vertragswidrige Arbeit an, sind daher die Art dieser Arbeit und die sonstigen Arbeitsbedingungen im Vergleich zu der bisherigen Arbeit zu prüfen. Das Maß der gebotenen Rücksichtnahme beim Arbeitnehmer hängt regelmäßig davon ab, aus welchen Gründen der Arbeitgeber keine vertragsgemäße Arbeit anbietet. Bestehen für die Änderung dringende Gründe, denen nicht von vornherein eine Billigung versagt werden kann, handelt der Arbeitnehmer nicht rücksichtsvoll, wenn er die Arbeit allein deswegen ablehnt, weil sie nicht vertragsgemäß ist, und er deshalb ohne Erwerb bleibt. Die beiderseitigen Gründe für die Zuweisung bzw. Ablehnung der neuen Arbeit sind zu benennen und sodann gegeneinander abzuwägen.[335]

Vertragswidrige Arbeit

3. Die Voraussetzungen des Annahmeverzugs des Arbeitgebers nach § 615 S.1 BGB
§ 615 S. 1 BGB verlangt ein erfüllbares Arbeitsverhältnis. In dessen Rahmen muss der Arbeitgeber (der „Dienstberechtigte") mit der Annahme der Dienste in Verzug geraten.

337 §§ 293 ff. BGB

---

332   BAG, AP Nr. 99 zu § 615 BGB unter 3.
333   MK-Henssler, BGB, § 615 Rn 1; Staudinger-Richardi, BGB, § 615 Rn 9
334   Zu beachten ist insoweit das Sonderkündigungsrecht des Arbeitnehmers aus § 12 KSchG, das nicht gilt, wenn der Arbeitnehmer sich selbstständig macht, BAG, NJW 2008, 1466, 1467.
335   BAG, NJW 2007, 2062, 2063

Damit wird auf die §§ 293 ff. BGB verwiesen. Erforderlich sind somit Leistungsangebot und Leistungsmöglichkeit des Arbeitnehmers sowie die Nichtannahme durch den Arbeitgeber.

a) Erfüllbares Arbeitsverhältnis

338 Im Grundsatz entsteht der Lohnanspruch gem. § 611 BGB durch den Abschluss des Arbeitsvertrages.

Fehlerhafte Arbeitsverhältnisse

Für **(rechts-)fehlerhafte Arbeitsverhältnisse** ist zu beachten, dass der Arbeitgeber nach Dienstaufnahme solange in Annahmeverzug geraten kann, bis er sich auf die Nichtigkeit des Arbeitsvertrages beruft.[336]

Arbeitskampf

Sind die Hauptpflichten aus dem Arbeitsverhältnis suspendiert, z.B. bei einem rechtmäßigen Arbeitskampf, scheidet ein Annahmeverzug grundsätzlich aus.[337]

Weiterbeschäftigungsanspruch, § 102 V BetrVG

339 Besonderheiten sind zu beachten, wenn der Arbeitnehmer aufgrund eines Weiterbeschäftigungsanspruchs tätig wird. Der besondere Beschäftigungsanspruch des § 102 V BetrVG setzt keine unwirksame Kündigung voraus. Liegen seine Voraussetzungen vor, besteht das bisherige Arbeitsverhältnis kraft Gesetzes fort und ist nur auflösend bedingt durch die rechtskräftige Abweisung der Kündigungsschutzklage. Dementsprechend bestehen bis zur rechtskräftigen Abweisung der Kündigungsschutzklage auch die beiderseitigen Hauptpflichten fort, sodass der Arbeitgeber Gläubiger der Arbeitsleistung bleibt und in Annahmeverzug gerät, wenn er die Arbeitsleistung des Arbeitnehmers nicht annimmt, selbst wenn die Kündigungsschutzklage später rechtskräftig abgewiesen wird.[338]

Allgemeiner Weiterbeschäftigungsanspruch

340 Demgegenüber setzt der allgemeine Weiterbeschäftigungsanspruch den Fortbestand des durch Vertrag begründeten Arbeitsverhältnisses voraus. Hier entscheidet also erst der Ausgang des Kündigungsschutzprozesses über das Fortbestehen des Arbeitsverhältnisses nach Ablauf der Kündigungsfrist. Obsiegt der Arbeitnehmer, war die Kündigung unwirksam, das Arbeitsverhältnis mithin nicht beendet. Verliert er, war das Arbeitsverhältnis beendet. Der allgemeine Weiterbeschäftigungsanspruch ist mithin ohne Einfluss auf die Voraussetzungen des § 615 BGB.[339]

b) Ordnungsgemäßes Angebot der Arbeitsleistung durch den Arbeitnehmer

341 Der Arbeitnehmer muss dem Arbeitgeber seine Leistung ordnungsgemäß angeboten haben. Der Arbeitnehmer hat dem Arbeitgeber danach seine Arbeitsleistung in eigener Person, § 613 S. 1 BGB, am rechten Ort, zur rechten Zeit und in der rechten Weise anzubieten.[340]

aa) Tatsächliches Angebot, § 294 BGB

Angebot am Arbeitsort

342 § 294 BGB knüpft den Annahmeverzug grundsätzlich an ein tatsächliches Angebot des Leistungspflichtigen. Da die Arbeitspflicht eine Bringschuld und der Arbeitsort im Zweifel der Betrieb ist, muss sich der Arbeitnehmer also an seinen Arbeitsplatz im Betrieb begeben, um mit der Dienstleistung zu beginnen.[341]

---

336 *BAG*, NJW 1958, 397, 397 f.; MK-Henssler, BGB, § 615 Rn 14; Staudinger-Richardi/Fischinger, BGB, § 615 Rn 47, 109
337 *Rolfs*, StudKomm ArbR, § 615 Rn 4
338 BeckOK-Fuchs, BGB, § 615 Rn 8; MK-Henssler, BGB, § 615 Rn 15
339 BeckOK-Fuchs, BGB, § 615 Rn 8; MK-Henssler, BGB, § 615 Rn 15
340 *BAG*, EzA Nr. 77 zu § 615 BGB; MK-Henssler, BGB, § 615 Rn 18
341 MK-Henssler, BGB, § 615 Rn 18

bb) Wörtliches, § 295 BGB, oder entbehrliches Angebot, § 296 BGB

Gem. § 295 S. 1 BGB genügt ein wörtliches Angebot, wenn der Arbeitgeber bereits vorher erklärt hat, er werde die Leistung nicht annehmen, oder wenn zur Bewirkung der Leistung eine Handlung des Arbeitgebers erforderlich ist. Der in der Praxis und in Prüfungsaufgaben bedeutsamste Fall einer Erklärung des Arbeitgebers, er werde die Leistung nicht annehmen, ist die Kündigung des Arbeitnehmers.

343 § 295 S. 1 BGB: Kündigung

Das BAG hält im Falle der Kündigung durch den Arbeitgeber jedoch selbst ein wörtliches Angebot des Arbeitnehmers für entbehrlich i.S.d. § 296 BGB.[342] Die nach dem Kalender bestimmte Mitwirkungshandlung des Arbeitgebers bestehe darin, dem Arbeitnehmer einen funktionsfähigen Arbeitsplatz zur Verfügung zu stellen und ihm die Arbeit zuzuweisen. Mithin kann auf die Fiktion, dass in der Erhebung der Kündigungsschutzklage das wörtliche Angebot i.S.d. § 295 BGB liege,[343] verzichtet werden.

344 § 296 BGB: Notwendige Mitwirkungshandlung

> **MERKSATZ**
> Nach einer **unwirksamen Kündigung** kommt der Arbeitgeber i.d.R. „automatisch" in Verzug, wenn er die Arbeitsleistung des Arbeitnehmers nicht mehr annimmt. Anders ist dies nur, wenn sich der Arbeitnehmer so verhält, dass der Arbeitgeber nach Treu und Glauben und unter Berücksichtigung der Gepflogenheiten des Arbeitslebens die Annahme der Leistung zu Recht ablehnt.[344]

345 Unwirksame Kündigung führt i.d.R. zum Annahmeverzug

Das BAG hat den Verzicht auf das wörtliche Angebot auf die Fälle einer unrechtmäßigen Anordnung von Kurzarbeit[345] und einer unwirksamen Befristung ausgedehnt.[346]

346 Unwirksame Befristung

Fraglich ist, ob der Arbeitnehmer, der bei Zugang der Kündigung arbeitsunfähig krank ist, dem Arbeitgeber seine Wiedergenesung mitteilen muss, um ihn in Annahmeverzug zu setzen, was zumindest ein wörtliches Angebot gem. § 295 BGB voraussetzen würde. Auch für diesen Fall hält jedoch das BAG § 296 BGB für einschlägig. Die Verzugsfolgen würden mit Eintritt der Arbeitsfähigkeit des Arbeitnehmers jedenfalls dann unabhängig von der Anzeige der Arbeitsfähigkeit eintreten, wenn der Arbeitnehmer dem Arbeitgeber durch Erhebung einer Kündigungsschutzklage oder sonstigen Widerspruch gegen die Kündigung seine weitere Leistungsbereitschaft deutlich gemacht habe.[347]

347 Krankheit bei Zugang der Kündigung

Begründet wird dies vom BAG wie folgt: Nehme der Arbeitgeber das Direktionsrecht nicht wahr, wobei die endgültige Entscheidung über die Wirksamkeit der von ihm ausgesprochenen Kündigung in seinem Risikobereich liege, so seien auch die Arbeitnehmerpflichten, also auch die Anzeige- und Nachweispflichten des § 5 EFZG, vorübergehend suspendiert. Das gelte jedenfalls solange, als nicht der Arbeitgeber den Arbeitnehmer zur (Wieder-)Aufnahme der Arbeit auffordere.

---

342 BAG NZA 1985, 119, 120, zur außerordentlichen Kündigung; BAG NZA 1985, 778, 779, zur ordentlichen Kündigung
343 So z.B. noch BAG, NJW 1963, 1517, 1517 f.
344 BAG, 16.04.2014 – 5 AZR 736/11
345 BAG, NZA 1995, 134, 135
346 BAG, NZA 1992, 403, 405
347 BAG, NZA 1995, 263, 264 f.; 1991, 228, 229 f.

> **MERKSATZ**
> Sofern man der Rechtsprechung des BAG folgt,[348] hat § 295 BGB im Arbeitsrecht mithin kaum eine praktische Bedeutung.

> **KLAUSURHINWEIS**
> Häufig kommen die kritischen Literaturstimmen (wenn auch mit anderer Begründung) zu identischen Ergebnissen wie das BAG.[349] Vor diesem Hintergrund sollte in einer Klausur der inzwischen gefestigten Rechtsprechung gefolgt werden.

cc) Angebot in rechter Weise

Tendenzträger im Tendenzbetrieb, vgl. § 118 BetrVG

348 Am Angebot „in rechter Weise" fehlt es z.B., wenn eine Tendenzträgerin in einer kirchlichen Einrichtung erklärt, in Zukunft ein islamisches Kopftuch tragen zu wollen und der kirchliche Arbeitgeber sich deshalb weigert, die Arbeitsleistung anzunehmen. Das Tragen eines Kopftuchs als Symbol der Zugehörigkeit zum islamischen Glauben und damit als Kundgabe einer abweichenden Religionszugehörigkeit ist regelmäßig mit der arbeitsvertraglichen Verpflichtung einer in einer Einrichtung der Kirche tätigen Arbeitnehmerin zu neutralem Verhalten nicht vereinbar.[350]

c) Kein Unvermögen des Arbeitnehmers, § 297 BGB

Leistungsfähigkeit und -willigkeit

349 Gem. § 297 BGB kommt der Arbeitgeber nicht in Annahmeverzug, wenn der Arbeitnehmer zur Zeit des Angebots oder im Falle des § 296 BGB zu der für die Handlung des Arbeitgebers bestimmten Zeit außerstande ist, die Leistung zu bewirken. Der Annahmeverzug des Arbeitgebers ist damit ausgeschlossen, wenn der Arbeitnehmer nicht leistungsfähig oder nicht leistungswillig ist. Die in § 297 BGB nicht ausdrücklich genannte Voraussetzung der Leistungswilligkeit ergibt sich daraus, dass ein leistungsunwilliger Arbeitnehmer sich selbst außer Stande setzt, die Arbeitsleistung zu bewirken.[351]

Einwendung

> **MERKSATZ**
> Die fehlende objektive oder subjektive Leistungsbereitschaft i.S.v. § 297 BGB ist eine Einwendung des Arbeitgebers gegen den Anspruch.[352]

Die subjektive Leistungsbereitschaft ist eine von dem Leistungsangebot und dessen Entbehrlichkeit unabhängige Voraussetzung; sie muss während des gesamten Verzugszeitraums vorliegen.[353]

Krankheit

350 Der Arbeitgeber gerät wegen § 297 nicht in Annahmeverzug, wenn der Arbeitnehmer arbeitsunfähig krank ist. Ansprüche aus § 615 S. 1 BGB scheiden dann aus, in Betracht kommen aber Entgeltfortzahlungsansprüche nach § 3 EFZG.[354] Die krankheitsbedingt bloß eingeschränkte Leistungsfähigkeit eines Arbeitnehmers steht

---

348 *Kritisch z.B. Schäfer, JuS 1988, 265, 266; Stahlhacke, AuR 1992, 8, 9 f.*
349 *MK-Henssler, BGB, § 615 Rn 27*
350 *BAG, NZA 2014, 1407, 1410 = RA 11/2014, 581*
351 *BAG, NJOZ 2004, 3018, 3020; ErfK-Preis, § 615 BGB Rn 46*
352 *BAG, NJOZ 2004, 3018, 3020; BeckOK-Fuchs, BGB, § 615 Rn 12*
353 *BAG, NJOZ 2004, 3018, 3020; BeckOK-Fuchs, BGB, § 615 Rn 12*
354 *BeckOK-Fuchs, BGB, § 615 Rn 13*

dem Annahmeverzug des Arbeitgebers nicht entgegen, wenn es ihm möglich und zumutbar ist, dem Arbeitnehmer leidensgerechte und vertragsgemäße Arbeiten zuzuweisen Dafür spricht vor allem § 106 GewO, wonach der Arbeitgeber sein Weisungsrecht nach billigem Ermessen ausüben und dabei auch die Interessen des Arbeitnehmers berücksichtigen muss.[355]

Als weitere Gründe, die den Eintritt des Annahmeverzugs wegen fehlenden Leistungsvermögens des Schuldners nach § 297 BGB hindern, kommen in Betracht:

351 Weitere Beispiele

BEISPIELE: Freiheitsentzug des Arbeitnehmers,[356] Fehlen einer Arbeitserlaubnis,[357] Führerscheinentzug (sofern es innerhalb des Betriebs keine Ersatzarbeit gibt).[358]

d) Nichtannahme der Arbeitsleistung, § 293 BGB

MERKSATZ
Die **Annahme** ist im Dienstvertrag keine Pflicht, sondern lediglich eine Obliegenheit des Gläubigers. Auf ein Verschulden kommt es beim Gläubigerverzug anders als beim Schuldnerverzug, § 286 IV BGB, generell nicht an.[359]

352 Verschulden spielt keine Rolle

Jedes den Erfüllungseintritt verhindernde Verhalten ist eine Nichtannahme.

DEFINITION
Nichtannahme der Leistung durch den Arbeitgeber bedeutet, dass er die vom Arbeitnehmer ordnungsgemäß angebotene Leistung tatsächlich nicht annimmt. Dies kann durch ausdrückliche Erklärung oder durch konkludentes Verhalten geschehen.[360]

353

Eine **konkludente Nichtannahme** der Arbeitsleistung liegt etwa vor, wenn der Arbeitgeber Anordnungen hinsichtlich der Arbeitszeit unter Verletzung von Arbeitszeitvorschriften trifft,[361] in rechtswidriger Weise Kurzarbeit anordnet[362] oder die Arbeitnehmer rechtswidrig aussperrt.[363]

Konkludente Nichtannahme

Gem. § 298 BGB kommt der Arbeitgeber auch in Verzug, wenn er zwar die angebotene Arbeitsleistung anzunehmen bereit ist, die verlangte Gegenleistung aber nicht anbietet.

354 § 298 BGB

BEISPIEL: Arbeitnehmer A hat vom Arbeitgeber G seit 3 Monaten trotz mehrfacher Anmahnung kein Gehalt bezogen. A macht nunmehr sein Zurückbehaltungsrecht, § 320 BGB, geltend und erscheint nicht mehr zur Arbeit.

Zurückbehaltungsrecht

---

355 BAG, NJOZ 2007, 875, 876
356 BAG, AP Nr. 20 zu § 615 BGB
357 BAG, NJW 1977, 1023, 1023
358 BAG, NZA 1987, 377, 378
359 MK-Henssler, BGB, § 615 Rn 35
360 BeckOK-Fuchs, BGB, § 615 Rn 24
361 BeckOK-Fuchs, BGB, § 615 Rn 24
362 BAG, NZA 1991, 607, 607 ff.
363 Preis, Ind. ArbR, § 43 III 3

G ist in Annahmeverzug geraten und weiterhin zur Lohnzahlung verpflichtet.[364]

355 Erfüllt der Arbeitgeber eine Nebenpflicht, vor allem Sicherungspflichten nach § 618 BGB, nicht oder nicht gehörig, so kann der Arbeitnehmer seine Arbeitsleistung nach § 273 I BGB zurückhalten. Auch in diesem Fall gerät der Arbeitgeber in Annahmeverzug.[365]

Sicherungspflichten nach § 618 BGB

4. Beendigung des Annahmeverzugs

356 Die Beendigung des Annahmeverzugs ist gesetzlich nicht besonders geregelt. Er endet nicht von selbst, sondern nur, wenn seine Voraussetzungen entfallen. zur Fussnote 188 Der Annahmeverzug endet für die Zukunft (ex nunc), wenn der AG wieder bereit ist, die geschuldete Arbeitsleistung im Rahmen des bisherigen Vertragsverhältnisses entgegenzunehmen. Bereits eingetretene Rechtsfolgen bleiben bestehen.[366]

Vor allem durch die bedingungslose Annahme der Dienste als Erfüllung, § 362 BGB, kann der Arbeitgeber den Annahmeverzug beenden. Keine Beendigung des Annahmeverzugs liegt jedoch vor, wenn der Arbeitgeber dem Arbeitnehmer bloß die Weiterbeschäftigung nach § 102 V BetrVG anbietet oder die Dienstleistung nicht vorbehaltlos, sondern nur befristet oder bedingt bis zum rechtskräftigen Abschluss des Kündigungsschutzprozesses annimmt.[367] Vielmehr ist nach BAG erforderlich, dass der Arbeitgeber mit dem Weiterbeschäftigungsangebot gleichzeitig die Unwirksamkeit der Kündigung anerkennt. Der Grund liegt darin, dass § 102 V BetrVG dem Arbeitnehmer nur ein Gestaltungsrecht geben soll, ohne ihn einem Kontrahierungszwang zu unterwerfen.

Annahme der Dienste als Erfüllung, § 362 BGB

Diese sehr strengen Maßstäbe des BAG werden allerdings dadurch abgemildert, dass die Ablehnung des Weiterbeschäftigungsangebotes häufig böswillig i.S.d. § 615 S. 2 BGB sein wird.[368]

§ 615 S. 2 BGB

Weiterbeschäftigungsangebot kann Auswirkung auf Kündigung haben

357 | **MERKSATZ**
Im Einzelfall kann in dem **Angebot der Weiterbeschäftigung** ein Indiz für die fehlende soziale Rechtfertigung der Kündigung liegen. Wird dem Arbeitnehmer ein Reservearbeitsverhältnis angeboten, so ist damit geradezu dokumentiert, dass eine Weiterbeschäftigungsmöglichkeit gegeben ist.[369]

358 Der Annahmeverzug endet für die Zukunft (ex nunc), wenn das Arbeitsverhältnis aus welchen rechtlichen Gründen auch immer endet. In Betracht kommen Kündigung, Aufhebungsvertrag, Zeitablauf, Anfechtung, Verweigerung der Fortsetzung nach § 12 KSchG oder Auflösung durch Urteil nach § 9 KSchG.

Ende des Arbeitsverhältnisses

Wird dem Arbeitnehmer die Arbeitsleistung nachträglich unmöglich, so endet der Annahmeverzug ebenfalls.[370]

Nachträgliche Unmöglichkeit

---

364 *Hromadka/Maschmann, ArbR I, § 7 Rn 132*
365 *Hromadka/Maschmann, ArbR I, § 7 Rn 133*
366 *Schaub-Linck, § 95 Rn 58*
367 *BAG AP Nr 32, 39, 40 zu § 615 BGB; Staudinger-Richardi/Fischinger, BGB, § 615 Rn 114, 126; a.A. Reuter, JuS 1986, 1006, 1007; Schäfer, JuS 1988, 265, 267*
368 *BeckOK-Fuchs, BGB, § 615 Rn 26; MK-Henssler, BGB, § 615 Rn 40*
369 *Ausführlich hierzu Braun, NJW 1984, 596, 596 f.; kritisch MK-Henssler, BGB, § 615 Rn 41*
370 *BeckOK-Fuchs, BGB, § 615 Rn 28*

D. Grundfall: „Der dusselige Kellner"

SACHVERHALT

Am 10. Juni 2013 kam es in der Gaststube des Gastwirts Wilhelm Wonne (W) zu einem kleinen Brand, weil der Kellner Kai Köstlich (K) beim eindecken der Tische kurz vor Öffnung des Restaurants eine Kerze umgestoßen hatte, dies aber nicht sofort bemerkte. Das Restaurant musste deshalb an diesem und am folgenden Tag geschlossen bleiben. W weigert sich, dem Barkeeper Bert Bläulich (B) den Lohn für die beiden Tage der Schließung zu zahlen, da es ja schließlich „einer der Euren" gewesen sei, der den Brand verursacht habe. K hingegen meint, das könne jedem in dieser Branche mal passieren und vor allem könne er nicht in „Sippenhaft" genommen werden. Ihm stünden deshalb noch 310,- € Lohn für diese beiden Tage zu.

359

LÖSUNG

Anspruch auf 310,- € für den 10. und 11. Juni 2013 aus §§ 611 I, 326 II BGB i.V.m. dem Arbeitsvertrag

A. Anspruch entstanden
Der Anspruch des B auf Zahlung des Entgelts ist dem Grunde nach mit dem Abschluss des Arbeitsvertrags entstanden.

B. Anspruch untergegangen
Der Anspruch des B könnte gem. §§ 326 I 1, 441 III BGB untergegangen sein. Dann müsste eine Leistungsbefreiung des B nach § 275 I-III BGB vorliegen. Hier könnte jedoch der W die Unmöglichkeit zu verantworten haben, sodass § 326 II BGB zur Anwendung gelangen könnte. B behält als Schuldner in diesem Fall seinen Anspruch auf die Gegenleistung.

I. VORLIEGEN EINES GEGENSEITIGEN VERTRAGES
Bei dem Arbeitsvertrag handelt es sich um einen gegenseitigen Vertrag.

II. NACHTRÄGLICHE UNMÖGLICHKEIT DER HAUPTLEISTUNGSPFLICHT
Inhalt der Hauptleistungspflicht des Arbeitnehmers ist die konkrete Leistung der versprochenen Dienste. Da das Restaurant wegen des Feuers geschlossen war, konnte der B seine konkrete Leistung nicht erbringen, § 275 I BGB. Eine Nachholbarkeit kommt wegen des Fixschuldcharakters der Arbeitsleistung nicht in Betracht.

Fixschuldcharakter der Arbeitsleistung

III. VOM GLÄUBIGER ZU VERANTWORTEN
Der W hat gemäß §§ 276 ff. BGB analog die schuldhafte Verletzung seiner Obliegenheit, die Leistung des Schuldners nicht unmöglich zu machen, zu verantworten. Den W trifft in seiner Person kein Verschulden. Der K handelte jedoch fahrlässig im Sinne des § 276 BGB, als er beim Eindecken der Tische die brennende Kerze umwarf. Fraglich ist, zu wessen Lasten dieses Verschulden geht.

1. Sphärentheorie
Nach der veralteten Sphärentheorie haben die Arbeitnehmer alle Risiken zu tragen, die aus ihrer eigenen (Risiko-) Sphäre stammen. Demnach würde hier ein Lohnanspruch des B ausscheiden, da die Betriebsstörung vom Kollegen K herbeigeführt wurde und somit aus der Sphäre der Arbeitnehmer stammt. Ein Verschulden des W würde folglich ausscheiden.

Die Sphärentheorie ist jedoch grundsätzlich abzulehnen. Schon der ihr zugrundeliegende Kerngedanke von der allgemeinen Solidarität der Arbeitnehmerschaft läuft auf eine bloße Fiktion hinaus und führt in die Nähe klassenkämpferischen Denkens. Vor allem ist es grob unbillig, das Fehlverhalten einzelner Arbeitnehmer im Betrieb den anderen Arbeitnehmern anzulasten. Solche Vorfälle fallen in den betrieblichen Risikobereich des selbständig tätigen Arbeitgebers.[371]

2. Kellner K als Erfüllungsgehilfe

§ 278 BGB

Die allgemeinen zivilrechtlichen Grundsätze führen dazu, dass sich W das Verschulden des K über § 278 BGB als eigenes Verschulden anrechnen lassen muss, da K in dessen Pflichtenkreis mit Wissen und Wollen tätig wurde und daher als Erfüllungsgehilfe anzusehen ist. Auf die Frage, ob er gerade dabei war, Kunden zu bedienen, kommt es dabei nicht an. Der Anspruch des B auf Lohnzahlung ist somit nicht untergegangen.

IV. ANSPRUCH DURCHSETZBAR

Aus § 614 BGB ergibt sich, dass der Lohnanspruch aus § 611 I BGB grundsätzlich nur nach tatsächlich geleisteter Arbeit fällig ist. Hiervon macht jedoch die Regelung des § 326 II BGB eine Ausnahme, da die Leistung ja gerade nicht erbracht werden kann.

V. ERGEBNIS

FALLENDE

B hat gegen den W einen Anspruch auf Zahlung des Lohnes für den 10. und 11. Juni 2011 in Höhe von 310,- € aus §§ 611 I, 326 II i.V.m. dem Arbeitsvertrag.

---

371   BAGE, 34, 331, 341; Weiss, AuR 1974, 37, 37

DIE BETRIEBSRISIKOLEHRE

A. Einleitung

> **DEFINITION**
> Unter **Betriebsrisiko** versteht man das Risiko des Arbeitgebers, dass er die arbeitswilligen Arbeitnehmer aus betriebstechnischen Gründen (z.B. Stromausfall, Materialmangel, Ausfall von Maschinen) nicht weiterbeschäftigen kann.[372]

360 Definition: Betriebsrisiko

Da der Arbeitgeber in derartigen Fällen faktisch nicht in der Lage ist, die Arbeitsleistung der Arbeitnehmer anzunehmen, liegt ein Fall der **Annahmeunmöglichkeit** (bzw. **Annahmeunfähigkeit**) vor. Auf diesen findet zumindest nach Auffassung des BAG (Abstrahierungsformel), da die Störung aus der betrieblichen Sphäre des Arbeitgebers kommt, das Unmöglichkeitsrecht Anwendung.[373] Da der Arbeitgeber z.B. für den Stromausfall nichts kann, könnte man vertreten, dass der Arbeitnehmer nach § 275 I BGB von seiner Arbeitsleistungspflicht und der Arbeitgeber gem. § 326 I 1 1. HS BGB von seiner Gegenleistungspflicht zur Lohnzahlung frei werde. Dies stellt jedoch keine angemessene Verteilung der betrieblichen Risiken zwischen Arbeitgeber und Arbeitnehmer dar. Deshalb wurde die sog. Betriebsrisikolehre entwickelt.

361 Fall der Annahmeunmöglichkeit

B. Prüfungsschema

Anspruch aus §§ 611, 615 S. 1, 3 BGB i.V.m. dem Arbeitsvertrag auf Lohnzahlung

PRÜFUNGSSCHEMA

I. Entstehung des Anspruchs
  1. Abschluss eines Arbeitsvertrags
  2. Keine Beendigung des Arbeitsverhältnisses
II. Nichtleistung: Erlöschen des Anspruchs nach § 326 I 1 1. HS BGB „Ohne Arbeit kein Lohn"
  Ausnahme: Mögliche Anspruchsgrundlage für „Lohn ohne Arbeit" hier: Betriebsrisikolehre, § 615 S. 3 BGB

362 „Lohn ohne Arbeit" gem. § 615 S. 3 BGB

C. Systematik und Vertiefung

I. GRUNDLAGEN DER BETRIEBSRISIKOLEHRE

Der Fall des Betriebsrisikos war vor der Schuldrechtsreform 2002 gesetzlich nicht speziell geregelt. Der historische Gesetzgeber hat weder die rechtlichen noch die sozialen Probleme, die sich in dieser Frage ergeben, vorhersehen können. Es lag daher nach altem Schuldrecht ein Tatbestand vor, der nach h.M. nicht nach den Vorschriften des BGB zu beurteilen war.[374]

363 Früher: Regelungslücke

---

[372] MK-Henssler, BGB, § 615 Rn 90
[373] Hierzu schon oben Rn 332
[374] BAG, NJW 1957, 687, 687

DIE BETRIEBSRISIKOLEHRE

Arbeitgeber trägt Betriebsrisiko

Bestand somit hinsichtlich der Regelung des Betriebsrisikos eine Lücke im Gesetz, so ergab sich die Lösung aus den **Prinzipien unserer Wirtschaftsverfassung**, die auch das Arbeitsrecht beherrschen. Hiernach galt und gilt bis heute:

364 Der selbstständige Unternehmer darf die Risiken, die sich aus seinem Unternehmertum ergeben, nicht ohne Weiteres auf seine abhängig Beschäftigten abwälzen. Er organisiert und leitet den Betrieb, sodass er insoweit auch die Verantwortung trägt. Auch ist es allein ihm möglich, sich gegen entsprechende Risiken z.B. durch Versicherungen abzusichern. Deshalb ist anerkannt, dass der Arbeitgeber das Betriebsrisiko zu tragen hat.[375]

Lohnzahlungspflicht

> **MERKSATZ**
> Der Arbeitgeber muss, wenn die Arbeit aus im Betrieb liegenden Gründen nicht geleistet werden kann, gleichwohl den vollen Lohn weiterzahlen.

§ 615 S. 3 BGB

365 Der im Rahmen der Schuldrechtsmodernisierung eingeführte § 615 S. 3 BGB bestätigt dies nun ausdrücklich. Allerdings regelt § 615 S. 3 BGB nicht, wann den Arbeitgeber das Betriebsrisiko trifft. Vielmehr setzt er das Vorliegen eines Falls des vom Arbeitgeber zu tragenden Betriebsrisikos voraus und verweist auf § 615 S. 1 und 2 BGB.[376]

> **KLAUSURHINWEIS**
> Als **Anspruchsgrundlage** bietet sich somit an: §§ 611, 615 S. 1, 3 BGB.[377]

Rechtsgrund- oder Rechtsfolgenverweisung

366 Fraglich ist, ob § 615 S. 3 BGB eine Rechtsgrundverweisung,[378] oder eine bloße Rechtsfolgenverweisung[379] beinhaltet. Sofern von einer Rechtsgrundverweisung ausgegangen wird, müssen alle Voraussetzungen des Annahmeverzugs vorliegen. Bei einer Rechtsfolgenverweisung käme es nicht auf das Vorliegen der Voraussetzungen des Annahmeverzugs an.

> **KLAUSURHINWEIS**
> Sofern es im konkreten Fall nicht ausnahmsweise auf diese Frage ankommt, sollte hierauf nicht näher eingegangen werden.

BEISPIEL 1: Arbeitgeber A hat einen Betrieb, in welchem Software programmiert wird. Wegen eines Blitzeinschlages fällt für mehrere Stunden der Strom aus, weshalb A seine Programmierer nicht beschäftigen kann.

Es liegt ein Fall des Betriebsrisikos vor. Auf die Frage, ob § 615 S. 3 BGB eine bloße Rechtsfolgenverweisung oder eine Rechtsgrundverweisung ist, kommt es nicht an. Selbst wenn man von einer Rechtsgrundverweisung ausgehen würde, lägen die

---

375 BAG, NJW 1957, 687, 688
376 MK-Henssler, BGB, § 615 Rn 89; Däubler, NZA 2001, 1329, 1331
377 AnwK-Dauner-Lieb, BGB, § 615 Rn 5; Luke, NZA 2004, 244, 246
378 So ErfK-Preis, § 615 Rn. 128; MK-Henssler, BGB, § 615 Rn 90; Gotthardt, ArbR nach Schuldrechtsreform, Rn 139; wohl auch Schaub-Linck, § 101 Rn 5
379 So AnwK-Dauner-Lieb, BGB, § 615 Rn 3; Staudinger/Richardi/Fischinger, BGB, § 615 Rn 226; wohl auch Luke, NZA 2004, 244, 246

Voraussetzungen des Annahmeverzugs vor: A hat die angebotene Arbeitsleistung seiner Programmierer nicht angenommen. Auf ein Verschulden des A kommt es nicht an. Die „nackte Tatsache der Nichtannahme" der Arbeitsleistung ist vielmehr ausreichend.[380]

BEISPIEL 2: Wegen einer Überschwemmung kommt der Arbeitnehmer nicht zum Betrieb. Parallel kommt wegen der Überschwemmung aber auch der Betrieb des Arbeitgebers zum Erliegen.

367 Zusammentreffen von Wege- und Betriebsrisiko

In Beispiel 2 treffen Wegerisiko des Arbeitnehmers und Betriebsrisiko des Arbeitgebers zusammen. Mithin stellt sich die Frage, wer das Risiko des Arbeitsausfalls zu tragen hat. Sieht man in § 615 S. 3 BGB eine Rechtsgrundverweisung, ergibt sich das folgende Ergebnis: Ein Vergütungsanspruch des Arbeitnehmers besteht nach dieser Ansicht nur, wenn zugleich die Voraussetzungen des Annahmeverzugs erfüllt sind. Der wiederum setzt nach § 297 BGB die Leistungsfähigkeit des Arbeitnehmers voraus. Diese fehlt in der genannten Fallkonstellation, weil der Arbeitnehmer wegen des von ihm zu tragenden Wegerisikos an der Arbeitsleistung gehindert ist.[381] Geht man hingegen von einer reinen Rechtsfolgenverweisung aus, dürfte der Anspruch aus § 615 S. 3 BGB bestehen.

MERKSATZ
Indem § 615 S. 3 BGB ausdrücklich auf den Begriff des Arbeitgebers abstellt, wird deutlich, dass er nur im Arbeitsrecht, nicht aber für den selbstständigen Dienstvertrag gilt.

368 § 615 S. 3 BGB gilt nur im Arbeitsrecht

II. ABGRENZUNG ZU ANDEREN FALLGRUPPEN UND AUSNAHMEFÄLLE

1. Wirtschaftsrisiko

DEFINITION
Wird die Fortsetzung des Betriebs wegen Auftrags- oder Absatzmangels wirtschaftlich sinnlos, obwohl sie weiterhin möglich wäre, spricht man vom **Wirtschaftsrisiko**.[382]

369 Wirtschaftlich sinnlos

Aus den obigen Erwägungen zur Tragung des Betriebsrisikos durch den Arbeitgeber folgt, dass er natürlich auch das Wirtschaftsrisiko zu tragen hat.[383] Zutreffend nennt die amtliche Überschrift von § 615 S. 3 BGB nur das Betriebsrisiko und nicht auch das Wirtschaftsrisiko. Denn die Frage des Wirtschaftsrisikos lässt sich bereits über § 615 S. 1 BGB lösen, weil der Arbeitgeber wie jeder andere Gläubiger auch nach allgemeinen Grundsätzen das Risiko trägt, dass er die vertraglich versprochene Leistung auch verwenden kann.

370 Arbeitgeber trägt Wirtschaftsrisiko

Fall des § 615 S. 1 BGB

---

380 Preis, Ind. ArbR, § 43 III 3
381 So Schaub-Linck, § 101 Rn 5, Gräf/Rögele, NZA 2013, 1120, 1123
382 MK-Henssler, BGB, § 615 Rn 91
383 BAG, NZA 1995, 468, 469

Nimmt er die angebotene Leistung nicht an (Fall der „Annahmeunwilligkeit"), kommt er bereits nach § 615 S. 1 BGB in Annahmeverzug.[384]
Der Arbeitgeber kann sich seiner Lohnzahlungspflicht also nur durch Kurzarbeit, vgl. § 19 KSchG, oder durch betriebsbedingte Kündigungen entziehen.

2. Betriebsstörungen, die den Bestand des Betriebs gefährden

371 Das BAG will eine Ausnahme von dem Grundsatz, dass der Arbeitgeber das Betriebsrisiko zu tragen hat, in Fällen machen, in denen die Existenz des Betriebs gefährdet ist, die Lohnzahlungspflicht also die Insolvenz des Arbeitgebers zur Folge hätte.[385] Diese Rspr. wird in der Literatur fast einhellig abgelehnt. Auch in wirtschaftlich schwierigen Zeiten besteht für den Arbeitgeber keine Möglichkeit, den Arbeitnehmern das Betriebsrisiko aufzubürden.[386] Aufgrund der hohen Anforderungen, die das BAG an die Existenzgefährdung stellt, hatte dieser Fall bisher keine praktische Relevanz.[387]

3. Arbeitskampfrisiko

372 Das Arbeitskampfrisiko betrifft Fälle, in denen es aufgrund von Arbeitskampfmaßnahmen zu Betriebsstörungen kommt. Am Streik beteiligte Arbeitnehmer verlieren aufgrund der Suspendierung der Hauptleistungspflichten ihren Vergütungsanspruch.[388]

Fernwirkungen eines Arbeitskampfes

373 Problematisch sind die Streikfolgen in nicht unmittelbar von den Kampfmaßnahmen betroffenen Betrieben bzw. Betriebsteilen. Solche Fernwirkungen können entweder dazu führen, dass die Arbeitsleistung noch arbeitswilliger Arbeitnehmer unmöglich wird, oder aber, dass sie vom Arbeitgeber nicht sinnvoll verwertet werden kann. Arbeitskampfbedingte Betriebsstörungen könnten so dem Betriebs- oder aber dem Wirtschaftsrisiko zugeordnet werden. Das BAG beschreitet jedoch einen anderen Weg und hat die sog. **„Arbeitskampfrisikolehre"** entwickelt. Diese basiert nicht mehr auf der Betriebsrisikolehre, sondern auf dem arbeitskampfrechtlichen Paritätsgrundsatz.[389]

Arbeitskampfrisikolehre

Die Kenntnis der Arbeitskampfrisikolehre gehört nicht zum Pflichtfachwissen im Bereich des Individualarbeitsrechts und wird deshalb hier nicht näher dargestellt.[390]

---

384 *MK-Henssler, BGB, § 615 Rn 91; Staudinger-Richardi/Fischinger, BGB, § 615 Rn 197*
385 *BAG, NZA 1995, 468, 469; Rolfs, StudKomm ArbR, § 615 Rn 24*
386 *Preis/Hamacher, JURA 1998, 11, 18*
387 *BeckOK-Fuchs, BGB, § 615 Rn 54*
388 *MK-Henssler, BGB, § 615 Rn 102*
389 *BAG, AP Nr. 70, 71 zu Art. 9 GG Arbeitskampf*
390 *Zur Vertiefung z.B. Hromadka/Maschmann, ArbR II, § 14 Rn 122 ff.*

ENTGELTFORTZAHLUNG IM KRANKHEITSFALL

A. Einleitung

Eines der wichtigsten Arbeitnehmer-Schutzgesetze ist das EFZG. Es regelt die Entgeltfortzahlung im Krankheitsfall und an Feiertagen für Arbeiter, Angestellte und die zu ihrer Berufsbildung Beschäftigten.

374 EFZG

Der Arbeitnehmer ist auf seinen Lohn angewiesen, weil er für ihn regelmäßig die einzige Einnahmequelle ist. Nach allgemeinen Grundsätzen des Zivilrechts würde der Arbeitnehmer im Krankheitsfall gem. § 275 I bzw. III BGB von seiner Arbeitspflicht frei werden und im Gegenzug gem. § 326 I 1 BGB seinen Lohnanspruch verlieren („ohne Arbeit kein Lohn"). Damit droht der Krankheitsfall zum Existenzrisiko zu werden, was der Gesetzgeber durch die Regelungen zur Entgeltfortzahlung im Krankheitsfall und die Regelungen zum Krankengeld, §§ 44 ff. SGB V, weitgehend verhindert hat.

Krankheitsfall als Existenzrisiko

> **MERKSATZ**
> § 3 I 1 EFZG verdrängt § 326 I BGB.[391]

375 Verhältnis zu § 326 I BGB

§ 3 I EFZG hält den gem. § 326 I 1 BGB erloschenen Anspruch aus dem Arbeitsvertrag nicht aufrecht, sondern schafft einen neuen, eigenständigen Vergütungsanspruch.[392]

> **KLAUSURHINWEIS**
> Als **Anspruchsgrundlage** für den Entgeltfortzahlungsanspruch ist nur § 3 I EFZG zu zitieren.[393]

376

Ist der Arbeitgeber für die krankheitsbedingte Arbeitsunfähigkeit des Arbeitnehmers (allein oder weit überwiegend) verantwortlich (z.B. bei Mobbing), folgt der Entgeltfortzahlungsanspruch des Arbeitnehmers bereits aus § 326 II 1 BGB und ist nicht wie bei § 3 I 1 EFZG auf sechs Wochen Dauer begrenzt.[394]

377 Verantwortlichkeit des Arbeitgebers

---

391 MK-Müller-Glöge, BGB, § 3 EFZG Rn 3
392 Hromadka/Maschmann, ArbR I, § 8 Rn 64
393 Hromadka/Maschmann, ArbR I, § 8 Rn 64
394 MK-Müller-Glöge, BGB, § 3 EFZG Rn 38

B. Prüfungsschema

Anspruch auf Entgeltfortzahlung im Krankheitsfall gem. § 3 I EFZG

PRÜFUNGSSCHEMA		
Anspruchs-voraussetzungen des § 3 I EFZG	378	I. Bestehen eines wirksamen Arbeitsvertrags II. Erfüllung der Wartezeit, § 3 III EFZG III. Arbeitnehmer ist durch Arbeitsunfähigkeit infolge Krankheit an der Erbringung der Arbeitsleistung gehindert IV. Kein Verschulden des Arbeitnehmers V. Kein Leistungsverweigerungsrecht des Arbeitgebers gem. § 7 EFZG VI. Dauer des Entgeltfortzahlungsanspruchs VII. Höhe der Entgeltfortzahlung

C. Systematik und Vertiefung

I. BESTEHEN EINES WIRKSAMEN ARBEITSVERTRAGS

Allgemeiner Arbeitnehmerbegriff

379 Das EFZG gilt für alle Arbeitnehmer sowie die zu ihrer Berufsbildung Beschäftigten. Das EFZG verzichtet auf eine Definition des Arbeitnehmerbegriffs. Es ist deshalb bei der Anwendung des EFZG nach den allgemeinen Regeln festzustellen, ob ein Beschäftigter Arbeitnehmer ist oder nicht.[395]

II. ERFÜLLUNG DER WARTEZEIT, § 3 III EFZG

4-wöchiger Bestand des Arbeitsverhältnisses

380 Ein Anspruch auf Entgeltfortzahlung im Krankheitsfall nach § 3 I EFZG entsteht erst nach vierwöchiger ununterbrochener Dauer des Arbeitsverhältnisses, § 3 III EFZG. Ob der Arbeitnehmer in dieser Zeit tatsächlich seine Tätigkeit verrichtet hat, ist nicht maßgebend. Es genügt der rechtliche Bestand des Arbeitsverhältnisses.[396]

> **BEISPIEL:** A tritt am 01.02. in die Dienste seines neuen Arbeitgebers. Nach der ersten Woche erleidet er am Wochenende einen i.S.d. § 3 I 1 EFZG unverschuldeten Unfall und wird für 6 Wochen arbeitsunfähig.

Der Monat Februar hat in der Regel 28 Tage, also 4 volle Wochen. In den ersten drei Wochen seiner Arbeitsunfähigkeit erhält A keine Entgeltfortzahlung vom Arbeitgeber, weil seine Wartezeit, § 3 III EFZG, noch nicht abgelaufen ist. In den Wochen 4 – 6 seiner Arbeitsunfähigkeit erhält er vom Arbeitgeber Lohnfortzahlung.[397]

Krankengeld von der Krankenkasse

381 A hat während der ersten drei Krankheitswochen jedoch einen Anspruch auf Krankengeld von der Krankenkasse nach den §§ 44 ff. SGB V. Nach Erfüllung der Wartezeit tritt für die Dauer von 6 Wochen ein Ruhen des Krankengeldanspruchs nach § 49 I Nr. 1 SGB V ein, anschließend wird erneut die Krankenkasse zahlungspflichtig. Die Höhe des Krankengeldanspruchs richtet sich nach § 47 SGB V.

---

[395] MK-Müller-Glöge, BGB, § 1 EFZG Rn 5
[396] BAG, NZA 1999, 1273, 1273 f.; MK-Müller-Glöge, BGB, § 3 EFZG Rn 48
[397] Vgl. BAG, NZA 1999, 1273, 1273 f.; MK-Müller-Glöge, BGB, § 3 EFZG Rn 48

Tarifverträge und Einzelarbeitsverträge können zugunsten der Arbeitnehmer Abweichungen von der Wartezeit regeln.[398]

382 Vertragliche Abweichungen

III. ARBEITNEHMER IST DURCH ARBEITSUNFÄHIGKEIT INFOLGE KRANKHEIT AN DER ERBRINGUNG DER ARBEITSLEISTUNG GEHINDERT

1. Krankheit

> **MERKSATZ**
> Die Rechtsbegriffe Krankheit und Arbeitsunfähigkeit kennzeichnen zwei nicht deckungsgleiche Sachverhalte, denn nicht jede Krankheit führt zur Arbeitsunfähigkeit.[399]

383

> **DEFINITION**
> **Krankheit** ist ein regelwidriger Körper- oder Geisteszustand, der einer Heilbehandlung bedarf.[400]

384 Definition: Krankheit

Krankheiten können physischer und psychischer Art sein. Eine regulär verlaufende Schwangerschaft ist nicht als Krankheit einzustufen, weil sie keinen regelwidrigen Zustand hervorruft. Gleichfalls keine Krankheit ist das altersbedingte Nachlassen der Leistungsfähigkeit und der körperlichen Kräfte.[401]

2. Arbeitsunfähigkeit

> **DEFINITION**
> **Arbeitsunfähigkeit** bedeutet, dass der Arbeitnehmer außerstande ist, die vertraglich geschuldete Arbeit zu verrichten oder er die Arbeit nur fortsetzen kann in der Gefahr, seinen Gesundheitszustand zu verschlechtern.[402]

385 Definition: Arbeitsunfähigkeit

Ob eine Arbeitsunfähigkeit vorliegt, ist individuell anhand der arbeitsvertraglich geschuldeten Arbeitsleistung zu bestimmen.[403] Entscheidend ist eine vom Arzt nach objektiven Maßstäben vorzunehmende Bewertung, nicht die Einschätzung des betroffenen Arbeitnehmers. Dem behandelnden Arzt obliegt damit neben der Diagnose der Krankheit auch eine rechtliche Beurteilung.[404]

386 Individueller Maßstab

BEISPIEL 1: Arbeitnehmer A hat eine schwere Stimmbandentzündung und kann und soll deshalb nach Weisung des Arztes nicht sprechen.
  a) A arbeitet in einem Call-Center.
  b) A arbeitet im Archiv ohne Kundenkontakte.

---

398 MK-Müller-Glöge, BGB, § 3 EFZG Rn 49
399 MK-Müller-Glöge, BGB, § 3 EFZG Rn 4; Hromadka/Maschmann, ArbR I, § 8 Rn 70
400 BAG, NZA 1992, 69, 69; Hromadka/Maschmann, ArbR I, § 8 Rn 69
401 MK-Müller-Glöge, BGB, § 3 EFZG Rn 4; Hromadka/Maschmann, ArbR I, § 8 Rn 69
402 BAG, NZA 1992, 69, 69; Hromadka/Maschmann, ArbR I, § 8 Rn 70
403 BAG, NJW 1982, 712, 713; MK-Müller-Glöge, BGB, § 3 EFZG Rn 7
404 MK-Müller-Glöge, BGB, § 3 EFZG Rn 6; Stückmann, AuA 1996, 197, 198

Im Beispiel a) liegt eine krankheitsbedingte Arbeitsunfähigkeit vor, in Beispiel b) hingegen nicht, wenn und weil A zur Verrichtung seiner Tätigkeit nicht sprechen muss.

Abgrenzung zu § 616 BGB

387 Wer sich während der Arbeitszeit zum Arzt begibt, um sich wegen einer Erkrankung behandeln zu lassen, die ihrerseits nicht unmittelbar die Fähigkeit zur Verrichtung der geschuldeten Tätigkeit beeinträchtigt, ist nicht arbeitsunfähig krank i.S.d. § 3 I EFZG. In diesem Fall kommt aber ein Vergütungsanspruch aus § 616 BGB in Betracht.[405]

„Teilarbeitsunfähigkeit"

388 Eine **„Teilarbeitsunfähigkeit"** ist dem geltenden Arbeits- und Sozialrecht unbekannt; der Arbeitgeber ist nach § 266 BGB grundsätzlich nicht verpflichtet, eine nur eingeschränkt angebotene Arbeitsleistung anzunehmen.[406]

Ist der Arbeitgeber nach Arbeitsvertrag jedoch berechtigt, dem Arbeitnehmer eine Tätigkeit zuzuweisen, die der Arbeitnehmer trotz seiner Krankheit verrichten kann, liegt keine Arbeitsunfähigkeit vor.[407]

Stundenweise

389 Führt allerdings die Krankheit dazu, dass der Arbeitnehmer seine Arbeitspflicht nicht mehr in Vollzeit, wohl aber stundenweise erfüllen kann, wird er nach § 275 I oder III BGB auch nicht vollständig von seiner Arbeitspflicht frei. Verbleibt es bei einer stundenweisen Arbeitspflicht, erhält er für die geleistete Arbeit seine Vergütung nach § 611 BGB. Für die wegen der Teilarbeitsunfähigkeit ausfallende Arbeitszeit hat er einen Entgeltfortzahlungsanspruch nach § 3 EFZG.[408]

BEISPIEL 2: Arbeitnehmer A kann wegen eines Rückenleidens seine Tätigkeit im Lager nur noch 4 Stunden pro Tag ausüben.

Wiedereingliederungsmaßnahmen

390 Weiterhin ist anerkannt, dass ein arbeitsunfähiger Arbeitnehmer trotz seiner Erkrankung oft in der Lage ist, unter geänderten Arbeitsbedingungen tätig zu sein und eine allmähliche Steigerung der beruflichen Belastung die Rückkehr des Arbeitnehmers in das aktive Erwerbsleben im Interesse beider Arbeitsvertragsparteien erleichtern kann. Krankenkassen, § 74 SGB V, und die sonstigen Sozialversicherungsträger, § 28 SGB IX, fördern deshalb die so genannte stufenweise Wiedereingliederung des Arbeitnehmers in das Erwerbsleben.

BEISPIEL 3: Nach einem Schlaganfall wird Arbeitnehmer B, der in der Verwaltung arbeitet, unter schrittweiser Erhöhung der täglichen Arbeitszeiten wieder in das Erwerbsleben eingegliedert.

3. Monokausalität

Strenges Kausalitätserfordernis

391 Schließlich muss die Arbeitsleistung „infolge Krankheit" unterblieben sein. Damit wird ein strenges Kausalitätserfordernis aufgestellt.

Der Entgeltfortzahlungsanspruch besteht demnach nur, wenn die Arbeitsunfähigkeit die alleinige Ursache für den Ausfall der Arbeitsleistung ist. Ist die Arbeitspflicht auch aus einem anderen Grund aufgehoben, besteht kein Entgeltfortzahlungsanspruch.[409]

---

405 *Hromadka/Maschmann*, ArbR I, § 8 Rn 72; *ErfK-Reinhard*, § 3 EFZG Rn 10
406 BAG, NZA 2007, 91, 92
407 *Hromadka/Maschmann*, ArbR I, § 8 Rn 73
408 *MK-Müller-Glöge*, BGB, § 3 EFZG Rn 9
409 BAG, NZA 2002, 610, 611; *Hromadka/Maschmann*, ArbR I, § 8 Rn 75

> **KLAUSURHINWEIS** **392**
> Es ist also in einer Klausur die hypothetische Überlegung anzustellen, ob der Arbeitnehmer, wäre er denn gesund gewesen, seine Arbeitsleistung erbracht hätte bzw. hätte erbringen können.

BEISPIEL 1: Im Betrieb des B ruht die Arbeit infolge von „Kurzarbeit Null" vollständig. Arbeitnehmer A wird arbeitsunfähig krank und verlangt vom Arbeitgeber B Entgeltfortzahlung.

Selbst wenn A gesund gewesen wäre, hätte er aufgrund der „Kurzarbeit Null" seine Arbeitsleistung nicht erbringen können. Also ist nicht die Arbeitsunfähigkeit Ursache für die Arbeitsverhinderung, sondern die Kurzarbeit. Es wird vom Arbeitgeber B keine Entgeltfortzahlung geschuldet. Der kranke Arbeitnehmer A erhält von der Krankenkasse Krankengeld in Höhe des Kurzarbeitergeldes.[410]

Hat der Arbeitnehmer keinen Anspruch auf Entgeltfortzahlung, weil die krankheitsbedingte Arbeitsunfähigkeit nicht die alleinige Ursache für den Ausfall der Arbeitsleistung ist, sondern die Arbeitspflichten auch aus anderen Gründen aufgehoben sind, bleibt der Entgeltfortzahlungszeitraum von sechs Wochen für diese Zeit unberührt.[411] In diesem Falle verlängert sich die Entgeltfortzahlungsdauer um die Tage, an denen die Arbeitspflichten aus anderen Gründen suspendiert waren. Der Entgeltfortzahlungszeitraum von sechs Wochen ist erschöpft, wenn die Gesamtdauer der Arbeitsunfähigkeit unter Außerachtlassung der Tage, an denen die Arbeitspflicht aus anderen Gründen aufgehoben war, 42 Kalendertage erreicht. **393** Verschiebung des Anspruchsbeginns

BEISPIEL 2: Im Betrieb des B ruht die Arbeit infolge von „Kurzarbeit Null" von der 10. bis einschließlich der 16. Kalenderwoche (KW) vollständig. Arbeitnehmer A wird von der 14. bis einschließlich der 20. KW arbeitsunfähig krank und verlangt vom Arbeitgeber B Entgeltfortzahlung.

In Beispiel 2 ist A insgesamt 7 Wochen arbeitsunfähig krank. Eigentlich erhält der Arbeitnehmer nur Entgeltfortzahlung für die Dauer von 6 Wochen, § 3 I 1 EFZG. Jedoch erhält A in der 14. bis 16. KW schon deshalb keine Entgeltfortzahlung, da er in dieser Zeit an der Erbringung seiner Arbeitsleistung nicht „infolge Krankheit", sondern infolge der Kurzarbeit Null verhindert war. Erst ab der 17. KW ist er an seiner Arbeitsleistung „infolge Krankheit" i.S.d. § 3 I 1 EFZG verhindert und hat somit von der 17. bis zur 20. KW den Anspruch aus § 3 I 1 EFZG. Monokausalität

Befindet sich der Arbeitgeber bei Beginn der Arbeitsunfähigkeit im Annahmeverzug, endet dieser mit dem Eintritt der Arbeitsunfähigkeit, denn der Arbeitnehmer kann seine Arbeitsleistung gem. § 297 BGB nicht mehr erbringen. Folglich ist die Arbeitsunfähigkeit monokausal für den Arbeitsausfall und dem Arbeitnehmer ist nach § 3 Entgeltfortzahlung zu leisten.[412] **394** Annahmeverzug

Erkrankt der Arbeitnehmer während eines Streiks, hat er keinen Entgeltfortzahlungsanspruch.[413] Ist er bereits arbeitsunfähig krank, wenn es zum Streik kommt, behält er **395** Krankheit während eines Streiks

---

410 MK-Müller-Glöge, BGB, § 3 EFZG Rn 20
411 BAG, NZA 2002, 610, 611; ErfK-Reinhard, § 3 EFZG Rn 20
412 MK-Müller-Glöge, BGB, § 3 EFZG Rn 19
413 BAG, NZA 2005, 1402, 1405

seinen Entgeltfortzahlungsanspruch, sofern er nicht erklärt, sich am Arbeitskampf beteiligen zu wollen. Diese Erklärung kann auch konkludent erfolgen, z.B. durch die Teilnahme an Streikaktionen.[414] Streitig ist, ob der Arbeitnehmer, der erst während des Arbeitskampfs arbeitsunfähig erkrankt, durch die (bloße) Erklärung, er nehme fortan nicht mehr am Streik teil, einen Entgeltfortzahlungsanspruch begründen kann.[415] Dies ist abzulehnen. Zwar könnte der Arbeitnehmer damit formal seine Arbeitswilligkeit anzeigen und die Arbeitsunfähigkeit zur alleinigen Ursache des Arbeitsausfalls machen; die besondere Situation im Arbeitskampf und die Bedeutung der Kampfparität erfordern jedoch einen Schutz des Arbeitgebers vor „Scheinerklärungen", der über den Einwand des Rechtsmissbrauchs nur unzureichend hergestellt werden könnte.

IV. KEIN VERSCHULDEN DES ARBEITNEHMERS

Verschulden gegen sich selbst

396 Für die Entgeltfortzahlung bei Krankheit verlangt § 3 I 1 EFZG, dass den Arbeitnehmer an seiner Arbeitsunfähigkeit kein Verschulden trifft. Unter Verschulden ist hier ein Verschulden gegen sich selbst zu verstehen, vgl. § 277 BGB.[416]

> **DEFINITION**
> Nur eine leichtsinnige, unverantwortliche Selbstgefährdung oder ein grober Verstoß gegen das von einem verständigen Menschen im eigenen Interesse zu erwartende Verhalten ist **verschuldet**.[417]

Sportverletzungen

397 Bei Sportverletzungen wird nach der Rechtsprechung ein Verschulden in diesem Sinne dann angenommen, wenn es sich entweder um eine gefährliche Sportart handelt, der Arbeitnehmer in grober und leichtsinniger Weise gegen die anerkannten Regeln der jeweiligen Sportart verstößt oder der Arbeitnehmer eine Sportart betreibt, die seine Kräfte und seine Fähigkeiten bei weitem übersteigen.[418] Von einer besonders gefährlichen Sportart geht das BAG aus, wenn das Verletzungsrisiko so groß ist, dass auch ein gut ausgebildeter Sportler bei sorgfältiger Beachtung aller Regeln dieses Risiko nicht vermeiden kann, sondern sich unbeherrschbaren Gefahren aussetzt.[419]

BEISPIELE: Nicht gefährlich sind mithin Moto-Cross-Rennen[420] und Drachenfliegen,[421] wohl aber Kickboxen.[422]

Verkehrsunfälle

398 Bei Unfällen im Straßenverkehr handelt der Arbeitnehmer schuldhaft i.S. der Entgeltfortzahlungsbestimmungen, wenn er die Verkehrsvorschriften grob fahrlässig verletzt und dadurch sein Leben und seine Gesundheit besonders leichtfertig aufs Spiel gesetzt hat. Leichte Fahrlässigkeit genügt nicht.[423]

---

414 BAG, NZA 2005, 1402, 1405
415 Verneinend z.B. ErfK-Reinhard, § EFZG Rn 16; MK-Müller-Glöge, BGB, § 3 EFZG Rn 21; bejahend z.B. ErfK-Dörner (14. Aufl), § 3 EFZG Rn 16
416 MK-Müller-Glöge, BGB, § 3 EFZG Rn 36; Hromadka/Maschmann, ArbR I, § 8 Rn 76
417 BAG, NZA 1987, 452, 452; MK-Müller-Glöge, BGB, § 3 EFZG Rn 36
418 BAG, NJW 1982, 1014, 1014; Hromadka/Maschmann, ArbR I, § 8 Rn 78
419 BAG, NJW 1982, 1014, 1014
420 BAG, AP Nr. 18 zu § 1 LFZG
421 BAG, NJW 1982, 1014, 1014 f.
422 ArbG Hagen, NZA 1990, 311, 311 f.
423 BAG, NJW 1982, 1013, 1013; Hromadka/Maschmann, ArbR I, § 8 Rn 78

BEISPIEL: Der Arbeitnehmer, der sich nicht angurtet, setzt Leben und Gesundheit besonders leichtfertig aufs Spiel.[424]

Suchterkrankungen sind eine Krankheit i.S.d. EFZG. Einen Erfahrungssatz, dass derartige Erkrankungen selbst verschuldet sind, erkennt das BAG nicht an. Maßgebend sei vielmehr die Beurteilung im Einzelfall.[425] Anders kann es jedoch im Einzelfall beim nach einer stationären Behandlung und umfangreicher Aufklärung auftretenden Rückfall z.B. in den Alkoholismus liegen, wobei auch dies im Einzelfall zu prüfen und nicht indiziert ist.[426] **399** Suchterkrankungen

V. KEIN LEISTUNGSVERWEIGERUNGSRECHT DES ARBEITGEBERS GEM. § 7 EFZG

Der Arbeitgeber ist berechtigt, die Fortzahlung des Arbeitsentgelts zu verweigern, solange der Arbeitnehmer seinen in § 7 I EFZG beschriebenen Pflichten in zu vertretender Weise nicht nachkommt. Vor allem ist der Arbeitnehmer nach § 7 I Nr. 1 EFZG verpflichtet, die Arbeitsunfähigkeit und deren voraussichtliche Dauer unverzüglich mitzuteilen und unter den dort genannten Voraussetzungen eine ärztliche Bescheinigung vorzulegen. **400** Nachweispflicht

Zwar sieht § 5 I 2 EFZG vor, dass der Arbeitnehmer erst dann eine ärztliche Bescheinigung über das Bestehen der Arbeitsunfähigkeit sowie deren voraussichtliche Dauer vorlegen muss, wenn die Arbeitsunfähigkeit länger als drei Kalendertage andauert. Nach Satz 3 dieser Vorschrift sind Arbeitgeber aber berechtigt, die Vorlage der ärztlichen Bescheinigung auch schon früher zu verlangen. Aus § 5 I 3 EFZG folgt – als Ausnahme von § 5 I 2 EFZG – das Recht des Arbeitgebers, schon von dem ersten Tag der Erkrankung an die Vorlage einer Arbeitsunfähigkeitsbescheinigung zu verlangen. Die Ausübung dieses Rechts hängt nicht von weiteren Voraussetzungen ab. Sie steht vielmehr im Ermessen des Arbeitgebers. Insbesondere ist es nicht erforderlich, dass gegen den Arbeitnehmer ein begründeter Verdacht besteht, er habe in der Vergangenheit eine Erkrankung nur vorgetäuscht.[427] **401** Arbeitsunfähigkeitsbescheinigung

Weiterhin darf die Arbeitgeber die Entgeltfortzahlung verweigern, wenn der Arbeitnehmer den Übergang eines Schadensersatzanspruchs gegen einen Dritten auf den Arbeitgeber, § 6 EFZG, verhindert. **402** § 6 EFZG

> **MERKSATZ**
> § 7 EFZG verdrängt in seinem Anwendungsbereich das ansonsten gegebene Zurückbehaltungsrecht nach § 273 BGB.[428]
> **403** Verhältnis zu § 273 BGB

VI. DAUER DES ENTGELTFORTZAHLUNGSANSPRUCHS

1. Grundsatz: 6 Wochen Entgeltfortzahlung

Der Anspruch auf Lohnfortzahlung besteht grundsätzlich für die Dauer von 6 Wochen, § 3 I 1 EFZG. **404**

---

424 BAG, NJW 1982, 1013, 1013
425 BAG, NZA 1992, 69, 69
426 BAG, NZA 2015, 801, 803 ff.; anders noch BAG, NZA 1988, 197, 197 f., wo das Verschulden vermutet wurde.
427 BAG, NZA 2013, 322, 323
428 MK-Müller-Glöge, BGB, § 7 EFZG Rn 2 m. Nachw. zu abw. Ansichten.

42 Kalendertage

> **MERKSATZ**
> Dem Sechs-Wochen-Zeitraum entsprechen 42 Kalendertage, unabhängig davon, welche Tage in diesem Zeitraum als Arbeitstage ausgefallen sind.[429]

BEISPIEL 1: Arbeitnehmer A ist in den Monaten Juni und Juli wegen den Folgen eines unverschuldeten Verkehrsunfalls arbeitsunfähig krank geschrieben.

A erhält nur in den ersten 6 Wochen seinen Lohn fortgezahlt. Ab Mitte Juli kann der Arbeitgeber dann die Zahlungen einstellen.

Tag der Erkrankung

405

> **MERKSATZ**
> Der Tag, an dem der Arbeitnehmer erkrankt, wird in die 6 Wochen nur eingerechnet, wenn die Arbeitsunfähigkeit bereits vor der Arbeitsaufnahme eintritt.[430]

Sofern der Arbeitnehmer seine Arbeitsfähigkeit erst im Laufe des Arbeitstages verliert, beginnt der Anspruchszeitraum mit dem folgenden Tag.

BEISPIEL 2: Arbeitnehmer B tritt um 8 Uhr morgens seinen 8-Stunden-Dienst an. Nach 5 Stunden wird B durch eine Grippe arbeitsunfähig krank und geht nach Hause.

Für die 5 Stunden, in denen B seine Arbeitsleistung erbracht hat, steht ihm schon gem. § 611 BGB der normale Lohnanspruch zu. Für die restlichen 3 Stunden ergibt er sich nach wohl h.M. aus § 616 BGB.[431]

Krankheitsbeginn während der Wartefrist

406 Tritt bereits während der Wartefrist des § 3 III EFZG die Arbeitsunfähigkeit ein, so erwirbt der Arbeitnehmer dennoch mit Ablauf der Wartefrist den maximal 6-wöchigen Entgeltfortzahlungsanspruch. Auf diesen werden die bisherigen Krankheitstage nicht angerechnet. Vielmehr kommt es bloß zu einer Verschiebung des Anspruchsbeginns.[432]

> **MERKSATZ**
> Die Anspruchsbeschränkung auf maximal 6 Wochen gilt unabhängig davon, ob die Krankschreibung aufgrund der gleichen oder aufgrund von verschiedenen, unmittelbar aufeinander folgenden Krankheiten erfolgt, sog. Grundsatz der Einheitlichkeit des Verhinderungsfalles.[433]

Dies ist unstreitig für den Fall sich überlappender Krankheiten,[434] gilt aber auch für den Fall sich unmittelbar aneinander anschließender Krankheiten.[435]

Arbeitgeberwechsel

407 Schließlich ist die Dauer des Entgeltfortzahlungsanspruches immer in Bezug auf das jeweilige Arbeitsverhältnis zu berechnen. Folglich entsteht der Anspruch auf

---

429 MK-Müller-Glöge, BGB, § 3 EFZG Rn 54
430 BAG, AP Nr. 6 zu § 1 LFZG; Hromadka/Maschmann, ArbR I, § 8 Rn 82
431 MK-Müller-Glöge, BGB, § 3 EFZG Rn 52 m.w. Nachw. auch zur Gegenansicht.
432 BAG, NZA 1999, 1273, 1273 f.; MK-Müller-Glöge, BGB, § 3 EFZG Rn 53; vgl. oben Rn 380 f.
433 BAG, AP Nr. 25 zu § 3 EFZG; Hromadka/Maschmann, ArbR I, § 8 Rn 83
434 MünchArbR/Boecken, § 84 Rn 77
435 Schaub-Linck, § 98 Rn 54

Entgeltfortzahlung im Krankheitsfall in jedem neuen Arbeitsverhältnis des Arbeitnehmers unabhängig von gleichartigen Ansprüchen aus einem vorausgegangenen Arbeitsverhältnis.[436]

2. Fortsetzungserkrankung

Für den Fall, dass zwischen zwei Erkrankungen die Arbeitsfähigkeit wieder hergestellt war, erlangt die in § 3 I EFZG angelegte Unterscheidung zwischen Wiederholungs- und Fortsetzungskrankheit Bedeutung.

408

> **DEFINITION**
> Eine **wiederholte Erkrankung** ist dann gegeben, wenn es sich um eine medizinisch völlig neue Erkrankung handelt, auch wenn sie dasselbe Organ betrifft.

409 Definition: Wiederholte Erkrankung

BEISPIEL 1: Sommergrippe im Juli und Lebensmittelvergiftung im Oktober.

> **DEFINITION**
> Eine **Fortsetzungskrankheit** ist dann gegeben, wenn die Krankheit, auf der die frühere Arbeitsunfähigkeit beruhte, in der Zeit zwischen dem Ende der vorangegangenen und dem Beginn der neuen Arbeitsunfähigkeit medizinisch nicht vollständig ausgeheilt war, sondern als Grundleiden latent weiterbestanden hat, sodass die neue Erkrankung nur eine Fortsetzung der früheren Erkrankung bedeutet.[437]

410 Definition: Fortsetzungskrankheit

BEISPIEL 2: Arbeitnehmer A war an Grippe erkrankt und erleidet nach einem Arbeitsversuch nach 2 Tagen einen Rückfall.

> **MERKSATZ**
> Die **wiederholte Erkrankung** fällt unter § 3 I 1 EFZG. Der Arbeitnehmer hat also jedes Mal Anspruch auf 6 Wochen Lohnfortzahlung.[438]

411 Wiederholte Erkrankung: § 3 I 1 EFZG

BEISPIEL 3: A bricht sich einen Arm und wird 6 Wochen krankgeschrieben. Nachdem er eine Woche gearbeitet hat, erleidet er einen Herzanfall und wird wieder für 6 Wochen krankgeschrieben.

In Beispiel 3 hat A zweimal Anspruch auf 6 Wochen Entgeltfortzahlung.

> **MERKSATZ**
> Bei der **Fortsetzungskrankheit** gilt § 3 I 2 EFZG. Hier hat der Arbeitnehmer insgesamt nur einen Fortzahlungsanspruch von 6 Wochen.

412 Fortsetzungskrankheit: § 3 I 2 EFZG

---

436 BeckOK-Ricken, EFZG, § 3 Rn 53
437 BAG, NZA 1985, 501, 501
438 MK-Müller-Glöge, BGB, § 3 Rn 60

BEISPIEL 4: A wird wegen einer schweren Grippe 4 Wochen krankgeschrieben. Entgegen der Empfehlung seines Arztes geht er in der 5. Woche wieder arbeiten und erleidet einen Rückfall. Er wird von seinem Arzt für 3 weitere Wochen krankgeschrieben.

In Beispiel 4 erhält der A in der 7. Krankheitswoche keine Entgeltfortzahlung mehr.

Ausnahmen des § 3 I 2 EFZG

413 Von diesem Grundsatz enthält § 3 I 2 EFZG allerdings zwei Ausnahmen. Wird der Arbeitnehmer infolge derselben Krankheit erneut arbeitsunfähig, so verliert er wegen der erneuten Arbeitsunfähigkeit den Anspruch nach Satz 1 für einen weiteren Zeitraum von höchstens sechs Wochen nicht, wenn er vor der erneuten Arbeitsunfähigkeit mindestens sechs Monate nicht infolge derselben Krankheit arbeitsunfähig war, § 3 I 2 Nr. 1 EFZG, oder seit Beginn der ersten Arbeitsunfähigkeit infolge derselben Krankheit eine Frist von zwölf Monaten abgelaufen ist, § 3 I 2 Nr. 2 EFZG.

§ 3 I 2 Nr. 1 EFZG

BEISPIEL 5 (zu § 3 I 2 Nr. 1 EFZG): A hat ein chronisches Rückenleiden. Deshalb wird er im Januar und im November für jeweils 4 Wochen krankgeschrieben.

A erhält in Beispiel 5 für die gesamten 8 Wochen Entgeltfortzahlung, da zwischen beiden Krankheiten über 6 Monate liegen, in denen der Arbeitnehmer nicht infolge derselben Krankheit arbeitsunfähig war. An dem Ergebnis würde sich also auch nichts ändern, wenn der Arbeitnehmer im Juni wegen einer Sommergrippe arbeitsunfähig gewesen wäre. § 3 I 2 Nr. 1 EFZG verlangt nicht, dass der Arbeitnehmer während des 6-Monats-Zeitraums arbeitsfähig war.

414 | **MERKSATZ**
Der Sechs-Monats-Zeitraum des § 3 I 2 Nr. 1 EFZG beginnt mit dem ersten auf das Ende der Arbeitsunfähigkeit folgenden Tag.[439]

§ 3 I 2 Nr. 2 EFZG

BEISPIEL 6 (zu § 3 I 2 Nr. 2 EFZG): A hat ein chronisches Rückenleiden. Deshalb wird er in den folgenden Monaten jeweils 4 Wochen krankgeschrieben: Januar, Mai, Oktober und Februar des Folgejahres.

In Beispiel 6 erhält A für die 4 Wochen im Januar Entgeltfortzahlung. Für Mai erhält er nur in den ersten beiden Wochen Entgeltfortzahlung. § 3 I 2 Nr. 1 EFZG greift nicht ein, da zwischen Januar und Mai keine 6 Monate liegen. Für Oktober erhält A keine Entgeltfortzahlung, da zwischen Mai und Oktober ebenfalls keine 6 Monate liegen. Und auch für den Februar des Folgejahres erhielte A nach § 3 I 2 Nr. 1 EFZG keine Entgeltfortzahlung, da zwischen Oktober und Februar wiederum keine 6 Monate liegen. Hier greift aber nun § 3 I 2 Nr. 2 EFZG ein: Seit Beginn der ersten Arbeitsunfähigkeit im Januar sind im Februar des Folgejahres 12 Monate abgelaufen, sodass A einen erneuten Entgeltfortzahlung von insgesamt 6 Wochen erworben hat.

---

[439] BAG, NJW 1974, 111, 111; MK-Müller-Glöge, BGB, § 3 EFZG Rn 69

> **MERKSATZ**
> Der 12-Monats-Zeitraum nach § 3 I 2 Nr. 2 EFZG ist vom Eintritt der ersten krankheitsbedingten Arbeitsunfähigkeit an zu berechnen.[440]

Die Regeln über die mehrfachen Erkrankungen gelten ausschließlich in demselben Arbeitsverhältnis. Wechselt der Arbeitnehmer in ein anderes Unternehmen und wird er nach Ablauf der Wartezeit des § 3 III EFZG infolge desselben Grundleidens beim neuen Arbeitgeber arbeitsunfähig, erwirbt er einen vollen Entgeltfortzahlungsanspruch unabhängig von der 6-Monats-Frist des § 3 I 2 Nr. 2 EFZG.[441]

415 Arbeitgeberwechsel

3. Entgeltfortzahlung nach Kündigung

Der Anspruch auf Fortzahlung des Arbeitsentgelts wird nicht dadurch berührt, dass der Arbeitgeber das Arbeitsverhältnis aus Anlass der Arbeitsunfähigkeit kündigt, § 8 I 1 EFZG. Nach dem Willen des Gesetzgebers kann sich der Arbeitgeber also seiner Entgeltfortzahlungspflicht nicht durch die Kündigung eines kranken Arbeitnehmers entziehen. Somit muss der Arbeitgeber u.U. auch für Zeiten, in denen gar kein Arbeitsverhältnis mehr besteht, Entgeltfortzahlung leisten! Das gleiche gilt, wenn der Arbeitnehmer das Arbeitsverhältnis aus einem vom Arbeitgeber zu vertretenden Grunde kündigt, der den Arbeitnehmer zur Kündigung aus wichtigem Grund ohne Einhaltung einer Kündigungsfrist berechtigt, § 8 I 2 EFZG.

416 § 8 EFZG

Endet das Arbeitsverhältnis vor Ablauf der in § 3 I EFZG oder in § 3a I EFZG bezeichneten Zeit nach dem Beginn der Arbeitsunfähigkeit, ohne dass es einer Kündigung bedarf, oder infolge einer Kündigung aus anderen als den in Absatz 1 bezeichneten Gründen, so endet der Anspruch mit dem Ende des Arbeitsverhältnisses, § 8 II EFZG.

417

VII. HÖHE DER ENTGELTFORTZAHLUNG

Der gesetzliche Anspruch auf Entgeltfortzahlung beträgt 100 %, § 4 I EFZG.
§ 4 EFZG legt ein **modifiziertes Entgeltausfallprinzip** zugrunde. Das bedeutet, dass sich die Berechnung der Arbeitszeit nach denjenigen Umständen richtet, wie sie sich während der Zeit der Krankheit (Lohnausfallzeitraum) auf die Vergütung der Arbeitsleistung auswirken.

418 Modifiziertes Entgeltausfallprinzip

> **MERKSATZ**
> Es wird so getan, als hätte der Arbeitnehmer tatsächlich gearbeitet.

Modifiziert wird dieses Prinzip durch das Wort „regelmäßig" in § 4 I EFZG. Die tatsächlichen Umstände sind daher nur relevant, wenn es sich um regelmäßige Umstände handelt.

„Regelmäßig"

> **MERKSATZ**
> Zur **Berechnung** des fortzuzahlenden Arbeitsentgelts ist bei einer Stundenvergütung die Zahl der durch die Arbeitsunfähigkeit ausfallenden Arbeitsstunden (Zeitfaktor) mit dem hierfür jeweils geschuldeten Arbeitsentgelt (Geldfaktor) zu multiplizieren.[442]

419 Geld- und Zeitfaktor

---

440 BAG, NJW 1985, 695, 695; MK-Müller-Glöge, BGB, § 3 EFZG Rn 72
441 MK-Müller-Glöge, BGB, § 3 EFZG Rn 74
442 BAG, NZA 2002, 439, 440

Für den Zeitfaktor der Entgeltberechnung ist nach § 4 I EFZG die regelmäßige individuelle Arbeitszeit des erkrankten Arbeitnehmers maßgebend.

Überstundenvergütungen **420** Speziell geregelt sind in § 4 Ia EFZG die Überstundenvergütungen. Nach § 4 Ia EFZG gehören zum Arbeitsentgelt weder die Überstundenzuschläge, noch die Grundvergütung für Überstunden.

> **MERKSATZ**
> Für Überstunden ist im Krankheitsfall nichts fortzuzahlen.

Regelmäßige Überstunden Somit kommt es entscheidend darauf an, ob Überstunden oder regelmäßige Arbeitszeit vorliegen. Regelmäßige Arbeitszeit zeichnet sich dadurch aus, dass sie die Regel ist und ständig anfällt. Problematisch ist in diesem Kontext die Behandlung regelmäßiger Überstunden.

Aus regelmäßigen Überstunden wird regelmäßige Arbeitszeit, wenn die Überstunden vom Arbeitnehmer ständig erbracht werden und als konkludent vereinbart angesehen werden können, weil der Arbeitgeber sie erwartet und entgegennimmt. Entstehende Schwankungen werden durch die Annahme eines Durchschnittswertes „geglättet". Dabei zieht das BAG einen Vergleichszeitraum von 12 Monaten heran.[443]

Überstundenzuschlag **421** Für den Geldfaktor ist darauf hinzuweisen, dass sich die Entgeltfortzahlung bei „regelmäßigen Überstunden" nicht auf die Überstundenzuschläge, sondern nur auf die Grundvergütung für die Überstunden bezieht. Der Überstundenzuschlag soll nämlich die tatsächliche Erschwernis der Mehrarbeit finanziell ausgleichen. Durch die Arbeitsunfähigkeit tritt jedoch keine Erschwernis auf, sodass Sinn und Zweck eines Zuschlags entfallen.[444]

VIII. FORDERUNGSÜBERGANG BEI DRITTHAFTUNG

Dritter verursacht Arbeitsunfähigkeit **422** Wenn ein Dritter die krankheitsbedingte Arbeitsunfähigkeit verursacht hat, kommen für den Arbeitnehmer gegen den Dritten Ersatzansprüche wegen Verdienstausfalls aus dem Deliktsrecht, §§ 823 ff. BGB, oder aus einer Gefährdungshaftung, § 7 StVG, in Betracht. An der Entstehung eines Schadens beim Arbeitnehmer könnte man jedoch zweifeln, wenn und weil er gem. § 3 I EFZG vom Arbeitgeber Entgeltfortzahlung bezieht.

> **MERKSATZ**
> Dass der Arbeitnehmer wegen der Entgeltfortzahlung durch den Arbeitgeber faktisch keinen Verdienstausfall erleidet, kann und darf den Schädiger nicht entlasten.[445]

Auf der anderen Seite kann der Arbeitnehmer nun nicht quasi „doppelten Lohn" kassieren und vom Arbeitgeber gem. § 3 I EFZG Entgeltfortzahlung beziehen und parallel vom Schädiger Schadensersatz wegen Verdienstausfalls verlangen.

---

443 *BAG, NZA 2003, 156, 157; 2002, 439, 441 f.; MK-Müller-Glöge, BGB, § 4 EFZG Rn 5*
444 *BAG, NZA 2002, 439, 441 f.*
445 *Hromadka/Maschmann, ArbR I, § 8 Rn 98*

§ 6 EFZG regelt deshalb einen gesetzlichen Forderungsübergang zugunsten des Arbeitgebers, wenn die zur Arbeitsunfähigkeit führende Krankheit von einem Dritten verursacht worden ist und der betroffene Arbeitnehmer seinerseits gegen den Dritten einen Ersatzanspruch hat (Legalzession).

Sofern sich der Schadensersatzanspruch jedoch nicht auf die fortzuzahlende Vergütung bezieht, z.B. Schmerzensgeld und Sachschäden, geht der Anspruch nicht auf den Arbeitgeber über, sondern verbleibt beim Arbeitnehmer.[446]

423 § 6 EFZG: Gesetzlicher Forderungsübergang

Schmerzensgeld und Sachschäden

---

[446] Hromadka/Maschmann, ArbR I, § 8 Rn 99

ENTGELTFORTZAHLUNG AN FEIERTAGEN

A. Einleitung

Eigentlich: „Ohne Arbeit kein Lohn"

424 Nach den allgemeinen Regeln wird der Arbeitgeber gem. § 326 I 1 BGB von der Pflicht zur Vergütungszahlung frei, wenn der Arbeitnehmer nach § 275 BGB von seiner Arbeitspflicht befreit ist. Da der Arbeitgeber die Nichtleistung der Arbeit an gesetzlichen Feiertagen gem. § 326 I 1 BGB nicht zu vertreten hat, würde dem Arbeitnehmer an Feiertagen ohne Arbeitsverpflichtung und ohne Arbeitsleistung vertragsrechtlich keine Vergütung zustehen („Ohne Arbeit kein Lohn"). Hiervon weicht § 2 EFZG zu Gunsten der Arbeitnehmer ab.

> **MERKSATZ**
> Der Arbeitnehmer behält grds. seinen Vergütungsanspruch, wenn er wegen der Feiertagsruhe keine Arbeit leistet.

B. Prüfungsschema

PRÜFUNGSSCHEMA

Prüfungsschema für § 2 EFZG

425
I. Bestehen eines Arbeitsverhältnisses
II. Gesetzlicher Feiertag
III. Kausalität zwischen Arbeitsausfall und Feiertag
IV. Kein Ausschluss des Anspruchs
V. Höhe des Entgelts

C. Systematik und Vertiefung

I. BESTEHEN EINES ARBEITSVERHÄLTNISSES

Allgemeiner Arbeitnehmerbegriff

426 Anspruchsberechtigt sind Arbeitnehmer i.S.v. § 1 EFZG, die in einem Arbeitsverhältnis stehen. § 2 EFZG erfasst auch gekündigte und befristete Arbeitsverhältnisse, nicht hingegen arbeitnehmerähnliche Personen.[447]

II. GESETZLICHER FEIERTAG

Definition: Feiertag

427
> **DEFINITION**
> **Feiertag** ist ein jährlich wiederkehrender weltlicher oder kirchlicher Gedenktag, an dem nicht gearbeitet wird.[448]

Maßgeblich: Arbeitsort

Alleine maßgeblich ist das Feiertagsrecht am Arbeitsort. Dies gilt vor allem dann, wenn auf den Wohnsitz des Arbeitnehmers, den Unternehmenssitz des Arbeitgebers und den Arbeitsort unterschiedliche Feiertagsgesetze Anwendung finden.[449]

---

[447] *Hromadka/Maschmann*, ArbR I, § 8 Rn 101
[448] *Hromadka/Maschmann*, ArbR I, § 8 Rn 102
[449] *Hromadka/Maschmann*, ArbR I, § 8 Rn 102

III. KAUSALITÄT ZWISCHEN ARBEITSAUSFALL UND FEIERTAG

Ebenso wie § 3 I EFZG verlangt auch § 2 I EFZG für die Entgeltfortzahlung an Feiertagen eine strenge Kausalität („infolge"). Der Feiertag muss die alleinige Ursache für den Arbeitsausfall sein.

428 Strenge Kausalität

> **BEISPIEL:** Ein gewerkschaftlicher Streik umfasst auch den Maifeiertag. Besteht ein Anspruch auf Entgeltzahlung?

Durch den rechtmäßigen Streik wird das Arbeitsverhältnis suspendiert. D.h. es bleibt „dem Bande nach" erhalten, jedoch sind die wechselseitigen Hauptleistungspflichten suspendiert, ruhen also. Deshalb ist nicht der Feiertag, sondern der Streik der Grund für die Nichtleistung der Arbeit. Folglich fehlt es an der alleinigen Kausalität des Feiertags für die Nichtarbeit.[450] Die Streikenden erhalten deshalb für den 1.5. keinen Lohn.

Eine Besonderheit ergibt sich bei krankheitsbedingter Arbeitsunfähigkeit während eines Feiertages, da sowohl § 2 I EFZG als auch § 3 I EFZG nur dann eingreifen, wenn entweder der Feiertag oder die krankheitsbedingte Arbeitsunfähigkeit alleinige Ursache für den Verdienstausfall ist. Damit drohen nun beide Ansprüche zu scheitern, was aber unbillig wäre, da die „Überschneidung" von zwei an sich anspruchsgewährenden Vorschriften schwerlich zum Anspruchsverlust führen kann.

429 Krankheit während Feiertag

Der Konflikt wird dadurch gelöst, dass sich der Entgeltfortzahlungsanspruch gem. § 4 II i.V.m. § 2 EFZG nach dem Arbeitsentgelt bemisst, welches der Arbeitnehmer ohne den Feiertag erzielt hätte. Dies hat insbesondere Auswirkungen auf die Vergütung am Feiertag ausgefallener Überstunden, die abweichend von § 4 Ia EFZG zu bezahlen sind.[451]

§ 4 II i.V.m. § 2 EFZG

IV. KEIN AUSSCHLUSS DES ANSPRUCHS

Arbeitnehmer, die am letzten Arbeitstag (nicht: Kalendertag) vor oder am ersten Arbeitstag nach Feiertagen unentschuldigt der Arbeit fernbleiben, haben keinen Anspruch auf Bezahlung für diese Feiertage, § 2 III EFZG. Diese Regelung bezweckt, Arbeitnehmer davon abzuhalten, die durch den gesetzlichen Feiertag gewonnene Freizeit eigenmächtig zu verlängern.[452]

430 Arbeitsbummelei

V. HÖHE DES ENTGELTS

Es gilt das **Entgeltausfallprinzip**. Der Arbeitgeber muss den Arbeitnehmern für die Arbeitszeit, die infolge eines gesetzlichen Feiertages ausfällt, den Arbeitsverdienst zahlen, den sie ohne den Arbeitsausfall erhalten hätten.

431 Entgeltausfallprinzip

Zum Feiertagsentgelt gehören auch Zulagen und Zuschläge, soweit damit nicht Aufwendungen abgegolten werden, die dem Arbeitnehmer nur bei tatsächlicher Arbeitsleistung entstehen (z.B. Schmutzzulagen). Hätte der Arbeitnehmer ohne den Feiertag Überstunden leisten müssen, sind diese bei der Bemessung des Anspruchs zu berücksichtigen. § 4 I a EFZG findet weder direkte noch analoge Anwendung.[453]

§ 4 I a EFZG nicht anwendbar

---

[450] BAG, NZA 1993, 809, 809; MK-Müller-Glöge, BGB, § 2 EFZG Rn 14
[451] MK-Müller-Glöge, BGB, § 2 EFZG Rn 17
[452] BAG, NJW 1967, 594, 595
[453] MK-Müller-Glöge, BGB, § 2 EFZG Rn 20; Hromadka/Maschmann, ArbR I, § 8 Rn 106

ERHOLUNGSURLAUB NACH BUrlG

A. Einleitung

4 Wochen Urlaub   **432**   Jeder Arbeitnehmer hat bezogen auf eine 6-Tage-Woche Anspruch auf bezahlten Erholungsurlaub an 24 Werktagen (ergibt 4 Wochen) im Jahr (§§ 1, 3 BUrlG). Einen gesetzlichen Anspruch auf zusätzlichen Urlaub haben Schwerbehinderte, § 125 SGB IX, und Jugendliche, § 19 JArbSchG.
Streitig ist die dogmatische Ausgestaltung des Urlaubsanspruchs.

Urlaubserteilungsanspruch   **433**   Das BAG begreift den Urlaubsanspruch als **„Urlaubserteilungsanspruch"**. Den Arbeitgeber treffe die arbeitsvertragliche Nebenpflicht, den Arbeitnehmer für die Dauer des Urlaubs von der Arbeit freizustellen. Dadurch entfalle zwar an sich gem. § 326 I 1 BGB der Vergütungsanspruch des Arbeitnehmers, jedoch werde dieser von § 1 BUrlG aufrechterhalten.[454]

EuGH: unionsrechtlicher Urlaubsbegriff   Abweichend vom Verständnis des BAG zur Rechtsnatur des Urlaubsanspruchs geht der EuGH für den **unionsrechtlichen Urlaubsbegriff** davon aus, dass das Unionsrecht den Anspruch auf Jahresurlaub und denjenigen auf Zahlung des Urlaubsentgelts als die zwei Teile eines einzigen Anspruchs behandelt. Durch das Erfordernis der Zahlung eines Urlaubsentgelts solle der Arbeitnehmer während des Jahresurlaubs in eine Lage versetzt werden, die in Bezug auf das Entgelt mit den Zeiten geleisteter Arbeit vergleichbar sei.[455]

Anspruchsgrundlage   **434**   **KLAUSURHINWEIS**
Anspruchsgrundlage ist der Arbeitsvertrag i.V.m. § 611 BGB i.V.m. §§ 1 und 11 BUrlG.[456]

§ 11 BUrlG   **435**   Jenseits dieses dogmatischen Streits verändert § 11 BUrlG die vertragliche Vergütungspflicht für die Zeit des Urlaubs in zwei Punkten. Im Urlaub bemisst sich die Höhe der Vergütung nach dem sog. **„Referenzperiodenprinzip"** und das Urlaubsentgelt wird bereits zu Beginn des Urlaubs fällig.

Erholungsbedürfnis   **436**   Ein konkretes Erholungsbedürfnis des Arbeitnehmers ist nicht Voraussetzung für einen Urlaubs- bzw. Urlaubsabgeltungsanspruch. Das Erholungsbedürfnis wird vom Gesetz unwiderleglich vermutet.[457]

Höchstpersönlicher Anspruch   **437**   Der Urlaubsanspruch ist höchstpersönlicher Natur.[458] Folglich kann er weder abgetreten, § 399 BGB, noch gepfändet, § 851 I ZPO, noch verpfändet, §§ 1274 II, 399 BGB, werden. Mit ihm und gegen ihn kann nicht aufgerechnet werden, § 394 BGB. Schließlich ist der Urlaubsanspruch selbst auch nicht vererblich, da die Arbeitspflicht gem. § 613 BGB an die Person des Schuldners gebunden ist.[459]

---

[454] BAG, NZA 1989, 65, 65 f.; 1984, 197, 197; Junker, ArbR, Rn 261
[455] EuGH, NZA 2009, 135, 136 f.
[456] BeckOK-Lampe, BurlG, § 1 Rn 3
[457] BeckOK-Lampe, BurlG, § 1 Rn 3
[458] BAG, NZA 1993, 28, 28 f.
[459] StudKomm ArbR-Rolfs, § 1 BUrlG Rn 7

B. Prüfungsschema

Anspruch auf Freistellung von der Arbeit und auf Zahlung von Urlaubsentgelt, § 1 BUrlG

I. Anwendbarkeit des BUrlG
II. Ablauf der Wartezeit des § 4 BUrlG
III. Kein Rechtsmissbrauch, § 242 BGB
IV. Erholungsurlaub als einziger Grund für den Arbeitsausfall
V. Dauer des Erholungsurlaubs
VI. Erfüllung des Urlaubsanspruchs
VII. Erlöschen des Urlaubsanspruchs
VIII. Höhe der Urlaubsvergütung

438 Prüfungsschema, § 1 BUrlG

C. Systematik und Vertiefung

I. ANWENDBARKEIT DES BUrlG

Das BUrlG ist auf Arbeitnehmer, Auszubildende und arbeitnehmerähnliche Personen anwendbar, §§ 1, 2 BUrlG. Dabei setzt der Urlaubsanspruch nur voraus, dass das Arbeitsverhältnis an sich besteht. Die Art des Arbeitsverhältnisses, also Voll- oder Teilzeit, befristet oder unbefristet, spielt keine Rolle.[460] Gleiches soll sogar für unbezahlten Sonderurlaub („Sabbatical") gelten.[461] Nicht aber wegen § 17 I 1 BEEG bei Elternzeit.

439 Bestehendes Arbeitsverhältnis

II. ABLAUF DER WARTEZEIT DES § 4 BUrlG

Der volle Urlaubsanspruch wird erstmalig nach sechsmonatigem Bestehen des Arbeitsverhältnisses erworben, § 4 BUrlG. Dadurch soll sichergestellt werden, dass der Arbeitnehmer am Beginn des Arbeitsverhältnisses, wo häufig noch Probezeiten laufen, arbeitet und nicht in Urlaub geht.

440 6 Monate Wartezeit

Rechtliche Unterbrechungen des Arbeitsverhältnisses führen auch zu einer Unterbrechung der Wartezeit. Demgegenüber lassen bloß tatsächliche Unterbrechungen (z.B. Krankheit oder Streik) die Wartezeit unberührt.[462]

441 Unterbrechungen

Innerhalb des gleichen Arbeitsverhältnisses muss die Wartezeit nur einmal erfüllt sein. In den Folgejahren entsteht der Urlaubsanspruch dann bereits mit dem ersten Tag des Kalenderjahres in voller Höhe.[463]

442 Einmalige Erfüllung genügt

BEISPIEL 1: A tritt am 1.1. in die Dienste des Arbeitgebers G.

Mit Ablauf des 30.6. hat A seine Wartezeit erfüllt und erwirbt am 1.7. den vollen Urlaubsanspruch. In den Folgejahren erwirbt A seinen Urlaubsanspruch bereits am 1.1. in voller Höhe.

---

460 Hromadka/Maschmann, ArbR I, § 8 Rn 128
461 BAG, NZA 2014, 959, 960
462 StudKomm ArbR-Rolfs, § 4 BUrlG Rn 1
463 Hromadka/Maschmann, ArbR I, § 8 Rn 131

BEISPIEL 2: Arbeitnehmer A nimmt am 1. April seine neue Arbeit auf.

Die Wartezeit endet am 30. September und der Arbeitnehmer erlangt am 1. Oktober seinen vollen Jahresurlaubsanspruch von z.B. 20 Tagen bei einer 5-Tage-Woche.[464]

Vertragliche Abweichung

443 Die Arbeitsvertragsparteien (und damit natürlich im Ergebnis vor allem der Arbeitgeber) können auf die Einhaltung der Wartezeit verzichten. Dem steht § 13 I 3 BurlG nicht entgegen, da es sich um eine Abweichung zugunsten des Arbeitnehmers handelt.

Teilurlaub

444 Erfüllt der Arbeitnehmer die Wartezeit nicht, z.B. wegen eines kurzzeitig befristeten Vertrages oder wegen einer Kündigung innerhalb der Probezeit, erhält der Arbeitnehmer einen Anspruch auf Teilurlaub gem. § 5 I b) BurlG.[465]

III. KEIN RECHTSMISSBRAUCH, § 242 BGB

445 In extremen Fällen kann sich die Frage stellen, ob die Geltendmachung eines Urlaubsanspruchs einen Rechtsmissbrauch, § 242 BGB, darstellen kann.

Urlaub trotz extrem langer Krankheit

BEISPIEL: Arbeitnehmer A ist aufgrund diverser Erkrankungen vom 2.1. bis zum 8.12. nahezu durchgängig krank gewesen und hat in der Zwischenzeit nur an 7 Tagen gearbeitet. Am 9.12. begehrt er vom Arbeitgeber G für den Rest des Jahres Erholungsurlaub.

BAG: Kein Erholungsbedürfnis nötig

Nach inzwischen gefestigter Rechtsprechung des BAG liegt auch in einem derartigen Fall kein Rechtsmissbrauch durch den Arbeitnehmer vor. Der Urlaubsanspruch ist von der tatsächlich erbrachten Arbeitsleistung unabhängig, da er nicht eine Gegenleistung für die erbrachte Arbeit darstellt. Er ist vielmehr ein gesetzlicher Anspruch auf Freistellung von der Arbeit und nicht an ein Erholungsbedürfnis gebunden.[466] Diese Begründung des BAG ist unbefriedigend, weil es beim Einwand des Rechtsmissbrauchs nicht um die Frage geht, ob der Anspruch entstanden ist, sondern um die Frage, ob der Geltendmachung des Anspruchs der Einwand des Rechtsmissbrauchs entgegensteht.[467]

IV. ERHOLUNGSURLAUB ALS EINZIGER GRUND FÜR DEN ARBEITSAUSFALL

446 Erholungsurlaub und der Anspruch auf Zahlung des Urlaubsentgelts setzen voraus, dass der Urlaub den einzigen Grund für den Arbeitsausfall darstellt.

Krankheit während des Urlaubs

447 Erkrankt ein Arbeitnehmer während des Urlaubs, so werden die durch ärztliches Zeugnis nachgewiesenen Tage der Arbeitsunfähigkeit auf den Jahresurlaub nicht angerechnet, § 9 BUrlG. Der Urlaub des Arbeitnehmers verlängert sich jedoch nicht von selbst um die Krankheitstage.

BEISPIEL 1: Arbeitnehmer A arbeitet in einer 5-Tage-Woche beim Arbeitgeber G. Auf seinen Antrag hin hat G dem A 2 Wochen Erholungsurlaub gewährt. In der kompletten zweiten Urlaubswoche wird A arbeitsunfähig krank.

---

464 Was gilt, wenn das Eintrittsdatum nach dem 30.6. liegt, wird unten (ab Rn 452) bei den Teilurlaubsansprüchen näher erläutert.
465 Hromadka/Maschmann, ArbR I, § 8 Rn 132
466 Erstmals BAG, NJW 1982, 1548, 1548 f.; anders noch BAG, NJW 1962, 2268, 2268
467 Zutreffend Hromadka/Maschmann, ArbR I (4. Aufl.), § 8 Rn 133

Für die ersten 5 Urlaubstage erhält A Urlaubsentgelt nach den Maßstäben des § 11 BUrlG.[468] Für die zweiten 5 Werktage ist die maßgebliche Ursache für die Arbeitsverhinderung die Krankheit, nicht der Urlaub, § 9 BUrlG. In diesen 5 Werktagen erhält A Entgeltfortzahlung im Krankheitsfall gem. § 3 I EFZG.[469]

§ 9 BUrlG

Sofern A nun meint, eigenmächtig noch eine weitere Woche Urlaub „anhängen" zu können, würde ein Fall der Selbstbeurlaubung vorliegen, der dem Arbeitgeber wegen beharrlicher Arbeitsverweigerung sogar das Recht zur außerordentlichen Kündigung, § 626 BGB, geben könnte.[470]

448 Selbstbeurlaubung

Alle **Sonn- und gesetzliche Feiertage** sind grundsätzlich arbeitsfrei, § 9 ArbZG. Sie sind schon nach § 3 II BUrlG keine Urlaubstage. Der Arbeitnehmer hat in diesem Fall Anspruch auf Feiertagsentgeltzahlung gem. § 2 EFZG. Anders ist dies nur, wenn der Arbeitnehmer gerade am Sonn- oder Feiertag arbeiten muss.

449 Sonn- und gesetzliche Feiertage

> **BEISPIEL 2:** A arbeitet in einer 5-Tage-Woche von Montag bis Freitag in Hessen. An Fronleichnam, der in Hessen ein gesetzlicher Feiertag ist, und auf einen Donnerstag fällt, will A ein „langes Wochenende" beginnen und fragt sich, wie viel Urlaubstage er hierfür aufwenden muss.

Da für A an Sams- und Sonntagen keine Arbeitspflicht besteht, muss er für diese beiden Tage auch keinen Urlaub nehmen. Gleiches gilt für den Donnerstag, der gesetzlicher Feiertag ist. Folglich muss A nur für den Freitag Urlaub beantragen und folglich für sein „langes Wochenende" nur einen Urlaubstag aufwenden.

V. DAUER DES ERHOLUNGSURLAUBS

1. Grundlagen

Der Urlaub beträgt jährlich mindestens 24 Werktage, § 3 I BUrlG. Als Werktage gelten gem. § 3 II BUrlG alle Kalendertage, die nicht Sonn- oder gesetzliche Feiertage sind. Somit hat ein Arbeitnehmer mindestens 24 Montage bis Samstage im Jahr, also 4 Wochen, Erholungsurlaub. Da die meisten Arbeitnehmer aber eine 5-Tage-Woche haben, ist der Mindesturlaub verhältnismäßig auf 20 Tage zu kürzen (ergibt auch 4 Wochen).[471] Dieser gesetzliche Mindesturlaub darf gem. § 13 I 1 BUrlG nicht durch (tarif-) vertragliche Vereinbarung unterschritten werden. Auch darf auf ihn nicht verzichtet werden. Ein darüber hinausgehender Urlaubsanspruch kann demgegenüber natürlich vereinbart werden.

450 4 Wochen Erholungsurlaub

Bei **Teilzeitbeschäftigten** richtet sich der Urlaubsanspruch nicht nach der Stundenzahl, sondern alleine nach den Arbeitstagen, auf welche die zu erbringenden Stunden verteilt werden. Nur so wird sichergestellt, dass auch ein Teilzeitbeschäftigter pro Jahr mindestens 4 Wochen Erholungsurlaub hat.

451 Teilzeitbeschäftigte

> **BEISPIEL:** A arbeitet von Donnerstag bis Samstag jeweils von 16 – 21 Uhr als Verkäuferin in einem Kaufhaus.

---

[468] Dazu Näheres oben ab Rn 374.
[469] Hromadka/Maschmann, ArbR I, § 8 Rn 143
[470] MK-Henssler, BGB, § 626 Rn 156
[471] BAG, NZA 1984, 160, 160

Bei 3 vertraglich geschuldeten Arbeitstagen pro Woche ergeben sich für A 12 Urlaubstage (4 Wochen mal 3 Werktage = 12 Urlaubstage).

Reduziert ein bislang vollzeitbeschäftigter Arbeitnehmer die Zahl seiner Arbeitstage und konnte er zuvor seinen Urlaub nicht nehmen, darf die Zahl der bezahlten Urlaubstage wegen des Übergangs in die Teilzeitbeschäftigung nicht verhältnismäßig gekürzt werden.[472]

2. Teilurlaub

452 Problematisch ist die Berechnung von Teilurlaubsansprüchen. Teilurlaub wird nötig, wenn kein voller Urlaubsanspruch erworben wird. § 5 I BUrlG regelt insgesamt drei unterschiedliche Varianten der Teilurlaubsgewährung.

- § 5 I lit. c BUrlG regelt die Fälle, in denen der Arbeitnehmer schon länger als sechs Monate beim selben Arbeitgeber arbeitet, aber spätestens bis zum 30.6. wieder aus dem Arbeitsverhältnis ausscheidet. Arbeitet der Arbeitnehmer auch nur einen Tag über den 30.6. hinaus, so erwirbt er den Anspruch auf den gesamten Jahresurlaub.
- § 5 I lit. a und lit. b BUrlG sind nötig wegen der Wartezeitregelung des § 4 BUrlG. Sie verhindern, dass der Arbeitnehmer in den geregelten Fällen völlig ohne Urlaubsanspruch bleibt.
- § 5 I lit. b BUrlG ist immer einschlägig, wenn der neu eingestellte Arbeitnehmer bereits vor erfüllter Wartezeit gem. § 4 BUrlG wieder aus dem Arbeitsverhältnis ausscheidet.
- Dagegen betrifft § 5 I lit. a BUrlG den Fall, dass der Arbeitnehmer erst in der zweiten Jahreshälfte eingestellt wurde und daher im Einstellungsjahr wegen § 4 BUrlG keinen vollen Urlaubsanspruch erwerben konnte. Aber im Unterschied zu § 5 I lit. b BUrlG arbeitet der Arbeitnehmer hier zumindest solange weiter, dass er die Wartezeit überschreitet. § 5 I lit. a BUrlG regelt somit nur den Teilurlaubsanspruch für das Einstellungsjahr. Der Jahreswechsel bildet hier eine Zäsur.

453 **BEISPIELE:** Arbeitnehmer A fragt nach seinem Urlaubsanspruch in den folgenden Fällen:
(1) A arbeitet seit dem 15.07. bei X. Urlaubsanspruch für dieses Jahr, wenn er auch im Folgejahr bei X beschäftigt bleibt?
(2) A tritt am 15.07. ein und am 15.03. des Folgejahres wieder aus.
(3) A tritt am 05.12. ein und scheidet am 21.01. des Folgejahres aus.
(4) A ist zum 01.01. eingestellt worden. Wie viele Urlaubstage stehen ihm am 01.04. zu?

454 Zu (1): A hat im Einstellungsjahr 5 volle Beschäftigungsmonate. Da er damit die Wartezeit nach § 4 BUrlG nicht erfüllte, dies aber im nächsten Jahr tat, erhält er nach § 5 I lit. a BUrlG $5/_{12}$ des Jahresurlaubs.

455 Zu (2): Mit Ablauf des 14.01. hatte A seine Wartezeit nach § 4 BUrlG erfüllt, schied jedoch in der ersten Jahreshälfte aus. Es werden deshalb zwei Urlaubsansprüche ermittelt, der eine für Einstellungsjahr nach § 5 I lit. a BUrlG, der andere für das sich anschließende Austrittsjahr nach § 5 I lit. c BUrlG. Für das Eintrittsjahr ergeben sich $5/_{12}$ für das Austrittsjahr $2/_{12}$ des Jahresurlaubs, also insgesamt $7/_{12}$, obwohl das Beschäftigungsverhältnis insgesamt 8 und nicht 7 Monate gedauert hat.

456 Zu (3): Hier ist § 5 I lit. b BUrlG einschlägig. Streitig ist, ob bei lit. b) ebenso wie bei

---
[472] BAG, 10.02.2015 – 9 AZR 53/14, RA 2015, 193

lit. a) und lit. c) auf die einzelnen Urlaubsjahre getrennt abgestellt werden muss. Das BAG verneint die Frage, da in lit. b) im Gegensatz zu lit. a) und lit. c) auf das Kalenderjahr nicht ausdrücklich Bezug genommen werde. Deshalb bilde der unter 6 Monaten liegende Beschäftigungszeitraum eine in sich geschlossene zeitliche Einheit, auch wenn er sich auf zwei Kalenderjahre erstrecke.[473] A hat daher Anspruch auf $1/_{12}$ des Jahresurlaubs.

Zu (4): Am 01.04. hat A die Wartezeit noch nicht erfüllt. In Betracht kommt ein Teilurlaubsanspruch nach § 5 I lit. a BUrlG. Der Teilurlaubsanspruch entsteht nach h.M. in seinem gesamten Umfang bereits mit Beginn des Arbeitsverhältnisses. Allerdings brauchen Teilurlaubsansprüche erst dann erfüllt zu werden, wenn feststeht, dass ein weiterer Urlaubsanspruch, insbesondere ein Vollurlaubsanspruch nicht besteht.[474] Hier ergibt sich im Zusammenhang mit § 5 I lit. b BUrlG, dass A keinen Teilurlaubsanspruch aus lit. a) erwerben kann. Im Arbeitsverhältnis kann nur entweder der Anspruch aus lit. a) oder derjenige aus lit. b) gegeben sein, weil der erste das Fortbestehen des Arbeitsverhältnisses nach Erfüllung der Wartezeit voraussetzt, der zweite aber dessen Beendigung vor Erfüllung der Wartezeit.[475]

457 Erstmals fälliger Anspruch erst nach Ablauf der Wartezeit

Endet das Arbeitsverhältnis des A also noch innerhalb der Wartezeit, dann hätte er einen Teilurlaubsanspruch aus § 5 I lit. b BUrlG. Nach Ablauf der Wartezeit würde dagegen der Vollurlaubsanspruch bestehen, sodass auch insofern für lit. a) kein Raum ist. Da noch nicht feststeht, ob A vor Erfüllung der Wartezeit ausscheidet, hat er am 1. April noch keinen (!) Urlaubsanspruch.

> **MERKSATZ**
> Ergibt die **Umrechnung**, dass z.B. 1/12 des Jahresurlaubsanspruchs 1,66 Urlaubstagen entspricht, ist gemäß § 5 II BUrlG auf 2 Urlaubstage aufzurunden. Ist der Bruchteil kleiner als 0,5 Urlaubstage, so wird abgerundet. Dabei verfällt dieser Bruchteil jedoch nicht, sondern ist über § 7 IV BUrlG finanziell abzugelten.

458 Dezimalbrüche

VI. ERFÜLLUNG DES URLAUBSANSPRUCHS

Der Urlaub ist vom Arbeitgeber (meist nach einem entsprechenden Urlaubsantrag des Arbeitnehmers) zeitlich festzulegen und durch Freistellung von der Arbeit zu gewähren, § 7 BUrlG.

459

Bei der zeitlichen Festlegung des Urlaubs sind die Urlaubswünsche des Arbeitnehmers zu berücksichtigen, es sei denn, dass ihrer Berücksichtigung dringende betriebliche Belange oder Urlaubswünsche anderer Arbeitnehmer, die unter sozialen Gesichtspunkten den Vorrang verdienen, entgegenstehen, § 7 I 1 BUrlG.

460 Urlaubswünsche des Arbeitnehmers

BEISPIEL 1: A ist Abteilungsleiter in der Buchhaltung des Unternehmens U. A beantragt 10 Tage Urlaub im Januar. U lehnt den Urlaubsantrag ab, da im Januar der Jahresabschluss fertiggestellt werden müsse.

In bestimmten Stoß- oder Saisonzeiten können dringende betriebliche Belange einer Urlaubsgewährung entgegenstehen. In der Zeit des Jahresabschlusses ist der

Stoß- oder Saisonzeiten

---

[473] BAG, AP Nr. 7 zu § 5 BUrlG
[474] BAG, AP Nr. 2 zu § 59 KO
[475] ErfK-Gallner, § 5 BurlG Rn 5

Abteilungsleiter der Buchhaltung nicht entbehrlich. U hat den Urlaubsantrag rechtmäßig abgewiesen.

Betriebsferien **461** Zu den dringenden betrieblichen Belangen gehören auch vom Arbeitgeber angeordnete Betriebsferien.[476] Ebenso muss z.B. in einem Krankenhaus die ärztliche Versorgung sichergestellt sein.[477]

Schulpflichtige Kinder **462** Als sozialer Gesichtspunkt kommen vor allem die Ferien schulpflichtiger Kinder in Betracht. Deshalb haben in den Schulferienzeiten die Urlaubsanträge derjenigen Arbeitnehmer Vorrang, die schulpflichtige Kinder haben.

> **MERKSATZ**
> Die **sozialen Gesichtspunkte** stellen nur einen Unterfall der dringenden betrieblichen Belange dar. Sie rechtfertigen folglich eine Urlaubsablehnung nur, falls aus betrieblichen Gründen nicht jeder Urlaubswunsch erfüllt werden kann. Der bloße Umstand, dass zwei Urlaubsanträge für denselben Zeitpunkt kollidieren, rechtfertigt keine Ablehnung eines Urlaubsantrags.[478]

Zusammenhängende Gewährung **463** Der Urlaub ist zusammenhängend zu gewähren, es sei denn, dass dringende betriebliche oder in der Person des Arbeitnehmers liegende Gründe eine Teilung des Urlaubs erforderlich machen. Kann der Urlaub aus diesen Gründen nicht zusammenhängend gewährt werden, und hat der Arbeitnehmer Anspruch auf Urlaub von mehr als zwölf Werktagen, so muss einer der Urlaubsteile mindestens zwölf aufeinanderfolgende Werktage umfassen, § 7 II BUrlG. Sofern dies nicht beachtet wird, ist die Urlaubserteilung selbst bei einvernehmlicher Festlegung eigentlich unwirksam.[479] Jedoch dürfte es in diesem Fall mangels Klägers auch keinen Richter geben.

Rechtsgestaltende Erklärung **464** Die Erteilung des Urlaubs durch den Arbeitgeber hat eine rechtsgestaltende Wirkung, weil durch sie die Arbeitspflicht während der Urlaubsperiode entfällt. Als rechtsgestaltende Erklärung ist sie grundsätzlich unwiderruflich und bedingungsfeindlich. Dem Arbeitnehmer ist uneingeschränkt zu ermöglichen, anstelle der geschuldeten Arbeitsleistung die ihm aufgrund des Urlaubsanspruchs zustehende Freizeit selbstbestimmt zu nutzen. Das ist dann nicht gewährleistet, wenn der Arbeitnehmer trotz der Freistellung ständig damit rechnen muss, zur Arbeit abgerufen zu werden. Eine derartige Arbeitsbereitschaft lässt sich mit der Gewährung des gesetzlichen Erholungsurlaubs nicht vereinbaren.[480]

465 Sofern der Arbeitgeber dennoch einen bereits erteilten Urlaub „widerruft" oder gar einen Arbeitnehmer aus einem bereits angetretenen Urlaub „zurückruft", ist dies nur als Angebot zur Änderung der bereits erteilten Urlaubsgewährung zu werten.[481]

Widerruf und Rückruf Ein derartiger „Widerruf" ist nur bei unvorhergesehenen Ereignissen möglich. Ein „Rückruf" ist nur in zwingenden Notfällen zulässig, die einen anderen Ausweg nicht zulassen.[482] Nur unter diesen strengen Anforderungen trifft den Arbeitnehmer die vertragliche Nebenpflicht, das Angebot des Arbeitgebers anzunehmen.

---

476 Junker, ArbR, Rn 263
477 StudKomm ArbR-Rolfs, § 7 BUrlG Rn 7
478 StudKomm ArbR-Rolfs, § 7 BUrlG Rn 7
479 Dersch/Neumann, BUrlG, § 7 Rn 62
480 BAG, NZA 2001, 100, 101
481 Hromadka/Maschmann, ArbR I, § 8 Rn 147; Junker, ArbR, Rn 263
482 Hromadka/Maschmann, ArbR I, § 8 Rn 147

Verweigert der Arbeitgeber grundlos die Urlaubsgewährung, darf der Arbeitnehmer sich nicht im Wege der Selbsthilfe, § 229 BGB, selbst beurlauben. Vielmehr muss der Arbeitnehmer den Rechtsweg (einstweiliger Rechtsschutz, § 935 ZPO) beschreiten.[483] — **466** — Keine Selbstbeurlaubung

> **MERKSATZ**
> Die **Selbstbeurlaubung** berechtigt den Arbeitgeber in der Regel zur außerordentlichen Kündigung, § 626 BGB. Die zweiwöchige Kündigungserklärungsfrist des § 626 II BGB beginnt erst mit der Wideraufnahme der Arbeit, da erst zu diesem Zeitpunkt die eigenmächtige Abwesenheit beendet und das Ausmaß der Pflichtverletzung erkennbar ist.[484]

§ 626 BGB

VII. ERLÖSCHEN DES URLAUBSANSPRUCHS

1. Grundlagen

Der Urlaub muss im laufenden Kalenderjahr gewährt und genommen werden, § 7 III 1 BUrlG. Hierdurch soll erreicht werden, dass der Arbeitnehmer in regelmäßigen Abständen seinen Erholungsurlaub nimmt, und diesen nicht über Jahre hinweg aufspart. — **467** — § 7 III 1 BUrlG

Sofern der Arbeitnehmer den Urlaub im laufenden Kalenderjahr nicht nimmt, ist grundsätzlich das Erlöschen des Urlaubsanspruchs die Folge.[485] Eine Übertragung des Urlaubs auf das nächste Kalenderjahr ist nur statthaft, wenn dringende betriebliche oder in der Person des Arbeitnehmers liegende Gründe dies rechtfertigen. § 7 III 2 BUrlG. Im Fall der Übertragung muss der Urlaub in den ersten drei Monaten des folgenden Kalenderjahres gewährt und genommen werden. — **468** — Übertragung auf das Folgejahr

Als **dringende betriebliche Gründe** kommen grundsätzlich dieselben Gründe in Betracht, die nach § 7 I BUrlG die Nichtberücksichtigung der Urlaubswünsche des Arbeitnehmers gestatten.[486] — **469** — Dringende betriebliche Gründe

Ein in der Person des Arbeitnehmers liegender Grund ist vor allem die Krankheit des Arbeitnehmers. Der bloße Wunsch auf Übertragung des Urlaubs genügt hingegen nicht.[487] — Krankheit

Für die **Übertragung des Urlaubs** kommt es allein auf das Vorliegen der Merkmale nach § 7 III 2 BUrlG an. Es bedarf dafür keiner weiteren Handlungen von Arbeitgeber oder Arbeitnehmer, um die Übertragung zu bewirken. Aus diesem Grunde sind sowohl ein Antrag des Arbeitnehmers auf Übertragung als auch eine entsprechende Annahmerklärung des Arbeitgebers nicht erforderlich, um den Urlaub am Ende des Kalenderjahres auf den Zeitraum bis zum 31. 3. des folgenden Jahres zu übertragen.[488] — **470** — Übertrag erfolgt Kraft Gesetzes

Dabei ist zu beachten, dass der Urlaub bis zum 31.3. des Folgejahres genommen und nicht bloß angetreten sein muss. — **471** — Ende des Übertragungszeitraums

---

483 BAG, AP Nr. 115 zu § 626 BGB; Hromadka/Maschmann, ArbR I, § 8 Rn 155; Junker, ArbR, Rn 263
484 BAG, NZA 1994, 548, 550; Hromadka/Maschmann, ArbR I, § 8 Rn 155
485 Hromadka/Maschmann, ArbR I, § 8 Rn 156; Junker, ArbR, Rn 263
486 Hromadka/Maschmann, ArbR I, § 8 Rn 158; hierzu oben Rn 459
487 Hromadka/Maschmann, ArbR I, § 8 Rn 158
488 BAG, NZA 1988, 243, 243

BEISPIEL: Bei Arbeitnehmer A sind gem. § 7 III 2 BUrlG 10 Tage seines Jahresurlaubs auf das Folgejahr übertragen worden. Am Freitag, den 26. März beantragt er, dass ihm ab Montag, den 29. März, seine zehn Tage Resturlaub gewährt werden.

Der Übertragungszeitraum endet am Mittwoch, den 31. März. Bis zu diesem Tag können nur noch 3 Resturlaubstage gewährt werden. Die restlichen 7 Tage des Resturlaubsanspruchs verfallen.[489]

2. Ersatzurlaubsanspruch

472 Sobald das Urlaubsjahr bzw. der Übertragungszeitraum abgelaufen sind, wird dem Arbeitgeber die Gewährung des Urlaubs aus rechtlichen Gründen unmöglich. Sofern der Arbeitgeber diesen Umstand nicht zu vertreten hat, wird er von seiner Pflicht zur Erteilung des Urlaubs frei, § 275 I BGB.[490]

Schadensersatzanspruch

473 Verweigert hingegen der Arbeitgeber, den beantragten Urlaub zu gewähren und verstreicht dadurch die Frist des § 7 III 3 BUrlG, so kommt ein Schadensersatzanspruch des Arbeitnehmers aus §§ 280 I, III, 283 BGB in Betracht. Das Vertretenmüssen des Arbeitgebers folgt aus der Zufallshaftung des § 287 S. 2 BGB. Der Schadensersatz richtet sich gem. § 249 S. 1 BGB aus dem Gesichtspunkt der Naturalrestitution auf einen Ersatzurlaubsanspruch.[491] Aber über §§ 250, 251 BGB kann der Arbeitnehmer auch den der Urlaubsabgeltung (§ 7 IV BUrlG) entsprechenden Geldbetrag als Schadensersatz verlangen.

VIII. HÖHE DES URLAUBSENTGELTS

474 Die Vergütung während des Urlaubs setzt sich zusammen aus dem Urlaubsentgelt und einem u.U. vom Arbeitgeber freiwillig gewährten zusätzlichen Urlaubsgeld.

1. Urlaubsentgelt

§ 1 BUrlG

475 Gem. § 1 BUrlG erhält der Arbeitnehmer während des Erholungsurlaubs keine besondere Urlaubsentlohnung. Vielmehr wird der vertragliche Anspruch des Arbeitnehmers, der an sich gem. § 326 I BGB entfallen würde, aufrechterhalten.

Referenzperiodenprinzip

476 Die Höhe des Urlaubsentgelts bemisst sich nach dem sog. **"Referenzperiodenprinzip"**. Hiernach kommt es nicht darauf an, was der Arbeitnehmer verdient hätte, wenn er gearbeitet hätte (sog. **Entgeltausfallprinzip**). Stattdessen ist diejenige Vergütung maßgeblich, die er durchschnittlich in den letzten 13 Wochen vor Beginn des Urlaubs erhalten hat, § 11 I 1 BUrlG. Regelmäßige Provisionen sind zu berücksichtigen.[492]

Berechnungsformel

477 **MERKSATZ**

[Verdienst der letzten 13 Wochen] dividiert durch [65 Arbeitstage (od. 78 Werktage)] multipliziert mit [Anzahl der Urlaubstage] = **Urlaubsentgelt**

Gem. § 13 I 1 BUrlG kann in einem Tarifvertrag eine andere Berechnungsmethode vereinbart werden, z.B. das Entgeltausfallprinzip.

---

489   Vgl. Hromadka/Maschmann, ArbR I, § 8 Rn 159
490   Hromadka/Maschmann, ArbR I, § 8 Rn 160
491   Hromadka/Maschmann, ArbR I, § 8 Rn 160
492   EuGH, NZA 2014, 593, 595

Das Urlaubsentgelt ist gem. § 11 II BUrlG vor Antritt des Urlaubs zu zahlen, worin eine Ausnahme zu § 614 BGB liegt. Diese – vor dem Hintergrund betrieblicher Praxis fast schon absurde – Fälligkeitsbestimmung wird in der Praxis regelmäßig missachtet, indem das Urlaubsentgelt mit der übrigen Vergütung für den Abrechnungszeitraum – meist nachträglich am Monatsende – ausgezahlt wird. Alles andere würde zu immensem Arbeitsaufwand in den Lohnbuchhaltungen führen. Man stelle sich nur den Fall eines kurzfristigen Urlaubsverlanges vor. Hoffnung, dass der Gesetzgeber diesen Unsinn beendet, muss man aber nicht haben. Zumindest gilt: Auf die Wirksamkeit der Erteilung des Urlaubs hat eine spätere Zahlung aber keine Auswirkung.[493]

478 Auszahlung vor Urlaubsantritt

2. Urlaubsgeld

Vom Urlaubsentgelt ist das zusätzliche, über das Urlaubsentgelt hinausgehende Urlaubsgeld zu unterscheiden. Es gibt keinen gesetzlichen Anspruch auf Urlaubsgeld. Der Anspruch kann sich nur aus Tarifvertrag, Betriebsvereinbarung oder aus dem Arbeitsvertrag (häufig durch eine betriebliche Übung) ergeben.

479 Urlaubsgeld

Neben der Anspruchsgrundlage unterscheiden sich beide im Rahmen einer Pfändung. Urlaubsentgelt ist (ebenso wie das Arbeitsentgelt) pfändbar.[494] Demgegenüber kann das Urlaubsgeld nicht gepfändet werden, § 850a Nr. 2 ZPO.

480 Pfändung

3. Erwerbstätigkeit während des Urlaubs

Während des Urlaubs darf der Arbeitnehmer keine dem Urlaubszweck widersprechende Erwerbstätigkeit leisten, § 8 BUrlG, weil dies den Erholungszweck des Urlaubs vereiteln würde.

481

BEISPIEL: Arbeitnehmer A hat von seinem Arbeitgeber G zwei Wochen Urlaub gewährt bekommen. G erfährt, dass A auf einem großen Volksfest beim Wirt W als Kellner arbeitet. G fragt, welche Rechte er hat.

G kann von A die Unterlassung der Tätigkeit bei W verlangen, § 1004 I 2 BGB analog. Das gezahlte Urlaubsentgelt kann G jedoch nicht gem. § 812 I 1 1. Fall BGB (Leistungskondiktion) zurückverlangen, weil die Erwerbstätigkeit des A bei W den rechtlichen Grund für die Zahlung des Urlaubsentgelts von G an A nicht entfallen lässt. Auch ist der zwischen A und W geschlossene Vertrag nicht nichtig, da § 8 BUrlG kein gesetzliches Verbot i.S.d. § 134 BGB entnommen werden kann.[495]

Keine Rückforderung des Urlaubsentgelts

IX. SONDERFALL: DER URLAUBSABGELTUNGSANSPRUCH

Kann der Urlaub wegen Beendigung des Arbeitsverhältnisses ganz oder teilweise nicht mehr gewährt werden, so ist er abzugelten, § 7 IV BUrlG.

482

Früher ging die deutsche Rechtspraxis davon aus, dass der Abgeltungsanspruch ein Surrogat des Urlaubsanspruchs sei. Hieraus wurde gefolgert, dass es im Fall der (dauerhaften) Krankheit des Arbeitnehmers dem Arbeitgeber unmöglich sei, den Urlaubsanspruch durch Freistellung zu erfüllen, weshalb auch das Surrogat nicht erfüllbar sei.[496]

483 Surrogat des Urlaubsanspruchs

Problem: Dauerhafte Krankheit

---

493   BAG, NZA 1984, 194, 195
494   BAG, NZA 2001, 100, 101
495   BAG, NJW 1988, 2757, 2757 f.; Junker, ArbR, Rn 265
496   So noch BAG, NJOZ 2006, 681, 683

484 Dies stellt einen Verstoß gegen Art. 7 der Arbeitszeitrichtlinie, 2003/88/EG, dar. Der Anspruch auf bezahlten Jahresurlaub darf nach EuGH bei einem ordnungsgemäß krankgeschriebenen Arbeitnehmer nicht davon abhängig gemacht werden, dass er während des Bezugszeitraums tatsächlich gearbeitet hat. Daher darf der Anspruch hinsichtlich des gesetzlichen Mindesturlaubs nur dann verfallen, wenn der Arbeitnehmer während des Bezugszeitraums tatsächlich die Möglichkeit hatte, seinen Urlaubsanspruch auszuüben. Dies ist bei einem durchgehend krankgeschriebenen Arbeitnehmer nicht der Fall.[497] Dies gilt auch für den aus § 125 I SGB IX resultierenden Zusatzurlaub schwerbehinderter Menschen.[498] Die Höhe des Anspruchs richtet sich nach § 11 BUrlG.

485 MERKSATZ
Bei **langjährig arbeitsunfähigen Arbeitnehmern** ist § 7 III 3 BUrlG, wonach im Fall der Übertragung der Urlaub in den ersten drei Monaten des folgenden Kalenderjahres gewährt und genommen werden muss, europarechtskonform so auszulegen, dass der Urlaubsanspruch 15 Monate nach Ablauf des Urlaubsjahres verfällt.

486 Das Unionsrecht verlangt lediglich, dass der Übertragungszeitraum die Dauer des Bezugszeitraums deutlich überschreitet.[499]

BEISPIEL (nach BAG, NZA 2012, 1216): Die Klägerin war vom 01.07.2001 bis zum 31.03.2009 als Angestellte in der Rehabilitationsklinik der Beklagten beschäftigt. Im Jahr 2004 erkrankte sie, bezog ab dem 20.12.2004 eine befristete Rente wegen Erwerbsminderung und nahm bis zur Beendigung des Arbeitsverhältnisses ihre Tätigkeit für die Beklagte nicht mehr auf. Die Klägerin verlangte die Abgeltung von 149 Urlaubstagen aus den Jahren 2005 bis 2009 mit 18.841,05 € brutto.

Die Klägerin hat im Beispiel gem. § 7 IV BUrlG nur Anspruch auf Abgeltung des gesetzlichen Urlaubs aus den Jahren 2008 und 2009. Der Abgeltung der gesetzlichen Urlaubsansprüche aus den Jahren 2005 bis 2007 steht jedoch entgegen, dass sie vor der Beendigung des Arbeitsverhältnisses nach § 7 III 3 BUrlG mit Ablauf des 31.03. des zweiten auf das jeweilige Urlaubsjahr folgenden Jahres verfallen sind.

Fortbestehendes Arbeitsverhältnis

487 Obige Grundsätze wurden anhand eines Falles aufgestellt, in dem der Arbeitnehmer bis zur Beendigung des Arbeitsverhältnisses arbeitsunfähig war. Anders will das BAG entscheiden, wenn das Arbeitsverhältnis weiterhin fortbesteht. Bei dieser Sachlage schulde der Arbeitgeber - zumindest während des Fortbestands des Arbeitsverhältnisses – keine Urlaubsabgeltung. Das folge aus § 7 IV BUrlG, wonach der Urlaub nur dann abzugelten sei, wenn er wegen der Beendigung des Arbeitsverhältnisses ganz oder teilweise nicht mehr gewährt werden könne.[500]

---

[497] EuGH, NZA 2009, 135, 135 ff.; so jetzt auch BAG, NZA 2009, 538, 542; vgl. Abele, EuZW 2009, 152, 152 f.
[498] BAG, NZA 2010, 810, 816 f.
[499] EuGH, NJW 2012, 290, 291 f.; BAG, NZA 2012, 1216, 1220 f.
[500] BAG, NZA 2009, 1112, 1112 f.

| **MERKSATZ** | **488** | Reine Geldforderung |

Der Abgeltungsanspruch ist eine reine Geldforderung und kein Surrogat des Urlaubsanspruchs.[501]

Mit Beendigung des Arbeitsverhältnisses entsteht der Abgeltungsanspruch und wird sofort fällig. Als reine Geldforderung unterliegt er wie andere Ansprüche aus dem Arbeitsverhältnis einzel- und tarifvertraglichen Ausschlussfristen.
Das gilt auch für die Abgeltung des nach § 13 I 1 i.V.m. § 3 I BUrlG unabdingbaren gesetzlichen Mindesturlaubs.[502]

489 Ausschlussfristen

Fraglich ist, wie sich der Tod des Arbeitnehmers auf den Urlaubsanspruch auswirkt. Hatte der Arbeitnehmer den Urlaubsanspruch bereits angemahnt, hat der Arbeitgeber den Verzugsschaden zu ersetzen. Dass während des Verzugs durch den Tod des Arbeitnehmers Unmöglichkeit eingetreten ist, hat der Arbeitgeber zu vertreten (§§ 280 I, 284 I, 286 I, 287 S. 2). Dieser Anspruch geht gem. § 1922 I BGB auf die Erben über.[503]

490 Grundsatz: Kein Untergang mit dem Tod

Streitig war vor allem der Fall, dass der Arbeitnehmer vor seinem Tod noch keinen Antrag auf Urlaub gestellt hatte. In diesem Fall stellt sich die Frage, ob auch der Tod eine „Beendigung des Arbeitsverhältnisses" i.S.v. § 7 IV BUrlG darstellt. Nur dann kommt ein Anspruch auf Urlaubsabgeltung in Betracht. Das BAG hatte dies verneint, weil im Todesfall nicht die Beendigung des Arbeitsverhältnisses, sondern dessen Tod zum Untergang des Urlaubsanspruchs führe. Der untergehende Urlaubsanspruch könne sich nicht zeitgleich in einen Abgeltungsanspruch umwandeln. Anspruchsuntergang und gleichzeitige Umwandlung des Anspruchs schlössen sich aus.[504]
Nach Ansicht des EuGH ist diese Rechtsprechung jedoch nicht mit der Richtlinie über die Arbeitszeitgestaltung (RL 2003/88/EG) vereinbar. Auch im Fall der Beendigung des Arbeitsverhältnisses durch den Tod des Arbeitnehmers muss durch einen finanziellen Ausgleich die praktische Wirksamkeit des Urlaubsanspruchs sichergestellt werden. Der unwägbare Eintritt des Todes des Arbeitnehmers darf nicht rückwirkend zum vollständigen Verlust des Anspruchs auf bezahlten Jahresurlaub führen.[505]

491

---

501 BAG, NJOZ 2012, 406, 407; BAG, NZA 2012, 1087, 1088 (endgültige Aufgabe der Surrogatstheorie)
502 BAG, NJOZ 2012, 406, 407
503 BAG, NJW 1997, 2343, 2344
504 BAG, NZA 2012, 326, 327
505 EuGH, NJW 2014, 2415, 2416

DER ARBEITSRECHTLICHE GLEICHBEHANDLUNGSGRUNDSATZ

A. Einleitung

Anspruchs-grundlage und Schranke der Rechtsausübung

492 Der arbeitsrechtliche Gleichbehandlungsgrundsatz ist bürgerlich-rechtlicher Natur und wurzelt wie der öffentlich-rechtliche Gleichheitssatz des Art. 3 I GG in dem überpositiven Ideal der Gerechtigkeit, die es gebietet, Gleiches gleich und Ungleiches entsprechend seiner Eigenart ungleich zu behandeln. Er ist zum einen Anspruchsgrundlage und zum anderen Schranke der Rechtsausübung.

493 **MERKSATZ**
Der arbeitsrechtliche Gleichbehandlungsgrundsatz ist gewohnheitsrechtlich anerkannter allgemeiner Rechtsgedanke.[506]

Die Geltung und anspruchsbegründende Wirkung des arbeitsrechtlichen Gleichbehandlungsgrundsatzes ist in § 1b I 4 BetrAVG vom Gesetzgeber anerkannt worden. Sofern spezielle Gleichbehandlungsgrundsätze (z.B. § 75 BetrVG, § 4 I TzBfG, § 2 AGG) eingreifen, gehen diese dem allgemeinen arbeitsrechtlichen Gleichbehandlungsgrundsatz vor.[507]

B. Prüfungsschema

Will man die Voraussetzungen des arbeitsrechtlichen Gleichbehandlungsgrundsatzes näher spezifizieren, so lassen sich drei Prüfungspunkte herausarbeiten, die allerdings nicht streng voneinander getrennt werden können.

PRÜFUNGSSCHEMA

494   I. Gruppenbildung
      II. Bestehen einer Ordnung
      III. Kein sachlicher Grund für die Herausnahme Einzelner

C. Systematik und Vertiefung

I. GRUPPENBILDUNG

495 Es muss eine Gruppenbildung im Betrieb oder Unternehmen erkennbar sein. Mehrere Arbeitnehmer müssen sich also in vergleichbarer Lage befinden.

II. BESTEHEN EINER ORDNUNG

496 Weiterhin muss eine Ordnung bestehen, die über individuelle, auf der Grundlage der Vertragsfreiheit ausgehandelte Einzelverhältnisse hinaus für alle oder zumindest eine

---

[506] MK-Müller-Glöge, BGB, § 611 Rn 1121; Boemke, JuS 2006, 573, 574
[507] Boemke, JuS 2006, 573, 574

Gruppe von Arbeitnehmern gilt. Nur wenn eine solche Ordnung erkennbar wird, kann man sagen, ein einzelner Arbeitnehmer, der von dieser Ordnung nicht betroffen wird, aber zu der Gruppe gehört, für die die Ordnung gilt, werde schlechter behandelt.

Folgende **Grundregeln** muss man sich merken:

> **MERKSATZ** 497
>
> Verboten ist nur die **sachfremde Schlechterstellung** einzelner Arbeitnehmer gegenüber anderen Arbeitnehmern aus der gleichen Gruppe. Die Begünstigung einzelner wird nicht verhindert.[508]
>
> Wird ein vom Arbeitgeber gesetztes Prinzip nicht erkennbar, so hat der Arbeitnehmer keinen Anspruch darauf, dass ein solches Prinzip geschaffen wird und er sich dann darauf stützen kann.[509]
>
> Es gibt keinen Anspruch auf Gleichbehandlung im Unrecht oder im Irrtum, wenn die rechtswidrige oder rechtsirrige Praxis eingestellt worden ist.[510]

Grundregeln

III. KEIN SACHLICHER GRUND FÜR DIE HERAUSNAHME EINZELNER ARBEITNEHMER BZW. ARBEITNEHMERGRUPPEN

Ein Anspruch aus dem arbeitsrechtlichen Gleichbehandlungsgrundsatz verlangt schließlich, dass es für die Ungleichbehandlung einzelner Arbeitnehmer oder einer Arbeitnehmergruppe keinen sachlichen, also keinen vernünftigen, sich aus der Natur der Sache ergebenden oder sonst sachlich einleuchtenden Grund gibt. Maßgebend ist der Zweck der z.B. freiwilligen Leistung des Arbeitgebers.[511] Eine Differenzierung ist mithin dann zulässig, wenn zwischen dem Differenzierungskriterium und dem rechtlich anerkennenswerten Differenzierungsziel (dem Zweck der Leistung) ein sachlicher Zusammenhang besteht, der die Unterscheidung rechtfertigt.[512] 498

IV. GELTUNGSBEREICH: BETRIEBS-, UNTERNEHMENS- ODER KONZERNBEZOGEN ?

Der **arbeitsrechtliche Gleichbehandlungsgrundsatz** gilt nicht nur betriebsbezogen,[513] sondern auch unternehmensbezogen.[514] Der Gleichheitsgrundsatz wird inhaltlich durch den allgemeinen Gleichheitssatz bestimmt. Dieser ist seinem Wesen nach kompetenzbezogen, bezieht sich also auf den Bereich, auf den sich die gebundene Regelungskompetenz erstreckt. Der Arbeitgeber als Normadressat ist jedoch für das Unternehmen in seiner Gesamtheit verantwortlich. 499 *Unternehmensbezogenheit*

---

[508] BAG, AP Nr. 134 zu § 242 BGB – Gleichbehandlung; MK-Müller-Glöge, BGB, § 611 Rn 1125, 1128
[509] MK-Müller-Glöge, BGB, § 611 Rn 1126 ff.
[510] MK-Müller-Glöge, BGB, § 611 Rn 1141
[511] BAG, NJW 2006, 2875, 2875
[512] BAG, NZA 2003, 723, 725; Boemke, JuS 2006, 573, 574
[513] So z.B. noch BAGE 18, 278, 286.
[514] BAG, NZA 1999, 606, 608 f.

500 | **MERKSATZ**
Das bedeutet natürlich nicht, dass nicht ein sachlicher Grund für die unterschiedliche Behandlung der Mitarbeiter verschiedener Betriebe des gleichen Unternehmens gegeben sein kann. Nur: Diese unterschiedliche Behandlung bedarf nach dieser Rechtsprechung des BAG eines sachlichen Grundes und ist nicht per definitionem schon allein deshalb gerechtfertigt, weil unterschiedliche Betriebe betroffen sind.

Konzern

501 Auf den gesamten Konzern (der sich aus mehreren Unternehmen zusammensetzt) sind diese Überlegungen nicht übertragbar. Im Konzern handelt nämlich nicht nur ein Akteur als Normadressat, sondern mehrere Arbeitgeber, die rechtlich voneinander unabhängig sind.[515]

V. RECHTSFOLGEN

502 Verstoßen vertragliche Regelungen gegen den arbeitsrechtlichen Gleichbehandlungsgrundsatz, so sind sie insoweit unwirksam, § 134 BGB. Die Regelungslücke wird dann durch ergänzende Vertragsauslegung geschlossen, indem die ausgenommenen Arbeitnehmer in die Gruppe einbezogen werden und den Anspruch auf die Vergünstigung geltend machen können.[516] Dies gilt auch und gerade für Leistungen, die der Arbeitgeber freiwillig gewährt.

---

515   BAG, NZA 1999, 606, 609
516   BAG, NJW 2006, 2875, 2875; Boemke, JuS 2006, 573, 574

GRATIFIKATIONEN

A. Einleitung

Gratifikationen sind Sonderzuwendungen, die der Arbeitgeber aus bestimmten Anlässen (Weihnachten, Urlaub, Dienstjubiläum) neben der normalen Arbeitsvergütung gewährt. Sie sind Anerkennung für geleistete Dienste und Anreiz für weitere Dienstleistungen, d.h. künftig erwartete Betriebstreue. Solche **„Sozialleistungen"** sind, auch wenn der Arbeitgeber sie freiwillig gewährt, keine Schenkungen, sondern Leistungen, die ihren Rechtsgrund im Arbeitsverhältnis haben. Es sind folglich Lohnbestandteile, die auch dem Lohnschutz unterliegen. Das bedeutet aber nicht, dass Gratifikationen zur Auffüllung einer untertariflichen Zahlung bei Tarifgebundenheit herangezogen werden können.

503 Sonderzuwendungen

B. Prüfungsschema

PRÜFUNGSSCHEMA

I. Rechtsgrundlage der Gratifikation
II. Vorliegen der Voraussetzungen der Rechtsgrundlage
III. Liegen die Voraussetzungen der Rechtsgrundlage nicht vor, u.U. Anspruch auf Gleichbehandlung

504

C. Systematik und Vertiefung

I. RECHTSGRUNDLAGE

Auf Zahlung einer Gratifikation besteht weder kraft Gesetz noch kraft Gewohnheitsrecht noch aus der Fürsorgepflicht des Arbeitgebers ein Rechtsanspruch. Für sie muss also stets eine besondere Rechtsgrundlage vorhanden sein. Dafür kommen in Betracht:

505 Besondere Rechtsgrundlage nötig

1. Tarifliche Regelungen

Tarifliche Regelungen sind auf nicht tarifgebundene Arbeitnehmer nur dann anzuwenden, wenn sie für allgemeinverbindlich, § 5 TVG, erklärt wurden oder Inhalt des Einzelarbeitsvertrages geworden sind. Auch aus dem Gleichbehandlungsgrundsatz ergibt sich nichts anderes, da die Tarifgebundenheit ein sachlicher Grund für die Ungleichbehandlung ist.

506

2. Betriebsvereinbarungen

Gratifikationen können an sich auch Gegenstand einer Betriebsvereinbarung sein. Allerdings ist hier die Regelungssperre des § 77 III BetrVG zu beachten.

507 Regelungssperre des § 77 III BetrVG

3. Betriebliche Übung

Die wohl examensrelevanteste Rechtsgrundlage für einen Gratifikationsanspruch dürfte die betriebliche Übung sein.

508

a) Begründung der betrieblichen Übung

509 Bilden sich in einem Betrieb bestimmte Bräuche und Gewohnheiten aus, die sich in ihrer tatsächlichen Übung nicht aus Gesetz, Tarifvertrag, Betriebsvereinbarung oder Einzelarbeitsvertrag (einschließlich Gesamtzusage und vertraglicher Einheitsregelung) herleiten lassen, drängt sich die Frage nach ihrer zukünftigen Verbindlichkeit auf.

Definition: Betriebliche Übung

510 **DEFINITION**

Unter einer **betrieblichen Übung** wird die regelmäßige Wiederholung bestimmter Verhaltensweisen des Arbeitgebers oder der Belegschaft verstanden, aus denen die jeweils andere Seite schließen kann, die Rechte und Pflichten im Arbeitsverhältnis sollen auf Dauer abgeändert oder ergänzt werden.[517]

§ 1b I 4 BetrAVG

511 Das Rechtsinstitut der betrieblichen Übung ist in § 1b I 4 BetrAVG vom Gesetzgeber anerkannt worden.
Wie die Entstehung des Anspruchs aus betrieblicher Übung dogmatisch zu erklären ist, ist streitig.

Konkludentes Vertragsangebot

512 Die **Vertragstheorie** geht davon aus, dass in der wiederholten Gratifikationszahlung ein konkludentes Vertragsangebot an sämtliche Arbeitnehmer liegt. Die Annahme durch die Arbeitnehmer erfolgt nach § 151 BGB stillschweigend unter Verzicht auf den Zugang der Annahmeerklärung.[518] Entscheidend für die Entstehung eines Anspruchs sei nicht der Verpflichtungswille, sondern wie der Erklärungsempfänger das Verhalten des Arbeitgebers nach Treu und Glauben unter Berücksichtigung aller Begleitumstände, §§ 133, 157 BGB, verstehen musste und durfte.

Vertrauenshaftungstheorie

513 Die Gegenauffassung erblickt den Rechtsgrund für den Anspruch aus betrieblicher Übung darin, dass der Arbeitgeber durch die mehrfache vorbehaltlose Leistung einen Tatbestand gesetzt habe, auf dessen Fortbestand der Arbeitnehmer nach Treu und Glauben, § 242 BGB, vertrauen dürfe. Die einseitige Lossagung stellt vor diesem Hintergrund ein gegen Treu und Glauben verstoßendes widersprüchliches Verhalten dar, sog. „**Vertrauenshaftungstheorie**").[519]

514 **KLAUSURHINWEIS**

Auch wenn durch die Vertragstheorie tatsächlich nicht vorhandene Willenserklärungen fingiert werden, sollte ihr in Prüfungen gefolgt werden. Es wäre nicht sachgerecht, die Regeln des Vertragsrechts (z.B. zur Wirksamkeitskontrolle nach §§ 305 ff. BGB) durch die Anwendung von § 242 BGB zu umgehen.[520]

515 Unabhängig von der dogmatischen Begründung ist die entscheidende Frage, wie viele Wiederholungsfälle in welchem Zeitraum passiert sein müssen, um von einer betrieblichen Übung ausgehen zu können.

---

[517] *Walker*, JuS 2007, 1, 1
[518] BAG, NZA 2008, 179, 181; 2006, 1174, 1176
[519] *Hromadka*, NZA 1984, 241, 246; *Singer*, ZfA 1993, 487, 491 ff.
[520] *Walker*, JuS 2007, 1, 3

> **MERKSATZ**
> Die Regel, dass eine dreimalige vorbehaltlose Gewährung zur Verbindlichkeit erstarkt, ist für jährlich an die gesamte Belegschaft geleistete Gratifikationen aufgestellt worden.

Dreimalige Wiederholung

Bei **anderen Sozialleistungen** ist auf Art, Dauer und Intensität der Leistungen abzustellen.

516

> **MERKSATZ**
> Wie lange die Übung bestehen muss, damit die Arbeitnehmer berechtigt erwarten können, dass sie fortgesetzt werde, hängt davon ab, wie häufig die Leistungen erbracht worden sind. Dabei kommt es auf die Zahl der Anwendungsfälle im Verhältnis zur Belegschaftsstärke an.

Ferner sind in die Bewertung der Relation von Anzahl der Wiederholungen und Dauer der Übungen auch Art und Inhalt der Leistungen einzubeziehen. Bei für den Arbeitnehmer weniger wichtigen Leistungen sind an die Zahl der Wiederholungen höhere Anforderungen zu stellen, als bei bedeutsameren Leistungsinhalten. Abweichend von seiner früheren Rechtsprechung verlangt das BAG für eine betriebliche Übung allerdings nicht mehr, dass die Leistungen in der Vergangenheit in gleicher Höhe erbracht wurden. Bei unterschiedlicher Leistungshöhe könne vielmehr ein Anspruch „dem Grunde nach" entstehen. Über die jeweilige Höhe habe dann der Arbeitgeber nach billigem Ermessen zu befinden.[521] Das Urteil bezieht sich auf eine vom Betriebsergebnis abhängige Sonderzahlung mit Entgeltcharakter. Für derartige Zahlungen sei es typisch, dass deren Höhe schwanken könne. Ob das Urteil generell auf alle Gratifikationstypen übertragen wird, bleibt letztlich abzuwarten.

517

Gleichartige Leistungshöhe keine zwingende Voraussetzung

> **MERKSATZ**
> Das **Institut der betrieblichen Übung** ist nicht auf Fragen aus dem Gratifikationsrecht beschränkt. So kann z.B. auch ein Tarifvertrag Kraft betrieblicher Übung gelten. Dies bezieht sich dann aber auf alle Normen des Tarifvertrages, also auch auf solche, die für den Arbeitnehmer im Einzelfall von Nachteil sind.[522]

518

Geltung eines Tarifvertrags durch betriebliche Übung

b) Geltung gegenüber neu angestellten Arbeitnehmern

Da es sich um eine betriebliche (!) Übung handelt, kommt es nicht auf eine individuelle Übung gegenüber einem bestimmten Arbeitnehmer an. Eine bestehende betriebliche Übung kommt daher auch den Arbeitnehmern zugute, mit denen unter Geltung der Übung ein Arbeitsverhältnis begründet wird.[523] Der Arbeitgeber kann dies bei den neu eintretenden Arbeitnehmern jedoch verhindern, wenn er dies ausdrücklich vereinbart, oder wenn er eine allgemein an die Betriebsöffentlichkeit gerichtete Erklärung des Inhalts abgibt, dass die Übung für die neu Eintretenden

519

Geltung auch gegenüber neuen Arbeitnehmern

---

521 BAG, NZA 2015, 992, 993 f. = RA 2015, 593
522 BAG, NZA 2002, 1096, 1097
523 BAG, NZA 1989, 57, 57 f.; Walker, JuS 2007, 1, 4, 6; Waltermann, RdA 2006, 257, 265

nicht mehr gelten soll.[524] Der arbeitsrechtliche Gleichbehandlungsgrundsatz kann hier im Einzelfall korrigierend wirken.[525]

c) Freiwilligkeits- und Widerrufsvorbehalte

Zweifelsfrei fehlender Rechtsbindungswille

520 Der Arbeitgeber kann die Bindungswirkung seines Verhaltens durch entsprechende Vorbehalte ausschließen. Dazu muss er das Fehlen jedes Rechtsbindungswillens bei diesem Verhalten aber zweifelsfrei deutlich machen.

Freiwilligkeitsvorbehalt

521 Dabei genügt ein bloßer Hinweis auf die Freiwilligkeit der Leistung nicht. Eine solche Formulierung kann nämlich auch dahingehend verstanden werden, dass sich der Arbeitgeber freiwillig zur Leistungserbringung verpflichtet, weil er hierzu nicht durch Tarifvertrag, Betriebsvereinbarung oder Gesetz gezwungen ist.[526]

„Korrekter" Freiwilligkeitsvorbehalt

> **MERKSATZ**
> Folgende Klausel verhindert die Entstehung einer betrieblichen Übung:
> „Die Zahlung erfolgt freiwillig und begründet keinen Anspruch für die Zukunft."

Widerrufsvorbehalt

522 Daneben kann sich der Arbeitgeber auch den Widerruf der Leistung vorbehalten. Dadurch wird zwar nicht die Entstehung einer betrieblichen Übung verhindert. Der Widerrufsvorbehalt gibt dem Arbeitgeber aber das Recht, sich einseitig durch Widerruf für die Zukunft von der Übung zu lösen.[527] Dieser Widerrufsvorbehalt scheitert auch nicht an § 308 Nr. 4 BGB, wenn der Widerruf höchstens 25 – 30 % der Gesamtvergütung umfasst, nicht grundlos erfolgt und nicht zur Unterschreitung des Tariflohns führt.[528]

Kombination

523 Wenn der Arbeitgeber es nun „besonders gut machen" will, indem er einen Freiwilligkeits- und einen Widerrufsvorbehalt kombiniert, kann dies die Klausel unwirksam machen.

> **BEISPIEL:** „Soweit der Arbeitgeber gesetzlich oder durch Tarifvertrag nicht vorgeschriebene Leistungen, wie Prämien, Zulagen, Urlaubsgeld, Gratifikationen, Weihnachtsgratifikationen gewährt, erfolgen sie freiwillig und ohne jede rechtliche Verpflichtung. Sie sind daher jederzeit ohne Wahrung einer besonderen Frist widerrufbar."

Die zitierte Klausel ist nach Ansicht des BAG unklar und nicht eindeutig formuliert. Sie sei nicht geeignet, das mehrfache, tatsächliche Erklärungsverhalten des Arbeitgebers hinreichend zu entwerten. Die Klausel könne auch so verstanden werden, dass sich der Arbeitgeber aus freien Stücken zur Erbringung der Leistung verpflichten wollte. (M.a.W.: Es fehlt die Passage, dass kein Anspruch „für die Zukunft" begründet wird.) Ferner setze der vorbehaltene Widerruf voraus, dass überhaupt ein Anspruch entstanden sei, was einem Freiwilligkeitsvorbehalt widerspricht, der ja gerade das Entstehen des Anspruchs verhindern soll.[529]

---

524 Walker, JuS 2007, 1, 6
525 MK-Müller-Glöge, BGB, § 611 Rn 416
526 BAG, NZA 2005, 889, 891; Bepler, RdA 2005, 323, 325; Walker, JuS 2007, 1, 4
527 Bepler, RdA 2005, 323, 325; Walker, JuS 2007, 1, 5
528 BAG, NZA 2005, 465, 467 = JuS 2005, 574
529 BAG, NZA 2011, 628, 630

d) Doppelte Schriftformklausel

Weiterhin kann sich der Arbeitgeber vor der Entstehung einer betrieblichen Übung durch eine doppelte Schriftformklausel schützen. Danach bedürfen Vertragsänderungen der Schriftform und sind mündliche Vereinbarungen über die Aufhebung der Schriftformklausel nichtig.[530] Das gilt auch, wenn eine derartige Formulierung in den allgemeinen Vertragsbedingungen enthalten ist.[531] Allerdings muss der Arbeitgeber darauf achten, dass die doppelte Schriftformklausel beim Arbeitnehmer nicht den Eindruck erweckt, dass jede (!) spätere vom Vertrag abweichende mündliche Abrede gem. § 125 Satz 2 BGB nichtig sei. Das entspricht nämlich nicht der wahren Rechtslage. Denn gem. § 305b BGB haben individuelle Vertragsabreden Vorrang vor Allgemeinen Geschäftsbedingungen. Dieses Prinzip des **Vorrangs (mündlicher) individueller Vertragsabreden** setzt sich auch gegenüber doppelten Schriftformklauseln durch. Eine zu weit gefasste doppelte Schriftformklausel ist deshalb irreführend. Sie benachteiligt den Vertragspartner unangemessen i. S. von § 307 I BGB und droht deshalb – mangels geltungserhaltender Reduktion – vollständig unwirksam zu sein.[532]

524 Wichtig, dass deutlich wird, dass nicht jede Individualabrede erfasst ist.

e) Beseitigung der betrieblichen Übung

Ist eine betriebliche Übung entstanden, so kann sie durch den Arbeitgeber nur unter den gleichen Voraussetzungen und mit den gleichen Mitteln beseitigt werden wie ausdrückliche Zusagen, d.h. in der Regel nur durch eine Änderungskündigung oder einen Änderungsvertrag.[533]

525

Fraglich ist, ob eine entstandene betriebliche Übung durch eine neue (abweichende) betriebliche Übung geändert werden kann.

526 Abändernde betriebliche Übung

BEISPIEL (nach BAG, NZA 1997, 1007): Nachdem der Arbeitgeber über Jahre hinweg vorbehaltlos eine Weihnachtsgratifikation gewährt hatte, stellte er die Gratifikation in den Bekanntmachungen im Betrieb ab dem Jahre 1978 unter einen Widerrufsvorbehalt. Im Jahre 1992 kam es zum Streit, ob der Arbeitgeber zur Zahlung der vollen Gratifikation verpflichtet ist.

Hatte das BAG früher die Möglichkeit einer abändernden oder gegenläufigen betrieblichen Übung noch anerkannt,[534] so geht es heute davon aus, dass dies nicht möglich ist.[535]
Eine dreimalige widerspruchslose Annahme einer vom Arbeitgeber unter dem Vorbehalt der Widerruflichkeit gezahlten Gratifikation kann nach § 308 Nr. 5 BGB nicht den Verlust eines vertraglichen Anspruchs auf die Gratifikation bewirken.
Der nach den Grundsätzen der betrieblichen Übung entstandene Rechtsanspruch ist kein vertraglicher Anspruch minderer Rechtsbeständigkeit.

---

530 BAG, NZA 2003, 1145, 1147; Walker, JuS 2007, 1, 5
531 Ausführlich zu diesem Problem und mit Formulierungsvorschlägen für entspr. Klauseln: Leder/Scheuermann, NZA 2008, 1222, 1226; Preis, NZA 2009, 281, 286; Schramm/Kröpelin, DB 2008, 2362, 2365
532 BAG, NZA 2008, 1233 ff.
533 BAG, NZA 2009, 601, 602; kritisch zur praktischen Umsetzbarkeit z.B. wegen unterschiedlicher Kündigungsfristen: Bepler, RdA 2005, 323, 325; Walker, JuS 2007, 1, 7
534 BAG, NZA 2005, 349, 351
535 BAG, NZA 2009, 601, 602 f.; bestätigt durch BAG, 16.02.2010 – 3 AZR 123/08, Rn 27

4. Einzelarbeitsvertrag

Neu eintretender Arbeitnehmer

527 Tritt ein Arbeitnehmer neu in einen Betrieb ein, so ist nach § 157 BGB der neu geschlossene Arbeitsvertrag so zu verstehen, dass dem neu eingetretenen Arbeitnehmer alle Leistungen gewährt werden, die betriebsüblich sind. Durch eine ausdrückliche Vereinbarung oder Erklärung kann der Arbeitgeber jedoch eine betriebliche Übung für den neu eintretenden Arbeitnehmer ausschließen.[536]

5. Arbeitsrechtlicher Gleichbehandlungsgrundsatz

Willkürliche Differenzierung

528 Dieser allgemeine Rechtsgrundsatz verhindert willkürliche Differenzierungen zwischen einzelnen Arbeitnehmern. Willkürlich ist ein Ausschluss von der Gratifikation dann, wenn sachliche Gründe nicht bestehen.

II. DREI GRATIFIKATIONSTYPEN

529 Hinsichtlich des mit der Zahlung der Gratifikation verfolgten Zwecks sind grundsätzlich drei Typen zu unterscheiden:

1. Sonderzahlung mit reinem Entgeltcharakter

13. Monatsgehalt

530 Die Jahressonderzahlung kann ausschließlich der Entlohnung erbrachter Arbeitsleistungen dienen. Sie hat dann reinen Entgeltcharakter, § 611 I BGB. Hierunter fällt das sog. **13. Monatsgehalt**. Folglich wird das nach bestimmten Zeitabschnitten fällig werdende Arbeitsentgelt bereits im Laufe des Bezugsjahres entsprechend der vergangenen Zeitdauer anteilig verdient. Im Vergleich zum laufenden Entgelt ist hier bloß die Auszahlung des proportional verdienten Entgelts verzögert und erfolgt (in der Regel, aber nicht notwendigerweise) an einem Fälligkeitstermin im Jahr.[537]

2. Belohnung der Betriebstreue

Tatsächliche Arbeitsleistung nicht erforderlich.

531 Der Arbeitgeber kann mit der Jahressonderzahlung auch die Betriebstreue des Arbeitnehmers belohnen. Daneben ist eine tatsächliche Arbeitsleistung nicht erforderlich. In diesem Fall kommt es für die Begründung des Anspruchs allein auf die Dauer der Betriebszugehörigkeit an.[538] Soll dagegen auch oder nur zu zukünftiger Betriebstreue angespornt werden, ist der Fortbestand des Arbeitsverhältnisses bis zum Ende eines dem Arbeitnehmer gemessen an Art. 12 I GG noch zumutbaren Bindungszeitraums maßgebend (dazu gleich Näheres).

3. Sonderzahlung mit Mischcharakter

Kumulative Voraussetzung

532 Die beiden vorgenannten Zwecke können auch kombiniert werden, sodass die Sonderzuwendung sowohl Entgelt für die im Bezugsjahr erbrachte Arbeitsleistung als auch eine Belohnung für bereits bewiesene oder noch zu beweisende Betriebstreue ist. Arbeitsleistung und Betriebstreue wirken also nur kumulativ anspruchsbegründend.[539]

---

536 BAG, AP Nr. 10 zu § 242 BGB – Betriebliche Übung
537 BAG, EzA Nr. 86 zu § 611 BGB - Gratifikation
538 BAG, AP Nr. 137 zu § 611 BGB - Gratifikation
539 BAG, AP Nr. 138 zu § 611 BGB - Gratifikation

4. Abgrenzung

Welche Art der Gratifikation im Einzelfall vorliegt, ist durch Auslegung, §§ 157, 133 BGB, der konkreten Vereinbarung bzw. der Gratifikationsordnung zu ermitteln. Die Sonderzahlung mit Mischcharakter ist in der Praxis wahrscheinlich, in Prüfungsaufgaben mit Sicherheit der häufigste Fall einer Gratifikation. Eine Sonderzahlung ausschließlich für die Betriebstreue dürfte dagegen in der Praxis eher selten sein, da der Arbeitgeber in diesem Fall die volle Gratifikation auch an Arbeitnehmer zu gewähren hat, die z.B. das gesamte Jahr arbeitsunfähig krank waren[540] oder sich in Elternzeit befunden haben. In diesen Fällen besteht das Arbeitsverhältnis nämlich „dem Bande nach" fort.

533 Elternzeit

III. RÜCKZAHLUNGSKLAUSELN

Durch eine Rückzahlungsklausel bei der Auszahlung der Gratifikation kann der Arbeitnehmer verpflichtet werden, bei vorzeitiger Kündigung des Arbeitsverhältnisses die Gratifikation zurückzuzahlen. Auf diese Weise will der Arbeitgeber eine Bindung des Arbeitnehmers an den Betrieb erreichen. Diese Bindung kann jedoch so stark werden, dass dadurch dem Arbeitnehmer die Freiheit zur Kündigung des Arbeitsverhältnisses faktisch genommen wird, was auch mit dem Grundrecht aus Art. 12 I GG kollidiert. Für einzelvertraglich vereinbarte Rückzahlungsklauseln hat das BAG bei **Weihnachtsgratifikationen** folgende Regeln aufgestellt:[541]

534 Kollision mit Art. 12 GG

- Gratifikation bis 100,- €: Rückzahlungsklausel unzulässig.
- Gratifikation über 100,- € bis unter 1 Monatsgehalt: Rückzahlungsklausel befristet bis zum 31.03. des Folgejahres zulässig.
- Gratifikation 1 Monatsgehalt bis 2 Monatsgehälter: Rückzahlungsklausel befristet bis zum 30.06. des Folgejahres zulässig.[542]

535 Bindungsfristen

Das bedeutet z.B., dass ein Arbeitnehmer, der gegen Ende des Jahres eine Gratifikation von einem halben Monatsgehalt erhält, so kündigen kann, dass er genau mit dem Ablauf des 31. März des Folgejahres ausscheidet, ohne damit zur Rückzahlung der Gratifikation verpflichtet zu sein.

Es versteht sich von selbst, dass eine Rückzahlungsklausel bei einer Sonderzahlung mit reinem Entgeltcharakter nicht in Betracht kommt. Sein bereits erdientes Arbeitsentgelt muss der Arbeitnehmer nicht deshalb (anteilig) zurückzahlen, weil er den Arbeitgeber wechselt.

536 Reiner Entgeltcharakter

Von diesen Grenzen kann durch Tarifvertrag, nicht aber durch Betriebsvereinbarung abgewichen werden.[543]

537

---

540 Vgl. BAG, NZA 1991, 69, 70
541 BAG, NZA 2007, 875, 877; MK-Müller-Glöge, BGB, § 611 Rn 876
542 Gratifikation über 2 Monatsgehälter (MG): Rückzahlungsklausel zulässig, nach der bei Ausscheiden bis 31.03. des Folgejahres 1½ MG, zum 30.06. 1 MG und zum 30.09. ½ MG zurückzuzahlen sind.
543 MK-Müller-Glöge, BGB, § 611 Rn 877

§ 307 BGB

> **MERKSATZ**
> Wird gegen diese Grenzen verstoßen, liegt eine unangemessene Benachteiligung i.S.v. § 307 BGB vor. Die Rückzahlungsklausel ist dann vollständig unwirksam.

538 Ohne Rückzahlungsklausel ist der Arbeitnehmer auch bei Kündigung alsbald nach dem Auszahlungstag zur Rückzahlung nicht verpflichtet.[544]

Fall einer betriebsbedingten Kündigung durch den Arbeitgeber

539 Problematisch ist, ob die Rückzahlungsklausel auch für den Fall einer betriebsbedingten Kündigung durch den Arbeitgeber eingreift. Früher hielt das BAG eine solche Klausel in diesem Fall für nicht einschlägig. Dies folge aus § 162 BGB. Es ist einer Vertragspartei nach Treu und Glauben untersagt, sich auf den Nichteintritt eines für die Leistungsgewährung vorausgesetzten Erfolges, nämlich die Betriebstreue, zu berufen, wenn sie selbst diesen Erfolg vereitelt hat.[545]

§ 162 II BGB

Inzwischen hält das BAG jedoch auch bei betriebsbedingten Kündigungen die Rückzahlungsklausel für einschlägig und begründet dies mit dem „Mischcharakter" der Gratifikation.[546] Die künftige Betriebstreue könne eben nicht mehr erreicht werden, weshalb ein Zahlungsgrund der Gratifikation wegfalle. Weiterhin verstößt eine sozial gerechtfertigte Kündigung schon begrifflich nicht gegen Treu und Glauben. Grundsätzlich liegt darin auch keine unangemessene Benachteiligung i.S.v. § 307 I 1 BGB. Allerdings darf der Arbeitgeber nicht nur deshalb kündigen, um die Zahlung der Weihnachtsgratifikation zu vermeiden. In diesem Fall greift zugunsten des Arbeitnehmers § 162 II BGB ein und die Bedingung für die Rückzahlung gilt als nicht eingetreten.[547]

IV. STICHTAGSKLAUSELN

§ 307 BGB

540 Macht der Arbeitgeber die Gratifikationszahlung davon abhängig, dass das Arbeitsverhältnis zu einem bestimmten Zeitpunkt noch (ungekündigt) fortbesteht, ist zu differenzieren: Handelt es sich um eine „echte Gratifikation", ist eine solche Regelung grundsätzlich zulässig. Dies gilt unabhängig von der Frage, wer die Kündigung ausgesprochen hat. Handelt es sich demgegenüber (auch) um eine arbeitsleistungsbezogene Sonderzahlung mit synallagmatischem Entgeltcharakter, darf die Zahlung jedenfalls nicht vom ungekündigten Bestand des Arbeitsvertrages außerhalb des Bezugszeitraums abhängig gemacht werden.[548]

541 Gleiches dürfte aber auch für einen Stichtag im oder am Ende des Bezugszeitraums gelten.[549] Mit der Stichtagsregelung werde dem Arbeitnehmer nämlich Anspruch auf Vergütung für bereits erbrachte Arbeitsleistung genommen. Dies sei mit dem wesentlichen Grundgedanken des § 611 BGB nicht vereinbar. Die Regelung benachteilige den Arbeitnehmer daher unangemessen i.S.v. § 307 II Nr. 1 BGB und folglich unwirksam.

---

544 BAG, BB 1970, 1050, 1050 f.; MK-Müller-Glöge, BGB, § 611 Rn 878
545 BAG, NJW 1975, 278, 279
546 BAG, NZA 1993, 353, 353 f.
547 BAG, NZA 2012, 620, 623
548 BAG, NZA 2012, 620, 621 f.; für Sonderzahlungen mit „Mischcharakter" BAG, NZA 2012, 561, 561 f.
549 Baeck/Winzer, NZG 2012, 657, 657 f.; BAG, NZA 2014, 368, für Sonderzahlungen mit Mischcharakter.

D. Klausurfall: „Immer das Gleiche"

SACHVERHALT

A ist seit März 2004 bei B beschäftigt. In den Jahren 2005 bis 2007 zahlt B an A ein Weihnachtsgeld in Höhe von 1.000 €, 1.100 € und 1.400 €. B entschied in dieser Zeit nach Gutdünken individuell über die Höhe des Weihnachtsgelds. Seit 2008 gewährt B ein Weihnachtsgeld auf der Basis des zuletzt gezahlten Bruttomonatsgehalts. Die Verdienstabrechnungen enthalten den Hinweis „die Zahlung des Weihnachtsgelds erfolgt freiwillig und begründet keinen Rechtsanspruch für die Zukunft". Im Jahre 2014 zahlt B gar kein Weihnachtsgeld. A verlangt das Weihnachtsgeld in Höhe seines Bruttomonatsgehaltes von 4.000 €. Zu Recht?

542

LÖSUNG

Anspruch des A gegen B auf Zahlung des Weihnachtsgeldes für 2014 in Höhe von 4.000 €.
Möglicherweise hat A gegen B einen Anspruch auf Zahlung eines Weihnachtsgeldes in Höhe von 4.000 €. Der Anspruch kann sich hier nur aus einer arbeitsvertraglichen Verpflichtung ergeben. Eine unmittelbare Regelung im Arbeitsvertrag ist nicht enthalten. Der Anspruch des A gegen B könnte sich jedoch aus § 611 BGB i.V.m. mit einer betrieblichen Übung ergeben, weil B seit 2005 Weihnachtsgeld ausschüttet.

A. Voraussetzungen einer anspruchsbegründenden betrieblichen Übung

Unter einer betrieblichen Übung wird die regelmäßige Wiederholung bestimmter Verhaltensweisen des Arbeitgebers verstanden, aus denen die Arbeitnehmer schließen können, ihnen solle eine Leistung oder eine Vergünstigung auf Dauer gewährt werden. Aufgrund einer konkludenten Willenserklärung, die von dem Arbeitnehmer stillschweigend und unter Verzicht auf den Zugang der Annahmeerklärung angenommen wird (§ 151 BGB), erwachsen nach der Rechtsprechung vertragliche Ansprüche auf die üblich gewordenen Vergünstigungen.
Dabei ist nicht der Verpflichtungswille des Arbeitgebers entscheidend, sondern für die Anspruchsentstehung ist entscheidend, wie der Erklärungsempfänger die Erklärung oder das Verhalten nach Treu und Glauben unter Berücksichtigung aller Begleitumstände (§§ 133, 157 BGB) verstehen musste. Daher ist anhand des Empfängerhorizonts zu ermitteln, ob aus einem bestimmten wiederholten tatsächlichen Verhalten des Arbeitgebers überhaupt eine betriebliche Übung mit Anspruch der Arbeitnehmer auf eine zukünftige Gewährung entstanden ist oder ob aus dem Verhalten des Arbeitgebers nur eine Entscheidung für das jeweilige Jahr abzuleiten ist. Will der Arbeitgeber verhindern, dass aus der Stetigkeit seines Verhaltens eine Bindung für die Zukunft entsteht, muss er einen unmissverständlichen Vorbehalt erklären. Dabei ist er in der Form des Vorbehalts frei.
Im vorliegenden Fall ist fraglich, ob A aus der Gewährung der Weihnachtsgelder in den Jahren 2005 bis 2007 schließen konnte, dass sich B auch für die Zukunft verpflichten wollte, sodass die Weihnachtsgratifikation auch für das Jahr 2014 in voller Höhe zu gewähren wäre.

B. Entstehung einer betrieblichen Übung in den Jahren 2005 bis 2007

Fraglich ist, ob durch die Handhabung in den Jahren 2005 bis 2007 bereits eine betriebliche Übung begründet worden ist. Die Rechtsprechung geht davon aus, dass bei einer dreimaligen vorbehaltlosen Gewährung eines Weihnachtsgeldes ein Anspruch aus dem Gesichtspunkt der betrieblichen Übung entstehen kann.

Dies gilt jedoch dann nicht, wenn aus dem Verhalten des Arbeitgebers nur eine Zahlung für das jeweilige Jahr abzuleiten ist.

Nach dem Sachverhalt hat B die Weihnachtsgelder in den Jahren 2005 bis 2007 nach „Gutdünken" in jährlich unterschiedlicher Höhe gezahlt. Damit fehlt es bereits an einer regelmäßigen gleichförmigen Wiederholung bestimmter Verhaltensweisen. Aus der unterschiedlichen Höhe des Weihnachtsgeldes wird der Wille des B erkennbar, jedes Jahr neu über die Zuwendung zu entscheiden. Schon dies schließt das Entstehen einer betrieblichen Übung aus.[550]

> Die unterschiedliche Höhe der absoluten Zahlen ist unschädlich, bei gleichförmiger relativer Zahl, also z.B. 25 % eines Monatsgehalts.

Anders könnte man nur entscheiden, wenn man annähme, dass sich der Arbeitgeber mit dem geringst möglichen Betrag binden wollte. Insofern könnte allenfalls eine betriebliche Übung in Höhe von 1.000 € entstanden sein, weil B seit Einführung des Weihnachtsgeldes mindestens 1.000 € gezahlt hat. Dagegen spricht jedoch, dass gerade Aufgrund der unterschiedlichen Höhe ein Vertrauen auf die regelmäßige Zahlung nicht entstehen kann, da kein erkennbares System existiert.[551]

C. Entstehung einer betrieblichen Übung in den Jahren 2008 bis 2013

Fraglich ist ferner, ob in dem Zeitraum ab 2008 eine Übung auf Gewährung eines Weihnachtsgeldes in Höhe eines Bruttomonatsgehaltes entstanden ist. Nach dem Sachverhalt ist die Zahlung ab dem Jahre 2008 zwar jedes Jahr in derselben Höhe erfolgt, nämlich in Höhe eines Bruttomonatsgehalts. Allerdings wurde die Weihnachtsgratifikation jeweils nur unter dem Vorbehalt der Freiwilligkeit gezahlt.

> Wichtig, dass ein Rechtsanspruch „für die Zukunft" ausgeschlossen wird.

Ein solcher Freiwilligkeitsvorbehalt hat zum Inhalt, dass der Arbeitgeber sich für die Zukunft die Entscheidung darüber vorbehält, ob und unter welchen Voraussetzungen er an welche Arbeitnehmer im darauf folgenden Jahr in welcher Höhe ein Weihnachtsgeld zahlen will. Da B seit dem Jahre 2008 die Zahlung des Weihnachtsgeldes jeweils mit einem klaren Vorbehalt versehen hat, dass die Zahlung freiwillig erfolgt und keinen Rechtsanspruch für die Zukunft begründet, konnte er das Weihnachtsgeld für das Jahr 2009 vollständig entfallen lassen. Sowohl die Formulierung der „Freiwilligkeit" als auch die Formulierung „ohne Rechtsanspruch für die Zukunft" beinhalten mit hinreichender Klarheit, dass für die Zukunft kein Anspruch auf eine Weihnachtsgratifikation besteht.[552]

D. Anspruch wegen des unterlassenen Hinweises auf das Entfallen des Weihnachtsgeldes im Jahre 2014

Möglicherweise besteht schon deshalb ein Anspruch auf die Weihnachtsgratifikation im Jahre 2014, weil B es unterlassen hat, A rechtzeitig im Jahre 2014 darauf hinzuweisen, dass die Weihnachtsgratifikation in diesem Jahr nicht gezahlt werde. Möglicherweise ist das Vertrauen des Arbeitnehmers schutzwürdig, der sich - wie in den vergangenen

---

550 BAG, AP Nr. 192 zu § 611 BGB Gratifikation
551 Hromadka/Maschmann, ArbR I, § 5 Rn 191
552 Wenn der Zusatz „für die Zukunft" gefehlt hätte, wäre der Freiwilligkeitsvorbehalt wohl nicht hinreichend deutlich und folglich unwirksam gewesen, vgl. BAG, NZA 2011, 628, 630.

Jahren - auf die Zahlung einer Weihnachtsgratifikation zum Jahresende eingestellt hat. Hieraus könnte abzuleiten sein, dass B zwar für die Zukunft die Zahlung des Weihnachtsgeldes einstellen kann, nicht aber für den laufenden Bezugszeitraum.
Fraglich kann nur sein, ob trotz des Freiwilligkeitsvorbehaltes für das laufende Jahr stets ein Anspruch entsteht, solange der Arbeitgeber nicht rechtzeitig zu erkennen gibt, dass er von dem Freiwilligkeitsvorbehalt Gebrauch macht.[553]
Eine derartige Auffassung stünde im Widerspruch zu dem Freiwilligkeitsvorbehalt, der beinhaltet, dass Ansprüche für die Zukunft nicht bestehen. Insoweit hat der Arbeitnehmer so lange keinen Anspruch auf eine Gratifikation, wie nicht der Arbeitgeber einen solchen durch Erklärungen oder Handlungen begründet oder dem Arbeitnehmer einen Anspruch auf Gleichbehandlung erwächst. Der Anspruch muss nicht erst durch Erklärungen des Arbeitgebers für den laufenden Bezugszeitraum in Wegfall gebracht werden.[554]
Der Arbeitgeber kann in diesem Fall die Leistung ohne weiteres auch für den laufenden Bezugszeitraum einstellen.[555]

E. Ergebnis
A steht daher ein Anspruch auf das 13. Monatsgehalt für das Jahr 2014 nicht zu.

---

[553] So noch BAG 26.6.1975 AP Nr. 86 zu § 611 BGB Gratifikation
[554] BAG, AP Nr. 193 zu § 611 BGB Gratifikation
[555] BAG, AP Nr. 223 zu § 611 BGB Gratifikation

ALLGEMEINES GLEICHBEHANDLUNGSGESETZ, AGG

A. Einleitung

Ziel des AGG

543 Ziel des AGG ist es gem. § 1 AGG, Benachteiligungen aus Gründen der Rasse oder wegen der ethnischen Herkunft, des Geschlechts, der Religion oder Weltanschauung, einer Behinderung, des Alters oder der sexuellen Identität zu verhindern oder zu beseitigen. Benachteiligungen aus anderen Gründen und andere Diskriminierungsverbote, z.B. wegen der Mitgliedschaft in einer Gewerkschaft, Art. 9 III 2 GG, oder wegen Teilzeitbeschäftigung, § 4 TzBfG, fallen nicht in den Schutzbereich des AGG.[556]

Kein Betätigungsrecht

544 Das **Benachteiligungsverbot** schützt kein Betätigungsrecht und schützt auch nicht vor berechtigten Leistungsanforderungen des Arbeitgebers.[557]

Schutz vor Benachteiligung

Beim Benachteiligungsschutz des AGG geht es vielmehr ausschließlich um den Schutz vor einer Benachteiligung wegen Merkmalen, die einem Menschen als persönliche Merkmale unabänderlich anhaften.[558]

§ 2 I Nr. 1 – 4 AGG

545 Unzulässig sind im arbeitsrechtlichen Bereich Benachteiligungen (oder die Anweisung zu Benachteiligungen, vgl. § 3 V AGG) in Bezug auf den Zugang zu einer Erwerbstätigkeit und allen damit in Zusammenhang stehenden Fragen, § 2 I Nr. 1 – 4 AGG.

In der Klausur wird sich meist die Frage stellen, ob ein Anspruch auf Schadensersatz, § 15 I AGG, oder auf Entschädigung, § 15 II AGG, besteht. Siehe hierzu das nachfolgende Prüfungsschema.

---

556 *Hromadka/Maschmann, ArbR I, § 5 Rn 9; Preis, Ind. ArbR, § 34 II*
557 *Preis, Ind. ArbR, § 34 II 1*
558 *Preis, Ind. ArbR, § 34 II 1*

B. Prüfungsschema

PRÜFUNGSSCHEMA

I. Anwendbarkeit des AGG
  1. Persönlicher Anwendungsbereich
    a) Geschützter Personenkreis
      aa) Arbeitnehmer, § 6 I 1 Nr. 1 AGG
      bb) Auszubildende, § 6 I 1 Nr. 2 AGG
      cc) Arbeitnehmerähnliche Selbstständige, § 6 I 1 Nr. 3 AGG
      dd) Bewerber und ehemals Beschäftigte
      ee) Selbstständige und Organmitglieder, § 6 III AGG
    b) Verpflichtete
      aa) Arbeitgeber, die Beschäftigte beschäftigen, § 6 II 1 AAG
      bb) Entleiher bei Arbeitnehmerüberlassung, § 6 II 2 AGG
      cc) Arbeitnehmer, § 7 III, 12 III AGG
  2. Sachlicher Anwendungsbereich, § 2 AGG
II. Verstoß gegen Benachteiligungsverbot des § 7 I i.V.m. § 1 AGG
  1. Verstoß gegen ein Diskriminierungsmerkmal, § 1 AGG
  2. Art der Benachteiligung, 3 AGG
III. Rechtfertigung, §§ 4, 5, 8, 10 AGG

546 Prüfungsschema für Ansprüche gem. § 15 AGG

Für den Schadensersatzanspruch, § 15 I AGG:
IV. Vertretenmüssen, § 276 BGB
V. Materieller Schaden

547 Fortsetzung speziell für § 15 I AGG

Für den Entschädigungsanspruch, § 15 II AGG:
IV. Kein Verschulden nötig
V. Immaterieller Schaden

548 Fortsetzung speziell für § 15 II AGG

C. Systematik und Vertiefung

I. ANSPRUCHSVORAUSSETZUNGEN, § 15 AGG

1. Anwendbarkeit des AGG

a) Persönlicher Anwendungsbereich

aa) Geschützter Personenkreis
Im arbeitsrechtlichen Kontext muss die benachteiligte Person Beschäftigter sein. Beschäftige im Sinne des AGG sind Arbeitnehmer, § 6 I 1 Nr. 1 AGG, Auszubildende, § 6 I Nr. 2 AGG und arbeitnehmerähnliche Selbstständige, § 6 I 1 Nr. 3 AGG.
Arbeitnehmerähnliche Selbstständige sind Personen, die wegen ihrer wirtschaftlichen Unselbstständigkeit als arbeitnehmerähnliche Personen anzusehen sind; zu diesen gehören auch die in Heimarbeit Beschäftigten und die ihnen Gleichgestellten.
Als Beschäftigte gelten darüber hinaus auch die Bewerber für ein Beschäftigungsverhältnis sowie die Personen, deren Beschäftigungsverhältnis beendet ist, § 6 I 2 AGG.

549 Beschäftigte

550 Arbeitnehmerähnliche Selbstständige

551 Bewerber

Soweit es die Bedingungen für den Zugang zur Erwerbstätigkeit sowie den beruflichen Aufstieg betrifft, findet das AGG gem. § 6 III AGG auch entsprechende Anwendung auf Selbstständige und Organmitglieder, insbesondere Geschäftsführer und Vorstände.

bb) Verpflichtete

Arbeitgeber, Entleiher und Kollegen

552 § 7 I AGG verbietet jegliche Form der Benachteiligung von Beschäftigten aus einem der in § 1 AGG genannten Gründe. Dieses Verbot richtet sich nicht nur gegen den Arbeitgeber, § 6 II 1 AGG, und den Entleiher bei Arbeitnehmerüberlassung, § 6 II 2 AGG, sondern auch gegen die Kollegen, § 7 III AGG. Für Kollegen stellt die Beachtung des Benachteiligungsverbots eine vertragliche Nebenpflicht dar, § 7 III AGG.[559]

Dritte

553 Schließlich richtet sich das Benachteiligungsverbot gem. § 12 IV AGG sogar gegen Dritte. Erfährt ein Arbeitgeber von Benachteiligungen durch Kollegen oder Dritte, so muss er gem. § 12 III, IV AGG die im Einzelfall geeigneten, erforderlichen und angemessenen Maßnahmen zur Unterbindung der Benachteiligung (Abmahnung, Umsetzung, Versetzung, Kündigung) ergreifen. Greift der Arbeitgeber nicht ein, liegt eine Benachteiligung durch Unterlassen seiner Organisationspflichten vor.

b) Sachlicher Anwendungsbereich, § 2 AGG

554 Der sachliche Anwendungsbereich ergibt sich aus § 2 AGG, insbesondere Absatz 1. Hierbei geht es vor allem um die Bedingungen, einschließlich Auswahlkriterien und Einstellungsbedingungen, für den Zugang zu unselbstständiger und selbstständiger Erwerbstätigkeit, sowie für den beruflichen Aufstieg (Ziffer 1) und um die Beschäftigungs- und Arbeitsbedingungen einschließlich Arbeitsentgelt und Entlassungsbedingungen (Ziffer 2).

2. Verstoß gegen ein Benachteiligungsverbot

555 Ein Anspruch gem. § 15 AGG besteht nur, wenn eine Benachteiligung aufgrund eines der im Gesetz genannten verpönten Merkmale vorliegt. Dabei stellt die HIV-Infektion eine „Behinderung" dar.[560]

Diskriminierung und Benachteiligung

556 Das AGG spricht insoweit nicht von „Diskriminierung", sondern von „Benachteiligung". Der Unterschied liegt darin, dass nur die rechtswidrige, sozial verwerfliche Benachteiligung eine Diskriminierung darstellt. Nur diese ist gem. § 7 AGG verboten und nur diese kann gem. § 15 AGG zu Schadensersatz- oder Schmerzensgeldansprüchen führen.[561]

§ 3 AGG

557 Was unter einer Benachteiligung zu verstehen ist, definiert § 3 AGG. Hierbei ist zwischen **unmittelbaren** Benachteiligungen, § 3 I AGG, **mittelbaren Benachteiligungen**, § 3 II AGG, **Belästigungen**, § 3 III AGG, und **sexuellen Belästigungen**, § 3 IV AGG, zu differenzieren.

a) Unmittelbare Benachteiligung, § 3 I AGG

§ 3 I AGG

558 Eine unmittelbare Benachteiligung, § 3 I AGG, liegt vor, wenn eine Person wegen eines in § 1 AGG genannten Grundes eine weniger günstige Behandlung erfährt, als eine andere Person in einer vergleichbaren Situation erfährt, erfahren hat oder erfahren würde. Die Frage, welche Personen und Situationen miteinander

---

[559] Hromadka/Maschmann, ArbR I, § 5 Rn 12
[560] Zur deshalb u.U. unwirksamen Kündigung eines HIV-Infizierten: BAG, NZA 2014, 372, 374.
[561] Hromadka/Maschmann, ArbR I, § 5 Rn 9

vergleichbar sind, wird objektiv nach der Verkehrsanschauung beantwortet.[562]
Bei diesem Vergleich ist zunächst zu fragen, ob der Betroffene aktuell im Vergleich mit einer im Betrieb vorhandenen vergleichbaren Person benachteiligt wird („erfährt"). Sofern ein derartiger aktueller Vergleich nicht möglich ist, ist es ausreichend, wenn eine Vergleichsperson früher besser behandelt worden ist („erfahren hat"). Sofern auch unter diesem Blickwinkel keine Vergleichsperson im Betrieb vorhanden ist, kann schließlich sogar eine hypothetische Vergleichsperson („erfahren würde") herangezogen werden.[563]

Vergleichsperson

> **MERKSATZ**
> Eine Benachteiligung ist auch möglich, wenn eine Vergleichsperson im Unternehmen aktuell nicht vorhanden ist.[564]

BEISPIEL 1: Auf eine vom Arbeitgeber A ausgeschriebene Stelle bewirbt sich ausschließlich die Japanerin J. J wird nicht angestellt.

Auch wenn im Beispiel eine konkrete Vergleichsperson fehlt, kann eine unmittelbare Diskriminierung wegen der Ethnie vorliegen.
Kraft ausdrücklicher gesetzlicher Regelung liegt eine unmittelbare Benachteiligung wegen des Geschlechts in Bezug auf § 2 I Nr. 1 – 4 AGG auch im Fall einer ungünstigeren Behandlung wegen **Schwangerschaft oder Mutterschaft** vor, § 3 I 2 AGG. Hieraus folgt:

559 *Schwangerschaft oder Mutterschaft*

> **MERKSATZ**
> Die Frage nach der Schwangerschaft im Vorstellungsgespräch ist nach § 7 I i.V.m. §§ 3 I 2, 2 I Nr. 1 AGG unzulässig.[565]

Eine unmittelbare Benachteiligung kann auch vorliegen, wenn der Benachteiligende nur irrig annimmt, dass die benachteiligte Person ein verpöntes Merkmal aufweist, § 7 I 2. HS AGG.

560 *Irrige Annahme eines verpönten Merkmals*

BEISPIEL 2: M wird nicht eingestellt, weil der Arbeitgeber A davon ausgeht, M sei ein Mormone. In Wahrheit ist M Katholik.

Im Beispiel liegt eine Benachteiligung wegen der Religion vor, auch wenn M tatsächlich gar kein Mormone ist.
Problematisch sind die Fälle des sog. „**AGG-Hoppings**" in denen subjektiv keine ernsthafte Bewerbung vorliegt und der Bewerber objektiv für die Stelle nicht geeignet ist, sondern es nur auf die Entschädigung abgesehen hat. Wegen Rechtsmissbrauchs scheidet in diesen Fällen ein Entschädigungsanspruch aus.[566]

561 *AGG-Hopping*

---

562 Hromadka/Maschmann, ArbR I, § 5 Rn 15; ausführlich Diller/Krieger/Arnold, NZA 2006, 887, 891 f.
563 Preis, Ind. ArbR, § 34 II 4 c aa
564 Hromadka/Maschmann, ArbR I, § 5 Rn 15; Preis, Ind. ArbR, § 34 II 4 c aa
565 MK-Thüsing, BGB, § 3 AGG Rn 23
566 BAG, NZA 2013, 498, 504

Vergleichbare Situation gem. § 3 I AGG	562	**KLAUSURHINWEIS** Die objektive Eignung ist keine ungeschriebene Voraussetzung der Bewerbereigenschaft, sondern Kriterium der „vergleichbaren Situation" i.S.d. § 3 I AGG.[567]

b) Mittelbare Benachteiligung, § 3 II AGG

§ 3 II AGG   **563**   Eine mittelbare Benachteiligung liegt nach § 3 II AGG vor, wenn dem Anschein nach neutrale Vorschriften, Kriterien oder Verfahren Personen wegen eines der in § 1 AGG genannten verpönten Merkmale gegenüber anderen Personen in besonderer Weise benachteiligen können.

> **BEISPIEL 1:** Arbeitgeber A zahlt den Teilzeitkräften einen geringeren Stundenlohn als den Vollzeitkräften.

Teilzeitkräfte   **564**   Die weit überwiegende Zahl der Teilzeitkräfte ist weiblichen Geschlechts.[568] Somit werden mit dem scheinbar neutralen Merkmal der Teilzeitbeschäftigung primär Frauen benachteiligt. Mithin verstößt die unterschiedliche Behandlung nicht nur gegen § 4 I TzBfG, sondern stellt auch einen Fall der mittelbaren Benachteiligung dar.[569]

Mindestkörpergrößen
> **BEISPIEL 2:** Mindestkörpergrößen für bestimmte Berufe stellen i.d.R. eine mittelbare Benachteiligung der tendenziell kleineren Frau dar.[570]

Sachliche Rechtfertigung   **565**   Eine Ausnahme gilt gem. § 3 II AGG, wenn die betreffenden Vorschriften, Kriterien oder Verfahren durch ein rechtmäßiges Ziel sachlich gerechtfertigt und die Mittel zur Erreichung dieses Ziels angemessen und erforderlich sind.

Rechtfertigung als Teil des Tatbestands   **566**   **KLAUSURHINWEIS** Folglich ist bei der mittelbaren Benachteiligung bereits bei ihrer tatbestandlichen Feststellung das Vorliegen sachlich gerechtfertigter Gründe für die Ungleichbehandlung zu prüfen.

567   **BEISPIEL 3:** Die „Deutsche Welle" sucht einen Nachrichtensprecher bzw. eine Nachrichtensprecherin. In der Stellenanzeige wird als Voraussetzung u.a. genannt: „deutscher Muttersprachler".

In Beispiel 3 liegt eine Zurücksetzung von Ausländern (verpöntes Merkmal der Ethnie) vor, da diese in ihrer Mehrheit Deutsch nicht als Muttersprache sprechen. Dennoch ist die Anforderung eines deutschen Muttersprachlers bei einem überregionalen Nachrichtensender wie der „Deutschen Welle" eine sachlich notwendige Anforderung.[571] Folglich liegt schon tatbestandlich keine mittelbare Benachteiligung vor.

---

567   BAG, NZA 2013, 498, 501; BAG, 13.10.2011 – 8 AZR 608/10, Rn. 26
568   Hromadka/Maschmann, ArbR I, § 5 Rn 19 gehen von 90 % aus.
569   BAG, NZA 2007, 860, 862; Richardi, NZA 2006, 881, 883
570   LAG Köln, 25.06.2014 – 5 Sa 75/14 (Cockpit-Personal); VG Schleswig, 26.03.2015 – 12 A 120/14, RA 2015, 259 ff. (Bundespolizei)
571   MK-Thüsing, BGB, § 3 AGG Rn 50

c) Belästigung, § 3 III AGG

Eine Belästigung ist gem. § 3 III AGG eine Benachteiligung, wenn unerwünschte Verhaltensweisen, die mit einem in § 1 AGG genannten Grund in Zusammenhang stehen, bezwecken oder bewirken, dass die Würde der betreffenden Person verletzt und ein von Einschüchterungen, Anfeindungen, Erniedrigungen, Entwürdigungen oder Beleidigungen gekennzeichnetes Umfeld geschaffen wird.

568 | § 3 III AGG

> **MERKSATZ**
> Die Belästigung entspricht weitgehend dem Begriff des „**Mobbings**".[572]

569 | Mobbing

Wesensmerkmal der als „Mobbing" bezeichneten Form der Rechtsverletzung des Arbeitnehmers ist die systematische, sich aus vielen einzelnen Handlungen bzw. Verhaltensweisen zusammensetzende Verletzung, wobei den einzelnen Handlungen oder Verhaltensweisen für sich allein betrachtet oft keine rechtliche Bedeutung zukommt.[573]

d) Sexuelle Belästigung, § 3 IV

Gem. § 3 IV AGG ist eine sexuelle Belästigung eine Benachteiligung in Bezug auf § 2 I Nr. 1 bis 4 AGG, wenn ein unerwünschtes, sexuell bestimmtes Verhalten, wozu auch unerwünschte sexuelle Handlungen und Aufforderungen zu diesen, sexuell bestimmte körperliche Berührungen, Bemerkungen sexuellen Inhalts sowie unerwünschtes Zeigen und sichtbares Anbringen von pornographischen Darstellungen gehören, bezweckt oder bewirkt, dass die Würde der betreffenden Person verletzt wird, insbesondere wenn ein von Einschüchterungen, Anfeindungen, Erniedrigungen, Entwürdigungen oder Beleidigungen gekennzeichnetes Umfeld geschaffen wird.

570 | § 3 IV AGG

Ergreift der Arbeitgeber keine oder offensichtlich ungeeignete Maßnahmen zur Unterbindung einer Belästigung oder sexuellen Belästigung am Arbeitsplatz, sind die betroffenen Beschäftigten berechtigt, ihre Tätigkeit ohne Verlust des Arbeitsentgelts einzustellen, soweit dies zu ihrem Schutz erforderlich ist, § 14 S. 1 AGG.

571 | Recht zur Arbeitseinstellung

e) Beweislast, § 22 AGG

Die **Beweislastregelung** des § 22 AGG enthält den bisher im deutschen Zivilprozess unbekannten „Beweis von Indizien".

572 | Beweis von Indizien

Ein Benachteiligter muss in einem ersten Schritt dartun, dass er eines der acht verpönten Merkmale aus § 1 AGG in seiner Person erfüllt. Im nächsten Schritt hat er vorzutragen (und im Zweifel auch zu beweisen), dass eine Benachteiligung erfolgt ist. Das heißt, dass er gegenüber einer anderen Person ungünstig behandelt worden ist. In einem dritten Schritt ist darzulegen, dass diese unterschiedliche Behandlung auf einem nach § 1 AGG unzulässigen Grund beruht, wobei für den Kausalitätsbeweis zunächst Indizien, das heißt Anhaltspunkte, die eine Benachteiligung gerade aus diesem Grunde plausibel erscheinen lassen, ausreichen. Streitig ist insoweit im Bereich der Schwangerschaft, ob bereits ein enger zeitlicher Zusammenhang der

573 | Beweislast des Benachteiligten

---

572 BAG, NZA 2008, 223, 225; Hromadka/Maschmann, ArbR I, § 5 Rn 22
573 BAG, NZA 2008, 223, 225

Schwangerschaft mit der benachteiligenden Maßnahme ausreicht, um ein Indiz für eine Benachteiligung zu liefern.[574] Die bloße Verletzung von Verfahrensvorschriften (z.B. aus § 81 I SGB IX) löst für sich alleine jedoch nicht die Vermutungswirkung des § 22 AGG aus, vielmehr ist eine Gesamtbetrachtung nötig.[575]

Beweislast des Benachteiligenden

574 Sodann verlagert sich die Beweislast. Nunmehr muss der beklagte Arbeitgeber den Nachweis führen, dass kein Verstoß gegen das Benachteiligungsverbot vorliegt. Das wird regelmäßig bedeuten, dass der beklagte Arbeitgeber nun einen anderen, nicht diskriminierenden Auswahlgrund nachweisen muss. Dies zwingt etwa in Einstellungs- oder Beförderungsfällen dazu, die Auswahlkriterien sowie die jeweilige Entscheidungsbasis offen zu legen.[576]

Motivbündel

575 Eine Benachteiligung liegt auch dann vor, wenn neben einem verpönten Merkmal auch noch andere Gründe für die Maßnahme maßgeblich waren. Ausreichend ist es, wenn in einem Motivbündel, das die Entscheidung beeinflusst hat, das verpönte Merkmal als Kriterium enthalten gewesen ist.[577]

576 BEISPIEL: Die A-OHG schaltet in der lokalen Tageszeitung eine Stellenanzeige. Unter anderem findet sich in der Anzeige die folgende Passage: „Wir suchen für eine Vollanstellung eine/einen junge/jungen dynamische/dynamischen Vorstandsassistenten/-assistentin." Auf die Anzeige bewirbt sich die mit hervorragenden Qualifikationen ausgestattete B, die 50 Jahre alt ist. B wird zum Bewerbungsgespräch eingeladen. In diesem Gespräch werden ihr nur oberflächliche Fragen gestellt. Das Gespräch endet nach knapp 10 Minuten. B erhält kurz nach dem Vorstellungsgespräch ein Ablehnungsschreiben in dem keine Gründe für die Ablehnung genannt werden.

Im Beispiel stellt sich die Frage, wie B die Benachteiligung durch die A-OHG nachweisen kann, denn das Schreiben enthält keine Gründe für die Ablehnung. Hierzu enthält § 22 AGG wie dargelegt eine Beweislasterleichterung: B braucht nur Indizien vortragen, die eine Diskriminierung vermuten lassen. Dann liegt es an der OHG, diese Indizien zu entkräften.

Indizien

Als erstes Indiz kann die Zeitungsanzeige herangezogen werden. Die A-OHG suchte lediglich nach „jungen dynamischen" Bewerberinnen und Bewerbern. Dies verstößt gegen § 11 AGG. Als zweites Indiz kann B vortragen, dass auch das äußerst kurze Bewerbungsgespräch vermuten lässt, dass B bei dem gesamten Bewerbungsvorgang von Anfang an nicht die gleichen Chancen gehabt hat. Insgesamt kann B daher Indizien für eine Ungleichbehandlung vortragen, die die A-OHG kaum entkräften können wird.

Weiterhin stellt eine nicht geschlechtsneutrale, gegen §§ 11, 7 I AGG verstoßende, Stellenausschreibung ein Indiz i.S.v. § 22 AGG dar, welches zur Beweislastumkehr führt.[578]

---

574 Vgl. LAG Berlin, jurisPR-ArbR 7/2007, Anm., Bertzbach
575 BAG, NJOZ 2015, 1065, 1068
576 Grobys, NZA 2006, 898, 898 f.; Willemsen/Schweibert, NZA 2006, 2583, 2591
577 BAG, NZA 2004, 540, 544 (zu § 611a BGB a.F.); Hromadka/Maschmann, ArbR I, § 5 Rn 17
578 OLG Karlsruhe, DB 2011, 2256, 2256 f. („Geschäftsführer"); BAG, NZA 2004, 540, 544 (zu § 611a BGB a.F.)

3. Rechtfertigung, §§ 4, 5, 8, 10 AGG

Das AGG verbietet nur die nicht gerechtfertigte Ungleichbehandlung wegen eines der verpönten Merkmale i.S.d. § 1 AGG. Das AGG lässt in den §§ 5, 8 – 10 AGG bestimmte Ausnahmen zu, aufgrund derer eine Differenzierung als gerechtfertigt anzusehen ist.

577

> **MERKSATZ**
> Bei einer **Belästigung** oder **sexuellen Belästigung** kommt eine Rechtfertigung nicht in Betracht.[579]

Die §§ 5 und 8 AGG können unmittelbare und mittelbare Benachteiligungen wegen allen in § 1 AGG genannten verpönten Merkmalen rechtfertigen. Demgegenüber gilt § 9 AGG nur für Benachteiligungen aus Gründen der Religion und der Weltanschauung, § 10 AGG nur für Benachteiligungen wegen des Alters.

a) Allgemeiner Rechtfertigungsgrund des § 8 AGG

Bei der unmittelbaren Benachteiligung, § 3 I AGG, genügt es nicht, dass der Arbeitgeber Zweckmäßigkeitserwägungen (sachliche Gründe) für die Ungleichbehandlung anführen kann. Dieses Erfordernis genügt vielmehr nur für die Feststellung, ob eine mittelbare Benachteiligung i.S.d. § 3 II AGG vorliegt.[580]

578 Unmittelbare Benachteiligung

> **MERKSATZ**
> Bei der mittelbaren Benachteiligung gehört die fehlende Rechtfertigung bereits zum Tatbestand, § 3 II AGG.[581]

Vielmehr ist zur Rechtfertigung einer unmittelbaren Benachteiligung erforderlich, dass das verpönte Merkmal wegen der Art der auszuübenden Tätigkeit oder der Bedingungen ihrer Ausübung eine wesentliche und entscheidende berufliche Anforderung darstellt, § 8 I AGG, für den Arbeitgeber also unverzichtbar ist.[582] Dies ist nur dann der Fall, wenn das verpönte Merkmal nicht bloß erwünschte Nebeneigenschaft ist, sondern der Arbeitnehmer gerade dafür bezahlt wird, es also Bestandteil seiner entgoltenen Leistung ist.[583]

579 § 8 I AGG

BEISPIEL 1: Arbeitgeber A will die Rolle des Mephisto in Goethes „Faust" besetzen und sucht einen männlichen Schauspieler.

BEISPIEL 2: Stadt S will die Stelle der kommunalen Gleichstellungsbeauftragten neu besetzen. Schwerpunkt der Tätigkeit soll die Integrationsarbeit mit zugewanderten Frauen und deren Beratung sein. Auch sonstige Maßnahmen zu frauen- und mädchenspezifischen Themen sollen initiiert werden, insbesondere die Unterstützung von Diskriminierungsopfern.

---

579 MK-Thüsing, BGB, § 8 AGG Rn 1
580 Richardi, NZA 2006, 881, 883
581 Hierzu bereits oben, Rn 563.
582 Hromadka/Maschmann, ArbR I, § 5 Rn 26
583 MK-Thüsing, BGB, § 8 AGG Rn 10

In Beispiel 1 stellt das Geschlecht eine entscheidende Voraussetzung dar für die authentische und glaubwürdige Besetzung der Rolle des Mephisto (sog. biologische Notwendigkeit).[584]

Gleichstellungsbeauftragte

580 Anders liegt das Beispiel 2: Zwar kann die Stelle eines Gleichstellungsbeauftragten grundsätzlich sowohl von einem Mann als auch von einer Frau bekleidet werden.[585] Vorliegend richten sich die Angebote jedoch an Frauen in Problemlagen. In diesen Fällen werden die Betroffenen typischerweise zu einer weiblichen Gleichstellungsbeauftragten leichter Kontakt aufnehmen und sich ihr besser offenbaren können. Sie werden einer Frau eher ausreichende Lösungskompetenz zutrauen. Der Erfolg der Tätigkeit wäre bei Besetzung der Stelle mit einem Mann gefährdet. Wegen dieser konkreten Ausgestaltung der Stelle ist das weibliche Geschlecht der Stelleninhaberin eine wesentliche und entscheidende Anforderung i.S. des § 8 I AGG. Die Bewerberauswahl darf daher auf Frauen beschränkt werden.[586] In eine ähnliche Richtung geht ein weiteres Urteil des BAG. Darin ist es um die Besetzung einer Stelle als Betreuerin im Mädcheninternat gegangen, deren Tätigkeit auch Nachtdienste beinhalten sollte. Auch hier hat das BAG entschieden, dass männliche Bewerber auf Grund der wesentlichen und entscheidenden Anforderungen an den Stelleninhaber ausgeschlossen werden dürfen.[587]

581 Besonders streitig ist die Frage, ob Kundenwünsche (sog. **„customer preferences"**) eine wesentliche und entscheidende berufliche Anforderung begründen können. Dies kann nur dann bejaht werden, wenn die Kundenwünsche für den Bestand des Unternehmens entscheidend sind.[588]

> **BEISPIEL 3:** Die Fluggesellschaft F stellt als Flugbegleiterinnen nur junge Frauen ein. Dies wird damit gerechtfertigt, dass die Gesellschaft primär Geschäftsmänner befördere, die es vorziehen würden, von jungen Frauen bedient zu werden.

In Beispiel 3 sind weder das Alter noch das Geschlecht entscheidende berufliche Anforderungen. Die Arbeit eines Flugbegleiters kann sowohl von einem Mann als auch von älteren Personen erledigt werden. Eine Bestandsgefährdung des Unternehmens ist auszuschließen.

> **BEISPIEL 4:** Arbeitgeber A hat eine wichtige Filiale in Saudi-Arabien. Für den dortigen Posten eines Verkäufers stellt er grundsätzlich nur Männer an, da seine Kunden vor Ort Frauen als Verhandlungspartner nicht akzeptieren.

In Beispiel 4 ist das männliche Geschlecht als entscheidende berufliche Anforderung anzuerkennen.

Unternehmenskonzept

582 Hiervon muss die Frage unterschieden werden, ob ein Unternehmenskonzept benachteiligend ist. Eine Rechtfertigung kommt in Betracht, wenn die auf dem unternehmerischen Konzept basierende Anforderung für den Erfolg des unternehmerischen Konzepts entscheidend ist.[589]

---

584   Vgl. MK-Thüsing, BGB, § 8 AGG Rn 12
585   BAG, NZA 1999, 371, 373; Preis, Ind. ArbR, § 34 II 1 b)
586   BAG, NZA 2010, 872, 874
587   BAG, NJW 2009, 3672, 3674 f.
588   Preis, Ind. ArbR, § 34 II 5 a
589   Preis, Ind. ArbR, § 34 II 5 a

BEISPIEL 5: T eröffnet ein Thai-Restaurant und stellt in der offenen Küche und im Service nur thailändisch aussehende Personen ein, um die Authentizität zu wahren.

Das Unternehmenskonzept eines Thai-Restaurants kann nur glaubwürdig vermarktet werden, wenn das Personal auch thailändische Wurzeln hat.

b) Der allgemeine Rechtfertigungsgrund des § 5 AGG

Bei den positiven Maßnahmen des § 5 AGG geht es primär um die Förderung von Frauen durch sog. **„Frauenquoten"**. Zwar stellt eine Frauenquote eine unmittelbare Benachteiligung der männlichen Bewerber dar. Dies kann jedoch als „positive Maßnahme" gerechtfertigt sein, wenn es darum geht, die real existierenden Nachteile von Frauen in der Berufswelt auszugleichen. Dabei muss die Maßnahme jedoch geeignet und angemessen sein, was zumindest dann nicht der Fall ist, wenn Frauen ein unbedingter und absoluter Vorrang vor männlichen Kollegen eingeräumt wird.[590]

583 Frauenquoten

c) Besonderer Rechtfertigungsgrund wegen Religion und Weltanschauung, § 9 AGG

Ungeachtet des § 8 ist eine unterschiedliche Behandlung wegen der Religion oder der Weltanschauung bei der Beschäftigung durch Religionsgemeinschaften auch zulässig, wenn eine bestimmte Religion oder Weltanschauung unter Beachtung des Selbstverständnisses der jeweiligen Religionsgemeinschaft oder Vereinigung im Hinblick auf ihr Selbstbestimmungsrecht oder nach der Art der Tätigkeit eine gerechtfertigte berufliche Anforderung darstellt.

584 Selbstverständnis der jeweiligen Religionsgemeinschaft

Mit dieser Erweiterung des Rechtfertigungsgrundes auf das Selbstverständnis des Adressaten wird die Rechtfertigung nicht mehr allein anhand objektiver Maßstäbe gemessen, sondern erhält einen subjektiven Einschlag.[591]

585 Subjektiver Einschlag

Diese Regelung ist verfassungsrechtlich vorgegeben: Nach Art. 140 GG iVm. Art. 136 III WRV steht den Religionsgesellschaften und gem. Art. 137 VII WRV auch den Weltanschauungsgemeinschaften das Recht zu, über Ordnung und Verwaltung ihrer Angelegenheiten selbstständig zu entscheiden. Dies umfasst auch die Berechtigung, die beruflichen Anforderungen für die bei ihnen Beschäftigten zu bestimmen.[592]

586

Welche Loyalitätsanforderungen für den kirchlichen Dienst gerechtfertigt sind, das entscheiden – in Einklang mit ihrem verfassungsrechtlich garantierten Selbstbestimmungsrecht – weiterhin die Kirchen selbst, nicht die weltlichen Gerichte. Eine Unterscheidung nach der Religion ist damit im Ergebnis immer möglich, wenn sie durch die Lehre und den Auftrag der Kirche vorgegeben ist.[593]

Loyalitätsanforderungen

BEISPIEL: Für den katholischen Kindergarten wird eine Erzieherin bzw. ein Erzieher gesucht. Die Stelle wird explizit nur für Bewerber katholischen Glaubens ausgeschrieben.

Nach den o.g. Grundsätzen ist eine eventuelle Benachteiligung von Bewerbern nicht katholischen Glaubens gem. § 9 I AGG gerechtfertigt.

---

590 EuGH, NZA 1995, 1095, 1095 ff.
591 Preis, Ind. ArbR, § 34 II 5 b aa
592 BVerfG, NJW 1986, 367, 367 ff.; MK-Thüsing, BGB, § 9 AGG Rn 2
593 MK-Thüsing, BGB, § 9 AGG Rn 13

d) Besonderer Rechtfertigungsgrund wegen des Alters, § 10 AGG

Regelbeispiele 587 Sofern es um Benachteiligungen aus Altersgründen geht, ist der Rechtfertigungsmaßstab in § 10 S. 1 und 2 AGG im Vergleich zu § 8 AGG reduziert. Ungeachtet des § 8 AGG ist eine unterschiedliche Behandlung wegen des Alters nämlich auch zulässig, wenn sie objektiv und angemessen und durch ein legitimes Ziel gerechtfertigt ist und die Mittel zur Erreichung dieses Ziels angemessen und erforderlich sind. § 10 S. 3 AGG enthält insoweit eine nicht abschließende Aufzählung von Regelbeispielen.

Allgemeinwohl 588 Dabei ist im Rahmen des § 10 S. 1 AGG streitig, ob nur Ziele des Allgemeinwohls „legitim" sein können.[594] Dies dürfte zu verneinen sein. Jedenfalls dürfte es sachlich gerechtfertigt sein, wenn eine Großkanzlei Berufseinsteiger mit max. 2 Jahren Berufserfahrung sucht, wenn es darum geht eine dem Partner „dienende" Funktion auszuüben, also ohne Mandantenkontakt komplexe juristische Fragestellungen abstrakt zu behandeln.[595]

4. Verschulden

Unterschied zwischen § 15 I und II AGG 589 Der Schadensersatzanspruch nach § 15 I AGG erfordert ein **Verschulden**.[596] Das Verschulden des Arbeitgebers ist nach § 15 I 2 AGG zu vermuten (nicht nach § 280 I 2).[597] Hingegen ist der Entschädigungsanspruch nach § 15 II AGG verschuldensunabhängig.[598]

II. RECHTSFOLGEN

1. Primäre Rechtsfolgen

§ 134 BGB 590 Beschäftigte dürfen nicht wegen eines in § 1 AGG genannten Grundes benachteiligt werden, § 7 I AGG. Hiergegen verstoßende Weisungen, Kündigungen etc. sind gem. § 134 BGB unwirksam.[599]

§ 1004 I 2 BGB analog 591 Tatsächliche Maßnahmen, z.B. (sexuelle) Belästigungen sind zu unterlassen, § 1004 I 2 BGB analog.[600]

§ 15 VI AGG 592 Ein Verstoß des Arbeitgebers gegen das Benachteiligungsverbot des § 7 I AGG begründet jedoch keinen Anspruch auf Begründung eines Beschäftigungsverhältnisses oder auf eine Beförderung, § 15 VI AGG.

§ 13 AGG 593 § 13 AGG gewährt dem benachteiligten Beschäftigten schließlich ein Beschwerderecht z.B. beim Arbeitgeber, einem Vorgesetzten oder der Arbeitnehmervertretung.

2. Diskriminierende Vereinbarungen

§ 7 II AGG 594 Bestimmungen in Vereinbarungen, die gegen das Benachteiligungsverbot des § 7 I AGG verstoßen, sind gem. § 7 II AGG unwirksam. Die übrigen Teile der Vereinbarung bleiben jedoch - entgegen § 139 BGB - wirksam.[601]

Angleichung nach oben 595 Als Folge hieraus kommt es in der Regel zu einer Angleichung der Leistungen „nach oben". Folglich stehen dann z.B. die gleichheitswidrig gewährten höheren Entgeltleistungen allen Benachteiligten (auch für die Vergangenheit) zu.[602]

---

594 So Reichold/Hahn/Heinrich, NZA 2005, 1270, 1275; a.A. aber Waltermann, NZA 2005, 1265, 1267; Annuß, BB 2006, 1629, 1633
595 LAG Köln, 23.01.2013 – 3 Sa 686/12
596 Bauer/Göpfert/Krieger, AGG, § 15 Rn 15; Bauer/Evers, NZA 2006, 893, 893; Sagmeister, JuS 2007, 841, 845
597 Sagmeister, JuS 2007, 841, 845
598 BAG, NZA 2010, 1129, 1129 ff.; Bauer/Göpfert/Krieger, AGG, § 15 Rn 6, 15; Sagmeister, JuS 2007, 841, 845
599 Hromadka/Maschmann, ArbR I, § 5 Rn 32
600 Hromadka/Maschmann, ArbR I, § 5 Rn 32
601 Hromadka/Maschmann, ArbR I, § 5 Rn 33
602 MK-Thüsing, BGB, § 7 AGG Rn 12 ff.; Hromadka/Maschmann, ArbR I, § 5 Rn 33

3. Sekundäre Rechtsfolgen

a) Anspruch auf Ersatz des materiellen Schadens, § 15 I 1 AGG

aa) Grundlagen

Gem. § 15 I 1 AGG hat der benachteiligte Beschäftigte einen Anspruch auf Ersatz des materiellen Schadens in Form des positiven Interesses. Danach schuldet der Arbeitgeber den Ersatz des vollen Vermögensschadens, also die Differenz zwischen dem, was der Beschäftigte an Vermögen hat und dem was er hätte, läge eine ungerechtfertigte Benachteiligung nicht vor.[603]

596 Positives Interesse

> **MERKSATZ**
> § 15 I AGG bildet eine eigenständige Anspruchsgrundlage.[604]

597 Eigenständige Anspruchsgrundlage

Der Arbeitgeber haftet für sein eigenes Verschulden gem. § 276 BGB, für dasjenige seiner verfassungsmäßigen Vertreter, § 31 BGB und für das Verschulden seiner Erfüllungsgehilfen, § 278 BGB. Dieser Anspruch ist ausgeschlossen, wenn der Arbeitgeber die Pflichtverletzung nicht zu vertreten hat, § 15 I 2 AGG. Aus dieser Regelung folgt, dass das Verschulden des Arbeitgebers grundsätzlich vermutet wird.[605]
Der Arbeitgeber kann sich gem. § 12 II AGG exkulpieren, wenn er nachweist, dass er seine Mitarbeiter intensiv zum Thema Diskriminierungsschutz geschult hat.

598

> **MERKSATZ**
> § 15 I AGG ist eine Spezialvorschrift zu § 280 I BGB.[606]

599 Spezialvorschrift zu § 280 I BGB

bb) Einzelfälle

Wäre der Bewerber ohne Benachteiligung eingestellt worden, hat er Anspruch auf das Arbeitsentgelt, zumindest bis zum ersten hypothetischen Kündigungstermin.[607]
Bei den Bewerbungskosten handelt es sich dagegen um das negative Interesse, welches mit § 15 I AGG nicht verlangt werden kann, da diese Aufwendungen auch bei diskriminierungsfreier Auswahl angefallen wären.[608]
Fraglich ist die Bestimmung des Schadensersatzes bei der unterbliebenen Beförderung. Wenn der ungerechtfertigt benachteiligte Arbeitnehmer der bestqualifizierte Bewerber war – nur dann kann ihm ein materieller Schaden entstanden sein – dann kann er grundsätzlich für die Vergangenheit die gesamte Differenz zwischen seinem alten Gehalt und dem höheren Gehalt nach der Beförderung einklagen.[609]
Unklar ist jedoch, ob und bis wann dieser Anspruch in die Zukunft begrenzt werden kann.[610]

600 Einstellung

601 Beförderung

---

603 MK-Thüsing, BGB, § 15 AGG Rn 26
604 MK-Thüsing, BGB, § 15 AGG Rn 22
605 Hromadka/Maschmann, ArbR I, § 5 Rn 36
606 Sagmeister, JuS 2007, 841, 845
607 Vgl. MK-Thüsing, BGB, § 15 AGG Rn 27; Bauer/Evers, NZA 2006, 893, 895
608 Bauer/Göpfert/Krieger, AGG, § 15 Rn 24; Sagmeister, JuS 2007, 841, 845
609 MK-Thüsing, BGB, § 15 AGG Rn 30
610 MK-Thüsing, BGB, § 15 AGG Rn 30, spricht sich für einen zeitlich unbegrenzten Anspruch aus.

Obergrenze		Eine Obergrenze erscheint schon deshalb zwingend erforderlich, weil die Richtlinien den deutschen Gesetzgeber aufgefordert hatten, einerseits zwar wirksame und abschreckende, andererseits aber auch verhältnismäßige Sanktionen bei Verstößen gegen das Benachteiligungsverbot zu schaffen.[611] Von einer verhältnismäßigen Sanktion kann jedoch nicht mehr ausgegangen werden, wenn der Arbeitgeber unbegrenzt haftet. Die scheinbar unbegrenzte Schadensersatzpflicht des Arbeitgebers nach § 15 I AGG ist daher europarechtskonform dahingehend zu interpretieren, dass es eine auf den Einzelfall bezogene verhältnismäßige Haftungsobergrenze gibt. Hierzu kann entweder auf hypothetische (Änderungs-) Kündigungsfristen oder auf die Rechtsgedanken der §§ 9, 10 KSchG abgestellt werden.[612]

b) Anspruch auf angemessene Entschädigung (immaterieller Schaden), § 15 II AGG

Spezialvorschrift zu § 253 BGB	602	Der Anspruch auf angemessene **Entschädigung** ist verschuldensunabhängig. Die Entschädigung wird ausschließlich für immaterielle Schäden gewährt. § 15 II ist damit gegenüber § 253 BGB die speziellere Norm.[613] Allerdings ist die Entschädigung in ihrer Höhe bei Nichteinstellungen auf drei Monatsgehälter beschränkt, § 15 II 2 AGG.
Obergrenze	603	Die Sinnhaftigkeit dieser Regelung ist fraglich, da der Nichtvermögensschaden nicht von der Frage abhängt, ob der Bewerber auch bei benachteiligungsfreier Auswahl nicht eingestellt worden wäre. Diese Unterscheidung betrifft vielmehr den unterschiedlich hohen materiellen Schaden.[614] Es spricht daher einiges dafür, die Grenze von drei Monatsgehältern als generelle Obergrenze für den Nichtvermögensschaden anzusehen. Allenfalls in besonders schweren Fällen der Belästigung und der sexuellen Belästigung mag man höher greifen.[615] Andere wollen bei Nichteinstellung eines benachteiligten Bewerbers, der andernfalls eingestellt worden wäre, den Entschädigungsanspruch nach oben hin entsprechend §§ 9, 10 KSchG begrenzen.[616]
Diskriminierende Kündigung	604	§ 15 II AGG ist auch auf diskriminierende Kündigungen anzuwenden. Dies gilt trotz § 2 IV AGG. Hierfür spricht vor allem, dass es bereits vor Einführung des AGG die Möglichkeit gab, neben der Unwirksamkeit einer Kündigung gem. § 823 I BGB einen immateriellen Schadensersatzanspruch wegen Persönlichkeitsrechtsverletzung geltend zu machen. Durch das AGG kann sich diese Rechtslage nicht zum Nachteil des diskriminierten Arbeitnehmers geändert haben.[617]
Verhältnis von Kündigungsschutz und Entschädigung	605	**MERKSATZ** Im Fall einer **diskriminierenden Kündigung** kann auch ohne Erhebung einer Kündigungsschutzklage eine Entschädigung nach § 15 II AGG verlangt werden. Vor allem aber kann der Arbeitnehmer parallel gegen die Kündigung klagen und eine Entschädigung verlangen.

---

611 *Vgl. Art. 15 der Richtlinie 2000/43/EG*
612 *Bauer/Evers, NZA 2006, 893, 895*
613 *MK-Thüsing, BGB, § 15 AGG Rn 4*
614 *MK-Thüsing, BGB, § 15 AGG Rn 11*
615 *MK-Thüsing, BGB, § 15 AGG Rn 11 f.*
616 *Bauer/Evers, NZA 2006, 893, 896*
617 *BAG, NZA 2014, 372, 374 ff.; NZA 2014, 722, 723 f.; Jacobs, RdA 2009, 193, 196; Stoffels, RdA 2009, 204, 206*

Die Kriterien, nach denen die Höhe der Entschädigung bestimmt wird, ähneln den aus § 253 II BGB bekannten Maßstäben: Der Grad des Verschuldens, die Schwere und Art der Beeinträchtigung, Nachhaltigkeit und Fortdauer der Interessen des Bewerbers sowie Anlass und Beweggründe für das Handeln des Arbeitgebers. Eine erhöhte Entschädigung kommt in Betracht, wenn die Verletzung außergewöhnliche Folgen für das physische und psychische Wohlbefinden und das Leistungsvermögen des Geschädigten hat.[618] Berücksichtigung muss schließlich auch finden, ob der Arbeitgeber selbst gehandelt hat oder aber ein Arbeitnehmer, dessen Verhalten er sich zurechnen lassen muss, etwa eine Personalvermittlungsagentur.[619] Auch in letzterem Fall muss der Anspruch aber gegen den Arbeitgeber und nicht gegen die Agentur gerichtet werden.[620]

606 Kriterien für Höhe der Entschädigung

MERKSATZ **607**

Damit ist ein **Nichtvermögensschaden** (§ 15 II AGG verlangt kein Verschulden) leichter ersetzbar als ein **Vermögensschaden** (§ 15 I AGG verlangt ein Verschulden). Dies ist ein Unikum im deutschen Recht.[621]

Der Entschädigungsanspruch aus § 15 II AGG setzt voraus, dass der Bewerber objektiv für die zu besetzende Stelle geeignet ist, sich subjektiv ernsthaft bewirbt und wegen eines verpönten Merkmals abgelehnt wird. Mangelt es der Bewerbung an der Ernsthaftigkeit („AGG-Hopping"), so scheidet der Entschädigungsanspruch wegen Rechtsmissbrauchs aus.[622]

Subjektiv ernsthafte Bewerbung

4. Verhältnis der Anspruchsgrundlagen
Die Anspruchsgrundlagen der §§ 15 I und II AGG stehen nebeneinander. **608**

5. Fristen
Im Interesse der Rechtssicherheit muss der Beschäftigte etwaige Ansprüche (gleichgültig ob Schadensersatz oder Entschädigung) gem. § 15 IV AGG innerhalb von zwei Monaten seit Kenntnis von der Benachteiligung schriftlich geltend machen. Diese Frist ist wirksam und verstößt insbesondere nicht gegen europarechtliche Vorgaben. Bei Ablehnung einer Bewerbung beginnt die Frist zu laufen, sobald der Bewerber von der Benachteiligung Kenntnis erlangt hat.[623] Für die gerichtliche Geltendmachung schreibt § 61b I ArbGG die Erhebung der Klage binnen drei Monaten nach schriftlicher Ablehnung der Ansprüche vor (doppelte Ausschlussfrist). Wird die Klage nicht rechtzeitig erhoben, so erlischt der Anspruch,[624] was von Amts wegen zu beachten ist (Einwendung). Für eine i.S.v. § 15 IV AGG rechtzeitige und der Schriftform genügende Klageerhebung reicht es aber nach § 167 ZPO aus, wenn die AGG-Klage innerhalb von zwei Monaten bei Gericht eingeht und „demnächst" zugestellt wird.[625]

609 Doppelte Ausschlussfrist

---

618 MK-Thüsing, BGB, § 15 AGG Rn 13
619 MK-Thüsing, BGB, § 15 AGG Rn 13
620 BAG, NJW-Spezial 2014, 402, 402
621 MK-Thüsing, BGB, § 15 AGG Rn 5 („grob sinnwidrig")
622 BAG, NZA 2013, 37, 39; LAG Berlin-Brandenburg, 31.10.2013 – 21 Sa 1380/13; MK-Thüsing, BGB, § 15 AGG Rn 17
623 BAG, ArbRAktuell 2012, 167, 167
624 Richardi, NZA 2006, 881, 886
625 BAG, NJW 2014, 2893, 2893 f.

TEILZEITARBEIT, TzBfG

A. Einleitung

Anspruch auf Teilzeitarbeit

610 Viele Arbeitnehmer möchten aus diversen – meist privaten – Gründen nicht in Vollzeit arbeiten. Das TzBfG trägt diesem Wunsch Rechnung und gewährt – unter bestimmten Voraussetzungen – einen Anspruch auf Teilzeitarbeit.

611 **DEFINITION**
Teilzeitarbeit liegt gem. der Legaldefinition in § 2 I TzBfG dann vor, wenn der Arbeitnehmer vereinbarungsgemäß eine kürzere Arbeitszeit als betriebsüblich verrichtet.

Insoweit sind viele verschiedene Formen der Teilzeit denkbar (z.B. Halbtagsarbeit, Arbeit nur an bestimmten Wochentagen o.ä.).

Kurzarbeit

612 **Keine Teilzeitarbeit** liegt vor, wenn die Arbeitszeit nicht dauerhaft verkürzt ist (z.B. Kurzarbeit oder vorübergehende Arbeitsfreistellung aus persönlichen Gründen).

613 Gem. § 8 I TzBfG kann der Arbeitnehmer frühestens nach sechs Monaten Beschäftigungszeit eine Verringerung seiner Arbeitszeit verlangen. Der Arbeitgeber hat diesem Wunsch des Arbeitnehmers nachzukommen, soweit betriebliche Gründe nicht entgegenstehen (§ 8 IV 1 TzBfG).

B. Prüfungsschema

Der **Anspruch auf Verringerung der Dauer und Festlegung der Lage der Arbeitszeit** besteht unter folgenden Voraussetzungen:

PRÜFUNGSSCHEMA

614
1. **Betriebsgröße: Mindestens 15 Arbeitnehmer**
2. **Mindestens 6-monatiger Bestand des Arbeitsverhältnisses**
3. **Formlose Geltendmachung durch Arbeitnehmer**
4. **Keine Verkürzung oder Ablehnung in den letzten zwei Jahren**
5. **Keine entgegenstehenden betrieblichen Gründe**

C. Systematik und Vertiefung

I. BETRIEBSGRÖSSE: MINDESTENS 15 ARBEITNEHMER

Schonung von Kleinunternehmen

615 Der Arbeitgeber muss in der Regel mehr als 15 Arbeitnehmer mit Ausnahme der Auszubildenden beschäftigen, § 8 VII TzBfG. Dadurch sollen Kleinunternehmen, die mangels ausreichender Personaldecke Teilzeitwünsche schlechter kompensieren können, vom Teilzeitanspruch verschont werden.

> **MERKSATZ**
> Abzustellen ist nicht auf die Betriebsgröße, sondern auf die von demselben Arbeitgeber beschäftigten Arbeitnehmer. Maßgebend ist die Zahl der Personen, nicht diejenige der Vollzeitarbeitsplätze.[626]

616 Zählung nach Köpfen

Da die **Mindestbeschäftigtenzahl** Wirksamkeitsvoraussetzung für das Teilzeitverlangen ist, kommt es ausschließlich auf den Zeitpunkt der Erhebung dieses Verlangens an.[627]

II. MINDESTENS 6-MONATIGER BESTAND DES ARBEITSVERHÄLTNISSES

Das Arbeitsverhältnis muss mindestens sechs Monate (zu ergänzen: ununterbrochen) bestanden haben, § 8 I TzBfG. Eine Verringerung der Arbeitszeit kann erst nach Ablauf der 6-monatigen Wartezeit geltend gemacht werden, sodass die tatsächliche Verringerung vor dem Hintergrund des § 8 II TzBfG (dazu gleich) erst neun Monate und einen Tag nach der Einstellung des Arbeitnehmers erfolgen kann.[628]

617

III. FORMLOSE GELTENDMACHUNG DURCH ARBEITNEHMER

Der Arbeitnehmer muss die Verringerung der Arbeitszeit und deren gewünschten Umfang drei Monate vor deren Beginn formlos geltend machen, § 8 II TzBfG. Dabei muss er den Umfang der Verringerung angeben.

618 Umfang der Verringerung

> **MERKSATZ**
> Der Antrag des Arbeitnehmers auf Verringerung der Arbeitszeit ist ein **Angebot auf Abschluss eines Änderungsvertrags** i.S.v. § 145 BGB. Ein solches Angebot muss nach allgemeinem Vertragsrecht regelmäßig so konkret sein, dass es mit einem einfachen „Ja" angenommen werden kann. Der Inhalt des zwischen den Parteien zu Stande kommenden Änderungsvertrags muss feststehen.[629]

619 Angebot auf Abschluss eines Änderungsvertrags

Einen Anspruch auf befristete Herabsetzung der Arbeitszeit sieht § 8 TzBfG nicht vor.[630] Sofern der Arbeitnehmer dies dennoch beantragt, liegt darin kein Antrag i.S.d. TzBfG.[631]

620 Befristete Herabsetzung

Weiterhin soll der Arbeitnehmer die gewünschte Verteilung der Arbeitszeit mitteilen. Macht er letzteres nicht, kann der Arbeitgeber die Lage der Arbeitszeit kraft seines Direktionsrechts bestimmen.[632]

621 Verteilung der Arbeitszeit

Äußert der Arbeitnehmer seinen Wunsch nach Arbeitszeitreduzierung nur mündlich (was ausreichend ist), können sich in einem eventuellen Rechtsstreit Beweisschwierigkeiten ergeben, insbesondere kann der Arbeitgeber geltend machen, der Arbeitnehmer habe eine Verringerung gar nicht gewünscht. Daher sollte die Geltendmachung aus Arbeitnehmersicht schriftlich erfolgen.

622 Keine Schriftform

---

626 MK- Müller-Glöge, BGB, § 8 TzBfG Rn 6
627 ErfK-Preis, § 8 TzBfG Rn 10; MK-Müller-Glöge, BGB, § 8 TzBfG Rn 7
628 MK- Müller-Glöge, BGB, § 8 TzBfG Rn 5
629 BAG, NZA 2008, 289, 291
630 BAG, NZA 2007, 253, 254; MK- Müller-Glöge, BGB, § 8 TzBfG Rn 10
631 BAG, NZA 2007, 253, 254
632 MK- Müller-Glöge, BGB, § 8 TzBfG Rn 15 f, 19

IV. KEINE VERKÜRZUNG ODER ABLEHNUNG IN DEN LETZTEN ZWEI JAHREN

Planungssicherheit und Betriebsfrieden

623 Eine Verringerung der Arbeitszeit auf Wunsch des Arbeitnehmers oder eine berechtigte Ablehnung dieses Wunsches darf in den letzten zwei Jahren nicht erfolgt sein, § 8 VI TzBfG. Durch diese Sperrfrist soll der Arbeitgeber vor ständig neuen Arbeitszeitwünschen des Arbeitnehmers geschützt und eine gewisse Kontinuität gesichert werden.

Antrag und Ablehnung sind strikt arbeitsplatzbezogen

624 Die unberechtigte Ablehnung des Verlangens durch den Arbeitgeber löst keine Sperrfrist aus. Auch greift die Sperrfrist nicht ein, wenn sich der Arbeitgeber zu Recht auf die Kleinunternehmensklausel des § 8 VII TzBfG berufen hat, später aber die notwendige Unternehmensgröße erreicht wird und nicht die Rechtskraft des in einem Vorprozess ergangenen Urteils entgegensteht. Wechselt der Arbeitnehmer den Arbeitsplatz, steht § 8 VI gleichfalls einem erneuten Verlangen nicht entgegen, denn Antrag und Ablehnung sind strikt arbeitsplatzbezogen.[633]

V. KEINE ENTGEGENSTEHENDEN BETRIEBLICHEN GRÜNDE

1. Prüfungsfolge

3-Stufen-Prüfung

625 Ob einem Verlangen nach Verringerung der Arbeitszeit, welches u.U. noch mit Wünschen zur Festlegung der Lage der Arbeitszeit verbunden ist, genügend gewichtige betriebliche Gründe entgegenstehen, ist nach BAG in drei Stufen zu prüfen:[634]

Erste Stufe

1. Zunächst ist das vom Arbeitgeber aufgestellte und durchgeführte Organisationskonzept festzustellen, welches der vom Arbeitgeber als betrieblich erforderlich angesehenen Arbeitszeitregelung zugrunde liegt.

Zweite Stufe

2. In einem zweiten Schritt ist zu überprüfen, ob die vom Organisationskonzept bedingte Arbeitszeitregelung tatsächlich der gewünschten Änderung der Arbeitszeit entgegensteht.

Dritte Stufe

3. Schließlich ist zu prüfen, ob das Gewicht der entgegenstehenden betrieblichen Gründe so erheblich ist, dass die Erfüllung des Arbeitszeitwunsches des Arbeitnehmers zu einer wesentlichen Beeinträchtigung der Arbeitsorganisation, des Arbeitsablaufes, der Sicherung des Betriebes oder zu einer unverhältnismäßigen wirtschaftlichen Belastung des Betriebes führen würde.

2. Gesetzliche Beispiele

626 In § 8 IV 2 TzBfG werden als Beispiele entgegenstehender betrieblicher Gründe die wesentliche Beeinträchtigung der Organisation, des Arbeitsablaufs oder der Sicherheit im Betrieb sowie die Verursachung unverhältnismäßiger Kosten genannt.

3. Sonstige Fälle

Keine „dringenden" betrieblichen Gründe

627 Im Unterschied zum Referentenentwurf und zu anderen arbeitsrechtlichen Vorschriften (z. B. §§ 15 VII 1 Nr. 4 BEEG, 1 II 1 KSchG, § 7 I, II BUrlG) sind nach der Endfassung des § 8 TzBfG gerade keine „dringenden" betrieblichen Gründe darzulegen.

---

633 MK- Müller-Glöge, BGB, § 8 TzBfG Rn 41
634 BAG, NZA 2008, 289, 292

> **MERKSATZ**
> Die in § 8 IV 2 TzBfG genannten Beispiele dienten der Verdeutlichung der im Referentenentwurf verlangten **„dringenden" betrieblichen Gründe**. Deshalb darf den gesetzlichen Beispielen nicht die Bedeutung eines „Mindestmaßes" für die „sonstigen Gründe" beigemessen werden.[635]

Folglich sind die Anforderungen hier entsprechend niedrig anzusetzen.

> **MERKSATZ**
> Es reichen rationale und nachvollziehbare Gründe aus.[636]

628 Rationale und nachvollziehbare Gründe

Ausreichend ist es somit, wenn der Arbeitgeber ein nachvollziehbares, mit betriebswirtschaftlichen, unternehmenspolitischen und/oder betriebsorganisatorischen Gründen untermauertes und in sich schlüssiges Konzept darlegen kann.[637]

Denkbar sind solche betrieblichen Gründe beispielsweise für den Fall, dass bezüglich der Verteilung der Arbeitszeit dem Arbeitgeber keine Arbeitsplätze und Räume zur Verfügung stehen, weil alle Teilzeitbeschäftigten aufgrund Kinderbetreuung den Wunsch haben, am Vormittag zu arbeiten. Betriebliche Gründe der wesentlichen Beeinträchtigung der Organisation sind auch dort denkbar, wo es auf die persönlichen Kontakte im Sinne einer kontinuierlichen Anwesenheit ankommt. So stellt es z.B. ein nachvollziehbares servicefreundliches Organisationskonzept dar, wenn der Arbeitgeber so weitgehend wie möglich sicherstellen will, dass seine Kunden jeweils nur einen Verkäufer als Ansprechpartner haben. Die Beeinträchtigung ist aber dann nicht wesentlich, wenn dieses Ziel auch bei Einsatz aller Arbeitnehmer in Vollzeit nicht erreichbar ist. Der Arbeitgeber muss dann ohnehin Vorkehrungen für den Fall treffen, dass der Kunde den Verkäufer nicht antrifft, an den er sich ursprünglich gewandt hatte.[638]

629 Beispielsfälle

Auch denkbar sind wesentliche Beeinträchtigungen des Arbeitsablaufs bei erhöhten Reibungsverlusten aufgrund Informationsweitergaben oder zeitlichen Schwerpunkten der Belastungsspitzen nach Wochentagen oder Tageszeiten. Gleichzeitig ist die Erhöhung des allgemeinen Verwaltungsaufwands durch Planungs- oder Koordinierungszusatzaufwand allein nicht geeignet, einen betrieblichen Grund i.S.d. § 8 IV TzBfG abzugeben. Dem Arbeitgeber ist trotz seiner unternehmerischen Freiheit aufgrund des Teilzeitbefristungsgesetzes eine zumutbare Anstrengung der Organisation und Verwirklichung des Teilzeitanspruchs aufzuerlegen. Alles andere würde dazu führen, dass der Anspruch gemäß § 8 TzBfG in der Praxis leer laufen würde.[639]

630

VI. GEGENLEISTUNG DES ARBEITGEBERS

Im Fall einer Reduzierung der Arbeitszeit reduziert sich auch der Lohn des Arbeitnehmers, welchen er vom Arbeitgeber erhält entsprechend dem Verhältnis der Arbeitszeitverkürzung.[640]

631

---

635 MK- Müller-Glöge, BGB, § 8 TzBfG Rn 26; Rolfs, RdA 2001, 129, 136
636 BAG, NZA 2008, 289, 292
637 ArbG Nienburg, NZA 2002, 382, 384
638 BAG, NZA 2004, 382, 384
639 ArbG Stuttgart, NZA 2001, 968, 969
640 MK- Müller-Glöge, BGB, § 8 Rn 14 (ergänzende Vertragsauslegung); Kelber/Zeißig, NZA 2001, 577, 578 („automatische Reduzierung")

VII. DIE RECHTSSTELLUNG VON TEILZEITBESCHÄFTIGTEN

632 Ein Arbeitgeber kann leicht der Auffassung sein, dass sich Teilzeitbeschäftigte nicht voll in den Betrieb einbringen, sondern ihren Freizeitinteressen Vorrang einräumen. Deshalb könnte er auf die Idee kommen, Teilzeitbeschäftigte schlechter zu behandeln als Vollzeitkräfte. Der Gesetzgeber hat versucht, dem entgegenzuwirken.

1. Benachteiligungsverbot

Konkretisierung des arbeitsrechtlichen Gleichbehandlungsgrundsatzes

633 Das arbeitsrechtliche Benachteiligungsverbot des § 4 I TzBfG (**Konkretisierung des arbeitsrechtlichen Gleichbehandlungsgrundsatzes**) stellt die Teilzeitbeschäftigten den Vollzeitbeschäftigten gleich. Allein wegen des unterschiedlichen Arbeitsumfangs ist eine Schlechterstellung von Teilzeitarbeitnehmern gegenüber Vollzeitarbeitnehmern nicht gerechtfertigt. Die unterschiedliche Behandlung ist aber gerechtfertigt, wenn ein sachlicher Grund gegeben ist.

634 **BEISPIEL 1:** Arbeitgeber G zahlt nur den Vollzeitbeschäftigten in der Nachtschicht die Nachtzulage, da die Teilzeitbeschäftigten ja mehr Zeit hätten, den Schlaf nachzuholen.

BEISPIEL 2: Die Arbeit beim Arbeitgeber H ist sehr anstrengend und belastend. Deshalb zahlt er allen Arbeitnehmern eine Erschwerniszulage. Diese erhält der teilzeitbeschäftigte Arbeitnehmer T, der nur eine halbe Schicht arbeitet, nicht.

In Beispiel 1 gibt es keinen sachlichen Grund, die Teilzeitbeschäftigten von der Nachtzulage auszunehmen. Der Sinn einer Nachtzulage ist der Ausgleich für die Störung des natürlichen Schlaf-Wach-Rhythmusses. Insoweit macht es keinen Unterschied, ob dieser Rhythmus für eine volle oder eine kürzere Schicht unterbrochen wird.
Hingegen ist in Beispiel 2 ein sachlicher Grund gegeben. Anstrengende und belastende Arbeit wird alleine durch die zeitliche Komponente auf Dauer immer beschwerlicher. Die „volle Belastung" trifft daher den Teilzeitbeschäftigten T, der bloß eine halbe Schicht arbeitet, nicht.
§ 4 I TzBfG ist zwingend. Eine Abweichung durch Arbeitsvertrag, Betriebsvereinbarung oder Tarifvertrag ist nicht möglich, § 22 I TzBfG.[641]

2. Anspruch auf (i.d.R.) finanzielle Gleichbehandlung

635 Verstößt eine Regelung gegen § 4 I TzBfG, so ist sie gem. § 134 BGB nichtig.[642] Die damit entstandene Regelungslücke wird nach den Grundsätzen der ergänzenden Vertragsauslegung geschlossen. Ist die Vergütungsabrede nichtig, so hat der Teilzeitbeschäftigte über § 612 II BGB Anspruch auf die übliche Vergütung. Gemeint ist die verhältnismäßige Vergütung des Vollzeitarbeitnehmers. Anspruchsgrundlage ist §§ 611 I, 612 BGB.[643] Als weitere Anspruchsgrundlage kommt § 823 II BGB i.V.m. § 4 I 1 TzBfG (als Schutzgesetz) in Frage.

---

641 MK- Müller-Glöge, BGB, § 4 TzBfG Rn 3
642 MK- Müller-Glöge, BGB, § 4 TzBfG Rn 46
643 BAG, NZA 2005, 222, 223; MK- Müller-Glöge, BGB, § 4 TzBfG Rn 46

| **MERKSATZ** | **636** | Ausschlussfristen |

Ausschlussfristen erfassen häufig nicht die deliktischen Ansprüche, weshalb ein Anspruch aus § 823 II i.V.m. § 4 I 1 TzBfG besonders wichtig sein kann.⁶⁴⁴

Das **Benachteiligungsverbot**, § 5 TzBfG, verhindert darüber hinaus jede andere Schlechterstellung. Verstößt etwa die Ausübung des Direktionsrechts gegen das Benachteiligungsverbot, erlangt der Arbeitnehmer ein Leistungsverweigerungsrecht. **637**

| **MERKSATZ** | **638** | § 612a BGB |

§ 5 TzBfG stimmt mit § 612a BGB überein und ist folglich eigentlich überflüssig.⁶⁴⁵

§ 139 BGB gilt auch an dieser Stelle – wie generell im Arbeitsrecht – nur eingeschränkt. Über §§ 134, 139 BGB wäre – als Folge eines Arbeitnehmerschutzgesetzes - der gesamte Arbeitsvertrag nichtig. Das kann nicht richtig sein. Deshalb ist entgegen der Regelung des § 139 BGB i.d.R. nur die jeweils fragliche Klausel, nicht aber der ganze Vertrag unwirksam. **639** § 139 BGB

3. Sonderproblem: Überstunden

Häufig ist geregelt, dass der Mitarbeiter, der Überstunden (also mehr als die betrieblich übliche Stundenzahl, z.B. 38 Stunden pro Woche) leistet, hierfür zum zusätzlichen Lohn auch noch Zuschläge erhält. Fraglich ist, ob dem Teilzeitarbeitnehmer die Zuschläge schon ab „seiner" ersten Überstunde zustehen (z.B. ab der 21. Stunde), oder ob er die Zuschläge erst ab der die betriebsübliche Arbeitszeit überschreitenden Stunde (also ab der 39. Stunde) erhält. **640**

Mit den **Überstundenzuschlägen** werden eine erhöhte körperliche Belastung und eine übermäßige Inanspruchnahme des Arbeitnehmers ausgeglichen. Diese Sonderfaktoren liegen beim Teilzeitbeschäftigten erst dann vor, wenn auch er die betriebsübliche Arbeitszeit überschreitet. Deshalb gibt es einen sachlichen Grund für die unterschiedliche Behandlung von Vollzeit- und Teilzeitbeschäftigten.⁶⁴⁶

---

644 BAG, NZA 1997, 191, 193 f. (zu § 2 I BeschFG a.F.); MK- Müller-Glöge, BGB, § 4 TzBfG Rn 48
645 MK- Müller-Glöge, BGB, § 5 TzBfG Rn 1
646 BAG, NZA 1992, 545, 548

SCHADENSERSATZANSPRÜCHE IM ARBEITSRECHT

1. Teil – Ansprüche des Arbeitgebers gegen den Arbeitnehmer

Sachschäden

641 Wenn es in Prüfungen um Zahlungsansprüche geht, so sind dies meist Ansprüche des Arbeitnehmers gegen den Arbeitgeber. Jedoch gibt es auch Konstellationen, in denen der Arbeitgeber gegen den Arbeitnehmer Ansprüche geltend machen kann. Besonders prüfungsrelevant ist dabei die Haftung für vom Arbeitnehmer angerichtete Sach- (oder gar Vermögensschäden) bei betrieblich veranlasster Tätigkeit.

A. Betrieblich veranlasste Tätigkeit

642 Einleitend soll ein kurzes Beispiel gegeben werden, um die Problematik zu verdeutlichen.

Einführungsbeispiel

> **BEISPIEL:** Arbeitnehmer A ist als Busfahrer bei dem Reiseveranstalter RV beschäftigt. Aus Unachtsamkeit fährt er mit dem im Eigentum von RV stehenden Bus gegen ein parkendes Fahrzeug. Sowohl am Bus von RV als auch am Wagen des Dritten entsteht ein Sachschaden.

I. GRUNDLAGEN

Allgemeine Grundsätze

643 Nach allgemeinen Grundsätzen des Zivilrechts haftet der Schädiger dem Eigentümer schon bei leichtester Fahrlässigkeit auf den Ersatz des vollen angerichteten Schadens. Diese Grundsätze können jedoch nicht unbesehen auf die Haftung des Arbeitnehmers bei betrieblich veranlassten Tätigkeiten übertragen werden.

1. Voraussetzungen der Haftungsbegrenzung

Sonderfall: Arbeitgeber trägt Betriebsrisiko

644 Aus dem Betriebsrisiko, welches der Arbeitgeber zu tragen hat, ergibt sich vielmehr, dass der Arbeitnehmer für von ihm verursachte Schäden nicht in vollem Umfang haftet. Bei der Verteilung der Schadensfolgen muss berücksichtigt werden, dass der Arbeitgeber es sich zurechnen lassen muss, wenn er dem Arbeitnehmer (u.U. gar gefährliche) Arbeiten überträgt, die er (der Arbeitgeber) selbst ausführen müsste, wenn er sich dazu nicht eines Arbeitnehmers bedienen würde.

> **MERKSATZ**
> Der Arbeitgeber trägt das **Betriebsrisiko**. Es ist ihm daher verwehrt, die Risiken der Tätigkeit, die im Interesse des Betriebes liegt, auf den Arbeitnehmer abzuwälzen.

§§ 280 und 823 BGB

645 Deshalb wird die Haftung des Arbeitnehmers grundsätzlich bei allen Arbeiten beschränkt, die durch den Betrieb veranlasst sind. Die Grundsätze der betrieblichen Veranlassung gelten nicht nur im Rahmen des § 280 I BGB, sondern auch im Rahmen des § 823 BGB, da sie ansonsten im Wesentlichen leer liefen.

Die Grundsätze zur beschränkten Arbeitnehmerhaftung sind auch auf arbeitnehmerähnliche Personen anzuwenden.[647]

646 Arbeitnehmerähnliche Personen

> **DEFINITION**
>
> Eine **betrieblich veranlasste Tätigkeit** liegt vor, wenn ein innerer Zusammenhang mit dem Betrieb besteht. Betrieblich veranlasst sind nur solche Tätigkeiten des Arbeitnehmers, die ihm
>
> • Arbeitsvertraglich übertragen worden sind, oder die er
> • im Interesse des Arbeitgebers für den Betrieb ausführt.
>
> Die Tätigkeit muss zudem im nahen Zusammenhang mit dem Betrieb und seinem betrieblichen Wirkungskreis stehen.[648]

647 Definition: Betrieblich veranlasste Tätigkeit

Nicht betrieblich veranlasst sind daher Tätigkeiten, die der Arbeitnehmer gegen den Willen oder das Interesse des Arbeitgebers eigenmächtig übernimmt. Durch das Merkmal der betrieblichen Veranlassung soll sichergestellt werden, dass der Arbeitgeber nicht mit dem allgemeinen Lebensrisiko des Arbeitnehmers belastet wird.[649]

648 Abgrenzung zum allgemeinen Lebensrisiko des Arbeitnehmers

BEISPIEL 1: Der LKW-Fahrer F macht einen Umweg, um kurz einen Freund zu besuchen. Folge: Keine betriebliche Veranlassung des Umwegs.

BEISPIEL 2: Der LKW-Fahrer F macht einen Umweg, um sich zu Hause zwei Stunden schlafen zu legen, weil ihm sein Arbeitgeber trotz Erreichung der zulässigen Höchstlenkzeit eine weitere Fahrt angewiesen hat. Folge: Die betriebliche Veranlassung ist zu bejahen, da die Fahrtüchtigkeit auch im Interesse des Arbeitgebers erhalten wird.

> **MERKSATZ**
>
> Voraussetzung für eine **Beschränkung der Haftung des Arbeitnehmers** für von ihm angerichtete Schäden ist, dass die vom Arbeitnehmer verrichtete Tätigkeit betrieblich veranlasst war.

Die Grundsätze der beschränkten Arbeitnehmerhaftung sind auch auf leitende Angestellte anzuwenden.[650]

649 Leitende Angestellte

2. Umfang der Haftungsbeschränkung

In damit die Voraussetzung für eine Haftungsbeschränkung an sich umschrieben, ist dies noch keine Aussage zur Frage, in welchem Umfang die Haftung des Arbeitnehmer zu beschränken ist.

650 Haftungsumfang

---

647 Hessisches LAG, 17.05.2013 – 13 Sa 857/12
648 BAG, NZA 2003, 37, 38
649 BAG, NZA 2003, 37, 38
650 BGH, NJW 2001, 3123, 3124; Krause, NZA 2003, 577, 581 f.; Waltermann, JuS 2009, 193, 195

a) Erste Stufe der Haftungsbeschränkung

aa) Grundlagen

Mitverschulden

651 Bei der Frage nach dem konkreten Haftungsumfang des Arbeitnehmers geht es darum, das Arbeitnehmerverschulden und das vom Arbeitgeber zu tragende Betriebsrisiko in eine interessengerechte Relation zu bringen. Dogmatischer Ansatzpunkt hierfür ist die Kategorie des Mitverschuldens analog § 254 BGB.[651]

Die haftungsrechtliche Lage gestaltet sich demnach nach ganz h.M. wie folgt:

Schadensaufteilung nach 4-Stufen-Theorie

652 **MERKSATZ**

Handelt der Arbeitnehmer hinsichtlich des Schadenseintritts (!) und nicht hinsichtlich der Pflichtverletzung[652]
- leicht fahrlässig, so haftet er gar nicht;
- mit mittlerer Fahrlässigkeit, so tritt eine Quotelung des Schadens ein;
- grob fahrlässig, so haftet er im vollen Umfang;
- vorsätzlich, so haftet er natürlich voll.

Bei der Quotelung sind Verschulden des Arbeitnehmers und Betriebsrisiko des Arbeitgebers im Einzelfall gegeneinander abzuwägen. Dabei muss es nicht zu einer „Schadensteilung" in Höhe von 50 % kommen.

653 **KLAUSURHINWEIS**

In der Fallprüfung bedeutet dies, dass erst wenn der Haftungsgrund feststeht (also alle Tatbestandsvoraussetzungen der Anspruchsgrundlage einschließlich des Schadens festgestellt sind), es zu der Abwägung und der damit verbundenen besonderen arbeitsrechtlichen Risikozuweisung kommt.[653]

Vorsatz bzgl. des Schadens selbst

654 In diesem Zusammenhang hat das BAG darauf hingewiesen, dass ein vorsätzlicher Pflichtverstoß nur dann zur vollen Haftung des Arbeitnehmers führt, wenn auch der Schaden selbst vom Vorsatz erfasst ist.[654]

BEISPIEL (nach BAG, NZA 2003, 37): Der Auszubildende A benutzt bewusst entgegen einer ausdrücklichen Anweisung des Arbeitgebers einen Gabelstapler, um Waren zu stapeln. Dabei verursacht er fahrlässig einem Schaden.

Da A nicht hinsichtlich des Schadenseintritts, sondern „nur" hinsichtlich der Pflichtverletzung vorsätzlich gehandelt hat, kommt eine Beschränkung seiner Haftung in Betracht. Dabei kommt es darauf an, ob er leicht, normal oder grob fahrlässig gehandelt hat.

---

651 BAG, NZA 2008, 223, 227; Rupp, JURA 2007, 124, 129 f.; Waltermann, JuS 2009, 193, 195; letztere explizit und zutreffend auch gegen eine Verortung des Problems bei § 276 I 1 BGB.
652 BAG, NZA 2003, 37, 40 f.; Waltermann, JuS 2009, 193, 197
653 Waltermann, JuS 2009, 193, 195
654 BAG, NZA 2003, 37, 39 f.

> **KLAUSURHINWEIS** 655
>
> Die **Zuordnung des Verhaltens des Arbeitnehmers** zu den verschiedenen Stufen der Fahrlässigkeit ist schwierig, weil die Grenzen fließend sind. In einer Klausur kann jedoch eine Hilfsüberlegung angestellt werden: Je risikobehafteter (gefahrgeneigter) eine Tätigkeit ist, um so eher liegt ein geringer Grad an Fahrlässigkeit vor.

bb) Die verschiedenen Stufen der Fahrlässigkeit

> **DEFINITION** 656
>
> **Leichte Fahrlässigkeit** liegt dann vor, wenn es sich um geringfügige Pflichtwidrigkeiten handelt, die leicht entschuldbar sind und jedem unterlaufen können.[655]

Definition: Leichte Fahrlässigkeit

Hierbei geht es insbesondere um das einfache „Sich-Versprechen", „Sich-Vergreifen" oder „Sich-Vertun".

BEISPIEL 1: Arbeitnehmer A drückt an einer Maschine einen falschen Knopf, der dicht neben dem richtigen Knopf liegt und durch die gleiche Farbe, Größe und Form leicht verwechselt werden kann.

> **DEFINITION** 657
>
> **Grobe Fahrlässigkeit** liegt demgegenüber vor bei einer besonders schwerwiegenden Pflichtverletzung, die auch subjektiv unentschuldbar ist. Der Arbeitnehmer muss hier die elementarsten Sorgfaltspflichten außer Acht gelassen haben, deren Bedeutung jedem verständigen Menschen ohne Weiteres klar ist.[656]

Definition: Grobe Fahrlässigkeit

BEISPIELE: Autofahren in alkoholisiertem Zustand, Unfallverursachung durch Telefonieren während der Fahrt, Überfahren einer Ampel nach bereits 6 Sekunden Rotlicht, Vertauschen von Blutkonserven durch eine Ärztin.

> **DEFINITION** 658
>
> Bei der **mittleren Fahrlässigkeit** lässt der Arbeitnehmer die verkehrsübliche Sorgfalt außer Acht, ohne leicht oder grob fahrlässig zu handeln.[657]

Definition: Mittlere Fahrlässigkeit

Maßstäbe für diese Beurteilung können sein: 659
Erstens die „Gefahrgeneigtheit" der Arbeit, also die Frage, wie hoch die Gefahr ist, dass bei der konkreten Tätigkeit ein Fehler unterläuft, der zu einem Schaden führt.

„Gefahrgeneigtheit"

---

655 MK-Henssler, BGB, § 619a Rn 35
656 MK-Henssler, BGB, § 619a Rn 36
657 MK-Henssler, BGB, § 619a Rn 37

BEISPIELE: Ein Baggerführer hat ein erhebliches Risiko, trotz größter Sorgfalt z.B. ein Stromkabel zu beschädigen. Ähnlich riskant ist die Tätigkeit des Kranführers oder die des Fernfahrers.

Konkrete Umstände

Zweitens sind die konkreten Umstände des Schadensfalls zu berücksichtigen.

BEISPIELE: Der Arbeitgeber hat einen Termindruck erzeugt, nicht haltbare Zeitvorgaben bei LKW-Fahrern gemacht oder den Arbeitnehmer sonst überfordert.

Persönliche Umstände des Arbeitnehmers

Drittens sind auch die persönlichen Umstände des Arbeitnehmers zu berücksichtigen.

BEISPIELE: Stellung im Betrieb (Vorbildfunktion), Höhe der Vergütung, gezahlte Risikozuschläge, berufliche Erfahrung, Dauer der Betriebszugehörigkeit und Lebensalter.

Hinweis auf hohes Schadensrisiko

Schließlich muss es sich der Arbeitgeber auch zurechnen lassen, wenn er es unterlassen hat, den Arbeitnehmer auf die Möglichkeit eines besonders hohen Schadens hinzuweisen.

BEISPIEL 2: Arbeitnehmer A erhält einen Schlüssel für die Werkstatt. Der Arbeitgeber sagt ihm aber nicht, dass dies ein Zentralschlüssel ist und bei Verlust sämtliche Schlösser ausgetauscht werden müssen.

In Beispiel 2 kann der Arbeitgeber vom Arbeitnehmer im Fall des Verlustes des Schlüssels nur die Kosten für die Auswechslung eines Schlosses verlangen.

b) Zweite Stufe der Haftungsbeschränkung

Zweite Stufe der Haftungsbeschränkung

660 Die so gefundenen Ergebnisse („erste Stufe der Haftungsbeschränkung des Arbeitnehmers") werden unter zwei Aspekten nochmals zugunsten des Arbeitnehmers überprüft („zweite Stufe der Haftungsbeschränkung des Arbeitnehmers"):

Kaskoversicherung

661 Einerseits ist fraglich, ob eine fehlende Kaskoversicherung des Arbeitgebers zu berücksichtigen ist. Dies ist im Grundsatz zu bejahen, auch wenn der Arbeitgeber dem Arbeitnehmer gegenüber zum Abschluss einer solchen Versicherung nicht verpflichtet ist.[658]

Ergibt sich auch nach Abwägung aller Umstände, dass dem Arbeitnehmer die auf der „ersten Stufe" ermittelte Schadensbeteiligung nicht zuzumuten ist, so ist eine weitere Ermäßigung auf den Betrag vorzunehmen, der bei Abschluss einer Kaskoversicherung als Selbstbeteiligung zu vereinbaren gewesen wäre.

Existenzvernichtung des Arbeitnehmers

662 Andererseits kann der Aspekt der drohenden Existenzvernichtung des Arbeitnehmers zu einer Obergrenze der Arbeitnehmerhaftung führen. Das Risiko der Existenzvernichtung (Privatinsolvenz) droht, da die private Haftpflichtversicherung des Arbeitnehmers nicht eingreift, wenn er auf der Arbeit einen Schaden beim Arbeitgeber anrichtet. Berufshaftpflichtversicherungen gibt es als Kompensation nur für bestimmte Berufsgruppen (z.B. Anwälte und Ärzte), nicht aber z.B. für LKW-Fahrer oder Arbeiter auf dem Bau.

---

[658] *BGH, NJW 1955, 458, 459*

Steht der Verdienst des Arbeitnehmers in deutlichem Missverhältnis zum verwirklichten Schadensrisiko, kommt deshalb eine weitere Begrenzung der Arbeitnehmerhaftung in Betracht.

663 Missverhältnis von Verdienst und Schadensrisiko

Notwendig ist in diesem Fall bei mittlerer und auch bei grober Fahrlässigkeit die Abwägung aller Umstände des Einzelfalles. Bei „gröbster" Fahrlässigkeit soll der Arbeitnehmer demgegenüber voll haften.[659]

Bei der Annahme „gröbster" Fahrlässigkeit ist große Zurückhaltung geboten. Notwendig ist, dass der Arbeitnehmer „an der Schwelle zum Vorsatz" steht.

664 Volle Haftung bei „gröbster" Fahrlässigkeit

BEISPIEL 1 (nach BAG, NJW 1999, 966): Der Arbeitnehmer A ist Auslieferungsfahrer und verdient brutto 2.700 € im Monat. Während der Fahrt erhält er einen dienstlichen Anruf über das im LKW installierte Mobilfunktelefon. Er nahm das Gespräch an und blätterte in auf dem Beifahrersitz liegenden Unterlagen. Er überfuhr deshalb eine rote Ampel und verursachte einen Unfall. Der Schaden betrug 3.150 €.

Das BAG bejahte grobe Fahrlässigkeit und lehnte eine Haftungserleichterung ab, da ein deutliches Missverhältnis zwischen Schaden und Verdienst nicht bestehe. Der zu ersetzende Schaden liege nicht erheblich über einem Bruttomonatseinkommen des Arbeitnehmers und damit deutlich unterhalb der Haftungsobergrenze von drei Bruttoeinkommen, die in der Diskussion zur Begrenzung der Arbeitnehmerhaftung als Höchstbetrag vorgeschlagen werde.[660] M.a.W.: Bei Schäden, die das dreifache Bruttomonatseinkommen des Arbeitnehmers nicht übersteigen, besteht grundsätzlich keine Veranlassung zu einer weiteren Haftungsbegrenzung zugunsten des Arbeitnehmers.[661] Dennoch handelt es sich hierbei um keine absolute Kappungsgrenze.[662] Bei besonders hohem Verdienst, der auch die Möglichkeit bietet, größere Beträge pro Monat zu sparen, kann auch eine Schadensersatzpflicht, die drei Monatsgehälter übersteigt, zumutbar sein.

665 Haftungsobergrenze von drei Bruttoeinkommen

BEISPIEL 2 (nach BAG, 1998, 310): Eine Ärztin, die gleich mehrere Sicherheitsvorschriften außer Acht gelassen hatte und deshalb Blutkonserven vertauschte, wurde wegen „gröbster Fahrlässigkeit" zu umgerechnet 65.000 € Schadensersatz verurteilt.

MERKSATZ
Die richterrechtlichen Regeln der beschränkten Arbeitnehmerhaftung sind einseitig zwingendes Arbeitnehmerschutzrecht. Von ihnen kann weder einzel- noch kollektivvertraglich zu Lasten des Arbeitnehmers abgewichen werden.[663]

666 Zwingendes Arbeitnehmerschutzrecht

II. BEWEISLASTVERTEILUNG

Der Arbeitgeber als Anspruchssteller trägt nach den allgemeinen Grundsätzen die Darlegungs- und Beweislast dafür, dass sämtliche Voraussetzungen der anspruchsbegründenden Norm vorliegen. Dies sind bei § 280 I BGB die Pflichtverletzung, die

667 Pflichtverletzung, Schadensentstehung und Ursachenzusammenhang

---

[659] BAG, AP BGB § 611 Haftung des Arbeitnehmers Nr. 111; Rupp, JURA 2007, 124, 130; Waltermann, JuS 2009, 193, 197
[660] BAG, NJW 1999, 966, 967
[661] BAG, NZA 2002, 612, 614
[662] Rupp, JURA 2007, 124, 130
[663] BAG, NZA 2004, 649, 650; Waltermann, JuS 2009, 193, 197

Schadensentstehung und der Ursachenzusammenhang zwischen Pflichtverletzung und Schaden.[664]

Nichtvertretenmüssen; beachte § 619a BGB

668 Das **Nichtvertretenmüssen** ist dagegen nach § 280 I 2 BGB ein Einwendungstatbestand, für den der Schuldner (der Arbeitnehmer) grundsätzlich beweispflichtig wäre. Allerdings beruht die Einschränkung der Arbeitnehmerhaftung gerade auf der Überlegung, dass der Arbeitgeber wegen seiner Organisationsmöglichkeiten und seines Direktionsrechts (wodurch er auch den gesamten Betriebsablauf besser überblickt) ein erhöhtes Risiko trägt. Dem widerspräche es, würde man über die Anwendung einer Beweislastregel einen Teil des Betriebsrisikos wieder auf den Arbeitnehmer verschieben.

> **MERKSATZ**
> Der Arbeitgeber trägt gem. § 619a BGB auch die **Darlegungs- und Beweislast** für den Verschuldensgrad des Arbeitnehmers.[665]

Gestufte Darlegungslast

669 Allerdings dürfen an die Darlegungs- und Beweislast in diesem Falle keine zu hohen Anforderungen gestellt werden, wenn das schädigende Ereignis näher am Arbeitnehmer als am Arbeitgeber gelegen hat.[666] Deshalb hat sich der Arbeitnehmer i.S. einer gestuften Darlegungslast substantiiert zu äußern. Vom Arbeitgeber vorgetragene Indizien, die auf ein haftungsbegründendes Verschulden des Arbeitnehmers hinweisen, sind sorgfältig zu würdigen. Auch die Tatsache, dass der Arbeitnehmer die alleinige Kontrolle über bestimmte Bereiche hatte, ist ein solches Indiz. Unterlässt es der Arbeitnehmer, sich zu den konkreten Umständen zu erklären, können daraus entsprechende Schlüsse gezogen werden. Bleibt aber streitig, ob bestimmte Indiztatsachen vorliegen oder nicht, geht dies zu Lasten des Arbeitgebers.[667]

> 670 **MERKSATZ**
> § 619a ist auf alle Pflichtverletzungen des Arbeitnehmers aus dem Arbeitsvertrag anwendbar.[668]

Teleologische Reduktion bei nicht betrieblich veranlasster Tätigkeit

671 Allerdings erfordert der Zweck des § 619a BGB eine teleologische Reduktion der Norm, wenn der Arbeitnehmer dem Arbeitgeber nach § 280 I BGB zum Schadensersatz verpflichtet ist und die Grundsätze einer beschränkten Arbeitnehmerhaftung nicht eingreifen, weil das pflichtwidrige Verhalten des Arbeitnehmers nicht durch eine betriebliche Tätigkeit veranlasst wurde.[669]

Ansprüche aus Delikt

> 672 **MERKSATZ**
> Die für deliktsrechtliche Ansprüche geltenden Beweislastgrundsätze werden von § 619a nicht berührt.[670]

---

664 Palandt-Grüneberg, BGB, § 280 Rn 34
665 Palandt-Weidenkaff, BGB, § 619a Rn 1
666 BAG, NZA 1999, 141, 144
667 BeckOK-Fuchs, BGB, § 619a Rn 3
668 Palandt-Weidenkaff, BGB, § 619a Rn 3
669 Oetker, BB 2002, 43, 44 f.
670 BeckOK-Fuchs, BGB, § 619a Rn 3; Oetker, BB 2002, 43, 44

III. AUSSENWIRKUNG

Als Vertiefung der Ausgangsproblematik hat die Frage nach der sog. „Außenwirkung" 673
der beschränkten Arbeitnehmerhaftung eine besondere Prüfungsrelevanz.

Hierbei geht es um die folgende – auch in der Praxis sehr häufige - Konstellation: Beschädigt der Arbeitnehmer im Rahmen seiner Tätigkeit Produktionsmittel, die nicht im Eigentum des Arbeitgebers stehen (z.B. wegen Leasing, Eigentumsvorbehalt oder Sicherungsübereignung), so hat der geschädigte Eigentümer aus § 823 I BGB einen unbeschränkten Schadensersatzanspruch gegen den Arbeitnehmer. Diesem Anspruch kann der Arbeitnehmer nun nicht entgegenhalten, dass er als Arbeitnehmer nur beschränkt haftet, weil der geschädigte Dritte ja gerade nicht der Arbeitgeber des Arbeitnehmers ist. Damit droht der Haftungsumfang des Arbeitnehmers von der von ihm nicht zu beeinflussenden Frage abzuhängen, ob sich der Arbeitgeber zum Kauf der Produktionsmittel oder (z.B. aus steuerlichen Gründen) zum Leasing entschieden hat. Dass von derartigen Zufälligkeiten im schlimmsten Fall die Privatinsolvenz des Arbeitnehmers nicht abhängen kann, ist anerkannt.

Produktionsmittel stehen nicht im Eigentum des Arbeitgebers

Deshalb wird dem Arbeitnehmer in diesem Fall gegen seinen Arbeitgeber ein Freistellungsanspruch (§ 670 BGB analog) zuerkannt.[671]

Freistellungsanspruch, 670 BGB analog

> **MERKSATZ** 674
> Der Arbeitnehmer kann im Rahmen des Freistellungsanspruchs verlangen, dass der Arbeitgeber ihm den Schadensteil ersetzt, den der Arbeitgeber im Rahmen eines innerbetrieblichen Schadensausgleichs nach den Grundsätzen der beschränkten Arbeitnehmerhaftung zu tragen hätte, wenn der Arbeitgeber selbst der Eigentümer des Produktionsmittels gewesen wäre.[672]

BEISPIEL 1: Aus steuerlichen Gründen hat der Speditionsunternehmer S seine LKWs beim Leasinggeber L geleast. Arbeitnehmer A richtet während einer Fahrt einen schweren Schaden an dem von ihm geführten LKW an, wobei er normal fahrlässig handelt. Der Schaden beträgt 20.000 €. Das Bruttomonatsgehalt des A beträgt 2.500 €. L verlangt von A Schadensersatz in Höhe von 20.000 €.

Wäre der Arbeitgeber L selbst Eigentümer der LKWs gewesen, so wäre die Haftung des A auf drei Monatsgehälter zu begrenzen.[673] Damit läge sein Haftungsanteil bei 7.500 €. Den weiteren Schaden in Höhe von 12.500 € müsste S selbst tragen. Da S jedoch nicht Eigentümer des LKWs ist, ist A einem Schadensersatzanspruch des L in Höhe von 20.000 € ausgesetzt. Damit A durch die für ihn zufällige Frage, wer Eigentümer der Produktionsmittel ist, nicht belastet wird, erhält A gegen S einen Anspruch auf Freistellung von Haftung in Höhe von 12.500 €. Dadurch steht der Arbeitnehmer A im Ergebnis ebenso, wie wenn S selbst Eigentümer des LKWs gewesen wäre. Probleme tauchen jedoch auf, wenn der Arbeitgeber insolvent, der Freistellungsanspruch also nicht durchsetzbar ist.

675 *Insolvenz des Arbeitgebers*

---

671 BAG, NJW 1989, 3273, 3274 f.; MK-Müller-Glöge, BGB, § 611 Rn 907
672 MK-Müller-Glöge, BGB, § 611, 907
673 Vgl. oben Rn 665.

BEISPIEL 2 (nach BGH, NZA 1990, 100): Der Leasinggeber E ist Eigentümer eines PKWs. Der Leasingnehmer ist Arbeitgeber A-GmbH des Arbeitnehmers X. Durch leichte Fahrlässigkeit des X wird der PKW auf einer Dienstfahrt zerstört. Der Arbeitgeber fällt in Konkurs. E verlangt von X Schadensersatz.

M.M.: Außenwirkung der beschränkten Arbeitnehmerhaftung zu bejahen

Nach § 823 I BGB besteht der Anspruch des E gegen den X in voller Höhe. Da der Freistellungsanspruch des Arbeitnehmers gegenüber dem Arbeitgeber wegen dessen Insolvenz hier nicht realisierbar ist, ist der Arbeitnehmer einem u.U. seine Existenz bedrohenden Haftungsrisiko ausgesetzt. Nach einer M.M. darf bei diesem Ergebnis nicht stehen geblieben werden. Zum einen dürfe sich für den Arbeitnehmer ein Nachteil nicht daraus ergeben, dass der Arbeitgeber eine Maschine nur lease und nicht kaufe. Zum anderen wisse der Leasinggeber, dass der Leasingnehmer die Maschine von seinen Arbeitnehmern bedienen lasse. Er müsse auch wissen, dass er sich wegen Schäden an der Maschine im Ergebnis nur an den Arbeitgeber halten könne. Deshalb sei in diesem Fall der Anspruch des Arbeitgebers anteilig um die Höhe des (nicht durchsetzbaren) Freistellungsanspruchs zu kürzen.[674] Dies lässt sich als Außenwirkung der beschränkten Arbeitnehmerhaftung kennzeichnen.

H.M.: Arbeitnehmer trägt Insolvenzrisiko

Dem ist der BGH nicht gefolgt. Er sah keine Möglichkeit für eine dahingehende Rechtsfortbildung. Es sei Sache des Gesetzgebers oder der Vertragsparteien (gemeint sind Arbeitgeber und Eigentümer), einen nach seinen Voraussetzungen gegebenen Schadensersatzanspruch zu beschneiden. Auch hätte der Arbeitgeber für diesen Fall zugunsten seiner Arbeitnehmer eine Vollkaskoversicherung abschließen können.[675]

> **KLAUSURHINWEIS**
> So dogmatisch unangreifbar die Argumentation des BGH ist, so wenig kann das Ergebnis überzeugen.[676] Die M.M. ist in einer Prüfung gut vertretbar.

IV. NUTZUNG EIGENEN EIGENTUMS IM ARBEITGEBERINTERESSE

Eigener PKW im Interesse des Arbeitgebers verwendet

676 In der Praxis kommt es relativ häufig vor, dass der Arbeitnehmer sein eigenes Eigentum (vor allem seinen eigenen PKW) im Interesse des Arbeitgebers zur Erfüllung seiner Arbeitsleistung nutzt. Dies kann seinen Grund darin haben, dass der Arbeitgeber dem Arbeitnehmer z.B. bei Bereitschaftsdiensten keinen Dienstwagen zur Verfügung stellt, oder dieser gerade kaputt ist. Kommt es in diesem Fall zu einem vom Arbeitnehmer verursachen Schaden, stellt sich die Frage, ob der Arbeitnehmer vom Arbeitgeber vollen oder zumindest anteiligen Schadensersatz verlangen kann.

§ 670 BGB analog

677 Sofern der Arbeitnehmer z.B. sein eigenes Fahrzeug mit Billigung des Arbeitgebers (oder gar auf dessen Bitten oder Verlangen hin) in dessen Betätigungsbereich einsetzt, hat der Arbeitgeber den Arbeitnehmer im Fall eines Schadens so zu stellen, wie der Arbeitnehmer stehen würde, wenn er Eigentum des Arbeitgebers beschädigt hätte. Der Anspruch ergibt sich aus § 670 BGB analog und beruht auf einer entsprechenden Anwendung der Grundsätze über den innerbetrieblichen Schadensausgleich.[677]

---

674 Däubler, NJW 1986, 867, 872; Eberlein, BB 1989, 621, 624 f.; Gamillschegg, AuR 1990, 167, 168
675 BGH, NZA 1990, 100, 101 f.; Staudinger-Schäfer, BGB, Vorbem §§ 823 ff. Rn 52
676 „Unbefriedigend" auch nach Waltermann, JuS 2009, 193, 194.
677 BAG, NZA 2011, 406, 408

B. Sonderfall: Mankohaftung

I. BEGRIFFSBESTIMMUNG

Als Manko bezeichnet man im Arbeitsrecht den Schaden, den ein Arbeitgeber dadurch erleidet, dass ein seinem Arbeitnehmer anvertrauter Warenbestand oder eine vom Arbeitnehmer geführte Kasse eine Fehlmenge bzw. einen Fehlbetrag aufweist.

678 Kassenfehlbetrag

DEFINITION
Das Manko ist die Differenz zwischen Ist- und Sollbestand.

II. MÖGLICHE ANSPRUCHSGRUNDLAGEN

Die Folge eines solchen Fehlbestandes liegt auf der Hand: Der Arbeitgeber wird von seinem Arbeitnehmer Ersatz für den Verlust (den Differenzbetrag) verlangen.

679

BEISPIEL: Die Kassiererin K, die im Supermarkt M an der Kasse arbeitet, hat bei der Abrechnung Ihres Kassenbestandes einen Fehlbetrag von 5,- €. Der Arbeitgeber verlangt Ersatz.

Ob der Arbeitnehmer für das Manko haftet, hängt auch und gerade davon ab, welche Anspruchsgrundlage in Betracht kommt.

1. Haftung bei Mankoabrede

In Anwendung der oben dargestellten Grundsätze über die beschränkte Arbeitnehmerhaftung müsste der Arbeitgeber gem. § 619a BGB den Verschuldensgrad der K beweisen. Da der konkrete Vorgang des falschen Herausgebens nicht mehr rekonstruiert werden kann, wird ihm dieser Beweis kaum gelingen. Somit scheidet ein Anspruch des Arbeitgebers gegen K i.d.R. aus.

680 Beweisproblem des Arbeitgebers

Eine Mankohaftung des Arbeitnehmers im Rahmen einer sog. **Mankoabrede** kommt daher nur in Betracht, soweit durch sie die zwingenden Grundsätze der beschränkten Arbeitnehmerhaftung nicht verletzt werden. Regelmäßig verlangt dies die Zahlung einer besonderen Zulage durch den Arbeitgeber (sog. **Mankogeld**) mit der das besondere Mankorisiko auch wirtschaftlich ausgeglichen wird.

681 Mankogeld

Die Begründung einer Erfolgshaftung durch Mankoabrede ist folglich zulässig, wenn der Arbeitnehmer hiernach nur bis zur Höhe einer vereinbarten Mankovergütung haften soll und daher im Ergebnis allein die Chance einer zusätzlichen Vergütung für die erfolgreiche Verwaltung eines Waren- oder Kassenbestandes erhält. Eine Verschärfung der auf Gesetz beruhenden beschränkten Arbeitnehmerhaftung tritt dann nicht ein. Die Mankoabrede kann auch nicht voll beherrschbare Umstände und Risiken wie die Beaufsichtigung von Mitarbeitern und Hilfskräften einschließen. Denn der Arbeitnehmer wird keiner gesetzlich nicht vorgesehenen Haftung ausgesetzt, sondern verliert allenfalls die „Erfolgsprämie" der Mankovergütung.[678]

Mankogeld als „Erfolgsprämie"

---

678   BAG, NZA 2000, 715, 716; 1999, 141, 144

Anspruchs-grundlage

682 KLAUSURHINWEIS
Eine vertragliche Mankoabrede ist die Anspruchsgrundlage, auf Grund derer der Arbeitgeber Fehlbestände vom Mankogeld abziehen oder zurückverlangen kann.

Zulässig nur in Bereichen, die Arbeitnehmer kontrollieren kann

683 Eine Mankoabrede jedoch nur für Bereiche zulässig, die der Arbeitnehmer kontrollieren kann. Dies ist z.B. der Fall, wenn der Arbeitnehmer unbeobachteten Zugriff auf Geld oder andere Wertgegenstände des Arbeitgebers hat. Eine unzulässige Verlagerung des Arbeitgeberrisikos liegt aber vor, wenn entweder eine Mankovereinbarung für Bereiche getroffen wird, auf die neben dem Arbeitnehmer noch andere Personen Zugriff haben, oder keine angemessene Ausgleichszahlung gewährleistet wird.[679]

2. Haftung ohne Mankoabrede

§§ 280 I, 241 II BGB oder § 823 BGB

684 Ohne Mankoabrede greift nur eine Haftung nach den allgemeinen Grundsätzen. Mögliche Anspruchsgrundlagen sind die §§ 280 I, 241 II BGB oder § 823 BGB, wobei jedoch die Grundsätze der beschränkten Arbeitnehmerhaftung bei betrieblicher veranlasster Tätigkeit[680] gelten.[681] Im Rahmen dieser Anspruchsgrundlagen hat der Arbeitgeber jedoch das bereits oben dargestellte Beweisproblem wegen der Beweislastumkehr des § 619a BGB, auch wenn das BAG dem Arbeitgeber im Rahmen einer abgestuften Darlegungslast entgegenkommt.[682]

Herausgabepflicht nach den Grundsätzen der Verwahrung oder des Auftrags

685 Etwas anderes gilt in den Ausnahmefällen, in denen die Herausgabe nach den Grundsätzen der Verwahrung oder des Auftrags zu den Leistungspflichten des Arbeitnehmers (§§ 667, 695 BGB) gehört.[683] Dieser Fall ist nur anzunehmen, wenn der Arbeitgeber eine Tatsachenlage geschaffen hat, nach der er nicht mehr Besitzer der Sache ist. In der Regel ist der Arbeitnehmer nach der ausdrücklichen gesetzlichen Wertung nur Besitzdiener, § 855 BGB, der ihm zur Erfüllung seiner Arbeitsleistung überlassenen Sachen.

686 MERKSATZ
Unmittelbarer Alleinbesitz des Arbeitnehmers setzt zumindest den alleinigen Zugang zu der Sache und deren selbstständige Verwaltung voraus.

Verantwortung für die Herausgabe der verwalteten Sache gem. den §§ 280, 282 BGB

Dazu gehört, dass der Arbeitnehmer wirtschaftliche Überlegungen anzustellen und Entscheidungen über die Verwendung der Sache zu treffen hat, z.B. wenn ihm eigene Vertriebsbemühungen obliegen oder er Preise selbstständig kalkulieren muss. Allein unter diesen Voraussetzungen hat der Arbeitnehmer einen eigenständigen Spielraum, der es rechtfertigt, ihm die Verantwortung für die Herausgabe der verwalteten Sache gem. den §§ 280, 282 BGB aufzuerlegen.

BEISPIELE: Ein derartiger eigenständiger Spielraum fehlt bei Ladenverwaltern, Kassenangestellten, Gehaltsboten und Kundendienstmonteuren.[684]

---

679 BAG, NZA 1999, 141, 144
680 Hierzu schon oben ab Rn 644.
681 BAG, AP Nr. 1 und 2 zu § 611 BGB Mankohaftung
682 Zur Beweislast bereits oben bei Rn 667.
683 BAG, NZA 2000, 715, 716; 1999, 141, 142 f.
684 Hromadka/Maschmann, ArbR I, § 9 Rn 61

Sofern die Grundsätze über Verwahrung oder Auftrag anzuwenden sind, muss der Arbeitgeber im Falle eines Mankos nur nachweisen, dass der Arbeitnehmer den entsprechenden Bestand zur alleinigen Verwaltung erhalten hat und er alleinigen Zugang hatte. Dann obliegt es dem Arbeitnehmer, zumindest eine hinreichende Wahrscheinlichkeit für einen Geschehensablauf darzutun, aus dem sich ergibt, dass er das Manko weder vorsätzlich noch fahrlässig verursacht hat.[685]

687 Beweislast

> **KLAUSURHINWEIS**
> Es ist in einem Gutachten – schon vor dem Hintergrund der unterschiedlichen Beweislastverteilung - unerlässlich, ganz sauber zwischen den verschiedenen Anspruchsgrundlagen zu unterscheiden.

688

3. Zeugniserteilung

Erteilt der Arbeitgeber dem Arbeitnehmer ein Zeugnis, in dem er ihm Ehrlichkeit und Gewissenhaftigkeit bescheinigt, verliert er jeden Anspruch auf Mankoersatz. Auch Ansprüche aus § 823 BGB scheiden dann aus.

689 Ehrlichkeit und Gewissenhaftigkeit

2. Teil – Schadensersatz für Schädigungen des Arbeitnehmers

Ob und in welchem Umfang der Arbeitgeber oder andere Kollegen einem Arbeitnehmer schadensersatzpflichtig sind, kann nicht pauschal beantwortet werden. Es ist vor allem zwischen Personen- und Sachschäden zu differenzieren:

690

A. Personenschäden

Erleidet der Arbeitnehmer im Rahmen seiner Tätigkeit einen durch den Arbeitgeber verursachten Personenschaden (Arbeitsunfall), so kommen für ihn Ansprüche aus §§ 280 bzw. 823 BGB gegen den Arbeitgeber in Betracht.

691 §§ 280 bzw. 823 BGB

Wird der Personenschaden des Arbeitnehmers durch einen Kollegen verursacht, kann es neben dem direkten Anspruch aus § 823 BGB gegen den Kollegen auch einen Anspruch gegen den Arbeitgeber geben. Neben einer Zurechnung des Arbeitnehmerverschuldens gem. § 278 BGB (Erfüllungsgehilfe) im Rahmen eines Anspruches aus § 280 BGB kommt auch eine Haftung des Arbeitgebers für eigenes Auswahlverschulden gem. § 831 BGB (Verrichtungsgehilfe) in Betracht.

692 §§ 278, 831 BGB

Diese dem Grunde nach bestehenden Ansprüche können jedoch durch die Haftungsbeschränkungen der §§ 104 ff. SGB VII ausgeschlossen sein.

693 Haftungsbeschränkungen der §§ 104 ff. SGB VII

> **KLAUSURHINWEIS**
> Für das Gutachten bedeutet dies, dass zunächst der Anspruch ganz „normal" durchgeprüft wird. Erst wenn festgestellt ist, dass „eigentlich" ein Anspruch besteht, ist auf den Ausschluss der Haftung durch §§ 104 ff. SGB VII einzugehen.

---

685 Hromadka/Maschmann, ArbR I, § 9 Rn 62

I. SINN DER HAFTUNGSBESCHRÄNKUNG DES § 104 SGB VII

Haftungsfreistellung des Arbeitgebers für Personenschäden

694 § 104 I SGB VII ordnet eine Haftungsfreistellung des Arbeitgebers für Personenschäden gegenüber denjenigen Versicherten an, die für ihre Unternehmen tätig sind oder zu ihren Unternehmen in einer sonstigen die Versicherung begründeten Beziehung stehen. Zu den Versicherten in diesem Sinne gehören Arbeiter und Angestellte, die in einem Beschäftigungsverhältnis nach § 7 SGB IV stehen. Dazu gehören auch Auszubildende und Heimarbeiter.

Unfallversicherung als solventer Schuldner

695 Der Sinn dieser Regelung liegt darin, dass im Arbeitsrecht eine gesetzliche Verpflichtung des Arbeitgebers besteht, für eine Unfallversicherung des Arbeitnehmers zu sorgen. Diese (von den Berufsgenossenschaften getragene) gesetzliche Unfallversicherung soll aus Arbeitsunfällen und Berufskrankheiten resultierende Personenschäden des Arbeitnehmers abdecken und ihm für derartige Ansprüche einen stets solventen Schuldner zur Verfügung stellen.

Finanzierung alleine durch Arbeitgeber

696 Die **gesetzliche Unfallversicherung** wird nicht paritätisch (wie z.B. die Krankenversicherung), sondern allein von den Arbeitgebern durch Beiträge finanziert. Dadurch sind die Arbeitnehmer gegen Personenschäden bei Arbeitsunfällen und Berufskrankheiten abgesichert, ohne dass ihnen dadurch zusätzliche Kosten entstehen.

Da der Arbeitgeber durch diese gesetzliche Regelung finanziell belastet wird, muss im Gegenzug verhindert werden, dass er über die Zahlungen und Leistungen der Unfallversicherung hinaus im Schadensfall selbst in Anspruch genommen wird. Anders formuliert:

> **MERKSATZ**
> Wenn der Arbeitgeber durch seine Beiträge die Unfallversicherung des Arbeitnehmers alleine finanziert, muss er im Versicherungsfall grundsätzlich von weiteren Zahlungspflichten verschont werden.

697 Dies gilt nicht nur für die Zahlungen und Leistungen, die die Unfallversicherung gem. ihrem Leistungskatalog erbringt, sondern auch bezüglich derjenigen Schäden, die von der Unfallversicherung nach ihrem Leistungskatalog nicht übernommen werden.

Schmerzensgeld

> **MERKSATZ**
> Der Arbeitnehmer kann grundsätzlich vom Arbeitgeber kein Schmerzensgeld verlangen, obwohl die Unfallversicherung ihrerseits kein Schmerzensgeld zahlt.

Dieser „Verzicht" des Arbeitnehmers wird durch seinen umfangreichen Schutz durch die gesetzliche Unfallversicherung (z.B. hat er stets einen solventen Schuldner) ausgeglichen.

> **MERKSATZ**
> Es gilt das **Prinzip**: Haftungsersetzung durch Versicherungsschutz.[686]

---

[686] Hierzu und zum Vorstehenden z.B. Rupp, JURA 2007, 124, 124 f.

II. AUSNAHME: KEINE BETRIEBLICHE TÄTIGKEIT

Voraussetzung für die Haftungsprivilegierung ist aber, dass die Verletzung durch eine „betriebliche Tätigkeit" verursacht worden ist. Hieran fehlt es z.B., wenn ein gefährlicher Gegenstand in Richtung eines Arbeitnehmers weggeworfen wird und dieser hierdurch verletzt wird.[687]

698 Keine betriebliche Tätigkeit

III. AUSNAHME: VORSATZ DES ARBEITGEBERS

Für den Fall, dass der Arbeitgeber dem Arbeitnehmer vorsätzlich einen Personenschaden zufügt, greift der Haftungsausschluss natürlich nicht ein, § 104 I 1 SGB VII. Sonst hätte der Arbeitgeber faktisch einen „zivilrechtlichen Freibrief" zur beliebigen Verletzung der körperlichen Unversehrtheit seiner Arbeitnehmer.

699

> **DEFINITION**
>
> **Vorsatz** liegt nur dann vor, wenn der Unternehmer den Versicherungsfall und den Schaden zumindest als möglich voraussieht und ihn für den Fall des Eintritts billigend in Kauf nimmt.

700

Der Vorsatz muss sich nicht nur auf die schädigende Handlung als solche, sondern auch auf den Schadenseintritt und die damit verbundenen Schadensfolgen beziehen.[688]

IV. AUSNAHME: UNTERNEHMER VERURSACHT UNFALL AUF VERSICHERTEM WEG NACH § 8 II Nr. 1 – 4 SGB VII

Die Haftungsfreistellung des Unternehmers tritt gem. § 104 I 1 SGB VII auch dann nicht ein, wenn der Unternehmer den Versicherungsfall auf einem nach § 8 II Nr. 1-4 SGB VII versicherten Weg herbeigeführt hat, weil in diesem Fall der betriebliche Bezug fehlt.[689]

701 Fehlender betrieblicher Bezug

BEISPIEL 1: Der Arbeitnehmer A (Versicherter) erleidet auf dem Weg zur Arbeitsstätte im öffentlichen Verkehrsraum einen Wegeunfall, der als Versicherungsfall anerkannt ist. Der Verursacher des Unfalls ist – rein zufällig – der Chef des A, der Arbeitgeber G.

Die Tatsache, dass der Schädiger zufällig der Arbeitgeber G selbst ist, ändert für A nichts an seinem bestehenden Unfallversicherungsschutz. Jedoch greift der Haftungsausschluss des § 104 SGB VII zugunsten des Arbeitgebers G nicht ein, da es sich um einen von ihm verursachten Wegeunfall auf dem versicherten Weg zur Arbeit handelt. Vielmehr kann der Geschädigte nach allgemeinen Haftungsgrundsätzen alle Schadensersatzansprüche (auch Schmerzensgeld) erheben, die ihm von Gesetzes wegen zustehen.

Alle Unfälle, die sich nach dem Durchschreiten des Werkstores auf dem Betriebsgelände ereignen, stehen in unmittelbarem Zusammenhang mit der versicherten Tätigkeit und unterliegen dem Versicherungsschutz nach § 8 I 1 SGB VII. Das gilt nach der Rechtsprechung des Bundessozialgerichts und der ordentlichen Gerichte

702 Bestehender betrieblicher Bezug

---

687 BAG, ArbRAktuell 2015, 401, 401
688 LAG Berlin-Brandenburg, 01.06.2010 – 12 Sa 320/10
689 Rupp, JURA 2007, 124, 126

auch für sog. **Betriebs- oder Arbeitswege**, also auch für Lieferfahrten, Dienst- und Geschäftsreisen, auch wenn sie von der Wohnung des Mitarbeiters aus angetreten werden. Auch hier greift der Haftungsausschluss nach § 104 SGB VII.

BEISPIEL 2: Ein Arbeitnehmer wird bei einem Unfall auf dem Werksgelände durch den Arbeitgeber, der mit seinem Fahrzeug unvorsichtig wendet, verletzt.

Wird dieser Unfall bindend nach § 108 SGB VII als Versicherungsfall (Arbeitsunfall) im Sinne von § 8 I SGB VII anerkannt, dann gilt hier zugunsten des Unternehmers der Haftungsausschluss nach § 104 SGB VII. Der Arbeitsunfall ist nämlich bei der versicherten Tätigkeit im Sinne des § 8 I SGB VII eingetreten. Der geschädigte Arbeitnehmer erhält daher nur die Leistungen der Berufsgenossenschaft und kann keine darüber hinausgehenden Ansprüche gegen den Arbeitgeber erheben.

V. DIE VORAUSSETZUNGEN DES § 104 SGB VII

703 Die **Haftungsbeschränkung des Arbeitgebers** greift mithin unter folgenden Voraussetzungen ein:

- Es liegt ein Arbeitsunfall vor.
- Der Anspruchsinhaber ist in der gesetzlichen Sozialversicherung gegen Arbeitsunfall versichert. Für den Begriff des „Beschäftigten" ist es insoweit egal, ob der Vertrag zivilrechtlich unwirksam ist. Maßgebend ist alleine die tatsächliche Ausführung.[690]
- Der Arbeitgeber hat den Arbeitsunfall nicht vorsätzlich herbeigeführt.
- Der Arbeitgeber hat den Arbeitsunfall nicht auf einem versicherten Weg nach § 8 II Nr. 1 – 4 SGB VII herbeigeführt.

VI. SINN DER HAFTUNGSBESCHRÄNKUNG DES § 105 SGB VII

Keine mittelbare Haftung durch Freistellungsanspruch

704 Soweit ein anderer Betriebskollege den Schaden herbeigeführt hat, haftet auch dieser nicht, soweit der Anspruch nach § 104 SGB VII gegen den Arbeitgeber ausgeschlossen ist (§ 105 SGB VII). Die Regelung des § 105 SGB VII ergänzt die Regelung des § 104 SGB VII. Sinn und Zweck der Regelung ist es, den Arbeitgeber vor einer zusätzlichen Inanspruchnahme zu schützen. Würde ein Arbeitnehmer für die Schädigung eines anderen Arbeitnehmers haften, so hätte der schädigende Arbeitnehmer bei betrieblich veranlasster Tätigkeit u.U. einen Freistellungsanspruch gegen den Arbeitgeber. Im Ergebnis müsste der Arbeitgeber dann den Schaden des verletzten Arbeitnehmers tragen. Dies würde jedoch dem oben beschriebenen Zweck des § 104 SGB VII zuwiderlaufen. Deshalb wird auch bei Schädigung eines Arbeitnehmers durch einen Arbeitskollegen ein Anspruch auf Zahlungen ausgeschlossen.[691]

VII. SINN DER HAFTUNGSBESCHRÄNKUNG DES § 106 SGB VII

Gemeinsame Betriebsstätte

705 In § 106 III 3. Var. in Verbindung mit § 105 SGB VII wird auch die Beschränkung der Haftung anderer im Betrieb tätiger Personen geregelt. Es kommt jetzt hier nicht mehr darauf an, ob der Schädiger Betriebsangehöriger des Unfallbetriebes ist. Von

---

690   Rupp, JURA 2007, 124, 125
691   Rupp, JURA 2007, 124, 127

der Haftung freigestellt sind jetzt alle Personen, die durch eine betriebliche Tätigkeit einen Versicherungsfall von Versicherten, die auf einer gemeinsamen Betriebsstätte tätig sind, verursachen. An einer **„betrieblichen Tätigkeit"** fehlt es z.B., wenn ein gefährlicher Gegenstand in Richtung eines Kollegen weggeworfen wird und dieser hierdurch verletzt wird.[692] Eine zusätzliche Erweiterung der Haftungsfreistellung wird dadurch erreicht, dass der Personenkreis der betrieblich Tätigen gegenüber einem vergrößerten Kreis Geschädigter privilegiert (bevorzugt) ist.

> **DEFINITION** 706
> Eine **gemeinsame Betriebsstätte** mehrerer Unternehmen ist zu bejahen, bei betrieblichen Aktivitäten von Versicherten mehrerer Unternehmen, die bewusst und gewollt bei einzelnen Maßnahmen ineinandergreifen, miteinander verknüpft sind, sich ergänzen oder unterstützen, wobei es ausreicht, dass die gegenseitige Verständigung stillschweigend durch bloßes Tun erfolgt.[693]

BEISPIELE: Daran fehlt es z.B., wenn Unternehmen zufällig im gleichen Haus aber in verschiedenen Stockwerken arbeiten.[694] Zu bejahen ist diese Voraussetzung z.B., wenn ein Gabelstaplerfahrer eines Unternehmens den Angestellten eines anderen Unternehmens verletzt, der die so angelieferte Ware abnehmen und kontrollieren sollte.[695]

VIII. SONDERFALL: GESTÖRTE GESAMTSCHULD

Im Kontext der Haftungsausschlüsse der §§ 104 ff. SGB VII kann es zum klassischen Problem der gestörten Gesamtschuld kommen. 707

BEISPIEL: Bernd Bau ist als Bauarbeiter bei Horst Hoch eingestellt. Eines Tages verletzt er sich auf einer Baustelle an einer zersplitterten Glasscheibe. Diese hatte sein Chef – Horst – ungesichert auf der Baustelle stehen lassen, wo sie der vorbeikommende Torsten Trümmer zerstört hatte. Bernd verlangt nun von Torsten vollen Ersatz seiner Krankenhauskosten. Zu Recht?

Torsten haftet dem Bernd aus § 823 I BGB. Für diesen Schaden haftet jedoch grundsätzlich auch Bernds Chef Horst aus § 823 I BGB, weil er seine Verkehrssicherungspflicht verletzt hat. Beide würden daher gem. § 840 I BGB als Gesamtschuldner haften. Gem. § 104 I SGB VII entfällt jedoch die Haftung des Arbeitgebers Horst, da es sich um einen Arbeitsunfall handelt.

Wenn Bernd folglich den Arbeitgeber (Horst) wegen § 104 SGB VII nicht in Anspruch nehmen kann, entsteht eine sog. **gestörte Gesamtschuld**. Wenn Bernd sich voll an den Dritten (Torsten) hält und dieser dann nach § 426 I BGB hälftigen Ausgleich beim Arbeitgeber (Horst) suchen könnte, würde dies das Haftungsprivileg des Arbeitgebers (Horst) unterlaufen. Andererseits wäre das Ergebnis unbillig, den Dritten (Torsten) den ganzen Schaden allein tragen zu lassen. Die §§ 422 - 425 BGB greifen hier nicht ein, da sie nur die nachträgliche Veränderung der Schuld regeln. 708

Drohende Umgehung des Haftungsprivilegs

---

[692] BAG, ArbRAktuell 2015, 401, 401
[693] BGH, NZA 2001, 103, 104
[694] Rupp, JURA 2007, 124, 128
[695] BGH, NJW 2003, 1891, 1892

Da der geschädigte Arbeitnehmer, Bernd, durch die gesetzliche Unfallversicherung abgesichert ist, wäre es ungerecht, wenn der Zweitschädiger (Torsten) den Schaden alleine tragen müsste.

Kürzung des Anspruchs des Arbeitgebers

709 Bei den Haftungsprivilegien der §§ 104, 105 SGB VII ist daher nach h.M. der Anspruch gegen den Zweitschädiger im Außenverhältnis zu kürzen, sodass dieser nur für seinen Verantwortungsanteil einstehen muss.[696]

Auf das Beispiel bezogen bedeutet dies: Der Arbeitnehmer Bernd kann den Zweitschädiger Torsten daher nur insoweit in Anspruch nehmen, als dieser im Innenverhältnis zu Bernds Chef Horst den Schaden zu tragen hätte (im Zweifel: zu 50 %). Somit kann Bernd nur hälftigen Ersatz verlangen.

B. Sach- und Vermögensschäden

I. SCHÄDEN DES ARBEITGEBERS UND VON KOLLEGEN

SGB VII greift nicht ein

710 Bei Sach- und sonstigen Vermögensschäden greifen die Vorschriften des SGB VII nicht ein. Der Arbeitnehmer ist daher grundsätzlich seinem geschädigten Kollegen zum vollen Schadensersatz nach den allgemeinen Vorschriften verpflichtet. Gleiches gilt, wenn der Arbeitgeber einen seiner Arbeitnehmer schädigt.

Freistellungs- anspruch

711 Soweit der Arbeitgeber im Falle seiner eigenen Schädigung verpflichtet wäre, den Schaden selbst zu tragen, erlangt der Arbeitnehmer, der einen Kollegen geschädigt hat, einen Freistellungsanspruch, § 670 analog, gegen den Arbeitgeber. Denn die Haftung des Arbeitnehmers kann nicht davon abhängen, ob er zufällig den Arbeitgeber oder einen anderen Arbeitnehmer schädigt. Relevant ist dies z.B. bei einer betrieblich veranlassten Tätigkeit.

II. EIGENSCHÄDEN DES ARBEITNEHMERS

Fraglich: Garantiehaftung

712 Fraglich ist, ob den Arbeitgeber eine verschuldensunabhängige Haftung wegen Eigenschäden des Arbeitnehmers trifft.

Normaler Eigenschaden

713 Im Grundsatz ist eine Ausdehnung der Grundsätze der beschränkten Arbeitnehmerhaftung auf derartige Fälle abzulehnen. Der Ersatz eines dem Arbeitnehmer selbst entstandenen Sachschadens ist tatbestandsmäßig etwas anderes als die Befreiung von einer Ersatzpflicht dem Arbeitgeber, einem Dritten oder einem Arbeitskollegen gegenüber.

> **BEISPIEL 1:** Wenn sich eine Sekretärin bückt, um aus dem untersten Fach eines Regals ein Buch herauszunehmen, und es dabei Laufmaschen gibt, so kann sie vom Arbeitgeber nicht ein neues Paar Strümpfe oder den Kaufpreis dafür verlangen.[697]

Allgemeines Lebensrisiko

> **MERKSATZ**
> Der Arbeitnehmer kann keinen Ersatz für Schäden verlangen, die zum **allgemeinen Lebensrisiko** gehören.

---

696   *BGHZ 157, 9, 9 ff.; 110, 114, 114 ff.*
697   *BAG, NJW 1962, 411, 415*

Das gilt auch bei gefährlicher vom Arbeitnehmer übernommener Arbeit. Auch bei ihr und gerade bei ihr muss der Arbeitnehmer mit Schädigungen seines Eigentums rechnen. Auch hier gehört es zu seiner Arbeitspflicht, sein Eigentum, soweit erforderlich, mit einzusetzen. Mit dafür erhält er seine Vergütung. Vielfach werden in Arbeits- oder Tarifverträgen besondere Zulagen, Gefahrenzulagen oder Schmutzzulagen vereinbart. Damit steht im Allgemeinen fest, dass bei diesen Arbeiten entstehende Sachschäden des Arbeitnehmers arbeitsadäquat und von ihm selbst zu tragen sind.[698]

714 Gefährliche, vom Arbeitnehmer übernommene Arbeit

BEISPIEL 2 (nach BAG, NZA 1990, 27): Dem Pfleger in einer psychiatrischen Anstalt wird durch einen Patienten die Brille heruntergerissen und zerstört. Der Arbeitgeber zahlt dem Arbeitnehmer eine „Psychiatriezulage".

715 Gehaltszulagen

Bei dieser Zulage handelt es sich um eine Erschwerniszulage. Mit ihr sollen die besonderen Belastungen des Pflegepersonals bei der ständigen Pflege geisteskranker Patienten abgegolten werden. Dagegen umfasst die Psychiatriezulage nicht die pauschale Abgeltung von Sachschäden. Folglich besteht gem. § 670 BGB analog ein Anspruch gegen den Arbeitgeber auf Ersatz des Schadens.

Gleiches gilt für die **Kilometerpauschale**. Mit ihr soll nur die allgemeine Abnutzung des Autos ausgeglichen werden. Kommt es zu einem Verkehrsunfall, ist der Schaden durch die Kilometerpauschale nicht abgedeckt.

716 Kilometerpauschale

Handelt es sich dagegen um Sachschäden, die im Vollzug einer gefährlichen und (vor allem) außergewöhnlichen Arbeit entstehen, mit denen also der Arbeitnehmer nach der Art des Betriebes oder nach der Art und der Natur der Arbeit nicht zu rechnen hatte, so liegt eine Aufwendung des Arbeitnehmers nach § 670 BGB vor. Bei ihr kann von einer Abgeltung durch die Vergütungszahlung nicht gesprochen werden. Sie geht über die Einsatzpflicht des Arbeitnehmers hinaus. Sie ist nicht arbeitsadäquat. Der Arbeitgeber muss in solchen Fällen zwar nicht Schadensersatz, aber Wertersatz für die Vernichtung oder Beschädigung der Sachen des Arbeitnehmers leisten. Es geht um Erfüllung des auf die entsprechende Anwendung des § 670 BGB gegründeten Anspruchs. Trifft den Arbeitnehmer ein eigenes Verschulden, so ist nicht nur § 254 BGB entsprechend anzuwenden, vielmehr scheitert der Anspruch des Arbeitnehmers dann gegebenenfalls an § 670 BGB selbst, der verlangt, dass der Handelnde sein Vorgehen den Umständen nach für erforderlich halten durfte.[699]

717 Gefährliche aber außergewöhnliche Arbeit

BEISPIEL 3 (nach BAG, NZA 1997, 1346): Der Forstarbeiter F stellt dem Bundesland L, bei dem er beschäftigt ist, seinen Sattelschlepper gegen eine vom Land vorgegebene Stundenvergütung von 39,- € zur Verfügung. Damit sollten die Kosten für Kraftstoff, Schmiermittel, Fette, Verschleißteile und Reparaturen abgedeckt werden. Der Schlepper des F wurde beim Ziehen eines Baumes durch leichte Fahrlässigkeit des F vollständig zerstört.

---

698 BAG, NJW 1962, 411, 415
699 BAG, NJW 1962, 411, 415

Der Schaden am Sattelschlepper ist durch die Stundenvergütung nicht abgegolten, weshalb kein arbeitsadäquater Schaden vorliegt. Hätte der Arbeitgeber den Sattelschlepper selbst angeschafft, so hätte der Arbeitnehmer keinen Schadensersatz geschuldet, da er nur leicht fahrlässig gehandelt hat.[700] Folglich kann F von L vollen Ersatz seines Schadens verlangen.

III. SCHÄDIGUNGEN DRITTER

718 Schädigt der Arbeitnehmer bei einem Arbeitsunfall einen Dritten, der also nicht Arbeitgeber noch Angehöriger desselben Betriebes ist, so können die sozialversicherungsrechtlichen Haftungsbeschränkungen nicht herangezogen werden.[701] Für die arbeitsrechtlichen Haftungsbeschränkungen ist dies streitig.[702]

Der schädigende Arbeitnehmer hat gegenüber dem Arbeitgeber bei betrieblich veranlasster Tätigkeit einen **Freistellungs- bzw. Erstattungsanspruch** analog § 670 BGB in dem Umfang, in dem er im Verhältnis zum Arbeitgeber nicht haften würde.

SACHVERHALT

C. Grundfall: „Der Brummi-Fahrer"

719 Der 30-jährige Arndt arbeitet seit mehreren Jahren im Betrieb des Burkhard als Berufskraftfahrer. Er verdient 2.500 € brutto im Monat. Im Betrieb des Burkhard besteht kein Betriebsrat. Sein Beifahrer auf dem „Brummi" ist Klein, der für Ladearbeiten zuständig ist, aber nicht selbst fährt.

Auch am 04. Januar hatten A und K wie immer um 6.00 Uhr ihre Arbeit angetreten und waren nach einer 500 km-Fahrt am Abend um 19.00 Uhr wieder im Betrieb angekommen. Trotz des strapaziösen Tages wurden sie von B jedoch angewiesen, eine dringende Warenladung ins 300 km entfernte Kaff-Dorf zu fahren. A wagte nicht zu widersprechen und sie traten die Fahrt an. Nach kurzer Zeit fühlte er sich jedoch so müde, dass er beschloss, einen Umweg von ca. 15 km zu seiner Wohnung zu machen, um sich dort ein wenig zu erholen. Auf der Fahrt dorthin fuhr A in einer Kurve mit überhöhter Geschwindigkeit, wobei er die Kontrolle über sein Fahrzeug verlor, im Graben entlang schlitterte und schließlich an einer Mauer zum Stehen kam. Dabei entstand am Lkw ein Sachschaden in Höhe von 10.000 €.

B ist über diese „Höllenfahrt" erbost und verlangt von A vollen Ersatz des ihm entstandenen Schadens.

LÖSUNG

A. Schadensersatz aus §§ 611, 280 I BGB

Ein Schadensersatzanspruch des B gegen A könnte sich aus §§ 611, 280 I BGB ergeben. Der Anspruch des B gegen A wäre dann gegeben, wenn A im Rahmen eines Arbeitsverhältnisses eine zu vertretende Schlechtleistung begangen hätte und dem B dadurch ein Schaden entstanden wäre.

I. SCHULDVERHÄLTNIS (VERTRAGLICH ODER GESETZLICH)

Zwischen A und B müsste ein Schuldverhältnis bestanden haben. Der zwischen A und B bestehende Arbeitsvertrag, § 611 BGB, ist ein solches vertragliches Schuldverhältnis.

---

700 Zu den Grundsätzen der Haftung bei betrieblich veranlasster Tätigkeit bereits oben ab Rn 642.
701 BGH, 1989, 3273, 3275
702 Hierzu bereits oben zur sog. „Außenwirkung" bei Rn 673.

II. PFLICHTVERLETZUNG
Weiter müsste A durch ein Handeln oder Unterlassen eine Pflicht verletzt haben. Hier hat A auf der Fahrt vom 04. Januar die Arbeitsleistung, zu der er verpflichtet war, zwar erbracht. Durch das Fahren mit überhöhter Geschwindigkeit und den daraus resultierenden Unfall jedoch seine vertragliche Sorgfaltspflicht hinsichtlich des ihm als Fahrer anvertrauten Lkw´s verletzt. Eine Pflichtverletzung liegt damit vor.

III. VERTRETENMÜSSEN, §§ 276, 278 BGB
Fraglich ist, ob A das schädigende Ereignis auch zu vertreten hat.
Abweichend von den allgemeinen Regeln wird im Arbeitsverhältnis gem. § 619a BGB jedoch nicht vermutet, dass der die Pflichtverletzung begehende Arbeitnehmer diese auch zu vertreten hat. Die Beweislast hierfür liegt vielmehr beim Arbeitgeber. Da A den Unfall in jedem Fall fahrlässig verursacht hat, indem er mit überhöhter Geschwindigkeit fuhr, § 276 BGB, und sich ein Beweisproblem hier nach Sachverhalt nicht stellt, hätte er demnach dem B vollen Schadensersatz zu leisten, §§ 249 ff. BGB.

IV. SCHADEN
Durch das pflichtwidrige Verhalten des A wurde dem B auch ein Schaden an seinem Eigentum zugefügt, da der Lkw bei dem Unfall beschädigt wurde. Nach dem Sachverhalt beträgt die Höhe des Sachschadens 10.000 €.

V. MITVERSCHULDEN IM ARBEITSRECHT
Wegen des vom Arbeitgeber zu tragenden Betriebsrisikos könnte in entsprechender Anwendung des § 254 BGB aber dieser volle Schadensersatzanspruch zu kürzen bzw. ganz auszuschließen sein.

1. Betriebsrisiko des Arbeitgebers
Gegen die volle Ersatzpflicht des Arbeitnehmers bei betrieblich veranlassten Tätigkeiten spricht, dass er im Interesse des Arbeitgebers auf seine Weisung hin tätig geworden ist. Dann erscheint es aber als unbillig, ihn allein mit den Risiken dieser Tätigkeit zu belasten, zumal es der Arbeitgeber ist, der die äußeren Rahmenbedingungen setzt unter denen die Arbeitsleistung zu erbringen ist. Es geht nicht an, dass der Arbeitgeber dem Arbeitnehmer eine u.U. risikoreiche und gefährliche Arbeit zuweist und dann im Schadensfall von ihm vollen Ersatz verlangt, da der Arbeitgeber diese Arbeit selbst hätte verrichten müssen, wenn er keine Arbeitnehmer beschäftigen würde. Außerdem ist der Arbeitgeber eher in der Lage, durch geeignete technische oder organisatorische Maßnahmen die betriebsspezifischen Risiken zu beherrschen und sich gegebenenfalls gegen Schäden zu versichern. Deshalb muss bei einer betrieblich veranlassten Handlung des Arbeitnehmers im Hinblick auf die Schadenstragungspflicht ein Interessenausgleich bzw. eine Abwägung zwischen dem Verschulden des Arbeitnehmers und dem vom Arbeitgeber zu tragenden Betriebsrisiko vorgenommen werden.

2. Ausführung betrieblicher Tätigkeit
Ein solcher innerbetrieblicher Schadensausgleich kann aber nur erfolgen, wenn feststeht, dass der Schaden dem Arbeitgeber in Ausführung einer betrieblichen Tätigkeit zugefügt worden ist.

Für den Fall, dass der Arbeitnehmer mit der zum Schaden führenden Tätigkeit nicht betriebliche, sondern private Interessen verfolgt, kommt eine Haftungsbeschränkung nicht in Betracht.[703]

Hier hat A mit dem eingeschlagenen Umweg (auch) private Interessen verfolgt. Fraglich ist, ob deshalb der notwendige innere Zusammenhang zwischen der betrieblichen Tätigkeit und dem Schadensereignis derart gelöst ist, dass nicht mehr die Verfolgung betrieblicher Zwecke, sondern die durch Eigeninteressen des Arbeitnehmers bedingte Art und Weise ihrer Verfolgung als entscheidende Schadensursache anzusehen ist.[704]

Dabei ist zu berücksichtigen, dass A nur einen geringen Umweg machen wollte, um nach einem Fahrtag, bei dem bereits die Höchstlenkzeiten überschritten waren, eine kurze Erholungspause einzulegen. Auch sollte an diesem Tag noch eine nicht unerhebliche Fahrtstrecke zurückgelegt werden, die nur ein erholter Lkw-Fahrer ohne größeres Risiko fahren kann.

Folglich entsprach dieser Umweg überwiegend betrieblichen Interessen.

Die Grundsätze des innerbetrieblichen Schadensausgleichs können somit Anwendung finden.

3. Haftungsreduzierung des Arbeitnehmers

Fraglich ist jedoch, wie sich diese Grundsätze haftungsrechtlich auswirken.

Zunächst ist davon auszugehen, dass eine Haftungsbeschränkung des Arbeitnehmers nur für Fehler eintreten kann, mit denen der Arbeitgeber wegen der menschlichen Unzulänglichkeit erfahrungsgemäß zu rechnen hat. Deshalb scheidet von vornherein aus, diese Grundsätze bei vorsätzlichem Verhalten des Arbeitnehmers anzuwenden. Sie kommen mithin nur bei fahrlässigem Handeln in Betracht. Bei vorsätzlichem Handeln hat der Arbeitnehmer dem Arbeitgeber den gesamten Schaden zu ersetzen.

A hat den Unfall allerdings nicht vorsätzlich, sondern fahrlässig herbeigeführt.

Liegt Fahrlässigkeit vor, so ist ein innerbetrieblicher Schadensausgleich vorzunehmen. Entscheidend ist dabei der Grad der Fahrlässigkeit. Ist dem Arbeitnehmer nur leichte Fahrlässigkeit vorzuwerfen, so haftet er nicht, bei grober Fahrlässigkeit haftet er in vollem Umfang. Liegt normale Fahrlässigkeit zwischen diesen Graden vor, so muss der Schaden nach den Umständen des Einzelfalles quotenmäßig aufgeteilt werden. Dabei sind das Verschulden des Arbeitnehmers und das Betriebsrisiko des Arbeitgebers analog § 254 BGB gegeneinander abzuwägen.[705]

Dabei ist zu berücksichtigen, dass A auf Anweisung des B nach einem vollen Arbeitstag noch eine Fahrt unternehmen sollte, obwohl er Erholung dringend nötig hatte. Angesichts der Gesamtumstände ist normale Fahrlässigkeit des A gegeben und eine hälftige Quotelung als sachgerecht zu betrachten. (Es erscheint auch vertretbar, aufgrund der besonderen Umstände zu Dritteln oder dem Arbeitgeber B dreiviertel des Schadens aufzubürden.) Mithin muss A lediglich 5.000 € Schadensersatz leisten.

Die Tatsache, dass die private Haftpflicht des A in derartigen Fällen nicht eingreift, führt an sich zu einem latenten Insolvenzrisiko in derartigen Fällen. Allerdings

---

703 BAG, DB 1984, 1482
704 BAG, aaO.
705 BAG, AP Nr. 61 zu § 611 BGB - Haftung des Arbeitnehmers; BAG, NJW 1976, 1229; BAG, NJW 1977, 598

kommt eine finanzielle Überforderung des Arbeitnehmers und eine deshalb vorzunehmende weitere Beschränkung seiner Haftung in der Regel erst bei Schadensersatzverpflichtungen in Betracht, die das dreifache Butto-Monatsgehalt überschreiten. Dies ist hier nicht der Fall.

B. Schadensersatz aus § 823 I BGB

Daneben kommt auch ein Anspruch des B gegen A aus § 823 I BGB in Betracht.
Durch das Verhalten des A ist am Eigentum des B ein Schaden entstanden.
A hat auch rechtswidrig und schuldhaft durch sein Handeln das Eigentum des B verletzt, § 823 I BGB.
Allerdings gelten auch bei § 823 I BGB die oben dargelegten Grundsätze: Würde man hier eine andere Beurteilung zulassen, so liefen die Grundsätze über den innerbetrieblichen Schadensausgleich und die damit verbundene Haftungsbeschränkung im Wesentlichen leer.[706]
Dem B steht gegen A ein Schadensersatzanspruch aus § 823 I BGB lediglich in der oben dargelegten Höhe zu.

FALLENDE

---

[706] BAG, NJW 1967, 269, 270

DIE ZULÄSSIGKEIT DER KLAGE DES ARBEITNEHMERS

A. Einleitung

Erfolgsaussichten einer Klage

720 Häufig wird in Klausuren und Hausarbeiten nach den Erfolgsaussichten einer Klage des Arbeitnehmers gefragt.

> **KLAUSURHINWEIS**
> Der Einleitungssatz für das Gutachten lautet bei dieser Aufgabenstellung: „Die Klage des Arbeitnehmers hat Aussicht auf Erfolg, wenn sie zulässig und begründet ist."

B. Prüfungsschema

Es empfiehlt sich, die **Zulässigkeit einer Klage** im Arbeitsrecht wie folgt zu prüfen:

PRÜFUNGSSCHEMA

Prüfungsschema der Zulässigkeit

721
  I. Rechtswegeröffnung
  II. Örtliche Zuständigkeit
  III. Sachliche Zuständigkeit
  IV. Partei- und Prozessfähigkeit nach §§ 50 ff. ZPO
  V. Statthafte Klageart
  VI. Bei einer Feststellungsklage: Besonderes Feststellungsinteresse

C. Systematik und Vertiefung

I. RECHTSWEGERÖFFNUNG

§ 2 I Nr. 3 ArbGG

722 Ist die Klage vor dem Arbeitsgericht bereits erhoben, ist anhand der §§ 2, 2a ArbGG zu überprüfen, ob der Rechtsweg zu den Arbeitsgerichten eröffnet ist. Dabei spielen die Zuständigkeiten im Beschlussverfahren gem. § 2a ArbGG nur im Schwerpunktbereich eine Rolle. Bei den Zuständigkeiten im Urteilsverfahren gem. § 2 ArbGG erlangt regelmäßig nur § 2 I Nr. 3 ArbGG Relevanz.
Nach § 2 I Nr. 3 ArbGG sind die Gerichte für Arbeitssachen ausschließlich zuständig für bürgerliche Rechtsstreitigkeiten zwischen Arbeitgebern und Arbeitnehmern aus den im Gesetz aufgezählten fünf Fallgruppen.

1. Arbeitnehmereigenschaft des Klägers

a) Der Arbeitnehmer gem. § 5 I 1 ArbGG

Arbeitnehmereigenschaft des Klägers

723 Arbeitnehmer im Sinne des ArbGG sind gem. § 5 I 1 ArbGG Arbeiter und Angestellte sowie die zu ihrer Berufsausbildung Beschäftigten. Damit stellt sich zunächst die Frage, ob für die Eröffnung des Rechtswegs zu den Arbeitsgerichten die Arbeitnehmereigenschaft tatsächlich vorliegen muss.

Das BAG unterscheidet für die Beantwortung dieser Frage danach, ob ein reines Arbeitnehmerrecht geltend gemacht wird, oder ob Ansprüche geltend gemacht werden, die auch einem Nicht-Arbeitnehmer zustehen können.

> **MERKSATZ** 724
>
> Kann ein Anspruch nur einem Arbeitnehmer zustehen (sog. **reines Arbeitnehmerrecht**), so wird der Rechtsweg zu den Arbeitgerichten durch die bloße Behauptung der Arbeitnehmereigenschaft eröffnet.[707] Die Behauptung kann auch konkludent durch die Geltendmachung des Anspruchs erfolgen. Dabei reicht die bloße Rechtsansicht des Klägers, er sei Arbeitnehmer, zur Bejahung der arbeitsgerichtlichen Zuständigkeit aus. Die Behauptung der Arbeitnehmereigenschaft muss nicht schlüssig sein.[708]

Der sic-non-Fall

Dieser Fall wird „sic-non-Fall" („wenn-nicht-Fall") genannt:

> **DEFINITION**
>
> Der sog. **sic-non-Fall** („wenn-nicht-Fall"): Der geltend gemachte Anspruch kann alleine auf eine arbeitsrechtliche Anspruchsgrundlage gestellt werden.

Wenn der Kläger nicht Arbeitnehmer ist, kann er den Prozess nicht gewinnen, weil er ein reines Arbeitnehmerrecht geltend macht. Die sich auf die Arbeitnehmereigenschaft beziehenden Tatsachenbehauptungen des Klägers sind in derartigen Fällen „doppelrelevant", nämlich sowohl für die Rechtswegzuständigkeit, als auch für die Begründetheit der Klage maßgebend.

Doppelrelevanz für Zulässigkeit und Begründetheit

BEISPIEL 1: A arbeitet bei G als freier Mitarbeiter. Nach einer krankheitsbedingten Fehlzeit von einer Woche, für die A von G keinen Lohn erhalten hat, macht A einen Anspruch auf Entgeltfortzahlung im Krankheitsfall geltend. G weigert sich mit dem Hinweis darauf, das A kein Arbeitnehmer sei. Unter welchen Voraussetzungen ist für eine Klage des A der Rechtsweg zu den Arbeitsgerichten eröffnet?

A könnte ein Anspruch auf Entgeltfortzahlung im Krankheitsfall aus dem Arbeitsvertrag i.V.m. § 611 BGB und § 3 I 1 EFZG zustehen. Der geltend gemachte Anspruch steht gem. § 3 I 1 EFZG ausschließlich Arbeitnehmern zu. Folglich liegt ein sog. „sic-non-Fall" vor. Durch die bloße Behauptung, Arbeitnehmer zu sein, ist für A der Rechtsweg zu den Arbeitsgerichten eröffnet.

> **MERKSATZ** 725
>
> Kann der geltend gemachte Anspruch auch einem Nicht-Arbeitnehmer zustehen, so ist der Rechtsweg zu den Arbeitsgerichten nur eröffnet, wenn die Arbeitnehmereigenschaft gegeben ist.

---

707 BAG, NZA 2007, 53, 53
708 BAG, NZA 1996, 1005, 1008

Insofern sind nach der Rechtsprechung des BAG **zwei Fallgruppen** zu unterscheiden:

726 | Der aut-aut-Fall

DEFINITION

Der sog. **aut-aut-Fall** („entweder-oder-Fall"): Der geltend gemachte Anspruch kann entweder auf eine arbeitsrechtliche oder eine bürgerlichrechtliche Anspruchsgrundlage gestellt werden, die in Betracht kommenden Anspruchsgrundlagen schließen sich aber gegenseitig aus.

In diesem Fall muss der Arbeitnehmer seine Klage vor dem Arbeitsgericht und der freie Mitarbeiter vor den ordentlichen Gerichten erheben.

BEISPIEL 2: A verklagt G auf Zahlung des vereinbarten Entgelts für geleistete Arbeit aus einem Rechtsverhältnis, das A für ein Arbeitsverhältnis, G dagegen für ein - nicht arbeitnehmerähnliches - freies Mitarbeiterverhältnis hält.

Sollte A Arbeitnehmer sein, ergibt sich sein Lohnanspruch aus dem Arbeitsvertrag i.V.m. § 611 BGB. Soweit A bloß freier Mitarbeiter ist, folgt sein Lohnanspruch aus dem Dienstvertrag i.V.m. § 611 BGB.

727 | Der et-et-Fall

DEFINITION

Der sog. **et-et-Fall** („sowohl-als-auch-Fall"): Der geltend gemachte Anspruch kann widerspruchslos sowohl auf eine arbeitsrechtliche als auch auf eine nicht arbeitsrechtliche Anspruchsgrundlage gestellt werden.

BEISPIEL 3: Der Kläger ist außerordentlich gekündigt worden und bestreitet, hierfür einen wichtigen Grund i.S.d. § 626 I BGB geliefert zu haben.

BEISPIEL 4: Der Kläger stützt seine Klage gegen eine Kündigung auf nicht arbeitsrechtsspezifische Regelungen wie fehlende Vollmacht (§ 174 BGB) oder mangelhaften Zugang (§ 130 BGB).

In Beispiel 3 und 4 kann der Kläger obsiegen, auch wenn ein Arbeitsverhältnis nicht vorliegt, denn § 626 BGB wie auch die §§ 174 und 130 BGB gelten auch im Dienstverhältnis. Nur ausnahmsweise ist bei § 626 BGB ein sic-non-Fall anzunehmen, wenn der Kläger die Unwirksamkeit der außerordentlichen Kündigung nicht unabhängig von seinem Status festgestellt wissen will, sondern nur verbunden mit der weiteren Feststellung, dass es sich bei dem fortbestehenden Rechtsverhältnis um ein Arbeitsverhältnis handelt.[709]

---

[709] BAG, NJW 2001, 1374, 1375; LAG Hamm, BeckRS 2008, 53245

KLAUSURHINWEIS
Das bedeutet für das Gutachten, dass die Frage, ob der Kläger tatsächlich Arbeitnehmer ist, beim **sic-non-Fall** erst in der Begründetheit zu entscheiden ist. Sofern ein **aut-aut-Fall** oder ein **et-et-Fall** gegeben ist, muss schon bei der Rechtswegeröffnung entschieden werden, ob die Arbeitnehmereigenschaft tatsächlich gegeben ist. Dies bedeutet, dass man schon bei der Rechtswegeröffnung einen kleinen Vorgriff auf die Begründetheit machen muss und die (wohl) streitentscheidenden Normen benennt.

728 Verortung im Gutachten

b) Die Heimarbeiter und arbeitnehmerähnlichen Personen, § 5 I 2 ArbGG
Als Arbeitnehmer gelten gem. § 5 I 2 ArbGG auch die in Heimarbeit Beschäftigten und die ihnen Gleichgestellten (§ 1 HAG) sowie sonstige Personen, die wegen ihrer wirtschaftlichen Unselbständigkeit als arbeitnehmerähnliche Personen anzusehen sind. Bei den arbeitnehmerähnlichen Personen greift die Rechtsprechung auf die Begriffsbestimmung in § 12a I Nr. 1 TVG zurück.[710]

729

c) Die verfassungsmäßig berufenen Vertreter, § 5 I 3 ArbGG
In Betrieben einer juristischen Person oder einer Personengesamtheit gelten diejenigen Personen gem. § 5 I 3 ArbGG nicht als Arbeitnehmer, die kraft Gesetzes, Satzung oder Gesellschaftsvertrags allein oder als Mitglieder des Vertretungsorgans zur Vertretung der juristischen Person oder der Personengesamtheit berufen sind. Die Fiktion dieser Vorschrift gilt gerade auch für das der Organstellung zugrundeliegende Rechtsverhältnis. Sie greift unabhängig davon ein, ob dieses sich materiellrechtlich als freies Dienstverhältnis oder als Arbeitsverhältnis darstellt. Auch wenn das Anstellungsverhältnis zwischen juristischer Person und Vertretungsorgan wegen starker interner Weisungsabhängigkeit als Arbeitsverhältnis anzusehen ist und deshalb dem materiellen Arbeitsrecht unterliegt, ist wegen § 5 I 3 ArbGG, § 13 GVG der ordentliche Rechtsweg gegeben. Entsprechend § 17 II GVG haben die ordentlichen Gerichte gegebenenfalls Arbeitsrecht anzuwenden.[711]

730 Verfassungsmäßig berufene Vertreter klagen nicht vor den Arbeitsgerichten

2. Die Fallgruppen des § 2 I Nr. 3 ArbGG
Die Gerichte für Arbeitssachen sind gem. § 2 I Nr. 3 ArbGG ausschließlich zuständig für bürgerliche Rechtsstreitigkeiten zwischen Arbeitnehmern und Arbeitgebern

731

    a) aus dem Arbeitsverhältnis (z.B. Lohn-, Entgeltfortzahlungs- oder Urlaubsstreitigkeiten),
    b) über das Bestehen oder Nichtbestehen eines Arbeitsverhältnisses (z.B. Streitigkeiten über die Wirksamkeit von Kündigungen, Anfechtungen, Aufhebungsverträgen und Befristungen),
    c) aus Verhandlungen über die Eingehung eines Arbeitsverhältnisses und aus dessen Nachwirkungen,
    d) aus unerlaubten Handlungen, soweit diese mit dem Arbeitsverhältnis im Zusammenhang stehen und
    e) über Arbeitspapiere (Zeugnisse).

---

710   BAG, NZA 1991, 402, 402 f.
711   BAG, NZA 2009, 669, 669; 1999, 839, 840; 1996, 952, 952

II. ÖRTLICHE ZUSTÄNDIGKEIT

732 Maßgebend für die örtliche Zuständigkeit sind gem. § 46 II 1, I ArbGG die §§ 12, 13 bzw. 29 ZPO bzw. § 48 Ia ArbGG.

Allgemeiner Gerichtsstand, § 12 ZPO

Hiernach können Klagen zunächst am **allgemeinem Gerichtsstand**, § 12 ZPO, erhoben werden. Der allgemeine Gerichtsstand ist der Wohnsitz des Beklagten, § 13 ZPO, bzw. bei juristischen Personen deren Sitz, § 17 ZPO. Folglich kann der Arbeitnehmer den Arbeitgeber sowohl an dessen Wohnsitz als auch an dessen Firmensitz verklagen, der Arbeitgeber den Arbeitnehmer nur an dessen Wohnsitz.

Personengesellschaften

733 § 17 ZPO gilt analog für die OHG, die KG, die Partnerschaftsgesellschaft, die GbR, Gewerkschaften und Arbeitgeberverbände sowie politische Parteien.[712]

Gerichtsstand des Erfüllungsortes, § 29 ZPO

734 Weiterhin kann die Klage am Gerichtsstand des Erfüllungsortes, § 29 ZPO, erhoben werden.

> **MERKSATZ**
> Im Rahmen des § 29 ZPO wird der Arbeitsplatz als gemeinsamer (= einheitlicher) Erfüllungsort gem. §§ 269 I, 270 IV BGB für Leistung und Gegenleistung angesehen.[713]

Dies hat zur Folge, dass die z.B. Vergütungspflicht grundsätzlich auch dort zu erfüllen ist, wo die Arbeit geleistet wird.[714] Bei Telearbeitsplätzen ist dies i.d.R. der Wohnsitz des Arbeitnehmers, bei kurzfristigen Montagearbeitern der Betriebssitz des Arbeitgebers und bei Außendienstmitarbeitern dessen Wohnsitz, wenn er von dort aus seine Reisetätigkeit ausübt.[715]

§ 48 Ia ArbGG

735 Weil jedoch einzelne Instanzgerichte einen einheitlichen Gerichtsstand i.S.d. § 29 ZPO ablehnten,[716] entstand in der Praxis eine inakzeptable Rechtsunsicherheit, der mit der Einführung des § 48 Ia ArbGG zum 1.4.2008 begegnet wurde. Abgesehen davon greift § 48 Ia ArbGG aber auch ergänzend in den Fällen ein, in denen § 29 ZPO wegen der Eigenart des Arbeitsverhältnisses keine Anwendung finden kann:

Grundsatz

Grundsatz (§ 48 Ia 1 ArbGG): Für Streitigkeiten nach § 2 ArbGG ist auch das Arbeitsgericht zuständig, in dessen Bezirk der Arbeitnehmer gewöhnlich seine Arbeit verrichtet oder zuletzt gewöhnlich verrichtet hat. Auf den Betriebssitz kommt es insoweit nicht an.

BEISPIEL 1: Wenn der Arbeitnehmer A also in Frankfurt am Main beschäftigt ist, sich aber seit drei Jahren in Kiel auf Montage befindet, so kann er gem. § 48 Ia 1 ArbGG Klage beim ArbG in Kiel erheben.

Ausnahme

Ausnahme (§ 48 Ia 2 ArbGG): Ist ein gewöhnlicher Arbeitsort im Sinne des Satzes 1 nicht feststellbar, ist das Arbeitsgericht örtlich zuständig, von dessen Bezirk aus der Arbeitnehmer gewöhnlich seine Arbeit verrichtet oder zuletzt gewöhnlich verrichtet hat. Diese Regelung betrifft vor allem die Arbeitnehmer im Schienen-, Flug- und

---

712 Musielak-Heinrich, ZPO, § 17 Rn 3
713 BAG, NZA 2005, 297, 298 f.; Musielak-Heinrich, ZPO, § 29 Rn 20; Palandt-Heinrichs, BGB, § 269 Rn 14
714 Nägele, Urteilsverfahren, S. 174
715 BAG, NZA 1994, 479, 480
716 Nachw. bei Bergwitz, NZA 2008, 443, 445, Fn 48

Schiffsverkehr. Die Formulierung „von dessen Bezirk aus" ist (wohl) nicht im Sinne des Wohnsitzes des Arbeitnehmers, sondern im Sinne des Verwaltungssitzes des Arbeitgebers, von dem aus die Weisungen erteilt werden, zu verstehen.[717]

BEISPIEL 2: L ist bei der Deutschen Bahn (DB) als Lokomotivführer für ICE-Züge beschäftigt. L wohnt in Offenbach am Main, die für L zuständige Einsatzzentrale der DB befindet sich in Frankfurt am Main. Seine Arbeitsschichten beginnt L regelmäßig in Frankfurt am Main.

Für L ist ein gewöhnlicher Arbeitsort nicht feststellbar. Gem. § 48 Ia 2 ArbGG verrichtet L aber seine Arbeit gewöhnlich von Frankfurt am Main aus. Deshalb ist das Arbeitsgericht Frankfurt am Main örtlich für sämtliche Klagen des L gegen die DB zuständig.

Sofern im konkreten Fall mehrere Arbeitsgerichte örtlich zuständig sind, hat der Arbeitnehmer gem. § 35 ZPO die Wahl. **736** § 35 ZPO

BEISPIEL 3: G ist als Geselle beim Schreiner S beschäftigt. S wohnt in Gießen, sein Betrieb befindet sich jedoch in Marburg an der Lahn.

Der allgemeine Gerichtsstand des S befindet sich in Gießen, §§ 12, 13 ZPO, der Erfüllungsort, § 29 ZPO, befindet sich jedoch in Marburg. Zwischen einer Klage bei den Arbeitsgerichten in Gießen bzw. Marburg hat G die Wahl, § 35 ZPO.

III. SACHLICHE ZUSTÄNDIGKEIT

Die Frage nach der sachlichen Zuständigkeit stellt sich im arbeitsgerichtlichen Verfahren nicht, da es keine § 1 ZPO i.V.m. § 23 Ziff. 1 GVG entsprechende Vorschrift gibt, die auf den Streitwert abstellten würde. Vielmehr ist erste Instanz stets das Arbeitsgericht, § 8 I ArbGG. **737** Stets das Arbeitsgericht

IV. PARTEI- UND PROZESSFÄHIGKEIT NACH §§ 50 ff. ZPO

Für die Partei- und Prozessfähigkeit gelten im arbeitsgerichtlichen Verfahren an sich keine Besonderheiten. Es gelten die allgemeinen Regeln der §§ 50 ff. ZPO. Zusätzlich regelt jedoch § 10 ArbGG dass auch Gewerkschaften und Vereinigungen von Arbeitgebern sowie Zusammenschlüsse solcher Verbände im arbeitsgerichtlichen Verfahren parteifähig sind. **738** § 10 ArbGG

V. STATTHAFTE KLAGEART

1. Grundlagen

Bei der statthaften Klageart ist vor allem zwischen der Leistungsklage und der Feststellungsklage zu unterscheiden. **739**

Eine **Leistungsklage** ist die statthafte Klageart bei sämtlichen Zahlungsklagen. Aber auch die Klage z.B. auf die Erteilung eines Zeugnisses ist eine Leistungsklage. **740** Leistungsklage

Die **Feststellungsklage** ist vor allem bei den Streitigkeiten über das Bestehen oder Nichtbestehen eines Arbeitsverhältnisses gem. § 2 I Nr. 3b ArbGG die statthafte Klageart. **741** Feststellungsklage

---

717 Bergwitz, NZA 2008, 443, 444; Reinhard/Böggemann, NJW 2008, 1263, 1266

Hierbei ist wir folgt zu differenzieren:

§§ 4, 7, 13 I 2 KSchG — Sofern über die Wirksamkeit einer arbeitgeberseitigen Kündigung gestritten wird, ist die besondere Feststellungsklage nach §§ 4, 7, 13 I 2 KSchG zu erheben.

742 KLAUSURHINWEIS
Es ist an dieser Stelle nicht sinnvoll, zwischen der Kündigungs- und der Kündigungsschutzklage nach § 1 KSchG zu unterscheiden. Der Anwendungsbereich des KSchG tut an dieser Stelle nichts zur Sache, weil gem. § 23 I 2 KSchG in jedem Fall die Feststellungsklage gem. §§ 4, 7, 13 I 2 KSchG zu erheben ist.

§ 17 S. 1 TzBfG — 743 Für sog. **Entfristungsklagen** bei befristeten Arbeitsverhältnissen ist die besondere Feststellungsklage nach § 17 S. 1 TzBfG zu erheben.

§ 256 ZPO — 744 Will der Arbeitnehmer einen Aufhebungsvertrag angreifen oder eine Anfechtung des Arbeitsvertrages durch den Arbeitgeber nicht hinnehmen, so muss er die allgemeine Feststellungsklage nach § 256 ZPO erheben.

2. Punktueller Streitgegenstand bei Kündigungen

745 Eine besondere (auch vertiefende) Problematik stellt sich im Bereich der Klage gegen eine Kündigung. Das BAG vertritt unter Berufung auf § 4 S. 1 KSchG („... **eine** Kündigung ... **die** Kündigung...") den „punktuellen Streitgegenstandsbegriff". D.h., dass mit der Klage nach § 4 S. 1 KSchG nur eine konkrete Kündigung isoliert angegriffen werden kann. Der Antrag lautet dann:

Wortlaut des Antrags nach § 4 S. 1 KSchG

MERKSATZ
Es wird festgestellt, dass das Arbeitsverhältnis der Parteien durch die Kündigung des Beklagten vom ... nicht aufgelöst worden ist.

746 Der Streitgegenstand bezieht sich folglich nicht auf Kündigungen (oder andere Beendigungsgründe), die der angegriffenen Kündigung zeitlich nachfolgen oder ihr vorangegangen sind.[718]

Reichweite der Rechtskraft, wenn der Arbeitnehmer gewinnt

MERKSATZ
Mit einem obsiegenden Urteil wird lediglich festgestellt, dass das Arbeitsverhältnis durch die im Klageantrag bezeichnete Kündigung zu dem darin genannten Zeitpunkt nicht aufgelöst ist.

Dies beinhaltet zwar die der Rechtskraft fähige Feststellung, dass zum Zeitpunkt der Kündigungserklärung ein Arbeitsverhältnis bestand.[719] Nicht festgestellt ist jedoch, dass das Arbeitsverhältnis bis zum Zeitpunkt der letzten mündlichen Verhandlung fortbesteht.[720]

---

718 BAG, NJW 2008, 3235, 3237; 2006, 395, 396
719 BAG, NZA 1987, 273, 273 f.
720 Ausführlich zum Umfang der Rechtskraft einer Klage stattgebender Kündigungsschutzurteile: Berkowsky, NZA 2008, 1112 ff.

> **MERKSATZ**   **747**   Reichweite der
> Einer **Kündigungsschutzklage** nach § 4 KSchG kann nur stattgegeben werden,   Rechtskraft,
> wenn das Arbeitsverhältnis zum Zeitpunkt des Zugangs der Kündigung nicht   wenn der
> bereits auf Grund anderer Beendigungstatbestände aufgelöst ist. Die Rechts-   Arbeitnehmer
> kraft eines Urteils, mit dem die Klage gegen eine zu einem früheren Zeitpunkt   verliert
> wirkende Kündigung abgewiesen wurde, schließt gem. § 322 ZPO im Verhältnis
> der Parteien zueinander den Erfolg einer Klage gegen eine danach zugegangene
> Kündigung aus.[721]

748 Kündigungskrieg

Damit entstehen Probleme, wenn der Arbeitgeber den Arbeitnehmer im Extremfall mit einem „Kündigungskrieg" überzieht, d.h. ihn mit einer Flut von Kündigungen überhäuft. Versäumt der Arbeitnehmer dann auch nur eine davon innerhalb der Frist des § 4 S. 1 KSchG anzugreifen, dann verliert er gemäß § 7 KSchG (Präklusionsfrist[722]) den Schutz des § 626 BGB ebenso wie den des § 1 KSchG und anderer Unwirksamkeitsgründe.

749 Schriftsatzkündigungen

Ein vergleichbares Problem ergibt sich bei sog. „**Schriftsatzkündigungen**". Hier wird dem Arbeitnehmer (der nicht verpflichtet ist, sich vor dem Arbeitsgericht anwaltlich vertreten zu lassen) im Rahmen eines bereits laufenden Kündigungsschutzprozesses in einem Schriftsatz (des Anwalts) des Arbeitgebers erneut und aus anderem Grunde gekündigt. Eine solche Form der Kündigung ist möglich und stellt eine weitere (!) Kündigung dar.[723] Übersieht der Arbeitnehmer diese weitere Kündigung, greifen ebenfalls die §§ 4, 7 KSchG ein.

750 Kombinierter Kündigungsschutzantrag

Deshalb hat es das BAG - eigentlich gegen den Wortlaut des § 4 S. 1 KSchG - zugelassen, dass mit einer Kündigungsschutzklage nach § 4 KSchG gleichzeitig die allgemeine Feststellungsklage i.S.d. § 256 ZPO auf Fortbestehen des Arbeitsverhältnisses verbunden wird, die dann jede weitere Kündigung erfasst. Die Wirkung des § 7 KSchG tritt dann nicht ein.[724] Der Antrag lautet dann:

> **MERKSATZ**   Wortlaut des
> Es wird festgestellt, dass das Arbeitsverhältnis der Parteien durch die Kündigung   kombinierten
> des Beklagten vom... nicht aufgelöst worden ist, sondern über den ... hinaus   Antrags
> fortbesteht.

751 Auslegung des Klageantrags

Behandlung und Auslegung dieses kombinierten Klageantrags sind jedoch nicht unproblematisch. Durch **Auslegung des Klageantrags** ist zu ermitteln, ob lediglich der punktuelle Streitgegenstand einer Kündigungsschutzklage erfasst werden sollte, oder ob der Antragsformulierung „sondern über den ... hinaus fortbesteht" zu entnehmen ist, dass ein weiterer eigenständiger Feststellungsantrag im Sinne des § 256 ZPO gestellt wurde.

Deklaratorisches „Anhängsel"

Dafür ist darauf abzustellen, ob mehrere Kündigungen ausgesprochen wurden oder ob der Kläger nach seinem Vortrag weitere Kündigungen zu befürchten hatte. In diesem Fall ergibt sich das besondere Feststellungsinteresse aus den dargestellten

---

721   BAG, NZA 2011, 804, 804
722   Näheres ab Rn 820.
723   Palandt-Weidenkaff, BGB, Vorb v § 620 Rn 29
724   Vgl. BAG, NJW 2006, 395, 396; Fischer, NJW 2009, 1256, 1256 („Schleppnetzantrag")

generellen Gründen für die Zulassung des kombinierten Klageantrags. Liegt keiner dieser Fälle vor, ist o.g. Formulierung bloß ein deklaratorisches „Anhängsel" zum Kündigungsschutzantrag, das klarstellen soll, dass im Fall der Unwirksamkeit der Kündigung das Arbeitsverhältnis fortbesteht.[725]

Ist der kombinierte Klageantrag wegen drohender Folgekündigungen dahin auszulegen, dass auch die allgemeine Feststellungsklage erhoben ist und bleiben Folgekündigungen aus, ist der Feststellungsantrag nach § 256 ZPO zwar zulässig aber unbegründet. Die Arbeitsgerichte legen in diesem Fall in der Regel eine Klagerücknahme nahe.[726]

752 KLAUSURHINWEIS
In einer Klausur stellt sich bei einem (dem Wortlaut nach gestellten) kombinierten Kündigungsschutzantrag die Frage, ob nur eine Kündigungsschutzklage erhoben ist, oder ob zusätzlich auch ein allgemeiner Feststellungsantrag nach § 256 ZPO gestellt wurde. Dies ist bei der statthaften Klageart zu klären. Sofern nach Auslegung das Vorliegen mehrerer Feststellungsanträge angenommen wird, muss im Rahmen des Feststellungsinteresses auf beide Klageanträge eingegangen werden. Liegt bezüglich beider ein Feststellungsinteresse vor, müssen die Voraussetzungen der Klagenhäufung (§ 260 ZPO) geprüft werden und dann ist schließlich die Begründetheit aller zulässigen Anträge zu prüfen.

VI. BESONDERES FESTSTELLUNGSINTERESSE

753 Sofern die statthafte Klageart eine Feststellungsklage ist, ist für die Zulässigkeit der Klage ein besonderes Feststellungsinteresse erforderlich. Es gilt auch im Arbeitsrecht der Grundsatz:

MERKSATZ
Die Feststellungsklage ist gegenüber der Leistungsklage subsidiär.

Klage gegen Kündigung

754 Sofern sich der Arbeitnehmer mit seiner Klage gegen die Wirksamkeit einer Kündigung durch den Arbeitgeber wehrt, ergibt sich unabhängig von der Anwendbarkeit des KSchG, vgl. § 23 I 2 KSchG, das besondere Feststellungsinteresse bereits aus der Gefahr der Heilung der Unwirksamkeit der Kündigung nach §§ 4 S. 1, 7 KSchG. Gleiches gilt über § 13 I 2 KSchG auch für die außerordentliche Kündigung.

Drohende Heilung

755 KLAUSURHINWEIS
In der Klausur genügt in diesem Fall die folgende Formulierung: „Das Feststellungsinteresse ergibt sich bereits aus der drohenden Heilung einer eventuellen Unwirksamkeit der Kündigung gem. §§ 4 S. 1, 7 (13 I 2) KSchG."[727]

Entfristungsklage

Gleiches gilt für eine Entfristungsklage, da gem. § 17 S. 2 TzBfG die Heilungsregel des § 7 KSchG entsprechend gilt.

---

725 Vgl. BAG, NZA 1996, 334, 336
726 Details bei MK-Hergenröder, § 4 KSchG Rn 83 ff.
727 § 13 I 2 KSchG ist nur im Fall der außerordentlichen Kündigung zu zitieren.

> **KLAUSURHINWEIS**
> Formulierung für die Klausur: „Das Feststellungsinteresse ergibt sich bereits aus der drohenden Heilung einer eventuellen Unwirksamkeit der Befristung gem. § 17 S. 2 TzBfG i.V.m. § 7 KSchG."

Etwas komplizierter ist die Begründung des Feststellungsinteresses in den Fällen in denen keine Heilung droht (z.B. bei Anfechtung oder Aufhebungsverträgen). Als vorrangige Leistungsklage kommt hier nur eine Klage des Arbeitnehmers gegen den Arbeitgeber auf Zahlung von Verzugslohn (Annahmeverzug) in Betracht, wenn der Arbeitgeber den Arbeitnehmer z.B. wegen einer Anfechtung nicht mehr beschäftigt. In diesem Fall hat das Gericht als Vorfrage zu klären, ob die Anfechtung wirksam war oder nicht. Ist die Anfechtung wirksam, ist das Arbeitsverhältnis beendet und der Arbeitgeber kann sich deshalb natürlich auch nicht mit der Annahme der Dienste des Arbeitnehmers in Verzug befinden. Ist die Anfechtung unwirksam, besteht das Arbeitsverhältnis fort und der Verzug des Arbeitgebers ergibt sich aus § 296 BGB.[728] Gewinnt der Arbeitnehmer, lautet der Tenor der gerichtlichen Entscheidung:

756 Anfechtung und Aufhebungsverträge

757

BEISPIEL: „Der Beklagte (der Arbeitgeber) wird verurteilt, an den Kläger (den Arbeitnehmer) x € zu zahlen."

Warum dies so ist, ergibt sich erst aus den Urteilsgründen.
Verdeutlicht man sich nun, dass bei (arbeits)gerichtlichen Urteilen nur dieser sog. Tenor in Rechtskraft erwächst und nicht auch die Urteilsgründe, so wird klar, dass die Unwirksamkeit der Anfechtung in diesem Fall nicht rechtskräftig, sondern nur inzident festgestellt ist. Beschäftigt der Arbeitgeber den Arbeitnehmer weiterhin nicht, so müsste der Arbeitnehmer erneut eine Leistungsklage auf Zahlung von weiterem Verzugslohn erheben. In diesem Verfahren müsste die Frage, ob die Anfechtung des Arbeitgebers wirksam war, erneut vom Gericht geprüft werden. Hierbei könnte das Gericht auch zu einem anderen Ergebnis kommen als im 1. Prozess, da insoweit ja keine rechtskräftige Entscheidung vorliegt. Dies zeigt, dass der Arbeitnehmer mit einer Leistungsklage auf Verzugslohn nicht den gleichen Rechtsschutz erlangen kann wie mit einer Feststellungsklage, welche die Unwirksamkeit der Anfechtung feststellt. Er hat somit ein besonderes Feststellungsinteresse.

Weitergehende Wirkung der Feststellungsklage

> **KLAUSURHINWEIS**
> In einer Klausur könnte man wie folgt formulieren: „Der Grundsatz der Subsidiarität der Feststellungs- gegenüber der Leistungsklage steht dem besonderen Feststellungsinteresse nicht entgegen, da die Wirkung des Feststellungsurteils hier weitergehender ist als die eines Zahlungsurteils. Anderenfalls müsste der Arbeitnehmer jeden Monat erneut seinen Lohn einklagen, ohne wegen der Beschränkung der Rechtskraftwirkung auf den Tenor eine endgültige Klärung hinsichtlich der Wirksamkeit der Kündigung erreichen zu können."

758

---

728   Näheres hierzu oben unter Rn 343.

VII. POSTULATIONSFÄHIGKEIT

759 Die Parteien können vor dem Arbeitsgericht den Rechtsstreit selbst führen, § 11 I 1 ArbGG. Es besteht insoweit in erster Instanz kein Anwaltszwang. Hiervon macht § 11 I 2 ArbGG für Abtretungen gewisse Ausnahmen. Die Möglichkeit anwaltlicher Vertretung ergibt sich aus § 11 II und III ArbGG. Allerdings besteht in Urteilsverfahren des ersten Rechtszugs kein Anspruch der obsiegenden Partei auf Erstattung der Kosten für die Zuziehung eines Prozessbevollmächtigten oder Beistandes, § 12a I 1 ArbGG.

§ 11 I ArbGG

760 **KLAUSURHINWEIS**
Die Einhaltung der 3-Wochen-Frist des § 4 S. 1 KSchG ist an dieser Stelle nicht zu prüfen, da es sich nicht um eine Klagefrist, sondern um eine materiell-rechtliche Ausschlussfrist (materielle Präklusion/Heilung) handelt, die erst in der Begründetheit zu prüfen ist.[729] Dies ergibt sich schon aus der von § 7 KSchG angeordneten Rechtsfolge: Die Kündigung gilt als „rechtswirksam". Gleiches gilt über § 17 TzBfG für Klagen gegen Befristungen.

§ 4 S. 1 KSchG und § 17 TzBfG hier nicht prüfen

Sind alle diese Voraussetzungen erfüllt, ist die Klage zulässig.

VIII. OBJEKTIVE KLAGENHÄUFUNG

761 Zu prüfen sind nun u.U. noch die Voraussetzungen einer objektiven Klagehäufung (§§ 46 I, II ArbGG, 260 ZPO).

762 **KLAUSURHINWEIS**
Das Vorliegen der Voraussetzungen des § 260 ZPO ist kein Unterpunkt der Zulässigkeit, sondern muss auf der gleichen Gliederungsebene behandelt werden wie die Punkte der Zulässigkeit und der Begründetheit. Dies deshalb, weil die Rechtsfolge fehlender Verbindungsvoraussetzungen die Trennung der Verfahren ist und nicht die Unzulässigkeit der Klage.[730]

763 Voraussetzungen für eine objektive Anspruchshäufung sind Identität der Parteien und der Prozessart sowie die Zuständigkeit des Prozessgerichts für alle Ansprüche. Die Voraussetzung der gleichen Prozessart ist im arbeitsgerichtlichen Verfahren vor allem dann nicht erfüllt, wenn das Urteilsverfahren gem. § 2 ArbGG mit dem Beschlussverfahren gem. § 2a ArbGG verbunden werden soll.

BEISPIEL: Arbeitnehmer A klagt gegen den Arbeitgeber G. A macht erstens geltend, dass die arbeitgeberseitige Kündigung unwirksam sei und zweitens, dass er noch ausstehende Lohnforderungen gegen G habe.

Die Klagenhäufung ist zulässig, weil sowohl für die Kündigungsschutzklage gem. § 2 I Nr. 3 b) ArbGG als auch für die Lohnzahlungsklage gem. § 2 I Nr. 3 a) ArbGG die gleiche Prozessart, das Urteilsverfahren, statthaft ist.

---

[729] Hromadka/Maschmann, ArbR I, § 10 Rn 334
[730] BeckOK-Bacher, ZPO, § 260 Rn 22

BEGRÜNDETHEIT BEI ORDENTLICHER ARBEITGEBER-KÜNDIGUNG

1. Teil – Allgemeine Grundlagen

A. Einleitung

Die ordentliche Kündigung, § 620 II BGB, durch den Arbeitgeber ist der wichtigste Beendigungstatbestand für ein Arbeitsverhältnis und gleichzeitig auch derjenige, der in Klausuren die wichtigste Rolle spielt. | 764 | § 620 II BGB

Die (ordentliche) Kündigung ist ein **einseitiges Gestaltungsrecht** und stellt eine Willenserklärung dar. Bei wirksamer Ausübung dieses Gestaltungsrechts endet das Arbeitsverhältnis mit Ablauf der ordentlichen Kündigungsfristen des § 622 I - III BGB. Tarifvertraglich können sowohl längere als auch kürzere Kündigungsfristen vereinbart werden, § 622 IV BGB. Einzelvertraglich kann nur in eng umgrenzten Fällen eine kürzere Frist als diejenige des § 622 I BGB vereinbart werden, vgl. § 622 V 1 BGB. | 765 | § 622 BGB

Über die Einhaltung der Kündigungsfrist hinaus gibt es diverse Arbeitnehmerschutzgesetze, die das Recht des Arbeitgebers zur (ordentlichen) Kündigung einschränken. Dieser **gesetzliche Kündigungsschutz** dient dem berechtigten Interesse des Arbeitnehmers am Erhalt seines Arbeitsplatzes, der die Basis seiner wirtschaftlichen Existenz darstellt. | 766 | Kündigungsschutz

Die Beendigungskündigung ist von der Änderungskündigung, § 2 KSchG, und der (unzulässigen) Teilkündigung zu unterscheiden.[731] | 767 | Änderungskündigung, § 2 KSchG

B. Prüfungsschema

PRÜFUNGSSCHEMA

I. Ursprüngliches Bestehen eines wirksamen Arbeitsvertrages 768
II. Wirksamkeit der Kündigungserklärung
III. Einheitliche dreiwöchige Präklusionsfrist (§§ 4 S. 1, 7 KSchG)
IV. Sog. „Unkündbarkeit"
V. Gesetzliche Kündigungsverbote
VI. Verstoß gegen das Maßregelungsverbot, § 612a BGB
VII. Kündigung wegen Betriebsübergangs, § 613a IV BGB
VIII. Mitwirkungsrechte des Betriebsrats
IX. Sozialwidrigkeit nach KSchG
    1. Anwendbarkeit des KSchG
    2. Soziale Rechtfertigung
X. Treu- oder sittenwidrige Kündigung
XI. Kündigungsfrist des § 622 BGB

---

731   Hierzu Näheres unten ab Rn 1278.

C. Systematik und Vertiefung

I. URSPRÜNGLICHES BESTEHEN EINES WIRKSAMEN ARBEITSVERHÄLTNISSES

769 An dieser Stelle können in der Klausur Probleme beim Zustandekommen des Vertrages auftauchen, z.B. die unerkannte Geisteskrankheit eines Vertragspartners, die Minderjährigkeit eines oder beider Vertragspartner oder die mangelnde Vertretungsmacht des den Arbeitsvertrag Abschließenden.

Arbeitnehmereigenschaft

Sofern dies nicht bereits in der Zulässigkeit im Rahmen der Eröffnung des Rechtswegs erörtert wurde, kann sich hier auch die Frage nach der Arbeitnehmereigenschaft an sich stellen. Dies ist immer dann der Fall, wenn ein sog. **„sic-non-Fall"** vorliegt, der Erfolg der Kündigungsschutzklage also von Vorschriften abhängt, die alleine Arbeitnehmer schützen.[732]

II. WIRKSAMKEIT DER KÜNDIGUNGSERKLÄRUNG (ZUGANG, VERTRETUNG, FORM)

Vorliegen einer Kündigungserklärung

770 Die erste Voraussetzung für eine wirksame Kündigung ist das Vorliegen einer Kündigungserklärung. Diese unterliegt den allgemeinen Vorschriften der Rechtsgeschäftslehre, §§ 104 – 185 BGB.

771 Es ist zwischen der **„Kündigung als Erklärung"** und der **„Kündigung als (einseitiges) Rechtsgeschäft"** zu unterscheiden.[733]

Tatbestand der Kündigung

Bei der „Kündigung als Erklärung" geht es um die Frage, ob das einseitige Rechtsgeschäft der Kündigung überhaupt wirksam erklärt wurde, ob also der „Tatbestand der Kündigung" vorliegt. Hierunter fallen Fragen der Eindeutigkeit der Erklärung und des Zugangs der Erklärung.

Bei der „Kündigung als Rechtsgeschäft" geht es hingegen um die Frage, ob die Kündigung wirksam ist und zu welchem Zeitpunkt sie ihre Wirkungen entfaltet.

Wirksamkeit der Kündigung

Ein Rechtsgeschäft ist wirksam, wenn die Rechtsordnung anerkennt, dass dem Eintritt der Wirkungen, die mit dem Rechtsgeschäft herbeigeführt werden sollen, nichts entgegensteht.[734] Arbeitsrechtlich bedeutet dies, dass eine Kündigung wirksam ist, wenn ihr z.B. § 1 KSchG, §§ 102 f. BetrVG, § 9 I MuSchG oder § 626 BGB nicht entgegenstehen.

Wirkung der Kündigung

772 Die Wirkung der Kündigung hingegen betrifft die Frage, zu welchem Zeitpunkt sie wirksam wird. So wird z.B. eine ordentliche Kündigung erst nach Ablauf der Kündigungsfrist des § 622 II 1 BGB wirksam.

Präklusionsfrist

773 Diese Unterscheidung zwischen dem Tatbestand der Kündigung, der Wirksamkeit der Kündigung und dem Zeitpunkt ihrer Wirkung hat Bedeutung für die Präklusionsfrist der §§ 4, 7 KSchG.[735]

MERKSATZ
Der **Wortlaut des § 4 KSchG** erfasst nur den Fall der Wirksamkeit der Kündigung.[736]

---

732 *Hierzu bereits oben Rn 724.*
733 *Nord/Linnert-Epple, JURA 2009, 801, 802*
734 *Leenen, JuS 2008, 577, 578; Nord/Linnert-Epple, JURA 2009, 801, 802*
735 *Hierzu ausführlich unten ab Rn 820*
736 *Nord/Linnert-Epple, JURA 2009, 801, 802, 805*

1. Allgemeines

Die Erklärung des Arbeitgebers muss aus dem Empfängerhorizont, §§ 133, 157 BGB, **774** §§ 133, 157 BGB
den Kündigungswillen eindeutig erkennen lassen. Unter dieser Prämisse muss der
Begriff der „Kündigung" nicht verwendet werden.[737] Es muss jedoch eindeutig sein,
dass eine Kündigung und nicht etwa bloß eine Abmahnung vorliegt. **775**
Fraglich ist, ob der Streit über die Rechtsnatur der Erklärung (Kündigung oder
bloße Abmahnung) von der Präklusionsfrist der §§ 4, 7 KSchG erfasst wird. Nach   Präklusionsfrist
zutreffender Auffassung ist dies nicht der Fall. Liegt nämlich keine eindeutige und
bestimmte Erklärung vor, liegt der Tatbestand des einseitigen Rechtsgeschäfts
„Kündigung" gar nicht vor. § 4 KSchG erfasst jedoch von seinem Wortlaut nur die
Wirksamkeitshindernisse der Kündigung als Rechtsgeschäft.[738]
Sofern aus der Erklärung nicht eindeutig hervorgeht, dass eine außerordentliche **776** Im Zweifel
(und damit in der Regel fristlose) Kündigung gewollt ist, ist im Zweifel von einer ordentliche
ordentlichen Kündigung auszugehen.[739] Kündigung
Die Kündigung ist als Gestaltungsrecht grundsätzlich bedingungsfeindlich. Eine mit **777** Bedingung
einer Bedingung versehene Kündigung ist grundsätzlich unwirksam.[740] unzulässig
Den einzigen Ausnahmefall stellt die sog. „**Potestativbedingung**" dar. Das ist eine **778** Potestativ-
Bedingung, deren Eintritt alleine vom Willen des Erklärungsempfängers abhängt. bedingung
Dies führt dazu, dass bei diesem keine Unsicherheit über die Frage entsteht, ob denn
nun eine Kündigung ausgesprochen worden ist oder nicht. Den wichtigsten Anwendungsfall gibt es im Bereich der Änderungskündigung, § 2 KSchG.[741]

BEISPIEL 1 (nach BAG, NZA 2001, 1070): Arbeitgeber A betreibt eine Putzfirma. A hat von der Firma F einen zum 31. Mai befristeten Auftrag zur Reinigung der Geschäftsräume der F erhalten. Für die Zeit ab dem 1. Juni läuft noch das Ausschreibungsverfahren für den nächsten 5-Jahres-Zeitraum. A kündigt seiner Arbeitnehmerin R. In dem Schreiben heißt es u.a.: „Sollten wir erneut den Auftrag für die Reinigung des Objekts ab dem 1. Juni erhalten, beschäftigen wir Sie selbstverständlich weiter. Die Kündigung wird in diesem Fall gegenstandslos."

Der Eintritt der Bedingung hängt nicht alleine vom Willen der R ab. Die Kündigung ist deshalb unwirksam.

BEISPIEL 2: Arbeitnehmer A ist beim Arbeitgeber G in Frankfurt am Main beschäftigt. Der Arbeitsvertrag legt als Ort der Arbeitsleistung Frankfurt am Main fest. Im Rahmen einer Umstrukturierung wird die Abteilung des A nach Wiesbaden verlagert. G richtet an A ein Schreiben, in welchem es u.a. heißt: „Ich kündige Ihnen, soweit Sie nicht bereit sind, Ihre Arbeit in Zukunft in Wiesbaden zu verrichten."

In Beispiel 2 hat es alleine A in der Hand, die Entscheidung zu treffen, ob er in Zukunft   Änderungs-
Willens ist, in Wiesbaden zu arbeiten. Die bedingte Änderungskündigung, § 2 KSchG,   kündigung
ist insoweit wirksam.

---

[737] BAG, AP Nr. 2 zu § 47 BBiG; Preis, Ind. ArbR, § 56 I 1
[738] Bender/Schmidt, NZA 2004, 358, 362; Genenger, RdA 2010, 274, 276; Hanau, ZIP 2004, 1169, 1175; Nord/Linnert-Epple, JURA 2009, 801, 802; Raab, RdA 2004, 321, 323 f.; a.A. KR-Friedrich, § 4 KSchG Rn 9a; Hessisches LAG, 10 Sa 790/06, juris JURE070105097
[739] Hromadka/Maschmann, ArbR I, § 10 Rn 43
[740] BAG, NZA 2001, 1070, 1070
[741] Hromadka/Maschmann, ArbR I, § 10 Rn 44; hierzu Näheres unten ab Rn 1278.

2. Schriftform

§ 623 BGB: Schriftform

779 Kündigungen bedürfen gemäß § 623 BGB der **Schriftform**, anderenfalls sind sie formnichtig, § 125 S. 1 BGB.

> **BEISPIEL 1:** Arbeitgeber G kündigt dem Arbeitnehmer N das Arbeitsverhältnis per E-Mail.
>
> Die Kündigung des G ist formnichtig, §§ 623, 125 S. 1 BGB.

§ 22 III BBiG, § 9 III 2 MSchG

780 Besondere Schriftformerfordernisse, die § 623 BGB vorgehen, aber inhaltlich keinen Unterschied begründen, ergeben sich aus § 22 III BBiG für Berufsausbildungsverhältnisse und aus § 9 III 2 MSchG für die Kündigung einer Schwangeren.

Unterschrift

781 Für die Einhaltung der Schriftform der Kündigung ist es erforderlich, dass der Kündigende die Kündigung unterzeichnet, § 126 I BGB. Kündigungen genügen nur dann dem Schriftformerfordernis des § 623 BGB, wenn sie mit dem vollen Namen des Kündigenden unterschrieben sind. Die bloße Paraphierung mit einem Namenskürzel genügt daher nicht. Es ist allerdings auch nicht erforderlich, dass die Unterschrift lesbar ist. Vielmehr reicht es aus, wenn die Unterschrift als Namenszug erkennbar ist.[742] Nicht ausreichend ist ebenfalls die Verwendung von Unterschriftsstempeln oder digitalen Signaturen.[743]

Kündigung durch einen Vertreter

782 Wird die Kündigung durch einen Vertreter unterschrieben, muss dies in der Kündigung durch einen das Vertretungsverhältnis anzeigenden Zusatz hinreichend deutlich zum Ausdruck kommen. So soll der Zusatz „i.A." nicht genügen, da er im Unterschied zum Zusatz „i.V." kein Vertretungs-, sondern ein Auftragsverhältnis indiziere.[744]

Aushändigung

783 Weiterhin muss dem Arbeitnehmer die Kündigung ausgehändigt werden. Es reicht nicht aus, wenn der Arbeitgeber dem Arbeitnehmer lediglich eine Fotokopie des Original-Kündigungsschreibens zur Ansicht vorlegt, er dieses aber nicht mitnehmen darf.[745]

Rechtsmissbrauch

784 In eng begrenzten Ausnahmefällen soll die Berufung auf die Formnichtigkeit der Kündigung rechtsmissbräuchlich, § 242 BGB, sein.[746]

> **BEISPIEL 2:** Der Arbeitgeber nötigt unter Ausnutzung seiner Machtstellung den Arbeitnehmer zur formlosen Erklärung einer Eigenkündigung und beruft sich dann gleichwohl selbst auf den Formverstoß.

Die Berufung auf die Formnichtigkeit stellt ein gegen Treu und Glauben verstoßendes rechtsmissbräuchliches Verhalten dar. Der Arbeitgeber kann sich nicht auf die Formnichtigkeit der Eigenkündigung berufen.

Versendungsvereinbarung

785 Eine tarif- oder individualvertraglich vereinbarte Versendungsvereinbarung (z.B. als Einschreiben) fällt nicht unter § 623 BGB, da durch sie nur der Zugang der Erklärung sichergestellt werden soll.[747] Bestreitet der Arbeitnehmer den Zugang der Kündigung, liegt die Beweislast beim Arbeitgeber.

---

742 BAG, NZA 2008, 521, 521
743 Preis, Ind. ArbR, § 56 II 1
744 LAG Rheinland-Pfalz, NZA-RR 2008, 403, 403 f.
745 LAG Düsseldorf, 12 Sa 132/07, BeckRS 2007, 45454
746 MK-Henssler, BGB, § 623 Rn 36; Preis, Ind. ArbR, § 56 II 1
747 Hromadka/Maschmann, ArbR I, § 10 Rn 46

| **MERKSATZ** | 786 | Präklusionsfrist |

Das Schriftformerfordernis des § 623 BGB fällt nicht unter die einheitliche materielle **Präklusionsfrist**,[748] da § 4 S. 1 KSchG auf eine „schriftliche" Kündigung abstellt.[749]

Eine mündliche oder sonst gegen das Formerfordernis des § 623 BGB verstoßende Kündigungserklärung vermag die Präklusionsfrist mithin nicht in Gang zu setzen.[750] Die zeitliche Grenze einer Berufung auf die fehlende Schriftform bildet also nur der Einwand der **Verwirkung**, § 242 BGB.[751] | 787 | Verwirkung

Demgegenüber sind Verstöße gegen **besondere Formerfordernisse** (z.B. das Erfordernis einer Begründung der Kündigung gem. § 9 III 2 MSchG und § 22 II BBiG) innerhalb der Drei-Wochen-Präklusionsfrist geltend zu machen, wenn die Kündigung im Übrigen der Form des § 623 BGB genügt.[752] | 788 | Begründung der Kündigung

3. Begründung der Kündigung

Grundsätzlich ist die Wirksamkeit der Kündigungserklärung nicht von der Angabe des Kündigungsgrundes abhängig. Dies ergibt sich schon aus dem Umkehrschluss des § 626 II 3 BGB. | 789 | Keine Wirksamkeitsvoraussetzung

a) Grundlagen

Eine Ausnahme stellen insoweit § 9 III 2 MuSchG und § 22 III BBiG dar, die die Angabe des Kündigungsgrundes verlangen. Der Begründungszwang soll den kündigenden Vertragsteil vor Übereilung bewahren; ferner soll der Kündigungsempfänger abwägen können, ob er die Kündigung akzeptieren kann oder ob es aussichtsreich ist, dagegen vorzugehen. Fehlt in diesen Sonderfällen die Angabe des Kündigungsgrundes, ist die Kündigung nach § 125 BGB wegen Formmangels nichtig, also unwirksam.[753] In diesem Fall muss das Fehlen der Begründung aber innerhalb der Präklusionsfrist des § 4 KSchG geltend gemacht werden.[754] | 790 | § 9 III 2 MuSchG, § 22 III BBiG

Hiervon zu unterscheiden sind Fälle, in denen eine Begründungspflicht sich nicht aus dem Gesetz, sondern nur aus dem Arbeitsvertrag selbst oder einem Tarifvertrag ergibt. In diesen Fällen macht die Verletzung der Mitteilungspflicht die Kündigung nicht automatisch unwirksam. Der Gekündigte hat aber Anspruch auf Ersatz der Kosten eines Kündigungsrechtsstreits, der unterblieben wäre, wenn ihm die Kündigungsgründe rechtzeitig mitgeteilt worden wären.[755] Anspruchsgrundlage ist § 280 I BGB wegen Verletzung einer vertraglichen Nebenpflicht.[756] In diesem Fall kommt auch eine Auferlegung der Kosten des Rechtsstreites gem. § 93b II 1 ZPO in Betracht.[757] Sofern die entsprechende Regelung allerdings so auszulegen ist, dass die Begründung eine Gültigkeitsvoraussetzung ist (oder sofern insoweit „Zweifel" | 791 | Bloß vertragliche Begründungspflicht

---

748 Hierzu Näheres unten ab Rn 820.
749 Bender/Schmidt, NZA 2004, 358, 361; Genenger, RdA 2010, 274, 276 f.
750 MK-Hergenröder, KSchG, § 4 Rn 6, 13; Nord/Linnert-Epple, JURA 2009, 801, 802 f.
751 Bender/Schmidt, NZA 2004, 358, 361
752 Preis, Ind. ArbR, § 56 II 2
753 BAG, AP BBiG § 15 Nr. 4; MK-Hesse, BGB, Vorbem §§ 620-630 BGB Rn 110; SPV-Preis, Rn 520
754 Dazu eben oben unter Rn 786.
755 Hromadka/Maschmann, ArbR I, § 10 Rn 47
756 MK-Henssler, BGB, § 626 Rn 66
757 MK-Henssler, BGB, § 626 Rn 66

Bloße Obliegenheit

792 bleiben) gilt § 125 S. 2 BGB: „Der Mangel der durch Rechtsgeschäft bestimmten Form hat im Zweifel gleichfalls Nichtigkeit zur Folge."[758]

Der Arbeitgeber hat jedoch bei Anwendbarkeit des KSchG, §§ 1 I, 23 I KSchG, die Obliegenheit, dem Arbeitnehmer auf Verlangen den Kündigungsgrund unverzüglich, § 121 I BGB, mitzuteilen. Dies wird teilweise mit einer entsprechenden (auf Treu und Glauben basierenden) vertraglichen Nebenpflicht des Arbeitgebers begründet[759] teilweise wird dies aus § 626 II 3 BGB analog abgeleitet.[760] Verletzt der Arbeitgeber diese Obliegenheit, macht er sich schadensersatzpflichtig. Dabei hat der Arbeitgeber dem Arbeitnehmer das negative Interesse zu ersetzen, also z.B. die Kosten einer anwaltlichen Beratung oder eines Kündigungsschutzprozesses, wenn der Arbeitnehmer die Beratung bei Kenntnis des Kündigungsgrundes nicht in Anspruch bzw. den Prozess nicht geführt hätte.[761]

793 > **KLAUSURHINWEIS**
> Es ist strikt zwischen der Wirksamkeit der Kündigung und eventuellen Schadensersatzansprüchen zu unterscheiden. Beim Anspruch auf Schadensersatz sollte grundsätzlich auf § 280 I BGB abgestellt werden.

b) Nachschieben von Kündigungsgründen

Nachschieben von Kündigungsgründen

794 Erklärt der Arbeitgeber im Kündigungsschreiben oder mündlich, worauf er die Kündigung stützt, obwohl er dies nach o.g. Regeln nicht müsste, ist er an diese Erklärung in einem späteren Prozess nicht gebunden. Vielmehr kann er sämtliche Gründe, die im Zeitpunkt der Kündigungserklärung objektiv vorlagen, auch nachträglich vortragen. Ob sie dem Kündigenden vor oder nach Ausspruch der Kündigung bekannt geworden sind, ist egal.[762] Sind die Kündigungsgründe erst nach Abgabe der Kündigungserklärung eingetreten, können sie nur eine neue Kündigung rechtfertigen.

795 **MERKSATZ**
Eine Begründung, welche gem. § 22 AGG eine Benachteiligung gem. AGG indiziert, kann Kündigung unwirksam machen.[763]

§ 61a ArbGG

796 **Prozessual** ist allerdings § 61a ArbGG zu beachten, wonach das Gericht verspätet vorgebrachten Prozessstoff zurückweisen kann.

Betriebsratsanhörung

797 Auch das Betriebsverfassungsrecht setzt dem Nachschieben von Kündigungsgründen gewisse Grenzen. Wenn der Arbeitgeber zuvor einen Betriebs- oder Personalrat zur Kündigung anhören musste, vgl. § 102 BetrVG, ist das Nachschieben von Kündigungsgründen, zu denen der Betriebsrat nicht Stellung nehmen konnte, ausgeschlossen.[764] Andererseits ist die Kündigung nicht allein deshalb gemäß § 102 BetrVG rechtsunwirksam; die Überprüfung im Kündigungsschutzverfahren beschränkt sich aber auf die dem Betriebsrat im Anhörungsverfahren mitgeteilten

---

758 *In diese Richtung generell Palandt-Weidenkaff, BGB, § 626 Rn 32.*
759 *APS-Dörner, § 1 KSchG Rn 116; KR-Griebeling, § 1 KSchG Rn 239*
760 *Junker, ArbR, Rn 326; SPV-Preis, Rn 91*
761 *BAGE 7, 304, 310; Hromadka/Maschmann, ArbR I, § 10 Rn 47; SPV-Preis, Rn 92*
762 *BAG, DB 1986, 1726, 1727*
763 *BAG, ArbRAktuell 2015, 375, 375 = RA 2015, 481, 483 f. (wenn auch im konkreten Fall wenig überzeugend)*
764 *BAG, NZA 1990, 894, 894 f.; MK-Hesse, BGB, Vorbem §§ 620-630 Rn 109*

Kündigungsgründe.⁷⁶⁵ Jedoch kann der Arbeitgeber einen Kündigungsgrund nachschieben, wenn er im Zeitpunkt des Ausspruchs der Kündigung bereits vorlag und der Betriebsrat hierzu nachträglich angehört wird, § 102 BetrVG analog.⁷⁶⁶

4. Ort und Zeit der Kündigung

Der Arbeitgeber kann die Kündigung grundsätzlich zu jeder Zeit und an jedem Ort aussprechen. Vor allem kann die Kündigung auch an Sams-, Sonn- und Feiertagen zugehen.⁷⁶⁷ Nur in extrem gelagerten Fällen kann eine zur Unzeit ausgesprochene Kündigung nach Treu und Glauben, § 242 BGB, unwirksam sein. Es muss eine Beeinträchtigung berechtigter Interessen des Kündigungsgegners, insbesondere auf Achtung seiner Persönlichkeit vorliegen. Dies kann der Fall sein, wenn der Erklärende absichtlich oder auf Grund einer auf Missachtung der persönlichen Belange des Empfängers beruhenden Gedankenlosigkeit einen Zugangszeitpunkt wählt, der den Empfänger besonders beeinträchtigt.⁷⁶⁸

798 Kündigung zur Unzeit

BEISPIELE: Der bloße zeitliche Zusammenhang mit einer Fehlgeburt der Arbeitnehmerin ist dabei ebenso wenig als ausreichend angesehen worden⁷⁶⁹ wie der Zugang der Kündigung am 24. 12., also an Heiligabend.⁷⁷⁰ Im Hinblick auf die besonderen Umstände des Falles hat das LAG Bremen eine Kündigung für unwirksam erklärt, die dem Arbeitnehmer nach einem schweren Arbeitsunfall am gleichen Tage im Krankenhaus unmittelbar vor einer auf dem Unfall beruhenden Operation ausgehändigt worden ist.⁷⁷¹

5. Berechtigung zur Kündigung

Im Grundsatz steht das Kündigungsrecht nur den Partnern des Arbeitsvertrages zu. Die Kündigung muss von einem Vertragspartner erklärt werden und dem anderen zugehen. Bei juristischen Personen ist die Kündigung vom Organ bzw. gegenüber dem Organ abzugeben.

799 Vertragspartner

Die Kündigung kann auch durch einen Vertreter erklärt werden. Dabei ist nur die Kündigung selbst dem Schriftformerfordernis des § 623 BGB unterworfen. Die Erteilung der Vollmacht bedarf hingegen keiner Form, § 167 II BGB.

Erteilung der Vollmacht formfrei

Die Formfreiheit der Vollmachtserteilung wird jedoch faktisch dadurch beschränkt, dass der Kündigende grundsätzlich gem. § 174 S. 1 BGB eine Vollmachtsurkunde vorlegen muss. Anderenfalls kann der Kündigungsempfänger die Kündigung unverzüglich, § 121 I BGB, zurückweisen, was die Kündigung unwirksam macht.⁷⁷²

800 Vollmachtsurkunde

MERKSATZ

801

Die Zurückweisung einer Kündigungserklärung ist nach Ablauf einer Woche – wenn keine besonderen Umstände vorliegen – nicht mehr unverzüglich.⁷⁷³

---

765 BAG, BB 1981, 2008, 2008
766 BAG, NJW 1986, 3159, 3160; Hromadka/Maschmann, ArbR I, § 10 Rn 49
767 Hromadka/Maschmann, ArbR I, § 10 Rn 50
768 BAG, NJW 2001, 2994, 2995
769 BAG, NZA 1991, 63, 65 f.
770 BAG, NZA 1986, 97, 97 f.
771 LAG Bremen, LAGE § 242 BGB Nr. 1 m. zust. Anm. Buchner
772 Hromadka/Maschmann, ArbR I, § 10 Rn 64
773 BAG, NZA 2012, 495, 498 = RA 2012, 130, 132

Gesetzliche Vertreter	**802**	§ 174 S. 1 BGB gilt nicht, wenn der Kündigende keine (bloß) rechtsgeschäftliche Vertretungsmacht hat, sondern eine – der gesetzlichen Vertretungsmacht nahe stehende – organschaftliche Vertretungsbefugnis. Die gesetzliche Vertretungsmacht beruht nicht auf einer Willensentscheidung des Vertretenen. Sie kann folglich nicht durch eine Vollmachtsurkunde nachgewiesen werden. Der Dritte kann sich bei gesetzlicher Vertretung in aller Regel leicht auf andere Weise (z.B. durch Einsichtnahme in öffentliche Register) Gewissheit über die Vertretungsmacht verschaffen.[774]

BEISPIELE: Geschäftsführer einer GmbH, Vorstand einer AG, Komplementär einer OHG bzw. KG.

Gesellschaft bürgerlichen Rechts	**803**	Auf die Gesellschaft bürgerlichen Rechts findet § 174 demgegenüber selbst nach Anerkennung ihrer Rechtsfähigkeit Anwendung, weil die Vertretungsmacht hier nicht durch ein Register, sondern nur durch eine Vollmachtsurkunde oder durch den Gesellschaftsvertrag nachzuweisen ist.[775]
§ 174 S. 2 BGB	**804**	Das Recht zur Zurückweisung hat der Arbeitnehmer gem. § 174 S. 2 BGB nicht, wenn er von der rechtsgeschäftlichen Vertretungsmacht unterrichtet war. Sofern der Arbeitgeber die Prokura seines Prokuristen ins Handelsregister eingetragen hat, § 53 I HGB, ist wegen der Publizitätswirkung des § 15 II HGB von einer Unterrichtung der Belegschaft über die umfassende Kündigungsberechtigung auszugehen.[776]
Leiter der Personalabteilung	**805**	Auf § 174 S. 1 BGB kann sich der Arbeitnehmer ebenfalls nicht berufen, wenn der Kündigende eine Stellung bekleidet, mit der das Kündigungsrecht in der Regel verbunden ist, was vor allem beim Leiter der Personalabteilung der Fall ist. In diesem Fall ist von einer konkludenten Inkenntnissetzung auszugehen.[777]

BEISPIEL (nach BAG, NZG 2011, 827): Die Klägerin war bei der Beklagten als Reinigungskraft beschäftigt. Der Arbeitsvertrag enthielt unter dem Punkt „Kündigungsrecht" folgende Regelung:
„Eine Kündigung des Arbeitsverhältnisses kann auch durch den Objektleiter/Niederlassungsleiter ausgesprochen werden."
Mit Schreiben vom 25.8.2008 kündigte die Beklagte das Arbeitsverhältnis mit der Klägerin ordentlich zum 8.9.2008. Das Kündigungsschreiben war unterzeichnet mit: "i. V. [Unterschrift] D C, Niederlassungsleiter"
Die Klägerin wies die Kündigung wegen der Nichtvorlage einer Vollmachtsurkunde unverzüglich zurück. Mit ihrer Kündigungsschutzklage machte sie geltend, die Kündigung sei gem. § 174 Satz 1 BGB unwirksam. Sie sei nicht davon in Kenntnis gesetzt worden, wer der im Arbeitsvertrag erwähnte Niederlassungsleiter sei.

Bloß abstrakte Personenbestimmung	Bestimmt der Arbeitsvertrag bloß abstrakt, dass der jeweilige Inhaber einer bestimmten Position zum Ausspruch einer Kündigung berechtigt ist, so kann der Arbeitnehmer eine Kündigung durch diese Person gem. § 174 S. 1 BGB zurückweisen.

---

[774] BGH, NJW 2002, 1194, 1195; MK-Schramm, BGB, § 174 Rn 10
[775] BGH, NJW 2002, 1194, 1195; MK-Schramm, BGB, § 174 Rn 10
[776] BAG, NZA 1992, 449, 451; Junker, ArbR, Rn 327
[777] BAG, NJW 2001, 1229, 1230; NZA 1998, 699, 699; MK-Schramm, BGB, § 174 Rn 8; a.A. LAG Schleswig-Holstein, 25.02.2014 – 1 Sa 252/13, wenn die bloße Übertragung dieser Funktion nicht offensichtlich sei und auch sonst keine Bekanntmachung erfolge.

Das gilt jedenfalls dann, wenn der Arbeitgeber die zur Kündigung berechtigte Person weder benannt noch einen Weg aufgezeigt hat, wie die Arbeitnehmer unschwer den Namen des Stelleninhabers herausfinden können. Folglich war die Kündigung im Beispiel unwirksam.[778]

> **MERKSATZ**   **806**   Präklusionsfrist
> Ist die **Kündigung dem Arbeitgeber nicht zuzurechnen**, etwa weil die Vertretungsmacht fehlt, greift die Präklusionsfrist des § 4 S. 1 KSchG nicht ein. Zwar geht es bei der Vertretungsbefugnis um eine Wirksamkeitsvoraussetzung der Kündigung als Rechtsgeschäft, vgl. §§ 177 I, 180 BGB, also um einen Punkt der eigentlich von der Präklusion der §§ 4, 7 KSchG erfasst wird. Dies gilt jedoch nicht, wenn und weil durch die Unterschrift durch einen Nichtberechtigten das Schriftformerfordernis nicht gewahrt wurde. Diese Fälle werden nämlich gerade vom Wortlaut des § 4 S. 1 KSchG nicht erfasst, da dieser eine schriftliche Kündigung voraussetzt.[779]

In diesem Fall kann beim Arbeitgeber kein schutzwürdiges Vertrauen darauf bestehen, dass das Arbeitsverhältnis durch die Kündigung aufgelöst wurde.[780] Anderes soll allerdings für § 174 S. 1 BGB gelten, da der Arbeitgeber die Kündigung immerhin selbst durch die Bevollmächtigung veranlasst habe.[781] Jedoch soll dem Arbeitnehmer der Weg der Zulassung der verspäteten Klage nach § 5 KSchG offen stehen.[782]   § 174 S. 1 BGB

6. Zugang der Kündigung

a) Grundlagen
Die Kündigung wird erst wirksam, wenn sie dem Adressaten zugeht, §§ 130-132 BGB.   **807**

> **MERKSATZ**
> Der Zugangszeitpunkt hat sowohl für die Rechtzeitigkeit der Klageerhebung nach § 4 KSchG als auch für den Lauf der Kündigungsfrist gem. § 622 BGB entscheidende Bedeutung.

Die schriftliche Kündigung geht dem Adressaten nach allgemeinen Regeln, **Empfangstheorie**, in dem Augenblick zu, in welchem sie dergestalt in seinen Machtbereich gelangt, dass er sie unter normalen Umständen zur Kenntnis nehmen kann.[783] Wenn für den Empfänger diese Möglichkeit unter gewöhnlichen Verhältnissen **808** besteht, ist es unerheblich, wann er die Erklärung tatsächlich zur Kenntnis genommen hat oder ob er daran durch Krankheit, zeitweilige Abwesenheit oder andere Umstände zunächst gehindert war.[784]   Empfangstheorie

---

[778] BAG, NZG 2011, 827, 827
[779] Nord/Linnert-Epple, JURA 2009, 801, 802 f.; ausführlich Genenger, RdA 2010, 274, 277 f.
[780] APS-Ascheid/Hesse, § 4 KSchG Rn 10c; Junker, ArbR, Rn 332; Hanau, ZIP 2004, 1169, 1175; a.A. Preis, Ind. ArbR § 57 II
[781] MK-Hergenröder, § 4 KSchG Rn 11; Bender/Schmidt, NZA 2004, 358, 362; Fornasier/Werner, NJW 2007, 2729, 2733; a.A. Ulrici, DB 2004, 250, 251; Raab, RdA 2004, 321, 325
[782] MK-Hergenröder, § 4 KSchG Rn 11
[783] BAG, NZA 2005, 513, 514; Hromadka/Maschmann, ArbR I, § 10 Rn 54
[784] BAG, NZA 2004, 1330, 1331; Hromadka/Maschmann, ArbR I, § 10 Rn 54

Zugang unter Anwesenden

809 Für den **Zugang unter Anwesenden** genügt folglich, dass die schriftliche Kündigung so ausgehändigt und übergeben wird, dass der Empfänger vom Inhalt Kenntnis nehmen kann. Die dauerhafte Verfügungsgewalt muss er nicht erlangen.[785]

> **BEISPIEL** (nach BAG, NZA 2005, 513): Dem Arbeitnehmer N wird vom Arbeitgeber G das Original der Kündigungserklärung zum Durchlesen überlassen. Auf dem Original bestätigt N den Zugang der Kündigung und gibt es an G zurück. N selbst erhält nur eine Kopie der Kündigung.

Für den Zugang einer verkörperten Erklärung unter Anwesenden genügen die Aushändigung und Übergabe des Schriftstücks, sodass der Empfänger in der Lage ist, vom Inhalt der Erklärung Kenntnis zu nehmen. Mit der Übergabe des Schriftstücks ist dem grundsätzlichen Interesse an rechtzeitiger Information, auf dem das Zugangserfordernis beruht, genügt. Das Gesetz will sicherstellen, dass in Fällen einer empfangsbedürftigen Willenserklärung erst mit rechtzeitiger Informationsmöglichkeit des Empfängers die Willenserklärung auch wirksam wird. Für den Zugang eines Schriftstücks unter Anwesenden ist damit ausreichend, wenn dem Adressaten das Schriftstück nur zum Durchlesen überlassen wird.

Zugang unter Abwesenden

810 Für eine Kündigung, die **in Abwesenheit des Erklärungsempfängers** abgegeben wird, was vor allem bei der Versendung per Post der Fall ist, greift § 130 BGB. Damit geht ein per Post versandtes Kündigungsschreiben in dem Zeitpunkt zu, in dem mit der Leerung des Briefkastens gerechnet werden kann.[786]

Erreicht eine Willenserklärung die Empfangseinrichtungen des Adressaten (Briefkasten, Postschließfach) hingegen zu einer Tageszeit, zu der nach den Gepflogenheiten des Verkehrs eine Entnahme oder Abholung durch den Adressaten nicht mehr erwartet werden kann, so ist die Willenserklärung an diesem Tag nicht mehr zugegangen.[787]

> **BEISPIEL:** Arbeitgeber G fährt zur Wohnung des Arbeitnehmers N und wirf das Kündigungsschreiben am 31. Januar um 23 Uhr in den Briefkasten des N.

Um diese Uhrzeit kann mit der Leerung des Briefkastens am 31. Januar nicht mehr gerechnet werden. Die Kündigung ist N erst am 1. Februar zugegangen.

Präklusionsfrist

811 | **MERKSATZ**
Das **Zugangserfordernis** fällt nicht unter die einheitliche materielle Präklusionsfrist, da § 4 S. 1 KSchG auf den „Zugang" der Kündigung abstellt.[788]

b) Zugang während des Urlaubs

Zugang der Kündigung während des Urlaubs

812 Beliebtes Klausur-Problem ist der Zugang der **Kündigung während des Urlaubs** des Arbeitnehmers. Es geht dabei um die Frage, wann ein an die Heimatanschrift des Arbeitnehmers gerichtetes Kündigungsschreiben zugeht, wenn dem Arbeitgeber bekannt ist, dass der Arbeitnehmer während seines Urlaubs verreist ist.

---

785 BAG, NJW 2005, 1533, 1533 f.; Palandt-Weidenkaff, BGB, Vorb v § 620 Rn 31
786 Hromadka/Maschmann, ArbR I, § 10 Rn 56
787 BAG, AP Nr. 12 zu § 130 BGB
788 Junker, ArbR, Rn 332; Nord/Linnert-Epple, JURA 2009, 801, 802

Zur Lösung dieser Frage ist danach zu differenzieren, ob der Arbeitnehmer dem Arbeitgeber die Urlaubsanschrift mitgeteilt hat oder nicht.

Für den Fall, dass der Arbeitnehmer dem Arbeitgeber die Urlaubsanschrift nicht mitgeteilt hat, vertrat das BAG früher die Auffassung, dass das Kündigungsschreiben erst nach der Rückkehr des Arbeitnehmers aus dem Urlaub zugeht, da der Arbeitnehmer mangels anderer Anhaltspunkte darauf vertrauen dürfe, dass sich während seiner dem Arbeitgeber bekannten Urlaubsreise an dem Arbeitsverhältnis nichts ändern werde.[789]

813 Urlaubsanschrift nicht mitgeteilt

Daran hält das BAG aber nicht mehr fest. Insbesondere die Kündigungserklärungsfrist des § 626 II BGB, aber auch § 622 BGB verlangen, dass die Kündigung dem Arbeitnehmer auch während des Urlaubs zugeht. Die Gefahr der Heilung der Sozialwidrigkeit der Kündigung nach §§ 4 S. 1, 7, 13 I 2 KSchG besteht nicht, da der Arbeitnehmer gem. § 5 KSchG die Zulassung seiner verspäteten Klage verlangen kann. Denn die durch urlaubsbedingte Ortsabwesenheit bedingte Fristversäumnis ist unverschuldet.[790]

Etwas problematischer ist der Zeitpunkt des Zugangs, wenn der Arbeitnehmer eine Urlaubsanschrift mitgeteilt hat. Nach einer Ansicht gilt die dennoch an die Wohnanschrift geschickte Kündigung erst mit der Rückkehr aus dem Urlaub als zugegangen. Jedenfalls könne sich der Arbeitgeber nach Treu und Glauben auf einen früheren Zugang nicht berufen.[791] Demgegenüber gehen andere davon aus, dass auch in diesem Fall die Kündigung mit dem Einwurf in den Briefkasten nach den allgemeinen Regeln zugeht. Durch mögliche Änderungen des Urlaubsortes wegen z.B. Krankheit, schlechten Wetters oder Reisemängeln entstehe anderenfalls eine dem Arbeitgeber nicht zumutbare Unsicherheit über Ort und Zeitpunkt des Zugangs.[792]

814 Urlaubsanschrift mitgeteilt

> **KLAUSURHINWEIS**
> Genau zu achten ist auf die Frage, welche Art von Einschreiben laut Sachverhalt vorliegt. Ein **Übergabeeinschreiben** geht nicht bereits mit der Hinterlegung des Benachrichtigungsscheins zu. Der Zugang erfolgt vielmehr erst mit der Aushändigung des Briefes. Die Klagefrist des § 4 S. 1 KSchG ist ab der Aushändigung des Einschreibens zu berechnen, wenn der Postbote den Arbeitnehmer nicht antrifft und dieser das Einschreiben zwar nicht alsbald, aber noch innerhalb der ihm von der Post mitgeteilten Aufbewahrungsfrist beim zuständigen Postamt abholt oder abholen lässt. Hingegen tritt bei dem sog. **Einwurfeinschreiben** der Zugang bereits zu dem Zeitpunkt ein, zu dem der Empfänger üblicherweise seinen Briefkasten leert. Insoweit bestehen keine Besonderheiten gegenüber der Übermittlung durch einfachen Brief.[793]

815 Einwurf- und Übergabeeinschreiben

c) Zugangsvereitelung

Für den Fall der Zugangsvereitelung[794] gilt, dass sich der Arbeitnehmer gem. § 242 BGB so behandeln lassen muss, als habe er das Schreiben zum Zeitpunkt der Zugangsvereitelung erhalten.[795]

816 Zugangsvereitelung

---

789   BAG, AP Nr. 11 zu § 130 BGB
790   BAG, NZA 1988, 875, 876 f.; Dornbusch/Wolff-Sayatz, KSchG, § 4, Rn 72; KR/Friedrich, § 4 KSchG Rn 111
791   Dornbusch/Wolff-Sayatz, KSchG, § 4 Rn 71
792   BAG, NZA 1988, 875, 876; BeckOK ArbR-Hesse, § 620 BGB Rn 24
793   MK-Hesse, BGB, Vor §§ 620-630 Rn 96
794   Näheres zu den allgemeinen Voraussetzungen der Zugangsvereitelung im Skript Zivilrecht AT.
795   BAG, NZA 1993, 259, 261; Junker, ArbR, Rn 329

Einschreiben

817 Relevant ist hier vor allem der Fall, dass der Arbeitnehmer ein Übergabe-Einschreiben nicht oder nicht direkt am nächsten Tag abholt.

> **BEISPIEL:** Arbeitgeber G kündigt dem Arbeitnehmer N per Einschreiben. Der Postbote trifft N am Montag nicht an und hinterlässt im Briefkasten des N einen Benachrichtigungszettel, dass das Schreiben am nächsten Werktag abgeholt werden kann. N ahnt, was in dem Einschreiben steht, und holt es deshalb nicht bei der Post ab.
>
> Gem. § 242 BGB gilt die Kündigung dem N als am Dienstag zugegangen. Gleiches würde gelten, wenn N das Schreiben nicht zeitnah, also z.B. erst am Freitag abholt.[796]

Präklusionsfrist

818 Hinsichtlich der Präklusionsfrist des § 4 KSchG will das BAG jedoch den (früheren) Zugang nicht fingieren.[797]

> **MERKSATZ**
> Im Fall einer **Zugangsvereitelung** ist nach BAG zu differenzieren zwischen z.B. der Frage, ob der Arbeitgeber die Kündigungserklärungsfrist des § 626 II BGB eingehalten hat und der Frage, ob der Arbeitnehmer die Präklusionsfrist des § 4 KSchG eingehalten hat.

7. Rücknahme der Kündigung

Keine einseitige Rücknahme

819 Der Arbeitgeber kann die Kündigung nach ihrem Zugang nicht mehr einseitig zurücknehmen. Die „Rücknahme" der Kündigung stellt in der Regel ein Angebot dar, das Arbeitsverhältnis zu den ursprünglichen Bedingungen fortzusetzen. Arbeitet der Arbeitnehmer z.B. über den Kündigungstermin hinaus weiter, kann er dieses Angebot auch schlüssig akzeptieren. Hingegen gilt das Angebot als abgelehnt, wenn der Arbeitnehmer den Kündigungsschutzprozess fortsetzt und den Auflösungsantrag nach § 9 I KSchG stellt.[798]

III. EINHEITLICHE DREIWÖCHIGE PRÄKLUSIONSFRIST (§§ 4 S. 1, 7 KSchG)

1. Allgemeines

Kündigung schwebend unwirksam

820 Unterschiedlich erklärt wird die dogmatische Wirkung der §§ 4 S. 1, 7 KSchG. Nach einer Sicht gilt die schriftliche Kündigung des Arbeitgebers gem. § 7 KSchG als von Anfang an wirksam, wenn der Arbeitnehmer nicht nach Maßgabe der §§ 4 – 6 KSchG rechtzeitig, also regelmäßig innerhalb von drei Wochen nach Zugang der Kündigung, § 4 S. 1 KSchG, Kündigungsschutzklage erhebt. Die eventuelle Unwirksamkeit hafte der Kündigung also nicht a priori an. Vielmehr sei die fehlerhafte Kündigung schwebend unwirksam.[799]

Kündigung von Anfang an unwirksam

821 Nach anderer Ansicht bedarf es der Klage gerade nicht, um die Nichtigkeit der Kündigung erst herbeizuführen. Eine sozialwidrige oder aus sonstigen Gründen rechtswidrige Kündigung sei vielmehr von Anfang an unwirksam. Die Kündigungsschutzklage ziele insoweit nur auf eine Feststellung, nicht auf eine Gestaltung der

---

[796] BAG, NZA 2003, 719, 723
[797] Ausführlich BAG, NJW 1997, 146, 147 f.
[798] BAG, NJW 1983, 1628, 1628 f.; Hromadka/Maschmann, ArbR I, § 10 Rn 81
[799] KR/Friedrich, § 4 KSchG Rn 10; MK-Hergenröder, § 4 Rn 7

Rechtslage. Da eventuelle Mängel der Kündigung aber nach § 7 KSchG rückwirkend geheilt werden, wenn die Rechtsunwirksamkeit nicht rechtzeitig nach § 4 S. 1 KSchG geltend gemacht wird, sei eine Klage notwendig, um die Nichtigkeit der Kündigung aufrechtzuerhalten.[800]

> **KLAUSURHINWEIS**
> Dieser dogmatische Streit spielt in der Klausur keine Rolle und darf nicht ausgeführt werden. Seine Darstellung dient hier nur dazu, den Leser an diese extrem wichtige Vorschrift heranzuführen.[801]

Erhebt der Arbeitnehmer innerhalb der Drei-Wochen-Frist keine Kündigungsschutzklage, tritt rückwirkend eine Heilung der Unwirksamkeit ein, § 7 KSchG.

822 Rückwirkende Heilung

> **KLAUSURHINWEIS**
> Dies bedeutet, dass die Einhaltung der Klagefrist nicht bereits im Rahmen der Zulässigkeit der Klage zu prüfen ist, sondern eine Frage der Begründetheit darstellt.[802]

823

Die **materiellrechtliche Ausschlussfrist** der §§ 4 S. 1, 7 KSchG findet auch Anwendung, wenn das KSchG nicht anwendbar ist, was sich aus dem Wortlaut des § 23 I 2 KSchG ergibt. Mithin kommt es für die Anwendbarkeit der Präklusionsfrist weder darauf an, ob die gemäß § 23 I KSchG maßgebliche Betriebsgröße erreicht ist, noch darauf ob der Arbeitnehmer die 6-monatige Wartefrist des § 1 I KSchG erfüllt hat.[803]

824 Präklusion auch außerhalb des KSchG

> **KLAUSURHINWEIS**
> Dass die Präklusionsfrist vor diesem Hintergrund eigentlich im Kontext der §§ 611 ff. BGB stehen müsste und im KSchG falsch verortet ist, hat historische Gründe,[804] die in einer Klausur nicht darzulegen sind.

825

Die Ausschlussfrist des § 4 S. 1 KSchG erfasst nach seinem Wortlaut alle Unwirksamkeitsgründe einer schriftlichen Kündigung. Dazu zählen im Wesentlichen die nicht ordnungsgemäße Anhörung des Betriebs- oder Personalrates (§ 102 I 1 BetrVG, §§ 79 I 1 iVm. IV, 108 II BPersVG), das Verbot der ordentlichen Kündigung von Betriebs- und Personalratsmitgliedern (§ 15 KSchG), die Verletzung des Maßregelungsverbots des § 612a BGB, die Kündigung wegen Betriebsübergangs (§ 613a IV 1 BGB), die Unwirksamkeit wegen fehlender behördlicher Genehmigung (§ 9 MuSchG, § 18 BEEG, § 85 SGB IX) und das Verbot der sittenwidrigen, treuwidrigen, gesetzeswidrigen (§§ 134, 138, 242 BGB) oder einzel- oder tarifvertraglich ausgeschlossenen Kündigung. Keine Geltung hat die Präklusionsfrist für den Fall, dass sich der Arbeitnehmer gegen die Unwirksamkeit einer Anfechtung wehrt. Der klare Gesetzeswortlaut lässt für eine Analogie keinen Spielraum.[805]

826 § 4 S. 1 KSchG erfasst alle Unwirksamkeitsgründe

827 Anfechtung

---

800   BeckOK ArbR-Kerwer, § 4 KSchG Rn 2
801   Hromadka/Maschmann, ArbR I, § 10 Rn 334
802   Hromadka/Maschmann, ArbR I, § 10 Rn 334
803   BAG, NJW 2007, 2716, 2716; Junker, ArbR, Rn 332
804   Hierzu Junker, ArbR, Rn 332
805   MK-Hergenröder, KSchG, § 4 Rn 7; v. Hoyningen-Huene/Linck, KSchG § 1 Rn 165 und § 4 Rn 15; a.A. KR/Friedrich, § 4 KSchG Rn 16a; Hönn, ZfA 1987, 61, 90 f.

2. Die Fristberechnung

§§ 187 I, 188 II BGB

828 Die Präklusionsfrist des § 4 KSchG beginnt gem. § 187 I BGB mit dem Tag, der auf den Zugang der Kündigung folgt. Die Frist endet gem. § 188 II BGB mit dem Ablauf desjenigen Tages der dritten Woche, der dem Tag entspricht, an dem die Kündigung zuging. Sofern dieser Tag auf einen Sams-, Sonn- oder Feiertag fällt, ist die Klage gem. § 193 BGB bis zum Ablauf des nächstfolgenden Werktages zu erheben.[806]

BEISPIEL 1: Die Kündigung geht dem Arbeitnehmer am 3. Mai zu.

Fristbeginn ist in Beispiel 1 der 4. Mai, Fristende der 24. Mai 24 Uhr.

BEISPIEL 2: Die Kündigung geht dem Arbeitnehmer am 10. April zu.

Fristbeginn ist in Beispiel 2 der 11. April, Fristende wäre eigentlich der 1. Mai 24 Uhr. Da der 1. Mai jedoch ein gesetzlicher Feiertag ist, ist Fristende erst der 2. Mai 24 Uhr. Im Falle des (formwirksamen) Ausspruchs einer Kündigung durch einen Vertreter ohne Vertretungsmacht beginnt die Präklusionsfrist des § 4 KSchG erst mit dem Zugang der Genehmigung des Arbeitgebers beim Arbeitnehmer.[807]

3. Besondere Probleme bei der Fristberechnung

§ 253 ZPO

829 Die Klage muss innerhalb von drei Wochen „erhoben" sein. Damit ist die Rechtshängigkeit und nicht die bloße Anhängigkeit gemeint. Die **Rechtshängigkeit** tritt ein durch Klageerhebung oder ausnahmsweise durch Geltendmachung eines Anspruchs in der mündlichen Verhandlung, § 261 I, II ZPO. Klage erhoben wird im Zivil- und im Arbeitsgerichtsprozess nach Einreichung der Klage erst durch Zustellung der Klageschrift, § 253 ZPO (ausnahmsweise in der mündlichen Verhandlung, s.o.).

a) Unzuständiges Gericht

Klage beim örtlich unzuständigen Gericht

830 Die Klage ist beim zuständigen Arbeitsgericht einzureichen. Wird die Klage beim örtlich unzuständigen Gericht erhoben, gilt die Präklusionsfrist in der Regel trotzdem als gewahrt. Gemäß § 48 I ArbGG gelten die §§ 17–17b GVG entsprechend. Das zu Unrecht angerufene Gericht hat daher nach § 17a II 1 GVG seine Unzuständigkeit auszusprechen und den Rechtsstreit an das örtlich zuständige Gericht zu verweisen. Dabei bleiben gem. § 17b I 2 GVG die Wirkungen der Rechtshängigkeit bestehen. Es reicht daher aus, wenn die Klage innerhalb der drei Wochen beim örtlich unzuständigen Gericht anhängig gemacht wird. Die Verweisung kann dagegen auch nach Fristablauf erfolgen.[808]

Dem Zweck des § 4 KSchG, dem Arbeitgeber frühzeitig bekannt zugeben, dass die Kündigung vom Arbeitnehmer nicht akzeptiert wird und er sich auf einen Prozess einzurichten hat, ist Genüge getan, da das erste Gericht die Klage zustellen muss.

Klage beim sachlich unzuständigen Gericht

831 Wird die Klage bei einem Gericht eines anderen Rechtswegs erhoben, so bestimmen sich die Rechtsfolgen ebenfalls nach den §§ 17–17b GVG (vgl. § 48 I ArbGG). Das angerufene Gericht muss also die Unzulässigkeit des Rechtswegs aussprechen und den Rechtsstreit an das zuständige ArbG verweisen. Da auch insoweit § 17b I 2 GVG

---

806 Hromadka/Maschmann, ArbR I, § 10 Rn 301
807 BAG, NZA 2013, 524, 525
808 BeckOK ArbR-Kerwer, § 4 KSchG Rn 46; SPV-Vossen, Rn 1903

gilt, wahrt die Klageerhebung bei einem rechtswegfremden Gericht – ebenso wie beim örtlich unzuständigen Gericht – die Drei-Wochen-Frist, selbst wenn die Verweisung erst nach Ablauf der Frist erfolgt.[809]

> **KLAUSURHINWEIS**
> Hier eröffnet sich für den Prüfer die Option, etwas Zivilprozessrecht in die Arbeitsrechtsklausur einzubauen. Diese „Gefahr" dürfte im 2. Examen noch deutlich ansteigen. Der Prüfer „täuscht" in diesem Fall „an", dass die Präklusionsfrist abgelaufen sei, womit der Fall eine ganz andere Wendung nehmen würde.

b) Fall des § 167 ZPO

Klausurfallen können vor dem Hintergrund des § 167 ZPO gestellt werden, der über § 46 II ArbGG auch im arbeitsgerichtlichen Verfahren anwendbar ist. Sofern durch die Zustellung eine Frist gewahrt werden soll, tritt nach dieser Vorschrift die fristwahrende Wirkung bereits mit der Einreichung bei Gericht ein, sofern die Zustellung „demnächst" erfolgt.

832 § 167 ZPO

> **MERKSATZ**
> Geht die Klage des Arbeitnehmers noch innerhalb der Frist beim Arbeitsgericht ein und wird sie auch **„demnächst" zugestellt**, gilt die Frist als gewahrt, auch wenn sie im Zeitpunkt der Zustellung „eigentlich" schon abgelaufen ist.

Eine Zustellung ist als „demnächst" erfolgt im Sinne des § 167 ZPO anzusehen, wenn alles Notwendige getan wurde und die Zustellung jetzt nur noch von der Arbeitsgeschwindigkeit des Gerichts abhängt. Mit dieser Regelung soll der Bürger zu Recht nicht mit Risiken aus der Sphäre des Gerichts belastet werden, da er hierauf keinen Einfluss mehr hat.[810] § 167 ZPO greift demgegenüber nicht ein, wenn der Kläger die Verzögerung selbst zu Verantworten hat.

833 Risiken aus der Sphäre des Gerichts

BEISPIEL 1: Der Kläger macht unzureichende Angaben zum Beklagten, z.B. Fehlen von Bezeichnung oder ladungsfähiger Anschrift.

Dass die Klage nicht „demnächst" zugestellt wird, fällt dem Kläger zur Last, es sei denn, dass der Beklagte z.B. zur fehlerhaften Anschrift beigetragen hat.[811]

BEISPIEL 2: A geht die Kündigung seines Arbeitsverhältnisses am 3. des Monats zu. Am 23. des Monats reicht er seine Klage beim Arbeitsgericht ein. Die Zustellung der Klage an den Arbeitgeber erfolgt am 25. des Monats.

Die Präklusionsfrist ist eigentlich am 24. des Monats um 24 Uhr abgelaufen. Jedoch hat A noch vor Ablauf dieser Frist seine Klage beim Arbeitgericht anhängig gemacht. Gem. § 167 ZPO hat A die Präklusionsfrist gewahrt.

---

[809] BeckOK ArbR-Kerwer, § 4 KSchG Rn 47; SPV-Vossen, Rn 1905
[810] Musielak/Voit-Wittschier, ZPO, § 167 Rn 2
[811] BVerfG, NJW 2012, 2869, 2870; BGH NJW 1988, 411, 413; Musielak/Voit-Wittschier, ZPO, § 167 Rn 9

> **KLAUSURHINWEIS**
> Auch hier wirkt etwas Zivilprozessrecht in die Arbeitsrechtsklausur hinein. Wieder „täuscht" der Prüfer „an", dass die Präklusionsfrist abgelaufen sei, was sie in der „Logik der Klausur" aus Sicht des Prüfers natürlich nicht ist und nicht sein darf.

4. Zulassung der verspäteten Klage, § 5 KSchG

Mangelndes Verschulden an der Fristversäumung

834 Für den Fall einer unverschuldeten Versäumung der Drei-Wochen-Frist kommt nach § 5 KSchG die Zulassung der verspäteten Klage in Betracht. Dabei hat der Arbeitnehmer innerhalb von zwei Wochen nach Wegfall des Hindernisses, § 5 III 1 KSchG, die Gründe glaubhaft zu machen, die sein Verschulden an der Fristversäumung ausschließen. Nach Ablauf von sechs Monaten seit dem Ende der Drei-Wochen-Frist des § 4 S. 1 KSchG kann der Antrag nicht mehr gestellt werden, § 5 III 2 KSchG.

BEISPIEL: Nach einem Sportunfall liegt Arbeitnehmer A mehrere Wochen im Krankenhaus. Er erhält während dieser Zeit eine betriebsbedingte Kündigung von seinem Arbeitgeber G. Erst nach seiner Entlassung aus dem Krankenhaus erhebt A Kündigungsschutzklage, obwohl seit dem Zugang der Kündigung bereits 4 Wochen vergangen sind.

Ein **Krankenhausaufenthalt** rechtfertigt allein nicht die nachträgliche Zulassung einer Kündigungsschutzklage. Der Arbeitnehmer muss vielmehr darlegen und glaubhaft machen, dass er durch seine Krankheit objektiv daran gehindert war, eine Klage zu formulieren oder seine Rechte auf andere Weise wahrzunehmen. Hierfür reicht es nicht aus, dass er das Krankenhaus während der Behandlung nicht verlassen durfte.[812]

§ 85 II ZPO

835 Der Arbeitnehmer muss sich das **Verschulden seines Anwalts** ebenso gem. § 85 II ZPO zurechnen lassen[813] wie das Verschulden des ihn vertretenden **Gewerkschaftssekretärs**.[814]

5. Verlängerte Anrufungsfrist

§ 6 S. 1 KSchG ist Präklusionsvorschrift

836 Weiterhin ist zu beachten, dass nach § 6 KSchG („Verlängerte Anrufungsfrist") der Arbeitnehmer, der innerhalb von drei Wochen gegen eine Kündigung geklagt hat, sich bis zum Schluss der mündlichen Verhandlung erster Instanz auch auf andere Unwirksamkeitsgründe berufen kann, selbst wenn diese erstmalig außerhalb der Präklusionsfrist vorgebracht werden. § 6 S. 1 KSchG ist damit eine Präklusionsvorschrift. Die Präklusionswirkung tritt nicht ein, wenn das Arbeitsgericht seiner Hinweispflicht nach § 6 S. 2 KSchG nicht genügt hat. In diesem Fall kann der Arbeitnehmer den weiteren Unwirksamkeitsgrund auch noch in zweiter Instanz geltend machen.[815] Zu beachten sind jedoch die prozessualen Präklusionsfristen der §§ 61a V, 67 ArbGG.

IV. SOG. „UNKÜNDBARKEIT"

837 Das Recht des Arbeitgebers zur ordentlichen Kündigung kann durch Tarifvertrag, Betriebsvereinbarung oder Individualarbeitsvertrag nach Erreichung einer

---

812 LAG Köln, NZA-RR 2006, 492, 493
813 BAG, NZA 2009, 692, 694; Hromadka/Maschmann, ArbR I, § 10 Rn 309
814 BAG, NJW 2009, 2971, 2971 f.
815 BAG, NZA 2013, 900, 903

bestimmten Betriebszugehörigkeitsdauer ausgeschlossen sein (sog. **„Unkündbarkeit"**). In diesen Fällen ist nur eine außerordentliche Kündigung möglich, die keinesfalls ausgeschlossen werden kann.[816]

V. GESETZLICHE KÜNDIGUNGSVERBOTE

Die Kündigung kann wegen Verstoßes gegen ein gesetzliches Kündigungsverbot gem. § 134 BGB unwirksam sein. Als solche sind zu beachten § 9 MuSchG, § 18 BEEG, §§ 85 f. SGB IX, § 15 KSchG und § 22 BBiG. **838** § 134 BGB

1. § 9 MuSchG

Die Kündigung gegenüber einer Frau während der Schwangerschaft und bis zum Ablauf von vier Monaten nach der Entbindung ist gemäß § 9 I 1 MuSchG unzulässig, wenn dem Arbeitgeber zur Zeit der Kündigung die Schwangerschaft oder Entbindung bekannt war oder innerhalb zweier Wochen nach Zugang der Kündigung mitgeteilt wird. **839** Sonderkündigungsschutz

Kündigt der Arbeitgeber dennoch, so ist die Kündigung wegen Verstoßes gegen ein gesetzliches Verbot, § 134 BGB, unwirksam.[817]

§ 9 MuSchG verbietet dem Arbeitgeber jede Art der Kündigung, also auch die (bloße) Änderungskündigung.[818] **840** Änderungskündigung

Hingegen ist § 9 MuSchG nach seinem eindeutigen Wortlaut nicht auf andere Beendigungstatbestände wie Anfechtung oder Aufhebungsvertrag anwendbar, sofern nicht der Anfechtungsgrund gerade in der Schwangerschaft begründet liegt.[819] **841** Anfechtung und Aufhebungsvertrag

Ein **befristeter Arbeitsvertrag** endet mit Ablauf der vereinbarten Frist, auch wenn zwischenzeitlich eine Schwangerschaft eingetreten ist.[820] Der Fristablauf stellt keine „Kündigung" i.S.d. § 9 I MuSchG dar. **842** Befristeter Arbeitsvertrag

a) Schwangerschaft oder Entbindung

Erste Voraussetzung ist mithin die Schwangerschaft oder Entbindung. Der Sonderkündigungsschutz tritt im Zeitpunkt der Befruchtung ein. Bei künstlicher Befruchtung mit der Einsetzung der befruchteten Eizelle.[821] Tritt die Schwangerschaft hingegen erst nach erklärter Kündigung während der laufenden Kündigungsfrist ein, besteht das Kündigungsverbot nicht.[822] Demgegenüber ist § 9 MuSchG anwendbar, wenn die Schwangerschaft im Zeitpunkt der Kündigung zwar bereits bestand aber noch nicht festgestellt war.[823] **843** Schwangerschaft

Über die Schwangerschaft hinaus gilt das Kündigungsverbot bis zum Ablauf von vier Monaten nach der Entbindung. Als Entbindung gilt auch eine Totgeburt, vgl. § 31 II PStV, nicht hingegen eine Fehlgeburt, § 31 III 1 PStV, oder ein Schwangerschaftsabbruch.[824] Mit dem Schwangerschaftsabbruch oder der Fehlgeburt endet sofort der Sonderkündigungsschutz nach § 9 MuSchG.[825] **844** Entbindung

---

816 Hromadka/Maschmann, ArbR I, § 10 Rn 75
817 Hromadka/Maschmann, ArbR I, § 10 Rn 245
818 Hromadka/Maschmann, ArbR I, § 10 Rn 239
819 Hromadka/Maschmann, ArbR I, § 10 Rn 239
820 Preis, Ind. ArbR, § 49 II 4
821 BAG, NZA 2015, 734, 735 = RA 2015, 257, 258
822 ErfK-Schlachter, § 9 MSchG Rn 5; Junker, ArbR, Rn 353
823 Hromadka/Maschmann, ArbR I, § 10 Rn 239
824 BAG, NZA 2006, 994, 995 f.; Hromadka/Maschmann, ArbR I, § 10 Rn 241
825 Hromadka/Maschmann, ArbR I, § 10 Rn 241

b) Kenntnis des Arbeitgebers

845 Der **Sonderkündigungsschutz** gem. § 9 I 1 MuSchG besteht nur, wenn dem Arbeitgeber zur Zeit der Kündigung die Schwangerschaft oder Entbindung bekannt war oder innerhalb zweier Wochen nach Zugang der Kündigung mitgeteilt wird.

§ 5 MuSchG — Folglich ist die Schwangere gem. § 5 MuSchG gehalten, dem Arbeitgeber die Schwangerschaft unverzüglich mitzuteilen.

Kenntnis — **846** Es spielt für den Bestand des Kündigungsschutzes keine Rolle, wie der Arbeitgeber von der Schwangerschaft Kenntnis erlangt hat. Er ist jedoch nicht gehalten, Gerüchten nachzugehen und auch fahrlässige Unkenntnis des Arbeitgebers genügt nicht.[826] Der Kenntnis des Arbeitgebers steht es gleich, wenn die Personalabteilung von der Schwangeren informiert wird.[827]

Nachträgliche Information — **847** Das Überschreiten dieser Frist ist unschädlich, wenn es auf einem von der Frau nicht zu vertretenden Grund beruht und die Mitteilung unverzüglich nachgeholt wird, § 9 I 1 HS 2 MuSchG. Das in § 9 I 1 2. HS MuSchG verlangte Verschulden ist im Sinne eines anspruchsbeseitigenden Verschuldens gegen sich selbst (ähnlich § 277 BGB) zu verstehen.[828] Dies ist immer dann gegeben, wenn die Arbeitnehmerin die rechtzeitige Mitteilung unterlässt, obwohl sie von der Schwangerschaft weiß oder wenn zwingende Anhaltspunkte das Vorliegen einer Schwangerschaft unabweisbar erscheinen lassen. Eine bloße Schwangerschaftsvermutung reicht i.d.R. nicht aus.

848 Kein Verschulden in diesem Sinne liegt in der Versäumung der Mitteilung nach § 5 MuSchG, weil dies eine bloße Soll-Vorschrift („nachdrückliche Empfehlung" des Gesetzgebers) ist.[829]

Präklusionsfrist — **849** Der Verstoß gegen § 9 MuSchG muss innerhalb der Präklusionsfrist des § 4 S. 1 KSchG gerichtlich geltend gemacht werden. § 4 S.4 KSchG, wonach die Drei-Wochen-Frist erst ab Bekanntgabe der Zustimmungsentscheidung der Behörde an die schwangere Arbeitnehmerin in Gang gesetzt wird, gilt nur für den Fall, dass die Arbeitnehmerin dem Arbeitgeber die Schwangerschaft zuvor mitgeteilt hat. Kannte die Arbeitnehmerin den Umstand der Schwangerschaft im Kündigungszeitpunkt hingegen selbst nicht, eröffnet ihr § 5 I 2 KSchG die Möglichkeit, binnen zwei Wochen ab Kenntnis die nachträgliche Zulassung der Klage zu beantragen.[830]

c) Behördliche Zulassung der Kündigung

Besondere Fälle — **850** Die für den Arbeitsschutz zuständige oberste Landesbehörde oder die von ihr bestimmte Stelle kann in besonderen Fällen ausnahmsweise die Kündigung für zulässig erklären, § 9 III 1 MuSchG.

Der im Gesetz vorausgesetzte „besondere Fall" entspricht dem „wichtigen Grund" aus § 626 BGB. Die Genehmigung ist nur bei ganz außergewöhnlichen Umständen gerechtfertigt.[831]

BEISPIELE: Die wirtschaftliche Existenz des Arbeitgebers steht auf dem Spiel, oder die Schwangere hat strafbare Handlungen zum Nachteil des Arbeitgebers begangen.

---

826 Hromadka/Maschmann, ArbR I, § 10 Rn 242
827 Hromadka/Maschmann, ArbR I, § 10 Rn 242
828 BAG, NZA 2003, 217, 218
829 BAG, NZA 1996, 1154, 1165
830 LAG Niedersachsen, BeckRS 2007, 45612; Schmidt, NZA 2004, 79, 80 f.
831 Hromadka/Maschmann, ArbR I, § 10 Rn 242

d) Begründungserfordernis

Gem. § 9 III 2 MuSchG muss in der schriftlichen Kündigung auch der Kündigungsgrund angegeben werden. Fehlt diese Angabe, ist die Kündigung formnichtig.

851 § 9 III 2 MuSchG

2. § 18 BEEG

Nach § 18 BEEG darf der Arbeitgeber das Arbeitsverhältnis ab dem Zeitpunkt, von dem an Elternzeit verlangt worden ist, höchstens jedoch acht Wochen vor Beginn der Elternzeit, und während der Elternzeit nicht kündigen. Die zuständige Behörde kann Ausnahmen zulassen. Der Kündigungsschutz nach § 18 BErzGG ist dem des § 9 MuSchG angeglichen.

852 Elternzeit

3. §§ 85 f. SGB IX

Besonderen Kündigungsschutz genießen schwerbehinderte Menschen gem. §§ 85 f. SGB IX.
Für die arbeitgeberseitige Kündigung eines schwerbehinderten Menschen beträgt die Kündigungsfrist mindestens vier Wochen, § 86 SGB IX.

853 Schwerbehinderte Menschen Kündigungsfrist

Zusätzlich bedarf der Arbeitgeber vor der Kündigung eines schwerbehinderten Menschen der vorherigen Zustimmung des Integrationsamtes, §§ 85, 91 I SGB IX.

Zustimmung des Integrationsamtes

a) Persönlicher Anwendungsbereich

Eine Schwerbehinderung liegt vor, wenn ein Grad der Behinderung von wenigstens 50 vorliegt, § 2 II SGB IX, oder wenn sie mit einem Grad von wenigstens 30 gleichgestellt sind, vgl. insoweit § 2 III SGB IX.
Trotz vorliegender Schwerbehinderung greift der besondere Kündigungsschutz gem. § 90 SGB IX in einigen Fällen nicht. Die wichtigsten Ausnahmen sind in § 90 I SGB IX geregelt.
So greift der besondere Kündigungsschutz erst nach einer Wartefrist von sechs Monaten ein, § 90 I Nr. 1 SGB IX. Maßgebend ist insofern der rechtliche Bestand des Arbeitsverhältnisses, nicht die tatsächliche Arbeitsleistung. Für die Berechnung der Frist ist der Zugang der Kündigung entscheidend.[832]

854 Schwerbehinderung

Ausnahmen

855 Wartefrist

Keinen Sonderkündigungsschutz genießen auch Arbeitnehmer, die das 58. Lebensjahr vollendet haben und Anspruch auf eine Abfindung, Entschädigung oder ähnliche Leistung aufgrund eines Sozialplanes haben, wenn der Arbeitgeber ihnen die Kündigungsabsicht rechtzeitig mitgeteilt hat und sie der beabsichtigten Kündigung bis zu deren Ausspruch nicht widersprechen, § 90 I Nr. 3 a) SGB IX.

856 58. Lebensjahr

b) Sachlicher Anwendungsbereich

§§ 85 f. SGB IX erfassen jede Form der Kündigung, auch die (bloße) Änderungskündigung gem. § 2 KSchG.[833] Keine Anwendung finden die §§ 85 f. SGB IX hingegen bei Anfechtungen, Aufhebungsverträgen oder Befristungen.
Die Größe des Betriebs ist für das Bestehen des Sonderkündigungsschutzes ohne Bedeutung.

857

Betriebsgröße

---

832 Hromadka/Maschmann, ArbR I, § 10 Rn 250
833 Hromadka/Maschmann, ArbR I, § 10 Rn 251

c) Zustimmung des Integrationsamtes

§ 134 BGB

858 Die Kündigung ist nur wirksam, wenn die Zustimmung des Integrationsamtes im Zeitpunkt des Zugangs der Kündigung an den Arbeitnehmer förmlich zugestellt war. Anderenfalls ist sie – ohne Heilungsmöglichkeit – nichtig, § 134 BGB.[834]

Unkenntnis des Arbeitgebers

859 Die Kündigung ist selbst dann unwirksam, wenn der Arbeitgeber von der Schwerbehinderteneigenschaft des Arbeitnehmers gar keine Kenntnis hat.[835] Insofern kommt es alleine auf das objektive Vorliegen der Schwerbehinderung an. Der Arbeitnehmer muss allerdings, will er sich den Sonderkündigungsschutz nach § 85 SGB IX erhalten, nach Zugang der Kündigung innerhalb einer angemessenen Frist gegenüber dem Arbeitgeber seine bereits festgestellte Schwerbehinderteneigenschaft geltend machen. Als regelmäßig angemessen ist (in Orientierung an der Präklusionsfrist des § 4 S. 1 KSchG) eine Frist von drei Wochen anzusehen. Unterlässt der Arbeitnehmer diese Mitteilung an den Arbeitgeber (Gedanke der Verwirkung), so verliert er seinen Kündigungsschutz nach § 85 SGB IX.[836]

860 Fragt der Arbeitgeber allerdings im Vorfeld einer beabsichtigten Kündigung nach der Schwerbehinderung, um sich im Rahmen der Sozialauswahl gem. § 1 III 1 KSchG rechtstreu verhalten zu können, muss der Arbeitnehmer die Angabe machen. Verneint der Arbeitnehmer hingegen die Frage und beruft sich dann nach erfolgter Kündigung auf die fehlerhafte Sozialauswahl, ist es dem Arbeitnehmer unter dem Gesichtspunkt widersprüchlichen Verhaltens verwehrt, sich im Kündigungsschutzprozess auf seine Schwerbehinderteneigenschaft zu berufen.[837]

Rückwirkende Berufung auf Schwerbehinderung

861 Fraglich ist, ob sich ein Arbeitnehmer auch „rückwirkend" auf seine Schwerbehinderung berufen kann. Der Anerkennungsbescheid als Schwerbehinderter hat lediglich deklaratorische Bedeutung. § 90 IIa SGB IX bringt deutlich zum Ausdruck, dass die Schwerbehinderung bei Kündigungszugang nicht zwingend durch den Anerkennungsbescheid nachgewiesen werden muss. Folglich bleibt der Sonderkündigungsschutz für schwerbehinderte Menschen trotz fehlenden Nachweises auch dann bestehen, wenn der Antrag so frühzeitig vor dem Kündigungszugang gestellt worden ist, dass eine missbräuchliche Antragstellung im Interesse der Rechtssicherheit ausgeschlossen ist. Das BAG hält eine Frist von drei Wochen für angemessen.[838]

BEISPIEL: Arbeitnehmer N stellt am 10. Mai beim Integrationsamt den Antrag auf Anerkennung eines Grades der Behinderung von 65. Am 10. Juni erhält N von seinem Arbeitgeber G die Kündigung. Das Integrationsamt entscheidet am 20. Juni und stellt bei N einen Grad der Behinderung von 65 fest.

N hat seinen Antrag auf Anerkennung als Schwerbehinderter einen Monat vor Zugang der Kündigung gestellt. Damit kann er sich auch nachträglich noch darauf berufen, dass seine Kündigung wegen fehlender Zustimmung des Integrationsamtes unwirksam ist.

Kündigung, wenn Zustimmung erteilt wurde

862 Nach Erteilung der Zustimmung muss der Arbeitgeber die ordentliche Kündigung innerhalb eines Monats, § 88 III SGB IX, erklären.

---

834 BAG, NZA 1992, 503, 503
835 Junker, ArbR, Rn 351
836 BAG, NZA 2006, 1035, 1036 f.
837 BAG, NZA 2012, 555, 560 f.
838 NZA 2008, 361, 362

d) Anhörung der Schwerbehindertenvertretung

Die Verletzung des Anhörungsrechts der Schwerbehindertenvertretung nach § 95 II SGB IX hat nicht die Unwirksamkeit der Kündigung zur Folge. Die Beteiligung des Vertrauensmannes ist weder nach dem Wortlaut noch nach dem Zweck und der Entstehungsgeschichte des § 22 SchwbG, der Vorgängervorschrift zu § 95 II SGB IX, vom Gesetzgeber als Wirksamkeitsvoraussetzung ausgestaltet worden.[839]

863 Keine Wirksamkeitsvoraussetzung

4. § 15 KSchG

Besonderen Kündigungsschutz genießen gem. § 15 KSchG auch die Mitglieder des Betriebsrates und andere betriebsverfassungsrechtliche Funktionsträger.
Die Regelung des § 15 KSchG dient dem Schutz der Organe der Betriebsverfassung sowie der Mitglieder des Wahlvorstandes, der Wahlbewerber und der Initiatoren zur Wahl einer Arbeitnehmervertretung. Diesen soll die erforderliche Unabhängigkeit, welche für die Amtsausführung notwendig ist, gewährleistet werden. Zusätzlich wird damit eine personelle Kontinuität sichergestellt, die für eine effiziente Amtsausführung während der gesamten Wahlperiode unumgänglich ist.[840]

864 Betriebsverfassungsrechtliche Funktionsträger

Eine ordentliche Kündigung, die unter Verstoß gegen § 15 I bis III KSchG ausgesprochen wird, ist gem. § 134 BGB nichtig.[841]

865 § 134 BGB

Eine ordentliche Kündigung eines von § 15 KSchG geschützten betriebsverfassungsrechtlichen Funktionsträgers ist nur im Fall der Stilllegung eines Betriebs oder eines Betriebsteils zulässig, § 15 IV, V KSchG. Ansonsten können betriebsverfassungsrechtliche Funktionsträger nur außerordentlich gem. § 626 BGB gekündigt werden.

Stilllegung
§ 626 BGB

5. § 22 BBiG

Während der Berufsausbildung sind Kündigungen gemäß § 22 BBiG nur in beschränktem Umfang zulässig. Der Auszubildende soll ohne das Damoklesschwert einer Kündigung seine Ausbildung absolvieren können. Der Ausbildende wiederum soll davor geschützt werden, dass das Ausbildungsverhältnis abgebrochen wird, wenn die praktische Arbeit des Auszubildenden an Wert gewinnt. Diese berechtigten Interessen werden zusätzlich durch den Schadensersatzanspruch des § 23 BBiG abgesichert: Die vertragstreue Partei kann den Ersatz des Schadens verlangen, der durch die vorzeitige Beendigung des Ausbildungsverhältnisses entstanden ist.

866 Auszubildende

Während der Probezeit kann das Berufsausbildungsverhältnis vereinfacht beendet werden. Die Probezeit bietet die Möglichkeit, das Ausbildungsverhältnis ohne Einhaltung einer Frist und ohne besonderen Kündigungsgrund, zu kündigen (§ 22 I BBiG).

867 Während der Probezeit

Nach der Probezeit kann das Berufsausbildungsverhältnis demnach beiderseits nur aus einem wichtigen Grund ohne Einhalten einer Kündigungsfrist gekündigt werden. Der Auszubildende selbst kann das Ausbildungsverhältnis mit einer Kündigungsfrist von vier Wochen kündigen, wenn er die Berufsausbildung aufgeben oder sich für eine andere Berufstätigkeit ausbilden lassen will, § 22 II BBiG.

868 Nach der Probezeit

Die Kündigung muss schriftlich und außerhalb der Probezeit unter Angabe der Kündigungsgründe erfolgen, § 22 III BBiG. Kündigt ein minderjähriger Auszubildender, so benötigt er die vorherige Einwilligung des gesetzlichen Vertreters. Kündigt der Betrieb einem minderjährigen Auszubildenden, so muss die

869 Form

---

839 BAG, NJW 1984, 687, 687
840 MK-Hergenröder, § 15 KSchG Rn 1
841 MK-Hergenröder, § 15 KSchG Rn 89

Kündigungserklärungsfrist

870 Kündigungserklärung gegenüber dem gesetzlichen Vertreter abgegeben werden. Eine Kündigung aus einem wichtigen Grund ist unwirksam, wenn die ihr zugrunde liegenden Tatsachen dem zur Kündigung Berechtigten länger als zwei Wochen bekannt sind (vgl. die parallele Regelung in § 626 II BGB). Ist ein vorgesehenes Güteverfahren vor einer außergerichtlichen Stelle eingeleitet, so wird bis zu dessen Beendigung der Lauf dieser Frist gehemmt, § 22 IV BBiG.

VI. VERSTOSS EINER KÜNDIGUNG GEGEN DAS MASSREGELUNGSVERBOT, § 612a BGB

Arbeitnehmerrechte

871 Das Maßregelungsverbot des § 612a BGB soll verhindern, dass Arbeitnehmerrechte deshalb nicht wahrgenommen werden, weil die Arbeitnehmer bei ihrer Inanspruchnahme mit Benachteiligungen rechnen müssen. § 612a BGB beruht auf dem für Arbeitsverhältnisse typischen Ungleichgewicht, das sich durch Weisungsrechte des Arbeitgebers und Weisungsunterworfenheit des Arbeitnehmers auszeichnet.

Willensfreiheit des Arbeitnehmers

872 Geschützt ist damit die Willensfreiheit des Arbeitnehmers bei der Entscheidung darüber, ob er ein Recht ausüben will oder nicht. Wie sich aus diesem Charakter der Norm ergibt, muss die Maßnahme, hier die Kündigung des Arbeitgebers, eine unmittelbare Reaktion gerade auf die Wahrnehmung der Rechte des Arbeitnehmers darstellen.[842]

BEISPIEL 1: Das Unternehmen des U durchleidet gerade eine wirtschaftliche Krise. Arbeitnehmer A stellt in dieser Lage einen Urlaubsantrag. U erklärt dem A daraufhin die Kündigung, weil er in dem Urlaubsantrag ein Zeichen mangelnder Loyalität erblickt.

Mindestlohngesetz

BEISPIEL 2: Der Arbeitnehmer verdient 5,19 € brutto Stundenlohn und verlangt nach Einführung des MiLoG 8,50 €. Der Arbeitgeber kündigt daraufhin.[843]

Die Kündigung ist in beiden Fällen wegen § 612a BGB unwirksam.

Objektiv bestehendes Recht

873 Unterschiedlich beantwortet wird die Frage, ob das wahrgenommene Recht objektiv bestehen muss[844] oder ob es genügt, dass der Arbeitnehmer subjektiv annehmen durfte, dass ihm das Recht zustehe.[845] Da das Gesetz von „Rechten" des Arbeitnehmers spricht, dürfte die **objektive Theorie** vorzugswürdig sein.

> **KLAUSURHINWEIS**
> Die hiermit angesprochene Frage eines Rechts- oder Tatsachenirrtums des Arbeitnehmers ist allerdings im Falle einer verhaltensbedingten Kündigung durch den Arbeitgeber im Rahmen der Prüfung der sozialen Rechtfertigung nach § 1 II KSchG bzw. im Zusammenhang mit der Interessenabwägung nach § 626 I BGB zu berücksichtigen.[846] Besteht das Recht nicht, geht jedoch der Arbeitnehmer ersichtlich und gutgläubig von einem Bestehen aus, dürfte es die Fürsorgepflicht des Arbeitgebers gebieten, in diesem Fall von einer Maßregelung abzusehen und stattdessen den Arbeitnehmer aufzuklären, statt ihn zu kündigen.[847]

---

842 BAG, NZA 1989, 962, 964
843 ArbG Berlin, BeckRS 2015, 68089
844 ErfK-Preis, § 612a BGB Rn 5; KR-Pfeiffer, § 612a BGB Rn 6; MK-Müller-Glöge, BGB, § 612a Rn 10
845 ArbG Düsseldorf BB 1992, 2364; Erman/Edenfeld, BGB, § 612a Rn 3
846 APS-Linck, § 612a BGB Rn 7a
847 BeckOK ArbR-Joussen, § 612a BGB Rn 11

VII. KÜNDIGUNG WEGEN BETRIEBSÜBERGANGS, § 613a IV BGB

Nach § 613a IV 1 BGB ist die Kündigung des Arbeitsverhältnisses eines Arbeitnehmers durch den bisherigen Arbeitgeber oder durch den neuen Inhaber wegen des Übergangs eines Betriebs oder eines Betriebsteils unwirksam. Die Vorschrift enthält ein eigenständiges Kündigungsverbot i.S. der § 13 III KSchG, § 134 BGB und stellt nicht nur die Sozialwidrigkeit der Kündigung klar.[848] Das Recht zur Kündigung des Arbeitsverhältnisses aus anderen Gründen bleibt nach § 613a IV 2 BGB unberührt.

874 Eigenständiges Kündigungsverbot

> **DEFINITION**
> Eine Kündigung erfolgt **wegen des Betriebsübergangs**, wenn dieser der tragende Grund, nicht nur der äußere Anlass für die Kündigung ist.

875 Tragender Grund

§ 613a IV BGB hat gegenüber § 613a I BGB eine sog. „**Komplementärfunktion**". Die Norm soll als spezialgesetzliche Regelung des allgemeinen Umgehungsverbots verhindern, dass der in § 613a I BGB angeordnete Bestandsschutz durch eine Kündigung unterlaufen wird.

876 Umgehungsverbot

Das Kündigungsverbot ist dann nicht einschlägig, wenn es neben dem Betriebsübergang einen sachlichen Grund gibt, der „aus sich heraus" die Kündigung zu rechtfertigen vermag.[849] Es schützt nicht vor Risiken, die sich jederzeit unabhängig vom Betriebsübergang aktualisieren können[850] und führt insbesondere nicht zur Lähmung der als notwendig erachteten unternehmerischen Maßnahmen.[851]

877 Sachlicher Grund

Zwar ergibt sich ein Kündigungsgrund nicht schon daraus, dass ein Interessent den Erwerb des Betriebs von der Kündigung abhängig macht. § 613a IV BGB hat nämlich insoweit eine Präventivfunktion, die Veräußerer und Erwerber davon abhalten soll, den Betriebsübergang dazu zu benutzen, sich bestimmter Arbeitnehmer zu entledigen.[852]

Doch ist der Betriebsinhaber durch § 613a IV 1 BGB nicht gehindert, auch im Zusammenhang mit einer Veräußerung des Betriebs Rationalisierungen zur Verbesserung des Betriebs durchzuführen und zu diesem Zweck betriebsbedingte Kündigungen auszusprechen.[853]

Betriebsbedingte Kündigungen

---

848 BAG, NZA 1997, 148, 149
849 BAGE 47, 13, 21; BAG, NZA 1997, 148, 149
850 Willemsen, ZIP 1983, 411, 413
851 Ascheid, NZA 1991, 873, 878 f.
852 BAG, NJW 1984, 627, 629; Willemsen, ZIP 1983, 411, 415
853 BAG, NZA 1997, 148, 149

Formulierungs-vorschlag	**878**	**KLAUSURHINWEIS** Sofern eine **Kündigung sozial gerechtfertigt** ist, ist damit indiziert, dass sie nicht „wegen" des Betriebsübergangs ausgesprochen worden ist. Gibt es umgekehrt keine soziale Rechtfertigung für die Kündigung, so bleibt nur die Schlussfolgerung, dass sie wegen des Betriebsübergangs ausgesprochen worden ist. Deshalb empfiehlt sich in einer Klausur z.B. folgende Formulierung: „Wegen des zeitlichen Zusammenhangs mit dem Betriebsübergang von X auf Y könnte die Kündigung gegen das gesetzliche Kündigungsverbot des § 613a BGB verstoßen. Dies wäre dann der Fall, wenn die Kündigung wegen des Betriebsübergangs ausgesprochen worden wäre. Dies ist jedenfalls dann nicht der Fall, wenn die Kündigung aus anderen Gründen ausgesprochen worden ist, § 613a IV 2 BGB. Deshalb ist zu prüfen, ob die Kündigung gem. § 1 KSchG sozial gerechtfertigt ist." (Es folgt die Prüfung der sozialen Rechtfertigung aus deren Ergebnis dann der Rückschluss gebildet werden kann, ob ein Verstoß gegen § 613a IV 1 BGB vorliegt.)

VIII. MITWIRKUNGSRECHTE DES BETRIEBSRATES

879 Die Mitwirkungsrechte des Betriebsrates im Fall einer Kündigung sind in den §§ 102, 103 BetrVG geregelt. § 102 BetrVG regelt die Mitwirkungsrechte bei der Kündigung eines „normalen" Arbeitnehmers. Die außerordentliche Kündigung eines Betriebsratsmitglieds ist in § 103 BetrVG geregelt.

1. Die Kündigung eines „normalen" Arbeitnehmers, § 102 BetrVG

a) Grundlagen

Anhörungsrecht **880** Soll ein Arbeitnehmer gekündigt werden, ist der existierende Betriebsrat vorher anzuhören, § 102 I 1 BetrVG. Wird diese Anhörung vom Arbeitgeber unterlassen, so ist die Kündigung gem. § 102 I 3 BetrVG unwirksam.

Alle Kündigungen erfasst
> **MERKSATZ**
> § 102 BetrVG gilt für alle Arten von Kündigungen, also für ordentliche, außerordentliche und für Änderungskündigungen gem. § 2 KSchG.[854]

Keine analoge Anwendung **881** § 102 BetrVG kann nicht auf andere Beendigungsgründe analog angewendet werden. Deshalb ist der Betriebsrat weder vor einer Anfechtung, noch vor dem Abschluss eines Aufhebungsvertrages noch vor dem Ablauf eines befristeten Arbeitsverhältnisses anzuhören.[855]

Betrieblicher Geltungsbereich **882** § 102 BetrVG setzt voraus, dass der Betrieb gem. §§ 1, 118 II BetrVG betriebsratsfähig ist und im Zeitpunkt der Kündigung auch tatsächlich ein Betriebsrat besteht.[856]

Anhörung vor Abgabe der Kündigungserklärung **883** Der Betriebsrat muss zwingend vor der Kündigung angehört werden, § 102 I 1 BetrVG. Dabei ist schon auf die Abgabe der Kündigungserklärung und nicht auf deren Zugang gem. § 130 BGB abzustellen. Dies hat seinen Grund darin, dass der

---

[854] *ErfK-Kania*, § 102 BetrVG Rn 1
[855] *ErfK-Kania*, § 102 BetrVG Rn 1
[856] *Junker, ArbR*, Rn 335

Betriebsrat bereits nach Abgabe der Kündigungserklärung auf die Kündigungsabsicht des Arbeitgebers keinen Einfluss mehr nehmen kann.[857]
Die Anhörung ist nicht nachholbar. Hat der Arbeitgeber die Kündigungserklärung ohne Anhörung des Betriebsrats abgegeben, so muss der Arbeitgeber eine erneute Kündigung aussprechen und nun vorher den Betriebsrat anhören.

Keine Nachholbarkeit

Eine Kündigung ist nicht nur unwirksam, wenn der Arbeitgeber gekündigt hat, ohne den Betriebsrat überhaupt zu beteiligen, sondern auch dann, wenn er ihn nicht richtig beteiligt hat, vor allem seiner Unterrichtungspflicht nach § 102 I BetrVG nicht ausführlich genug nachgekommen ist. Anderenfalls würde der Sinn der Anhörung des Betriebsrats, ihm nämlich Gelegenheit zu geben, seine Überlegungen zur Kündigungsabsicht des Arbeitgebers vorzubringen, leer laufen.[858]

884 Fehlerhafte Anhörung

Entsteht im Rahmen der Anhörung ein Fehler im Verantwortungsbereich des Betriebsrats, führt dies nicht zur Unwirksamkeit der Kündigung wegen fehlerhafter Anhörung. Dies gilt auch, wenn der Arbeitgeber im Zeitpunkt der Kündigung weiß oder erkennen kann, dass der Betriebsrat die Angelegenheit nicht fehlerfrei behandelt hat. Solche Fehler gehen schon deshalb nicht zu Lasten des Arbeitgebers, weil der Arbeitgeber keine wirksamen rechtlichen Einflussmöglichkeiten auf die Beschlussfassung des Betriebsrats hat.[859]

885 Fehler in der Sphäre des Betriebsrats

BEISPIEL: Arbeitgeber G leitet gegenüber dem Betriebsratsvorsitzenden V ordnungsgemäß ein Anhörungsverfahren zur Kündigung des Arbeitnehmers A ein. V erklärt einen Tag später ohne Rücksprache mit den anderen Betriebsratsmitgliedern, dass der Betriebsrat keine Einwände gegen die Kündigung habe. G erklärt A die Kündigung.

Der Arbeitgeber ist für die interne Kommunikation des Betriebsrats nicht verantwortlich. Die Eigenmächtigkeit des V kann die dem A erklärte Kündigung nicht unwirksam machen.

b) Grundsatz der subjektiven Determination

Nach § 102 I 2 BetrVG muss der Arbeitgeber dem Betriebsrat diejenigen Gründe mitteilen, die nach seiner subjektiven Sicht die Kündigung rechtfertigen und für seinen Kündigungsentschluss maßgebend sind („subjektive Determination").

886

Der Arbeitgeber muss dem Betriebsrat die Umstände mitteilen, die seinen Kündigungsentschluss tatsächlich bestimmt haben. Dem kommt er dann nicht nach, wenn er dem Betriebsrat einen schon aus seiner eigenen Sicht unrichtigen oder unvollständigen Sachverhalt darstellt. Zu einer vollständigen und wahrheitsgemäßen Information gehört darüber hinaus die Unterrichtung über Tatsachen, die ihm – dem Arbeitgeber – bekannt und für eine Stellungnahme des Betriebsrats möglicherweise bedeutsam sind, weil sie den Arbeitnehmer entlasten und deshalb gegen eine Kündigung sprechen können.[860]

Mitteilung der subjektiv maßgeblichen Gründe

---

857 BAG, NZA 2003, 961, 962
858 BAG, NZA 2004, 1330, 1332; 2003, 927, 928
859 BAG, NZA 2004, 1330, 1332; 2003, 927, 927
860 BAG, BeckRS 66921, Rn 14

887 MERKSATZ

Geringere Darlegungslast als im Prozess

Die **Mitteilungspflicht des Arbeitgebers** im Rahmen von § 102 I 2 BetrVG reicht nicht so weit wie seine Darlegungslast im Prozess.

Die Anhörung des Betriebsrats soll diesem nicht die selbstständige Überprüfung der Wirksamkeit der beabsichtigten Kündigung, sondern eine Einflussnahme auf die Willensbildung des Arbeitgebers ermöglichen. Der Betriebsrat soll in die Lage versetzt werden, sachgerecht auf den Arbeitgeber einzuwirken, d.h. die Stichhaltigkeit und Gewichtigkeit der Kündigungsgründe zu überprüfen und sich über sie eine eigene Meinung zu bilden.[861]

Fall der verhaltensbedingten Kündigung

888 Bei einer verhaltensbedingten Kündigung führt die subjektive Determination des Inhalts der Anhörung nicht dazu, dass auf die Mitteilung persönlicher Umstände des Arbeitnehmers ganz verzichtet werden kann, wenn sie für den Kündigungsentschluss des Arbeitgebers ohne Bedeutung waren. Bei den „Sozialdaten" handelt es sich zwar um Umstände, die nicht das beanstandete Verhalten des Arbeitnehmers selbst betreffen. Nach Sinn und Zweck der Anhörung darf der Arbeitgeber dem Betriebsrat aber keine persönlichen Umstände des Arbeitnehmers vorenthalten, die sich bei objektiver Betrachtung entscheidend zu seinen Gunsten auswirken und deshalb schon für die Stellungnahme des Betriebsrats bedeutsam sein können.

Der Wirksamkeit einer auf Gründe im Verhalten des Arbeitnehmers gestützten Kündigung steht das Unterlassen der Angabe von dessen genauen „Sozialdaten" bei der Betriebsratsanhörung deshalb nur dann nicht entgegen, wenn es dem Arbeitgeber auf die genauen Daten ersichtlich nicht ankommt und der Betriebsrat jedenfalls die ungefähren Daten ohnehin kennt; er kann dann die Kündigungsabsicht des Arbeitgebers auch so ausreichend beurteilen.[862]

Beispielsfall für objektiv falsche Informationen

889 **BEISPIEL** (nach BAG, BeckRS 66921): Im Rahmen eines Anhörungsverfahrens wegen einer außerordentlichen Kündigung teilt der Arbeitgeber dem Betriebsrat nicht mit, dass die Arbeitnehmerin beurlaubte Beamtin ist und er gibt die Kündigungsfrist mit sieben, statt mit fünf Monaten an.

Bei der mangelnden Angabe zum ruhenden Beamtenverhältnis der Arbeitnehmerin im Beispiel handelt es sich um einen Umstand, der sich als zusätzliche soziale Absicherung allenfalls zu Lasten der Klägerin auswirken und somit die Abwägung des Betriebsrats nicht maßgeblich zu ihren Lasten beeinflussen konnte. Aber auch die um zwei Monate zu lang angegebene Kündigungsfrist konnte beim Betriebsrat nicht etwa eine vollkommen unzutreffende Vorstellung von der Länge der ordentlichen Kündigungsfrist der Arbeitnehmerin bewirken. Der Unterschied zwischen der angegebenen Frist von sieben Monaten und der wirklichen Frist von fünf Monaten jeweils zum Monatsende ist nicht so beträchtlich, dass der Betriebsrat bei der Prüfung des Einwands, dem Arbeitgeber sei die Einhaltung der ordentlichen Kündigungsfrist zumutbar, von gänzlich falschen Annahmen ausgehen musste.[863]

---

[861] BAG, BeckRS 66921, Rn 22; BAG, NZA 2004, 1037, 1038 f.
[862] BAG, BeckRS 66921, Rn 15
[863] In die gleiche Richtung BAG, NZA 2014, 243, 245: Beruhen falsche Angaben auf einer Verwechslung von Daten oder einer fehlerhaften Deutung von Äußerungen der Arbeitnehmerin im Anhörungsgespräch, ist dies im Rahmen von § 102 I BetrVG unschädlich. Entscheidend ist, dass dem Betriebsrat der Kern des Kündigungsvorwurfs zutreffend mitgeteilt wurde.

MERKSATZ   **890**   Nähere
Eine nähere Begründung der den Kündigungsentschluss tragenden Abwägung   Begründung der
ist wegen des Grundsatzes der subjektiven Determinierung regelmäßig nicht   Abwägung nicht
erforderlich.   nötig

Die Anhörung zu der Absicht, das Arbeitsverhältnis zu kündigen, impliziert eine Abwägung zu Lasten des Arbeitnehmers.[864]

Als Fazit lässt sich feststellen, dass das BAG – anders als viele Instanz-Gerichte –   **891**   Fazit und
hinsichtlich der Anforderungen an eine Betriebsratsanhörung relativ großzügig   Marschroute für
verfährt.   die Klausur

> **KLAUSURHINWEIS**
> Stellen Sie die **Regel** heraus: „Die Mitteilungspflicht des Arbeitgebers im Rahmen von § 102 I 2 BetrVG reicht nicht so weit wie seine Darlegungslast im Prozess." Auf dieser Basis prüfen Sie dann, ob dem Betriebsrat der Kern des Kündigungsvorwurfs zutreffend mitgeteilt wurde. Wenn ja, liegt kein Verstoß gegen § 102 I BetrVG vor.

c) Hilfsweise ordentliche Kündigung

MERKSATZ   **892**   Hilfsweise
Will der Arbeitgeber eine außerordentliche Kündigung und hilfsweise eine   Anhörung
ordentliche Kündigung aussprechen, muss der Betriebsrat zu beiden Kündigungen angehört werden.[865]

Teilt der Arbeitgeber objektiv kündigungsrechtlich erhebliche Tatsachen dem   **893**
Betriebsrat deshalb nicht mit, weil er darauf die Kündigung nicht oder zunächst nicht stützen will, dann ist die Anhörung ordnungsgemäß, weil eine nur bei objektiver Würdigung unvollständige Mitteilung der Kündigungsgründe nicht zur Unwirksamkeit der Kündigung nach § 102 BetrVG führt.[866]

d) Nachschieben von Kündigungsgründen

Hat der Arbeitgeber den Betriebsrat im eben genannten Sinne objektiv unvoll-   **894**   Nachschieben
ständig angehört, stellt sich die Frage, ob der Arbeitgeber einen Kündigungsgrund   von Kündigungs-
nachschieben kann.   gründen

MERKSATZ   § 626 II 3 BGB
Ein **Nachschieben von Kündigungsgründen** ist grundsätzlich möglich, da die Begründung der Kündigung keine Wirksamkeitsvoraussetzung ist, vgl. § 626 II 3 BGB.

---

864   BAG, BeckRS 66921, Rn 25
865   StudKomm-Rolfs, § 102 BetrVG Rn 13
866   BAG, NZA 2004, 1037, 1038 f.

Zeitlicher Maßstab

895 Hierbei ist es zunächst ein Gebot der Logik, dass überhaupt nur Kündigungsgründe nachgeschoben werden können, die im Zeitpunkt der Abgabe der Kündigungserklärung objektiv schon vorlagen.[867] Anderenfalls müsste ein Arbeitgeber hellseherische Fähigkeiten beweisen, wenn er eine Kündigung z.B. vom 3. Mai nachträglich mit einem Vorfall vom 10. Mai begründen könnte.

> **MERKSATZ**
> Ein Kündigungsgrund, der erst nach Ausspruch der Kündigung entsteht, kann nur eine erneute Kündigung rechtfertigen.

Betriebsverfassungsrechtlicher Maßstab

896 Sofern der Kündigungsgrund bei Ausspruch der Kündigung objektiv schon vorhanden war, ist zu differenzieren:
War dem Arbeitgeber der weitere Kündigungsgrund bei Ausspruch der Kündigung unbekannt, kann (und muss) er die Anhörung des Betriebsrats gem. § 102 I 1 BetrVG analog nachholen.[868]
Kannte der Arbeitgeber hingegen den Kündigungsgrund bereits bei Ausspruch der Kündigung, so steht das Prinzip der **„subjektiven Determination"** dem Nachschieben des Kündigungsgrundes entgegen.[869]

> **BEISPIEL:** Arbeitgeber G kündigt den Arbeitnehmer N am 14. Juli wegen häufiger Überziehung der Pausenzeiten. Hierzu war der Betriebsrat angehört worden. Am 20. Juli kommt heraus, dass N den Kollegen K am 7. Juli auf der Arbeit bestohlen hat.

Der Kündigungsgrund des Diebstahls lag zum Zeitpunkt der Abgabe der Kündigungserklärung am 14. Juli bereits objektiv vor. Da G hiervon keine Kenntnis hatte, kann er diesen Kündigungsgrund in einem eventuellen Kündigungsschutzprozess nachschieben.

Frist des Betriebsrats zur Stellungnahme

897
> **MERKSATZ**
> Der Arbeitgeber hat grundsätzlich die Frist des § 102 II 1 BetrVG (eine Woche bei ordentlicher Kündigung) bzw. § 102 II 3 BetrVG (drei Tage bei außerordentlicher Kündigung) abzuwarten.

Der Arbeitgeber darf die Kündigung nur dann schon vorher erklären, wenn der Betriebsrat bereits vor Fristablauf eine abschließende Stellungnahme abgegeben hat.[870]

e) Reaktionsmöglichkeiten des Betriebsrats

898 Dem Betriebsrat stehen im Anhörungsverfahren mehrere Reaktionsmöglichkeiten zur Verfügung.

---

[867] *Junker, ArbR, Rn 337*
[868] *BAG, NZA 1997, 656, 658; 1995, 363, 367; Junker, ArbR, Rn 337*
[869] *BAG, NZA 2004, 1037, 1039; Junker, ArbR, Rn 337*
[870] *Hierzu BAG, NZA 1988, 137, 137*

aa) Zustimmung

Wenig prüfungsrelevanz hat die Zustimmung des Betriebsrats zur Kündigung. Dieser Fall ist in § 102 BetrVG explizit nicht geregelt. Die Äußerungsfrist beträgt bei der ordentlichen Kündigung gem. § 102 II 1 BetrVG eine Woche und bei der außerordentlichen Kündigung gem. § 102 II 3 BetrVG drei Tage. Äußert sich der Betriebsrat nicht innerhalb der Wochenfrist zu einer ordentlichen Kündigung, gilt gem. § 102 II 2 BetrVG seine Zustimmung als erteilt. In diesem Fall endet das Anhörungsverfahren mit Ablauf der Äußerungsfrist. **899** — Zustimmungsfiktion

Für die außerordentliche Kündigung fehlt es im Gesetz an einer Zustimmungsfiktion; diese ist nicht erforderlich, da das Gesetz an einen frist- und ordnungsgemäßen Widerspruch gegen eine außerordentliche Kündigung keine besonderen Rechtsfolgen knüpft. **900** — Außerordentliche Kündigung

bb) Mitteilung von Bedenken

Weiterhin kann der Betriebsrat „Bedenken" (also eine ablehnende Stellungnahme) gegen die beabsichtigte Kündigung schriftlich mitteilen. Sie ist das geeignete Mittel, wenn der Betriebsrat mit einer geplanten Kündigung nicht einverstanden ist, ohne dass einer der ausdrücklich in § 102 III BetrVG genannten Widerspruchsgründe eingreifen würde. Bei der außerordentl. Kündigung besteht ohnehin keine Möglichkeit eines Widerspruchs i.S.d. § 102 III BetrVG. **901** — Ablehnende Stellungnahme

Konkrete Rechtswirkungen hinsichtlich der Wirksamkeit der Kündigung kommen der Geltendmachung von Bedenken nicht zu. Der Arbeitgeber kann sich ihnen anschließen oder nicht; überzeugen ihn die Bedenken nicht, kann er die Kündigung aussprechen. Auch im anschließenden Kündigungsrechtsstreit entfalten die „Bedenken" keine unmittelbare Wirkung. **902** — Keine konkreten Rechtswirkungen

Ist die Schriftform gem. § 102 II 1, 3 BetrVG gewahrt ist und ergibt sich aus dem Inhalt der Erklärung, dass es sich um eine abschließende Äußerung des Betriebsrats handeln soll, kann der Arbeitgeber nach ihrem Eingang auch schon vor Ablauf der Wochen- bzw. Drei-Tages-Frist die Kündigung aussprechen. **903** — Frist

cc) Widerspruch des Betriebsrats

Bei einer geplanten ordentlichen Kündigung hat der Betriebsrat die Möglichkeit, innerhalb der Wochenfrist nach § 102 II 1 BetrVG gestützt auf einen der Widerspruchsgründe gem. Abs. 3 ausdrücklich zu widersprechen. Bei der außerordentlichen Kündigung besteht diese Möglichkeit grds. nicht. Eine Ausnahme ist anerkannt für die außerordentliche Kündigung mit sozialer Auslauffrist eines tariflich oder arbeitsvertraglich ordentlich nicht mehr kündbaren Arbeitnehmers; ansonsten würde der besondere Kündigungsschutz im Rahmen des § 102 BetrVG in sein Gegenteil umschlagen.[871] **904** — Außerordentliche Kündigung

Der Widerspruch muss schriftlich, fristgerecht und unter schlüssiger Angabe von Gründen erfolgen, darf also nicht lediglich den Gesetzeswortlaut wiedergeben.[872]

---

[871] BAG, NJOZ 2006, 1690, 1693
[872] BAG, NZA 1999, 1154, 1156

2. Die Kündigung eines Betriebsratsmitglieds, § 103 BetrVG

a) Grundlagen

Rechtswirkungen des Widerspruchs

905 **MERKSATZ**
Den Ausspruch der Kündigung kann der Widerspruch nicht verhindern, er kann jedoch unter den weiteren Voraussetzungen des Abs. 5 den echten Weiterbeschäftigungsanspruch begründen. Zudem kann der begründete Widerspruch zur Sozialwidrigkeit der Kündigung nach § 1 II KSchG führen.

Zustimmungserfordernis zur außerordentlichen Kündigung

906 Die Mitglieder des Betriebsrates bedürfen besonderen Schutzes, damit sie vom Arbeitgeber nicht für ihre Betriebsratstätigkeit gemaßregelt werden können. In diesem Sinne verbietet § 15 KSchG grundsätzlich die ordentliche Kündigung eines Betriebsratsmitglieds. Darüber hinaus ist eine außerordentliche Kündigung eines Mitglieds des Betriebrats gem. § 626 BGB nur zulässig, wenn der Betriebsrat selbst dem zugestimmt hat, § 103 I BetrVG.

§ 103 BetrVG spielt bei der ordentlichen Kündigung keine Rolle

907 **MERKSATZ**
Die **ordentliche Kündigung eines Betriebsratsmitglieds** ist stets gem. § 15 KSchG unwirksam. Folglich spielt § 103 BetrVG nur im Bereich der außerordentlichen Kündigung eine Rolle. Dennoch wird § 103 BetrVG an dieser Stelle des Skripts dargestellt, um die Mitwirkungsrechte des Betriebsrats im Zusammenhang (und im direkten Vergleich) darstellen zu können.

908 Wenn die Voraussetzungen für eine außerordentliche Kündigung vorliegen, muss der Betriebsrat die Zustimmung erteilen. Ein Ermessensspielraum steht ihm insoweit nicht zu.[873]

Kündigung ohne Zustimmung ist nichtig

909 **MERKSATZ**
Fehlt die gem. § 103 I BetrVG erforderliche Zustimmung des Betriebsrats, so ist die außerordentliche Kündigung unheilbar nichtig.[874]

Das Zustimmungsverfahren i.S.d. § 103 I BetrVG ist der Sache nach ein Anhörungsverfahren, welches um das Erfordernis der Zustimmung erweitert worden ist. Aus diesem Grunde finden die für § 102 BetrVG geltenden Grundsätze entsprechende Anwendung.[875] Jedoch sind die folgenden Besonderheiten zu beachten.

b) Anwendungsbereich des § 103 BetrVG

Persönlicher Geltungsbereich

910 Geschützt sind nur die in § 103 I BetrVG genannten Personen.
Der besondere Kündigungsschutz beginnt für die Mitglieder des Wahlvorstandes mit dem Zeitpunkt ihrer Bestellung, §§ 16 bis 17a BetrVG, für die Wahlbewerber mit der Aufstellung des Wahlvorschlags, § 15 III 1 KSchG analog, für die Betriebsratsmitglieder mit der Bekanntgabe des Wahlergebnisses.

---

873 *MK-Hergenröder, BGB, § 15 KSchG Rn 130*
874 *BAG, NZA 1998, 1273, 1274*
875 *MK-Hergenröder, BGB, § 15 KSchG Rn 123*

MERKSATZ 911

Die persönliche Anwendbarkeit von § 103 BetrVG endet mit Beendigung des Amtes.

Konkret bedeutet dies: Für nicht gewählte Wahlbewerber endet der Schutz durch § 103 BetrVG mit Bekanntgabe des Wahlergebnisses, für Mitglieder des Wahlvorstandes mit der Konstituierung des Betriebsrats, § 29 I BetrVG, für die Betriebsratsmitglieder mit Ablauf der Amtszeit, § 21 S. 3 bis 5 BetrVG, oder mit dem Erlöschen der Mitgliedschaft im Betriebsrat aus anderen Gründen, § 24 Nr. 2 bis 6 BetrVG.

MERKSATZ 912 — Keine Nachwirkung

Einen **nachwirkenden Kündigungsschutz** kennt § 103 BetrVG im Unterschied zu § 15 KSchG nicht.

Im Nachwirkungszeitraum des § 15 I 2, II 2, III 2 KSchG ist daher zwar eine ordentliche Kündigung ausgeschlossen, jedoch kann eine außerordentliche Kündigung ohne Zustimmung des Betriebsrats ausgesprochen werden. Allerdings greift zumindest wieder das Anhörungsrecht des Betriebsrats gem. § 102 BetrVG.

c) Die Zustimmung des Betriebsrats

Die Zustimmung des Betriebsrats muss der Arbeitgeber innerhalb der Zweiwochenfrist gem. § 626 II BGB erlangen. Nach ganz h.M. unterbrechen bzw. verlängern weder das Zustimmungsverfahren noch die dreitägige Äußerungsfrist diesen Zeitraum.[876]

913 — Frist des § 626 II BGB ist einzuhalten

MERKSATZ 914 — Schweigen gilt als „nein"

Das **Schweigen des Betriebsrats** gilt im Rahmen des § 103 BetrVG als Versagung der Zustimmung.[877]

Wegen der besonderen Bedeutung des Zustimmungsverfahrens gem. § 103 BetrVG ist eine analoge Anwendung von § 102 II 2 BetrVG, wonach das Schweigen als Zustimmung gilt, nicht möglich. Sachnäher sind vielmehr die §§ 47 I, 108 I BPersVG, die ebenfalls davon ausgehen, dass das Schweigen als Versagung der Zustimmung gilt.

§§ 47 I, 108 I BPersVG

Sofern der Betriebsrat der Kündigung nicht zustimmt, kann der Arbeitgeber die Zustimmung durch gerichtliche Entscheidung ersetzen lassen, vgl. § 2a I Nr. 1 ArbGG.

915 — Zustimmungsersetzungsverfahren

MERKSATZ

Der Antrag auf gerichtliche Ersetzung der Zustimmung muss noch innerhalb der Frist des § 626 II 1 BGB bei Gericht eingegangen sein. Anderenfalls ist er schon wegen Ablaufs der Kündigungserklärungsfrist des § 626 II 1 BGB unbegründet.[878]

---

876 BAG, NJW 1978, 661, 662; MK-Hergenröder, BGB, § 15 KSchG Rn 124
877 BAG, NJW 1978, 661, 663; MK-Hergenröder, BGB, § 15 KSchG Rn 128
878 BAG, NZA 1997, 371, 371; NJW 1978, 661, 662

Keine Ersetzung der Zustimmung		Sofern das Gericht die Zustimmung nicht ersetzt, bleibt die außerordentliche Kündigung verboten. Sollte der Arbeitgeber die Kündigung dennoch aussprechen, ist sie gem. § 103 BetrVG unwirksam.
Ersetzung der Zustimmung		Wenn die Zustimmung vom Gericht ersetzt wird, darf der Arbeitgeber die Kündigung aussprechen. Da jedoch die Ausschlussfrist des § 626 II 1 BGB verstrichen sein wird, muss er die Kündigung nunmehr unverzüglich erklären, § 91 V SGB IX analog.[879]
Klage des Arbeitnehmers weiterhin möglich	916	**KLAUSURHINWEIS** Der Arbeitnehmer ist nach der Ersetzung der Zustimmung durch das Gericht nicht gehindert, gegen die Kündigung Klage zu erheben. Dieser Klage steht weder fehlendes Rechtsschutzinteresse noch die rechtskräftige Zustimmungsersetzung entgegen. Allerdings ist der in dem Zustimmungsersetzungsverfahren ergangene Beschluss präjudiziell, sodass der Arbeitnehmer nur noch solche Einwendungen erheben kann, die erst nach Abschluss des Beschlussverfahrens oder nach Ausspruch der Kündigung bekannt geworden sind.[880] Sofern der Betriebsrat der Kündigung zugestimmt hatte, ist in einem gerichtlichen Verfahren (und damit auch in einer Klausur) in vollem Umfang zu überprüfen, ob die Kündigung wirksam ist. Also werden auch die Voraussetzungen des § 626 BGB voll überprüft.[881]

IX. SOZIALWIDRIGKEIT NACH DEM KSchG

Einseitig zwingendes Recht	917	Eine ordentliche Kündigung kann nach dem KSchG sozialwidrig und damit unwirksam sein. Der Schutz, den das KSchG dem Arbeitnehmer bietet, ist einseitig zwingendes Recht. Eine Abweichung durch Tarifvertrag, Betriebsvereinbarung oder Individualarbeitsvertrag ist nur zum Vorteil des Arbeitnehmers zulässig.[882]
Sonderregeln für Auszubildende		Der Kündigungsschutz des KSchG erfasst, soweit es anwendbar ist, alle Arbeitnehmer des Betriebs mit Ausnahme der Auszubildenden. Für diese finden sich in §§ 21-23 BBiG Sonderregeln.[883]

1. Anwendbarkeit des KSchG

Anwendungsbereich des KSchG	918	Zunächst ist zu prüfen, ob das KSchG überhaupt anwendbar ist. Das ist der Fall, wenn sowohl der sachliche, der persönliche als auch der betriebliche Anwendungsbereich des KSchG eröffnet sind. Sachlich bezieht sich das KSchG nur auf Kündigungen. Der persönliche Anwendungsbereich ist eröffnet, wenn der Arbeitnehmer „ohne Unterbrechung länger als 6 Monate" im Betrieb beschäftigt ist, § 1 I KSchG, der betriebliche ist seit dem 01.01.2004 eröffnet, wenn mehr als zehn Arbeitnehmer im Betrieb beschäftigt sind, § 23 I 2 KSchG.

a) Der sachliche Anwendungsbereich

Kündigungen durch den Arbeitgeber	919	Das KSchG ist sachlich nur auf Kündigungen durch den Arbeitgeber anwendbar. Nicht erfasst werden Kündigungen durch den Arbeitnehmer selbst, Anfechtungen, Aufhebungsverträge und Befristungen.

---

[879] BAG, NZA 1987, 563, 563
[880] Schaub-Linck, § 143 Rn 37
[881] StudKomm-Rolfs, § 103 BetrVG Rn 16
[882] Junker, ArbR, Rn 356
[883] Hierzu näher Junker/Dietrich, NZA 2003, 891, 894

b) Der persönliche Anwendungsbereich (Wartezeit)

Die sechsmonatige Wartezeit des § 1 I KSchG ist einseitig zwingendes Arbeitnehmerschutzrecht. Dies verbietet (auch tarifvertragliche) Verlängerungen zum Nachteil des Arbeitnehmers. Hingegen sind vertragliche Vereinbarungen über eine Verkürzung oder gar den Ausschluss der Wartefrist zulässig.[884]

920 Wartezeit: 6 Monate

Die Frist von sechs Monaten beginnt erst mit dem Beginn des Arbeitsverhältnisses zu laufen, und nicht schon mit der Unterzeichnung des Arbeitsvertrages. Dabei erfolgt die Berechnung der Wartezeit unternehmensbezogen, da ein Unternehmen aus mehreren Betrieben bestehen kann.[885]

921 Ab Beginn des Arbeitsverhältnisses

Das Ende der Wartezeit ergibt sich aus § 188 II BGB. Da jedoch gemäß § 187 II 1 BGB der erste Tag der Frist mitzählt, endet die sechsmonatige Wartezeit mit dem Ablauf desjenigen Tages des letzten Monats, welcher dem Tag vorhergeht, der durch seine Benennung oder seine Zahl dem Anfangstag der Frist entspricht.

922 Ende der Wartezeit

> **BEISPIEL:** Arbeitsaufnahme am 1.2., Ende der Wartefrist am 31.7., Beginn des Kündigungsschutzes am 1.8.

Beispiel

§ 193 BGB findet auf die Berechnung der Wartezeit i.S.v. § 1 I KSchG keine Anwendung. Der Zeitraum von sechs Monaten verlängert sich deshalb nicht, wenn sein letzter Tag auf einen Sonntag, einen allgemeinen Feiertag oder einen Sonnabend fällt. Begründung: § 1 I KSchG enthält keine Frist für die Abgabe von Kündigungserklärungen. Bei einer Kündigung, die innerhalb der Wartezeit erklärt werden soll, handelt es sich deshalb nicht um eine ‚innerhalb einer Frist abzugebende' Willenserklärung. Die Regelung des § 1 I KSchG bedeutet keineswegs, dass etwa – wie von § 193 BGB vorausgesetzt – um den Preis des Verlustes des Kündigungsrechts eine ordentliche Kündigung bis zum Ablauf der Wartezeit zu erklären wäre. Der Arbeitgeber vermag vielmehr auch nach Ablauf des Sechsmonatszeitraums jederzeit zu kündigen, wenn auch nunmehr unter dem Regime des KSchG. Dies ist kein Fall des § 193 BGB.[886]

§ 193 BGB gilt nicht

Maßgeblich für die Rechtzeitigkeit einer Kündigung vor Ablauf der Wartezeit ist der Zugang der Kündigungserklärung. Unerheblich ist hingegen, wenn die Kündigungsfrist erst nach Ablauf der Wartefrist abläuft.[887]

923 Zugang der Kündigungserklärung

> **MERKSATZ**
> Der AG kann deshalb grds. noch am letzten Tag der Sechs-Monats-Frist ohne die Beschränkungen durch § 1 I KSchG kündigen.

Tatsächliche Unterbrechungen des Arbeitsverhältnisses (z.B. Streik, unbezahlte Freistellung, Urlaub oder Krankheit) beeinträchtigen den Lauf der Wartefrist nicht.[888] Nach dem Wortlaut des Gesetzes ist für die Wahrung der Sechs-Monats-Frist aber jede rechtliche Unterbrechung des Arbeitsverhältnisses schädlich. Vor der

924 Tatsächliche Unterbrechungen

Rechtliche Unterbrechungen

---

884 Junker, ArbR, Rn 360
885 APS/Dörner/Vossen, § 1 KSchG, Rn 43
886 BAG, JuS 2014, 1130, 1131
887 APS/Dörner/Vossen, § 1 KSchG, Rn 43
888 MK-Hergenröder, BGB, § 1 KSchG Rn 32

Unterbrechung liegende Zeiten sind somit bei der Berechnung der Sechs-Monats-Frist nicht zu berücksichtigen.[889]

Zeiten eines früheren Arbeitsverhältnisses

925 Nach Sinn und Zweck des Gesetzes sind indessen auf die Wartezeit nach § 1 I KSchG Zeiten eines früheren Arbeitsverhältnisses mit demselben Arbeitgeber anzurechnen, wenn zwischen beiden Arbeitsverhältnissen ein enger sachlicher Zusammenhang besteht.[890] Dies ist z.B. dann der Fall, wenn der Arbeitnehmer zunächst befristet beschäftigt war und er unmittelbar danach unbefristet weiterbeschäftigt wird.[891] Für die Einzelfallbetrachtung sind die Gedanken des Rechtsmissbrauchs maßgebend. Zu prüfen sind Anlass und Dauer der Unterbrechung sowie die Art der Weiterbeschäftigung. Eine feste zeitliche Begrenzung besteht nicht. Je länger die zeitliche Unterbrechung gedauert hat, desto gewichtiger müssen die für den sachlichen Zusammenhang sprechenden Umstände sein.[892] Die Grenze zu einer schädlichen Unterbrechung wird in der Regel ab einem Unterbrechungszeitraum von drei Wochen gesehen.[893]

Leiharbeiter

926 Wird ein Leiharbeitnehmer vom Entleiher in ein Arbeitsverhältnis übernommen, so wird die Zeit der Beschäftigung als Leiharbeitnehmer im Entleiherbetrieb nicht auf die Wartefrist gem. § 1 I KSchG angerechnet. Das gilt selbst dann, wenn der (Leih-)Arbeitnehmer ununterbrochen auf demselben Arbeitsplatz eingesetzt war.[894]#

c) Der betriebliche Anwendungsbereich

Kündigungsschutz ab 10,25 Arbeitnehmern

927 Das KSchG gilt gem. § 23 I 3 KSchG für Kleinbetriebe mit in der Regel nicht mehr als 10 Arbeitnehmern nicht. Ein solcher Kleinbetrieb liegt jedoch dann nicht vor, wenn größere Unternehmen sich „künstlich" in solche „Kleinbetriebe" aufspalten, um dem KSchG auszuweichen.[895]

Teilzeitbeschäftigte

928 Teilzeitbeschäftigte sind bei der Feststellung der Beschäftigtenzahl - je nach ihrem Arbeitsumfang – bis 20 Wochenstunden mit 0,5 bis 30 Wochenstunden mit 0,75 in Rechnung zu stellen, § 23 I 4 KSchG.

Leiharbeitnehmer

929 Bei der Berechnung der Betriebsgröße sind auch im Betrieb beschäftigte Leiharbeitnehmer zu berücksichtigen, wenn ihr Einsatz auf einem „in der Regel" vorhandenen Personalbedarf beruht. Der Berücksichtigung von Leiharbeitnehmern steht nicht schon entgegen, dass sie kein Arbeitsverhältnis zum Betriebsinhaber begründet haben. Dies gebietet eine an Sinn und Zweck orientierte Auslegung der gesetzlichen Bestimmung. Die Herausnahme der Kleinbetriebe aus dem Anwendungsbereich des Kündigungsschutzgesetzes soll der dort häufig engen persönlichen Zusammenarbeit, ihrer zumeist geringen Finanzausstattung und dem Umstand Rechnung tragen, dass der Verwaltungsaufwand, den ein Kündigungsschutzprozess mit sich bringt, die Inhaber kleinerer Betriebe typischerweise stärker belastet. Dies rechtfertigt keine Unterscheidung danach, ob die den Betrieb kennzeichnende regelmäßige Personalstärke auf dem Einsatz eigener oder dem entliehener Arbeitnehmer beruht.[896]

---

889 BAG, NZA 1994, 896, 898; Boemke, JuS 2006, 669, 670
890 BAG AP Nr. 7 zu § 1 KSchG 1969 Wartezeit
891 Vgl. MK-Hergenröder, BGB, § 1 KSchG Rn 32
892 BAG, NJW 2006, 1612, 1612
893 BAG, NJW 2006, 1612, 1612
894 LAG Niedersachsen, 05.04.2013 – 12 Sa 50/13
895 BVerfG, AP Nr. 17 zu § 23 KSchG 1969
896 BAG, NZA 2013, 726, 728; anders die bis zu diesem Urteil h.M.

Sinkt mit der (z.B. betriebsbedingten) Entlassung eines oder mehrerer Arbeitnehmer die Beschäftigtenzahl zukünftig unter den Schwellenwert des § 23 I 3 KSchG, so findet auf diese Kündigung dennoch das KSchG Anwendung.[897]

930

Arbeitnehmer, die in einer ausländischen Arbeitsstätte beschäftigt werden und deren Arbeitsverhältnis nicht deutschem Recht unterliegt, zählen bei der Berechnung des kündigungsschutzrechtlichen Schwellenwerts nicht mit.[898]

931 Ausländische Arbeitsstätte

d) Übergangsregelungen

Vor dem 1.1.2004 war der persönliche Anwendungsbereich des KSchG bereits eröffnet, wenn im Betrieb regelmäßig mehr als 5 Arbeitnehmer beschäftigt waren. Um durch die Neuregelung zum 1.1.2004, welche die Schwelle des persönlichen Anwendungsbereichs auf mehr als 10 Arbeitnehmer erhöhte, bestehenden Kündigungsschutz nicht zu entziehen, wurde eine Übergangsregelung geschaffen. Diese Übergangsregelung in § 23 I 3 KSchG ist überaus kompliziert ausgefallen. Hiernach gilt:

932 Stichtag: 1.1.2004

In Betrieben mit zehn oder weniger Arbeitnehmern gilt das KSchG nicht für Arbeitnehmer, deren vereinbarter Beginn des Arbeitsverhältnisses nach dem 31. Dezember 2003 liegt. Daneben bleibt es für die schon vor dem 31.12.2003 beschäftigten „Altarbeitnehmer" beim bisherigen Schwellenwert von „mehr als fünf" Arbeitnehmern. Das heißt, Arbeitnehmer, die am 31.12.2003 Kündigungsschutz hatten, behalten ihn, so lange sie in dem betreffenden Betrieb tätig sind und die Gruppe der Altarbeitnehmer nicht die Schwelle „mehr als 5" unterschreitet.[899]

„Altarbeitnehmer"

Hierbei ist das Folgende zu beachten: Arbeitnehmer, deren Arbeitsverhältnis in einem Betrieb bis zehn Beschäftigte am 31. Dezember 2003 besteht und für die das Kündigungsschutzgesetz deshalb noch nicht gilt, weil ihre Betriebszugehörigkeit weniger als sechs Monate beträgt, § 1 I KSchG, haben auch dann, wenn die Wartezeit erst im Jahr 2004 abläuft, Kündigungsschutz unter Zugrundelegung des bisherigen Schwellenwertes von mehr als fünf Arbeitnehmern.

> **MERKSATZ**
>
> Für **Alt-Arbeitnehmer** sind die „Schwelle mehr als 10" und die „Schwelle mehr als 5" zu beachten.
>
> Für **Neueingestellte** ist nur die „Schwelle mehr als 10" zu beachten.

933

Bei einer Kündigung ab dem 1. Januar 2004 sind folgende Konstellationen zu unterscheiden:

934 Beispielsfälle

BEISPIEL 1: Betrieb mit 11 Arbeitnehmern; hiervon 5 Alt-Arbeitnehmer (die am 31. Dezember 2003 im Betrieb beschäftigt waren) und 6 Neueingestellte (Arbeitnehmer, deren Arbeitsverhältnis nach dem 31. Dezember 2003 begonnen hat).

In Beispiel 1 haben alle Arbeitnehmer Kündigungsschutz, weil der Betrieb insgesamt bereits die (neue) Voraussetzung „mehr als 10" Arbeitnehmer des § 23 I 3 KSchG erfüllt.

---

897 BAG, NJW 2004, 1818, 1819
898 BAG, NJOZ 2009, 3111, 3112
899 BAG, NZA 2007, 438, 439 f.

BEISPIEL 2: Betrieb mit 10 Arbeitnehmern, hiervon 5 Alt-Arbeitnehmer und 5 Neueingestellte.

Alter Kündigungsschutz nur bei mehr als fünf Altarbeitnehmern

In Beispiel 2 hat kein Arbeitnehmer Kündigungsschutz. Die Neuarbeitnehmer und die Alt-Arbeitnehmer nicht, weil der Betrieb nicht mehr als 10 Mitarbeiter hat, § 23 I 3 KSchG. Die Alt-Arbeitnehmer jedoch auch nicht durch die Übergangsregelung, weil sie auch nach den alten Regelungen des KSchG die Schwelle „mehr als 5" des § 23 I 2 KSchG nicht überschritten hätten.

BEISPIEL 3: Betrieb mit 10 Arbeitnehmern, hiervon 6 Alt-Arbeitnehmer und 4 Neueingestellte.

In Beispiel 3 haben die 4 Neuarbeitnehmer keinen Kündigungsschutz, weil der Betrieb nicht mehr als 10 Mitarbeiter hat, § 23 I 3 KSchG. Demgegenüber haben die 6 Alt-Arbeitnehmer Kündigungsschutz über die Bestandsschutzregelung des § 23 I 3 Halbs. 2 KSchG, weil für sie die alte Schwelle „mehr als 5" gilt.

BEISPIEL 4: Betrieb mit 10 Arbeitnehmern, hiervon 6 Alt-Arbeitnehmer und 4 Neueingestellte. Einer der Alt-Arbeitnehmer geht in Ruhestand, weshalb der Arbeitgeber einen neuen Mitarbeiter anstellt.

Im Unterschied zu Beispiel 3 haben nunmehr alle Mitarbeiter im Betrieb ihren Kündigungsschutz verloren. Dies hat seinen Grund darin, dass die „Gruppe der Alt-Arbeitnehmer" als Einheit betrachtet wird. Sobald diese Gruppe unter die Schwelle „mehr als 5" fällt, verlieren auch diese ihren Bestands-Kündigungsschutz nach § 23 I 2, 3 Halbs. 2 KSchG.[900] Der im Ansatz unbefristete Bestandsschutz gilt also nur so lange, wie der am 31. 12.2003 bestehende „virtuelle Altbetrieb" nicht auf fünf oder weniger „Alt-Arbeitnehmer" absinkt.

935

> **MERKSATZ**
> Auf die Bestandsschutz-Regelung des § 23 I 2, 3 Halbs. 2 KSchG muss nur eingegangen werden, wenn die Gesamtzahl der Arbeitnehmer im Betrieb bei 10 oder darunter liegt. Liegt die Arbeitnehmerzahl über 10, so haben schon nach neuem KSchG alle Arbeitnehmer Kündigungsschutz, weshalb es auf die Bestandsschutzregelung des § 23 I 2, 3 Halbs. 2 KSchG gar nicht mehr ankommt.

2. Soziale Rechtfertigung

a) Die Kündigungsgründe des § 1 KSchG

Keine absoluten Kündigungsgründe

936 Nach § 1 II KSchG ist eine Kündigung sozial ungerechtfertigt, wenn sie nicht durch Gründe, die in der Person oder in dem Verhalten des Arbeitnehmers liegen, oder durch dringende betriebliche Erfordernisse, die einer Weiterbeschäftigung des Arbeitnehmers in diesem Betrieb entgegenstehen, bedingt ist. Folglich sind bei § 1 KSchG, ebenso wie bei § 626 BGB, keine absoluten Kündigungsgründe anzuerkennen.[901]

---

900 BAG, NZA 2007, 438; Zundel, NJW 2006, 3467, 3469
901 Preis, Ind. ArbR, § 62 I; BAG, NZA 2010, 1227, 1229 (für § 626 I BGB)

aa) Personenbedingte Kündigung

Der Arbeitgeber soll mit der personenbedingten Kündigung die Möglichkeit erhalten, das Arbeitsverhältnis zu beenden, wenn der Arbeitnehmer die erforderliche persönliche Eignung oder Fähigkeit nicht oder nicht mehr besitzt, um die geschuldete Arbeitsleistung zu erbringen. Die wichtigsten Fallgruppen betreffen dabei Krankheit, rechtliche Hindernisse wie z.B. fehlende Arbeitserlaubnis, mangelnde körperliche und geistige Eignung zur geforderten Tätigkeit oder mangelndes Vertrauensverhältnis zwischen Arbeitgeber und Arbeitnehmer.[902]

937 Fehlende persönliche Eignung oder Fähigkeit

bb) Verhaltensbedingte Kündigung

Im Gegensatz zum Vorliegen von personenbedingten Gründen muss es sich bei den verhaltensbedingten Kündigungsgründen um ein vom Arbeitnehmer steuerbares und zurechenbares Verhalten handeln. Zweck der Vorschrift ist es, dem Arbeitgeber neben dem außerordentlichen Kündigungsgrund des § 626 BGB eine Möglichkeit zur Kündigung offen zu halten, wenn der Arbeitnehmer ein bestimmtes Verhalten zeigt, obwohl ihm eine andere Handlungsweise möglich wäre.[903]

938 Steuerbares und zurechenbares Verhalten des Arbeitnehmers

cc) Betriebsbedingte Kündigung

Eine betriebsbedingte Kündigung ist sozial gerechtfertigt, wenn sie durch dringende betriebliche Erfordernisse, die einer Weiterbeschäftigung des Arbeitnehmers in diesem Betrieb entgegenstehen, bedingt ist. Der Arbeitgeber hat damit die Möglichkeit, seinen Personalbestand einem geringeren Bedarf anzupassen. Der Arbeitnehmer verliert dabei grundsätzlich entschädigungslos seinen Arbeitsplatz, ohne dass er zur Kündigung Anlass gegeben hat.[904] Eine Abfindung ist nur unter den Voraussetzungen der §§ 1a sowie 9 und 10 KSchG vorgesehen.

939 Anpassung des Personalbestands an den Personalbedarf

BEISPIEL: Im Rahmen einer Weltwirtschaftskrise bricht der Umsatz des Maschinenbauers M um über 40 % ein. M sieht sich gezwungen, eine von 3 Produktionsstraßen still zu legen.

dd) Mischtatbestände

Ein sog. „Mischtatbestand" liegt vor, wenn ein Kündigungssachverhalt mehrere Kündigungsgründe berührt. Wie in diesem Fall die Prüfung der sozialen Rechtfertigung vorzunehmen ist, ist streitig. Richtigerweise ist maßgeblich, aus welchem der im Gesetz genannten drei Bereiche die Störung vorrangig stammt. In einer einheitlichen Bewertung ist dann nur noch dieser Kündigungsgrund zu prüfen.[905]

940 Kündigungssachverhalt berührt mehrere Kündigungsgründe

> **MERKSATZ**
> Besonders sorgfältig ist jedoch darauf zu achten, dass im Fall eines steuerbaren Verhaltens das Abmahnungserfordernis durch die Annahme eines personenbedingten Grundes nicht umgangen wird. Umgekehrt muss aber auch die systemwidrige Ausweitung des Abmahnungserfordernisses auch auf personenbedingte Kündigungen vermieden werden.[906]

Abmahnungserfordernis

---

902 MK-Hergenröder, BGB, § 1 KSchG, Rn 123; Näheres hierzu ab Rn 988.
903 MK-Hergenröder, BGB, § 1 KSchG, Rn 190; Näheres hierzu unten ab Rn 1049.
904 MK-Hergenröder, BGB, § 1 KSchG, Rn 285; Näheres hierzu unten ab Rn 1101.
905 BAG, AP Nr. 12 zu § 1 KSchG 1969; ebenso SPV-Preis, Rn 990
906 SPV-Preis, Rn 990 mit klarer Kritik an älteren BAG-Urteilen.

BEISPIEL: Der Arbeitgeber A übergibt dem Arbeitnehmer N eine Änderungskündigung, die auszugsweise wie folgt lautet: „Änderungskündigung: Wie wir von Ihren Vorgesetzten erfahren, sind Sie nach eigenen Angaben nicht bereit, neben Ihrer Tätigkeit als Koch die Stellvertretung des Kantinenleiters zu übernehmen. Das war aber die Voraussetzung zur damaligen Einstufung in die Lohngruppe 8. Wir sehen uns daher gezwungen, das mit Ihnen bestehende Arbeitsverhältnis als Koch und Vertreter des Kantinenleiters fristgemäß zum 31.7. zu kündigen. Gleichzeitig bieten wir Ihnen an, Sie ab 1. 8. 1983 als Koch in der Lohngruppe 7 in der Kantine unseres Werkes E. zu beschäftigen."

Schwerpunktbildung

Im Beispiel liegt ein Mischtatbestand aus einem verhaltensbedingten und einem betriebsbedingten Grund zur Änderungskündigung vor.[907] Auslösendes Moment der Änderungskündigung war die Weigerung des N, die Aufgaben eines Stellvertreters des Kantinenleiters wahrzunehmen.[908] Insoweit liegt nach BAG in erster Linie ein verhaltensbedingter Änderungskündigungsgrund vor. Insoweit ist nach dieser Ansicht alleine unter verhaltensbedingten Aspekten die Wirksamkeit der (Änderungs-)Kündigung zu überprüfen.

ee) Mehrere Kündigungssachverhalte

Kündigung, wird auf mehrere Gründe gestützt

941 Bei einer Kündigung, die auf mehrere Gründe gestützt wird, ist zunächst zu prüfen, ob jeder Sachverhalt für sich allein geeignet ist, die Kündigung zu begründen.[909]

Streitig, ob Gesamtbetrachtung zulässig ist

Erst wenn die isolierte Betrachtungsweise nicht bereits zur Sozialwidrigkeit der Kündigung führt, stellt sich die Frage, ob zusätzlich noch im Wege einer einheitlichen Betrachtungsweise zu prüfen ist, ob die einzelnen Kündigungsgründe in ihrer Gesamtheit Umstände darstellen, die bei verständiger Würdigung in Abwägung der Interessen der Vertragsparteien und des Betriebes die Kündigung als billigenswert und angemessen erscheinen lassen.

942 Das BAG nimmt eine derartige Gesamtbetrachtung vor. Hierbei ging es bisher allerdings stets um Sachverhalte bei denen die Einzelsachverhalte denselben Kündigungsgrund betrafen.[910] Andere lehnen eine derartige Gesamtbetrachtung vollständig ab, da sie der Systematik des Gesetzes widerspreche.[911] Schließlich wird vertreten, dass auch ungleichartige Kündigungsgründe in die Gesamtbetrachtung einzubeziehen seien.[912] Ein Fehlverhalten habe ein anderes Gewicht je nach dem, ob der Betreffende zu den Leistungsträgern gehöre oder ob er nur unterdurchschnittliche Leistungen aufweise.

---

907 Ausführlich zur Änderungskündigung ab Rn 1278.
908 BAG, AP Nr. 12 zu § 1 KSchG 1969
909 BAG, AP Nr. 5 zu § 1 KSchG 1969 Verhaltensbedingte Kündigung
910 BAG, AP Nr. 41 zu Art. 140 GG (unter III 3c aa); vgl. auch MK-Hergenröder, BGB, § 1 KSchG Rn 86
911 Ascheid KündigungschutzR, Rn 224; Preis, ArbR I, § 62 V 2; Rüthers/Henssler, ZfA 1988, 31, 33
912 Hromadka/Maschmann, ArbR I, § 10 Rn 158

KLAUSURHINWEIS

In einer Klausur muss also strikt darauf geachtet werden, welcher der beiden folgenden Fälle vorliegt: Hat der Arbeitgeber wegen eines einzigen Anlasses gekündigt und berührt dieser Anlass aber mehrere Kündigungsgründe (z.B. ein Fehlverhalten welches auch Rückschlüsse auf die mangelnde persönliche Eignung zulässt)? Wenn ja, liegt der oben unter (4) behandelte „Mischtatbestand" vor. Oder gibt es mehrere Anlässe, die am Schluss beim Arbeitgeber „das Fass zum Überlaufen bringen" und ihn daher zur Kündigung (wegen mehrerer Anlässe) veranlassen? In diesem Fall liegt der oben unter (5) behandelte Fall mehrerer Kündigungssachverhalte vor.

943 Abgrenzung

b) Begriff der sozialen Rechtfertigung

Prüfungsschwerpunkt bei der ordentlichen Kündigung ist regelmäßig die Frage, ob die Kündigung sozial gerechtfertigt war, § 1 II, III KSchG. Sozialwidrigkeit ist gegeben, wenn keiner der in § 1 II 1 oder 2 KSchG genannten Gründe für eine Kündigung vorliegt. Voraussetzung für die Wirksamkeit einer Kündigung im Anwendungsbereich des KSchG ist daher das Vorliegen eines dort festgelegten Kündigungsgrundes. Der Begriff der Sozialwidrigkeit ist somit im Gesetz nicht positiv definiert, sondern bestimmt sich nach der in § 1 II 1 KSchG festgelegten negativen Generalklausel, die drei Fallgruppen aufführt: Dabei ist zwischen personen-, verhaltens- und betriebsbedingten Kündigungsgründen zu unterscheiden, die eine Kündigung rechtfertigen können. Die Sozialwidrigkeit nach § 1 I KSchG ist daher in untrennbarem Zusammenhang mit den sie näher konkretisierenden Tatbeständen des § 1 II – V KSchG zu interpretieren.[913]

944 § 1 II, III KSchG

Ist eine Kündigung sozialwidrig, so ist sie rechtsunwirksam. Das Arbeitsverhältnis besteht in diesem Fall fort.

Sozialwidrig
=
rechtsunwirksam

c) Prognoseprinzip und Beurteilungszeitpunkt

MERKSATZ
Maßgebliche Beurteilungsgrundlage für die Rechtmäßigkeit einer Kündigung sind die objektiven Verhältnisse im Zeitpunkt des Zugangs der Kündigungserklärung.[914]

945 Maßgebliche Beurteilungsgrundlage

Bei der Entscheidung über die Rechtswirksamkeit einer Kündigung bedarf es stets einer in die Zukunft gerichteten Prognose. Dies hat seinen Grund in § 1 II KSchG, der darauf abstellt, ob die geltend gemachten Gründe einer „Weiterbeschäftigung" des Arbeitnehmers entgegenstehen. Folglich ist die Kündigung nie Sanktion für vergangenes Fehlverhalten, sondern „Vorsorge" für die Zukunft. Das **Prognoseprinzip** gilt – mit unterschiedlichen Akzentuierungen - bei allen Kündigungsgründen.[915]

Prognoseprinzip

---

913 ErfK-Oetker, § 1 KSchG Rn 62
914 BAG AP Nr. 16 zu § 1 KSchG 1969 Krankheit; MK-Hergeröder, BGB, § 1 KSchG Rn 117
915 MK-Hergeröder, BGB, § 1 KSchG Rn 113 f.

Weiterbeschäftigung

> **MERKSATZ**
> Die Kündigungsgründe sind stets auf das zukunftsbezogene Moment der Weiterbeschäftigung hin zu interpretieren.

Umstände der Vergangenheit als Indiz

946 Die Prognose ist jedoch nicht rein zukunftsbezogen. Der Arbeitgeber muss auf Umstände in der Vergangenheit oder Gegenwart zurückgreifen, um berechtigterweise eine negative Prognose treffen zu können.[916]

> **BEISPIEL 1** (zur personenbedingten Kündigung): Die Häufigkeit von Erkrankungen des Arbeitnehmers in der Vergangenheit indiziert, dass der Arbeitnehmer auch in der Zukunft weiterhin häufig krank sein wird.
>
> **BEISPIEL 2** (zur verhaltensbedingten Kündigung): Die bisherige häufige private Internetnutzung am Arbeitsplatz durch den Arbeitnehmer, die trotz Abmahnung nicht reduziert wurde, indiziert, dass der Arbeitnehmer auch zukünftig das Internet am Arbeitsplatz privat nutzen wird.
>
> **BEISPIEL 3** (zur betriebsbedingten Kündigung): Die schlechte Auftragslage in der Vergangenheit, die zu einem erheblich reduzierten Arbeitskräftebedarf im Unternehmen U führt, indiziert, dass auch zukünftig die Auftragslage schlecht bleiben wird.

Wahrscheinlichkeitsurteil

947 Aufgrund der dem Arbeitgeber im Zeitpunkt der Kündigung vorliegenden Tatsachen hat er ein Wahrscheinlichkeitsurteil zu fällen. Dieses ist naturgemäß mit dem Risiko behaftet, dass sich die Prognose rückwirkend betrachtet als falsch erweist. Eine Gewissheit kann jedoch aufgrund der Zukunftsbezogenheit für den Beweis der Negativprognose i.S.d. § 46 II ArbGG iVm. §§ 495 I, 286 ZPO nicht verlangt werden. Eine bloße Wahrscheinlichkeit reicht andererseits zum Schutz des Arbeitnehmers nicht aus. Vernünftige Zweifel, welche die Kündigungsberechtigung ausschließen könnten, dürfen also nicht bestehen.[917]

Zugang der Kündigungserklärung

948
> **MERKSATZ**
> Der maßgebliche Prognosezeitpunkt ist der Beurteilungszeitpunkt der Sozialwidrigkeit einer Kündigung. Dieser ist der Zeitpunkt des Zugangs der Kündigungserklärung.[918]

Wiedereinstellungsanspruch

Sollte sich die Prognose nachträglich als falsch erweisen, so macht dies die Kündigung nicht unwirksam. Es kommt jedoch ein Anspruch des Arbeitnehmers auf Wiedereinstellung in Betracht.[919]

d) Verhältnismäßigkeitsprinzip/Ultima-ratio-Prinzip

aa) Grundlagen

§ 1 II 2 Nr. 1b) und § 1 II 3 KSchG

949 Das KSchG ist darauf ausgelegt, den Bestand des Arbeitsverhältnisses nach

---
916 MK-Hergeröder, BGB, § 1 KSchG Rn 115
917 MK-Hergenröder, BGB, § 1 KSchG, Rn 115
918 BAG, AP Nr. 83 zu § 1 KSchG 1969; MK-Hergenröder, BGB, § 1 KSchG, Rn 117
919 BAG, NZA 1998, 701, 702 f.; hierzu Näheres unter Rn 1180.

Möglichkeit zu schützen, da der Arbeitsplatz regelmäßig die Existenzgrundlage des Arbeitnehmers darstellt. Deshalb kann ein Arbeitsvertrag von Arbeitgeberseite aus nur dann gekündigt werden, wenn andere, weniger einschneidende Maßnahmen nicht mehr in Betracht kommen. Dieses sog. **Verhältnismäßigkeitsprinzip** findet seinen Niederschlag z.B. in § 1 II 2 Nr. 1b) und § 1 II 3 KSchG.[920]

Das BAG unterscheidet im Rahmen dieser Prüfung aber nicht streng nach Geeignetheit, Erforderlichkeit und Verhältnismäßigkeit im engeren Sinne wie im öffentlichen Recht üblich. Vielmehr wird die Verhältnismäßigkeitsprüfung gleichgesetzt mit der Prüfung, ob die Kündigung das einzige und letztmögliche Mittel zur Erreichung des arbeitgeberischen Zieles ist. Dogmatisch entspricht diese Prüfung der Frage nach der Erforderlichkeit einer Maßnahme.[921]

950 Erforderlichkeit

> **MERKSATZ**
> Der Verhältnismäßigkeitsgrundsatz wird vom BAG dementsprechend auch als **Ultima-ratio-Prinzip** oder Übermaßverbot bezeichnet.

951 Ultima-ratio-Prinzip bzw. Übermaßverbot

Er besagt letztlich, dass die Kündigung immer erst als letztes Mittel in Betracht kommen darf.[922] Der Arbeitgeber hat daher zunächst alle anderen Mittel in Erwägung zu ziehen, die eine Kündigung verhindern könnten. Dabei richtet es sich nach dem jeweiligen Kündigungsgrund, welche milderen Mittel in Betracht zu ziehen sind. Als mildere Mittel kommen generell in Betracht die Weiterbeschäftigung des Arbeitnehmers an einem anderen Arbeitsplatz in demselben Betrieb oder in einem anderen Betrieb des Unternehmens, § 1 II 2 Nr. 1b) KSchG, die Weiterbeschäftigung des Arbeitnehmers nach zumutbaren Umschulungs- oder Fortbildungsmaßnahmen oder eine Weiterbeschäftigung des Arbeitnehmers unter geänderten Arbeitsbedingungen, § 1 II 3 KSchG, sowie die Änderungskündigung gem. § 2 KSchG.

Mildere Mittel haben Vorrang vor der Kündigung

bb) Abmahnung

Als weiteres milderes Mittel vor dem Ausspruch einer Kündigung kommt die Erteilung einer Abmahnung in Betracht.
Sofern der kündigungsrelevante Sachverhalt auf ein willentliches, vom Arbeitnehmer steuerbares Verhalten zurückgeht, muss grundsätzlich als milderes Mittel vor Ausspruch der Kündigung abgemahnt werden, vgl. § 314 II BGB.[923] Allerdings ist grundsätzlich eine Abmahnung entbehrlich und gleichzeitig die (sofortige) Kündigung zulässig, wenn eine Beseitigung der Störungsauswirkungen überhaupt nicht mehr möglich ist. Dies ist immer dann der Fall, wenn das beanstandungsfähige (Fehl-) Verhalten des Arbeitnehmers eine klare Negativprognose für die weitere Vertragsbeziehung zulässt, also gerade nicht die Möglichkeit einer zukünftigen, vertragskonformen Rechtsbeziehung besteht.[924]

952 Willentliches, steuerbares Verhalten

---

920 Hromadka/Maschmann, ArbR I, § 10 Rn 163a
921 MK-Hergenröder, BGB, § 1 KSchG Rn 92; Hromadka/Maschmann, ArbR I, § 10 Rn 161
922 BAG, AP Nr. 70 zu § 626 BGB; BAG, NZA 2007, 617, 619 f.
923 Hromadka/Maschmann, ArbR I, § 6 Rn 157
924 BAG, NZA 1995, 517, 520; Preis, DB 1990, 685, 687

BEISPIEL: E arbeit als Erzieher in einem städtischen Kindergarten. E ist pädophil. Eines Tages kann er seinem Drang nicht mehr widerstehen und missbraucht das Kind K.

Im Beispiel ist eine vor der Kündigung auszusprechende Abmahnung aus den genannten Gründen entbehrlich. Die Kündigung stellt sich als personenbedingt dar.

Abmahnung auch bei Eigenkündigung

953 | **MERKSATZ**
Auch eine fristlose Eigenkündigung des Arbeitnehmers wegen Vertragsverletzung des Arbeitgebers setzt in aller Regel dessen vorherige vergebliche Abmahnung voraus.[925]

e) Interessenabwägung

Bestandsschutzinteresse und Auflösungsinteresse

954 Die Feststellung der Sozialwidrigkeit einer Kündigung verlangt nach BAG eine umfassende Interessenabwägung zwischen dem Bestandsschutzinteresse des Arbeitnehmers und dem Auflösungsinteresse des Arbeitgebers.[926] Das bedeutet, die Beeinträchtigung der Vertragsinteressen des Arbeitgebers muss die wirtschaftlichen und sozialen Interessen des Arbeitnehmers am Bestand des Arbeitsverhältnisses überwiegen, um die Kündigung zu rechtfertigen.

Grundsatz der Verhältnismäßigkeit

Das Erfordernis einer Interessenabwägung folgt schon aus dem Grundsatz der Verhältnismäßigkeit und der Notwendigkeit des schonendsten Eingriffs. Das Gesetz verlangt zwar, anders als § 626 BGB, vom Wortlaut her keine Interessenabwägung. Trotzdem sind sich die h.L. und das BAG grundsätzlich einig, dass sie immanenter Bestandteil der sozialen Rechtfertigung einer Kündigung ist.

Differenzierung

955 Es ist jedoch zu beachten, dass für eine (zusätzliche) Interessenabwägung kein Raum mehr ist, wenn der Gesetzgeber seinerseits bereits die erforderliche Abwägung vorgenommen hat. Deshalb ist zwischen den unterschiedlichen Kündigungsgründen zu differenzieren.

Betriebsbedingte Kündigung: Sozialauswahl

956 Die betriebsbedingte Kündigung ist nur sozial gerechtfertigt, wenn „dringende betriebliche Erfordernisse" bestehen, § 1 II 1 KSchG. Der zu kündigende Arbeitnehmer ist in diesem Fall durch die sog. **„Sozialauswahl"**, § 1 III KSchG, zu ermitteln. Diese gesetzlichen Vorgaben führen bereits zu einer verbindlichen Abwägung der widerstreitenden Interessen. Eine zusätzliche Interessenabwägung ist vor diesem Hintergrund nicht nur überflüssig, sondern unzulässig.[927]

Personen-und der verhaltensbedingte Kündigung: Abwägung nötig

957 Im Bereich der personen- und der verhaltensbedingten Kündigung hat der Gesetzgeber nicht in gleicher Weise konkretisierbare Wertentscheidungen vorgegeben. In diesen Bereichen ist deshalb eine Abwägung der widerstreitenden Interessen notwendig.[928] Dabei bezieht das BAG auch Aspekte in die Abwägung ein, die in keinem unmittelbaren Zusammenhang mit dem Arbeitsvertrag stehen, wie z.B. bestehende Unterhaltspflichten, das Lebensalter und (oft damit zusammenhängend) die Chancen auf dem Arbeitsmarkt.[929]

---

[925] ArbG Berlin, 04.01.2013 – 28 Ca 16836/12
[926] BAG, AP Nr. 2, 3 zu § 1 KSchG 1969; Hromadka/Maschmann, ArbR I, § 10 Rn 165
[927] BAG, AP Nr. 42 zu § 1 KSchG 1969 Betriebsbedingte Kündigung; MK-Hergenröder, BGB, § 1 KSchG, Rn 122; Preis, Ind. ArbR, § 62 IV
[928] Preis, Ind. ArbR, § 62 IV
[929] BAG, NZA 2000, 768, 770 f.; Hromadka/Maschmann, ArbR I, § 10 Rn 166

X. TREU- ODER SITTENWIDRIGE KÜNDIGUNG

1. Grundlagen

Im Einzelfall kann eine Kündigung nach den Generalklauseln des BGB als sittenwidrig, § 138 BGB, oder als treuwidrig, § 242 BGB, unwirksam sein.

958

> **MERKSATZ**
> Auch außerhalb des Anwendungsbereichs des KSchG ist der Arbeitnehmer der Willkür des Arbeitgebers nicht schutzlos ausgeliefert.

Kündigungsschutz außerhalb des KSchG

Zwar hat das BVerfG entschieden, dass die Herausnahme von Kleinbetrieben aus dem Kündigungsschutz, § 23 I 2 KSchG, nicht gegen das Grundgesetz, z.B. gegen den Gleichbehandlungsgrundsatz, verstößt.[930] Dies folge aus der dünnen Kapitaldecke solcher Betriebe und daraus, dass eine Störung des Betriebsklimas nicht durch Umsetzung von Mitarbeitern, sondern nur durch eine Kündigung beseitigt werden könne.
Dennoch – und da liegt die eigentliche Bedeutung dieser Entscheidung – hat das BVerfG entschieden, dass Arbeitnehmer in Kleinbetrieben nicht völlig schutzlos bleiben dürfen. Es müsse ein angemessener Ausgleich zwischen Arbeitnehmer- und Arbeitgeberinteressen gewährleistet werden. Kündigungen, die gegen die guten Sitten oder Treu und Glauben verstoßen, sind unwirksam. Insoweit würden die zivilrechtlichen Generalklauseln den durch Art. 12 GG gebotenen Mindestschutz der Arbeitnehmer gewähren.

959 *Arbeitnehmer in Kleinbetrieben nicht völlig schutzlos*

Der durch die Generalklauseln vermittelte Schutz darf aber nicht dazu führen, dass dem Kleinunternehmer praktisch die im Kündigungsschutzgesetz vorgegebenen Maßstäbe der Sozialwidrigkeit auferlegt werden. In sachlicher Hinsicht geht es vor allem darum, Arbeitnehmer vor willkürlichen oder auf sachfremden Motiven beruhenden Kündigungen zu schützen.

960 *Schutz vor willkürlichen Kündigungen*

Folglich darf ein durch langjährige Mitarbeit erdientes Vertrauen in den Fortbestand des Arbeitsverhältnisses darf nicht völlig unberücksichtigt bleiben. Insgesamt ist ein gewisses Mindestmaß an sozialer Rücksichtnahme gefordert.[931]

Mindestmaß an sozialer Rücksichtnahme

Daraus folgt, dass nicht jede Kündigung, die im Falle der Anwendbarkeit des KSchG als sozialwidrig beurteilt werden müsste, allein deshalb schon sittenwidrig, § 138 BGB, oder treuwidrig, § 242 BGB, ist.[932] Im Gegenteil:

961

> **MERKSATZ**
> Die Grundsätze des § 1 KSchG über die Sozialauswahl bei betriebsbedingten Kündigungen sind auf **Kleinbetriebe** nicht entsprechend anwendbar. Auch die Übertragung weiterer kündigungsschutzrechtlicher Grundsätze, wie etwa das Erfordernis der Abmahnung bei verhaltensbedingten Kündigungen, auf Kündigungen in Kleinbetrieben hat das BAG abgelehnt.[933]

Kein „kleiner" Kündigungsschutz

---

930 BVerfG, NJW 1998, 1475, 1475 ff.
931 BVerfG, NJW 1998, 1475, 1475 ff.
932 BAG, NZA 2001, 833, 835
933 BAGE 97, 92, 103; BAG, AP Nr. 88 zu § 1 KSchG 1969

BEGRÜNDETHEIT BEI ORDENTLICHER ARBEITGEBER-KÜNDIGUNG

§ 138 BGB nur in besonders krassen Fällen

962 Der schwere Vorwurf der Sittenwidrigkeit gem. § 138 BGB kann nur in besonders krassen Fällen erhoben werden. Das ist z.B. dann anzunehmen, wenn die Kündigung auf einem verwerflichen Motiv des Kündigenden, wie z.B. Rachsucht, beruht oder wenn sie aus anderen Gründen dem Anstandsgefühl aller billig und gerecht Denkenden widerspricht.[934]

> **BEISPIEL:** Der Arbeitnehmer wird nach einem Verkehrsunfall, der eine Krankschreibung von vier Wochen nach sich zog, zur Strafe für sein „krank machen" umgehend vom Arbeitgeber gekündigt. Der Betrieb hat nur 8 Arbeitnehmer.

Die Kündigung ist nach den obigen Grundsätzen zumindest eine unzulässige, weil treuwidrige Rechtsausübung, § 242 BGB, und damit unwirksam.[935]

§ 242 BGB geht § 138 BGB vor

963 **KLAUSURHINWEIS**
In einer Klausur sollte primär vor dem Hintergrund der unzulässigen, weil treuwidrigen, Rechtsausübung gem. § 242 BGB argumentiert werden. Dies schon deshalb, weil ein Fall, der sogar die strengeren Voraussetzungen der Sittenwidrigkeit erfüllt in der Regel auch zwanglos unter die Voraussetzungen des § 242 BGB subsumiert werden kann.[936]

Fälle der Treuwidrigkeit

964 Ein typischer Tatbestand der unzulässigen, weil treuwidrigen, Rechtsausübung, § 242 BGB, ist neben einem widersprüchlichen Verhalten des Arbeitgebers, der Ausspruch der Kündigung in verletzender Form und der Ausspruch einer Kündigung zur Unzeit, vgl. §§ 627 II, 671 II und 723 II BGB.

Kündigung zur Unzeit

Dies bedeutet jedoch noch nicht, dass jede zur Unzeit ausgesprochene Kündigung als rechtsunwirksam anzusehen ist. Ferner gilt es zu beachten, dass die unzeitige Kündigung in den gesetzlich geregelten Fällen stets nur zur Schadensersatzpflicht des Kündigenden, nicht jedoch zur Unwirksamkeit der Kündigung führt. Die Annahme der Unwirksamkeit der Kündigung erfordert vielmehr weitere Umstände, welche die Kündigung zur Unzeit in die Nähe der ungehörigen Kündigung rücken. Es muss eine Beeinträchtigung berechtigter Interessen des Kündigungsgegners, insbesondere auf Achtung seiner Persönlichkeit vorliegen. Dies kann der Fall sein, wenn der Erklärende absichtlich oder auf Grund einer auf Missachtung der persönlichen Belange des Empfängers beruhenden Gedankenlosigkeit einen Zugangszeitpunkt wählt, der den Empfänger besonders beeinträchtigt. Der (bloße) zeitliche Zusammenhang mit einer Fehlgeburt einer Arbeitnehmerin ist dabei von der Rechtsprechung ebenso wenig als ausreichend angesehen worden, wie der Zugang der Kündigung am 24.12. oder nach dem Tod und noch vor der Beerdigung des Lebensgefährten.[937]

> **BEISPIEL** (nach LAG Bremen, LAGE § 242 BGB Nr. 1): Arbeitnehmer A erleidet auf der Arbeit einen schweren Arbeitsunfall. Unmittelbar vor der Operation wird A am selben Tag im Krankenhaus ein Kündigungsschreiben ausgehändigt.

---

[934] BAG, NZA 2001, 833, 835
[935] LAG Thüringen, 19.6.2007 – 5 Ta 55/07
[936] BAG, NZA 1994, 1080, 1081; Junker, ArbR, Rn 341 (§ 242 BGB ist „leichter zu begründen")
[937] BAG, NZA 2001, 890, 891; Gragert/Wiehe, NZA 2001, 934 ff.

Vor allem die Tatsache, dass die bevorstehende Operation auf einem Arbeitsunfall basiert, sich der Arbeitnehmer also quasi auf der Arbeit „aufgeopfert" hat, führt zur Annahme einer unzeitigen, treuwidrigen Kündigung, die gem. § 242 BGB als unzulässige Rechtsausübung unwirksam ist.

> **KLAUSURHINWEIS** 965
> Die §§ 242, 138 BGB spielen in der Klausur meist keine Rolle, wenn das KSchG anwendbar ist. Das KSchG enthält nämlich schon seinerseits, vor allem in § 1 KSchG, Konkretisierungen des Grundsatzes von Treu und Glauben. Das KSchG stellt insofern eine abschließende Regelung dar. Sofern das KSchG anwendbar ist, kommen daher diejenigen Umstände, die die Kündigung als sozialwidrig erscheinen lassen können, als Verstöße gegen Treu und Glauben nicht in Betracht. Ist jedoch das KSchG nicht anwendbar, so lebt das Verbot unzulässiger, weil treuwidriger, Rechtsausübung wieder auf und ist folglich in der Klausur anzusprechen.[938]

2. Die diskriminierende Kündigung, AGG

Sofern eine Kündigung diskriminierend (benachteiligend) ist, stellt sich vor allem vor dem Hintergrund des § 2 IV AGG die Frage, welche Auswirkungen dies auf die Kündigung hat.

a) Grundlagen

Nach der st. Rspr. des BAG und des BVerfG waren Arbeitnehmer außerhalb des KSchG schon vor der Einführung des AGG durch die zivilrechtlichen Generalklauseln der §§ 138, 242 BGB gegen eine diskriminierende und dadurch sitten- und/oder treuwidrige Ausübung des Kündigungsrechts geschützt.[939]   966 §§ 138, 242 BGB

Mit Geltung des AGG hat sich hieran zwar im Ergebnis nichts geändert, aber an der dogmatischen Begründung. Eine diskriminierende Kündigung wird vom BAG nunmehr – soweit das KSchG anwendbar ist – als sozialwidrig i.S.d. § 1 KSchG eingestuft. Die so genannte Bereichsausnahme in § 2 IV AGG, wonach für Kündigungen ausschließlich die Bestimmungen zum allgemeinen und besonderen Kündigungsschutz gelten, ist (wenn nicht gar europarechtswidrig, so doch zumindest) insoweit europarechtskonform auszulegen.[940] Die zivilrechtlichen Generalklauseln werden dagegen von § 2 IV AGG nicht erfasst.   967 § 2 IV AGG ist europarechtswidrig

Ordentliche Kündigungen während der Wartezeit und in Kleinbetrieben sind hingegen unmittelbar am Maßstab des AGG zu messen. Der Diskriminierungsschutz des AGG geht insoweit den §§ 138, 242 BGB vor und verdrängt diese. Das AGG regelt allerdings nicht selbst, welche Rechtsfolge eine nach § 2 I Nr. 2 AGG unzulässige Benachteiligung hat. Diese Rechtsfolge ergibt sich erst aus § 134 BGB.[941]   968 § 134 BGB außerhalb des KSchG

---

938 Junker, ArbR, Rn 345; vgl. auch Annuß, BB 2001, 1898, 1900; Boemke, JuS 2001, 1133, 1133 f.
939 BVerfG, NJW 1998, 1475, 1476; BAG, NZA 2001, 833, 835; Willemsen/Schweibert, NJW 2006, 2583, 2583
940 BAG, NZA 2009, 361, 364 f.; NZA-RR 2015, 474, 476; MK-Hergenröder, BGB, Vorbem. zu §§ 620-630 BGB, Rn 194; Baeck/Winzer, NZG 2008, 939, 939
941 BAG, NZA 2014, 372, 374 f.; v. Steinau-Steinrück/Schneider/Wagner, NZA 2005, 28, 29; a.A. (Fall der §§ 138, 242 BGB) statt vieler: Hein, NZA 2008, 1033, 1035

| Differenzierende Lösung | 969 | **KLAUSURHINWEIS**
Die mögliche Unwirksamkeit der Kündigung wegen einer eventuellen Diskriminierung kann also an unterschiedlichen Stellen im Gutachten auftauchen. Im Anwendungsbereich des KSchG sind die Diskriminierungsverbote des § 7 AGG bei europarechtskonformer Auslegung im Rahmen der jeweiligen Kündigungsbeschränkungen des § 1 KSchG zu berücksichtigen. Außerhalb des KSchG ist nach BAG § 134 BGB trotz § 2 IV AGG einschlägig. |

b) Das diskriminierende Motiv

Sonderfall: Objektiv zulässige Kündigung aus diskriminierendem Motiv	970	Fraglich ist jedoch nach Einführung des AGG, ob eine Kündigung, die objektiv zulässig ist, wegen des diskriminierenden Kündigungsmotivs unwirksam werden kann.
Teilweise wird vertreten, die Kündigung sei ungeachtet ihrer objektiven Berechtigung unwirksam, weil das AGG an das Benachteiligungsmotiv des Arbeitgebers anknüpfe.[942]
Kündigung dennoch wirksam: rein objektiver Maßstab		Dies widerspricht jedoch grundlegenden Prinzipien des deutschen Kündigungsschutzrechts. Hiernach gilt, dass eine Kündigung wirksam ist, wenn ausreichende Kündigungsgründe vorliegen. Es gilt ein rein objektiver Maßstab. Ob der Arbeitgeber die objektiv vorliegenden Kündigungsgründe kennt und ob sie – im Fall der Kenntnis – für die Motivation des Arbeitgebers relevant sind, spielt keine Rolle.[943] Hat sich z.B. der Arbeitgeber im Rahmen einer betriebsbedingten Kündigung keine Gedanken über die Sozialauswahl gemacht, trifft die Kündigung aber zufällig den sozial schwächsten Arbeitnehmer, ist die Kündigung zulässig.[944] Es gibt keinen Grund von diesen Grundsätzen im Rahmen des Diskriminierungsverbots abzuweichen.[945]

| Beweislastregel § 22 AGG | 971 | **MERKSATZ**
Eine besondere Rolle spielt in diesem Kontext aber § 22 AGG. Dieser regelt die Beweislast bei Benachteiligungen und gilt insoweit auch bei benachteiligenden Kündigungen. Ist bei einer Kündigung eines Arbeitnehmers aufgrund vorgetragener Indizien eine unmittelbare Benachteiligung gem. § 22 AGG zu vermuten und gelingt es dem Arbeitgeber nicht, diese Vermutung zu widerlegen, ist die Kündigung auch im Kleinbetrieb unwirksam.[946] |

c) Entschädigungsanspruch wegen Kündigung

U.U. Entschädigungsanspruch gem. § 15 II AGG	972	Als Folgefrage stellt sich das Problem, ob eine Kündigung, die auf einem diskriminierenden Motiv beruht, aber dennoch rechtswirksam ist, zumindest einen Anspruch auf Ersatz des immateriellen Schadens nach § 15 II AGG auslöst.
	973	Nach e.A. ist dies zu verneinen, da rechtswirksame Kündigungen schon nach den allgemeinen Grundsätzen des Zivilrechts keinen Schadensersatzanspruch auslösen. Es gebe kein Wahlrecht zwischen dem Vorgehen gegen die Wirksamkeit der Kündigung und der Geltendmachung von Schadensersatz- und Entschädigungsansprüchen.

---

942 Hamacher/Ulrich NZA 2007, 657, 658; Kamanabrou RdA 2007, 199, 201; Willemsen/Schweibert NJW 2006, 2583, 2584
943 St. Rspr. seit BAG, AP Nr. 42 zu § 626 BGB; statt aller KR-Etzel, § 1 KSchG, Rn 235, 243; APS-Dörner/Vossen, § 1 Rn 69
944 BAG, BeckRS 2013, 74879 Rn 43; BeckRS 2012, 65494 Rn 48; SPV-Preis, Rn 1099
945 MK-Hergenröder, BGB, Vorbem. zu §§ 620-630 BGB Rn 194; Bauer/Göpfert/Krieger, AGG, § 2 Rn 69; Diller/Krieger/Arnold NZA 2006, 887, 890
946 BAG, ArbRAktuell 2015, 375, 375 = RA 2015, 481, 483

Eine nach den Maßstäben des KSchG rechtwirksame Kündigung stelle in aller Regel für sich betrachtet keine unzulässige Benachteiligung i.S.d. AGG dar.[947]
Nach a.A. ist dies im Wege richtlinienkonformer Auslegen zu bejahen. Der nach § 2 IV AGG vorgehende Kündigungsschutz kenne keine Regeln über den Ausgleich eines immateriellen Schadens. § 2 IV AGG sperre deshalb nicht die Anwendung des § 15 II AGG.[948]

974

BEISPIEL (nach Diller/Krieger/Arnold, NZA 2006, 887, 888): Spediteur S hält nicht mit seiner Meinung hinter dem Berg, dass der Hauptgrund für die hohe Arbeitslosigkeit und den Mangel an Nachwuchs in Deutschland darin begründet liege, dass Frauen statt sich um Haus und Familie zu kümmern, in das Berufsleben drängten, um sich selbst zu verwirklichen. Als die Arbeitnehmerin A bei einem Diebstahl von teurem Werkzeug ertappt wird, schreitet er zur außerordentlichen Kündigung. Im Rahmen des Anhörungsverfahrens lässt er gegenüber dem Betriebsrat fallen, dass er den Diebstahl für „ein Geschenk des Himmels" halte. Er werde nun in seinem Betrieb anfangen, Frauen an den Herd zurückzubefördern. An Stelle der A wird unverzüglich ein Mann angestellt. Ist die Kündigung der A wirksam?

975

Die außerordentliche Kündigung, § 626 BGB, ist objektiv wirksam, da durch den Diebstahl des teuren Werkzeugs das Vertrauensverhältnis endgültig zerstört ist. Dass subjektiv auf der Seite des Arbeitgebers ein diskriminierendes Motiv hinzukommt, ändert hieran nichts. Ob A ein Schadensersatzanspruch nach § 15 II AGG zusteht, hängt vom eben dargestellten Meinungsstreit ab.

XI. KÜNDIGUNGSFRIST DES § 622 BGB

1. Die Länge der Kündigungsfrist

Während einer vereinbarten Probezeit, längstens für die Dauer von sechs Monaten, kann das Arbeitsverhältnis mit einer Frist von zwei Wochen gekündigt werden, § 622 III BGB. Nach dem Ende einer Probezeit kann das Arbeitsverhältnis eines Arbeitnehmers mit einer Frist von vier Wochen zum Fünfzehnten oder zum Ende eines Kalendermonats gekündigt werden, § 622 I BGB. Bei einer Kündigung durch den Arbeitgeber verlängern sich diese Fristen schrittweise in Abhängigkeit zur bisherigen Beschäftigungsdauer, § 622 II 1 BGB.

976 Kündigungsfrist des Arbeitgebers bemisst sich nach Beschäftigungsdauer

> **MERKSATZ**
> Arbeitnehmer müssen einer Kündigungserklärung zwar entnehmen können, wann das Arbeitsverhältnis enden soll. Hierfür ist aber nicht unbedingt die ausdrückliche Angabe des Kündigungstermins oder der Kündigungsfrist erforderlich. Vielmehr reicht auch ein Hinweis auf die maßgeblichen gesetzlichen Fristenregelungen aus, wenn der Arbeitnehmer hierdurch unschwer ermitteln kann, zu welchem Termin das Arbeitsverhältnis enden soll.[949]

977 Zur genauen Angabe eines Kündigungstermins

---

947 Willemsen/Schweibert, NZA 2006, 2583, 2584
948 MK-Hergenröder, BGB, Vorbem. zu §§ 620-630 BGB Rn 194; Diller/Krieger/Arnold, NZA 2006, 887, 890
949 BAG, 6 AZR 805/11

§ 622 II 2 BGB	978	Bei der Berechnung der gem. § 622 II 1 BGB maßgeblichen Beschäftigungsdauer werden gem. § 622 II 2 BGB Zeiten, die vor der Vollendung des 25. Lebensjahrs des Arbeitnehmers liegen, nicht berücksichtigt.
Wegen Diskriminierung europarechtswidrig		Diese Regelung verstößt gegen das Verbot der Diskriminierung wegen des Alters in seiner Konkretisierung durch die Richtlinie 2000/78. Indem vor Vollendung des 25. Lebensjahrs liegende Beschäftigungszeiten bei der nach der Dauer der Betriebszugehörigkeit gestaffelten Kündigungsfristen nicht berücksichtigt werden, werden in jungen Jahren in einen Betrieb eingetretene Arbeitnehmer gegenüber anderen Arbeitnehmergruppen benachteiligt.[950]

> **979** **KLAUSURHINWEIS**
> Die deutschen Gerichte (und damit auch der Bearbeiter einer Klausur) müssen § 622 II 2 BGB auch in einem Rechtsstreit zwischen Privaten unangewendet lassen – und zwar unabhängig davon, ob sie von ihrem Recht Gebrauch machen, beim EuGH um eine Vorabentscheidung zu ersuchen. Zwar können sich einzelne Bürger nicht unmittelbar auf die Vorschriften einer Richtlinie berufen. Die Richtlinie 2000/78 konkretisiert mit dem Verbot der Diskriminierung wegen des Alters aber nur einen allgemeinen Grundsatz des Unionsrechts.[951]

2. Die Berechnung der Kündigungsfrist

§ 187 I BGB	980	Um die Kündigungsfrist berechnen zu können ist neben ihrer Dauer der Fristbeginn entscheidend. Dieser richtet sich nach § 187 I BGB. Das nach dieser Vorschrift maßgebende Ereignis ist der Zugang der Kündigung. Dieser Tag wird nicht mitgerechnet. Deshalb muss die Kündigung spätestens am Tag vor dem Beginn der Kündigungsfrist zugehen.[952]

BEISPIEL 1: Beträgt die Kündigungsfrist einen Monat zum Monatsende und will ein Vertragspartner zum 30.04. kündigen, so muss er den Zugang der Kündigung spätestens zum 31.03. bewirken.

Kündigung vor Dienstantritt	981	Problematisch ist der Fall, dass die Kündigung bereits vor dem vereinbarten Dienstantritt ausgesprochen wird.

BEISPIEL 2: Am 26.02. wird der Arbeitsvertrag abgeschlossen. Vereinbarter Dienstbeginn ist der 01.06. des gleichen Jahres. Bereits am 28.03. erklärt der Arbeitnehmer die Kündigung zum 30.04., weil er ein besseres Angebot eines anderen Arbeitgebers erhalten hat.

Kündigung vor Dienstantritt möglich	Grundsätzlich kann ein Arbeitsvertrag unter Einhaltung der ordentlichen Kündigungsfrist oder auch aus wichtigem Grund vor dem vereinbarten Dienstantritt gekündigt werden, wenn die Parteien dies nicht ausdrücklich ausgeschlossen haben oder sich der Ausschluss der Kündigung aus den Umständen zweifelsfrei ergibt.
Beginn der Kündigungsfrist hängt vom Parteiwillen ab	Es hängt in erster Linie von den zwischen den Parteien getroffenen Vereinbarungen

---

950 EuGH, NZA 2010, 85, 87 f. = RA 2010, 79, 82 f.
951 EuGH, NZA 2010, 85, 87 f. = RA 2010, 79, 82 f.; BAG, NZA 2010, 1409, 1410
952 BeckOK-Fuchs, § 622 BGB Rn 6

ab, ob bei einer vor Dienstantritt ausgesprochenen ordentlichen Kündigung die Kündigungsfrist bereits mit dem Zugang der Kündigung oder erst an dem Tage beginnt, an dem die Arbeit vertragsgemäß aufgenommen werden soll. Gegen eine von den Parteien gewollte Mindestbindung spricht z.B. die Vereinbarung einer Probezeit, § 622 III BGB, da in diesem Fall an einer kurzfristigen Vertragserfüllung kein Interesse besteht.[953] Demgegenüber bringt z.B. die Vereinbarung einer Vertragsstrafe für den Fall der Nichtaufnahme der Arbeit regelmäßig den Willen der Parteien zum Ausdruck, dass das Arbeitsverhältnis aktualisiert und die Kündigungsfrist erst mit vereinbarter Arbeitsaufnahme beginnen soll.[954]

MERKSATZ 982   Im Zweifel: Beginn mit Zugang
Führt die Vertragsauslegung und die ergänzende Vertragsauslegung nicht zu einem eindeutigen Ergebnis, so beginnt die Kündigungsfrist im Zweifel auch bei einer Kündigung vor Dienstantritt mit dem Zugang der Kündigungserklärung.[955]

3. Folgen bei Nichteinhaltung der Kündigungsfrist

Es stellt sich die Frage, welche Folge es hat, wenn der Arbeitgeber die Kündigungsfrist des § 622 BGB zum Nachteil des Arbeitnehmers zu kurz berechnet.   983

Einerseits könnte man davon ausgehen, dass die Kündigung zum falschen Termin in eine solche zum nächst zulässigen Termin ausgelegt werden kann. Andererseits könnte man aber auch meinen, dass es insoweit einer Umdeutung, § 140 BGB, bedarf.   Auslegung oder Umdeutung

BEISPIEL 1 (nach BAG, NZA 2015, 673): Im Arbeitsvertrag ist geregelt: „Die Kündigungsfrist beträgt beiderseits sechs Monate zum 30. Juni oder 31. Dezember des Jahres." Der Arbeitgeber kündigt der Arbeitnehmerin nach über 20 Jahren Betriebszugehörigkeit Ende Dezember 2012 zum 30.6.2013.

Die einzelvertragliche Regelung von Kündigungsfrist und Kündigungstermin ist als Einheit zu betrachten. Aus dem **Günstigkeitsvergleich** zwischen vertraglicher und gesetzlicher Regelung folgt in Beispiel 1, dass nur die siebenmonatige Kündigungsfrist Geltung beanspruchen kann. Die Kündigung ist daher weder zum 30.6.2013 wirksam, noch ist sie als Willenserklärung unwirksam. Sie ist vielmehr in eine Kündigung zum 31.7.2013 umzudeuten bzw. nach a.A. auszulegen.   Günstigkeitsvergleich

Dieser – auf den ersten Blick nur theoretisch interessante - Streit hat Auswirkungen auf die Frage, ob die Nichteinhaltung der Kündigungsfrist durch die §§ 4, 7 KSchG präkludiert werden kann.   984   Konsequenzen für Präklusion

Sofern man in der Nichteinhaltung der Kündigungsfrist einen Wirksamkeitsmangel des einseitigen Rechtsgeschäfts der Kündigung erblickt, stellt die Nichteinhaltung der Kündigungsfrist einen Unwirksamkeitsgrund i.S.v. § 4 KSchG dar. Folglich wird dieser Wirksamkeitsmangel bei Nichteinhaltung der Präklusionsfrist von der Wirksamkeitsfiktion des § 7 KSchG erfasst. Die Kündigung wird damit (zum verfrühten Zeitpunkt) wirksam und es gibt folglich gar kein nichtiges, einer Umdeutung zugängliches, Rechtsgeschäft.[956]   Wirksamkeitsmangel: Präklusion möglich

---

953   BAG, NZA 2004, 1089, 1090; Herbert/Oberrath, NZA 2004, 121, 123
954   BAG, NZA 2006, 1207, 1210; ErfK-Müller-Glöge, § 620 BGB Rn 71
955   BAG, NZA 2006, 1207, 1210; BeckOK-Fuchs, § 622 BGB Rn 7
956   Baader, NZA 2004, 65, 68; Dewender, DB 2005, 337, 339; Löwisch, BB 2004, 154, 159

Auslegungs-frage: Keine Präklusion möglich

Geht man hingegen davon aus, dass die Dauer der Kündigungsfrist lediglich eine Frage der Wirkungen der Kündigung ist, wird dieser Fall schon vom Wortlaut des § 4 S. 1 KSchG nicht erfasst. Es geht dann nämlich nicht um die Frage der Wirksamkeit der Kündigung an sich (und nur diesen Fall erfasst § 4 S. 1 KSchG), sondern nur noch um die Frage, zu welchem Zeitpunkt die an sich wirksame Kündigung ihre das Arbeitsverhältnis beendende Wirkung entfaltet.[957]

985 Das BAG vertritt insoweit eine differenzierende Lösung.

BAG: Im Grundsatz Auslegung

Grundsätzlich ist nach BAG davon auszugehen, dass eine ordentliche Kündigung in aller Regel als zum zutreffenden Termin ausgesprochen auszulegen ist, auch wenn sie ihrem Wortlaut nach zu einem früheren Termin gelten soll.[958] In aller Regel lässt sich im Fall der ordentlichen Kündigung im Wege der Auslegung der unbedingte Wille des Arbeitgebers zur Beendigung des Arbeitsverhältnisses – unabhängig von einem bestimmten Kündigungstermin – erkennen.[959]

Nur dann, wenn sich aus der Kündigung und der im Rahmen der Auslegung zu berücksichtigenden Umstände des Einzelfalls ein Wille des Arbeitgebers ergibt, die Kündigung nur zum erklärten Zeitpunkt gegen sich gelten zu lassen, scheidet eine Auslegung aus.[960] Der Kündigungstermin wäre dann ausnahmsweise integraler Bestandteil der Willenserklärung und müsste innerhalb der Klagfrist des § 4 S. 1 KSchG angegriffen werden.[961] Dann scheidet aber auch eine Umdeutung aus, da ein derart klar artikulierter Wille des Arbeitgebers nicht den Schluss auf einen mutmaßlichen Willen zum Ersatzgeschäft, wie ihn § 140 BGB erfordert, zulässt.[962]

986 | **MERKSATZ**
Nach BAG ist eine Kündigung mit zu kurz bemessener Kündigungsfrist i.S.d. § 140 BGB nicht „nichtig" (also unwirksam) und muss folglich auch nicht in eine Kündigung zum nächsten zulässigen Termin umgedeutet werden. Vielmehr ist die Kündigung als eine solche zum nächsten zulässigen Termin auszulegen. Die Präklusionsfrist der §§ 4 S. 1, 7 KSchG gilt i.d.R. nicht. Anders ist dies nur, wenn die Kündigung ausnahmsweise mit der Einhaltung des Kündigungstermin „stehen oder fallen" soll.

BEISPIEL 2: Arbeitgeber G kündigt dem Arbeitnehmer N schriftlich und explizit „ordentlich" zum 30.6. den Arbeitsvertrag. Die Kündigungsfrist des § 622 II 1 BGB wäre jedoch erst am 31.7. ausgelaufen. 4 Wochen nach Zugang der Kündigung erhebt N Klage mit dem Ziel festzustellen, dass das Arbeitsverhältnis erst zum 31.7. beendet wurde.

---

957 Dollmann, BB 2004, 2073, 2077; Nord/Linnert-Epple, JURA 2009, 801, 801 f.; Raab, RdA 2004, 321, 326
958 BAG, NZA 2006, 1405, 1406; 791, 791 f.; offengelassen von BAG, NJW 2010, 3740, 3742; 2009, 391, 392
959 Geneger, RdA 2010, 274, 280
960 BAG, NZA 2006, 791, 794; so schon Dollmann, BB 2004, 2073, 2077 f.; Raab, RdA 2004, 321, 326; kritisch hierzu Nord/Linnert-Epple, JURA 2009, 801, 804 f.
961 Nicht überzeugend und zu weitgehend BAG (5. Senat), NJW 2010, 3740, 3742. Auch Eisemann, NZA 2011, 601, 607 f. geht davon aus, dass die Anzahl derartiger Fälle „gegen Null" tendiert. Selbst der 5. Senat lässt es nun für die Auslegung zum nächst zulässigen Termin genügen, wenn im Kündigungsschreiben steht, dass die Kündigung „fristgemäß zum" erfolgt (BAG, NZA 2013, 1076, 1077 f.).
962 BAG, NZA 2006, 791, 794; in dieser Konsequenz wohl übersehen von BAG, NJW 2010, 3740, 3742.

Nach der Rechtsprechung des BAG ist die Klage erfolgreich, da § 622 II 1 BGB von der Präklusionsfrist der §§ 4, 7 KSchG nicht erfasst wird, da die „ordentliche" Kündigung so ausgelegt werden kann, dass sie zum nächsten zulässigen Termin wirken soll. Nach der Gegenauffassung ist materielle Präklusion eingetreten und die Kündigung folglich bereits zum 30.6. wirksam.

Keine Geltung der Präklusionsregel

> **KLAUSURHINWEIS**
> Dies alles hat Auswirkungen für die Frage nach der Verortung des § 622 BGB im Gutachten. Mit dem Argument, dass § 622 BGB von den Präklusionsregeln der §§ 4, 7 KSchG nicht erfasst wird, könnte man die Kündigungsfrist im Gutachten noch vor der Präklusionsfrist prüfen. Mit dem Argument, dass die Nichteinhaltung der Kündigungsfrist nur zu einer Auslegung als Kündigung zum nächst zulässigen Zeitpunkt führt, und dieser Zeitpunkt nicht interessiert, wenn die Kündigung an sich unzulässig ist, könnte man § 622 BGB aber auch am Ende des Gutachtens prüfen. Hier wird letzterer Auffassung gefolgt.

987 *Prüfungsort von § 622 BGB im Gutachten*

2. Teil – Die personenbedingte Kündigung

A. Einleitung

Mit der Befugnis zur personenbedingten Kündigung soll der Arbeitgeber die Möglichkeit erhalten, das Arbeitsverhältnis aufzulösen, wenn der Arbeitnehmer die erforderliche **Eignung** und **Fähigkeiten** nicht (mehr) besitzt, um die geschuldete Arbeitsleistung zu erbringen.[963]

988 *Eignung und Fähigkeiten*

In der Person des Arbeitnehmers liegende Gründe, die eine Kündigung sozial rechtfertigen können, sind solche, die objektiv vorliegen, ohne dass der Arbeitnehmer dafür verantwortlich gemacht zu werden braucht. Die personenbedingte Kündigung setzt somit **kein Verschulden** voraus.

989 *Kein Verschulden nötig*

Von der betriebsbedingten Kündigung unterscheidet sich die personenbedingte dadurch, dass der Kündigungsgrund bei Letzterer aus der Sphäre des Arbeitnehmers stammt.[964] Im Ergebnis bereitet diese Abgrenzung selten Probleme.

990 *Kündigungsgrund aus Sphäre des Arbeitnehmers*

Wichtiger und problematischer ist die Abgrenzung von personen- und verhaltensbedingter Kündigung. Die Bedeutung dieser Abgrenzung liegt darin begründet, dass die verhaltensbedingte Kündigung aufgrund des Verhältnismäßigkeitsgrundsatzes regelmäßig eine Abmahnung erfordert, während diese bei der personenbedingten Kündigung im Grundsatz entbehrlich ist.[965]

991 *Abgrenzung von personen- und verhaltensbedingter Kündigung*

> **MERKSATZ**
> Kann durch eine **Abmahnung** erreicht werden, dass der Arbeitnehmer sein Verhalten zukünftig korrigiert, ist in der Regel von einer verhaltensbedingten Kündigung auszugehen.

992

---

[963] BAG, NZA 1989, 464, 466
[964] MK-Hergenröder, BGB, § 1 KSchG Rn 124
[965] MK-Hergenröder, BGB, § 1 KSchG Rn 125

BEISPIEL 1: Arbeitnehmer A kommt regelmäßig zu spät zur Arbeit, weil er nicht aus dem Bett kommt.

BEISPIEL 2: Arbeitnehmer B ist nach einem Bandscheibenvorfall, der operativ behandelt werden musste, nicht mehr in der Lage, die auf seinem Arbeitsplatz anfallende schwere körperliche Arbeit zu verrichten.

Das regelmäßige Zuspätkommen des A beruht auf einer willentlichen Entscheidung des A, auf welche durch eine Abmahnung eingewirkt werden kann. Eine eventuelle Kündigung wäre insoweit verhaltensbedingt. Dass B seine Arbeit nicht mehr verrichten kann, ist hingegen keine willentliche Entscheidung des B. Auf seinen gesundheitlichen Zustand kann durch eine Abmahnung nicht eingewirkt werden. Eine eventuelle Kündigung des B wäre personenbedingt.

B. Prüfungsschema

Die personenbedingte Kündigung wird von der Rechtsprechung in drei Stufen überprüft:

PRÜFUNGSSCHEMA

993
I. Fehlende Eignung und negative Zukunftsprognose
II. Konkrete erhebliche Beeinträchtigung betrieblicher oder vertraglicher Interessen und Ultima-ratio-Prinzip
III. Interessenabwägung

C. Systematik und Vertiefung

I. FEHLENDE EIGNUNG UND NEGATIVE ZUKUNFTSPROGNOSE

1. Grundlagen

Negative Zukunftsprognose

994 Bei einer personenbedingten Kündigung ist (wie grundsätzlich bei jeder Kündigung) eine negative Zukunftsprognose erforderlich, da sie nur dann sozial gerechtfertigt ist, wenn der Arbeitgeber in der Zukunft mit unzumutbaren Belastungen des Arbeitsverhältnisses rechnen muss.

Die personenbedingte Kündigung stellt hingegen keine Sanktion für vorangegangene Störungen des Arbeitsverhältnisses dar.[966]

2. Einzelfälle

a) Alkoholismus

Krankheit oder Fehlverhalten

995 Alkohol- oder Drogenkonsum am Arbeitsplatz kann einen Kündigungsgrund darstellen. Dabei sind jedoch zwei Fallkonstellationen zu unterscheiden. Wenn ein Arbeitnehmer am Arbeitsplatz Alkohol oder Drogen zu sich nimmt, verletzt er

---

[966] MK-Hergenröder, BGB, § 1 KSchG Rn 127

dadurch seine arbeitsvertraglichen Pflichten. Eine verhaltensbedingte Kündigung ist jedoch nur dann gerechtfertigt, wenn es sich um eine schuldhafte Pflichtverletzung handelt. Ein derartiges Verschulden fehlt jedoch, wenn der Arbeitnehmer alkohol- oder drogenabhängig ist. Eine Kündigung wegen Alkohol- oder Drogenabhängigkeit ist in diesem Fall nur unter den Voraussetzungen der krankheitsbedingten Kündigung zulässig.[967]

> **KLAUSURHINWEIS**
> Zu beachten ist die Parallele zum § 3 I EFZG. Auch hier geht das BAG davon aus, dass weder die Entstehung der Alkoholerkrankung an sich, noch der Rückfall nach einer Therapie verschuldet ist.[968]

b) Entzug der Arbeits-/ Berufsausübungserlaubnis

Ist einem ausländischen Arbeitnehmer die nach § 284 SGB III erforderliche Arbeitserlaubnis rechtskräftig versagt worden, so ist eine ordentliche Kündigung regelmäßig sozial gerechtfertigt, weil der Arbeitnehmer dann zur Leistung der vertraglich geschuldeten Dienste dauernd außerstande ist. Ist über die von dem ausländischen Arbeitnehmer beantragte Arbeitserlaubnis noch nicht rechtskräftig entschieden, so ist für die soziale Rechtfertigung einer wegen Fehlens der Erlaubnis ausgesprochenen Kündigung darauf abzustellen, ob für den Arbeitgeber bei objektiver Beurteilung im Zeitpunkt des Zugangs der Kündigung mit der Erteilung der Erlaubnis in absehbarer Zeit nicht zu rechnen war und der Arbeitsplatz für den Arbeitnehmer ohne erhebliche betriebliche Beeinträchtigungen nicht offengehalten werden konnte.[969] **996** § 284 SGB III

Gleiches gilt, wenn einem Arbeitnehmer die spezifische Berufsausübungserlaubnis behördlich entzogen worden ist.[970]

BEISPIEL: Entzug oder Nichtverlängerung der Fluglizenz eines Piloten.

c) Gewissensentscheidungen des Arbeitnehmers

Relevant ist auch die Verweigerung von Arbeit aus Gewissensgründen. Das Gewissen eines Menschen ist nicht abänderbar und von ihm auch nicht steuerbar. Mit einer Abmahnung kann deshalb nichts erreicht werden. Schon diese Überlegung zeigt, dass es sich in diesen Fällen keinesfalls um einen verhaltensbedingten, sondern um einen personenbedingten Kündigungsgrund handelt. **997** Gewissen ist nicht steuerbar

Solche Fallgestaltungen können auftreten, wenn der Arbeitgeber plötzlich einen Auftrag zur Herstellung von Kriegsgerät o.ä. übernommen hat. Diskutiert werden auch die Fälle, in denen z.B. ein Postbote sich weigert, Postwurfsendungen extremistischer Parteien auszuteilen. Schließlich ist an Fälle zu denken, in denen sich ein Arbeitnehmer auf einen ernsten inneren Glaubenskonflikt beruft.[971]

Hat der Arbeitnehmer diese Art der Arbeit aus freien Stücken vertraglich übernommen, so besteht in der Regel kein Grund, ihn von dieser Verpflichtung zu befreien. Wird ihm dagegen eine Arbeit, die er aus Gewissensgründen ablehnt, **998** U.U. unbillige Weisung des Arbeitgebers

---

967 BAG, NZA 2014, 602, 603 f. = RA 2014, 357, 358 f.; NZA 1987, 811, 811 f.
968 BAG, NZA 2015, 801, 803 ff.
969 BAG, NZA 1991, 341, 342 f.
970 BAG, NZA 2001, 1304, 1305
971 BAG, NZA 2011, 1087, 1087 ff.

im Rahmen der abstrakten, gattungsmäßigen Leistungspflicht vom Arbeitgeber zugewiesen, so kann diese Weisung unbillig und damit nach § 106 S. 1 GewO unverbindlich sein, wenn sie auf das Grundrecht der Gewissens- und Glaubensfreiheit, Art. 4 I GG, keine Rücksicht nimmt.[972]

BEISPIEL 1: Arbeitnehmer A hat einen Arbeitsvertrag mit dem Inhaber des Rüstungsbetriebes R abgeschlossen. Er beruft sich darauf, dass die Zuweisung einer bestimmten, der Rüstung dienenden, Tätigkeit unbillig sei, denn er könne aus Gewissensgründen diese Tätigkeit nicht ausüben.

999 A wusste bei Abschluss des Arbeitsvertrages, dass R ein Rüstungsbetrieb ist. Ein Recht zur Arbeitsverweigerung aus Gewissengründen steht ihm folglich nicht zu. Weiterhin ist bei der Interessenabwägung zu berücksichtigen, ob der Arbeitgeber aus betrieblichen Erfordernissen darauf bestehen muss, dass gerade der sich auf den Gewissenskonflikt berufende Arbeitnehmer den Auftrag ausführt.

BEISPIEL 2: In einem Krankenhaus stehen mehrere Ärzte für einen vorzunehmenden Schwangerschaftsabbruch zur Verfügung. Der Arbeitgeber besteht darauf, dass diese Tätigkeit von der die Abtreibung aus Gewissensgründen ablehnenden Ärztin B ausgeführt wird.

Da auch andere Ärzte den Schwangerschaftsabbruch hätten vornehmen können, ist die Weisung des Arbeitgebers gem. § 106 S. 1 GewO unbillig,

Zukunftsbezug **1000** Schließlich ist bei der Frage, ob die Zuweisung einer Tätigkeit dem billigen Ermessen i. S. von § 106 S.1 GewO entspricht, auch zu berücksichtigen, ob der Arbeitgeber in der Zukunft mit zahlreichen weiteren Gewissenskonflikten rechnen muss und ob er gegebenenfalls in der Lage ist, dem Arbeitnehmer einen freien Arbeitsplatz anzubieten, an dem der Gewissenskonflikt nicht auftritt.

d) Krankheitsbedingte Kündigung

1001 Die krankheitsbedingte Kündigung ist der häufigste Fall der personenbedingten Kündigung. Hier haben sich in der Rechtsprechung besondere Grundsätze und verschiedene Fallgruppen herausgebildet, weshalb dieses Thema unten im Zusammenhang behandelt wird.[973]

e) Straftaten und Strafhaft

Außerdienstliche Straftaten **1002** Auch außerdienstliche Straftaten können einen Kündigungsgrund darstellen, wenn sie die Eignung für die vertraglich geschuldete Tätigkeit entfallen lassen.[974]

BEISPIEL: Arbeitnehmer K ist bei der Bank K als Kassierer beschäftigt. In seiner Freizeit ist er Kassenwart des örtlichen Sportvereins. Dort begeht er eine Unterschlagung, § 246 StGB.

---

972 BAG, NZA 2011, 1087, 1088; 1986, 21, 22
973 Näheres unten ab Rn 1011.
974 MK-Hergenröder, BGB, § 1 KSchG Rn 181

Durch die – eigentlich in seiner Freizeit begangene – Unterschlagung, kann sich K für die Stelle eines Kassierers bei einer Bank als persönlich ungeeignet erwiesen haben.

> **MERKSATZ**
> Das Begehen einer Straftat als personenbedingter Kündigungsgrund kommt grundsätzlich nur in Betracht bei außerdienstlichen Straftaten. Wenn das außerdienstliche Verhalten des Arbeitnehmers allerdings negative Auswirkungen auf den Betrieb oder einen Bezug zum Arbeitsverhältnis hat, kommt auch eine verhaltensbedingte Kündigung in Betracht.[975] Wird die Straftat in Ausübung der arbeitsvertraglichen Tätigkeit begangen, so kann grundsätzlich nur eine verhaltensbedingte ordentliche bzw. eine außerordentliche Kündigung ausgesprochen werden.[976]

Abgrenzung personen- und verhaltensbedingt

Ein Arbeitsgericht darf sich im Kündigungsschutzprozess hinsichtlich der Frage, ob sich ein bestimmtes Geschehen zugetragen hat, auf ein einschlägiges Strafurteil stützen.[977]

1003 Beweiskraft eines Strafurteils

Bei der ordentlichen Kündigung eines Arbeitnehmers wegen Arbeitsverhinderung aufgrund Inhaftierung (Untersuchungshaft oder Strafhaft) hängt es von deren Dauer sowie Art und Ausmaß der betrieblichen Auswirkungen ab, ob die haftbedingte Nichterfüllung der Arbeitspflicht eine ordentliche Kündigung nach § 1 KSchG rechtfertigt.[978] Jedenfalls dann, wenn der Arbeitnehmer im Kündigungszeitpunkt noch eine Freiheitsstrafe von mehr als zwei Jahren zu verbüßen hat und ein Freigängerstatus oder seine vorzeitige Entlassung aus der Haft vor Ablauf von zwei Jahren nicht sicher zu erwarten steht, braucht der Arbeitgeber den Arbeitsplatz für ihn nicht frei zu halten. Überbrückungsmaßnahmen sind dem Arbeitgeber angesichts der Dauer der zu erwartenden Fehlzeit und in Anbetracht der vom Arbeitnehmer typischerweise zu vertretenden Arbeitsverhinderung regelmäßig nicht zumutbar.[979]

1004 Arbeitsverhinderung aufgrund Inhaftierung

II. KONKRETE ERHEBLICHE BEEINTRÄCHTIGUNG BETRIEBLICHER ODER VERTRAGLICHER INTERESSEN UND ULTIMA-RATIO-PRINZIP

1. Grundlagen

Sofern eine negative Zukunftsprognose gestellt werden konnte, ist weiter zu prüfen, ob eine auf der negativen Prognose beruhende erhebliche Beeinträchtigung betrieblicher Interessen festzustellen ist. Die künftige Beeinträchtigung kann dabei auf betrieblichen oder wirtschaftlichen Belastungen beruhen; diese müssen konkret und erheblich sein, um eine Kündigung iSd. § 1 II KSchG zu bedingen.[980] Die Umstände müssen mit sicherer Wahrscheinlichkeit dazu führen, dass das Arbeitsverhältnis als Austauschverhältnis zukünftig erheblich gestört werden wird, eine bloße Gefährdung seiner Interessen genügt hingegen nicht.[981]

1005 Sichere Wahrscheinlichkeit künftiger Störung

---

975 APS-Dörner/Vossen, § 1 KSchG Rn 328
976 MK-Hergenröder, BGB, § 1 KSchG Rn 181
977 BAG, NJW 2015, 651, 652
978 BAG, NZA 1995, 119, 119 f.
979 BAG, NZA 2011, 686, 689
980 BAG, NZA 1990, 727, 728
981 BAG, AP Nr. 2 zu § 1 KSchG 1969 Sicherheitsbedenken; Hromadka/Maschmann, ArbR I, § 10 Rn 168

BEISPIEL (nach BAG, NJW 1979, 2063): Die Versorgungswerke V der Großstadt G kündigen dem Arbeitnehmer A. V begründet die Kündigung mit Sicherheitsbedenken, weil A seit vielen Jahren mit einer Frau zusammenlebe, die mit einer Terroristin verwandt sei.

Die Kündigung ist unwirksam. Der Arbeitgeber muss greifbare Tatsachen vortragen, die erkennen lassen, dieser Arbeitnehmer werde berechtigte Sicherheitsinteressen des Unternehmens beeinträchtigen. Eine bloß abstrakte Gefahrenlage genügt nicht.

Rechtliches oder tatsächliches Leistungshindernis

1006 Entfällt wegen eines rechtlichen oder tatsächlichen Leistungshindernisses die Möglichkeit zur Vertragsdurchführung auf Dauer, so kommt es ausnahmsweise auf das Vorliegen einer tatsächlichen Betriebsstörung nicht an.[982]

BEISPIEL 1: Arbeitnehmer A verliert dauerhaft seine Arbeitserlaubnis für die Bundesrepublik.

BEISPIEL 2: Arbeitnehmer B wird dauerhaft krankheitsbedingt arbeitsunfähig.

2. Ultima-ratio-Prinzip

Milderes Mittel als Beendigungskündigung

1007 An einer erheblichen Beeinträchtigung der Interessen des Arbeitgebers fehlt es, wenn ihm mildere Mittel als die Beendigungskündigung zur Verfügung stehen, um seine zulässigen betrieblichen oder vertraglichen Interessen zu verfolgen.

1008 Streitig ist vor allem, ob auch im Bereich der personenbedingten Kündigung eine Abmahnung als milderes Mittel in Betracht kommen kann.

Abmahnungserfordernis bei personenbedingter Kündigung

Dies wird von einer Ansicht grundsätzlich verneint. Der personenbedingte Grund zeichne sich nämlich gerade dadurch aus, dass es sich um ein nicht steuerbares Verhalten handele, das zur Kündigung Anlass gebe. Auch beziehe § 314 BGB das Institut der Abmahnung ausdrücklich auf eine Vertragsverletzung, die beim personenbedingten Kündigungsgrund gerade fehle.[983]

BAG: Abmahnung bei jedem steuerbaren Verhalten nötig

Demgegenüber hat das BAG entschieden, dass das Abmahnungserfordernis bei jeder Kündigung zu prüfen sei, die wegen eines steuerbaren Verhaltens des Arbeitnehmers oder aus einem Grund in seiner Person ausgesprochen wurde, den er durch sein steuerbares Verhalten beseitigen könne. Folglich komme auch im Vertrauensbereich eine Abmahnung als milderes Mittel in Betracht, wenn eine Wiederherstellung des Vertrauens erwartet werden konnte.[984] Es sei nicht einsehbar, warum der Arbeitgeber dem Arbeitnehmer bei Störungen im Vertrauensbereich unter erleichterten Voraussetzungen kündigen können solle. Vielmehr sei bei Störungen im Vertrauensbereich, also solchen, die nicht den primären Leistungsaustausch betreffen, erst recht zu fordern, dass der Arbeitgeber dem Arbeitnehmer vorab die Chance der Besserung gebe.

Mischtatbestand **1009** Damit stellt sich vor allem die Frage, ob die Kündigung in derartigen Fällen als verhaltens- oder als personenbedingt anzusehen ist (sog. „**Mischtatbestand**"[985]). Die besseren Gründe sprechen dafür, vom Prüfungsschema der verhaltensbedingten Kündigung auszugehen, da sich diese gerade durch die Notwendigkeit der Abmahnung auszeichnet.

---

[982] Preis, Ind. ArbR, § 64 I 2
[983] APS-Dörner/Vossen, § 1 KSchG Rn 131; KG-Griebeling, § 1 KSchG Rn 269
[984] BAG, NZA 1997, 1281, 1283
[985] Zum „Mischtatbestand" schon oben bei Rn 940.

KLAUSURHINWEIS
Die **Zuordnung des Abmahnungserfordernisses** (und damit generell des Ultima-ratio-Prinzips) im Prüfungsschema wird nicht einheitlich gehandhabt. Mit guten Gründen kann das Abmahnungserfordernis auch im Rahmen der negativen Zukunftsprognose geprüft werden. So sagt z.B. das BAG: „In der Regel wird erst nach einer Abmahnung die erforderliche Wahrscheinlichkeit dafür bestehen, dass sich der Arbeitnehmer auch in Zukunft nicht vertragstreu verhalten wird."[986] Als typisches Gutachtenproblem darf diese Frage in der Klausur nicht diskutiert werden. Das (eventuelle) Abmahnungserfordernis ist an der Stelle zu prüfen an der es der Prüfling für richtig empfindet.

Verortung der Abmahnung im Gutachten

III. INTERESSENABWÄGUNG

Bei der Interessenabwägung, der sog. „dritten Stufe" der Prüfung, ist dann zu prüfen, ob die erheblichen betrieblichen Beeinträchtigungen zu einer billigerweise nicht mehr hinzunehmenden Belastung des Arbeitgebers führen.[987]

1010

Im Rahmen dieser Interessenabwägung sind unstreitig **arbeitsverhältnisbezogene Umstände** zu berücksichtigen.

Arbeitsverhältnisbezogene Umstände

BEISPIEL 1: Der krankhafte Zustand des Arbeitnehmers oder seine Einschränkung der Eignung oder Fähigkeit zur Erbringung der Arbeitsleistung ist auf betriebliche Umstände, also z.B. einen Arbeitsunfall, zurückzuführen.

BEISPIEL 2: Der krankhafte Zustand des Arbeitnehmers oder seine Einschränkung der Eignung oder Fähigkeit zur Erbringung der Arbeitsleistung ist Folge der Alterung der Arbeitnehmers, der über Jahre hinweg im Betrieb tätig war.

Je länger das Arbeitsverhältnis störungsfrei bestanden hat, je größer müssen die Beeinträchtigungen der betrieblichen Interessen des Arbeitgebers sein, um eine personenbedingte Kündigung rechtfertigen zu können.[988]

Streitig ist jedoch, ob darüber hinaus auch **nicht arbeitsverhältnisbezogene Umstände** bei der Interessenabwägung berücksichtigungsfähig sind. Vor allem nach der Rechtsprechung des BAG sind im Rahmen der Interessenabwägung bei einer personenbedingten Kündigung die familiären Verhältnisse des Arbeitnehmers, insbesondere seine Unterhaltspflichten wie auch eine bestehende Behinderung in die Abwägung einzubeziehen.[989] Demgegenüber wird in Teilen der Literatur vertreten, im Rahmen der Interessenabwägung bei einer personenbedingten Kündigung seien nur vertragsbezogene Interessen zu berücksichtigen, zu diesen zählten die Unterhaltspflichten des Arbeitnehmers und die Schwerbehinderung nicht.[990]

Nicht arbeitsverhältnisbezogene Umstände

---

986 BAG, NZA 1995, 517, 520
987 BAG, NZA 2000, 768, 770
988 APS-Dörner/Vossen, § 1 KSchG Rn 178 (für den Krankheitsfall)
989 BAG, NZA 2000, 768, 770 f.; ebenso APS-Dörner/Vossen, § 1 KSchG Rn 177a ff. (für den Krankheitsfall)
990 Schwerdtner, DB 1990, 375, 378

IV. SONDERFALL: KRANKHEITSBEDINGTE KÜNDIGUNG

1. Grundlagen

Physische und psychische Erkrankung

1011 Der häufigste Fall der personenbedingten Kündigung ist die Krankheit des Arbeitnehmers. Als Krankheit kommen sowohl solche physischer wie psychischer Art in Frage. Erfasst wird jeder regelwidrige körperliche oder geistige Zustand, der die Notwendigkeit einer Heilbehandlung zur Folge hat.

Strenge Wirksamkeitsanforderungen

1012 Der kranke Arbeitnehmer ist in besonderem Maße schutzwürdig. Deshalb sind an die Wirksamkeit einer Kündigung wegen Erkrankung des Arbeitnehmers besonders strenge Anforderungen zu stellen. Das gilt vor allem, wenn die Krankheit vom Arbeitnehmer nicht verschuldet und erst recht, wenn sie durch die Arbeitsleistung verursacht worden ist.

Eine Kündigung wegen Krankheit ist nur sozial gerechtfertigt, wenn dem Arbeitgeber nicht mehr zugemutet werden kann, die von der Krankheit ausgehenden Beeinträchtigungen betrieblicher Interessen noch länger hinzunehmen.[991]

Weiterhin ist zu beachten, dass eine Kündigung wegen Krankheit nur dann gerechtfertigt sein kann, wenn bei deren Zugang die Krankheit entweder noch andauert oder mit einer Wiederholung zu rechnen ist. Eine nachträgliche Kündigung aufgrund einer bereits ausgeheilten Krankheit berechtigt nicht mehr zur Kündigung, weil zum Zeitpunkt der Kündigung ein Grund in der Person des Gekündigten nicht mehr bestand. Eine dennoch erfolgte Kündigung würde maßregelnde Wirkung haben.

Vier Fallgruppen

1013 Zur krankheitsbedingten Kündigung haben sich in der Rechtsprechung **vier Fallgruppen** herausgebildet, die jeweils unterschiedliche Anforderungen an die soziale Rechtfertigung stellen:

- Kündigung wegen häufiger Kurzerkrankungen
- Kündigung wegen dauernder Leistungsunfähigkeit
- Kündigung wegen Langzeiterkrankung
- Kündigung wegen krankheitsbedingter Minderung der Leistungsfähigkeit

2. Häufige Kurzzeiterkrankungen

EFZG

1014 Die Kündigung wegen häufiger Kurzzeiterkrankung ist der häufigste Anwendungsfall der krankheitsbedingten Kündigung. Die häufige Kurzerkrankung ist für den Arbeitgeber besonders belastend, weil er sehr kurzfristig den ausfallenden Arbeitnehmer ersetzen muss. Auch ist zu berücksichtigen, dass nach dem EFZG die Gefahr besteht, dass der Arbeitgeber für deutlich mehr als 6 Wochen im Jahr zur Entgeltfortzahlung verpflichtet ist.[992]

a) Prüfungsschema

PRÜFUNGSSCHEMA

1015
I. Negative Gesundheitsprognose
II. Erhebliche Beeinträchtigung der betrieblichen Interessen des Arbeitgebers aufgrund der negativen Gesundheitsprognose
III. Einzelfallbezogene Interessenabwägung

---

991 BAG, NZA 1989, 923, 923 f.
992 Zum EFZG ausführlich ab Rn 374.

b) Negative Gesundheitsprognose

Das BAG verlangt für eine begründete negative Prognose Tatsachen, die die ernste Besorgnis weiterer Erkrankungen rechtfertigen. Dabei können häufige Erkrankungen in der Vergangenheit eine Indizwirkung entfalten. Die negative Prognose kann nicht durch Umstände korrigiert werden, die erst nach Ausspruch der Kündigung auftreten.

1016 Indizwirkung früherer Krankheiten

> **MERKSATZ**
> Maßgeblicher Zeitpunkt für die Prognose ist der Zugang der Kündigung beim Arbeitnehmer.[993]

1017 Prognosezeitpunkt

Die negative Gesundheitsprognose setzt voraus, dass die einzelne Krankheit, die in der Vergangenheit zu Fehlzeiten geführt hat, wiederholungsträchtig ist.

BEISPIELE für eine fehlende Wiederholungsgefahr: Ausgeheilte Krankheiten, Verkehrs- oder Sportunfall, Krankheiten infolge Schwangerschaft (Diskriminierung)[994]

Treten z.B. Sportunfälle gehäuft auf, kann eine negative Prognose gerechtfertigt sein, es sein denn der Arbeitnehmer kann darlegen, warum in Zukunft mit weniger unfallbedingten Ausfallzeiten zu rechnen ist.[995]

c) Erhebliche Beeinträchtigung der betrieblichen Interessen des Arbeitgebers aufgrund der negativen Gesundheitsprognose

Die prognostizierten Fehlzeiten sind nur dann geeignet, eine krankheitsbedingte Kündigung sozial zu rechtfertigen, wenn sie zu einer erheblichen Beeinträchtigung der betrieblichen Interessen führen.
Hierbei kommen **zwei Arten von Beeinträchtigungen** in Betracht:
Wiederholte kurzfristige Ausfallzeiten des Arbeitnehmers können zu schwerwiegenden Störungen im Produktionsprozess führen (Betriebsablaufstörungen). Sie sind jedoch nur dann als Kündigungsgrund geeignet, wenn sie nicht durch mögliche Überbrückungsmaßnahmen vermieden werden können. Hierzu gehören Maßnahmen, die anlässlich des konkreten Ausfalls eines Arbeitnehmers ergriffen werden, aber auch der Einsatz eines Arbeitnehmers aus einer vorgehaltenen Personalreserve. Werden auf diese Weise Ausfälle überbrückt, so liegt bereits objektiv keine Betriebsablaufstörung und damit insoweit kein zur sozialen Rechtfertigung geeigneter Grund vor. Ist eine Betriebsablaufstörung mit den geschilderten Mitteln nicht zu vermeiden, so gehört zum Kündigungsgrund, dass die Störung erheblich ist.
Kündigungsgrund kann aber auch eine erhebliche wirtschaftliche Belastung des Arbeitgebers sein. Davon ist auch auszugehen, wenn für die Zukunft mit immer neuen, außergewöhnlich hohen Entgeltfortzahlungskosten zu rechnen ist. Dabei darf allerdings der durch das EFZG vorgesehene Arbeitnehmerschutz nicht umgangen werden, sodass bei 6-wöchiger Fortzahlungspflicht keinesfalls eine

1018 Zwei Arten von Beeinträchtigungen

1019 Störungen im Produktionsprozess

1020 Wirtschaftliche Belastung mit Entgeltfortzahlungskosten

---

[993] BAG, NZA 1999, 978, 980; ErfK-Oetker, § 1 KSchG Rn 114
[994] MK-Hergenröder, BGB, § 1 KSchG Rn 158 f.
[995] MK-Hergenröder, BGB, § 1 KSchG Rn 158

erhebliche wirtschaftliche Belastung angenommen werden kann.[996] Von einer erheblichen Belastung ist aber dann auszugehen, wenn mit immer neuen beträchtlichen krankheitsbedingten Fehlzeiten des Arbeitnehmers und dementsprechenden Mehraufwendungen zu rechnen ist. Für die Frage der Erheblichkeit kommt es dabei nicht auf die Gesamtbelastung des Betriebes, sondern auf die Kosten des einzelnen Arbeitsverhältnisses an.[997]

Kritik **1021** Diese Rechtsprechung ist nicht frei von Kritik geblieben. Mit dem Schutzzweck des EFZG sei es unvereinbar, dass das für den Arbeitnehmer unverzichtbare Recht auf Entgeltfortzahlung nun plötzlich als Kündigungsgrund wieder gegen ihn gewendet werde.[998]

Stellungnahme Zwar mag es zunächst befremdlich erscheinen, dass eine gesetzlich geregelte Sozialleistung zum Kündigungsgrund werden kann. Diese Bedenken sind aber schon im dogmatischen Ausgangspunkt unbegründet. Es geht sachlich darum, wie eine erhebliche und unzumutbare Störung des Austauschverhältnisses kündigungsrechtlich zu bewerten ist. Die Lohnfortzahlungskosten sind insoweit nur die Berechnungsgrößen für den Umfang der vom Arbeitnehmer wegen der Krankheit nicht erbrachten Gegenleistung. Ein Verbot, Lohnfortzahlungskosten bei der Prüfung der sozialen Rechtfertigung der Kündigung zu berücksichtigen, lässt sich jedoch im Wege der Gesetzesauslegung aus dem vermeintlichen Widerspruch nicht herleiten.[999]

Beispiele **1022** **BEISPIEL 1** (nach ArbG Frankfurt a.M. FR v. 8.8.1997, Az.: 7 Ca 9375/96): Ein 31-jähriger Arbeitnehmer war während seiner 8-jährigen Betriebszugehörigkeit pro Jahr im Schnitt zwei Monate krank und hatte Lohnfortzahlungskosten in Höhe von DM 40.000 (= 20.452 €) verursacht.

Das ArbG Frankfurt a.M. hielt die Kündigung nach oben genannten Grundsätzen für sozial gerechtfertigt.

BEISPIEL 2 (nach LAG Frankfurt a.M. FR v. 12.1.1998, Az.: 7 Sa 710/97): Ein 39 Jahre alter Paketzusteller (verheiratet, drei Kinder) war seit 1991 bei der Post beschäftigt. 1993 fehlte er an 104 Tagen wegen eines Kreuzbandrisses. 1994 waren es 17 Tage wegen eines Hämorrhoidenleidens. Im folgenden Jahr fiel er 62 Tage aus - zweimal wegen fiebriger Bronchitis. Nachdem er diese Krankheit 1996 erneut bekommen und 20 Tage gefehlt hatte, kündigte ihm die Post AG.

Das LAG Frankfurt a.M. hielt die Kündigung für unwirksam. Bei dem Kreuzbandriss und dem Hämorrhoidenleiden bestehe kaum Wiederholungsgefahr. Aber auch eine dreimalige fiebrige Bronchitis rechtfertige keine negative Gesundheitsprognose.

§ 1 I Nr. 1 AAG **1023** Eine Besonderheit ergibt sich bei Arbeitgebern, die in der Regel ausschließlich der zu ihrer Berufsausbildung Beschäftigten nicht mehr als 30 Arbeitnehmer beschäftigen. Ihnen erstatten die Krankenkassen (mit Ausnahme der landwirtschaftlichen Krankenkassen) gem. § 1 I Nr. 1 AAG (Aufwendungsausgleichsgesetz) 80 Prozent des für den in § 3 I und II und den in § 9 I des EFZG bezeichneten Zeitraum an Arbeitnehmer

---

996 BAG, NJW 1984, 1836, 1937; Preis, Ind. ArbR, § 64 III 1 b
997 BAG, NZA 1990, 434, 435; Denck, JuS 1978, 156, 159; Eich, BB 1988, 197, 204 ff.
998 Ide, AuR 1980, 225, 229; Popp, DB 1986, 1461, 1464 ff.
999 BAG, NZA 1989, 923, 925

fortgezahlten Arbeitsentgelts. Insofern trägt der Arbeitgeber, der nicht mehr als 30 Arbeitnehmer beschäftigt, nur 20 Prozent der Entgeltfortzahlungskosten, was natürlich gegen eine erhebliche wirtschaftliche Beeinträchtigung sprechen kann.

d) Einzelfallbezogene Interessenabwägung

Liegt nach den vorstehenden Grundsätzen eine erhebliche Beeinträchtigung betrieblicher Interessen vor, so ist in einer dritten Stufe im Rahmen der nach § 1 II 1 KSchG gebotenen Interessenabwägung zu prüfen, ob diese Beeinträchtigungen aufgrund der Besonderheiten des Einzelfalls dem Arbeitgeber noch zuzumuten sind. Hierbei ist allgemein insbesondere zu berücksichtigen, ob die Erkrankungen auf betriebliche Ursachen zurückzuführen sind, ob bzw. wie lange das Arbeitsverhältnis zunächst ungestört verlaufen ist, ferner das Alter und der Familienstand des Arbeitnehmers. **1024** Betriebliche Ursachen

In der dritten Stufe ist – soweit es um Betriebsablaufstörungen geht – auch zu prüfen, ob es dem Arbeitgeber zumutbar ist, die erheblichen betrieblichen Beeinträchtigungen durch an sich mögliche weitere Überbrückungsmaßnahmen zu verhindern. Reicht eine vorgehaltene Personalreserve nicht aus, den konkreten Ausfall des Arbeitnehmers ohne Umsetzung oder andere organisatorische Maßnahmen zu überbrücken, so ist zu prüfen, ob etwa die Einstellung einer Aushilfskraft zumutbar ist. **1025** Überbrückungsmaßnahmen

Das Vorhalten einer Personalreserve ist bei der Beurteilung der Zumutbarkeit der Belastung des Arbeitgebers mit erheblichen Lohnfortzahlungskosten ebenfalls zu seinen Gunsten zu berücksichtigen. Diese Maßnahme kann die Belastung des Arbeitgebers mit Lohnfortzahlungskosten unzumutbar machen, ohne dass daneben auch noch Betriebsablaufstörungen oder weitere den Betrieb belastende Auswirkungen vorliegen müssten.[1000] **1026** Personalreserve

3. Krankheitsbedingte dauernde Leistungsunfähigkeit

Der Arbeitgeber nimmt Einstellungen vor, um durch sie einen bestimmten Arbeitsbedarf abzudecken. Bei dauernder krankheitsbedingter Leistungsunfähigkeit steht fest, dass dieses unternehmerische Ziel nicht mehr erreicht werden kann. Etwaige Vertretungsmöglichkeiten können daran nichts ändern. Die wirtschaftliche Erwartung, aus der heraus das Arbeitsverhältnis mit dem bisherigen Inhalt eingegangen wurde, ist endgültig gescheitert. Dass im dauerhaften Scheitern des vertraglichen Leistungsaustauschs in aller Regel eine erhebliche Beeinträchtigung der auf Vertragserfüllung gerichteten Erwartung des Arbeitgebers liegt, sollte nicht in Abrede gestellt werden können.[1001] Das Arbeitsverhältnis ist in diesen Fällen regelmäßig sinnentleert und besteht nur noch als leere Hülle. **1027** Dauerhaftes Scheitern des vertraglichen Leistungsaustauschs

Die auch hier vorzunehmende Interessenabwägung wird dadurch vereinfacht, dass bei dauernder Arbeitsunfähigkeit kein schützenswertes Interesse des Arbeitnehmers am Fortbestand des Arbeitsverhältnisses besteht.[1002]

4. Langzeiterkrankung

Die Kündigung wegen einer Langzeiterkrankung spielt in der Praxis keine so große Rolle wie die Kündigung wegen häufiger Kurzerkrankungen.[1003] Dies liegt **1028** EFZG

1000 BAG, NZA 1990, 434, 435
1001 BAG, NZA 2007, 1041, 1042
1002 BAG, NZA 2010, 1234, 1234; ErfK-Oetker, § 1 KSchG Rn 127
1003 Preis, Ind. ArbR, § 64 III 3

schon daran, dass sich der Arbeitgeber auf eine Langzeiterkrankung in der Regel organisatorisch besser einstellen kann. Ein weiterer Grund liegt darin, dass bei der Langzeiterkrankung nach EFZG eine über 6 Wochen hinausgehende Entgeltfortzahlungspflicht ausgeschlossen ist.

Abgrenzung zur krankheitsbedingten Leistungsunfähigkeit

1029 Probleme kann die Abgrenzung zum Fall der dauernden krankheitsbedingten Leistungsunfähigkeit bereiten. Die Ungewissheit bzgl. der Wiederherstellung der Arbeitsfähigkeit kann nur dann einer krankheitsbedingten dauernden Leistungsunfähigkeit gleichgestellt werden, wenn in absehbarer Zeit mit einer anderen als der negativen Prognose nicht gerechnet werden kann. Als absehbare Zeit sieht das BAG im Anschluss an § 1 BeschFG a.F. (= § 14 II TzBfG) einen Zeitraum von 24 Monaten an.[1004] Ein solcher Zeitraum kann gegebenenfalls durch Einstellung einer Ersatzkraft mit einem befristeten Arbeitsverhältnis überbrückt werden.

Prognosezeitpunkt

1030 Maßgeblicher Zeitpunkt für die Beurteilung der Rechtmäßigkeit einer Kündigung sind die objektiven Verhältnisse im Zeitpunkt des Zugangs der Kündigungserklärung. Die objektiven Kriterien nach denen der Arbeitgeber seine Zukunftsprognose zur weiteren Dauer der Arbeitsunfähigkeit anzustellen hat, müssen folglich beim Zugang der Kündigungserklärung vorliegen. Würde man die weitere Entwicklung berücksichtigen, so führte das dazu, dass der Arbeitgeber bei Ausspruch der Kündigung deren Rechtmäßigkeit kaum noch zuverlässig beurteilen könnte.[1005]

a) Prüfungsschema

PRÜFUNGSSCHEMA

1031   I. Negative Gesundheitsprognose
   II. Erhebliche Beeinträchtigung der betrieblichen Interessen des Arbeitgebers aufgrund der negativen Gesundheitsprognose
   III. Einzelfallbezogene Interessenabwägung

b) Negative Gesundheitsprognose

Voraussetzungen **1032** Eine negative Zukunftsprognose kann bei einer Langzeiterkrankung nur gestellt werden, wenn einerseits die Krankheit im Zeitpunkt des Zugangs der Kündigung noch andauert und wenn andererseits der Zeitpunkt der Wiederherstellung der Arbeitsfähigkeit objektiv nicht absehbar ist.[1006]

Bisherige Dauer der Arbeitsunfähigkeit bedeutungslos

Wie lange der Arbeitnehmer in der Vergangenheit bereits arbeitsunfähig erkrankt war, ist ohne Bedeutung. Die Kündigung wegen Langzeiterkrankung ist auf die in Zukunft zu erwartenden betrieblichen und wirtschaftlichen Belastungen des Arbeitgebers gestützt, nicht jedoch auf die in der Vergangenheit aufgetretenen Belastungen.[1007]

[1004] BAG, NZA 1999, 978, 980
[1005] BAG, NZA 1999, 978, 980
[1006] Preis, Ind. ArbR, § 64 III 3
[1007] v. Hoyningen-Huene/Linck-Krause, KSchG, § 1 Rn 419; MK-Hergenröder, BGB, § 1 KSchG Rn 171; nach a.A. ist eine Kündigung frühestens nach Ablauf der sechswöchigen Lohnfortzahlungsfrist möglich, so LAG Köln, LAGE Nr. 30 zu § 4 KSchG; Neumann, NJW 1998, 1838, 1840

c) Erhebliche Beeinträchtigung der betrieblichen Interessen des Arbeitgebers aufgrund der negativen Gesundheitsprognose

Bei Langzeiterkrankungen ist zu beachten, dass die betrieblichen Interessen des Arbeitgebers nicht durch die Belastungen aus dem EFZG hergeleitet werden können, da die Entgeltfortzahlung in diesem Fall nur einmal bis zur Dauer von sechs Wochen gewährt wird, § 3 I 1 EFZG.

1033 Entgeltfortzahlungskosten

Bei über zwei Jahren andauernder Krankheit ist zu beachten, dass trotz Möglichkeit einer Überbrückung durch Aushilfen das TzBfG entgegenstehen kann, sodass eine Betriebsstörung eher zu bejahen sein wird. Es kommt dann zu einer elementaren Störung des Synallagmas des Arbeitsverhältnisses, was im Wesentlichen mit subjektiver Unmöglichkeit der Leistung des Arbeitnehmers gleichzusetzen ist.[1008] Der Arbeitgeber geht faktisch seines Direktionsrechts verlustig. Dies führt im Regelfall zu einer erheblichen Beeinträchtigung betrieblicher Interessen.

1034 Subjektive Unmöglichkeit der Leistung des Arbeitnehmers

> **MERKSATZ**
> Eine **Kündigung wegen Langzeiterkrankung** kommt in der Regel nur in Betracht, wenn auf einen Zeitraum von 24 Monaten nicht mit einer positiven Prognose gerechnet werden kann.

Es muss also unterschieden werden zwischen der „normalen" Langzeiterkrankung, die eine konkret feststellbare erhebliche Beeinträchtigung der betrieblichen Interessen verlangt und der dauernden Leistungsunfähigkeit, die eine erhebliche Beeinträchtigung betrieblicher Interessen indiziert.[1009]

d) Interessenabwägung

In der Interessenabwägung ist auf der dritten Stufe zu prüfen, ob die erheblichen betrieblichen Beeinträchtigungen zu einer billigerweise nicht mehr hinzunehmenden Belastung des Arbeitgebers führen.[1010] Dabei sind die zur Kündigung wegen häufiger Kurzzeiterkrankungen angeführten Aspekte übertragbar.

1035 Nicht mehr hinzunehmende Belastung des Arbeitgebers

Folglich sind bei der Interessenabwägung z.B. folgende Gesichtspunkte relevant: Lebensalter, Dauer der Betriebszugehörigkeit, betriebliche Ursache der Erkrankung, Unterhaltspflichten, Stellung im Betrieb, Störungen im Arbeitsablauf, Produktionsausfall, Verlust von Kundenaufträgen.[1011]

1036 Indizien

Nach der Rechtsprechung des BAG ist im Rahmen der Interessenabwägung zugunsten des Arbeitgebers zu berücksichtigen, wenn er eine Personalreserve vorhält. Damit werden erhebliche Kosten aufgewandt, um eine bestimmte, auf Erfahrungswerten beruhende Fehlquote abzudecken. Diese Maßnahme stellt deshalb im Bereich der wirtschaftlichen Belastung des Betriebs einen zusätzlichen Umstand dar, der die Belastung des Arbeitgebers mit Lohnfortzahlungskosten unzumutbar machen kann, ohne dass daneben noch Betriebsablaufstörungen oder weitere den Betrieb belastende Auswirkungen vorliegen müssten.[1012]

1037 Personalreserve

1008 Vgl. Palandt-Grüneberg, BGB, § 275 BGB Rn 23 ff.
1009 BAG, NZA 1999, 978, 981
1010 BAG, NZA 1999, 978, 981
1011 BAG, NJW 1981, 298, 300
1012 BAG, NZA 1991, 185, 188

5. Krankheitsbedingte Minderung der Leistungsfähigkeit

1038 Auch die krankheitsbedingte Minderung der Leistungsfähigkeit des Arbeitnehmers kann einen in der Person des Arbeitnehmers liegenden Grund zur sozialen Rechtfertigung einer ordentlichen Kündigung i. S. des § 1 II 1 KSchG abgeben, wenn sie zu einer erheblichen Beeinträchtigung der betrieblichen Interessen führt.[1013]

Abgrenzung zwischen personen- und verhaltensbedingter Kündigung

1039 Bei diesem Grund zur Kündigung fällt die Abgrenzung zwischen einer personen- und einer verhaltensbedingten Kündigung häufig schwer. Orientieren kann man sich an folgender „Regel":

Wer eine schlechte Arbeitsleistung erbringt, obwohl er zu einer guten Arbeitsleistung imstande wäre, verletzt den Arbeitsvertrag. Ihm kann eine Abmahnung erteilt und in letzter Konsequenz gekündigt werden.

Abmahnung

Wer jedoch eine schlechte Arbeitsleistung erbringt, weil er alters- oder krankheitsbedingt nicht mehr in der Lage ist, eine bessere Arbeitsleistung zu erbringen, der ist unverschuldet zur Leistung außerstande und für die geschuldete Tätigkeit nicht mehr (voll) geeignet. Da dem Arbeitnehmer in diesem Fall eine Leistungssteigerung subjektiv unmöglich ist (Fall des Unvermögens), ist auch eine Abmahnung zwecklos und daher entbehrlich.

1040 | **MERKSATZ**
Die **krankheitsbedingte Leistungsminderung** gehört in die Kategorie der (verschuldensunabhängigen) personenbedingten Kündigung wegen Eignungsmangels.

Es liegt allerdings nur eine eingeschränkte (und keine völlig fehlende) Eignung zur Erfüllung der geschuldeten Aufgabe vor.

a) Prüfungsschema

PRÜFUNGSSCHEMA

1041
I. Negative Gesundheitsprognose
II. Erhebliche Beeinträchtigung der betrieblichen Interessen des Arbeitgebers aufgrund der negativen Gesundheitsprognose
III. Einzelfallbezogene Interessenabwägung

b) Negative Gesundheitsprognose

1042 Eine krankheitsbedingte Leistungsminderung liegt vor, wenn der Arbeitnehmer dauerhaft in seiner Leistungsfähigkeit in quantitativer oder qualitativer Hinsicht eingeschränkt ist, also hinter der „Normalleistung" erheblich zurückbleibt.[1014]

1013 BAG, NZA 1992, 1073, 1075
1014 MK-Hergenröder, BGB, § 1 KSchG Rn 177

c) Erhebliche Beeinträchtigung der betrieblichen Interessen des Arbeitgebers aufgrund der negativen Gesundheitsprognose

Die bisherigen und nach der Prognose zu erwartenden Auswirkungen des Gesundheitszustandes des Arbeitnehmers müssen zu einer erheblichen Beeinträchtigung der betrieblichen Interessen führen. Hier ergeben sich für die Kündigung wegen Minderleistung Unterschiede gegenüber der Kündigung wegen häufiger Kurzerkrankungen. Im letzteren Falle können Störungen im Betriebsablauf oder wirtschaftliche Belastungen mit Entgeltfortzahlungskosten hervorgerufen werden. Bei einer eingeschränkten Leistungsfähigkeit des Arbeitnehmers wird dagegen in erster Linie eine wirtschaftliche Belastung des Arbeitgebers eintreten, weil der Arbeitnehmer im Leistungslohn nicht mehr eingesetzt werden kann und der Zahlung des vollen Zeitlohns keine nach betriebswirtschaftlichen und arbeitswissenschaftlichen Grundsätzen ausgerichtete adäquate Arbeitsleistung gegenübersteht. Da die Beeinträchtigung der betrieblichen Interessen erheblich sein muss, genügt hierfür nicht jede geringfügige Minderleistung.[1015]

1043 Lohn steht keine adäquate Gegenleistung gegenüber

BEISPIEL (nach BAG, NZA 1992, 1073): Eine Arbeitnehmerin ist krankheitsbedingt nur noch in der Lage, zwei Drittel der Normalleistung zu erbringen.

Das BAG hielt die Kündigung nach den oben dargestellten Grundsätzen für wirksam.

d) Einzelfallbezogene Interessenabwägung

In der dritten Stufe, bei der Interessenabwägung, ist dann zu prüfen, ob die erheblichen betrieblichen Beeinträchtigungen zu einer billigerweise nicht mehr hinzunehmenden Belastung des Arbeitgebers führen. Hierbei ist insb. zu berücksichtigen, ob die Erkrankungen auf betrieblichen Ursachen beruhen, ob bzw. wie lange das Arbeitsverhältnis zunächst ungestört verlaufen ist, ferner das Alter des Arbeitnehmers.[1016]

1044 Indizien

Tritt beim Arbeitnehmer eine krankheitsbedingte Minderung der Leistungsfähigkeit ein, ist zu beachten, dass der Arbeitgeber i.d.R. verpflichtet ist, dem Arbeitnehmer leichtere oder seinem Körperzustand sonst angemessenere Arbeit zuzuweisen.[1017] In Betracht kommt auch Teilzeitarbeit. In diesen Fällen ist die Kündigung erst zulässig, wenn der Arbeitnehmer auch zu dieser reduzierten Arbeitsleistung nicht mehr fähig ist.

Zuweisung leichterer Arbeit

6. Vertiefung: Betriebliches Eingliederungsmanagement

Mit § 84 II SGB IX ist zum 1.5.2004 eine Regelung für ein betriebliches Eingliederungsmanagement (BEM) in Kraft getreten. Nach dieser Vorschrift muss der Arbeitgeber bei Arbeitnehmern, die innerhalb eines Jahres länger als sechs Wochen ununterbrochen oder wiederholt arbeitsunfähig sind, ein BEM durchführen.

1045

Das Erfordernis eines solchen BEM besteht für alle Arbeitnehmer und nicht nur für die behinderten Menschen.[1018] Dies folgt schon aus dem Wortlaut des § 84 II 1 SGB IX und der gesetzlichen Systematik. So spricht § 84 II 1 SGB IX von Beschäftigten und

Ziel: Verhinderung krankheitsbedingter Kündigungen

1015 BAG, NZA 1992, 1073, 1076
1016 BAG, NZA 1992, 1073, 1076
1017 Preis, Ind. ArbR, § 64 III 4
1018 BAG, NZA 2008, 173, 175; Löw, MDR 2005, 608, 609; a.A. Brose, DB 2005, 390, 391

"außerdem" von schwerbehinderten Menschen und der Einschaltung der Schwerbehindertenvertretung. Entsprechendes regelt § 84 II 6 SGB IX. Dieses Ergebnis wird durch den Sinn und Zweck der Regelung bestätigt. Nach der Gesetzesbegründung sollen krankheitsbedingte Kündigungen bei allen Arbeitnehmern durch das BEM verhindert werden.[1019]

1046 Nach § 84 II 1 SGB IX soll das BEM in der Weise erfolgen, dass der Arbeitgeber mit dem Betroffenen unter Einbindung des Betriebsrates und ggf. der Schwerbehindertenvertretung die Möglichkeiten klären muss, wie die Arbeitsunfähigkeit überwunden werden kann und welche Leistungen und Hilfen zur Unterstützung des Arbeitnehmers erforderlich sind.

Präventionsverfahren konkretisiiert Grundsatz der Verhältnismäßigkeit

1047 Das Präventionsverfahren gem. § 84 I SGB IX, das bei „Schwierigkeiten" im Arbeitsverhältnis mit Schwerbehinderten durchgeführt werden soll, ist keine formelle Wirksamkeitsvoraussetzung für Kündigungen. § 84 II SGB IX konkretisiert vielmehr den Verhältnismäßigkeitsgrundsatz. Hat der Arbeitgeber die Durchführung eines BEM unterlassen, muss er deshalb umfassend darlegen und beweisen, warum es in keinem Fall dazu hätte beitragen können, neuerlichen Krankheitszeiten vorzubeugen und das Arbeitsverhältnis zu erhalten. Dabei obliegt es ihm nicht nur, die objektive Nutzlosigkeit arbeitsplatzbezogener Maßnahmen im Sinne von § 1 II 2 KSchG aufzuzeigen. Vielmehr hat er schon nach § 1 II 1 KSchG auf im Kündigungszeitpunkt bestehende außerbetriebliche Therapiemöglichkeiten Bedacht zu nehmen.[1020] Relevanz erlangt die Norm daher, wenn sich Kündigungssachverhalte über einen längeren Zeitraum „entwickeln" und damit einer Beeinflussung durch ein Präventionsverfahren zugänglich sind, zum Beispiel bei anhaltender Schlecht- oder Minderleistung.[1021]

SACHVERHALT

D. Klausurfall: „Die Infektion"

1048 P hat sich mit dem HIV-Virus infiziert. Da er als Pfleger im OP-Bereich eines Krankenhauses tätig ist, erzählt er auf der Arbeit niemandem von seiner Infektion. Allerdings fühlt sich eine Mitarbeiterin der Krankenkasse bei der P versichert ist verpflichtet, dem Krankhausleitung Mitteilung zu machen. Der Geschäftsführer G der Krankenhaus GmbH (G) kündigt P trotz seiner jahrelangen Tätigkeit nach Anhörung des Betriebsrates schriftlich und fristgerecht mit der Begründung, die von ihm ausgehende Ansteckungsgefahr lasse die Eignung des P für seine bisherige Tätigkeit in vollem Umfang entfallen. Für die Zeitdauer der laufenden Kündigungsfrist wird P unter Anrechnung von Überstunden und Resturlaub sofort von der Arbeit freigestellt. Eine Versetzung des P auf eine normale Station im Rahmen eines „Ringtausches" komme auf absehbare Zeit mangels Spezialausbildung der dort tätigen Pfleger für den OP-Bereich nicht in Betracht. Ist die Kündigung rechtswirksam?

LÖSUNG

A. Bestehendes Arbeitsverhältnis

Persönliche Abhängigkeit

P war als Pfleger in einem Krankenhaus tätig. Er war weisungsgebunden und in den Betrieb eingegliedert und hierdurch von G persönlich abhängig. Zwischen P und G bestand folglich ein Arbeitsverhältnis.

1019 BT-Dr 15/1783, S. 15
1020 BAG, NZA 2015, 612, 615; a.A. Brose, DB 2005, 390, 393
1021 Grobys, NJW 2007, 1995, 1998

B. Zugang schriftlicher Kündigung
Dem P ist eine schriftliche, § 623 BGB, Kündigungserklärung zugegangen.

Der Zugang der schriftlichen Kündigung setzt die Präklusionsfrist in Gang.

C. Materielle Präklusionsfrist
Gem. §§ 4 S. 1, 7 KSchG muss ein Arbeitnehmer eine ihm zugegangene schriftliche Kündigung innerhalb von drei Wochen mit der Kündigungsschutzklage angreifen. Dies gilt gem. § 23 I KSchG unabhängig von der Anwendbarkeit des KSchG im Übrigen. Diese Frist wird M für eine eventuelle Klage zu beachten haben, da sonst selbst eine unwirksame Kündigung wirksam werden würde.

D. Betriebsratsanhörung
Die gem. § 102 BetrVG erforderliche Anhörung des Betriebsrates ist erfolgt.

E. Sozialwidrigkeit nach § 1 KSchG
Die Kündigung könnte jedoch gem. § 1 KSchG sozialwidrig sein.

I. ANWENDBARKEIT DES KSchG
Dazu müsste das KSchG überhaupt anwendbar sein.
Das KSchG gilt gem. § 1 I KSchG nur für Arbeitnehmer. P erfüllt diese Voraussetzung (s.o.).
P war auch länger als 6 Monate im Betrieb beschäftigt (§ 1 I KSchG).
Der Betrieb des A beschäftigt schließlich (deutlich) mehr als 10 Arbeitnehmer, § 23 I KSchG. Daher ist das KSchG auf die von A ausgesprochene Kündigung anwendbar.

Arbeitnehmer

§ 1 I KSchG
§ 23 I KSchG

II. RECHTFERTIGUNG ALS PERSONENBEDINGTE KÜNDIGUNG
Die Kündigung des P könnte sozial ungerechtfertigt i.S.v. § 1 KSchG und damit unwirksam sein.
Die Kündigung ist gemäß § 1 II KSchG sozial ungerechtfertigt, wenn sie nicht durch Gründe im Verhalten, in der Person oder durch dringende betriebliche Erfordernisse bedingt ist. Bei der AIDS-Erkrankung des P kommt eine personenbedingte Kündigung in der Sonderform der krankheitsbedingten Kündigung in Betracht. Voraussetzung ist insoweit eine negative Zukunftsprognose, eine hierdurch erhebliche Beeinträchtigung der betrieblichen Interessen des Arbeitgebers und schließlich im Rahmen einer Interessenabwägung ein überwiegendes Interesse des Arbeitgebers an der Beendigung des Arbeitsverhältnisses.

1. Negative Zukunftsprognose
Erforderlich ist zunächst eine negative Zukunftsprognose.
Die Krankheit des P lag im Zeitpunkt des Zugangs der Kündigung noch vor. Weiterhin müsste der Zeitpunkt der Wiederherstellung der Arbeitsfähigkeit unabsehbar sein. Dies ist insbesondere bei chronischen und unheilbaren Krankheiten und Leiden der Fall. Bei einer HIV-Infektion ist dies jedenfalls nach derzeitigem medizinischem Stand der Fall. Zwar können die Leiden durch Medikamente gemildert oder hinausgezögert werden und es gibt erste Berichte von Heilungen von infizierten Säuglingen, was jedoch nichts daran ändert, dass eine „Heilung" im Sinne eines nicht mehr vorhandenen Infektionsrisikos bei Erwachsenen in der Regel nicht zu erreichen ist.

Chronische und unheilbare Krankheiten

2. Konkrete Beeinträchtigung der betrieblichen Interessen

Ansteckungsgefahr

Eine Erkrankung stellt einen „Kündigungsgrund an sich" dar, wenn sie zu einer erheblichen Beeinträchtigung betrieblicher oder vertraglicher Interessen führt. Dies ist hier bei einem Pfleger im OP-Bereich eines Krankenhauses der Fall, weil P mit seiner HIV-Infizierung in diesem Bereich praktisch nicht mehr eingesetzt werden kann. Zwar ist HIV im normalen alltäglichen Umgang nicht übertragbar, aber bei Kontakten durch Blut und sonstige Körperflüssigkeiten besteht durchaus eine Ansteckungsgefahr. Da im OP vor allem schwere, insbesondere auch offene Verletzungen behandelt werden, ist die Ansteckungsgefahr so groß, dass eine Weiterbeschäftigung des P in seiner Funktion als Pfleger dort nicht verantwortlich geduldet werden kann. Damit sind aber die vertraglichen Interessen des Krankenhauses an der Erbringung der Arbeitsleistung nicht nur erheblich beeinträchtigt, sondern praktisch aufgehoben.

Ultima-Ratio-Prinzip

Dennoch fehlt es im Ergebnis an einer erheblichen Beeinträchtigung der betrieblichen Interessen, wenn dem Arbeitgeber mildere Mittel zur Verfügung stehen. Nach dem Ultima-Ratio-Prinzip kommt vor allem die Versetzung auf einen anderen Arbeitsplatz in Betracht.

Hier wäre mit Blick auf die große psychische Belastung des P durch die Infektion in Verbindung mit dem Arbeitsplatzverlust zumindest bei der Interessenabwägung ein anderes Ergebnis gut vertretbar gewesen.

Dabei kann es nur um eine Versetzung innerhalb des Berufsfeldes des P als Pfleger gehen. Das Krankenhaus musste also prüfen, ob P auf einer der normalen Stationen eingesetzt werden kann und dort eine Ansteckungsgefahr aufgrund der Art der dort behandelten Krankheitsbilder der Patienten ausgeschlossen werden kann. Da eine solche anderweitige Beschäftigung derzeit aus organisatorischen gründen (mangelnde Eignung der anderen Pfleger für den Einsatz im OP-Bereich) nicht möglich ist, ist die Kündigung des P nach dem Ultima-Ratio- Prinzip erforderlich.

3. Interessenabwägung im Einzelfall

Zuletzt wäre dann noch eine allgemeine Interessenabwägung vorzunehmen. Da P allerdings laut Sachverhalt überhaupt nicht mehr, d.h. auch nicht eingeschränkt eingesetzt werden kann, geht die Interessenabwägung im vorliegenden Fall zu Gunsten des Krankenhauses aus.

F. Kündigungsfrist

Bei der Kündigung hat das Krankenhaus die gesetzliche Kündigungsfrist des § 622 II BGB eingehalten.

FALLENDE

G. Ergebnis

Nach alldem ist die Kündigung wirksam.

3. Teil – Verhaltensbedingte Kündigung

A. Einleitung

Eine Kündigung kann auch dann sozial gerechtfertigt sein, wenn sie durch Gründe im Verhalten des Arbeitnehmers bedingt ist. Der Gesetzgeber hat jedoch nicht näher geregelt, welches Verhalten darunter konkret zu verstehen ist. In der Rechtsprechung hat sich deshalb eine Typologie der wichtigsten Fallgruppen herausgebildet.

1049 Typologie der wichtigsten Fallgruppen

Der verhaltensbedingte Kündigungsgrund unterscheidet sich vom personenbedingten Kündigungsgrund dadurch, dass der Arbeitnehmer schuldhaft seine Pflichten aus dem Arbeitsvertrag verletzt, ihm also ein steuerbares und zurechenbares Verhalten angelastet wird.

Steuerbares und zurechenbares Verhalten

Durch die verhaltensbedingte Kündigung erhält der Arbeitgeber eine Möglichkeit zur Kündigung, wenn der Arbeitnehmer ein bestimmtes Verhalten zeigt, obwohl ihm eine andere Handlungsweise möglich wäre. Kann der Arbeitnehmer nicht anders handeln, kommt nur eine personenbedingte Kündigung in Betracht.[1022]

B. Prüfungsschema

PRÜFUNGSSCHEMA

1050

I. Pflichtverletzung, die an sich als verhaltensbedingter Kündigungsgrund geeignet ist

II. Interessenabwägung unter Berücksichtigung des Verhältnismäßigkeitsprinzips

> **KLAUSURHINWEIS**
> Möglich wäre es auch, das Prüfungsschema in drei Stufen aufzuteilen und die Verhältnismäßigkeit als selbstständige 2. Stufe vor der Interessenabwägung zu prüfen.

C. Systematik und Vertiefung

I. PFLICHTVERLETZUNG
– die an sich als verhaltensbedingter Kündigungsgrund geeignet ist
(abstrakt geeigneter Kündigungsgrund) –

1. Schuldhafte Vertragsverletzung

Eine verhaltensbedingte Kündigung setzt voraus, dass der Arbeitnehmer mit dem ihm vorgeworfenen Verhalten eine Vertragspflicht – i.d.R. schuldhaft, § 276 I BGB – erheblich verletzt.[1023] Hierbei kommen sowohl Verletzungen vertraglicher Hauptpflichten als auch solche vertraglicher Nebenpflichten in Betracht.

1051 Verletzung von Vertragspflichten

Über die vertragswidrigen Verhaltensweisen hinaus hält das BAG eine verhaltensbedingte Kündigung auch dann für sozial gerechtfertigt, wenn das Verhalten des

1052 Konkrete Beeinträchtigung des Arbeitsverhältnisses

1022   MK-Hergenröder, BGB, § 1 KSchG Rn 190
1023   BAG, NZA 2007, 922, 923

Arbeitnehmers zu einer konkreten Berührung bzw. Beeinträchtigung des Arbeitsverhältnisses geführt hat.[1024] Dabei muss es allerdings zu einer konkreten Störung im Leistungsbereich, im betrieblichen Bereich (d.h. einer Störung des Betriebsablaufes, der Organisation oder des Betriebsfriedens), im Vertrauensbereich oder im Unternehmensbereich kommen. Eine Gefährdung allein ist nicht ausreichend. Das Kriterium der konkreten Beeinträchtigung soll dabei dazu dienen, ein kündigungsrechtlich erhebliches Fehlverhalten eines Arbeitnehmers von anderen Verhaltensweisen, insbesondere im außerdienstlichen Bereich, abzugrenzen.

1053 | **MERKSATZ**

Außerdienstliches Verhalten | Nach BAG kann auch ein **außerdienstliches Verhalten** einen Grund für eine verhaltensbedingte Kündigung liefern.

Hierfür ist Voraussetzung, dass die außerdienstlich begangene Handlung (oder Unterlassung) in den betrieblichen Bereich zurückwirkt.

A.A.: personenbedingte Kündigung **1054** Demgegenüber wird diese Ausdehnung der verhaltensbedingten Kündigung über den Bereich reiner Vertragsverletzungen hinaus in der Lehre verbreitet abgelehnt. Sofern es um Verhaltensweisen außerhalb des Dienstverhältnisses gehe, komme nur ein personenbedingter Kündigungsgrund in Betracht, wenn sich das Verhalten auf die Eignung des Arbeitnehmers auf das Dienstverhältnis auswirke.[1025]

BEISPIEL 1 (nach BAG, NZA 1985, 285): Arbeitnehmer N begeht in seiner Freizeit zu Lasten einer Konzernschwester seiner Arbeitgeberin G einen Diebstahl.

Nach BAG kommt im Beispiel grundsätzlich auch eine verhaltensbedingte Kündigung in Betracht, sofern wegen der Konzernverbundenheit auch das Arbeitsverhältnis zwischen N und G konkret beeinträchtigt wird. Demgegenüber kommt nach der Gegenauffassung nur eine personenbedingte Kündigung in Frage, z.B. weil sich der N durch den Diebstahl als ungeeignet und nicht vertrauenswürdig erwiesen hat.

Nach BAG kein schuldhaftes Verhalten nötig **1055** Schließlich wird diskutiert, ob bei der verhaltensbedingten Kündigung im Einzelfall auf das schuldhafte Verhalten des Arbeitnehmers verzichtet werden kann. Das BAG bejaht dies, weil der Arbeitgeber auch dann eine Kündigung aussprechen können müsse, wenn die Störung des Betriebs auf einem Verhalten des Arbeitnehmers beruhe, ohne dass dieser es zu verantworten habe.[1026] Demgegenüber wird die Auffassung vertreten, dass in diesen Fällen eine personenbedingte Kündigung näher liege.[1027]

Abgrenzung zur personenbedingten Kündigung Letzteres dürfte vor allem vorzugswürdig sein, wenn krankhafte Veranlagungen zu der Schuldunfähigkeit geführt haben.[1028]

BEISPIEL 2: Trotz eines betrieblichen Alkoholverbotes erscheint Arbeitnehmer N stark alkoholisiert auf der Arbeit. N ist Alkoholiker.

1024 Vgl. BAG Nr. 11, 13, 19, 25 zu § 1 KSchG 1969 Verhaltensbedingte Kündigung
1025 MK-Hergenröder, BGB, § 1 KSchG Rn 191
1026 BAG, AP Nr. 34 zu § 1 KSchG 1969 Verhaltensbedingte Kündigung
1027 MK-Hergenröder, BGB, § 1 KSchG Rn 193
1028 So auch das BAG in NZA 1995, 517, 518

BEISPIEL 3: Arbeitnehmer A hat bis in den frühen Morgen gefeiert und kommt stark alkoholisiert auf die Arbeit. Er beschimpft völlig enthemmt eine Kollegin.

In Beispiel 2 ist von einer personenbedingten Kündigung auszugehen, da die Alkoholisierung auf einer Krankheit des N, seinem Alkoholismus, basiert. In Beispiel 3 kommt nach BAG eine verhaltensbedingte Kündigung in Betracht, die Gegenauffassung würde eine personenbedingte Kündigung annehmen.

> **KLAUSURHINWEIS**
> Im Ergebnis dürfte dies ein eher theoretischer Streit sein, weil das BAG das fehlende Verschulden des Arbeitnehmers bei der Interessenabwägung berücksichtigt.[1029] Deshalb sollte dieser Streit in einer Klausur nicht zu sehr ausgebreitet werden.

2. Objektiver Maßstab

Als verhaltensbedingter Kündigungsgrund kommt nur ein Umstand in Betracht, der einen ruhig und verständig urteilenden Arbeitgeber zur Kündigung bestimmen kann. Für eine verhaltensbedingte Kündigung genügen solche im Verhalten des Arbeitnehmers liegenden Umstände, die bei verständiger Würdigung in Abwägung der Interessen der Vertragsparteien und des Betriebs die Kündigung als billigenswert und angemessen erscheinen lassen. Dabei ist nicht von dem Standpunkt des jeweiligen Arbeitgebers auszugehen. Vielmehr gilt ein objektiver Maßstab.[1030]

1056 Verständige Würdigung der beiderseitigen Interessen

3. Fallgruppen

Im Wesentlichen werden – vor allem von der Rechtsprechung - die folgen Typen von Vertragsverletzungen unterschieden:

1057

- Vertragsverletzungen aus dem Leistungsbereich
- Verletzungen der betrieblichen Ordnung
- Pflichtwidrigkeiten im Vertrauensbereich
- Verletzungen von Nebenpflichten
- vertragswidriges außerdienstliches Verhalten

a) Vertragsverletzung im Leistungsbereich

Der Arbeitnehmer schuldet dem Arbeitgeber aus dem Arbeitsvertrag primär die ordnungsgemäße Erbringung der Arbeitsleistung. Ist die Arbeitsleistung im Vertrag, wie meistens, der Menge und der Qualität nach nicht oder nicht näher beschrieben, so richtet sich der Inhalt des Leistungsversprechens zum einen nach dem vom Arbeitgeber durch Ausübung des Direktionsrechts festzulegenden Arbeitsinhalt und zum anderen nach dem persönlichen, subjektiven Leistungsvermögen des Arbeitnehmers. Der Arbeitnehmer muss tun, was er soll, und zwar so gut, wie er kann. Mithin schuldet der Arbeitnehmer eine angemessene Ausschöpfung seiner individuellen Kräfte und Fähigkeiten.[1031]

1058 Durch Direktionsrecht festgelegter Arbeitsinhalt

1029 Hromadka/Maschmann, ArbR I, § 10 Rn 151a
1030 BAG, NZA 1993, 115, 116
1031 BAG, 2008, 693, 694; MK-Hergenröder, BGB, § 1 KSchG Rn 273

Maßstab:
Leistungs-
fähigkeit des
Arbeitnehmers

> **MERKSATZ**
>
> Die **Leistungspflicht** ist nicht starr, sondern dynamisch und orientiert sich an der Leistungsfähigkeit des Arbeitnehmers.

Nach der Rechtsprechung des BAG schuldet der Arbeitnehmer also keine, in Anlehnung an § 243 I BGB zu ermittelnde „objektive Normalleistung".[1032]

1059 Diese Hauptpflicht kann der Arbeitnehmer durch Schlechtleistung (Zurückbleiben der Leistung in qualitativer Hinsicht) oder durch Minderleistung (Zurückbleiben der Leistung in quantitativer Hinsicht) verletzen. In beiden Fällen kann es zu einer verhaltensbedingten Kündigung kommen. Voraussetzung ist jedoch, dass der Arbeitnehmer aufgrund persönlicher und fachlicher Qualifikation zur ordnungsgemäßen Erbringung der geschuldeten Arbeitsleistung in der Lage wäre. Ist dies nicht der Fall, kommt nur eine personenbedingte Kündigung in Frage.[1033]

Im Zweifel eher
verhaltens-
bedingt

> **MERKSATZ**
>
> Bei Abgrenzungsschwierigkeiten sollte im Interesse des Arbeitnehmers im Zweifel eine verhaltensbedingte Kündigung angenommen werden. Damit kommt dann vor allem eine Abmahnung als milderes Mittel in Betracht.[1034]

b) Nebenpflicht: Verletzungen der betrieblichen Ordnung

Rauch- und
Alkoholverbote

1060 Der Arbeitgeber kann den Konsum von Alkohol während der Arbeitszeit absolut verbieten. Ebenso kann ein Rauchverbot in den Arbeitsräumen verhängt werden. (Sofern ein Betriebsrat besteht, ist das Mitbestimmungsrecht des § 87 I Nr. 1 BetrVG zu beachten.) Verstößt der Arbeitnehmer gegen ein derartiges absolutes Verbot, kommt es für das Vorliegen eines verhaltensbedingten Kündigungsgrundes nicht darauf an, ob es zu einer Beeinträchtigung der Arbeitsleistung gekommen ist.[1035] Besteht hingegen kein absolutes Alkoholverbot, so stellt der Alkoholgenuss erst dann eine Pflichtverletzung dar, wenn der Arbeitnehmer durch den Alkoholgenuss seine vertragliche Leistungspflicht nicht mehr erfüllen kann, oder wenn er sich oder andere gefährdet.[1036]

c) Nebenpflicht: Pflichtwidrigkeiten im Vertrauensbereich

Häufig sogar Fall
des § 626 BGB

1061 Sofern das Vertrauensverhältnis zwischen Arbeitgeber und Arbeitnehmer durch ein Verhalten des Arbeitnehmers erschüttert wird, berechtigt dies den Arbeitgeber in aller Regel zur (häufig sogar außerordentlichen, § 626 BGB) Kündigung. Typische Beispielsfälle sind der Verrat von Betriebsgeheimnissen,[1037] die Annahme von Schmiergeldern und Vermögens- und Eigentumsdelikte gegen den Arbeitgeber oder Kollegen.

Annahme von
Schmiergeld

1062 In Fällen der **Annahme von Schmiergeld** liegt die eigentliche Ursache dafür, dass ein solches Verhalten die (außerordentliche) Kündigung rechtfertigt, nicht so sehr in der Verletzung vertraglicher Pflichten, sondern in der damit zutage tretenden

---

1032 BAG, NZA 2008, 693, 694; a.A. Hunold, BB 2003, 2345, 2346
1033 Vgl. APS-Dörner/Vossen, § 1 KSchG Rn 266, 278; ErfK-Oetker, § 1 KSchG Rn 188;
1034 BAG, AP Nr. 9 zu § 1 KSchG 1969 Verhaltensbedingte Kündigung
1035 BAG, AP Nr. 5 zu § 1 KSchG 1969 Verhaltensbedingte Kündigung; v. Hoyningen-Huene, DB 1995, 142, 145
1036 BAG, NZA 1995, 517, 519
1037 BAG AP Nr. 2 zu § 79 BetrVG 1972

Einstellung des Dienst- oder Arbeitnehmers, unbedenklich eigene Vorteile bei der Erfüllung von Aufgaben wahrnehmen zu wollen, obwohl er sie allein im Interesse des Dienst- oder Arbeitgebers durchzuführen hat. Dadurch zerstört er das Vertrauen in seine Zuverlässigkeit und Redlichkeit.[1038] Im Rahmen des Geschäftsverkehrs übliche geringfügige Geschenke wie Kalender oder Kugelschreiber fallen jedoch nicht hierunter.[1039]

Bei Vermögens- und Eigentumsdelikten kommt es für das Vorliegen der Vertragsverletzung an sich nicht darauf an, wie hoch der angerichtete Schaden ist, maßgeblich ist alleine der in der Tat liegende Vertrauensmissbrauch.[1040] **1063** Vermögens- und Eigentumsdelikten

d) Weitere Verletzungen von Nebenpflichten

Unter der Fallgruppe der Verletzung von Nebenpflichten werden z.B. weiterhin behandelt die nicht unverzüglich Anzeige einer krankheitsbedingten Arbeitsunfähigkeit, Beleidigungen, Drohungen oder gar Tätlichkeiten gegenüber Kunden, Kollegen oder Vorgesetzten und die (übermäßige) private Nutzung von Telefon und Internet am Arbeitsplatz. **1064** Beispielsfälle

Eine **Beleidigung** stellt u.U. eine erhebliche Verletzung der vertraglichen Nebenpflicht zur Rücksichtnahme (vgl. § 241 II BGB) dar. Bei der kündigungsrechtlichen Bewertung verbaler Entgleisungen im Arbeitsverhältnis ist allerdings stets das Grundrecht auf freie Meinungsäußerung (Art. 5 I, II GG) zu beachten. Dabei besteht der Grundrechtsschutz unabhängig davon, ob eine Äußerung rational oder emotional, begründet oder grundlos ist, ob sie von anderen für nützlich oder schädlich, wertvoll oder wertlos gehalten wird.[1041] **1065** Beleidigung

Eine Kündigung wegen **Störung des Betriebsfriedens** setzt voraus, dass der Arbeitnehmer nachhaltig und konkret das Zusammenleben und Zusammenwirken der im Betrieb Tätigen in einer Weise beeinträchtigt hat, die es dem Arbeitgeber, der gemeinsam mit dem Betriebsrat für eine friedliche Zusammenarbeit der Mitarbeiter verantwortlich ist, unmöglich macht, das Arbeitsverhältnis mit dem störenden Arbeitnehmer fortzusetzen.[1042] **1066** Störung des Betriebsfriedens

BEISPIEL: A legt ein Verhalten an den Tag, das durch Aussagen und Drohungen gegenüber einem ausländischen Arbeitskollegen dazu geeignet ist, eine ausländerfeindliche Stimmung in einer Betriebsabteilung zu erzeugen oder zu verstärken.[1043]

e) Außerdienstliches Verhalten

Auf das Problem des außerdienstlichen Verhaltens wurde bereits oben eingegangen.[1044] **1067**

f) Sonderfall: Tendenzbetriebe

Tendenzbetriebe sind gem. § 118 I 1 BetrVG Unternehmen und Betriebe, die unmittelbar und überwiegend politischen, koalitionspolitischen, konfessionellen, **1068** § 118 I 1 BetrVG

1038 BAG, AP Nr. 65 zu § 626 BGB
1039 MK-Hergenröder, BGB, § 1 KSchG Rn 275
1040 MK-Hergenröder, BGB, § 1 KSchG Rn 278
1041 BAG, NZA 2006, 650, 652 (Vergleich des Arbeitgebers mit einem KZ)
1042 APS-Dörner/Vossen, § 1 KSchG Rn 299
1043 LAG Rheinland-Pfalz, NZA-RR 1998, 118, 119
1044 Oben Rn 1053

karitativen, erzieherischen, wissenschaftlichen oder künstlerischen Bestimmungen oder Zwecken der Berichterstattung oder Meinungsäußerung, auf die Art. 5 I 2 GG Anwendung findet, dienen. Gehört ein Arbeitnehmer einem derartigen Tendenzbetrieb an, so können an die Art seiner Diensterbringung besondere Anforderungen gestellt werden. Der Grund liegt darin, dass Tendenzbetriebe ihren Beschäftigten im Arbeitsvertrag die Förderung der jeweiligen Tendenz auferlegen können, um ihrem Unternehmensziel nachzukommen.[1045]

BEISPIEL 1: Ein Zeitungsverlag kann den Journalisten eine bestimmte allgemein-politische Ausrichtung vorgeben. Ebenso kann ein katholischer Kindergarten den Erzieherinnen und Erziehern ein Erziehungsziel vorgeben.

Bezug des Fehlverhaltens zur Tendenzverwirklichung

1069 Kommt ein Arbeitnehmer, der Tendenzträger ist, dieser Förderpflicht bei der Erfüllung seiner Hauptpflichten nicht nach, so kann dies eine ordentliche Kündigung begründen. Allerdings muss sich das Fehlverhalten gerade auf die Tendenzverwirklichung beziehen.[1046]

BEISPIEL 2: Die Erzieherin im evangelischen Kindergarten tritt aus der evangelischen Kirche aus und in eine Sekte ein.[1047]

BEISPIEL 3: Der Hausmeister im katholischen Kindergarten tritt aus der katholischen Kirche aus.

Eine Kündigung kommt nur in Beispielsfall 2 in Betracht, weil der Hausmeister gar kein Tendenzträger ist.

Interessenabwägung im Einzelfall

1070 Eine Kündigung ist aber auch bei Tendenzträgern nur dann gerechtfertigt, wenn der Loyalitätsverstoß bei Abwägung der Interessen beider Vertragsteile im Einzelfall ein hinreichend schweres Gewicht hat.[1048] Im Rahmen dieser Abwägung sind das Recht des Arbeitnehmers auf Achtung seines Privat- und Familienlebens und seine Chancen auf dem Arbeitsmarkt zu berücksichtigen.[1049]

BEISPIEL 4 (nach BAG, NZA 2012, 443): Ein Chefarzt in einem katholischen Krankenhaus wird wegen des Eingehens einer zweiten Ehe gekündigt.

Das BAG erklärte die Kündigung für unwirksam, da der Chefarzt zu den Grundsätzen der katholischen Glaubens- und Sittenlehre nach wie vor stand und an ihren Anforderungen nur aus einem dem innersten Bezirk seines Privatlebens zuzurechnenden Umstand gescheitert war. Bei dieser Lage war auch der ebenfalls grundrechtlich geschützte Wunsch des Chefarztes und seiner jetzigen Ehefrau zu achten, in einer nach den Maßstäben des bürgerlichen Rechts geordneten Ehe zusammenleben zu dürfen.[1050]

1045 MK-Hergenröder, BGB, § 1 KSchG Rn 281
1046 BAG, AP Nr 15 zu § 15 KSchG 1969
1047 Vgl. EGMR, NZA 2012, 199
1048 BAG, NZA 2012, 443, 445
1049 EGMR, NZA 2011, 279, 282
1050 BAG, NZA 2012, 443, 447

II. INTERESSENABWÄGUNG UNTER BERÜCKSICHTIGUNG DES VERHÄLTNISMÄSSIGKEITSPRINZIPS (KONKRET GEEIGNETER KÜNDIGUNGSGRUND)

Sofern festgestellt wurde, dass an sich ein verhaltensbedingter Kündigungsgrund vorliegt, so rechtfertigt das noch nicht die Schlussfolgerung, dass auch im konkreten Fall die Kündigung sozial gerechtfertigt ist. Vielmehr ist auf einer zweiten Prüfungsebene zu untersuchen, ob nach einer Interessenabwägung unter Berücksichtigung des Verhältnismäßigkeitsprinzips die Kündigung im Einzelfall als angemessene Reaktion auf das Fehlverhalten des Arbeitnehmers erscheint. An dieser Stelle werden nun mehrere Aspekte relevant. Ein im Einzelfall konkret geeigneter Kündigungsgrund fehlt, wenn keine negative Zukunftsprognose gestellt werden kann (1), wenn (damit zusammenhängend) eine erforderliche Abmahnung fehlt, es eine andere Möglichkeit der Weiterbeschäftigung gibt (2) oder wenn sich schließlich im Rahmen der Interessenabwägung (3) die Kündigung als sozialwidrig erweist.

1071 Verhältnismäßigkeitsprinzip

1. Zukunftsbezogenheit/negative Zukunftsprognose

a) Grundlagen
Auch im Bereich der verhaltensbedingten Kündigung gilt das **Prognoseprinzip**.

1072 Prognoseprinzip

> **MERKSATZ**
> Die Kündigung ist keine Sanktion für vergangenes Fehlverhalten.

Keine Sanktion

Vielmehr ist der Kündigungszweck zukunftsbezogen ausgerichtet, weil mit der verhaltensbedingten Kündigung das Risiko weiterer Vertragsverletzungen ausgeschlossen werden soll. Entscheidend ist, ob eine Wiederholungsgefahr besteht oder ob das vergangene Ereignis sich auch künftig belastend auswirkt.[1051]

Eine negative Prognose liegt vor, wenn aus der konkreten Vertragspflichtverletzung und der daraus resultierenden Vertragsstörung geschlossen werden kann, der Arbeitnehmer werde den Arbeitsvertrag auch nach Androhung einer Kündigung erneut in gleicher oder ähnlicher Weise verletzen.[1052]

1073

b) Abmahnung

aa) Die Abmahnung als Kündigungsvoraussetzung
Deshalb setzt eine Kündigung wegen einer Vertragspflichtverletzung regelmäßig eine Abmahnung voraus. Sie dient der Objektivierung der negativen Prognose. Liegt eine ordnungsgemäße Abmahnung vor und verletzt der Arbeitnehmer erneut seine arbeitsvertraglichen Pflichten, kann regelmäßig davon ausgegangen werden, es werde auch zukünftig zu weiteren Vertragsstörungen kommen.[1053]

1074 Objektivierung der negativen Prognose

1051 BAG, NZA 1997, 487, 490
1052 BAG, NZA 2006, 917, 921; APS-Dörner/Vossen, § 1 KSchG Rn 343
1053 BAG, NZA 2011, 1342, 1345; 2006, 917, 921; APS-Dörner/Vossen, § 1 KSchG Rn 343

MERKSATZ
Die Abmahnung ist insoweit notwendiger Bestandteil des Prognoseprinzips. Sie ist zugleich aber auch Ausdruck des Verhältnismäßigkeitsprinzips.[1054]

1075 Nach § 1 II KSchG muss die Kündigung durch das Verhalten des Arbeitnehmers bedingt sein. Eine Kündigung ist hiernach nicht gerechtfertigt, wenn es andere geeignete mildere Mittel gibt, um eine Vertragsstörung zukünftig zu beseitigen. Dieser Aspekt hat durch die Regelung des § 314 II BGB eine gesetzgeberische Bestätigung erfahren.[1055] Nach dieser Norm ist bei einer Vertragspflichtverletzung eine Kündigung erst nach erfolglosem Ablauf einer zur Abhilfe bestimmten Frist oder nach einer erfolglosen Abmahnung zulässig.

1076 Eine vorherige Abmahnung ist unter Berücksichtigung des Verhältnismäßigkeitsgrundsatzes – wie § 314 II 2 i.V.m. § 323 II BGB zeigt – ausnahmsweise entbehrlich, wenn eine Verhaltensänderung in Zukunft trotz Abmahnung nicht erwartet werden kann oder es sich um eine solch schwere Pflichtverletzung handelt, deren Rechtswidrigkeit dem Arbeitnehmer ohne weiteres erkennbar ist und bei der eine Hinnahme des Verhaltens durch den Arbeitgeber offensichtlich ausgeschlossen werden kann.[1056]

1077 KLAUSURHINWEIS
Die Abmahnung lässt sich also nicht eindeutig im Prüfungsschema zuordnen. Sie ist einerseits Teil des Prognoseprinzips und andererseits Teil des Verhältnismäßigkeitsprinzips. Vor diesem Hintergrund empfiehlt es sich, die einzelnen Unteraspekte der Prüfung der konkreten Eignung in einer Klausur nicht schematisch „nacheinander" abzuarbeiten, sondern im Rahmen einer Gesamtabwägung unter Heranziehung aller relevanten Aspekte zu argumentieren. So könnte man z.B. formulieren: „Da X sein vertragswidriges Verhalten nach der Abmahnung fortgesetzt hat, kann von einer negativen Zukunftsprognose und damit von einer Erforderlichkeit der Kündigung im Sinne einer ultima ratio ausgegangen werden."

bb) Die Rechtsnatur der Abmahnung

1078 Die Abmahnung ist keine Willenserklärung, sondern eine geschäftsähnliche Handlung, auf welche die Bestimmungen über Willenserklärungen entsprechende Anwendung finden.[1057]

DEFINITION
Mit der **Abmahnung** beanstandet der Arbeitgeber ein bestimmtes vertragswidriges Verhalten des Arbeitnehmers (Hinweisfunktion), fordert ihn zu einem künftigen vertragsgemäßen Verhalten auf (Ermahnungsfunktion) und droht für den Wiederholungsfall Konsequenzen für den Bestand des Arbeitsverhältnisses an (Warnfunktion).

1054 BAG, NZA 2006, 917, 921; Schlachter NZA 2005, 433, 435
1055 BAG, NZA 2006, 917, 921; Schlachter NZA 2005, 433, 437
1056 BAG, NZA 2010, 1348, 1351; 2006, 917, 921
1057 BAG, AP Nr. 12 zu § 1 KSchG 1969 Verhaltensbedingte Kündigung

cc) Form der Abmahnung

Das Abmahnungsrecht steht allen weisungsbefugten Mitarbeitern zu.[1058] Sie kann **formfrei** also auch mündlich erfolgen[1059] und bedarf nicht der Mitwirkung des Betriebsrates.[1060]

1079 Formfrei

Das Wort „Kündigung" muss der Arbeitgeber dabei nicht ausdrücklich gebrauchen; es reicht aus, wenn dem Arbeitnehmer deutlich werden muss, dass der Bestand des Arbeitsverhältnisses gefährdet ist.[1061] Dies ist bei der bloß allgemeinen Androhung „arbeitsrechtlicher Konsequenzen" aber nicht der Fall.

1080 Androhung „arbeitsrechtlicher Konsequenzen"

Auch muss der Arbeitgeber das nicht als vertragsgemäß angesehene Verhalten des Arbeitnehmers eindeutig beschreiben und die relevanten Tatsachen angeben. Nur dadurch weiß der Arbeitnehmer, was genau der Arbeitgeber beanstandet und wie er sich verhalten muss, um eine zukünftige Kündigung zu vermeiden. Pauschalurteile wie z.B. „untragbares Benehmen" oder „Unpünktlichkeit" reichen nicht aus.[1062]

1081 Präzise Beschreibung des Fehlverhaltens

Zu beachten ist schließlich, dass eine Abmahnung ihre kündigungsrechtliche Warnfunktion nicht dadurch einbüßt, dass sie formell unwirksam ist. Denn der Arbeitnehmer weiß ja nun dennoch, dass der Arbeitgeber sein Verhalten als pflichtwidrig ansieht.[1063]

1082

> **BEISPIEL:** Bevor eine Abmahnung in die Personalakte aufgenommen werden darf, muss ein Angestellter im Öffentlichen Dienst nach § 13 II 1 BAT angehört werden. Dies ist unterblieben.
>
> Trotz Verstoßes gegen § 13 II 1 BAT erfüllt die Abmahnung dennoch ihre Warnfunktion.

dd) Frist der Abmahnung

Die Abmahnung muss nicht innerhalb einer bestimmten Frist erklärt worden sein. Jedoch kann der Arbeitgeber sein Recht zur Abmahnung verwirken.[1064]

1083 Verwirkung

ee) Abmahnung als Kündigungsverzicht

Hat der Arbeitgeber den Arbeitnehmer wegen eines bestimmten Verhaltens abgemahnt, so ist eine auf den gleichen Sachverhalt gestützte Kündigung unwirksam, wenn sich aus den Formulierungen der konkreten Vertragsrüge deutlich und unzweifelhaft ergibt, dass der Arbeitgeber den vertraglichen Pflichtverstoß hiermit als ausreichend sanktioniert und die Sache als „erledigt" ansieht.[1065] Abmahnung und Kündigung schließen sich gegenseitig aus. Mahnt der Arbeitgeber ab, so erklärt er damit gleichzeitig konkludent, dass er diesen Sachverhalt eben nicht zum Anlass einer Kündigung nehmen will; er hat somit auf eine Kündigung verzichtet, § 2337 BGB analog, wenn sich die für die Kündigung maßgebenden Umstände nicht später geändert haben. Dies gilt sowohl für die ordentliche als auch für die außerordentliche Kündigung als auch für Kündigungen innerhalb der Wartezeit des § 1 I KSchG.[1066]

1084 Abmahnung und Kündigung schließen sich gegenseitig aus

1058 Schaub, NJW 1990, 872, 873
1059 Möller, JuS 2008, 134, 134
1060 Schaub, NJW 1990, 872, 876
1061 MK-Hergenröder, BGB, § 1 KSchG Rn 202
1062 MK-Hergenröder, BGB, § 1 KSchG Rn 202
1063 BAG, NZA 1992, 1028, 1030
1064 MK-Hergenröder, BGB, § 1 KSchG Rn 202
1065 BAG, NJW 2008, 1243, 1245; NZA 2003, 1388, 1389 f.; Ausnahmefall bei LAG Schleswig-Holstein, NZA-RR 2005, 419, 420
1066 BAG, NJW 2008, 1243, 1245

Abmahnung nach unwirksamer Kündigung

1085 Allerdings darf der Arbeitgeber einen Sachverhalt abmahnen, nachdem eine auf diesen Sachverhalt gestützte Kündigung für unwirksam erklärt wurde.[1067] Die unwirksame Kündigung wird aber nicht „automatisch" in eine Abmahnung umgedeutet. Inhaltlich scheitert dies schon meist daran, dass bei der Kündigung kein Grund genannt werden muss, vgl. § 626 II 3 BGB, wohingegen eine Abmahnung gerade die Benennung der vertragswidrigen Verhaltens verlangt.

ff) Einschlägige Abmahnung vor Kündigung

Inhaltlicher Bezug von Abmahnung und Kündigung

1086 Wie bereits dargelegt verfolgt die Abmahnung den Sinn, den Arbeitnehmer zu einem zukünftig vertragsgerechten Verhalten anzuhalten, um eine spätere Kündigung zu vermeiden. Daraus folgt:

> **MERKSATZ**
> Abmahnung und späterer Kündigungsgrund müssen auf einer Ebene liegen.

> **BEISPIEL 1:** Eine Abmahnung wegen häufigen Zuspätkommens kann keine Kündigung wegen Verstoßes gegen ein betriebliches Alkoholverbot rechtfertigen, denn bezüglich des letzteren war der Arbeitnehmer nicht gewarnt.

1087 Das heißt aber nicht, dass die Pflichtverletzungen vollständig identisch sein müssen. Es genügt, wenn sich die Vorwürfe unter einem einheitlichen Gesichtspunkt zusammenfassen lassen.[1068]

> **BEISPIEL 2:** Zuspätkommen, unberechtigte Pausen, und vorzeitiges Verlassen des Arbeitsplatzes lassen sich unter dem einheitlichen Gesichtspunkt der Pflichtverletzungen hinsichtlich der Einhaltung der Arbeitszeit zusammenfassen.

gg) Anzahl der Abmahnungen vor Kündigung

Anzahl nötiger Abmahnungen

1088 Wie viele Abmahnungen einer Kündigung vorausgegangen sein müssen, lässt sich nicht allgemein sagen, sondern hängt vom Einzelfall ab. Hierbei sind vor allem die Schwere der Pflichtverstöße und die zwischen Abmahnung und erneutem Fehlverhalten liegende beanstandungsfreie Zeit zu berücksichtigen.

1089 Keinesfalls darf die Wirksamkeit einer Abmahnung deshalb verneint werden, weil das abgemahnte Verhalten im Wiederholungsfall eine Kündigung nicht rechtfertigen würde. Dem Arbeitgeber kann nicht zugemutet werden, kleinere Vertragsverletzungen rügelos dulden zu müssen. Auch können sich viele kleine Vertragsverletzungen in ihrer Gesamtschau so summieren, dass schließlich ein Kündigungsgrund entsteht, wenn der Arbeitnehmer trotz mehrfacher Abmahnungen sein Verhalten nicht ändert.

1067 BAG, NZA 1989, 272, 273
1068 MK-Hergenröder, BGB, § 1 KSchG Rn 204

MERKSATZ
Der Arbeitgeber stellt dem Arbeitnehmer gleichsam einen „Kreditrahmen" auf einem „Verhaltenskonto" zur Verfügung, den der Arbeitnehmer in Anspruch nehmen „darf", sodass an sich vertragswidriges Verhalten zwar den „Kreditrahmen" sukzessive verbraucht, sein Verhalten aber erst dann kündigungsrelevant wird, wenn der Kredit tatsächlich aufgebraucht ist („das Maß ist voll").[1069]

hh) Verlust der Warnfunktion

Schließlich ist zu beachten, dass die Warnfunktion einer Abmahnung erheblich dadurch abgeschwächt werden kann, dass der Arbeitgeber bei ständig neuen Pflichtverletzungen des Arbeitnehmers stets nur mit einer Kündigung droht, ohne jemals arbeitsrechtliche Konsequenzen folgen zu lassen. Eine Abmahnung kann nur dann die Funktion erfüllen, den Arbeitnehmer zu warnen, dass ihm bei der nächsten gleichartigen Pflichtverletzung die Kündigung droht, wenn der Arbeitnehmer diese Drohung ernst nehmen muss. Dies kann je nach den Umständen nicht mehr der Fall sein, wenn jahrelang die Kündigung stets nur angedroht wird. Es handelt sich dann sprichwörtlich um eine „leere Drohung".[1070]

1090 Leere Drohung

ii) Sonderfall: Abmahnung im Vertrauensbereich

Früher ist das BAG davon ausgegangen, dass eine Abmahnung im Vertrauensbereich entbehrlich sei, weil ein einmal zerstörtes Vertrauen durch eine Abmahnung nicht wieder hergestellt werden könne.[1071] Nach der aktuellen Rechtsprechung kann aber auch im Vertrauensbereich eine Abmahnung erforderlich sein.

1091 Nach BAG auch im Vertrauensbereich im Grundsatz nötig

Dies hatte das BAG zunächst nur für den Fall angenommen, dass der Arbeitnehmer mit vertretbaren Gründen annehmen konnte, sein Verhalten sei nicht vertragswidrig oder werde vom Arbeitgeber zumindest als ein nicht erhebliches, den Bestand des Arbeitsverhältnisses gefährdendes Fehlverhalten angesehen.[1072]

BEISPIEL 1: Arbeitgeber A toleriert seit Jahren, dass die Arbeitnehmer in der Kundenbetreuung auch ihre private Post mit Briefmarken aus der Portokasse frankieren. A werden diese Kosten zu hoch.

Hier kann A wegen der Benutzung von Briefmarken für den privaten Gebrauch durch einen Arbeitnehmer nicht plötzlich zur Kündigung greifen, sondern muss dieses Verhalten zunächst abmahnen und dadurch zum Ausdruck bringen, dass er zukünftig nicht mehr gewillt ist, dieses Verhalten zu tolerieren.

Inzwischen geht das BAG bei der Bejahung des Abmahnungserfordernisses im Vertrauensbereich noch weiter.

1092 Steuerbares Verhalten des Arbeitnehmers

1069 MünchArbR-Berkowsky, § 114 Rn 122
1070 BAG, NZA 2002, 968, 969; APS-Dörner, § 1 KSchG Rn 430b
1071 BAG, NJW 1980, 255, 256
1072 BAG, NJW 1984, 1917, 1919

> **MERKSATZ**
>
> Das **Abmahnungserfordernis** ist bei jeder Kündigung zu prüfen, die wegen eines steuerbaren Verhaltens des Arbeitnehmers oder aus einem Grund in seiner Person ausgesprochen wurde, den er durch sein steuerbares Verhalten beseitigen könne, wenn also eine Wiederherstellung des Vertrauens erwartet werden konnte.[1073]

BEISPIEL 2 (nach BAG, NJW 1998, 554): U-Bahn-Fahrer U verliert aufgrund eines einmaligen Trunkenheitsdelikts während seiner Freizeit den Führerschein. Für das Fahren einer U-Bahn ist ein Kfz-Führerschein nicht notwendig. Arbeitgeber G kündigt U wegen des zerstörten Vertrauens und Zweifeln an seiner Zuverlässigkeit.

Wegen der Einmaligkeit des Vorfalls ist das BAG von der Notwendigkeit einer Abmahnung ausgegangen, obwohl der Vertrauensbereich betroffen war.

2. Andere Möglichkeit der Weiterbeschäftigung

Versetzung oder Änderungskündigung

1093 Sofern es eine andere Möglichkeit gibt, den Arbeitnehmer zu beschäftigen und es sich um einen „arbeitsplatzbezogenen" verhaltensbedingten Kündigungsgrund handelt, kann eine Versetzung oder eine Änderungskündigung, § 2 KSchG, ein geeignetes milderes Mittel sein, um eine Beendigungskündigung zu verhindern.[1074]

BEISPIEL: Arbeitnehmer S arbeitet im Außendienst bei Arbeitgeber G. Es gibt ständig Ärger mit Kunden, weil S morgens nicht aus dem Bett kommt und deshalb zu spät bei den Kunden erscheint. Im Innendienst ist ein Arbeitsplatz frei, der den beruflichen Fähigkeiten des S entspricht. Im Innendienst gilt eine großzügige Gleitzeit- und Arbeitszeitkonto-Regelung.

Eine Kündigung des S wäre im Beispiel unverhältnismäßig, weil das Problem des Zuspätkommens durch eine Versetzung oder eine Änderungskündigung in den Innendienst behoben werden könnte.

3. Interessenabwägung

1094 Bei der Abwägung des Interesses des Arbeitnehmers am Erhalt seines Arbeitsplatzes und des Interesses des Arbeitgebers an der Auflösung des Arbeitsverhältnisses sind die folgenden Punkte zu berücksichtigen:[1075]

Abwägungsaspekte

Auf Seiten des Arbeitnehmers: Sozialdaten (wie bei der betriebsbedingten Kündigung), Grad des Verschuldens, früheres Verhalten, Mitverschulden des Arbeitgebers, Chancen auf dem Arbeitsmarkt, Krankheit sowie Schwere und Häufigkeit der Pflichtverletzung.

Auf Seiten des Arbeitgebers: Störung des Betriebsablaufs, Wiederholungsgefahr, Vermögensschaden, Schädigung des Ansehens des Arbeitgebers bei Kunden, Schutz der Belegschaft vor weiteren Verstößen sowie Gefahren für die Arbeits- oder Betriebsdisziplin.

1073 BAG, NZA 2012, 1025, 1026; 2010, 1227, 1231 („Emmely-Fall"); NJW 1998, 554, 556
1074 Ausführlich MK-Hergenröder, BGB, § 1 KSchG Rn 98 ff.
1075 MK-Hergenröder, BGB, § 1 KSchG Rn 214 f.

III. EXKURS: DER ABMAHNUNGSENTFERNUNGSANSPRUCH

> **KLAUSURHINWEIS**   1095
> Die Klausur kann auch so aufgebaut sein, dass der Arbeitgeber dem Arbeitnehmer eine Abmahnung erteilt und dieser nun einen **Anspruch auf Entfernung der Abmahnung** aus der Personalakte geltend macht.

Anspruchsgrundlage für einen Anspruch auf Entfernung einer Abmahnung aus der Personalakte ist der „quasi-negatorische Beseitigungsanspruch" aus § 1004 BGB analog i.V.m. § 611 BGB. Teilweise wird in der Praxis §§ 242, 1004 BGB analog zitiert.[1076] Für Klausur und Praxis stellen sich insoweit zwei Problembereiche.

Anspruchsgrundlage § 1004 BGB analog

1. Fallgruppe: Unberechtigte Abmahnung

Der Arbeitgeber mahnt ein Verhalten ab, welches gar keinen Vertragsverstoß darstellt. In diesem Fall steht dem Arbeitnehmer der Anspruch auf Entfernung der Abmahnung aus der Personalakte zu.   1096

BEISPIEL: Arbeitgeber verlangt von einem ArbN, er solle seine Kollegin bespitzeln und deren Arbeits- und Pausenzeiten notieren. Der ArbN weigert sich und wird wegen Arbeitsverweigerung abgemahnt.

2. Fallgruppe: Zeitablauf

Die bisher h.M. gewährte zudem einen Anspruch auf Entfernung der Abmahnung, wenn die Abmahnung durch Zeitablauf ihren Zweck, die Vorbereitung einer Kündigung, nicht mehr erreichen kann. Dies sollte bei leichten und mittleren Verfehlungen schon ab ca. 2 – 3 Jahren der Fall sein.   1097

Dies hat das BAG inzwischen korrigiert und die Anforderungen massiv verschärft: Hiernach kann der Arbeitnehmer die Entfernung einer zu Recht erteilten Abmahnung aus seiner Personalakte nur dann verlangen, wenn das gerügte Verhalten für das Arbeitsverhältnis „in jeder Hinsicht bedeutungslos" geworden ist. Und das ist nicht automatisch schon dann der Fall, wenn der Arbeitgeber wegen des Zeitablaufs im Wiederholungsfall eine weitere Abmahnung aussprechen müsste, weil die ursprüngliche Abmahnung ihre Warnfunktion verloren hat.[1077]   1098

Entfernungsanspruch nur, wenn die Abmahnung „in jeder Hinsicht bedeutungslos" geworden ist.

Denn es könnte sein, so das BAG, dass es bei einem künftigen Streit um eine verhaltensbedingte Kündigung aus anderen Gründen rechtlich darauf ankommt, ob das Arbeitsverhältnis „beanstandungsfrei" verlaufen ist oder nicht. Immerhin verlangt das BAG seit seinem Emmely-Urteil[1078], dass die Arbeitsgerichte bei Vermögensdelikten im Bagatellbereich abwägen, ob dem Arbeitgeber die Fortsetzung des Arbeitsverhältnisses nicht aufgrund einer langen „beanstandungsfreien" Dauer des Arbeitsverhältnisses zugemutet werden kann. Dann aber sollte es dem Arbeitgeber auch erlaubt sein, berechtigte Abmahnungen über eine deutlich längere Zeit aufzubewahren als nur für zwei oder drei Jahre.

Und zum anderen kann der Arbeitgeber auch künftige Beförderungsentscheidungen davon abhängig machen, wie sich der Arbeitnehmer in den vergangenen   1099

Beförderungsentscheidungen

1076 So z.B. ArbG Frankfurt, 02.05.2007 – 7 Ca 7989/06
1077 BAG, NZA 2013, 91, 92
1078 BAG, NZA 2010, 1227, 1232

Jahren verhalten hat und welche (Fehl-)Leistungen er gezeigt hat. Auch aus diesem Grund kann es gerechtfertig sein, berechtigte Abmahnungen länger als nur zwei oder drei Jahre lang aufzubewahren.

> **KLAUSURHINWEIS**
> Nach dieser Rechtsprechung muss also strikt unterschieden werden zwischen der Frage, ob die Abmahnung wegen einer längeren beanstandungsfreien Zeit noch die Basis für eine spätere Kündigung liefern kann und der Frage, ob es einen Entfernungsanspruch gibt.

D. Klausurfall: „Montag ist kein guter Tag"

SACHVERHALT

1100 M war als Monteur bei dem Maschinenhersteller A-AG (A) an der Produktionsstraße innerhalb eines Doppelarbeitsplatzes tätig, wobei die Arbeitsgänge ineinander übergingen und nur gemeinsam ausgeführt werden konnten. Im Jahr 2012 und in der ersten Hälfte des Jahres 2013 fehlte er an insgesamt 6 Montagen ganztätig unentschuldigt. Nach den ersten Fehlzeiten hatte A dem M dreifach eine zeitnahe Abmahnung zukommen lassen, in denen dem M deutlich gemacht wurde, dass man seine Fehlzeiten als Störung des Arbeitsverhältnisses bewerte und ein weiteres Fehlen Konsequenzen für das Fortbestehen des Arbeitsverhältnisses haben könne. Es musste jeweils ein anderer Arbeitnehmer aus einer Springergruppe zur Verfügung gestellt oder an anderer Stelle abgezogen werden. Als es trotz dieser Abmahnungen im August und September 2013 erneut zu unentschuldigten Fehltagen kam, kündigte A dem M unter Einhaltung der gesetzlichen Kündigungsfrist nach Anhörung des Betriebsrates ordentlich in schriftlicher Form. Ist die Kündigung rechtswirksam?[1079]

LÖSUNG

Die Kündigung ist rechtswirksam, wenn sie nicht wegen Verstoßes gegen eine Kündigungsschutzvorschrift unwirksam ist.

A. Bestehendes Arbeitsverhältnis

Persönliche Abhängigkeit

M war als Monteur an der Produktionsstraße tätig. Er war weisungsgebunden und in den Betrieb eingegliedert und hierdurch von A persönlich abhängig. Zwischen M und A bestand folglich ein Arbeitsverhältnis.

B. Zugang schriftlicher Kündigung

§ 623 BGB

Dem M ist eine schriftliche, § 623 BGB, Kündigungserklärung zugegangen.

C. Materielle Präklusionsfrist

§§ 4 S. 1, 7 KSchG

Gem. §§ 4 S. 1, 7 KSchG muss ein Arbeitnehmer eine ihm zugegangene schriftliche Kündigung innerhalb von drei Wochen mit der Kündigungsschutzklage angreifen. Dies gilt gem. § 23 I KSchG unabhängig von der Anwendbarkeit des KSchG im Übrigen. Diese Frist wird M für eine eventuelle Klage zu beachten haben, da sonst selbst eine unwirksame Kündigung wirksam werden würde.

[1079] Fall nach BAG, DB 1991, 1226

D. Betriebsratsanhörung
Die gem. § 102 BetrVG erforderliche Anhörung des Betriebsrates ist erfolgt.

§ 102 BetrVG

E. Sozialwidrigkeit nach § 1 KSchG
Die Kündigung könnte jedoch gem. § 1 KSchG sozialwidrig sein.

I. ANWENDBARKEIT DES KSchG
Dazu müsste das KSchG überhaupt anwendbar sein.
Das KSchG gilt gem. § 1 I KSchG nur für Arbeitnehmer. M erfüllt diese Voraussetzung (s.o.).

§ 1 I KSchG

M war auch länger als 6 Monate im Betrieb beschäftigt, § 1 I KSchG.
Der Betrieb des A beschäftigt schließlich (deutlich) mehr als 10 Arbeitnehmer, § 23 I KSchG. Daher ist das KSchG auf die von A ausgesprochene Kündigung anwendbar.

§ 23 I KSchG

II. RECHTFERTIGUNG ALS VERHALTENSBEDINGTE KÜNDIGUNG
Die Kündigung ist gemäß § 1 II KSchG sozial ungerechtfertigt, wenn sie nicht durch Gründe im Verhalten, in der Person oder durch dringende betriebliche Erfordernisse bedingt ist. Bei den Fehlzeiten des M kommt eine verhaltensbedingte Kündigung in Betracht.

1. Abstrakt geeigneter Kündigungsgrund
Zunächst müsste das Verhalten des M abstrakt dazu geeignet sein, eine Kündigung zu rechtfertigen, es müsste also „an sich" einen Kündigungsgrund darstellen.
Dafür ist eine Verletzung der vertraglichen Haupt- oder Nebenpflichten erforderlich. Wenn ein Arbeitnehmer ohne rechtfertigenden Grund nicht (oder verspätet) zur Arbeit erscheint, dann erbringt er die von ihm geschuldete Arbeitsleistung nicht, sodass eine Verletzung seiner arbeitsvertragliche Hauptpflicht vorliegt. Da M insgesamt an sechs Montagen ganztägig unentschuldigt gefehlt hat, liegt ein derartiger Verstoß gegen die vertragliche Hauptpflicht zur Arbeitsleistung vor.

Verletzung der vertraglichen Haupt- oder Nebenpflichten

2. Konkret geeigneter Kündigungsgrund
Weiterhin müsste das Fehlverhalten des M auch im konkreten Fall geeignet sein, die Kündigung zu rechtfertigen.

a) Negative Zukunftsprognose
Dies ist jedenfalls dann nicht der Fall, wenn es keine negative Zukunftsprognose gibt, es also keine Wiederholungsgefahr gibt.

Wiederholungsgefahr

Da M bereits mehrmals unentschuldigt der Arbeit ferngeblieben ist, ist davon auszugehen, dass er auch in Zukunft seine vertraglichen Pflichten nicht in ausreichendem Maße erfüllen wird. Diese Erwartung weiterer zukünftiger gleichartiger Vertragsverletzungen wird durch die bisher erfolglosen Abmahnungen untermauert.

b) Verhältnismäßigkeit der Kündigung
Die Kündigung des M müsste jedoch auch nach dem Ultima-Ratio-Prinzip erforderlich sein, um die Störung des Arbeitsverhältnisses zu beseitigen, d.h. dem A dürfte kein vorrangiges, milderes Mittel zur Beseitigung der Störung zur Verfügung stehen. Im Zusammenhang mit verhaltensbedingten Störungen des Arbeitsverhältnisses ist

Ultima-Ratio-Prinzip

zunächst immer eine Abmahnung erforderlich. Solange erwartet werden kann, der Arbeitnehmer werde daraufhin in Zukunft sein Fehlverhalten abstellen, ist eine Kündigung regelmäßig nicht erforderlich. Da M jedoch wegen seiner Fehlzeiten bereits dreifach abgemahnt wurde und A ihm hierbei angekündigt hatte, dass ein weiteres Fehlen Konsequenzen für das Fortbestehen des Arbeitsverhältnisses haben könne, er aber dennoch erneut unentschuldigt gefehlt hat, hat sich das weniger einschneidende Mittel der Abmahnung im vorliegenden Fall als wirkungslos erwiesen.

c) Interessenabwägung

Zuletzt ist die Angemessenheit der Kündigung zu hinterfragen. Dazu sind die für die Kündigung sprechenden Gründe im Rahmen einer Interessenabwägung in Bezug zu den berechtigten Interessen des Arbeitnehmers am Erhalt des Arbeitsplatzes zu setzen. Auf Seiten des Arbeitnehmers können insbesondere die Dauer seiner Betriebszugehörigkeit, das Lebensalter, eventuelle Unterhaltspflichten gegenüber Ehepartner und Kindern berücksichtigt werden. Auf Seiten des Arbeitgebers fällt vor allem ins Gewicht, wenn es durch die Pflichtverletzung zu (erheblichen) Störungen im Betriebsablauf gekommen ist und zukünftig kommen wird. Derartige Betriebsablaufstörungen sind hier zu befürchten, weil M in der Montage an einer Produktionsstraße innerhalb eines Doppelarbeitsplatzes tätig ist, wobei die Arbeitsgänge ineinander übergehen. Fehlt einer der Monteure, kann die ganze Produktionsstraße nicht laufen. Jeweils musste ein anderer Arbeitnehmer aus einer Springergruppe zur Verfügung gestellt oder an anderer Stelle abgezogen werden. Da deutlich überwiegende Interessen auf Seiten des M nicht ersichtlich sind, muss daher die Interessenabwägung zu Lasten des M ausgehen. Die Kündigung ist daher i.S.v. § 1 KSchG sozial gerechtfertigt.

F. Kündigungsfrist

Bei der Kündigung hat A laut Sachverhalt die gesetzliche Kündigungsfrist des § 622 II BGB eingehalten.

G. Ergebnis

Nach alldem ist die Kündigung wirksam. Eine in der Frist des § 4 KSchG eingereichte Kündigungsschutzklage des M gegen A würde daher keinen Erfolg haben.

4. Teil – Die betriebsbedingte Kündigung

A. Einleitung

Eine betriebsbedingte Kündigung ist gegeben, wenn inner- oder außerbetriebliche Gründe eine unternehmerische Entscheidung zur Folge haben, die zum Wegfall (mindestens) eines Arbeitsplatzes führt. Sofern in diesem Fall die Kündigung nicht durch andere Maßnahmen (z.B. den Abbau von Leiharbeit oder Überstunden) verhindert werden kann, ist im Wege der sog. **Sozialauswahl** zu entscheiden, welche(r) Arbeitnehmer zu kündigen sind (ist).

1101 Unternehmerische Entscheidung führt zum Wegfall eines Arbeitsplatzes

Der rechtliche Schutz des Arbeitnehmers gegen eine betriebsbedingte Kündigung reicht nicht besonders weit. Ein absoluter Bestandsschutz bezogen auf das Arbeitsverhältnis verträgt sich nicht mit dem Erfordernis eines wirtschaftlichen Einsatzes des Faktors Arbeit. Auf Dauer können Arbeitsplätze in der freien Wirtschaft nur gesichert werden, wenn der Arbeitgeber das Recht und die Möglichkeit hat, auch und gerade die Personalkosten unter wirtschaftlichen Gesichtspunkten zu betrachten und bei Bedarf auch durch Kündigungen zu senken. Mit einer Insolvenz ist letztendlich niemandem gedient. Die Erhaltung der wirtschaftlichen Substanz soll ja im Übrigen in den meisten Fällen auch dazu dienen, andere Arbeitnehmer im Betrieb vor einem Verlust ihres Arbeitsplatzes zu bewahren.

1102 Nur beschränkter Kündigungsschutz

Diese Überlegung ändert jedoch nichts daran, dass die unternehmerische Entscheidung auch dahin gehen kann, den Betrieb schnellstmöglich stillzulegen.[1080] Wird der Betrieb veräußert, liegt aber (meist) ein Betriebsübergang gem. § 613a BGB vor.[1081]

1103 Stilllegung des Betriebs
Betriebsübergang

B. Prüfungsschema

Die betriebsbedingte Kündigung wird in vier Stufen auf ihre Rechtmäßigkeit überprüft:

PRÜFUNGSSCHEMA

I. Betriebliche Gründe führen zu einer unternehmerischen Entscheidung

II. Dadurch Wegfall (mindestens) eines konkreten Arbeitsplatzes durch dringende betriebliche Erfordernisse. (Betriebsbezogene Betrachtung!)

III. Es darf keine andere Weiterbeschäftigungsmöglichkeit geben. (Unternehmensbezogene Betrachtung!)

IV. Ordnungsgemäße Sozialauswahl (Betriebsbezogene Betrachtung!)

1104 4-stufiges Schema

1080 BAG, NJW 2006, 2508, 2508 f.
1081 BAG, NJW 2006, 2138, 2139

C. Systematik und Vertiefung

I. UNTERNEHMERISCHE ENTSCHEIDUNG

1. Die betrieblichen Gründe

1105 Die unternehmerische Entscheidung ist stets die Folge inner- oder außerbetrieblicher Gründe, auf die der Arbeitgeber mit dem Willensakt der unternehmerischen Entscheidung reagiert.[1082]

Willensakt des Arbeitgebers

1106 **Innerbetriebliche Gründe** können z.B. sein: Der Abbau von Hierarchieebenen, der Ersatz von Arbeit durch Maschinen, die Steigerung des Unternehmenswertes („Shareholder-Value"), eine Betriebsverlegung oder -stilllegung oder Outsourcing.

Innerbetriebliche Gründe

Außerbetriebliche Gründe sind dabei solche Ereignisse, die von der Betriebsgestaltung und -führung unabhängig auftreten; als solche kommen in Betracht: Umsatzrückgang, Auftragsmangel, Wegfall von Drittmitteln, Mangel an Zulieferprodukten oder Rohstoffen.

Außerbetriebliche Gründe

1107 Durch die inner- oder außerbetrieblichen Gründe an sich fällt kein Arbeitsplatz weg. Der Arbeitgeber könnte sich schließlich auch entscheiden, die Krise „auszusitzen" und der gesamten Belegschaft weiterhin den vollen Lohn zu zahlen. Dies würde jedoch in vielen Fällen früher oder später zum Konkurs führen.

Erst wenn der Arbeitgeber sich entschließt, auf die betrieblichen Gründe zu reagieren, kann als Folge einer unternehmerischen Entscheidung ein Arbeitsplatz entfallen, was schließlich zur betriebsbedingten Kündigung führen kann.

Kündigung ist die Folge der unternehmerischen Entscheidung

1108 | **MERKSATZ**
Die **unternehmerische Entscheidung** ist nicht die Kündigung als solche, sondern das unternehmerische Konzept zur Anpassung des Personalbedarfs an die vorhandene Arbeit aus welchem die Kündigungsentscheidung resultiert.[1083]

2. Die gerichtliche Kontrolldichte

1109 Es stellt sich die Frage, in welchem Maße die Arbeitsgerichte die unternehmerische Entscheidung kontrollieren dürfen (und können).

1110 In vollem Umfang nachprüfbar ist das tatsächliche Vorliegen der für die Unternehmensentscheidung maßgeblichen externen und internen Faktoren, der Durchführung der Maßnahme sowie deren Auswirkungen im Betrieb, vor allem ob etwa die Arbeitsplätze der betroffenen Arbeitnehmer durch eine Rationalisierungsmaßnahme weggefallen sind. Durch diese Kontrollbefugnis der Arbeitsgerichte wird verhindert, dass die betrieblichen Gründe für die unternehmerische Entscheidung bloß vorgeschoben werden.[1084]

Tatsächliche Umstände

1111 Dagegen darf die unternehmerische Entscheidung selbst, also die Bestimmung der der Geschäftsführung zugrunde liegenden Unternehmenspolitik, grundsätzlich vom Gericht nicht auf ihre Erforderlichkeit oder wirtschaftliche Zweckmäßigkeit nachgeprüft werden. Dies folgt schon aus dem grundrechtlichen Schutz der unternehmerischen Entscheidungsfreiheit durch Art. 12 I, 14 I GG. Ob überhaupt, was,

Unternehmerische Entscheidung an sich nicht überprüfbar

1082 MK-Hergenröder, § 1 KSchG Rn 286; Wank, RdA 1987, 129, 135
1083 BAG, NJW 2000, 378, 379 f.; MK-Hergenröder, § 1 KSchG Rn 287
1084 BAG, NJW 2000, 378; 379; Hromadka/Maschmann, ArbR I, § 10 Rn 195

wie viel, wo und unter Verwendung welcher Produktionsmethoden produziert wird, entscheiden allein die Unternehmer und nicht die Arbeitsgerichte. Alleine der Unternehmer entscheidet, wie er z.B. auf einen Umsatzrückgang reagiert. Vor allem ist es nicht die Aufgabe der Arbeitsgerichte, dem Arbeitgeber eine „bessere" Unternehmenspolitik vorzuschreiben und damit in seine Kostenkalkulation einzugreifen.[1085] Abgesehen davon, dass eine andere Sicht der Dinge zu einer sozialistischen Planwirtschaft führen würde, fehlt den Arbeitsgerichten schlicht die Kompetenz zur inhaltlichen Überprüfung unternehmerischer Entscheidungen.

> **MERKSATZ**
> Unternehmerische Entscheidungen können nicht auf ihre sachliche Rechtfertigung oder ihre Zweckmäßigkeit überprüft werden.[1086]

Allerdings unterwirft das BAG die unternehmerische Entscheidung einer gerichtlichen **Missbrauchskontrolle** dahingehend, ob sie offensichtlich unsachlich, unvernünftig oder willkürlich ist.[1087] Hierbei geht es jedoch vor allem darum zu überprüfen, ob die vom Arbeitgeber vorgebrachten Gründe für die betriebsbedingte Kündigung nur vorgeschoben sind, um missliebige Arbeitnehmer aus dem Unternehmen zu entfernen.[1088] Ein Missbrauch liegt außerdem vor, wenn die unternehmerische Entscheidung gegen ein Gesetz oder einen im Unternehmen geltenden Tarifvertrag verstößt[1089] oder bestehender Kündigungsschutz umgangen werden soll.[1090]

1112 Missbrauchskontrolle

Nicht zu prüfen ist, ob die vom Arbeitgeber aufgrund seiner Unternehmerentscheidung erwarteten Vorteile in einem ‚vernünftigen Verhältnis' zu den Nachteilen stehen, die der Arbeitnehmer durch die Kündigung erleidet.[1091] Stets darf der Unternehmer versuchen, seinen Gewinn zu steigern, da sich hieran letztlich jedes unternehmerische Handeln orientiert.[1092]

1113 Keine Prüfung der Verhältnismäßigkeit

Die Beweislast für eine missbräuchliche Unternehmerentscheidung obliegt dem Arbeitnehmer.[1093]

1114 Beweislast

BEISPIEL (nach BAG, NJOZ 2011, 1370): H ist Hornist. Er war seit 1991 als Orchestermusiker bei der Trägerin eines Landestheaters (T) beschäftigt. Nachdem der Freistaat Thüringen mitgeteilt hatte, er wolle die bisher gewährten Zuwendungen erheblich kürzen, entschloss sich T, das Orchester – u.a. durch Streichung aller Hornistenstellen – zu verkleinern und das verbliebene Rumpforchester bei Bedarf zu ergänzen.
T kündigte das Arbeitsverhältnis mit H. H macht die Unwirksamkeit der Kündigung geltend. Die Besetzung eines Kammerorchesters ohne Horn sei unsinnig und willkürlich, weil für zahlreiche Werke der Orchestermusik das Horn essentiell sei; so könne z.B. das Stück „Peter und der Wolf" nur noch als „Peter ohne Wolf" aufgeführt werden.

1085 BAG, NJW 2000, 378, 379
1086 BAG, NJW 2000, 378, 379
1087 BAG, NJOZ 2008, 2926; 2929; NZA 2007, 431, 433
1088 BAG, NZA 2004, 1158, 1159
1089 BAG, NZA 1998, 304, 305 f.
1090 BAG, NJW 2003, 2116, 2117
1091 BAG, NZA 1987, 776, 778
1092 Hromadka/Maschmann, ArbR I, § 10 Rn 194a; Preis, NZA 1997, 625, 628
1093 BAG, NZA 1999, 1095, 1097 f.; NJOZ 2003, 1646, 1649; Servatius, JURA 2006, 811, 812

T hat das Arbeitsverhältnis mit H wirksam gekündigt. Die Verkleinerung des Orchesters erfolgte aus nachvollziehbaren wirtschaftlichen Erwägungen. Ob sie – an musikalischen Maßstäben gemessen – richtig war, hat das Gericht nicht zu beurteilen. Sie war jedenfalls nicht missbräuchlich und zielte insbesondere nicht darauf, einzelne, etwa unliebsame, Musiker aus dem Arbeitsverhältnis zu drängen.

II. ARBEITSPLATZWEGFALL DURCH UNTERNEHMERISCHE ENTSCHEIDUNG

In Summe: Wegfall eines Arbeitsplatzes

1115 Durch die auf betrieblichen Gründen basierende unternehmerische Entscheidung muss es zum Wegfall (mindestens) eines Arbeitsplatzes gekommen sein. Dies ist dann der Fall, wenn mehr besetzte Arbeitsplätze vorhanden sind, als der Arbeitgeber für die anfallende Arbeit benötigt. Es muss also nicht der konkrete Arbeitsplatz des betroffenen Arbeitnehmers weggefallen sein.[1094]

> **MERKSATZ**
> Es ist dem Arbeitgeber gestattet, den Personalbestand dem Personalbedarf anzupassen. Das führt beim betroffenen Arbeitnehmer in der Regel zum entschädigungslosen Verlust seines Arbeitsplatzes.

Betriebsbezogene Betrachtung

1116 Gem. § 1 II 1 KSchG ist der Kündigungsschutz grundsätzlich betriebsbezogen.

> **MERKSATZ**
> Die Frage, ob ein Arbeitsplatz weggefallen ist, ist **betriebsbezogen** zu betrachten.[1095]

Weiterbeschäftigungsmöglichkeit

1117 Anders ist dies jedoch gem. § 1 II 2 Nr. 1b KSchG bei der Beurteilung der Frage, ob es eine Weiterbeschäftigungsmöglichkeit gibt.

Unternehmensbezogene Betrachtung

> **MERKSATZ**
> Die Frage, ob es auf einem anderen Arbeitsplatz eine Weiterbeschäftigungsmöglichkeit gibt, ist **unternehmensbezogen** zu betrachten.[1096]

Eine konzernweite Weiterbeschäftigungsmöglichkeit bleibt schon wegen der rechtlichen Selbstständigkeit der Unternehmen grundsätzlich außer Betracht.[1097]

Dringende betriebliche Erfordernisse

1118 Sofern das Gesetz in § 1 II 1 KSchG von „dringenden betrieblichen Erfordernissen" spricht, darf diese Passage nicht missverstanden werden. Die dringenden betrieblichen Erfordernisse sind dann dringend, wenn es dem Arbeitgeber nicht möglich ist, der bei Ausspruch der Kündigung bestehenden betrieblichen Lage durch andere Maßnahmen technischer, organisatorischer oder wirtschaftlicher Art als durch eine (Beendigungs-) Kündigung zu entsprechen.[1098]

[1094] BAG, NZA 2004, 1268, 1270; Servatius, JURA 2006, 811, 812
[1095] BAG, NZA 2005, 1175, 1175; MK-Hergenröder, § 1 KSchG Rn 291; im öff. Dienst: Dienststelle, BAG, NZA-RR 2013, 632, 635
[1096] MK-Hergenröder, § 1 KSchG Rn 304
[1097] Hromadka/Maschmann, ArbR I, § 10 Rn 202; zur Konzernversetzungsklausel Maschmann, RdA 1996, 24 ff.
[1098] BAG, NJW 2000, 381, 382

Nicht stellt sich also die Frage, ob die Unternehmerentscheidung an sich, z.B. die Erhöhung des Unternehmenswertes („Shareholder-Value"), ein dringendes betriebliches Erfordernis war.[1099] Anderenfalls käme man doch wieder zu einer inhaltlichen Kontrolle der unternehmerischen Entscheidung durch die Arbeitsgerichte, die es – wie dargelegt – gerade nicht gibt.

1119

BEISPIEL 1: Arbeitgeber G schafft eine neue Maschine an. Hierdurch fallen bisher von Hand erledigte Arbeiten weg.

In Beispiel 1 stellt sich nicht die Frage, ob die Anschaffung der Maschine an sich ein dringendes betriebliches Erfordernis ist. Die Anschaffung der Maschine ist als unternehmerische Entscheidung vom Arbeitsgericht hinzunehmen. Einzig stellt sich die Frage, ob wegen des aus der Anschaffung der Maschine resultierenden Personalüberhangs die Kündigung ein solches dringendes betriebliches Erfordernis darstellt.

> **MERKSATZ**
> Die Umsetzung der Unternehmerentscheidung muss zum Wegfall des Arbeitsplatzes der gekündigten Arbeitnehmer geführt haben.

Ob die sog. **„Austauschkündigung"** zu einem Wegfall des Arbeitsplatzes führt ist umstritten und wird von der Rechtsprechung differenzierend beantwortet.

1120 Austauschkündigung

BEISPIEL 2: Arbeitgeber G will die Mitarbeiter A, B und C durch die Bewerber X, Y und Z ersetzen.

BEISPIEL 3: Arbeitgeber G will die Arbeit, die bisher durch seine Arbeitnehmer O, P und Q erledigt wurde, in Zukunft durch die freien Mitarbeiter R, S und T erledigen lassen.

In Beispiel 2 liegt kein Wegfall eines Arbeitsplatzes vor. Die unternehmerische Entscheidung hat nicht zu einem Wegfall des Arbeitsplatzes geführt. Die Austauschkündigung ist insoweit unwirksam.[1100]
Anders entscheidet das BAG allerdings, wenn sich die Vertragsart ändert. Entschließt sich der Arbeitgeber (Beispiel 3), anstelle von Arbeitnehmern freie Mitarbeiter zu beschäftigen, so liegt hierin eine nicht überprüfbare unternehmerische Entscheidung.[1101]
Von großer praktischer Bedeutung ist die Verteilung der Beweislast. Danach muss der Arbeitgeber zunächst die betrieblichen Erfordernisse beweisen. Er hat also vorzutragen, dass der Arbeitsplatz des gekündigten Arbeitnehmers weggefallen ist und hierfür ein inner- oder außerbetrieblicher Grund ursächlich ist. Dabei reichen allerdings Schlag- oder Stichworte nicht aus, sondern der Arbeitgeber hat substantiiert darzulegen, aufgrund welcher von ihm getroffenen Maßnahme der Arbeitsplatz weggefallen ist. Insbesondere kann der Arbeitgeber ein dringendes betriebliches Erfordernis nicht allein damit begründen, dass er vorträgt, wegen eines Umsatzrückgangs in bestimmter Höhe sei eine „einschneidende Rationalisierungsmaßnahme"

1121 Beweislast

1099   MK-Hergenröder, § 1 KSchG Rn 296
1100   BAG, NZA 2005, 761, 762; MK-Hergenröder, § 1 KSchG Rn 289
1101   BAG, EzA Nr. 85 zu § 1 KSchG Betriebsbedingte Kündigung; a.A. Preis, NZA 1997, 1073, 1079

mit einer Verringerung des Personalbestandes erforderlich. Er muss vielmehr im Einzelnen darlegen, ob sich unmittelbar durch den Umsatzrückgang oder durch eine Rationalisierungsmaßnahme der Arbeitsanfall und der Bedarf an Arbeitskräften verringert haben, und wie sich die betriebliche Veränderung auf den Arbeitsplatz des gekündigten Arbeitnehmers auswirkt.[1102]

Bezüglich der Dringlichkeit ist die Beweislast abgestuft. Danach hat der Arbeitnehmer zunächst zu beweisen, dass seine Kündigung durch andere Maßnahmen vermeidbar war. Erst danach hat der Arbeitgeber darzulegen, warum diese Maßnahme nicht ergriffen wurde.[1103]

III. KEINE ANDERWEITIGE BESCHÄFTIGUNGSMÖGLICHKEIT

Verhältnismäßigkeit (Ultima-Ratio-Prinzip)

1122 Aus dem Grundsatz der Verhältnismäßigkeit (**Ultima-Ratio-Prinzip**), welcher in § 1 II 1 KSchG durch die Worte „dringend" und „bedingt" zum Ausdruck kommt[1104], folgt, dass der Arbeitgeber vor der Kündigung vorrangig andere wirtschaftlich vertretbare Maßnahmen durchzuführen hat. Hierzu zählen z.B. der Abbau von Überstunden, der Abbau von Leiharbeit, die Versetzung auf einen anderen freien Arbeitsplatz im Unternehmen (wobei die Betriebsstätte in Deutschland liegen muss[1105]), nicht aber die Einführung von Kurzarbeit, da diese eine nur vorübergehend fehlende Beschäftigungsmöglichkeit voraussetzt.[1106]

Weiterbeschäftigungsmöglichkeit: unternehmensbezogen zu Prüfen

1123 | **MERKSATZ**
| Kann der Arbeitnehmer in dem selben oder einem anderen Betrieb des Unternehmens weiterbeschäftigt werden, ist die Kündigung gem. § 1 II 2 Nr. 1b KSchG ausgeschlossen.

Dies gilt entgegen § 1 II 2 Nr. 1 letzter HS und Nr. 2 letzter HS KSchG unabhängig vom Widerspruch des Betriebsrats oder des Personalrats. Das Ultima-Ratio-Prinzip kann in seiner Geltung nicht von der Frage abhängen, ob im Betrieb ein Betriebsrat besteht und ob dieser seine Arbeit ordnungsgemäß erledigt.[1107]

Änderungskündigung

1124 Auch die Änderungskündigung genießt insoweit Vorrang vor der Beendigungskündigung.[1108] Der Arbeitgeber hat zunächst also zu prüfen, ob er dem Arbeitnehmer die geänderten Arbeitsbedingungen im Rahmen seines Direktionsrechts zuweisen kann. Nur wenn dies nicht der Fall ist, darf (muss) er zum Mittel der Änderungskündigung, § 2 KSchG, greifen. Der Arbeitgeber ist allerdings weder verpflichtet, einen neuen Arbeitsplatz zu schaffen, noch einen besetzten Arbeitsplatz freizukündigen.[1109] Dies ist gilt jedoch dann nicht, wenn der Arbeitgeber zunächst eine gerade freie Stelle besetzt und dann die Kündigung unter Hinweis auf den Wegfall der freien Stelle ausspricht (Rechtsgedanke des § 162 BGB).[1110]

1102 BAG, NJW 2000, 381, 382
1103 BAG, NJOZ 2008, 2926, 2929
1104 Kamanabrou, JURA 2005, 102, 106; Servatius, JURA 2006, 811, 813
1105 BAG, JuS 2014, 555, 556; LAG Düsseldorf, ArbRAktuell 2012, 569, 569; vgl. allg. zum Territorialitätsprinzip BAG, NJOZ 2009, 3111, 3112; a.A. und wenig überzeugend LAG Hamburg, ArbRAktuell 2011, 520, 520
1106 Hromadka/Maschmann, ArbR I, § 10 Rn 201
1107 BAG, NZA 2003, 605, 606; 1985, 489, 492
1108 Servatius, JURA 2006, 811, 813
1109 BAG, NZA 2005, 1175, 1176
1110 BAG, NZA 2003, 430, 431

Im Rahmen des § 1 II 3 Alt. 1 KSchG ist die Kündigung ebenfalls dann nicht erforderlich, wenn der Arbeitnehmer nach für den Arbeitgeber zumutbaren Fortbildungs- oder Umschulungsmaßnahmen weiterbeschäftigt werden kann. Die Zumutbarkeit bestimmt sich insbesondere nach den Kosten der Umschulung, der Umschulungsfähigkeit des Arbeitnehmers und der Länge der bisherigen Betriebszugehörigkeit.[1111]

1125 Fortbildungs- oder Umschulungsmaßnahme

Weiterhin nicht erforderlich ist die Kündigung gem. § 1 II 3 Alt. 2 KSchG, wenn eine Weiterbeschäftigung zu anderen Arbeitsbedingungen möglich ist und der Arbeitnehmer sich mit diesen Änderungen einverstanden erklärt. So kommt z.B. eine Teilzeitbeschäftigung oder eine Versetzung auf einen geringerwertigen Arbeitsplatz in Betracht.[1112]

1126 Teilzeitbeschäftigung oder Versetzung auf einen geringerwertigen Arbeitsplatz

> **MERKSATZ**
> Es gibt keinen Anspruch auf Beförderung.[1113]

1127 Kein Anspruch auf Beförderung

Die Frage, in welchem Maße in Zukunft frei werdende Arbeitsplätze zu berücksichtigen sind, behandelt der Klausurfall.

1128 Zukünftig freie Arbeitsplätze

IV. SOZIALE AUSWAHL
Anders als bei der personen- oder verhaltensbedingten Kündigung liegt der Kündigungsgrund bei der Kündigung aus dringenden betrieblichen Gründen nicht in der Person des Arbeitnehmers. Daher muss der Arbeitnehmer, dem gekündigt werden soll, noch bestimmt werden, wenn mehrere Arbeitnehmer für die Kündigung in Betracht kommen. Nach § 1 III KSchG sind bei der Auswahl unter mehreren Arbeitnehmern, bei denen wegen dringender betrieblicher Gründe eine Entlassung möglich gewesen wäre, soziale Gesichtspunkte zu berücksichtigen.
Vor allem in der Rechtsprechung des BAG ist es üblich, insoweit einem **dreistufigen Prüfungsaufbau** zu folgen:[1114]

1129 Kein Grund in der Person des Arbeitnehmers

1130 Dreistufiger Prüfungsaufbau

> **MERKSATZ**
> In einem ersten Schritt ist der Kreis der vergleichbaren Arbeitnehmer zu bestimmen. Danach ist die eigentliche Sozialauswahl nach § 1 III 1 KSchG vorzunehmen und schließlich wird geprüft, ob das Ergebnis der Sozialauswahl über § 1 III 2 KSchG zu korrigieren ist. Dies ist der Fall, wenn die Weiterbeschäftigung des „eigentlich" ausgewählten Arbeitnehmers im berechtigten betrieblichen Interesse liegt.

Die Sozialauswahl entfällt jedoch, wenn der Betrieb stillgelegt wird. In diesem Fall darf der Arbeitgeber die Abwicklungsarbeiten entsprechend der Dauer der jeweiligen Kündigungsfristen verteilen.[1115]

1131 Betriebsstilllegung

1111 BAG, AP Nr. 1 zu § 1 KSchG 1969 Umschulung
1112 Einzelheiten bei Wagner, NZA 1986, 632 ff.
1113 BAG, EzA Nr. 29 zu § 1 KSchG Soziale Auswahl
1114 Vgl. zum Streit über die richtige Prüfungsreihenfolge z.B. Bader, NZA 2004, 65, 73
1115 BAG, NJW 2006, 2508, 2509

1. Bildung von Vergleichsgruppen

Personenkreis 1132 Zunächst ist im Rahmen der Sozialauswahl der Personenkreis zu ermitteln, der für die Auswahl unter sozialen Aspekten in Betracht kommt (Bildung von Vergleichsgruppen). Innerhalb des Betriebes (nicht des gesamten Unternehmens) sind sämtliche Arbeitnehmer zu berücksichtigen, die mit dem, dessen Arbeitsplatz weggefallen ist, vergleichbar sind.[1116]

a) Einzubeziehender Personenkreis

Arbeitsplatzbezogene Merkmale 1133 Die Vergleichbarkeit richtet sich nach arbeitsplatzbezogenen Merkmalen. Vergleichbar sind folglich nur diejenigen Arbeitnehmer, die im Hinblick auf die von ihnen ausgeübte Tätigkeit austauschbar sind. Dabei ist eine wechselseitige Austauschbarkeit nicht erforderlich. Maßgeblich ist nur, dass der Arbeitnehmer, dessen Arbeitsplatz wegfällt, imstande ist, die gleichwertige Arbeit des anderen Arbeitnehmers auszuüben, selbst wenn es dafür einer kurzen Einarbeitungszeit bedarf. Hierbei sind drei Monate bereits zu lang.[1117]

Horizontale Vergleichbarkeit 1134 Arbeitnehmer sind darüber hinaus nur dann miteinander vergleichbar, wenn sie auf der gleichen hierarchischen betrieblichen Ebene im Hinblick auf die von ihnen ausgeübte Tätigkeit austauschbar sind, die Versetzung auf den anderen Arbeitsplatz also vom Direktionsrecht des Arbeitgebers gedeckt wäre (horizontale Vergleichbarkeit). Könnte der „Kündigungskandidat" einen anderen Arbeitsplatz erst nach Änderung seines Arbeitsvertrages einnehmen, weil insoweit andere Arbeitsbedingungen gelten, fehlt die horizontale Vergleichbarkeit.[1118]

Vertikale Vergleichbarkeit 1135 Nicht austauschbar sind die Arbeitnehmer der unterschiedlichen Stufen der horizontalen Vergleichbarkeit (vertikale Vergleichbarkeit). Bezüglich der Arbeitnehmer auf höherwertigen Arbeitsplätzen ergibt sich dies bereits daraus, dass andernfalls dem Arbeitnehmer, dessen Arbeitsplatz weggefallen ist, mittelbar ein Anspruch auf Beförderung erwachsen würde, den das KSchG nicht kennt. Der Bestandsschutz des KSchG bezieht sich nur auf das Arbeitsverhältnis in seiner bisherigen Ausgestaltung.[1119]

Kaskadeneffekt Hinsichtlich der Arbeitnehmer auf geringerwertigen Arbeitsplätzen ist dies schon deshalb ausgeschlossen, um einen „Verdrängungswettbewerb" nach unten zu verhindern. Außerdem würde das Kündigungsrisiko für den Arbeitgeber vielfach völlig unberechenbar werden, da er bei Arbeitnehmern, die in der Betriebshierarchie weit oben stehen, praktisch die gesamte Belegschaft in die Sozialauswahl einbeziehen müsste (sog. **„Kaskadeneffekt"**). Deshalb ist z.B. der Hilfsarbeiter mit dem Meister nicht vergleichbar.[1120]

b) Einbeziehung besonderer Personengruppen

Spezialfälle 1136 Bei der Bildung der Vergleichsgruppe ist darüber hinaus zu beachten, ob bestimmte Personen entweder vorrangig zu kündigen sind oder aber ganz aus der Sozialauswahl herausfallen.

1116 MK-Hergenröder, § 1 KSchG Rn 340
1117 BAG, EzA Nr. 31 zu § 1 KSchG Soziale Auswahl
1118 BAG, NJW 1991, 587, 589
1119 BAG, NJW 1991, 587, 589
1120 MK-Hergenröder, § 1 KSchG Rn 341

aa) Grundkonstellationen

Arbeitnehmer, die die sechsmonatige Wartefrist noch nicht zurückgelegt haben, sind stets vor den Arbeitnehmern zu kündigen, die bereits unter den Schutz des KSchG fallen.[1121] Eine Ausnahme gilt lediglich für die Fälle des § 1 III 2 KSchG („**Leistungsträger-Klausel**").[1122]

1137 Arbeitnehmer ohne Kündigungsschutz

Arbeitnehmer, bei denen die ordentliche Kündigung durch den Arbeitgeber gesetzlich ausgeschlossen ist (§ 15 I KSchG, § 2 I ArbPlSchG und § 22 II BBiG), sind nicht in die Sozialauswahl einzubeziehen.[1123] Gesetzliche Kündigungsverbote gehen dem allgemeinen Kündigungsschutz als spezialgesetzliche Regelungen vor.

1138 Ausschluss der ordentlichen Kündigung

bb) Befristet beschäftigte Arbeitnehmer

Mangels ordentlicher Kündigungsmöglichkeit sind auch befristet beschäftigte Arbeitnehmer nicht in die Sozialauswahl einzubeziehen, sofern nicht ausdrücklich ein Recht zur ordentlichen Kündigung vertraglich vereinbart ist.[1124] Nach zutreffender Ansicht handelt es sich bei der ordentlichen Unkündbarkeit dieser Arbeitnehmer allerdings nicht um ein gesetzliches Kündigungsverbot. Dies zeigt § 15 III TzBfG, wonach es zur Disposition der Parteien steht, im befristeten Arbeitsverhältnis die Möglichkeit der ordentlichen Kündigung zuzulassen. Fehlt eine Vereinbarung über eine Kündigungsmöglichkeit, beruht die ordentliche Unkündbarkeit des befristet beschäftigten Arbeitnehmers daher auf einem entsprechenden Parteiwillen und nicht auf einer zwingenden Wertung des Gesetzgebers.[1125]

1139 Keine Berücksichtigung

cc) Kündigungen mit behördlichem Zustimmungserfordernis

Aufgrund der behördlichen Zustimmungserfordernisse der §§ 9 III 1 MuSchG, 18 BEEG sind Frauen während ihrer Schwangerschaft und während der ersten vier Monate nach der Entbindung sowie Arbeitnehmer in der Elternzeit nur in die Sozialauswahl einzubeziehen, wenn die erforderliche behördliche Zustimmung zu ihrer Kündigung tatsächlich vorliegt.[1126]

1140 9 MuSchG, 18 BEEG

Hingegen ist der Arbeitgeber nicht verpflichtet, die notwendige behördliche Zustimmung herbeizuführen, um so die Einbeziehung dieser Personen in die Sozialauswahl zu ermöglichen. Er kann den Sonderkündigungsschutz akzeptieren. Gleiches soll nach herrschender Meinung für Schwerbehinderte gelten, deren Kündigung gem. § 85 SGB IX der Zustimmung des Integrationsamtes bedarf.[1127] Diese Grundsätze müssen wohl auch auf § 5 PflegeZG übertragen werden. Der Arbeitgeber kann aber die Kündigungsentscheidung hier so steuern, dass nach Ablauf der Pflegezeit gekündigt werden kann.[1128]

1141 Ermessen des Arbeitgebers, die Zustimmung einzuholen

dd) Tarifvertraglich unkündbare Arbeitnehmer

Grundsätzlich nicht in die Sozialauswahl einzubeziehen sind nach h.M. die

1142 Tarifvertragliche Unkündbarkeit

1121 BAG, NZA 1986, 64, 66; SPV-Preis, Rn 1068
1122 BAG, NZA 1986, 64, 66
1123 BAG, NZA 2005, 1307, 1308; SPV-Preis, Rn 1062
1124 SPV-Preis, Rn 1063
1125 SPV-Preis, Rn 1063
1126 APS-Kiel, § 1 KSchG Rn 701; SPV-Preis, Rn 1064
1127 APS-Kiel, § 1 KSchG Rn 701; SPV-Preis, Rn 1064
1128 SPV-Preis, Rn 1064

tarifvertraglich ordentlich unkündbaren Arbeitnehmer.[1129] Hieran könnte verwundern, dass das KSchG nicht zur Disposition der Tarifparteien steht. Jedoch stellt sich die Verringerung der vergleichbaren Arbeitnehmer letztlich nur als ein Reflex der tariflichen Regelung auf das KSchG dar und bringt daher keine unmittelbare Beeinträchtigung des Kündigungsschutzes mit sich.[1130]

Rechtsmissbrauch **1143** Anders ist dies, wenn die fragliche Kündigungsschutzvereinbarung rechtsmissbräuchlich ist. Dies ist anzunehmen, wenn die Kündigungsschutzvereinbarung den Zweck verfolgt, bestimmte Arbeitnehmer aus der Sozialauswahl auszuschließen, ohne dass es hierfür einen sachlichen Grund gibt. Bei tarifvertraglichen Kündigungsverboten kommt ein Rechtsmissbrauch nur in Betracht, wenn die von den Tarifvertragsparteien festgelegten Voraussetzungen der ordentlichen Unkündbarkeit einer sachlichen Rechtfertigung entbehren und auch innerhalb der Gruppe der tarifgebundenen Arbeitnehmer zu groben Unbilligkeiten führen.[1131]

1144 **BEISPIEL:** § 4.4 MTV der Metallindustrie Nordwürttemberg/Nordbaden (vgl. hierzu BAG, NZA 2008, 1120). Danach sind Arbeitnehmer nach Vollendung des 53. Lebensjahres und einer Betriebszugehörigkeit von 3 Jahren nur noch aus wichtigem Grund kündbar; in der Konsequenz wäre daher ein 52-jähriger Arbeitnehmer, der den Schwellenwert knapp verfehle, trotz einer Betriebszugehörigkeit von 30 Jahren und 4 unterhaltspflichtigen Kindern vor einem gerade 53-jährigen ledigen Arbeitnehmer mit nur 3 Jahren Betriebszugehörigkeit zu kündigen.

Grobe Unbilligkeit
Das BAG erwägt in der genannten Entscheidung für einen derartigen (Extrem-)Fall, in dem die gesetzliche Wertung des § 1 III KSchG „auf den Kopf" gestellt wäre, die Tarifregelung im Hinblick auf die Grundrechte des ordentlich kündbaren Mitarbeiters verfassungskonform bzw. im Hinblick auf die Regelungen zur Altersdiskriminierung unionsrechtskonform einzuschränken bzw. für den Einzelfall durch einen ungeschriebenen Ausnahmetatbestand innerhalb der Tarifnorm anzupassen. Unabhängig von der dogmatischen Begründung muss im o.g. Beispiel jedenfalls der 52-jährige Arbeitnehmer als (deutlich) schutzwürdiger anerkannt werden.[1132]

Diskriminierungsverbot wegen des Lebensalters **1145** Als weitere Wirksamkeitsschranke des besonderen tariflichen Kündigungsschutzes ist das **Diskriminierungsverbot wegen des Lebensalters** zu beachten. Soweit tarifliche Kündigungsverbote für ältere Arbeitnehmer mit längerer Betriebszugehörigkeit jüngere Arbeitnehmer bei der sozialen Auswahl benachteiligen, liegt darin ein Verstoß § 2 I Nr. 2 AGG, wenn nicht für den besonderen Kündigungsschutz neben dem Lebensalter zumindest die Dauer der Betriebszugehörigkeit in angemessener Weise berücksichtigt wird.[1133]

Mögliche Rechtfertigung gem. § 10 AGG **1146** Insoweit ist nach BAG der (tarifvertragliche) Ausschluss der ordentlichen Kündigung älterer Arbeitnehmer an den Maßstäben des AGG, insbes. § 10 AGG, zu messen. Danach könne eine tarifliche Regelung unwirksam sein, wenn sie ein grob fehlerhaftes Auswahlergebnis zur Folge hätte. In einem solchen Falle wären die ordentlich unkündbaren Arbeitnehmer in die Sozialauswahl mit einzubeziehen. Das kann in einem ersten

---

1129   APS-Kiel, § 1 KSchG Rn 703; SPV-Preis, Rn 1065; LAG Brandenburg, LAGE Nr. 29 zu § 1 KSchG Soziale Auswahl; LAG Nürnberg LAGE Soziale Auswahl Nr. 10; a.A. Adam, NZA 1999, 846, 850; Oetker, ZfA 2001, 287, 326 ff.; Riebele, NZA 2003, 1243, 1244
1130   MK-Hergenröder, § 1 KSchG Rn 351; SPV-Preis, Rn 1065
1131   SPV-Preis, Rn 1066
1132   APS-Kiel, § 1 KSchG Rn 704 ff. mit ausführlichen Nachweisen zum Streitstand.
1133   APS-Kiel, § 1 KSchG Rn 707

Schritt dazu führen, dass der Arbeitgeber weder dem einen Arbeitnehmer (wegen des Ausschlusses der ordentlichen Kündigung) noch dem anderen (weil er sozial schwächer ist als der ordentlich unkündbare Arbeitnehmer) ordentlich kündigen kann. In einem zweiten Schritt muss dann allerdings die außerordentliche betriebsbedingte Kündigung der sozial stärkeren, ordentlich unkündbaren Beschäftigten erwogen werden.[1134] Diese Kündigung muss dann aber wieder mit sozialer Auslauffrist erfolgen. Diese sollte hier der „eigentlichen" ordentlichen Kündigungsfrist entsprechen.

ee) Einzelvertraglich unkündbare Arbeitnehmer

Streitig ist vor allem die Frage, ob auch einzelvertraglich unkündbare Arbeitnehmer aus der Sozialauswahl herauszunehmen sind. Dagegen wird vorgebracht, dass in diesem Fall ein unzulässiger Vertrag zu Lasten Dritter vorliege.[1135] Grundsätzlich gelten für diesen Fall die gleichen Regeln wie für den Fall der tarifvertraglichen Unkündbarkeit. Nach h.M. findet keine Einbeziehung in die Sozialauswahl statt, wenn der Ausschluss der ordentlichen Kündbarkeit auf sachlichen Erwägungen beruht und nicht der bloßen Umgehung der gesetzlichen Sozialauswahl dient.[1136]

1147 Parallele Behandlung zur tariflichen Unkündbarkeit

In der Praxis besteht die Gefahr eines Rechtsmissbrauchs vorwiegend hinsichtlich einzelvertraglicher Kündigungsschutzvereinbarungen und weniger bei Tarifverträgen. Ein starkes Indiz für eine Umgehungsabsicht ergibt sich aus einem zeitlichen Zusammenhang zwischen der getroffenen Absprache und den Kündigungen. Es besteht keine Benachteiligungsabsicht, wenn der Arbeitgeber sachliche Gründe für die Vereinbarung eines besonderen Kündigungsrechts nachweisen kann, z.B. das Abwerbungsangebot eines Konkurrenzunternehmens, den Verzicht auf Gehaltserhöhungen oder den Umstand, dass er betriebsüblich älteren Arbeitnehmern nach einer bestimmten Dauer der Betriebszugehörigkeit ein entsprechendes Angebot unterbreitet. Differenziert der Arbeitgeber bei der Zusage individuellen Kündigungsschutzes hingegen ohne sachlichen Grund zwischen vergleichbaren Arbeitnehmern, ist es ihm verwehrt, sich im Rahmen der Sozialauswahl auf diese Zusage zu berufen und die einzelvertraglich geschützten Arbeitnehmer unberücksichtigt zu lassen.[1137]

Sachlicher Grund und Umgehungsabsicht

2. Kriterien der Sozialauswahl und Punktetabellen

a) Grundlagen

Innerhalb des festgelegten Personenkreises hat nun die eigentliche Sozialauswahl zu erfolgen. Ziel ist es dabei, den oder diejenigen Arbeitnehmer zu ermitteln, den/die der Verlust des Arbeitsplatzes am wenigsten hart trifft. Aus Gründen der Rechtssicherheit und der Berechenbarkeit der Sozialauswahl sind die zu berücksichtigenden **Sozialdaten** in § 1 III 1 KSchG abschließend aufgezählt:

1148 Vier Sozialdaten

- Dauer der Betriebszugehörigkeit,
- Lebensalter,
- Unterhaltspflichten und
- die Schwerbehinderung des Arbeitnehmers.

1134 BAG, NZA 2014, 208, 211; BeckOK ArbR-Rolfs, § 1 KSchG Rn 465a
1135 LAG Sachsen, NZA 2002, 905, 907 f.
1136 APS/Kiel, § 1 KSchG Rn 708 f.; SPV-Preis, Rn 1066; Kania/Kramer, RdA 1995, 287, 288
1137 APS/Kiel, § 1 KSchG Rn 709

aa) Die vier Sozialdaten

1149 Über die Gewichtung der Kriterien enthält das Gesetz keine Aussage. Man wird die vier Sozialkriterien deshalb zunächst als gleichwertig anzusehen haben.[1138]

Gewichtung der Kriterien

Das bedeutet aber nicht (!), dass es nur darauf ankommt, wie viele der vier gesetzlichen Kriterien zu Gunsten des einen und wie viele zu Gunsten des anderen Arbeitnehmers ausschlagen. Vielmehr verlangt gerade die Gleichrangigkeit der Auswahlkriterien danach, die mit ihnen verbundenen konkreten Daten der betroffenen Arbeitnehmer in ein Verhältnis zueinander zu setzen. Ein Kriterium fällt relativ umso stärker ins Gewicht, je größer der durch dieses aufgezeigte Unterschied zu Gunsten des einen Mitarbeiters ausfällt.[1139]

> **BEISPIEL:** A ist ein Jahr jünger als B und ein Jahr kürzer im Betrieb, hat aber 3 Unterhaltspflichten, B keine.

Im Beispiel hat B gegen A nicht „2:1 gewonnen", vielmehr führen die Unterhaltspflichten dazu, da A im Verhältnis zu B deutlich sozial schutzwürdiger ist.

1150 Die genannten Sozialdaten werfen unweigerlich die Frage nach einer Altersdiskriminierung der jungen Belegschaftsmitglieder auf.[1140] Dennoch wird die Konzeption des Gesetzgebers nicht als europarechtswidrig angesehen werden können, da es allgemein bekannt ist, dass ältere Arbeitnehmer auf dem Arbeitsmarkt schlechtere Einstellungschancen haben.[1141]

Altersdiskriminierung

1151 Kurz zum **Inhalt der einzelnen Sozialdaten**:

1152 Die Dauer der Betriebszugehörigkeit resultiert aus der Dauer des ununterbrochenen rechtlichen Bestandes des Arbeitsverhältnisses. Ob tatsächlich gearbeitet wurde, ist nicht maßgeblich. Folglich spielen Krankheitsphasen oder Mutterschutzzeiten bei der Berechnung der Dauer der Betriebszugehörigkeit keine Rolle.

Dauer der Betriebszugehörigkeit

1153 Über das Merkmal des Lebensalters fließen die Chancen des zu Kündigenden auf dem Arbeitsmarkt in die Sozialauswahl ein. Wenn auch generell ältere Arbeitnehmer auf dem Arbeitsmarkt schlechtere Chancen haben, so ist das Merkmal dennoch „ambivalent", da es auch in die andere Richtung ausschlagen kann. So können die Chancen ausnahmsweise auch für den älteren Arbeitnehmer höher sein (z.B. 40-jährige Frau im Vergleich zur 25-jährigen).[1142]

Lebensalter

1154 Die Unterhaltspflichten bestimmen sich alleine nach den familienrechtlichen Vorschriften der §§ 1360 ff., 1569 ff., 1601 ff. BGB. Ausschlaggebend sind nur im Zeitpunkt der Kündigung tatsächlich bestehende oder abzusehende Unterhaltspflichten (z.B. bevorstehende Geburt eines Kindes) gegenüber dem Ehegatten oder Kindern, aber auch gegenüber pflegebedürftigen Eltern oder dem Lebenspartner nach dem Lebenspartnerschaftsgesetz. Unterhaltsleistungen innerhalb nichtehelicher Lebensgemeinschaften sind demgegenüber nicht einzubeziehen.[1143]

Unterhaltspflichten

1138 MK-Hergenröder, § 1 KSchG Rn 353
1139 BAG, NZA 2015, 426, 428 = RA 2015, 369, 370
1140 MK-Hergenröder, § 1 KSchG Rn 354
1141 BAG, NZA 2012, 1044, 1049; 2010, 457, 459; Bauer/Krieger, NZA 2007, 674 ff.; Hamacher/Ulrich, NZA 2007, 657 ff.
1142 MK-Hergenröder, § 1 KSchG Rn 356
1143 MK-Hergenröder, § 1 KSchG Rn 357; Hromadka/Maschmann, ArbR I, § 10 Rn 215

Hinsichtlich der Schwerbehinderung ist auf § 2 II 2 SGB IX zu verweisen. Der Antrag auf Anerkennung als Schwerbehinderter im Zeitpunkt der Sozialauswahl allein reicht allerdings nicht aus, da nur feststehende Tatsachen für die Sozialauswahl ausschlaggebend sein können.[1144]

1155 Schwerbehinderung

bb) Berücksichtigung weiterer sozialer Belange

Streitig ist, in welchem Maße der Arbeitgeber über die genannten Kriterien hinaus weitere soziale Belange berücksichtigen darf. Jedenfalls kommen hier nur solche Kriterien in Betracht, die mit dem Arbeitsverhältnis in Verbindung stehen. Z.B.: Berufskrankheiten oder im Betrieb erlittene unverschuldete Arbeitsunfälle.[1145] Nicht berücksichtigt werden dürfen der Gesundheitszustand von Familienangehörigen, Arbeitsmarktchancen des Arbeitnehmers, möglicher Verlust betrieblicher Rentenanwartschaften oder der Umfang des sonstigen Vermögens.

1156 Berücksichtigung weiterer sozialer Belange

Sofern derartige soziale Belange, die über die im Gesetz genannten Sozialdaten hinausgehen, überhaupt berücksichtigt werden können, liegt eine Verpflichtung des Arbeitgebers zu ihrer Berücksichtigung keinesfalls vor.[1146] Folglich kann ein gekündigter Arbeitnehmer niemals geltend machen, dass die Sozialauswahl unwirksam sei, weil der Arbeitgeber z.B. einen Arbeitsunfall nicht berücksichtigt habe.

cc) Bildung von Altersgruppen

Schließlich darf der Arbeitgeber im Rahmen der Sozialauswahl Altersgruppen bilden. Dabei wird die Sozialauswahl nicht über die Gesamtbelegschaft durchgeführt. Vielmehr werden Altersgruppen gebildet (beispielsweise bestehend aus jeweils 10 Jahrgängen: bis zum 25., 35., 45., 55. und ab dem 56. Lebensjahr). Innerhalb der Altersgruppen wird dann jeweils derselbe Anteil von Mitarbeitern abgebaut. Damit wird eine Überalterung der Belegschaft vermieden, die drohen würde, wenn auf Grund der Sozialauswahl überwiegend junge Mitarbeiter zu entlassen wären. Die Bildung von Altersgruppen relativiert die Bevorzugung älterer Arbeitnehmer bei der Sozialauswahl.

1157 Bildung von Altersgruppen

Hierin liegt kein Verstoß gegen das Verbot der Altersdiskriminierung aus §§ 1, 10 AGG, da die Ungleichbehandlung wegen des schützenswerten Interesses des Arbeitgebers an einer ausgewogenen Altersstruktur gerechtfertigt ist.[1147] Dies wird durch § 1 III 2 KSchG bestätigt, der das Interesse des Arbeitgebers an einer ausgewogenen Personalstruktur explizit für schützenswert erklärt.

1158 Kein Verstoß gegen § 10 AGG

> **MERKSATZ**
> Der Arbeitgeber darf durch die Altersgruppen eine ausgewogene Personalstruktur nur „sichern", nicht aber erst herstellen.[1148] Folglich muss die Quote der Kündigungen pro Altersgruppe dem Anteil der Arbeitnehmer dieser Gruppe an der Gesamtbelegschaft entsprechen.

1159 Nur „Sicherung" erlaubt

1144 MK-Hergenröder, § 1 KSchG Rn 358
1145 SPV-Preis, Rn 1091 ff.; noch enger APS-Kiel, § 1 KSchG Rn 732; Servatius, JURA 2006, 811, 813, die einen unmittelbaren und spezifischen Zusammenhang mit den vom Gesetzgeber festgeschriebenen Grunddaten verlangen.
1146 APS-Kiel, § 1 KSchG Rn 732; PSV-Preis, Rn 1091
1147 BAG, NZA 2012, 1040, 1041; BeckRS 2009, 58367, Rn 46 ff.
1148 BAG, ArbRAktuell 2015, 306, 306; anders in der Insolvenz, vgl. § 125 I Nr. InsO.

b) Beurteilungsspielraum im Einzelfall

1160 Besonders wichtig ist der Hinweis auf den reduzierten Prüfungsmaßstab im Rahmen der gerichtlichen Kontrolle der Sozialauswahl: Das Gericht prüft gem. § 1 III 1 KSchG nur, ob soziale Gesichtspunkte „nicht oder nicht ausreichend" berücksichtigt wurden. Damit kommt dem Arbeitgeber ein gewisser Beurteilungsspielraum zu.[1149]

Es wird nicht geprüft, ob das Gericht selbst eine andere Entscheidung getroffen hätte. Mithin können nur deutlich schutzwürdigere Arbeitnehmer mit Erfolg die Fehlerhaftigkeit der sozialen Auswahl rügen.

Beurteilungsspielraum

1161 | **MERKSATZ**
Bei der Überprüfung der Sozialauswahl des Arbeitgebers ist keine eigene Sozialauswahl vorzunehmen. Vielmehr ist die Sozialauswahl nur daraufhin zu überprüfen, ob sie sich im gesetzlichen Rahmen bewegt.[1150] Auch wenn eine Sozialauswahl gar nicht oder methodisch fehlerhaft durchgeführt wurde, ist die Kündigung jedenfalls nicht aus diesem Grund unwirksam, wenn mit der Person des Gekündigten gleichwohl – zufällig – eine objektiv vertretbare Auswahl getroffen wurde.[1151]

Keine eigene Sozialauswahl des Gerichts (Prüflings)

1162 **BEISPIEL** (nach LAG Köln 4 Sa 1122/10): Der Kläger war ebenso wie sein Kollege B seit 1991 bei der Beklagten beschäftigt. Beide waren Führungskräfte und verheiratet. Die Beklagte kündigte dem Kläger ordentlich betriebsbedingt. Im Zeitpunkt der Kündigung war der Kläger 53 Jahre alt. Mit seiner Kündigungsschutzklage machte er eine fehlerhafte Sozialauswahl geltend. Die Beklagte hätte seinem 35 Jahre alten Kollegen B kündigen müssen. Dem stehe nicht entgegen, dass B im Gegensatz zu ihm Kinder habe, gegenüber denen er unterhaltspflichtig sei.

Das Urteil des LAG Köln: Zwar sind alle vier Kriterien des § 1 III 1 KSchG grds. gleichrangig. Der dem Arbeitgeber insoweit eingeräumte Wertungsspielraum darf aber nicht dazu führen, dass das Gebot der sozialen Auswahl gänzlich unterlaufen und praktisch jede Auswahlentscheidung akzeptabel wird.

Im Streitfall ist dieser Wertungsspielraum überschritten. Denn das Lebensalter des Klägers liegt mit 53 Jahren im schlechtest möglichen Bereich, was die Chancen auf dem Arbeitsmarkt anbelangt. Sein Kollege K ist dagegen mit seinen 35 Jahren, seiner guten Qualifikation und seiner Berufserfahrung als Führungskraft in einem geradezu optimalen Alter, um eine neue Anstellung zu finden.

Im Zeitpunkt der Kündigung des Klägers war mit an Sicherheit grenzender Wahrscheinlichkeit davon auszugehen, dass K bei einer Kündigung keine Arbeitslosigkeit zu befürchten hatte, sondern innerhalb der Kündigungsfrist eine neue Arbeit gefunden hätte, sodass auch seine Unterhaltspflichten von der Kündigung mit hoher Wahrscheinlichkeit gar nicht tangiert worden wären. Vor diesem Hintergrund müssen seine Unterhaltspflichten zurücktreten.

Entscheidend sind die zukünftigen Chancen auf dem Arbeitsmarkt

---

1149 BAG, BeckRS 2012, 65494 Rn 48; NZA 2003, 791, 793; SPV-Preis, Rn 1100
1150 Anm.: Im Sonderfall des § 1 IV KSchG (lesen!) kann die soziale Auswahl der Arbeitnehmer nur auf „grobe Fehlerhaftigkeit" überprüft werden. Eine solche ist dann gegeben, wenn die Gewichtung der im Gesetz genannten Sozialkriterien jede Ausgewogenheit vermissen lässt (BAG, NJW 1999, 3797).
1151 BAG, BeckRS 2013, 74879 Rn 43; BAG, BeckRS 2012, 65494 Rn 48

> **MERKSATZ** 1163
> Es ist nicht entscheidend, ob das Arbeitsgericht dieselbe Auswahl wie der Arbeitgeber getroffen hätte, wenn es eigenverantwortlich die sozialen Erwägungen hätte anstellen und die entsprechenden sozialen Grunddaten hätte gewichten müssen. Der dem Arbeitgeber einzuräumende Wertungsspielraum führt also dazu, dass nur deutlich schutzwürdigere Arbeitnehmer sich mit Erfolg auf einen Auswahlfehler berufen können.[1152]

c) Punktetabellen

Bei Massenentlassungen greifen Arbeitgeber in der Regel zu Punktetabellen, mit denen die soziale Schützwürdigkeit der Arbeitnehmer ermittelt wird. Derartige Punktetabellen dienen der **Verobjektivierung der Sozialauswahl**. 1164 Massenentlassungen

Auch die Betriebspartner können in einem Interessenausgleich/Sozialplan die sozialen Gesichtspunkte bei der Vorauswahl von Arbeitnehmern im Fall betriebsbedingter Kündigungen mit Hilfe eines Punkteschemas bewerten. Bei der Festlegung der Punktewerte der Auswahlkriterien steht den Betriebspartnern ein Beurteilungsspielraum (der dann nur eingeschränkt gerichtlich überprüfbar ist) zu.

BEISPIEL 1: Im Rahmen einer Massenentlassung wird folgende Sozialpunktetabelle aufgestellt:
Bis zu zehn Dienstjahre je Dienstjahr ein Punkt. Ab dem elften Dienstjahr je Dienstjahr zwei Punkte. Berücksichtigt werden nur Dienstjahre bis zum 55. Lebensjahr, maximal siebzig Punkte.
Für jedes volle Lebensjahr ein Punkt, maximal fünfundfünfzig Punkte.
Je unterhaltsberechtigtem Kind vier Punkte, Verheiratetsein acht Punkte.
Grad der Behinderung bis 50 fünf Punkte, über 50 je Grad einen Punkt.
Eine auf Basis einer derartigen Punktetabelle vorgenommene Sozialauswahl kann fehlerhaft sein. Wenn ein Kind nur soviel „wert" ist, wie zwei Jahre Berufstätigkeit, wird der Arbeitgeber in einer Zeit, in der die schlimmen Folgen sinkender Geburtenraten öffentlich breit diskutiert werden, seiner Verantwortung für die Gestaltung von Rahmenbedingungen, die zu mehr Geburten ermuntern, nicht mehr gerecht.[1153]

Fraglich ist, ob sich u.U. eine Vielzahl von Arbeitnehmern darauf berufen kann, dass einer der ungekündigten Arbeitnehmer sozial weniger schutzwürdig ist als sie („**Domino-Effekt**"). 1165 Domino-Effekt

BEISPIEL 2: In einem Betrieb wird 15 Arbeitnehmern (A bis P) betriebsbedingt gekündigt. Dabei war nach der Sozialpunktetabelle A der am wenigsten schutzwürdige Arbeitnehmer, wohingegen P auf dem 15. Platz „von hinten" eingeordnet wurde. Durch einen Rechenfehler bei der Erstellung der Sozialpunktetabelle wurde B, der eigentlich auf dem 2. Platz „von hinten" gestanden hätte, auf Platz 16 eingeordnet und entging so der Kündigung. Alle gekündigten Arbeitnehmer erheben nunmehr Kündigungsschutzklage und berufen sich auf eine fehlerhafte Sozialauswahl.

1152 BAG, BeckRS 2013, 74879 Rn 43; BeckRS 2012, 65494 Rn 48
1153 So explizit ArbR Ludwigshafen, Urt. v. 08.02.2005 – 8 Ca 2824/04, FA 11/2005 Nr. 3; anders noch in einem älteren Urteil BAG, EzA Nr. 28 zu § 1 KSchG Soziale Auswahl

Unstreitig ist, dass die Kündigung von A wirksam ist, da er in der sozialen Schutzwürdigkeit noch hinter dem nicht gekündigten B rangiert.

Fraglich ist jedoch, wie viele der anderen 14 klagenden Arbeitnehmer ihren Kündigungsschutzprozess gewinnen. Früher vertrat das BAG die sog. **„Domino-Theorie"**, wonach sich sämtliche Arbeitnehmer, die in ihrer sozialen Schutzwürdigkeit höher einzustufen waren als ein nicht gekündigter Arbeitnehmer, auf eine fehlerhafte Sozialauswahl berufen konnten. Folglich hätten im Beispiel die Arbeitnehmer C bis P ihren Kündigungsschutzprozess gewonnen.[1154]

Echte Kausalität zwischen fehlerhafter Sozialauswahl und Kündigung nötig

1166 Diese Rechtsauffassung hat das BAG aufgegeben. Kann der Arbeitgeber im Kündigungsschutzprozess aufzeigen, dass der gekündigte Arbeitnehmer auch bei richtiger Erstellung der Rangliste anhand des Punktesystems zur Kündigung angestanden hätte, so ist die Kündigung nicht wegen fehlerhafter Sozialauswahl unwirksam. Denn der Fehler ist für die Auswahl dieses Arbeitnehmers nicht ursächlich geworden. Er wirkt sich vielmehr nur bei dem Arbeitnehmer aus, der bislang auf dem letzten Platz der Rangliste gestanden hat und deshalb bei Vermeidung des Fehlers ungekündigt geblieben wäre.

> **MERKSATZ**
> Es muss eine echte Kausalität zwischen der fehlerhaften Sozialauswahl und der Kündigung vorliegen.[1155]

Im Beispiel 2 gewinnt deshalb nur P seinen Kündigungsschutzprozess. Alle anderen Arbeitnehmer (C bis O) wären auch ohne die fehlerhafte Sozialauswahl gekündigt worden.

Keine individuelle Abschlussprüfung

1167
> **MERKSATZ**
> Der Arbeitgeber muss neben den vier im Gesetz vorgeschriebenen Kriterien keine weiteren berücksichtigen. Ein Punktesystem muss deshalb auch keine individuelle Abschlussprüfung vorsehen.[1156]

d) Berechtigtes betriebliches Interesse an bestimmten Arbeitnehmern

Leistungsträger

1168 Von der Sozialauswahl können diejenigen Arbeitnehmer ausgenommen werden, deren Weiterbeschäftigung wegen ihrer Kenntnisse und Leistungen („Leistungsträger") oder zur Erhaltung einer ausgewogenen Personalstruktur im berechtigten betrieblichen Interesse liegt, § 1 III 2 KSchG.

Arbeitnehmer kann sich nicht auf § 1 III 2 KSchG berufen

1169
> **MERKSATZ**
> Diese Ausnahmevorschrift wirkt zur zu Gunsten des Arbeitgebers. Liegen berechtigte betriebliche Interessen vor, kann der Arbeitgeber von der Gestaltungsmöglichkeit des § 1 III 2 Gebrauch machen, er muss es aber nicht. Daher können sich Arbeitnehmer grundsätzlich nicht auf diese Gründe berufen und die Herausnahme aus der Sozialauswahl verlangen.[1157]

1154   BAG, NZA 1985, 423, 425
1155   BAG, NZA 2007, 549, 550 f.
1156   BAG, NZA 2007, 549, 552
1157   APS-Kiel, § 1 KSchG Rn 748; Thüsing/Wege, RdA 2005, 65, 74

Diese Norm birgt natürlich die Gefahr der Umgehung der Sozialauswahl, wenn der Arbeitgeber zunächst alle „guten" Arbeitnehmer zu „Leistungsträgern" erklärt und dann die Sozialauswahl nur noch zwischen den verbleibenden Arbeitnehmern durchgeführt wird.

1170 Drohende Umgehung der Sozialauswahl

Soll die soziale Auswahl die Regel bleiben, ist es nur im Ausnahmefall denkbar, dass der überwiegende Teil der Belegschaft von der sozialen Auswahl ausgenommen wird oder ein Weiterbeschäftigungsbedarf gar nur für Leistungsträger besteht. Nach BAG besteht grundsätzlich eine Vermutung dafür, dass soziale Gesichtspunkte nicht ausreichend berücksichtigt worden seien, wenn der Arbeitgeber betriebsweit den größeren Teil der Arbeitnehmer aus betriebstechnischen Gründen von der Austauschbarkeit generell ausnehme und die soziale Auswahl auf den kleineren, verbleibenden Teil der Restbelegschaft beschränke.[1158] Im entschiedenen Fall wurden über 70% der Arbeitnehmer aus der sozialen Auswahl herausgenommen. Bei der Herausnahme einzelner Arbeitnehmer gibt es aber keine absoluten Grenzen. Entscheidend sind allein die im Einzelfall zu würdigenden Umstände, wobei die Anforderungen an die Darlegungs- und Beweislast umso höher sind, je mehr Arbeitnehmer von der sozialen Auswahl ausgenommen werden sollen. Dabei ist es durchaus denkbar, dass ein Betrieb, der im Zuge einer Stilllegung von Betriebsteilen und Rationalisierung der verbleibenden Arbeiten von z.B. 400 auf 50 Arbeitnehmer reduziert wird, überwiegend nur mit Leistungsträgern fortgeführt werden kann. Der Arbeitgeber kann die vom BAG angenommene Vermutung widerlegen.[1159]

Große Belegschaftsteile

1171 Keine absoluten Grenzen

BEISPIELE: So können etwa Gemeinden berechtigt sein, Arbeitnehmer, die ehrenamtlich bei der Freiwilligen Feuerwehr tätig sind, von der Sozialauswahl auszunehmen.[1160] Gleiches gilt bei Schlüsselpositionen, von denen andere Arbeitsplätze abhängen, besonderen Sprachkenntnissen, besonderen Kundenkontakten, von denen wichtige Aufträge abhängen und bei der vielseitigen Verwendbarkeit eines Arbeitnehmers.[1161] Allerdings darf der Arbeitgeber nicht pauschal Arbeitnehmer mit verhältnismäßig geringen Fehlzeiten aus der Sozialauswahl ausnehmen, da dies tendenziell zu einer Benachteiligung älterer Arbeitnehmer führt.[1162] Ebenfalls nicht anzuerkennen sind die besondere soziale Kompetenz im Umgang mit Kollegen oder Vorgesetzten, höhere Lohnkosten, höhere Umschulungskosten oder eine Arbeitnehmererfindung.[1163]

1172 Beispielsfälle

MERKSATZ
Je schwerer dabei das soziale Interesse wiegt, desto gewichtiger müssen die Gründe für die Ausklammerung des Leistungsträgers sein.[1164]

Sehr streitig ist die Frage, in welchen Prüfungsschritten die „Herausnahme" z.B. eines Leistungsträgers aus der Sozialauswahl zu erfolgen hat.

1173 Guachtenaufbau

1158 BAG, NZA 2003, 849, 853
1159 APS-Kiel, § 1 KSchG Rn 763
1160 BAG, NZA-RR 2007, 460, 464
1161 Zu diesen Beispielen SPV-Preis, Rn 1110 ff.
1162 BAG, NZA 2007, 1362, 1364
1163 Zu diesen Beispielen SPV-Preis, Rn 1119 ff.
1164 BAG, NZA 2012, 1040, 1041

> **KLAUSURHINWEIS**
> Nach h.M. hat zunächst eine umfassende Sozialauswahl zu erfolgen und erst anschließend wird einzelfallbezogen geprüft, ob im Hinblick auf einen an sich zu kündigenden Arbeitnehmer ein berechtigtes betriebliches Interesse i.S.d. § 1 III 2 KSchG an der Weiterbeschäftigung besteht, welches das Interesse des an sich schutzwürdigeren Arbeitnehmers überwiegt.[1165] Nach a.A. soll die Auswahl der Leistungsträger vor der eigentlichen Sozialauswahl stattfinden.[1166] Damit wäre nach der grundsätzlichen Festlegung des auswahlrelevanten Personenkreises zunächst danach zu fragen, ob im Hinblick auf bestimmte Arbeitnehmer ein berechtigtes betriebliches Interesse gem. § 1 III 2 KSchG an einer prinzipiellen Verdrängung der Sozialauswahl besteht. Die Sozialauswahl würde dann nur noch zwischen den verbleibenden Arbeitnehmern erfolgen. Für die Klausur wird empfohlen, der h.M. zu folgen.

e) Betriebsübergreifende Sozialauswahl

Grundsatz: Sozialauswahl im Betrieb

1174 Problematisch ist auch, ob es eine sog. „betriebsübergreifende Sozialauswahl" geben kann. Dies wird von der h.L. und vom BAG abgelehnt. Der Arbeitgeber muss also keinen vergleichbaren Arbeitsplatz in einem anderen Betrieb „freikündigen". Dies gilt auch dann, wenn sich der Arbeitgeber ein betriebsübergreifendes Versetzungsrecht vorbehalten hat.[1167]

Sonderfall: Konkurrenz um freien Arbeitsplatz

1175 Konkurrieren jedoch Arbeitnehmer aus unterschiedlichen Betrieben um einen freien (!) Arbeitsplatz, liegt der Fall nach Ansicht des BAG anders. Insofern bestehe eine planwidrige Gesetzeslücke. Es könne nicht davon ausgegangen werden, dass der Gesetzgeber für den Fall einer unausweichlichen Auswahl soziale Gesichtspunkte nicht habe berücksichtigen wollen. Ob § 1 III KSchG analog anzuwenden ist, lässt das BAG offen; die sozialen Belange der Arbeitnehmer seien zumindest im Rahmen einer Überprüfung der Auswahlentscheidung des Arbeitgebers nach § 315 BGB entscheidend zu berücksichtigen.[1168]

> **MERKSATZ**
> Bei der **betriebsbedingten Kündigung** ist die Weiterbeschäftigungsmöglichkeit (die im Rahmen des Ultima-Ratio-Grundsatzes bedeutsam ist) unternehmensbezogen, die Sozialauswahl gemäß § 1 III KSchG hingegen betriebsbezogen zu beurteilen.

f) Sozialauswahl im Kleinbetrieb

1176 Es wurde bereits darauf hingewiesen, dass Arbeitnehmer in Kleinbetrieben, in denen der gesetzliche Kündigungsschutz nicht greift, nicht schutzlos gestellt sind.[1169]

Gewisses Maß an sozialer Rücksichtnahme

Über die Generalklauseln der §§ 138, 242 BGB ist der Arbeitgeber im Falle einer Kündigung auch im Kleinbetrieb verpflichtet, unter seinen Arbeitnehmern eine Auswahl zu treffen, in deren Rahmen er nach vernünftigen und sachlichen Gesichtspunkten

---

1165 BAG, NZA 2012, 1040, 1041; APS-Kiel, § 1 KSchG Rn 761; Preis, NZA 1997, 1073, 1084
1166 v. Hoyningen-Huene/Linck-Kause, § 1 KSchG Rn 1001; Baaden, NZA 1996, 1125, 1129
1167 BAG, NJW 2006, 1757, 1758 f.; a.A. Berkowski, NZA 1996, 290, 291 ff.
1168 BAG, NZA 2001, 535, 538; 1995, 413, 415 f.
1169 Hierzu oben Rn 958.

zu entscheiden und dabei ein gewisses Maß an sozialer Rücksichtnahme zu beachten hat. Insofern darf auch ein durch langjährige Mitarbeit erdientes Vertrauen in den Fortbestand des Arbeitsverhältnisses nicht unberücksichtigt bleiben.[1170]

Hat der Arbeitgeber keine spezifischen eigenen Interessen, einem bestimmten Arbeitnehmer zu kündigen bzw. anderen vergleichbaren Arbeitnehmern nicht zu kündigen, und entlässt er gleichwohl z.B. den Arbeitnehmer mit der bei weitem längsten Betriebszugehörigkeit, dem höchsten Alter und den meisten Unterhaltspflichten, so spricht alles dafür, dass der Arbeitgeber bei seiner Entscheidung das verfassungsrechtlich gebotene Mindestmaß an sozialer Rücksichtnahme außer Acht gelassen hat.[1171] | 1177

g) Darlegungs- und Beweislast

Gemäß § 1 III 3 KSchG ist der Arbeitnehmer für die Fehlerhaftigkeit der Sozialauswahl beweispflichtig. Nach dem BAG betrifft dies jedoch nur den Nachweis im Hinblick auf die mangelnde Berücksichtigung sozialer Gesichtspunkte. Soweit der Arbeitgeber demgegenüber einen Fall des § 1 III 2 KSchG („Leistungsträger") geltend macht, trägt er insoweit die Darlegungs- und Beweislast.[1172] | 1178 § 1 III 3 KSchG

Für den Nachweis der Fehlerhaftigkeit der Sozialauswahl gilt ein abgestuftes System der Darlegungs- und Beweislast: | 1179 Abgestufte Beweislastverteilung

Zunächst muss der Arbeitnehmer vortragen, dass die Sozialauswahl fehlerhaft vorgenommen wurde.

Sollte dies dem Arbeitnehmer mangels Kenntnis nicht möglich sein, muss er den Arbeitgeber zur Mitteilung der Gründe auffordern, die zur getroffenen Entscheidung geführt haben. Dann geht die Darlegungslast auf den Arbeitgeber über. Dieser hat sodann die angestellten Überlegungen im Vorfeld der Kündigung darzutun, wobei es genügt, wenn er diejenigen Arbeitnehmer benennt, die er im Rahmen seiner Entscheidung für vergleichbar erachtet hat. | Informationspflicht des Arbeitgebers

Gibt der Arbeitgeber auf das Ersuchen des Arbeitnehmers hin keine oder nur unvollständige Auskünfte, kann der Arbeitnehmer seiner Darlegungslast bei fehlender Kenntnis nicht genügen. In diesem Fall ist der Vortrag, es seien sozial weniger schutzwürdige Arbeitnehmer vorhanden, schlüssig.[1173] | Verletzung der Auskunftspflicht

Kommt der Arbeitgeber dem Auskunftsverlangen hingegen nach, so geht die Darlegungslast wieder voll auf den Arbeitnehmer über. Dieser hat dann konkret darzutun, welcher der in die Sozialauswahl einzubeziehenden Arbeitnehmer im Vergleich zu ihm weniger schutzwürdig ist. Dem genügt der Arbeitnehmer, indem er eine Aufstellung der nach seiner Auffassung vergleichbaren Arbeitnehmer sowie deren Sozialdaten vorlegt. Die rechtliche Wertung im Hinblick auf die Vertretbarkeit der Sozialauswahl wird vom Arbeitsgericht vorgenommen.[1174] | Erfüllung der Auskunftspflicht

V. WIEDEREINSTELLUNGSANSPRUCH

Das BAG hat für den Fall der betriebsbedingten Kündigung einen Wiedereinstellungsanspruch grundsätzlich anerkannt, wenn sich zwischen dem Ausspruch der | 1180 Nebenpflicht des Arbeitgebers

---

1170 BVerfG, NZA 1998, 470, 472
1171 So BAG, NZA 2001, 833, 836
1172 BAG, EzA Nr. 38 zu § 1 KSchG Soziale Auswahl
1173 BAG, EzA Nr. 26 zu § 1 KSchG Soziale Auswahl
1174 Zur Beweislastverteilung APS-Kiel, § 1 KSchG Rn 786 ff.

Kündigung und dem Ablauf der Kündigungsfrist unvorhergesehen eine Weiterbeschäftigungsmöglichkeit ergibt und der Wiedereinstellung keine berechtigten Interessen des Arbeitgebers entgegenstehen. Der 7. Senat des BAG hat diesen Anspruch hergeleitet aus einer vertraglichen, den Vorgaben des Kündigungsschutzgesetzes und der staatlichen Schutzpflicht aus Art. 12 I GG Rechnung tragenden Nebenpflicht des Arbeitgebers.[1175]

Zeitliche Grenze: Bestand des Arbeitsverhältnisses

1181 Diese methodische Begründung hat zur Folge, dass der Arbeitnehmer eine Wiedereinstellung grundsätzlich nicht verlangen kann, wenn eine Änderung der maßgeblichen Umstände erst nach Beendigung des Arbeitsverhältnisses eintritt.[1176]

Nicht bei Kündigung durch Insolvenzverwalter

1182 Demgegenüber haben Arbeitnehmer eines angeschlagenen Unternehmens, die der Insolvenzverwalter entlassen hat, keinen Anspruch auf Wiedereinstellung, wenn der Betrieb kurz darauf verkauft und fortgeführt wird. Dies widerspricht dem Konzept der InsO, die auf eine schnelle Abwicklung und Sanierung zielt. Wer ein Unternehmen aus der Insolvenz heraus erwirbt, muss darauf vertrauen können, dass zuvor ausgesprochene Kündigungen Bestand haben. Andernfalls wird die Sanierung notleidender Betriebe erschwert.[1177]

VI. DER ABFINDUNGSANSPRUCH NACH § 1a KSchG

1. Einleitung

1183 Als Exkurs soll im Rahmen der betriebsbedingten Kündigung noch kurz auf den in § 1a KSchG geregelten **Abfindungsanspruch** eingegangen werden.

Gesetzeszweck: Verhinderung von Prozessen

1184 Der Abfindungsanspruch bei betriebsbedingter Kündigung sollte nach dem Willen des Gesetzgebers der Tatsache Rechnung tragen, dass in der arbeitsgerichtlichen Praxis ein Großteil der Kündigungsschutzverfahren mit einem gerichtlichen Abfindungsvergleich endet. Die Zahl der mit diesem Ziel geführten Gerichtsverfahren sollte durch § 1a KSchG reduziert werden. Der gekündigte Arbeitnehmer kann also wählen, ob er eine Kündigungsschutzklage erhebt oder statt dessen eine vom Arbeitgeber im Rahmen des § 1a KSchG angebotene Abfindung in Höhe von einem halben Monatsgehalt pro Beschäftigungsjahr annimmt.

2. Prüfungsschema

PRÜFUNGSSCHEMA

1185   I. Der Arbeitgeber kündigt betriebsbedingt.
II. Der Arbeitgeber bietet dem Arbeitnehmer im Kündigungsschreiben die Abfindung im Fall der Nichterhebung der Klage an.
III. Der Arbeitnehmer klagt nicht gegen die Kündigung.

1175   BAG, NZA 2000, 1097, 1100
1176   BAG, NZA 2000, 1097, 1100; Servatius, JURA 2006, 811, 816; anders der 8. Senat des BAG für den Fall des erst nach Ende des Arbeitsverhältnisses überraschend erfolgten Betriebsübergangs: BAG, NZA 1999, 311, 313; 1998, 251, 252.
1177   BAG, DB 2004, 2107, 2108

3. Systematik und Vertiefung

a) Betriebsbedingte Kündigung

Der Arbeitnehmer hat nur dann Anspruch auf eine Abfindung gem. § 1a KSchG, wenn der Arbeitgeber wegen dringender betrieblicher Erfordernisse nach § 1 II 1 KSchG eine **ordentliche Beendigungskündigung** ausspricht. Für die außerordentliche Kündigung ist § 1a KSchG wegen § 13 KSchG grds. nicht anwendbar. Eine hilfsweise erklärte ordentliche Kündigung genügt nur, wenn die außerordentliche Kündigung unwirksam ist, da die Kündigung nur in diesem Fall als ordentliche Kündigung gelten soll.[1178]

1186 Ordentliche Beendigungskündigung

§ 1a KSchG gilt ferner für die **(betriebsbedingte) Änderungskündigung**, wenn die Abfindung für den Fall versprochen wird, dass der Arbeitnehmer das Angebot vorbehaltlos ablehnt und es somit um die Beendigung des Arbeitsverhältnisses geht.[1179]

1187 Änderungskündigung

Bei einer Kündigung die explizit aus **personen- oder verhaltensbedingten Gründen** erfolgt, ist § 1a KSchG schon von seinem Wortlaut nicht anwendbar. Der Gesetzgeber wollte den Abfindungsanspruch auf betriebsbedingte Kündigungen beschränken, da nur diese alleine aus der Sphäre des Arbeitgebers herrühren. In derartigen Fällen ist aber stets zu prüfen, ob es auf vertraglichem Wege zu einem Abfindungsvertrag gekommen ist.[1180]

1188 Personen- oder verhaltensbedingte Kündigung

Die Kündigung muss, so verlangt es § 1a I 1 KSchG, wegen dringender betrieblicher Bedürfnisse nach § 1 II 1 KSchG erklärt worden sein. Das darf nicht dahingehend verstanden werden, dass die Kündigung als betriebsbedingte Kündigung wirksam sein muss, denn zum einen ist es ja gerade der Zweck des Abfindungsanspruchs, die Rechtmäßigkeit der Kündigung außer Streit zu stellen, zum anderen wäre das Ergebnis absurd, dem gekündigten Arbeitnehmer eine Abfindung nur und gerade dann zuzugestehen, wenn die Kündigung rechtmäßig ist (der Arbeitgeber also rechtlich in der Lage gewesen wäre, sich einseitig und ohne Abfindung von dem Arbeitsverhältnis zu lösen), während er sie Unwirksamkeit nicht erhielte.[1181]

1189 Kündigung muss nicht wirksam sein

Vor allem ist aber umstritten, ob die Kündigung tatsächlich aus betriebsbedingten Gründen erfolgt sein muss[1182] oder ob es ausreicht, dass der Arbeitgeber die Kündigung (bloß) als betriebsbedingt bezeichnet.[1183]

1190 Problem: Müssen betriebsbedingte Gründe tatsächlich vorliegen?

> **KLAUSURHINWEIS**
> In einer Klausur ist der unterschiedliche Wortlaut von S. 1 und S. 2 herauszuarbeiten. Während § 1a I 1 KSchG verlangt, dass „wegen dringender betrieblicher Erfordernisse" gekündigt wurde, lässt § 1a I 2 KSchG den „Hinweis" des Arbeitgebers genügen, dass die Kündigung „auf dringende betriebliche Erfordernisse gestützt" sei.

1178   ErfK-Oetker, § 1a KSchG Rn 5
1179   BAG, NZA 2008, 528, 529; ErfK-Oetker, § 1a KSchG Rn
1180   ErfK-Oetker, §1a KSchG Rn 4; MK-Hergenröder, § 1a KSchG Rn 11
1181   BeckOK ArbR-Rolfs, § 1a KSchG Rn 7; Kögel, RdA 2009, 358, 362
1182   Rolfs, ZIP 2004, 333, 334; ähnlich Hanau, ZIP 2004, 1169, 1177; Thüsing/Wege, JuS 2006, 97, 101
1183   Bader, NZA 2004, 65, 71; Giesen/Besgen, NJW 2004, 185, 186; Preis, DB 2004, 70, 73; Willemsen/Annuß, NJW 2004, 177, 182

BEISPIEL: Der Arbeitgeber hat zwar im Kündigungsschreiben die Kündigung auf betriebsbedingte Gründe gestützt, jedoch beruht die Kündigung tatsächlich aber auf verhaltens- oder personenbedingten Gründen. Der Arbeitgeber verweigert mit diesem Argument die Zahlung der Abfindung.

Aus Sinn und Zweck der Norm, ein einfach zu handhabendes Mittel für eine einvernehmliche Beendigung des Arbeitsverhältnisses zur Verfügung zu stellen, folgt nach h.M., dass allein auf die vom Arbeitgeber im Kündigungsschreiben abgegebene Erklärung abzustellen ist, der gesetzliche Abfindungsanspruch im Beispiel also besteht. Aber selbst wenn man verlangt, dass die Kündigung tatsächlich auf betriebsbedingte Gründe gestützt wird, dürfte sich im Ergebnis regelmäßig keine Veränderung ergeben. Dem Arbeitgeber ist es im Beispiel aufgrund der ausdrücklichen Erklärung im Kündigungsschreiben gem. § 242 BGB (venire contra factum proprium) verwehrt, sich auf das Nichtvorliegen von betriebsbedingten Gründen zu berufen.[1184]

> **KLAUSURHINWEIS**
> Aus den genannten Gründen gilt: Die Voraussetzung einer Kündigung **„wegen dringender betrieblicher Erfordernisse"** i.S.v. § 1a I 1 KSchG läuft faktisch leer.

b) Hinweis des Arbeitgebers auf Abfindung – „Angebot"

1191 Es ist erforderlich, dass der Arbeitgeber in der Kündigungserklärung explizit darauf hingewiesen hat, dass die Kündigung auf dringende betriebliche Erfordernisse gestützt ist und der Arbeitnehmer bei Verstreichenlassen der Klagefrist die Abfindung beanspruchen kann.

> **KLAUSURHINWEIS**
> Nochmals: Aus obigen Ausführungen folgt, dass es faktisch alleine darauf ankommt, dass der Arbeitgeber das Angebot unterbreitet. Auf die tatsächliche Betriebsbedingtheit der zumindest als „betriebsbedingt" bezeichneten Kündigung kommt es nicht an.

c) Keine Klageerhebung durch den Arbeitnehmer

1192 Letzte Voraussetzung des Anspruchs ist, dass der Arbeitnehmer keine Kündigungsschutzklage erhebt.

1184 Zutreffend APS-Hesse, § 1a KSchG Rn 4; SPV-Preis, Rn 1178

BEISPIEL (nach BAG, NZA 2009, 1197 = RA 2009, 773): Der Arbeitnehmer ist bei der Arbeitgeberin beschäftigt und wird am 19.6. ordentlich aus betriebsbedingten Gründen zum 31.12. gekündigt. Das Kündigungsschreiben, das dem Arbeitnehmer am 29.6. zugeht, enthält den entsprechenden Hinweis nach § 1a KSchG auf ein Abfindungsangebot bei Nichterheben einer Kündigungsschutzklage. Am 7.8. erhebt der Arbeitnehmer Kündigungsschutzklage und gibt an, die Kündigung sei ihm erst am 17.7. zugegangen und seine Klage deswegen fristgerecht. Ein Antrag auf nachträgliche Zulassung sei daher nicht notwendig. Außerdem lehnt er das Angebot einer Abfindung ab. Am 21.8. nimmt er die Klage zurück und begehrt nunmehr in einer neuen Klage die Abfindung. Er habe die Kündigungsschutzklage zu spät erhoben, die Voraussetzungen für eine Abfindung lägen also vor. Unbedeutend sei, dass er zunächst davon ausgegangen sei, rechtzeitig Klage erhoben zu haben.

Problem: Klageerhebung nach Ablauf der Präklusionsfrist

Nach BAG steht dem Arbeitnehmer kein Abfindungsanspruch nach § 1a KSchG zu. Zweck dieser Regelung ist es, gerichtliche Auseinandersetzungen der Arbeitsvertragsparteien zu vermeiden. Deswegen ist dem Arbeitnehmer eine Abfindung zu versagen, wenn er eine gerichtliche Auseinandersetzung eingeleitet hat. Dies gilt auch für eine nach Ablauf der dreiwöchigen Klagefrist eingereichte Klage. Deren Rücknahme kann nicht das Gegenteil bewirken; denn der Arbeitnehmer soll gerade nicht zunächst die Entwicklung des Kündigungsschutzprozesses abwarten und die Klage dann bei sich abzeichnender Erfolglosigkeit zurücknehmen dürfen, um doch noch in den Genuss der Abfindung zu kommen. Nur derjenige Arbeitnehmer lässt die Klagefrist „verstreichen", der sich nicht durch eine Klage auf die Sozialwidrigkeit der Kündigung beruft.[1185]

Zweck: Vermeidung gerichtlicher Auseinandersetzung

> **KLAUSURHINWEIS**
> Auch wenn das Ergebnis vom Normzweck her einleuchtet, so ist doch die dogmatische Begründung nicht einfach. Tragfähig dürfte die Begründung sein, dass der Anspruch auf die Abfindung unter der auflösenden Bedingung steht, dass der Arbeitnehmer nach Ablauf der Klagefrist keine prozessualen Schritte einleitet, um die Rechtswirksamkeit der Kündigung im Rahmen einer Kündigungsschutzklage überprüfen zu lassen. Deshalb ist der Anspruch nicht bleibend entstanden, wenn die Klagefrist verstrichen ist, der Arbeitnehmer aber später dennoch den Klageweg beschreitet.[1186]

1193 Auflösende Bedingung

d) Rechtsnatur des Abfindungsanspruchs
Die Gesetzesbegründung bezeichnet § 1a KSchG als **„gesetzlichen Abfindungsanspruch"**. Dennoch ist streitig, ob es sich um einen gesetzlichen oder einen vertraglichen Abfindungsanspruch handelt.
Bei einem **vertraglichen Abfindungsanspruch** bräuchte man mit Annahme und Angebot zwei übereinstimmende Willenserklärungen.
Der Hinweis auf die Betriebsbedingtheit der Kündigung und das Angebot der Abfindung ist nach wohl h.M. eine empfangsbedürftige Willenserklärung[1187] nach

1194 Gesetzlicher oder einen vertraglicher Abfindungsanspruch

---
1185 MK-Hergenröder, § 1a KSchG Rn 17; Giesen/Besgen, NJW 2004, 185, 188
1186 ErfK-Oetker, § 1a KSchG Rn 14
1187 Löwisch, NZA 2004, 689 694; Rolfs, ZIP 2004, 333, 335

a.A. eine rechtsgeschäftsähnliche Handlung.[1188] Dieser Streit ist jedoch eher akademischer Natur, da auf rechtsgeschäftsähnliche Handlungen die Vorschriften über Willenserklärungen weitgehend entsprechend angewandt werden.[1189]

Unterlassen der Klageerhebung

1195 Entscheidend ist deshalb die überaus streitige Frage, wie das Unterlassen der Klageerhebung durch den Arbeitnehmer dogmatisch einzuordnen ist. Einige sprechen diesem Unterlassen ebenfalls einen rechtsgeschäftlichen Charakter zu, wobei der Arbeitgeber auf den Zugang der Annahmeerklärung gem. § 151 S. 1 BGB verzichtet habe.[1190] In diesem Fall wäre § 1 a KSchG ein vertraglicher Anspruch.

Andere sehen in dem Unterlassen einen bloßen Realakt und damit in § 1a KSchG einen gesetzlichen Anspruch.[1191]

> **BEISPIEL:** Der Arbeitgeber G kündigt dem Arbeitnehmer N, den er seit zwei Jahren beschäftigt, betriebsbedingt. In der schriftlichen Kündigungserklärung bietet er dem N gleichzeitig an, ihm eine Abfindung in der „gesetzlichen Höhe" zu zahlen, falls er auf die Erhebung einer Kündigungsschutzklage verzichtet.
> Als G dem N die Kündigung übergibt, weist dieser die Abfindung erbost zurück und kündigt Klage gegen die Kündigung an. Innerhalb der nächsten Wochen ergeben sich bei der Frau von N berufliche Veränderungen, die einen Umzug in eine andere Stadt nahelegen. Vier Wochen nach Ausspruch der Kündigung entschließt sich N deshalb, die Abfindung doch annehmen zu wollen. Hat N auf die Abfindung einen Anspruch?

N hat die Drei-Wochen-Frist des § 4 S. 1 KSchG zwar verstreichen lassen, jedoch hat er das Abfindungsangebot des G zunächst abgelehnt. Sollte es sich bei der Unterlassung der Klageerhebung um eine (konkludente) Willenserklärung handeln, wäre das Abfindungsangebot durch seine ausdrückliche Ablehnung erloschen, § 146 Fall 1 BGB. Sollte es sich demgegenüber um einen bloßen Realakt handeln, käme es auf die Ablehnung nicht an und N könnte die Abfindung beanspruchen.

Gesetzlicher Abfindungsanspruch

1196 Gegen die Annahme einer Willenserklärung spricht zunächst die Gesetzesbegründung. Sie spricht von einem „gesetzliche(n) Abfindungsanspruch" und formuliert eindeutig: „Der Abfindungsanspruch ist lediglich an die formale Voraussetzung des Verstreichenlassens der Klagefrist des § 4 S. 1 gebunden."[1192] Folgerichtig gibt auch der Gesetzestext für eine „Vertragskonstruktion" nichts her. Insoweit hätte es nämlich – wie in § 516 II 2 BGB, § 362 I 1 HGB aE – einer ausdrücklichen Regelung (Fiktion) im Gesetz bedurft („gilt als angenommen"), die gerade fehlt.[1193]

Entstehung und Fälligkeit des Anspruchs

1197 **MERKSATZ**
Der Anspruch „entsteht" mit dem Ablauf der Kündigungsfrist der betriebsbedingten Kündigung und wird auch zu diesem Zeitpunkt fällig.[1194]

1188 Thüsing/Wege, JuS 2006, 97, 98
1189 Palandt-Ellenberger, BGB, Vorb. § 104 Rn 7
1190 Löwisch, NZA 2003, 689, 694; Rolfs, ZIP 2004, 333, 337
1191 Giesen/Besgen, NJW 2004, 185, 185; Hanau, ZIP 2004, 1169, 1176; Thüsing/Wege, JuS 2006, 97, 98 f.
1192 BT-Dr 15/1204, S. 12, re Sp.
1193 ErfK-Oetker, § 1a KSchG Rn 13
1194 BAG, NZA 2007, 1043, 1044; MK-Hergenröder, § 1a KSchG Rn 20

D. Klausurfall: „Frei oder nicht frei?"

SACHVERHALT

Die 45-jährige verheiratete Sonja Sauer ist seit Februar 2008 als Serviererin bei Konrad Kalt beschäftigt. Sie hat zwei Söhne, die studieren und von ihr und ihrem Ehemann unterstützt werden. Der Kalt betreibt eine Restaurantkette mit 15 Filialen in ganz Hessen, davon zwei in Frankfurt/M., wobei Sauer in einer der beiden arbeitet. Er beschäftigt in jeder Filiale zwischen 15 und 20 Personen. Ein Betriebsrat besteht. Sauer und Kalt wohnen beide in Frankfurt.

Mit Schreiben vom 14. Juli 2012, das der Klägerin am 16. Juli zuging, kündigte der Kalt das Arbeitsverhältnis zum 31. August 2012 mit Zustimmung des Betriebsrates. Er begründete die Kündigung mit einem 20 %igen Umsatzrückgang, der eine Verkleinerung des Betriebs erforderlich machen würde. Der Umsatzrückgang resultiere aus einem Rückgang der Zahl der Restaurantgäste. Folglich seien auch weniger Serviererinnen nötig, um die Gäste zu bedienen. Aus dem gleichen Grunde kündigte er auch vier weiteren Arbeitnehmern. Seit dem 01. September hat Frau Sauer nicht mehr gearbeitet.

In der vom Beklagten betriebenen Filiale im Frankfurter Gallusviertel wird ab dem 01. Oktober 2012 der dem Arbeitsplatz der Klägerin vergleichbare Posten der Frieda Freund vakant. Die Einstellung einer neuen Kraft würde eine Einarbeitung erfordern, um diese mit den Besonderheiten des Betriebes des Kalt vertraut zu machen.

Frau Sauer hat mit anwaltlichem Schriftsatz vom 01. August 2012, der beim Arbeitsgericht Frankfurt am 03. August 2012 eingegangen und dem Kalt am 08. August 2012 zugestellt worden ist, Klage erhoben und beantragt:

„Es wird festgestellt, dass das zwischen den Parteien bestehende Arbeitsverhältnis durch die Kündigung vom 16. Juli 2012 nicht aufgelöst worden ist."

Frau Sauer hält die Kündigung für unwirksam, da es sich bei dem Entschluss des Kalt, den Betrieb zu verkleinern, um eine unternehmerische Fehlentscheidung handele. Wer einmal Arbeitsplätze geschaffen habe, dürfe diese nicht willkürlich wegfallen lassen. Außerdem müsse der Kalt den Arbeitsplatz der Freund vorrangig mit ihr besetzen. Sie sei in der Zeit bis zu dessen Freiwerden bereit, ihren restlichen Jahresurlaub zu nehmen und im Übrigen als Urlaubsvertretung für Kollegen einzuspringen. Demgegenüber hält der Kalt die Kündigung sehr wohl für wirksam. Sein Betrieb sei ohne die beabsichtigte Verkleinerung in seinem Bestand gefährdet.

Hat die Klage der Frau Sauer (S) Aussicht auf Erfolg?

LÖSUNG

Die Klage der S hat Aussicht auf Erfolg, wenn sie zulässig und begründet ist.

A. Zulässigkeit

I. RECHTSWEGSERÖFFNUNG

Der Rechtsweg zu den Arbeitsgerichten könnte nach § 2 I Nr. 3b ArbGG eröffnet sein. S beruft sich auf die Sozialwidrigkeit der Kündigung gem. § 1 KSchG und macht somit ein reines Arbeitnehmerschutzrecht geltend. In derartigen Fällen (sog. sic-non-Fall) genügt für die Eröffnung des Rechtswegs zu den Arbeitsgerichten die bloße Behauptung der Arbeitnehmereigenschaft. Diese liegt schon konkludent in der Geltendmachung eines Arbeitnehmerrechts durch S.

§ 2 I Nr. 3b ArbGG

II. ÖRTLICHE ZUSTÄNDIGKEIT

§ 46 II ArbGG i.V.m. §§ 12, 13, 29 ZPO

Die örtliche Zuständigkeit des Arbeitsgerichts Frankfurt folgt aus § 46 II ArbGG i.V.m. §§ 12, 13, 29 ZPO, da K in Frankfurt seinen allgemeinen Gerichtsstand hat und sich der Arbeitsplatz der S in Frankfurt befindet, also Frankfurt auch der Erfüllungsort ist.

III. SACHLICHE ZUSTÄNDIGKEIT

Die Frage nach der sachlichen Zuständigkeit stellt sich im arbeitsgerichtlichen Verfahren nicht, da es keine § 1 ZPO i.V.m. § 23 Ziff. 1 GVG entsprechende Vorschrift gibt, die auf den Streitwert abstellten würde. Vielmehr ist erste Instanz stets das Arbeitsgericht, § 8 I ArbGG.

> **KLAUSURHINWEIS**
> Dieser Prüfungspunkt wird verbreitet auch völlig weggelassen, da es eine „sachliche Zuständigkeit" im arbeitsgerichtlichen Verfahren an sich ja gar nicht gibt.

IV. PARTEI- UND PROZESSFÄHIGKEIT

§§ 50, 51 ZPO

Partei- und Prozessfähigkeit

Die Prozessparteien sind gem. §§ 50, 51 ZPO partei- und prozessfähig.

V. STATTHAFTE KLAGEART

Bei der vorliegenden Klage handelt es sich um eine Feststellungsklage i.S.d. § 256 I ZPO. Damit ist sie zur Leistungsklage prinzipiell subsidiär. Sie wäre jedoch statthaft, wenn für sie ein besonderes Feststellungsinteresse gegeben wäre (vgl. §§ 256 I ZPO, 46 II ArbGG).

VI. FESTSTELLUNGSINTERESSE

Das besondere Feststellungsinteresse ergibt sich generell daraus, dass der Arbeitnehmer mit der Feststellungsklage hier einen weitergehenden Rechtsschutz erlangen kann, als mit einer auf Lohnzahlung gerichteten Leistungsklage. Eine solche müsste nämlich für jeden Monat erneut erhoben werden, ohne dass der Bestand des Arbeitsverhältnisses durch einen obsiegenden Vorprozess bindend (rechtskräftig) festgestellt wäre.

Gefahr der Präklusion

Da es sich weiterhin um eine Klage gegen eine Kündigung handelt, ergibt sich das besondere Feststellungsinteresse bereits aus der Gefahr der Präklusion gemäß §§ 4, 7 KSchG. Die Präklusionsregeln gelten gem. § 23 I 2 KSchG unabhängig von der Anwendbarkeit des KSchG bei jeder Klage eines Arbeitnehmers gegen eine Kündigung durch den Arbeitgeber.

VII. ANWALTLICHE VERTRETUNG

Schließlich ist anwaltliche Vertretung gemäß § 11 II 1 ArbGG möglich.

VIII. ZWISCHENERGEBNIS

Die Klage der S ist zulässig.

B. Begründetheit

Die Kündigungsschutzklage der S wäre begründet, wenn die ordentliche Kündigung des K vom 16. Juli 2012 unwirksam wäre.

I. ARBEITSVERHÄLTNIS
S ist auf der Basis eines privatrechtlichen Vertrags bei K zur Leistung von Diensten nach Weisung verpflichtet. Damit ist sie von K persönlich abhängig und folglich als Arbeitnehmerin einzuordnen. Zwischen S und K besteht ein Arbeitsvetrag.

II. ZUGANG EINER SCHRIFTLICHEN KÜNDIGUNG
Die Kündigung eines Arbeitsvertrages verlangt den Zugang einer schriftlichen, § 623 BGB, Kündigungserklärung. Ein entsprechendes Schreiben von K ist der S am 15.07.2011 zugegangen.

III. MATERIELLE PRÄKLUSIONSFRIST, §§ 4 S. 1, 7 KSchG
Mit dem Zugang der schriftlichen Kündigung ist gem. § 4 S. 1 KSchG die dreiwöchige materielle Ausschlussfrist (Präklusionsfrist) in Gang gesetzt. Wenn der Arbeitnehmer innerhalb dieser Frist keine Kündigungsschutzklage erhebt, wird auch eine eventuell unwirksame Kündigung wirksam, § 7 KSchG.

Der Zugang der Kündigung erfolgte hier am 16. Juli 2012, sodass die Frist gemäß §§ 187 I, 188 II BGB bis zum 6. August (24 Uhr) lief. Bis zu diesem Termin müsste die Klage gegen K gem. § 4 S.1 KSchG „erhoben" worden sein. Erhoben ist eine Klage gem. § 253 I ZPO erst mit Zustellung des Schriftsatzes an den Beklagten. Die Klage ist dem K jedoch erst am 8. August, also verspätet, zugestellt worden.

Klage ist erst mit Zustellung „erhoben"

Etwas anderes könnte sich jedoch aus § 167 ZPO ergeben, der über § 46 II ArbGG auch im arbeitsgerichtlichen Verfahren anwendbar ist. Sofern durch die Zustellung eine Frist gewahrt werden soll, tritt nach dieser Vorschrift die fristwahrende Wirkung bereits mit der Einreichung bei Gericht ein, sofern die Zustellung „demnächst" erfolgt. Die Klage ging am 3. August, also noch innerhalb der Frist, beim Arbeitsgericht Frankfurt ein. „Demnächst" erfolgt die Zustellung, wenn der Kläger alles in seiner Sphäre liegende getan hat, um eine Zustellung zu ermöglichen und der Zeitpunkt der Zustellung jetzt nur noch von der Arbeitsgeschwindigkeit der Geschäftsstelle des Gerichts abhängt. Mithin wurde die Klage dem K auch „demnächst" zugestellt. Daher ist die Frist des § 4 S. 1 KSchG gewahrt; die S kann die Unwirksamkeit der Kündigung des K noch geltend machen.

§ 167 ZPO

IV. BETRIEBSRATSANHÖRUNG, § 102 BetrVG
Der Betriebsrat hat der Kündigung der S zugestimmt, was bedeutet, dass er jedenfalls vor Ausspruch der Kündigung gem. § 102 BetrVG angehört wurde.

V. SOZIALWIDRIGKEIT GEM. § 1 KSCHG
Fraglich ist, ob die Kündigung der S durch den K sozialwidrig i.S.d. § 1 II KSchG ist.

1. Anwendbarkeit des KSchG
Da die S seit über 6 Monaten im Betrieb des K arbeitet, § 1 I KSchG, und der K im Betrieb der S mehr als zehn Arbeitnehmer beschäftigt, § 23 I 2 KSchG, ist das KSchG auf die Kündigung der S anwendbar.

2. Sozialwidrigkeit der Kündigung
Die Kündigung der S könnte sozialwidrig sein. Das wäre dann der Fall, wenn kein personen- oder verhaltensbedingter oder kein dringender betrieblicher Grund für

die Kündigung gegeben wäre. Hier kommt aufgrund des Umsatzrückgangs um 20 % nur ein betriebsbedingter Grund in Betracht.

a) Betriebsbedingter Grund

Dringender betrieblicher Grund

Ein dringender betrieblicher Grund liegt vor, wenn es im Interesse des Betriebs und unter Abwägung der beiderseitigen Interessen bei verständiger Würdigung notwendig, billigenswert und angemessen erscheint, das Arbeitsverhältnis zu kündigen und es dem Arbeitgeber nicht möglich ist, der betrieblichen Lage durch andere Maßnahmen auf technischem, organisatorischem oder wirtschaftlichem Gebiet als durch Kündigung zu entsprechen. Die Kündigung muss also wegen der betrieblichen Lage unvermeidbar sein.[1195]

b) Arbeitsplatzwegfall durch unternehmerische Entscheidung

Vor dem Hintergrund der Tatsache, dass der Arbeitgeber seine eigenen finanziellen Mittel einsetzt und selbst das unternehmerische Risiko trägt, besteht insoweit allerdings nur eine eingeschränkte Überprüfungsmöglichkeit der unternehmerischen Entscheidung des K, seinen Personalbestand um fünf Arbeitsplätze abbauen zu wollen.

Unternehmerische Entscheidung in aller Regel hinzunehmen

Das Gericht hat nur zu prüfen, ob eine solche unternehmerische Entscheidung tatsächlich vorliegt und durch ihre Umsetzung das Beschäftigungsbedürfnis für einzelne Arbeitnehmer entfallen ist. Dagegen ist die Unternehmerentscheidung selbst nicht auf ihre sachliche Rechtfertigung oder ihre Zweckmäßigkeit zu überprüfen, sondern nur darauf, ob sie offenbar unvernünftig oder willkürlich ist.[1196]

Die unternehmerische Entscheidung des K, wegen eines Umsatzrückgangs um 20 % die Zahl seiner Arbeitnehmer um fünf zu reduzieren, ist weder unvernünftig, noch gar willkürlich. Durch die rückläufige Zahl von Restaurantbesuchern sind die Beschäftigungsmöglichkeiten für Serviererinnen stark zurückgegangen. Das Gericht ist deshalb an diese unternehmerische Entscheidung des K gebunden.

c) Weiterbeschäftigungsmöglichkeit

Redaktionsversehen bei § 1 II 2 KSchG: Das Erfordernis des Widerspruchs des Betriebsrats bezieht sich nur auf den Fall, dass die Kündigung gegen eine Auswahlrichtlinie gem. § 95 BetrVG verstößt.

Die Kündigung könnte aber unverhältnismäßig sein, wenn für die S eine anderweitige Beschäftigungsmöglichkeit besteht. Grundsätzlich ist der Arbeitgeber im Rahmen des § 1 II 1 KSchG nämlich zu einer Weiterbeschäftigung des Arbeitnehmers auf einem anderen freien vergleichbaren (gleichwertigen) Arbeitsplatz verpflichtet. Dabei ist dieser Prüfungspunkt, weil dringende betriebliche Gründe vorliegen müssen, unternehmensbezogen, vgl. § 1 II 2 KSchG. Das bedeutet hier, dass auch freie und vergleichbare Arbeitsplätze in der Filiale im Frankfurter Gallusviertel zu berücksichtigen sind. Keine Rolle spielt der, nach dem Wortlaut des § 1 II 2 letzter HS KSchG erforderliche, Widerspruch des Betriebsrates. Diese Klausel ist ein Redaktionsversehen, da das den gesamten Kündigungsschutz beherrschende Verhältnismäßigkeitsprinzip nicht unter Betriebsratsvorbehalt gestellt werden kann.

Der Arbeitsplatz der S und derjenige der Frau Freund sind nach Sachverhalt von den Anforderungen her völlig vergleichbar.

Fraglich ist jedoch, ob der Arbeitsplatz der Frau Freund auch „frei" ist.

1195   BAG, NZA 1986, 822, 823
1196   BAG, NZA 1995, 566, 567

Würde man als frei nur solche Arbeitsplätze ansehen, die zum Zeitpunkt des Zugangs der Kündigung, auf den es nach allgemeinen Regeln grundsätzlich ankommt, unbesetzt sind, wäre ein freier Arbeitsplatz eindeutig nicht gegeben.

Problem: Wann ist ein Arbeitsplatz „frei"?

Jedoch ist anerkannt, dass ein Arbeitsplatz ebenfalls als frei i.d.S. anzusehen ist, wenn der Arbeitgeber bei Ausspruch der Kündigung mit hinreichender Sicherheit vorhersehen kann, dass ein Arbeitsplatz bis zum Ablauf der Kündigungsfrist zur Verfügung stehen wird.[1197] Da die genannte Arbeitnehmerin aber erst nach dem 30. September 2012, also nach Ablauf der Kündigungsfrist ausschied, ist auch dies hier nicht der Fall.

Darüber hinaus sind unter bestimmten Voraussetzungen aber sogar Arbeitsplätze, die erst nach Ablauf der Kündigungsfrist freiwerden, vom Arbeitgeber zu berücksichtigen.

Es genügt hierfür zwar nach BAG nicht, wenn lediglich nach den Erfahrungen des Betriebs mit einiger Sicherheit in absehbarer Zeit mit dem Freiwerden einer Stelle gerechnet werden kann. Der Arbeitgeber kann insbesondere nicht auf die normale Personalfluktuation verwiesen werden. Hierdurch würde er zu einer Personalreserve gezwungen, die das Gesetz von ihm gerade nicht verlangt.[1198]

MERKSATZ
Es sind aber solche Arbeitsplätze mit in die Beurteilung einzubeziehen, bei denen im Zeitpunkt der Kündigung bereits feststeht, dass sie in absehbarer Zeit nach Ablauf der Kündigungsfrist frei werden, sofern die Überbrückung dieses Zeitraums dem Arbeitgeber zumutbar ist.

Diese Auffassung ist mit dem Grundsatz der Verhältnismäßigkeit und v.a. auch einem Erst-Recht-Schluss aus § 1 III 3 KSchG zu begründen:[1199] Wenn vom Arbeitgeber nach dem Gesetz sogar eine Weiterbeschäftigung des Arbeitnehmers nach zumutbaren Umschulungs- oder Fortbildungsmaßnahmen verlangt wird, die über den Ablauf der Kündigungsfrist hinaus einen zeitweiligen Verzicht auf die Arbeitskraft des Arbeitnehmers bedingen können, dann müssen erst recht in zumutbarem Rahmen Arbeitsplätze Berücksichtigung finden, deren Freiwerden dem Arbeitgeber im Zeitpunkt der Kündigung bekannt ist oder bekannt sein muss und deren Besetzung ohne Umschulung bzw. Fortbildung möglich ist.

Nach der Rechtsprechung ist dabei für den Arbeitgeber zur Überbrückung bis zum Freiwerden einer geeigneten Stelle mindestens der Zeitraum zumutbar, den ein anderer Stellenbewerber zur Einarbeitung benötigen würde.[1200]

Zumutbarer Überbrückungszeitraum

Hier dürfte nahezu außer Frage stehen, dass die vorliegenden Umstände bezüglich der Arbeitnehmerin S (Ausscheiden zum 30. September 2012) dazu führen, dass die nur einmonatige Überbrückung zumutbar wäre. S kann ohne Einarbeitung, wie sie bei neu eingestellten Arbeitnehmern nötig wäre, die Lücke ausfüllen, die die Kollegin hinterlassen hat. Im Übrigen ist sie auch noch bereit, die vier Wochen zwischen Ablauf ihrer eigenen Kündigungsfrist und dem Beginn der Tätigkeit in

---

1197 NAG, NJW 1991, 587, 588
1198 BAG, NZA 1995, 521, 525
1199 BAG, NZA 1995, 521, 525
1200 BAG, NZA 1995, 521, 525; MK-Hergenröder, § 1 KSchG Rn 305

der Filiale im Gallusviertel durch Urlaub und Vertretungen zu überbrücken.

Da K gar nicht vorgetragen hat, diese freie Stelle durch einen anderen Kündigungskandidaten besetzt zu haben, stellt sich nicht die Frage, inwieweit auch bei dieser Entscheidung, ob die S oder ein anderer Arbeitnehmer aus dem Unternehmen auf die freie Stelle gesetzt werden, die Kriterien der Sozialauswahl zu beachten gewesen wären.

Daher ist die Kündigung unwirksam, ohne dass es noch auf die Frage nach der Korrektheit der Sozialauswahl ankäme.

VI. ERGEBNIS

Die Kündigungsschutzklage der S hat Aussicht auf Erfolg, da sie zulässig und begründet ist.

5. Teil – Druckkündigung

1199 Bei der Druckkündigung verlangt ein Dritter (z.B. Kunde, Gewerkschaft, andere Arbeitnehmer) vom Arbeitgeber unter Androhung von Nachteilen die Entlassung eines bestimmten Arbeitnehmers.

> **BEISPIELE:** Kunde droht mit Abbruch der Vertragsbeziehungen, Arbeitnehmer drohen mit kollektiver Kündigung, wenn nicht ein bestimmter Arbeitnehmer gekündigt wird.

Fallgruppen

Das BAG unterscheidet folgende **Fallgruppen**:

A. „Unechte" Druckkündigung

Kündigung bei bestehendem Kündigungsgrund

1200 Das Verlangen ist durch das Verhalten oder die Person des Arbeitnehmers gerechtfertigt. In diesem Fall liegt eine normale personen- oder verhaltensbedingte Kündigung vor. Warum sich der Arbeitgeber bei bestehendem Kündigungsgrund zur Kündigung entschließt (aus eigenem Antrieb, auf Anraten seines besten Freundes oder auf Druck z.B. anderer Arbeitnehmer) ist rechtlich ohne jede Bedeutung. Insofern liegt hier kein „echter" Fall einer Druckkündigung vor.

Die rechtliche Überprüfung der Wirksamkeit der Kündigung folgt den allgemeinen Regeln.

B. „Echte" Druckkündigung

Kündigung bei an sich fehlendem Kündigungsgrund

1201 Das Verlangen ist ungerechtfertigt, weil der betroffene Arbeitnehmer keinen (ausreichenden) Grund für eine Kündigung geliefert hat. In diesem Fall ist eine betriebsbedingte (sog. „echte") Druckkündigung möglich.

Voraussetzungen

Voraussetzungen für eine **betriebsbedingte Druckkündigung** sind, dass

- die angedrohten Nachteile, für den Fall, dass der Arbeitgeber dem Druck nicht nachgibt, von erheblichem Gewicht sind, und z.B. schwere wirtschaftliche Schäden ernsthaft drohen,
- der Arbeitgeber die Drucksituation nicht in vorwerfbarer Weise selbst herbeigeführt hat und

- er sich zunächst schützend vor den Arbeitnehmer gestellt und alles ihm Zumutbare versucht hat, um Dritte von deren Drohung abzubringen. D.h. der Arbeitgeber muss vorrangig nach Möglichkeiten zu suchen, die Kündigung zu vermeiden (z.B. durch eine Versetzung). Nur wenn dies dem Arbeitgeber nicht möglich ist, muss zwischen den Interessen des Arbeitgebers (angedrohte Nachteile) und des Arbeitnehmers (Verlust des Arbeitsplatzes) abwogen werden.

BEISPIEL (nach ArbG Magdeburg, 3 Ca 1917/11): Arbeitgeber G kündigt dem Arbeitnehmer N ordentlich, weil sich die anderen Mitarbeiter aufgrund des geringen Arbeitstempos und der geringen Arbeitsleistung des Klägers („low performer") weigern, weiterhin mit N zusammenzuarbeiten. Zudem haben zwei Kolonnenführer erklärt, nicht mehr für G arbeiten zu wollen, wenn N weiterhin beschäftigt würde.

Nach Ansicht des ArbG Magdeburg war die Druckkündigung unwirksam. G habe nicht hinreichend versucht, durch Möglichkeiten unterhalb der Schwelle der Kündigung für Entlastung zu sorgen. So hätte G insbesondere zunächst einmal sicherstellen können, dass die anderen Mitarbeiter unter Schlechtleistungen des N nicht leiden, z.B. durch Herausrechnung der Arbeitsleistung des Klägers, Erhöhung der Anzahl der Mitarbeiter der Kolonne oder z.B. Mehrarbeitszuschläge.

Das Urteil kann schwerlich überzeugen. Um einen „low performer" zu kompensieren soll der Arbeitgeber die Anzahl der Mitarbeiter erhöhen; wirtschaftliche Überlegungen scheinen dem Gericht fern gewesen zu sein.

BEGRÜNDETHEIT BEI AUSSERORDENTLICHER KÜNDIGUNG

A. Einleitung

1202 Der Regelfall einer Kündigung ist die „ordentliche" Kündigung. Bei einer ordentlichen Kündigung muss der Kündigende die für den Vertrag geltende Kündigungsfrist einhalten. Für den Arbeitsvertrag finden sich die gesetzlichen Kündigungsfristen in § 622 BGB. Bei einer „außerordentlichen" Kündigung ist der Kündigende berechtigt (aber nicht verpflichtet), ohne Einhaltung der Kündigungsfrist, also **„fristlos"** zu kündigen. Eine außerordentliche Kündigung liegt folglich auch vor, wenn der Kündigende zwar die für den Vertrag geltenden ordentlichen Kündigungsfristen unterschreitet, dem Gekündigten aber eine „soziale Auslauffrist" gewährt wird.

Keine Einhaltung der Kündigungsfrist

Soziale Auslauffrist

BEISPIEL: Der Arbeitnehmer A wird am 23. Februar vom Arbeitgeber G bei einem Diebstahl von Sachen im Wert von mehreren 1.000 € erwischt. A hat eine ordentliche Kündigungsfrist zum 31. März. Um dem A die berufliche Zukunft nicht völlig zu verbauen, kündigt G dem A außerordentlich – jedoch mit sozialer Auslauffrist – zum 28. Februar.

1203 | **MERKSATZ**
Eine **außerordentliche Kündigung** kann fristlos erfolgen, muss es aber nicht. Deshalb ist die Fristlosigkeit der Kündigung nur ein Auslegungsindiz bei der Frage, ob die Kündigung als ordentliche oder als außerordentliche ausgesprochen worden ist.

Wichtiger Grund

Eine außerordentliche Kündigung ist nur wirksam, wenn es für den Kündigenden einen **„wichtigen Grund"** gibt, der es rechtfertigt, die geltende Kündigungsfrist nicht einzuhalten. Im Arbeitsrecht ist die insoweit anzuwendende Vorschrift der § 626 BGB.

B. Prüfungsschema

PRÜFUNGSSCHEMA

1204
I. Ursprüngliches Bestehen eines wirksamen Arbeitsvertrages
II. Wirksamkeit der Kündigungserklärung (Zugang schriftlicher Kündigung)
III. Einheitliche dreiwöchige Präklusionsfrist, §§ 13 I 2, 4 S. 1, 7 KSchG
IV. Gesetzliche Kündigungsverbote, § 9 MuSchG
V. Unwirksamkeits- und Nichtigkeitsgründe, §§ 102, 103 BetrVG, §§ 47, 79, 108 BPersVG, §§ 85, 91 SGB IX und §§ 138, 242 BGB
VI. Voraussetzungen des § 626 BGB
   1. Kündigungserklärungsfrist des § 626 II BGB
   2. „Wichtiger Grund" nach § 626 I BGB (meist verhaltensbedingt, deshalb:)
      a) Abstrakte Geeignetheit
      b) Konkrete Geeignetheit (ultima ratio/Abmahnung)
VII. Wenn Unwirksam: Umdeutung in eine wirksame ordentliche Kündigung, § 140 BGB analog

C. Systematik und Vertiefung

I. URSPRÜNGLICHES BESTEHEN EINES WIRKSAMEN ARBEITSVERHÄLTNISSES

An dieser Stelle gibt es keine Unterschiede zur ordentlichen Kündigung. Insoweit wird auf die obigen Ausführungen verwiesen.[1201] **1205**

II. WIRKSAMKEIT DER KÜNDIGUNGSERKLÄRUNG (ZUGANG, VERTRETUNG, FORM)

An dieser Stelle gibt es keine Unterschiede zur ordentlichen Kündigung. Insoweit wird auf die obigen Ausführungen verwiesen.[1202] **1206**

III. EINHEITLICHE DREIWÖCHIGE PRÄKLUSIONSFRIST (§§ 13 I 2, 4 S. 1, 7 KSchG)

Die Präklusionsfrist der §§ 4 S. 1, 7 KSchG gilt gem. § 13 I 2 KSchG auch für den Fall der außerordentlichen Kündigung.[1203] **1207**

Gerne wird in Prüfungen die Frage gestellt, ob sich die Präklusionsfrist auch auf die Nichteinhaltung der Kündigungserklärungsfrist des § 626 II BGB bezieht. **1208** Verhältnis Präklusionsfrist zu § 626 II BGB

BEISPIEL: Arbeitgeber G erfährt am 1. Juni in Bezug auf den Arbeitnehmer A von einem wichtigen Grund i.S.d. § 626 I BGB. Am 19. Juni erklärt G dem A die außerordentliche Kündigung. A erhebt hiergegen am 17. Juli Kündigungsschutzklage.

Auch wenn G die für ihn geltende Frist (und zwar diejenige des § 626 II BGB) „zuerst" versäumt hat, kann sich A hierauf nicht mehr berufen. Die Nichteinhaltung der Kündigungserklärungsfrist des § 626 II BGB ist ein Grund, der die Kündigung unwirksam macht. Dies muss innerhalb der Präklusionsfrist geltend gemacht werden. Nach Ablauf der Präklusionsfrist kann der Arbeitnehmer weder geltend machen, dass kein wichtiger Grund i.S.d. § 626 I BGB vorliegt, noch dass die Kündigungserklärungsfrist des § 626 II BGB nicht eingehalten wurde.[1204]

IV. GESETZLICHE KÜNDIGUNGSVERBOTE

Im Vergleich zu den Kündigungsverboten bei der ordentlichen Kündigung[1205] ist darauf hinzuweisen, dass das Kündigungsverbot für Betriebsratsmitglieder gem. § 15 KSchG nur für die ordentliche Kündigung gilt. Mithin ist die Kündigung eines Betriebsratsmitglieds aus wichtigem Grund gem. § 626 BGB zulässig. Allerdings muss der Betriebsrat der Kündigung gem. § 103 BetrVG zustimmen. Die bloße Anhörung gem. § 102 BetrVG genügt nicht. **1209** § 15 KSchG

V. UNWIRKSAMKEITS- UND NICHTIGKEITSGRÜNDE

An dieser Stelle gibt es keine Unterschiede zur ordentlichen Kündigung. Insoweit wird auf die obigen Ausführungen verwiesen.[1206] **1210**

1201 Ab Rn 764
1202 Ab Rn 770
1203 Näher zur Präklusionsfrist oben ab Rn 820.
1204 MK-Hergenröder, § 13 KSchG Rn 15
1205 Oben ab Rn 838
1206 Ab Rn 871

VI. VORAUSSETZUNGEN DES § 626 BGB

1. Kündigungserklärungsfrist des § 626 II BGB

1211 Mit dem Zeitpunkt, in dem der Kündigungsberechtigte Kenntnis von den für die Kündigung maßgebenden Tatsachen erhält, läuft die zweiwöchige Ausschlussfrist des § 626 II BGB. Hierbei handelt es sich nach BAG um einen **gesetzlich konkretisierten Verwirkungstatbestand**,[1207] wohingegen andere von einer materiell-rechtlichen Ausschlussfrist sprechen.[1208]

Das bedeutet, dass nach Ablauf der Kündigungserklärungsfrist unwiderlegbar vermutet wird, dass der Kündigungsgrund kein „wichtiger Grund" i.S.d. § 626 I BGB war, weil sich der Kündigende sonst nicht so lange Zeit mit der Kündigung gelassen hätte.

1212 **KLAUSURHINWEIS**
Die Kündigungserklärungsfrist sollte vor dem „wichtigen Grund" i.S.d. § 626 I BGB geprüft werden. Nur wenn der Kündigende die Frist des § 626 II BGB eingehalten hat, kommt es überhaupt noch auf die Frage an, ob ein wichtiger Grund i.S.d. § 626 I BGB vorliegt.

1213 Die Kündigungserklärung muss dem Erklärungsempfänger innerhalb der Frist zugehen; die bloße Absendung reicht nicht aus. Auch wird die Frist nicht durch die Anhörung des Betriebsrats gehemmt, der nach § 102 II 3 BetrVG seine Bedenken gegen die außerordentliche Kündigung innerhalb von drei Tagen mitteilen muss.

1214 Jedoch wird die Frist gehemmt, solange der Arbeitgeber Maßnahmen durchführt, die zur Aufklärung des Kündigungssachverhalts notwendig sind. Dazu gehört vor allem die Anhörung des Arbeitnehmers.[1209] Gleiches gilt, wenn er Ermittlungen einer anderen Stelle abwartet, z.B. den Ausgang eines Strafverfahrens.[1210]

MERKSATZ
Selbst grob fahrlässige Unkenntnis vom Kündigungsgrund setzt die Frist nicht in Gang.[1211]

1215 Vorsicht ist bei Dauerzuständen (z.B. eigenmächtiges Fernbleiben von der Arbeit, Selbstbeurlaubung) geboten. In diesen Fällen beginnt die Frist nicht vor der Beendigung dieses Zustands, weil der Arbeitgeber erst mit Ende des Zustands das Ausmaß der Pflichtverletzung beurteilen kann. Zur Fristwahrung genügt also, dass der Zustand bis zwei Wochen vor Zugang der Kündigung angehalten hat.[1212]

Gleiches gilt bei fortgesetzten Pflichtverletzungen, die zu einem Gesamtverhalten zusammengefasst werden können, z.B. Mobbing.[1213]

1216 Besonderheiten gelten bei der Kündigung von Schwerbehinderten: Der Arbeitgeber muss gem. § 91 II SGB IX innerhalb von 2 Wochen ab Kenntnis der

---

1207 BAG, NZA 2007, 744, 746; NZA-RR 2006, 440, 441
1208 BeckOK-Fuchs, BGB, § 626 Rn 60
1209 BAG, NZA-RR 2006, 440, 441 f.; BeckOK-Fuchs, BGB, § 626 Rn 61
1210 BAG, NJW 1985, 3094, 3095
1211 BAG, NZA-RR 2006, 440, 441 f.; ErfK-Müller-Glöge, § 626 Rn 209a
1212 BAG, NZA 2013, 730, 732; 2002, 325, 328; BeckOK-Fuchs, BGB, § 626 Rn 64
1213 BeckOK-Fuchs, BGB, § 626 Rn 64; MK-Henssler, BGB, § 626 Rn 308

Kündigungs-Tatsachen den Antrag beim Integrationsamt stellen. Daraufhin entscheidet das Integrationsamt innerhalb von 2 Wochen, § 91 III 1 SGB IX. Dadurch kann es passieren, dass die Entscheidung des Integrationsamtes erst nach Ablauf der Zwei-Wochen-Frist des § 626 II BGB erfolgt. In diesem Fall muss der Arbeitgeber gem. § 91 V SGB IX die außerordentliche Kündigung unverzüglich (vgl. § 121 I BGB) nach Erteilung der Zustimmung erklären.[1214]

Liegt jedoch die Zustimmung des Integrationsamtes vor dem Ablauf der Zwei-Wochen-First des § 626 II BGB vor, so muss der Arbeitgeber die Kündigung nicht unverzüglich erklären, sondern kann die gesetzliche Zwei-Wochen-Frist voll ausschöpfen.[1215]

§ 91 V SGB IX soll den Arbeitgeber nämlich nicht mit den Risiken der Arbeitsgeschwindigkeit der Behörde belasten. Diese den Arbeitgeber schützende Vorschrift darf sich deshalb nicht im Einzelfall zu seinen Lasten auswirken.

Das Integrationsamt soll seine Zustimmung erteilen, wenn die Kündigung aus einem Grund erfolgt, der nicht im Zusammenhang mit der Behinderung steht, 91 IV SGB IX. Die Beurteilung des wichtigen Grundes obliegt dagegen nicht dem Integrationsamt, sondern im Streitfall den Arbeitsgerichten.[1216]

§ 91 V SGB IX wird analog angewendet auf das Zustimmungsersetzungsverfahren nach § 103 II BetrVG, wenn der Arbeitgeber im Falle der Zustimmungsverweigerung des Betriebsrats das Ersetzungsverfahren innerhalb der Frist des § 626 II BGB eingeleitet hat. Gleiches gilt bei personalvertretungsrechtlichen Mitbestimmungsverfahren.[1217]

1217 Kündigung von Betriebsratsmitgliedern

KLAUSURHINWEIS
Sollte die Frist des § 626 II BGB abgelaufen sein, kommt eine Umdeutung gem. § 140 BGB analog in Betracht. Im Rahmen der nun hilfsweise zu prüfenden ordentlichen Kündigung ist inhaltlich die Wirksamkeit einer ordentlichen Kündigung zu prüfen.

1218 Umdeutung bei Fristablauf

2. „Wichtiger Grund" nach § 626 I BGB

Die außerordentliche Kündigung beendet das Arbeitsverhältnis vorzeitig und ohne Beachtung der sonst geltenden Kündigungsfristen aus wichtigem Grund.
§ 314 BGB regelt allgemein das Recht zur außerordentlichen Kündigung eines Dauerschuldverhältnisses aus wichtigem Grund. Die Bedeutung dieser Norm für das Arbeitsrecht ist allerdings begrenzt, weil § 626 BGB insoweit verdrängende Spezialvorschrift ist.[1218]

1219 Verhältnis zu § 314 BGB

a) Grundlagen

Die außerordentliche Kündigung ist nur wirksam, wenn ein wichtiger Grund für sie vorliegt, § 626 I BGB. Dabei ist auf die folgenden **„Wechselwirkungen"** zwischen der ordentlichen und der außerordentlichen Kündigung hinzuweisen:

1220 „Wechselwirkungen" zwischen der ordentlichen und der außerordentlichen Kündigung

---

1214 BAG, NZA 2007, 744, 748
1215 BAG, NZA 2002, 970, 973; Fenski, BB 2002, 570, 572
1216 MK-Henssler, BGB, § 626 Rn 26
1217 BAG, NZA-RR 2006, 440, 441
1218 Berkowsky, AuA 2002, 11, 12

> **MERKSATZ**
>
> Eine **außerordentliche Kündigung** ist jedenfalls immer dann unwirksam, wenn sie schon an den Rechtsschranken scheitert, die für eine ordentliche Kündigung gelten.
>
> Liegt ein **wichtiger Grund** im Sinne des § 626 BGB vor, rechtfertigt dies immer eine ordentliche Kündigung.[1219]

Definition: Wichtiger Grund

1221

> **DEFINITION**
>
> Ein **wichtiger Grund** ist gegeben, wenn Tatsachen vorliegen, die unter Berücksichtigung aller Umstände und unter Abwägung der Interessen beider Vertragsteile dem Kündigenden die Fortsetzung des Vertragsverhältnisses (bis zum Ablauf der ordentlichen Kündigungsfrist) unmöglich machen und alle in Betracht kommenden milderen Mittel unzumutbar sind.[1220]

Problem bei „unkündbaren" Arbeitnehmern

1222 Die Anwendung dieser Definition bereitet bei Arbeitnehmern Probleme, die z.B. wegen langer Betriebszugehörigkeit (tarif-) vertraglich „unkündbar" sind, also nicht ordentlich gekündigt werden können. Hier ist als Beurteilungsmaßstab nicht auf die Weiterbeschäftigung „bis zum Renteneintritt" abzustellen. Vielmehr ist zu prüfen, ob dem Arbeitgeber die Beschäftigung bis zum Ablauf der „fiktiven" Kündigungsfrist des § 622 II BGB noch zugemutet werden kann. Bei dieser Abwägung ist die ordentliche Unkündbarkeit des Arbeitnehmers nicht erneut zu berücksichtigen. Dies würde im Ergebnis auf eine Besserstellung von ordentlich unkündbaren Arbeitnehmern hinauslaufen, für die es keine sachliche Rechtfertigung gibt.[1221]

> **BEISPIEL:** Arbeitnehmer A ist wegen über 20jähriger Betriebszugehörigkeit nach dem anwendbaren Tarifvertrag ordentlich nicht mehr kündbar. A begeht ein Eigentumsdelikt zum Nachteil des Arbeitgebers.

hypothetische Kündigungsfrist

Im Beispiel ist bei der Abwägung im Rahmen des wichtigen Grundes gem. § 622 II 1 Nr. 7 BGB eine „hypothetische Kündigungsfrist" von 7 Monaten zum Ende des Kalendermonats in Rechnung zu stellen.

Kein Verzicht möglich

Auf das Recht zur außerordentlichen Kündigung kann (tarif-) vertraglich nicht verzichtet werden.[1222]

Maßstab: Objektive Kriterien

1223

> **MERKSATZ**
>
> Das Vorliegen eines wichtigen Grundes ist nach **objektiven Kriterien** zu beurteilen. Das Motiv des Kündigenden ist demgegenüber grundsätzlich unerheblich.[1223]

1219 MK-Henssler, BGB, § 626 Rn 2; Staudinger-Preis, BGB, § 626 Rn 7
1220 BAG, NJW 2006, 1545, 1546; 2939, 2940; SPV-Preis, Rn 546
1221 BAG, NJW 2006, 2939, 2941 f.
1222 MK-Henssler, BGB, § 626 Rn 1
1223 BAG, AP Nr. 42 zu § 626 BGB

Ebenso ist für das Vorliegen eines Kündigungsgrundes ein Verschulden weder erforderlich noch ausreichend. Jedoch ist die Frage nach dem Verschulden ein wichtiges Bewertungsprinzip im Rahmen der vorzunehmenden Interessenabwägung.[1224]

Verschulden

> **MERKSATZ**
> **Maßgebender Zeitpunkt** für die Beurteilung der Rechtmäßigkeit der Kündigung ist auch bei der außerordentlichen Kündigung der Zugang der Kündigungserklärung.

1224 Beurteilungszeitpunkt

Für die Rechtfertigung einer Kündigung sind angesichts der dem Kündigungsrecht immanenten **„Ex-Nunc-Wirkung"** in erster Linie die künftigen Auswirkungen vergangener oder gegenwärtiger Ereignisse ausschlaggebend. Im System des Leistungsstörungsrechts ist die Kündigung nicht das geeignete Mittel, um bereits eingetretene Störungen einer Vertragsbeziehung abzuwickeln, sondern sie dient der Verhinderung des Eintritts weiterer Störungen. Daher bedarf es bei der außerordentlichen Kündigung ebenso wie bei der ordentlichen Kündigung einer Negativprognose.

1225 Negative Zukunftsprognose

> **MERKSATZ**
> Das Kündigungsrecht ist kein Sanktionsmittel des Arbeitgebers, sondern es gibt dem Arbeitgeber die Möglichkeit, sich von einer Rechtsbeziehung zu lösen, deren Fortsetzung ihm nicht mehr zumutbar ist. Etwaige Störungen der Rechtsbeziehung in der Vergangenheit sind daher nicht Grund, sondern bloßer Anlass für die Kündigung.[1225]

Kündigung ist keine Strafe oder Sanktion

Eine außerordentliche Kündigung kommt nur in Betracht, wenn alle anderen, nach den jeweiligen Umständen möglichen und angemessenen milderen Mittel (z.B. Abmahnung, Versetzung, einverständliche Abänderung des Vertrags, außerordentliche Änderungskündigung oder ordentliche Kündigung) erschöpft sind, das in der bisherigen Form nicht mehr haltbare Arbeitsverhältnis fortzusetzen.

1226 Ultima-Ratio-Prinzip

> **MERKSATZ**
> Die außerordentliche Kündigung ist nur zulässig, wenn sie die unausweichlich letzte Maßnahme (**ultima ratio**) für den Kündigungsberechtigten ist.[1226]

Nach dem Grundsatz der Erforderlichkeit ist also insbesondere zu fragen, ob der mit der außerordentlichen Kündigung verfolgte Zweck nicht auch mit dem milderen Mittel der ordentlichen Kündigung erreicht werden könnte. Dieser Grundsatz ist dem Tatbestand des § 626 I BGB immanent.

1224 BAG, NZA 1999, 863, 864 f.; BeckOK-Fuchs, BGB, § 626 Rn 8
1225 Boemke, JuS 2007, 394, 396
1226 BAG, AP Nr. 70 zu § 626 BGB

b) Prüfungsschema

BAG: abstrakte und konkrete Eignung

1227 Das BAG bemüht sich, den wichtigen Kündigungsgrund im Wege einer abgestuften Prüfung in zwei systematisch zu trennende Abschnitte zu konkretisieren. Hiernach ist zunächst zu prüfen, ob ein bestimmter Sachverhalt ohne die besonderen Umstände des Einzelfalles an sich geeignet ist, einen wichtigen Kündigungsgrund abzugeben. Liege ein an sich geeigneter Kündigungsgrund vor, bedürfe es dann der weiteren Prüfung, ob die Fortsetzung des Arbeitsverhältnisses unter Berücksichtigung der konkreten Umstände des Einzelfalles und der Abwägung der Interessen beider Vertragsteile zumutbar sei oder nicht.[1227]

1228
> **MERKSATZ**
> Es gibt keine absoluten Kündigungsgründe. Das Erfordernis, die Besonderheiten des Einzelfalles zu berücksichtigen und die jeweiligen Interessen beider Parteien abzuwägen, verbietet es, bestimmte Sachverhalte unumstößlich als wichtige Gründe für eine außerordentliche Kündigung anzuerkennen.[1228]

Kündigung kann personen-, verhaltens- oder betriebsbedingt sein

1229 In aller Regel wird eine außerordentliche Kündigung verhaltensbedingt erfolgen. Außerordentliche Kündigungen können jedoch im Einzelfall auch auf Gründen beruhen, die betriebs- oder personenbedingt sind. Deshalb ist die vom BAG postulierte – am Schema der verhaltensbedingten Kündigung orientierte – Zweistufigkeit des Prüfungsvorgangs nur in sehr beschränktem Umfang geeignet, die Konturen der Prüfung des wichtigen Grundes hervortreten zu lassen. Vielmehr empfiehlt es sich, für die Arbeitgeberkündigung parallel zu § 1 KSchG an die dort angelegte Dreiteilung der Kündigungsgründe anzuknüpfen, also zwischen verhaltens-, personen- und betriebsbedingten Kündigungsgründen zu unterscheiden.[1229]

Prüfungsschema

> **KLAUSURHINWEIS**
> Das im Rahmen des wichtigen Grundes herzuziehende Prüfungsschema bestimmt sich nach der Art des Kündigungsgrundes.

Regelfall: Verhaltensbedingt

1230 Da jedoch die außerordentliche Kündigung in aller Regel einen verhaltensbedingten Hintergrund hat, wird standardmäßig vom Prüfungsschema der verhaltensbedingten Kündigung ausgegangen.

> **KLAUSURHINWEIS**
> Die Prüfung des wichtigen verhaltsbedingten Grundes erfolgt zweistufig: Zunächst ist zu prüfen, ob ein bestimmtes Verhalten überhaupt (abstrakt) geeignet ist, einen wichtigen Grund darzustellen. Ist dies zu bejahen, ist zu prüfen, ob dieses Verhalten auch im gegebenen Fall (konkret) geeignet ist, zur außerordentlichen Kündigung zu führen.[1230]

1227 BAG, NZA 2010, 1227, 1229 (st. Rspr.)
1228 BAG, NZA 2010, 1227, 1229; BeckOK ArbR-Stoffels, § 626 BGB Rn 48
1229 APS-Dörner/Vossen, § 626 Rn 61 f.; BeckOK ArbR-Stoffels, § 626 BGB Rn 49; MK-Henssler, BGB, § 626 Rn 128; SPV-Preis, Rn 552
1230 BAG, NJW 2006, 2939, 2940

aa) Abstrakte Eignung

Bevor auf Einzelheiten eingegangen wird, sei darauf hingewiesen, dass die „an sich" geeigneten außerordentlichen Kündigungsgründe sich nicht von den ordentlichen Kündigungsgründen unterscheiden. Der Unterschied ist vielmehr qualitativer Art. Mit diesem Vorbehalt müssen die jeweiligen Einzelgründe betrachtet werden. Ob im Einzelfall schon eine außerordentliche oder nur eine ordentliche Kündigung gerechtfertigt ist, entscheidet sich insbesondere nach oben beschriebenen zusätzlichen Voraussetzungen im Rahmen der Interessenabwägung des § 626 I BGB.

1231 „An sich" geeigneter Kündigungsgrund

(1) Einzelfälle

Als abstrakt geeignete wichtige verhaltensbedingte Kündigungsgründe sind (u.a.) anerkannt:

1232

- **Anstellungsbetrug**: Der Arbeitnehmer zeigt z.B. falsche oder verfälschte Zeugnisse vor. *1233 Anstellungsbetrug*
- **Arbeitspflichtverletzungen**: Hierunter fällt insbesondere die beharrliche Arbeitsverweigerung. Dies setzt voraus, dass eine intensive Weigerung des Arbeitnehmers vorliegt, weshalb in der Regel eine Abmahnung erforderlich ist.[1231] Weiterhin setzt die beharrliche Arbeitsverweigerung voraus, dass für den Arbeitnehmer überhaupt eine Arbeitspflicht besteht. Daran fehlt es zum Beispiel, wenn dem Arbeitnehmer ein Zurückbehaltungsrecht zusteht[1232] oder der Arbeitgeber eine Weisung erteilt, die nicht mehr von seinem Direktionsrecht gedeckt ist. *1234 Arbeitspflichtverletzungen*

BEISPIEL: Der Arbeitgeber weist die Sekretärin an, das Treppenhaus zu putzen.

- **Arbeitszeitbetrug**: Der Arbeitnehmer stempelt z.B. nicht für die „Zigarettenpause" aus, obwohl dies vom Arbeitgeber vorgegeben ist oder der Arbeitnehmer rechnet z.B. die Zeit der Parkplatzsuche als Arbeitszeit ab.[1233] *1235 Arbeitszeitbetrug*
  In der privaten Internetnutzung liegt grundsätzlich eine Verletzung der Hauptleistungspflicht des Arbeitnehmers (Abwägungsgesichtspunkte: Virengefahr, Porno-Seiten, Rufschädigung des Arbeitgebers, Verursachung von Kosten, Dauer der Nutzung), die zur Kündigung führen kann.[1234] *Private Internetnutzung*
  Als Kündigungsgründe kommen weiterhin der eigenmächtige Urlaubsantritt (sog. **„Selbstbeurlaubung"**),[1235] die vorsätzliche erhebliche Überschreitung des gewährten Urlaubs, der Stempeluhrmissbrauch[1236] oder im Wiederholungsfalle auch das Kartenspielen während der Arbeitszeit[1237] in Betracht. *1236 Selbstbeurlaubung*
- **Treuepflichtverletzungen**: Als solche sind u.a. anzusehen: Vollmachtsmissbrauch, Verrat von Betriebsgeheimnissen, kreditschädigende Äußerung gegenüber Auftraggebern, Ausführung eines dem Arbeitgeber aufgetragenen Geschäfts auf eigene Rechnung, Ankündigung der Vorlage einer Arbeitsunfähigkeitsbescheinigung für den Fall, dass der beantragte Urlaub nicht gewährt wird. *1237 Treuepflichtverletzungen*

1231 BAG, NJW 1997, 274, 275
1232 Vgl. BAG, NJW 1997, 274, 274 f.
1233 Vgl. den Fall BAG, NZA 2011, 1027
1234 BAG, NJW 2006, 2939, 2940
1235 BAG, AP Nr. 14 zu § 626 BGB Ausschlussfrist
1236 BAG, NJW 2006, 1545, 1546
1237 LAG Berlin, LAGE § 626 BGB Nr. 31

Annahme von Schmiergeldern	1238	• Ein **außerordentlicher Kündigungsgrund** ist auch die Annahme von Schmiergeldern,[1238] weil der Arbeitnehmer damit zum Ausdruck bringt, dass er unbedenklich eigene Vorteile bei der Erfüllung von Aufgaben wahrnimmt, obwohl er sie im Interesse seines Arbeitgebers durchzuführen hat.
Strafbare Handlungen	1239	• **Strafbare Handlungen**: Ihre Begehung muss unstreitig oder bewiesen sein, jedoch ist eine Verurteilung im Strafverfahren keine Voraussetzung.[1239] Sittlichkeits-, Körperverletzungs-, Vermögens- und Eigentumsdelikte sind stets ein wichtiger Grund, wenn sie gegen den Arbeitgeber, Kollegen oder gar Kunden gerichtet sind.[1240]
Entwendung geringwertiger Sachen	1240	Umstritten ist, ob auch die Entwendung geringwertiger Sachen (z.B. ein Stück Bienenstich oder Pfandbon in Höhe von 1,30 €) einen wichtigen Grund darstellt. Das BAG und die h.L. sehen darin grundsätzlich einen abstrakt geeigneten wichtigen Kündigungsgrund.[1241] Nach a.A. ist auf die Höhe des Wertes des gestohlenen Gegenstandes, z.B. in Analogie zu § 248a StGB, abzustellen.[1242] Der h.M. ist schon deshalb zu folgen, weil eine objektive Wertgrenze nicht ermittelbar ist. Anderenfalls würden Vermögenswerte des Arbeitgebers in gewissem Maße dem Zugriff des Arbeitnehmers preisgegeben. Im Rahmen der Prüfung der konkreten Eignung ist deshalb eine umfassende Interessenabwägung vorzunehmen, die die konkreten Umstände des Einzelfalles berücksichtigt, um festzustellen, ob dem Arbeitgeber die Fortsetzung des Arbeitsverhältnisses noch zugemutet werden kann. Dies ermöglicht eine sachgerechte Behandlung des Einzelfalls, ohne die Lösung bei der Wertungsfrage zu suchen, ob die Sache geringwertig war, oder nicht.[1243]
Nach-Tat-Verhalten	1241	• **Nach-Tat-Verhalten**: Bei fristlosen Kündigungen kann im Rahmen der Interessenabwägung auch das Verhalten des Arbeitnehmers nach Begehung der Pflichtwidrigkeit, aber vor Ausspruch der Kündigung („Nach-Tat-Verhalten") zu seinen Lasten berücksichtigt werden. Das kommt etwa in Betracht, wenn der Arbeitnehmer die Pflichtwidrigkeit beharrlich leugnet und lügt.[1244] Dem steht die „Emmely"- Entscheidung des BAG[1245] nicht entgegen, da es dort darum ging, dass das prozessuale Verteidigungsvorbringen im Kündigungsschutzprozess nicht auf den Kündigungsgrund zurückwirken könne.

(2) Verdachtskündigung

(a) Grundlagen

1242 Der Verdacht einer strafbaren Handlung oder einer sonstigen schweren arbeitsvertraglichen Verfehlung kann ein wichtiger Grund zur außerordentlichen Kündigung sein, wenn der Verdacht das zur Fortsetzung des Arbeitsverhältnisses notwendige Vertrauen in die Rechtschaffenheit des Arbeitnehmers zerstört

---

1238 BAG, AP Nr. 73 zu § 102 BetrVG 1972
1239 BAG, NJW 1985, 3094, 3095; jedoch darf sich ein Arbeitsgericht im Kündigungsschutzprozess hinsichtlich der Frage, ob sich ein bestimmtes Geschehen zugetragen hat, auf ein einschlägiges Strafurteil stützen, BAG, NJW 2015, 651, 652.
1240 BAG, FA 4/2005 Nr. 5 für den Fall der Pfandkehr, § 289 StGB.
1241 BAG, NZA 2012, 1025, 1027 (Zigaretten-Fall); NJW 2011, 167, 168 = RA 2010, 671, 673 („Emmely"); Reuter, NZA 2009, 594, 594 ff.
1242 Klueß, NZA 2009, 337, 341 ff.
1243 BAG, NJW 2011, 167, 168 ff. = RA 2010, 671, 673 ff. („Emmely")
1244 LAG Berlin-Brandenburg, BeckRS 2012, 65693
1245 BAG, NZA 2010, 1227 ff.

oder in anderer Hinsicht eine unerträgliche Belastung des Arbeitsverhältnisses darstellt.[1246]

> **MERKSATZ**
> Die Verdachtskündigung stellt sich – da das zugrundeliegende Verhalten nicht nachgewiesen ist – als personen- und nicht als verhaltensbedingte Kündigung dar.[1247]

Personenbedingte Kündigung

Eine **Verdachtskündigung** ist unter folgenden Voraussetzungen möglich:

1243 Prüfungsschema

- Begründung der Kündigung gerade mit dem (bloßen) Verdacht.
- Der Verdacht muss durch objektive Umstände belegt sein.
- Der Verdacht muss dringend sein (überwiegende Wahrscheinlichkeit spricht für die Tat).
- Erforderlich ist eine Straftat oder eine sonstige schwerwiegende Verfehlung des Arbeitnehmers, welche – wenn sie bewiesen wäre – die außerordentliche verhaltensbedingte Kündigung rechtfertigen würde.
- Die Verdachtsmomente müssen geeignet sein, das für die Fortsetzung des Arbeitsverhältnisses erforderliche Vertrauen zu zerstören.
- Der Arbeitgeber muss alle zumutbaren Anstrengungen unternommen haben, um den Sachverhalt aufzuklären.
- Unverzichtbar ist eine vorherige Anhörung des Arbeitnehmers.[1248]

> **MERKSATZ**
> Zum Versuch der Aufklärung gehört die vorherige Anhörung des Arbeitnehmers. Diese ist formelle Wirksamkeitsvoraussetzung einer Verdachtskündigung. Unterbleibt sie schuldhaft, ist die Kündigung schon aus diesem Grund unwirksam.[1249]

Anhörung des Arbeitnehmers

Die an die Anhörung des Arbeitnehmers zu stellenden Anforderungen entsprechen nicht denen für eine ordnungsgemäße Anhörung des Betriebsrats nach § 102 I BetrVG. Der dem Arbeitnehmer vorgehaltene Verdacht darf sich allerdings nicht in einer Wertung erschöpfen; er muss vielmehr zumindest soweit konkretisiert sein, dass sich der Arbeitnehmer darauf substantiiert einlassen kann. Bestreitet dann der Arbeitnehmer den Vorwurf nur pauschal, so lässt dies regelmäßig den Schluss zu, dass der Arbeitnehmer an einer Aufklärung des Verdachts nicht interessiert ist. Die Anhörungsobliegenheit entfällt, wenn der Arbeitnehmer von vornherein nicht bereit ist, sich zu den Verdachtsgründen substantiiert zu äußern.[1250]

Vergleich mit BR-Anhörung gem. § 102 BetrVG

1246 Vgl. BAG, NJW 1996, 540, 540 f.; NZA 1997, 1340, 1340 ff.
1247 v. Hoyningen-Huene/Linck-Krause, § 1 KSchG Rn 703; Hromadka/Maschmann, ArbR I, § 10 Rn 120; Junker, ArbR, Rn 412; a.A. (verhaltensbedingt) z.B. Lücke, BB 1997, 1842, 1845
1248 MK-Henssler, BGB, § 626 Rn 242; Junker, ArbR, Rn 412; vgl. auch BAG, NZA 2013, 1416, 1417 f.
1249 BAG, NZA 1986, 674, 676 f.; MK-Henssler, BGB, § 626 Rn 249
1250 MK-Henssler, BGB, § 626 Rn 249; Staudinger/Preis, BGB, § 626 Rn 225

(b) Beurteilungszeitpunkt

Maßgeblicher Beurteilungszeitpunkt

1244 Streitig ist, was der maßgebliche Beurteilungszeitpunkt für das Bestehen des Verdachts ist. Prinzipiell ist die Wirksamkeit einer Kündigung aufgrund der Sachlage zum Zeitpunkt des Zugangs der Kündigungserklärung zu beurteilen. Hiervon will das BAG aber bei einer Verdachtskündigung abweichen.

Nachträglich bekannt gewordene Umstände, die im Zeitpunkt der Kündigung bereits objektiv vorlagen

1245 In einem Rechtsstreit über die Wirksamkeit einer Verdachtskündigung sind nach BAG nicht nur die dem Arbeitgeber bei Kündigungsausspruch bekannten tatsächlichen Umstände von Bedeutung. Vielmehr seien auch solche später bekannt gewordenen Umstände zu berücksichtigen – zumindest wenn sie bei Kündigungszugang objektiv bereits vorlagen –, die den ursprünglichen Verdacht abschwächen oder verstärken.[1251] Daneben können selbst solche Tatsachen in den Prozess eingeführt werden, die den Verdacht eines eigenständigen – neuen – Kündigungsvorwurfs begründen. Voraussetzung ist, dass der neue Kündigungsgrund bei Ausspruch der Kündigung objektiv schon gegeben, dem Arbeitgeber nur noch nicht bekannt war.[1252]

Vergleich mit dem Nachschieben von Kündigungsgründen

1246 So wie ein Nachschieben von Kündigungsgründen anerkannt ist, so muss auch der Arbeitnehmer den Kündigungsgrund nachträglich noch entkräften können. Das entspricht auch der allgemeinen Prozessregel, dass maßgeblich für das Urteil der Erkenntnisstand im Zeitpunkt der letzten mündlichen Verhandlung ist.[1253]

Kritik an BAG-Rechtsprechung

1247 Hieran wird kritisiert, dass später aufgedeckte Tatsachen nichts daran ändern würden, dass der Arbeitgeber zum Zeitpunkt der Kündigung auf Grund des Verdachts kein Vertrauen mehr in den Arbeitnehmer hatte. Denn Kündigungsgrund sei allein der Verdacht, also der notwendigerweise subjektiv geprägte Wissensstand des Arbeitgebers. Wenn dieser subjektive Wissensstand dem Arbeitgeber die Fortsetzung des Arbeitsverhältnisses unzumutbar gemacht habe, könne eine spätere Ausräumung des Verdachts – aus der Perspektive des Arbeitgebers – nichts daran ändern, dass zum Zeitpunkt des Zugangs der Kündigungserklärung ein Kündigungsgrund vorgelegen habe. Die Ansicht des BAG werde dem besonderen Kündigungsgrund des Verdachts letztlich nicht gerecht.[1254]

1248 KLAUSURHINWEIS

Dies ist ein ganz zentraler Punkt in einer Klausur zum Thema **Verdachtskündigung**. Es geht um ein „Dogma des Kündigungsschutzrechts", welches hier vom BAG relativiert wird. An dieser Stelle ist also besonders sorgfältig zu arbeiten und zu argumentieren.

Nachträglich entstandene Umstände

Kritik an BAG-Rechtsprechung

1249 Noch weitergehend berücksichtigt das BAG aber sogar Umstände, die erst nach der Kündigung entstanden sind, wenn sie geeignet sind, die vorher entstandenen Kündigungsgründe in einem anderen Licht zu sehen.[1255]

Insoweit ist dem BAG entgegenzuhalten, dass dadurch gerade Umstände zu einem Zeitpunkt mit einbezogen werden, die nach allgemeinen Grundsätzen gerade nicht für die Beurteilung der Kündigung maßgeblich sein sollen. Der Arbeitgeber kann aufgrund der neuen Umstände eine erneute Kündigung aussprechen, dem

---

1251 BAG, NZA 2013, 1416, 1418; 2013, 137, 141
1252 BAG, NZA 2013, 1416, 1418; zustimmend MK-Henssler, BGB, § 626 Rn 252
1253 So MK-Hergenröder, BGB, § 1 KSchG Rn 188
1254 APS-Dörner/Vossen, § 626 BGB Rn 356; v. Hoyningen-Huene/Linck-Krause, § 1 KSchG Rn 480
1255 BAG, AP Nr. 13 zu § 626 BGB Verdacht strafbarer Handlung; wohl auch BAG, NZA 2013, 1416, 1418

Arbeitnehmer steht in für ihn günstigen Fällen unter Umständen ein Wiedereinstellungsanspruch zu. Das reicht aus, um zu interessengerechten Ergebnissen zu kommen, ohne eine systemwidrige Ausnahme zu machen.[1256]

> **KLAUSURHINWEIS**   **1250**
> Es ist strikt zu unterscheiden, ob ein Umstand vorgetragen wird, der objektiv im Zeitpunkt des Ausspruchs der Kündigung schon gegeben war, oder ob nach dem Zeitpunkt des Zugangs der Verdachtskündigung liegende Umstände vorgebracht werden.

(c) Anhörung beim Nachschieben von Verdachtmomenten

Führt der Arbeitgeber lediglich verdachtserhärtende neue Tatsachen in den Rechtsstreit ein, bedarf es dazu schon deshalb keiner vorherigen Anhörung des Arbeitnehmers, weil dieser zu dem Kündigungsvorwurf als solchem bereits gehört worden ist. Er kann sich gegen den verstärkten Tatverdacht ohne Weiteres im bereits anhängigen Kündigungsschutzprozess verteidigen.[1257]   **1251** Verdachtserhärtende Tatsachen

Führt der Arbeitgeber neue Tatsachen in das Verfahren ein, die den Verdacht einer weiteren Pflichtverletzung begründen, bedarf es der – erneuten – Anhörung des Arbeitnehmers ebenfalls nicht. Ist nämlich – wie beim „Nachschieben" von Kündigungsgründen – die Kündigung dem Arbeitnehmer bereits zugegangen, kann dessen Stellungnahme sie in keinem Fall mehr verhindern. Die vorherige Anhörung des Arbeitnehmers ist damit auch mit Blick auf den Verhältnismäßigkeitsgrundsatz nicht unverzichtbar. Die Rechte des Arbeitnehmers werden gleichermaßen dadurch gewahrt, dass er sich im anhängigen Kündigungsschutzprozess gegen den neuen Tatverdacht verteidigen kann.[1258]   **1252** Neue Tatsachen

MERKSATZ   **1253** Betriebsratsanhörung
Im Fall des Nachschiebens von Gründen ist aber Betriebsrat gleichwohl vorher gem. § 102 I BetrVG anzuhören. Zwar kann auch der Betriebsrat die schon erfolgte Kündigung als solche nicht mehr verhindern. Er kann aber nur so seine – den Arbeitnehmer unter Umständen entlastende – Sicht der Dinge zu Gehör bringen, da er nicht Partei des Kündigungsschutzprozesses ist.[1259]

(d) Fristbeginn des § 626 II BGB

Fraglich ist weiterhin, zu welchem Zeitpunkt der Lauf der Frist des § 626 II BGB bei einer Verdachtskündigung beginnt. Hat der Arbeitgeber nur einen nicht beweisbaren Verdacht, fehlt ihm die Kenntnis der für die Kündigung maßgebenden Tatsachen, was bedeutet, dass die Frist noch nicht zu laufen begonnen hat. Der Arbeitgeber kann mit der gebotenen Eile weitere Ermittlungen – hierzu gehört vor allem die Anhörung des Arbeitnehmers – anstellen, ohne befürchten zu müssen, dadurch sein Kündigungsrecht zu verlieren. Werden ihm durch seine Ermittlungen die den Verdacht begründenden Umstände bekannt, die ihm die nötige Interessenabwägung   **1254** Zeit für Ermittlungen

---

1256 So MK-Hergenröder, BGB, § 1 KSchG Rn 188
1257 BAG, NZA 2013, 1416, 1418
1258 BAG, NZA 2013, 1416, 1418; KR-Fischermeier, § 626 BGB Rn 216
1259 BAG, NZA 2013, 1416, 1418

und die Entscheidung darüber ermöglichen, ob ihm die Fortsetzung des Arbeitsverhältnisses zumutbar ist oder nicht, beginnt die Frist des § 626 II BGB zu laufen.[1260]

1255 Nach BAG beginnt die Frist des § 626 II BGB erneut zu laufen, wenn der AG eine neue, den Verdacht der Tatbegehung verstärkende Tatsache zum Anlass für eine Kündigung nimmt.[1261] Eine den Verdacht verstärkende Tatsache kann die Anklageerhebung im Strafverfahren darstellen, selbst wenn sie nicht auf neuen Erkenntnissen beruht. Der Umstand, dass eine unbeteiligte Stelle mit weitreichenderen Ermittlungsmöglichkeiten, als sie dem Arbeitgeber zur Verfügung stehen, einen hinreichenden Tatverdacht bejaht, ist geeignet, den gegen den Arbeitnehmer gehegten Verdacht zu verstärken. Der Arbeitgeber kann ihn auch dann zum Anlass für den Ausspruch einer Verdachtskündigung nehmen, wenn er eine solche schon zuvor erklärt hatte. Da die neuerliche Kündigung auf einem neuen, nämlich um die Tatsache der Anklage ergänzenden Sachverhalt beruht, handelt es sich nicht um eine unzulässige Wiederholungskündigung. Ebenso wenig ist das Recht, eine weitere Verdachtskündigung auszusprechen, mit dem Ausspruch der Verdachtskündigung verbraucht.

Anklageerhebung im Strafverfahren

1256 Der Arbeitgeber darf auch den Ausgang eines Strafverfahrens gegen einen verdächtigten Arbeitnehmer abwarten, ohne die Frist des § 626 II BGB zu versäumen. Dann handelt es sich aber nicht mehr um eine Verdachts-, sondern um eine Tatkündigung. Ein solches Vorgehen setzt jedoch voraus, dass keine jeden Zweifel ausschließende sichere Kenntnis der Tatbegehung seitens des Arbeitgebers vorliegt. Folglich scheidet eine Verdachtskündigung aus, wenn der Arbeitnehmer auf frischer Tat ertappt wird und/oder gesteht. Ist der Arbeitgeber wegen bestehenden Zweifeln zum Abwarten berechtigt, so muss er aber auch abwarten. Die spontane Kündigung (ohne neue Tatsachen) vor Ende des Strafverfahrens wird dann (als Verdachtskündigung) wieder an der Frist des § 626 II BGB gemessen.[1262]

Ausgang eines Strafverfahrens

(e) Wiedereinstellungsanspruch

1257 Dem wegen Verdachts Gekündigten ist wohl i.d.R. ein Anspruch auf Wiedereinstellung zuzuerkennen, wenn sich der Verdacht als unbegründet herausstellt.[1263] Grundsätzlich führt der nachträgliche Wegfall des Kündigungsgrundes nur dann zu einem Wiedereinstellungsanspruch des Arbeitnehmers, wenn die Veränderung noch während des Laufs der Kündigungsfrist eintritt. Bei der Verdachtskündigung reicht die Fürsorgepflicht des Arbeitgebers dagegen weiter. Stellt sich erst nach Ablauf der Kündigungsfrist die Unschuld des Arbeitnehmers heraus oder erscheint der Verdacht nicht mehr dringend, so ist der Arbeitgeber verpflichtet, den schuldlos in Verdacht geratenen Arbeitnehmer zu einem späteren Zeitpunkt weiterzubeschäftigen.[1264]

1258 Dieser Anspruch besteht aber nicht, wenn das Verfahren lediglich nach § 170 II 1 StPO eingestellt wird, da diese Einstellung keinen Beweis der Unschuld liefert, sondern auch bloß aus Mangel an Beweisen erfolgen kann.[1265]

§ 170 II 1 StPO

1260 MK-Henssler, BGB, § 626 Rn 313
1261 BAG, NJW 2011, 2231, 2233
1262 MK-Henssler, BGB, § 626 Rn 315
1263 BAG, NZA 1997, 1340, 1343; Belling, RdA 1996, 223, 238
1264 BGH AP § 611 Fürsorgepflicht Nr. 2 und Nr. 3; AP Verdacht strafbarer Handlung Nr. 13; MK-Henssler, BGB, § 626 Rn 252
1265 BAG, NZA 1997, 1340, 1343

MERKSATZ

Solange der dringende Tatverdacht gegen den Arbeitnehmer bestand, war es dem Ar-beitgeber allerdings nicht zumutbar, den Arbeitnehmer weiterzubeschäftigen, sodass ein Anspruch auf Fortzahlung der Vergütung nach § 615 für diesen Zeitraum entfällt.[1266]

bb) Konkrete Eignung

Ist festgestellt, dass ein abstrakt geeigneter Kündigungsgrund vorliegt, ist am Einzelfall die konkrete Eignung zu prüfen. Liegt nämlich ein wichtiger Grund zur außerordentlichen Kündigung an sich vor, so kann eine hierauf gestützte beabsichtigte außerordentliche Kündigung gleichwohl das Arbeitsverhältnis nur wirksam beenden, wenn bei der umfassenden Interessenabwägung das Beendigungsinteresse des Arbeitgebers das Bestandsinteresse des Arbeitnehmers überwiegt.[1267]

1259 Umfassende Interessenabwägung

(1) Interessenabwägung und ultima ratio

Die Interessen des Arbeitgebers an der sofortigen Beendigung des Arbeitsverhältnisses sind gegen die Interessen des Arbeitnehmers an dessen Fortführung abzuwägen. Aus dem Grundsatz der Verhältnismäßigkeit folgt, dass eine außerordentliche Kündigung erst dann zulässig ist, wenn mildere Mittel (z.B. Änderungskündigung, Weiterbeschäftigung zu veränderten, auch schlechteren Bedingungen, Versetzung, Abmahnung, ordentliche Kündigung) nicht zur Verfügung stehen oder nicht zumutbar sind.[1268]
Die außerordentliche Kündigung muss also ultima ratio sein.

1260 Grundsatz der Verhältnismäßigkeit

Die **Interessenabwägung** ist normativ auf arbeitsvertraglich relevante Umstände zu konkretisieren. Zu beachten sind stets:

1261

- Art und Schwere der Vertragsstörung,
- eine bestehende Wiederholungsgefahr sowie
- die Folgen, insbesondere, ob das in Rede stehende Verhalten des Arbeitnehmers konkrete betriebliche oder wirtschaftliche Auswirkungen nach sich zieht. Das Vorliegen konkreter Auswirkungen ist aber keine zwingende Voraussetzung für die Bejahung eines Kündigungsgrundes.
- Das Verschulden ist zwar keine notwendige Voraussetzung des Kündigungsgrundes, aber ein wichtiges Bewertungsprinzip im Rahmen der Abwägung. Deshalb ist auch die Entschuldbarkeit eines Rechtsirrtums zu beachten.
- Zu beachten ist schließlich die Dauer der Betriebszugehörigkeit, insbesondere die Dauer des störungsfreien Verlaufs des Arbeitsverhältnisses.[1269]

Kriterien zur Interessenabwägung

Nach dem BAG können auch Unterhaltspflichten und der Familienstand – je nach Lage des Falles – Bedeutung gewinnen. Sie sind jedenfalls nicht von vornherein von der Berücksichtigung ausgeschlossen, wenn sie auch im Einzelfall in den Hintergrund treten und im Extremfall sogar völlig vernachlässigt werden können. Die gegenteilige Auffassung, der zufolge bestimmte Umstände stets von der

1262 Unterhaltspflichten und der Familienstand

1266 MK-Henssler, BGB, § 626 Rn 252
1267 BAG, JuS 2007, 394, 394 f.
1268 BAG, NJW 1979, 332, 333
1269 BAG, NJW 2011, 167, 169 f. = RA 2010, 671, 673 f. („Emmely")

Berücksichtigung ausgeschlossen sein sollen,[1270] korrespondiert nicht ausreichend mit der gesetzlichen Vorgabe, nach der „alle" Umstände des Einzelfalles Bedeutung haben können.[1271]

1263 | **MERKSATZ**
Die Interessenabwägung muss die sofortige Unzumutbarkeit der Fortsetzung des Arbeitsverhältnisses ergeben.

Auswirkung langer Kündigungsfristen

1264 Ob ein derart dringendes Lösungsinteresse besteht, hängt nicht nur von dem Gewicht des Kündigungsgrundes, sondern auch von der Möglichkeit der regulären Beendigung des Vertragsverhältnisses ab. Deshalb kann die Einhaltung der ordentlichen Beendigungsmöglichkeit umso eher unzumutbar werden, je länger die reguläre Vertragsbindung dauert. Allerdings darf dies nicht zu der paradoxen Situation führen, dass der eigentlich für den Arbeitnehmer sprechende Umstand der langen Betriebszugehörigkeit, der gem. § 622 II 1 BGB zur längeren Kündigungsfrist führt, sich im Rahmen des wichtigen Grundes wie ein Bummerang gegen den Arbeitnehmer wendet. Dies belegt auch das BAG-Urteil im sog. **„Emmely-Fall"**, wo gerade auch die lange Betriebszugehörigkeit stark zu Gunsten der Arbeitnehmerin gewertet wurde.[1272]

„Unkündbarer" Arbeitnehmer

Zur insoweit besonders problematischen Situation beim (tarif-)vertraglichen Ausschluss der ordentlichen Kündigungsmöglichkeit bereits oben.[1273]

(2) Die Abmahnung

(a) Erforderlichkeit bei außerordentlicher Kündigung

§ 314 II BGB

1265 Eine dem Abmahnungserfordernis des § 314 II BGB entsprechende Regelung enthält § 626 BGB nicht. Daraus kann jedoch nicht geschlossen werden, dass eine außerordentliche Kündigung im Arbeitsrecht stets ohne Abmahnung zulässig ist. Vielmehr ist davon auszugehen, dass mit § 314 II BGB eine allgemeine gesetzliche Grundlage für das früher nur aus dem Verhältnismäßigkeitsgrundsatz abgeleitete[1274] Abmahnungserfordernis geschaffen wurde.[1275]

Auch das BAG geht davon aus, dass vor einer außerordentlichen Kündigung eine Abmahnung erforderlich sein kann.[1276]

Formfrei

1266 § 314 II BGB verlangt keine besondere Form für die Abmahnung. Daher kann eine Abmahnung auch mündlich erteilt werden. Allerdings muss der Arbeitgeber im Prozess die Erteilung der Abmahnung auch beweisen können, weshalb in der Praxis die Einhaltung der Schriftform dringend zu empfehlen ist.

(b) Wichtige Ausnahmen

§ 323 II BGB

1267 Entsprechend § 323 II BGB kann die Abmahnung jedoch entbehrlich sein. Dabei

---

[1270] Vgl. die Zusammenstellung bei APS-Dörner/Vossen, § 626 BGB Rn. 111 f.
[1271] BAG, JuS 2007, 394, 394
[1272] BAG, NJW 2011, 167, 171 = RA 2010, 671, 674 f.
[1273] Bei Rn 1217
[1274] So für das alte Schuldrecht z.B. BAG, NZA 1999, 1270, 1272.
[1275] BAG, NJW 2006, 2510 LS 6; SPV-Preis, Rn. 1201; Schumacher-Mohr, DB 2002, 1606, 1608
[1276] BAG, NJW 2011, 167, 170 = RA 2010, 671, 673 f. („Emmely")

erfasst die Ziff. 3 diejenigen Fälle, in denen bislang aufgrund der Schwere der Pflichtverletzung eine Abmahnung für entbehrlich gehalten wurde.[1277]

> **MERKSATZ**
> Entbehrlich ist eine Abmahnung dann, wenn im Einzelfall besondere Umstände vorgelegen haben, aufgrund derer eine Abmahnung als nicht erfolgversprechend angesehen werden durfte.

Abmahnung nicht erfolgversprechend

Dies ist besonders dann anzunehmen, wenn erkennbar ist, dass der Arbeitnehmer gar nicht gewillt ist, sich vertragsgerecht zu verhalten. Kannte der Arbeitnehmer die Vertragswidrigkeit seines Verhaltens, setzt er aber trotzdem hartnäckig und uneinsichtig seine Pflichtverletzungen fort, dann läuft die Warnfunktion der Abmahnung leer. Da der Arbeitnehmer erkennbar nicht gewillt ist, sein Verhalten zu ändern, müsste der Arbeitgeber auch bei Ausspruch einer Abmahnung mit weiteren erheblichen Pflichtverletzungen rechnen.[1278]

1268

> **MERKSATZ**
> Entbehrlich ist die Abmahnung bei endgültiger Zerstörung des Vertrauensverhältnisses zwischen Arbeitnehmer und Arbeitgeber.

1269 *Endgültige Zerstörung des Vertrauensverhältnisses*

Das kommt vor allem in den oben genannten Fällen der strafbaren Handlungen in Betracht: Wer eine Kollegin sexuell belästigt, kann ohne Abmahnung gekündigt werden, da er mit der (außerordentlichen) Kündigung rechnen musste.

Bei Störungen im Vertrauensbereich hat das BAG früher eine Abmahnung regelmäßig – aber nicht stets – für überflüssig gehalten.[1279] Inzwischen hat das BAG seine Rechtsprechung, der die strikte Trennung zwischen Störungen im Leistungsbereich und Störungen im Vertrauensbereich zugrunde lag, aufgegeben. Eine Abmahnung ist jedenfalls dann nicht entbehrlich, wenn der Arbeitnehmer annehmen durfte, sein Verhalten sei nicht vertragswidrig, bzw. der Arbeitgeber werde es zumindest nicht als ein erhebliches, den Bestand des Arbeitsverhältnisses gefährdendes Fehlverhalten ansehen.[1280]

1270 *Störungen im Vertrauensbereich*

> **MERKSATZ**
> Das **Abmahnungserfordernis** ist bei jeder Kündigung zu prüfen, die wegen eines steuerbaren Verhaltens des Arbeitnehmers oder aus einem Grund in seiner Person ausgesprochen wurde, den er durch sein steuerbares Verhalten beseitigen kann; wenn also eine Wiederherstellung des Vertrauens erwartet werden konnte.[1281]

1271 *Abmahnung bei steuerbarem Verhalten notwendig*

1277 Vgl. BeckOK-Unberath, BGB, § 314 Rn 19
1278 BAG, NJW 2011, 167, 170 = RA 2010, 671, 673 f. („Emmely"); NZA 2006, 980, 984
1279 BAG, AP Nr. 3 zu § 1 KSchG 1969 Abmahnung
1280 BAG, AP Nr. 137 zu § 626 BGB
1281 BAG, NJW 2011, 167, 170 = RA 2010, 671, 673 f. („Emmely"); BAG, AP Nr. 137 zu § 626 BGB

VII. DIE UMDEUTUNG

1272 Führt die Prüfung zu dem Ergebnis, dass die außerordentliche Kündigung unwirksam war, kommt eine Umdeutung, § 140 BGB, in eine ordentliche Kündigung in Betracht. Dazu müssen die Voraussetzungen einer Umdeutung gegeben sein.

Diese sind:

Prüfungsschema einer Umdeutung, § 140 BGB

1273
- Unwirksamkeit der außerordentlichen Kündigung.
- Die ordentliche Kündigung muss dem mutmaßlichen Willen des Kündigenden entsprechen.
- Dieser Wille muss dem Gekündigten erkennbar sein.
- Die ordentliche Kündigung müsste wirksam sein.

Inzidentprüfung der ordentlichen Kündigung

1274 KLAUSURHINWEIS
Die Wirksamkeit der ordentlichen Kündigung wird inzident im Rahmen der Umdeutung geprüft. Ist auch die ordentliche Kündigung unwirksam, findet keine Umdeutung statt. Führt die Prüfung zu dem Ergebnis, dass die ordentliche Kündigung wirksam wäre, stellen Sie fest, dass somit alle Voraussetzungen für eine Umdeutung vorliegen, weshalb eine Umdeutung vorzunehmen ist.

1275 Im Regelfall enthält die Erklärung der außerordentlichen Kündigung den erkennbaren Willen, das Arbeitsverhältnis wenigstens zum nächsten zulässigen Termin zu beenden.

Hilfsweise Betriebsratsanhörung

Enthält der Sachverhalt den Hinweis, dass der Arbeitgeber den Betriebsrat nicht nur zur außerordentlichen, sondern hilfsweise auch zur ordentlichen Kündigung angehört hat, so ist schon daraus der mutmaßliche Wille zu folgern. Eine solche hilfsweise Anhörung genügt den Anforderungen des BetrVG.

§ 626 II BGB vor § 626 I prüfen

1276 KLAUSURHINWEIS
Häufig sind Kündigungsrechtsklausuren so aufgebaut, dass der Arbeitgeber eine außerordentliche Kündigung ausspricht, diese aber wegen Verfristung gem. § 626 II BGB unwirksam ist. In diesem Fall kommt eine Umdeutung in eine ordentliche Kündigung in Betracht. Dann empfiehlt es sich, im Rahmen des § 626 BGB auf den wichtigen Grund gar nicht einzugehen, sondern bloß § 626 II BGB zu prüfen. Denn es ist wegen der Verfristung unerheblich, ob ein wichtiger Grund überhaupt vorliegt.
Am entscheidenden Punkt, der ordentlichen Kündigung, bliebe ansonsten nur noch der Verweis nach oben. Dies ist ungeschickt und führt zu (zeitraubenden!) Wiederholungen. Außerdem liefert § 1 KSchG klarere Vorgaben des Gesetzes, wann die Kündigung sozialwidrig ist.

D. Klausurfall: „Das Lachsbrötchen"

SACHVERHALT

Seit Oktober 2012 war die zu diesem Zeitpunkt 25-jährige B im Warenhaus der Wühltisch-AG (W) in Berlin als Buffetkraft mit einem Monatslohn von 1.800 € brutto beschäftigt. Am 07.10.2013 wurde sie von dem Ladendetektiv D beobachtet, wie sie ohne Bezahlung ein Lachsbrötchen aus dem Warenbestand nahm und hinter der Servicetheke verzehrte. Nach Anhörung und Zustimmung des Betriebsrats zur fristlosen Kündigung kündigte die von D in Kenntnis gesetzte W-AG wegen dieses Vorfalls das Arbeitsverhältnis am 11.10.2013 fristlos.

Zu prüfen ist nur, ob die W aufgrund des Vorfalls zur außerordentlichen Kündigung des Arbeitsverhältnisses mit B berechtigt war.

LÖSUNG

W ist zur außerordentlichen Kündigung berechtigt, wenn die Voraussetzungen des § 626 BGB vorliegen. Dafür müsste W innerhalb der Kündigungserklärungsfrist des § 626 II BGB aus wichtigem Grund i.S.v. § 626 I BGB gekündigt haben.

A. Kündigungserklärungsfrist, § 626 II BGB

Die 2-Wochen-Frist des § 626 II BGB für die Kündigungserklärung wurde von W eingehalten.

B. Wichtiger Grund, § 626 I BGB

Gemäß § 626 I BGB kann ein Dienstverhältnis – und damit auch ein Arbeitsverhältnis – von jedem Vertragsteil aus wichtigem Grund ohne Einhaltung einer Kündigungsfrist gekündigt werden, wenn Tatsachen vorliegen, auf Grund derer dem Kündigenden unter Berücksichtigung aller Umstände des Einzelfalles und unter Abwägung der Interessen beider Vertragsteile die Fortsetzung des Dienstverhältnisses bis zum Ablauf der Kündigungsfrist oder bis zu der vereinbarten Beendigung des Dienstverhältnisses nicht zugemutet werden kann.

Ob dies der Fall ist, verlangt zunächst die Klärung der Frage, ob die Kündigung verhaltens-, personen- oder betriebsbedingt ist. Hiernach richten sich die Voraussetzungen für die Wirksamkeit der Kündigung.

I. EINORDNUNG DES KÜNDIGUNGSGRUNDES

Hier kommt sowohl eine verhaltens- als auch eine personenbedingte Kündigung in Betracht. Ein Fehlverhalten der B liegt in dem Verspeisen des Brötchens ohne Bezahlung. Allerdings könnte auch eine personenbedingte Kündigung in Betracht kommen, da W der B mangelnde charakterliche Eignung und mangelnde Vertrauenswürdigkeit attestieren könnte.

Fraglich ist, wie ein solcher „Mischtatbestand" zu lösen ist. *Problem: „Mischtatbestand"*
Einerseits könnte man beide (alle) in Betracht kommenden Kündigungsgründe nacheinander untersuchen. Andererseits könnte aber auch eine Schwerpunktbildung nötig sein. Beim erstgenannten Lösungsweg droht bei „Kollision" von personen- und verhaltensbedingten Gründen das Abmahnungserfordernis leerzulaufen. Deshalb ist eine Schwerpunktbildung nötig.

Steuerbares Verhalten

> **MERKSATZ**
> Als Abgrenzungskriterium zwischen personen- und verhaltensbedingter Kündigung kommt es darauf an, ob ein „steuerbares Verhalten" der B vorliegt. Wenn ja, liegt (im Schwerpunkt) eine verhaltensbedingte Kündigung vor.

B kann auf die Frage, ob sie ohne zu bezahlen ein Brötchen aus der Auslage isst, steuernd eingreifen, weshalb von einer verhaltensbedingten Kündigung auszugehen ist.

II. VERHALTENSBEDINGTE AUSSERORDENTLICHE KÜNDIGUNG

1. Abstrakte Eignung

In einem ersten Schritt wird gefragt, ob ein bestimmter Sachverhalt ohne die besonderen Umstände des Einzelfalles abstrakt („an sich") geeignet ist, einen wichtigen Kündigungsgrund abzugeben.
Wenn sich auch in den Betrieben zum Teil eine gewisse „Selbstbedienungsmentalität" eingeschlichen hat, nach der Mitarbeiter geringwertige Gegenstände (z.B. Büromaterial, Werkzeug etc.) mitgehen lassen, ist ein solches Verhalten nach Ansicht der Rechtsprechung doch geeignet, die für das Arbeitsverhältnis erforderliche Vertrauensgrundlage zwischen Arbeitgeber und Arbeitnehmer zu zerstören. Auch eine Buffetkraft, deren Aufgabe darin liegt, die Waren aus der Theke an Kunden zu verkaufen, darf sich daraus nicht einfach selbst bedienen. Nach Ansicht der Rechtsprechung sind auch derartige Diebstähle geringwertiger Sachen an sich geeignet, einen wichtigen Kündigungsgrund abzugeben.

2. Konkrete Eignung

Liegt ein an sich geeigneter Kündigungsgrund vor, wird in einem zweiten Schritt eine umfassende Verhältnismäßigkeitsprüfung vorgenommen, ob dieser Grund auch für den konkreten Arbeitnehmer unter Beachtung des Ultima-Ratio-Prinzips sowie unter Berücksichtigung von dessen Beschäftigungsdauer, seinem bisherigen Verhalten im Betrieb, seiner sozialen und familiären Situation etc. im Verhältnis zu den gegenläufigen Interessen des Arbeitgebers eine Kündigung ohne Einhaltung der Kündigungsfrist rechtfertigt.
Nach dem Ultima-Ratio-Prinzip ist auch im Rahmen des § 626 I BGB bei verhaltensbedingten Störungen des Arbeitsverhältnisses als milderes Mittel immer zunächst an eine Abmahnung zur Abstellung der Störung zu denken.
Für die Frage nach der Notwendigkeit einer vorherigen Abmahnung kann es von erheblicher Bedeutung sein, ob der Arbeitnehmer bereits geraume Zeit in einer Vertrauensstellung beschäftigt war, ohne vergleichbare Pflichtverletzungen begangen zu haben. Das gilt auch bei Pflichtverstößen im unmittelbaren Vermögensbereich. Eine für lange Jahre ungestörte Vertrauensbeziehung zweier Vertragspartner wird nicht notwendig schon durch eine erstmalige Vertrauensenttäuschung vollständig und unwiederbringlich zerstört. Je länger eine Vertragsbeziehung ungestört bestanden hat, desto eher kann die Prognose berechtigt sein, dass der dadurch erarbeitete Vorrat an Vertrauen durch einen erstmaligen Vorfall nicht vollständig aufgezehrt wird. Dabei kommt es nicht auf die subjektive Befindlichkeit und Einschätzung des Arbeitgebers oder bestimmter für ihn handelnder Personen an.

Entscheidend ist ein objektiver Maßstab. Maßgeblich ist nicht, ob der Arbeitgeber hinreichendes Vertrauen in den Arbeitnehmer tatsächlich noch hat. Maßgeblich ist, ob er es aus der Sicht eines objektiven Betrachters haben müsste. Im Arbeitsverhältnis geht es nicht um ein umfassendes wechselseitiges Vertrauen in die moralischen Qualitäten der je anderen Vertragspartei. Es geht allein um die von einem objektiven Standpunkt aus zu beantwortende Frage, ob mit einer korrekten Erfüllung der Vertragspflichten zu rechnen ist.[1282]

Hier ist zu berücksichtigen, dass B erst seit knapp einem Jahr bei W beschäftigt ist. In dieser kurzen Zeit konnte sie keinen großen „Vertrauensvorrat" aufbauen. Insofern kann W nach dieser sehr kurzen Beschäftigungsdauer immer noch „den Anfängen wehren" und der B ohne vorherige Abmahnung kündigen.

Abgrenzung zum Fall „Emmely"

Im Rahmen einer umfassenden Interessenabwägung ergibt sich auch aus dem Alter oder eventuellen Unterhaltspflichten der B nichts anderes.

B ist erst 25 Jahren alt und hat damit gute Chancen, einen neuen Arbeitsplatz zu finden. Für Unterhaltspflichten etc. ist nichts ersichtlich.

3. Zwischenergebnis

Vor diesem Hintergrund überwiegen im vorliegenden Fall die Interessen des Arbeitgebers an der sofortigen Beendigung des Arbeitsverhältnisses ohne vorherige Abmahnung. Die Voraussetzungen des § 626 BGB liegen vor.

C. Ergebnis

W war zur außerordentlichen Kündigung berechtigt.

FALLENDE

[1282] BAG, NJW 2011, 167, 171 (Fall „Emmely")

DIE ÄNDERUNGSKÜNDIGUNG, § 2 KSchG

A. Einleitung

Änderung der Vertragsbedingungen — 1278 Neben der (ordentlichen und außerordentlichen) Beendigungskündigung existiert auch noch die sog. Änderungskündigung. Bei der Änderungskündigung gem. § 2 KSchG geht es dem kündigenden Arbeitgeber nicht um die Beendigung des Arbeitsverhältnisses, sondern um die Änderung der Vertragsbedingungen.

Milderes Mittel

> **MERKSATZ**
> Die **Änderungskündigung** ist ein milderes Mittel im Vergleich zur Beendigungskündigung und zur Abmahnung.[1283]

Teilkündigung unzulässig — 1279 Die Arbeitsvertragsparteien sind nicht nur an das Arbeitsverhältnis insgesamt, sondern auch an seinen vertraglich vereinbarten Inhalt grds. gebunden. Eine einseitige Änderung der Arbeitsbedingungen durch den Arbeitgeber im Wege der Teilkündigung, mit der er sich von einzelnen Vertragsbedingungen einseitig lossagt, kommt nicht in Betracht. So gesehen eröffnet § 2 KSchG mit der Änderungskündigung dem Arbeitgeber überhaupt erst die Möglichkeit, die inhaltlichen Festsetzungen des Arbeitsvertrags einseitig unter dem Druck einer Beendigungskündigung zu verändern.

B. Prüfungsschema

Zweistufige Prüfung — 1280 § 2 S. 1 KSchG verweist hinsichtlich der Prüfung der sozialen Rechtfertigung auf § 1 II 1 bis 3, III 1 und 2 KSchG. Unter Berücksichtigung der Besonderheiten der Änderungskündigung nimmt das BAG[1284] in ständiger Rspr. eine zweistufige Prüfung vor:

Erste Stufe: Feststellung des Anlasses — Zunächst wird geprüft, ob das Änderungsangebot durch Gründe bedingt ist, die in der Person oder dem Verhalten des Arbeitnehmers oder in dringenden betrieblichen Erfordernissen i.S.v. § 1 II KSchG (bzw. § 626 I BGB) liegen.

Zweite Stufe: Überprüfung auf Billigkeit — Anschließend ist zu untersuchen, ob der Arbeitnehmer die vom Arbeitgeber vorgeschlagene Änderung billigerweise hinnehmen muss, ob also das Ausmaß der Änderungen erforderlich war.

1281 **KLAUSURHINWEIS**
Da es also sowohl betriebs-, als auch verhaltens-, als auch personenbedingte Änderungskündigungen geben kann, existiert für die erste Prüfungsstufe der Änderungskündigung kein einheitliches Prüfungsschema. Vielmehr sind jeweils die Schemata der drei genannten Kündigungsgründe aus dem Bereich der ordentlichen (Beendigungs-) Kündigung sinngemäß auf die Änderungskündigung zu übertragen.

Verhältnismäßigkeit — 1282 Im Rahmen der zweiten Stufe, der Verhältnismäßigkeitsprüfung, ergeben sich dann natürlich Unterschiede im Vergleich zur Beendigungskündigung. Zugunsten des

---

1283 MK-Hergenröder, § 2 KSchG Rn 3, 80
1284 BAG, AP Nr. 53, 50 zu § 1 KSchG Soziale Auswahl

Arbeitnehmers spricht nicht der drohende Verlust des Arbeitsplatzes und damit seiner wirtschaftlichen Existenz, sondern bloß seine Belastung durch die Änderung der bisherigen Arbeitsbedingungen.[1285]

> **MERKSATZ**
> Umfasst das Änderungsangebot mehrere Arbeitsbedingungen, wird jede einzelne Änderung vom Gericht überprüft. Wenn nur eine von diesen Änderungen nicht sozial gerechtfertigt ist, führt dies zur Unwirksamkeit der gesamten Änderungskündigung.[1286]

1283 Mehrere Änderungen

Explizit sei darauf hingewiesen, dass es sich bei der Änderungskündigung um eine „echte" Kündigung handelt, bei welcher der Betriebsrat gem. § 102 I BetrVG anzuhören ist. Dabei hat der Arbeitgeber dem Betriebsrat nicht nur den Kündigungsgrund, sondern auch das Änderungsangebot mitzuteilen.[1287]

1284 Betriebsrat ist gem. § 102 I BetrVG anzuhören

C. Systematik und Vertiefung

I. ÄNDERUNGSKÜNDIGUNG UND DIREKTIONSRECHT
Der Arbeitgeber ist im Rahmen seines Direktionsrechts, § 106 GewO, berechtigt, dem Arbeitnehmer die konkret zu erledigende Arbeit zuzuweisen.

1285

> **MERKSATZ**
> Die Änderung der Arbeitsbedingungen durch Änderungskündigung ist ausgeschlossen, wenn es dem Arbeitgeber möglich ist, sie einseitig mit Hilfe seines Direktionsrechtes gem. § 106 GewO durchzusetzen. Denn eine Änderung der Vertragsbedingungen ist in diesen Fällen überflüssig, da die Änderungen von dem Vertragsinhalt bereits gedeckt sind. Die Änderungsschutzklage des Arbeitnehmers gem. § 2 S. 2 KSchG ist deshalb erfolglos.[1288]

Das Direktionsrecht des Arbeitgebers unterliegt jedoch Grenzen, die vor allem durch den Arbeitsvertrag selbst gezogen werden. Ist der Arbeitgeber z.B. aus betriebsbedingten Gründen nicht mehr in der Lage, den Arbeitnehmer auf seinem alten Arbeitsplatz zu beschäftigen und kann er ihm eine neue Arbeit im Rahmen des Direktionsrechts nicht zuweisen, weil es insoweit keinen adäquaten freien Arbeitsplatz gibt, bleiben ihm eigentlich nur zwei Möglichkeiten:
Das Angebot eines Änderungsvertrages und die Beendigungskündigung.

1286 Änderungskündigung kann „Grenzen" des Direktionsrechts überwinden

BEISPIEL: Die Versicherungsgesellschaft A hat sich entschlossen, keine Außendienstmitarbeiter mehr zu beschäftigen. Die Kundenbetreuung soll allein via Telefon und Internet erfolgen. A möchte den überaus fähigen Außendienstmitarbeiter N aber nicht verlieren.

1285 MK-Hergenröder, § 2 KSchG Rn 84
1286 BAG, NZA 2012, 628, 631 f.; SPV-Preis, Rn 1306
1287 MK-Hergenröder, § 2 KSchG Rn 88
1288 BAG, NZA 2012, 856, 857; a.A. Reuter/Sagen/Witschen, NZA 2013, 935 ff.

DIE ÄNDERUNGSKÜNDIGUNG, § 2 KSCHG

Änderungsangebot verbunden mit Kündigungsandrohung

1287 Mit der **Änderungskündigung**, § 2 KSchG, steht dem Arbeitgeber (neben dem natürlich möglichen Änderungsvertrag, §§ 305, 241 BGB) ein Instrument zur Verfügung, den Arbeitnehmer, wenn auch zu geänderten Vertragsbedingungen, weiterhin im Betrieb zu beschäftigen. Von dem bloßen Angebot auf Abschluss eines Änderungsvertrags unterscheidet sie sich jedoch dadurch, dass mit ihr gleichzeitig die Beendigung des Arbeitsverhältnisses für den Fall erklärt wird, dass der Arbeitnehmer sich nicht auf die geänderten Bedingungen einlässt.

Milderes Mittel als Abmahnung

> **MERKSATZ**
> Die Änderungskündigung bewegt sich im Grenzbereich zwischen Direktionsrecht und Beendigungskündigung. Sie ist sowohl zur Beendigungskündigung als auch zur Abmahnung das mildere Mittel.[1289]

Verschlechterung der Arbeitsbedingungen

1288 Kommt eine Weiterbeschäftigung, wenn auch zu erheblich schlechteren Bedingungen, in Frage, ist eine dennoch ausgesprochene **Beendigungskündigung** wegen Verletzung des Ultima-Ratio-Prinzips unwirksam. Es ist allein Sache des Arbeitnehmers zu entscheiden, ob er sich die verschlechterten Arbeitsbedingungen zumuten will.[1290]

Ausnahmen von diesem Grundsatz kommen nur in krassen Fällen in Betracht, wenn z.B. der Arbeitnehmer Untergebener ihm bislang unterstellter Kollegen würde.[1291]

Umwandlung in befristetes Arbeitsverhältnis

1289 § 2 KSchG umfasst dabei nicht nur die inhaltliche Änderung der zu erbringenden Arbeitsleistung oder des Arbeitsortes, sondern auch die Änderung hinsichtlich der Dauer des Arbeitsverhältnisses. Deshalb kann ein unbefristetes Arbeitsverhältnis im Wege der Änderungskündigung in ein befristetes umgewandelt werden.[1292]

Sachlicher Grund nötig

Damit kann allerdings nicht die Notwendigkeit einer sachlichen Rechtfertigung für die Befristung umgangen werden. Zu Recht hält deshalb das BAG eine derartige Änderungskündigung u.a. dann für unwirksam, wenn die Befristung nicht aus sachlichen Gründen gerechtfertigt ist.[1293]

1290 **KLAUSURHINWEIS**
Gutachtentechnisch bedeutet dies, dass innerhalb der sozialen Rechtfertigung der Änderungskündigung zu prüfen ist, ob es einen sachlichen Grund für die Befristung des Arbeitsvertrages i.S.d. § 14 I TzBfG gibt. Eine Änderungskündigung mit dem Ziel einer sachgrundlosen Befristung (§ 14 II, IIa, III TzBfG) ist demgegenüber per se sozialwidrig, weil eine solche Befristung wegen des sog. **Anschlussverbots** gem. § 14 II 2 TzBfG nicht im unmittelbaren Anschluss an ein unbefristetes Arbeitsverhältnis mit demselben Arbeitgeber wirksam vereinbart werden kann.

1289 MK-Hergenröder, § 2 KSchG Rn 3, 80
1290 BAG, NZA 2005, 1294, 1296; 1289, 1292; Annuß/Bartz, NJW 2006, 2153, 2155
1291 Annuß/Bartz, NJW 2006, 2153, 2155; ähnl. Bauer/Winzer, BB 2006, 266, 267
1292 BAG, NZA 2011, 1247, 1247; 1996, 1197, 1198; BeckOK ArbR-Rolfs, § 2 KSchG Rn 20
1293 BAG, NZA 1996, 1197, 1198 f.

II. DIE ERKLÄRUNG DER ÄNDERUNGSKÜNDIGUNG

Die Änderungskündigung kann erfolgen, als

- **bedingte** Kündigung; d.h. als Kündigung nur unter der Bedingung, dass der Gekündigte der vorgeschlagenen Änderung des Vertrags nicht zustimmt, oder als
- **unbedingte** Kündigung, verbunden mit dem Angebot eines Vertragsschlusses zu geänderten Bedingungen.

1291 Bedingte und unbedingte Änderungskündigung

Im ersten Fall taucht die Frage auf, ob eine derart „bedingte Änderungskündigung" überhaupt zulässig ist, da Gestaltungsrechte im Grundsatz bedingungsfeindlich sind. Hierbei handelt es sich jedoch um eine zulässige **Potestativbedingung**, da der Eintritt der Bedingung allein vom Willen des Gekündigten abhängt und mithin für diesen keine Rechtsunsicherheit entsteht.[1294]
Im Ergebnis hat die Unterscheidung der beiden möglichen Arten der Erklärung einer Änderungskündigung deshalb keine praktischen Auswirkungen und ist von allenfalls dogmatischem Interesse.

1292 Potestativbedingung

III. REAKTIONSMÖGLICHKEITEN DES ARBEITNEHMERS

Dem Arbeitnehmer bleiben im Fall einer Änderungskündigung durch den Arbeitgeber vier Reaktionsmöglichkeiten.

1293 Vier Reaktionsmöglichkeiten

1. Vorbehaltlose Annahme

Er kann erstens die Bedingungen akzeptieren, vgl. § 147 BGB, und das Arbeitsverhältnis zu den geänderten Bedingungen fortsetzen. Dabei gilt die Frist nach § 2 S. 2 KSchG auch als Mindestfrist für die Erklärung der vorbehaltlosen Annahme des Änderungsangebots. Eine zu kurze Bestimmung der Annahmefrist durch den Arbeitgeber gem. § 148 BGB macht die Kündigung nicht unwirksam, sondern setzt die Frist des § 2 S. 2 KSchG in Lauf.[1295]

1294 Erstens: Arbeitnehmer akzeptiert

> **KLAUSURHINWEIS**
> Dieser Fall spielt in Klausuren regelmäßig eine **untergeordnete** Rolle.

2. Ablehnung ohne Klage

Er kann zweitens die Bedingungen ablehnen und die Kündigung hinnehmen. Das Änderungsangebot ist in diesem Fall durch die Ablehnung erloschen, § 146 BGB. Aus der Änderungskündigung wird dadurch eine Beendigungskündigung.

1295 Zweitens: Ablehnung und Hinnahme der Kündigung

> **KLAUSURHINWEIS**
> Dieser Fall spielt in Klausuren naturgemäß **keine** Rolle.

3. Annahme unter Vorbehalt

Drittens kann er gem. § 4 S. 1 KSchG die Bedingung mit dem Vorbehalt annehmen,

1296 Dogmatische Konstruktion

1294 MK-Hergenröder, § 2 KSchG Rn 4
1295 BAG, NJW 2006, 3373, 3374

dass die Änderung sozial gerechtfertigt und nicht aus anderen Gründen rechtsunwirksam ist. Dies stellt eine grundlegende Abweichung von den allgemeinen Regeln des Zivilrechts dar. Denn nach den allgemeinen Regeln wäre in der Annahme unter Vorbehalt die Ablehnung des Antrags, verbunden mit einem neuen Angebot zu sehen, § 150 II BGB. Auch besteht durch die Annahme unter Vorbehalt kein Einigungsmangel i.S.d. §§ 154, 155 BGB zwischen den Parteien, da der Vertragsinhalt unstreitig ist und es lediglich um dessen Sozialwidrigkeit geht.[1296] Die Annahme unter Vorbehalt bewirkt rechtstechnisch (§ 2 i.V.m. §§ 4 S. 2, 8 KSchG), dass der kraft Vorbehalt zustande gekommene Änderungsvertrag unter der auflösenden Bedingung steht, dass die Sozialwidrigkeit der Änderungskündigung gerichtlich festgestellt wird.[1297]

Formfreie Erklärung

1297 Die Erklärung der Annahme unter Vorbehalt ist nicht an eine bestimmte Form gebunden. Das hat zur Folge, dass der Arbeitnehmer nunmehr zu den geänderten Bedingungen weiterzuarbeiten hat, bis über seine Klage über die Sozialwidrigkeit der Änderungskündigung entschieden worden ist.

Keine Weiterbeschäftigungsansprüche

1298 **KLAUSURHINWEIS**
Der Prüfer könnte dieses Vorgehen mit der Frage nach einem Weiterbeschäftigungsanspruch kombinieren. Deshalb: Der Arbeitnehmer hat weder durch den allgemeinen Weiterbeschäftigungsanspruch noch durch den Weiterbeschäftigungsanspruch des § 102 V BetrVG das Recht, zu den alten Bedingungen weiterbeschäftigt zu werden, da dies im Widerspruch zu der Annahme des Änderungsangebotes unter Vorbehalt stünde.[1298]

Drittens: Änderungsschutzklage

1299 Will der Arbeitnehmer so vorgehen, muss er – neben der Vorbehaltsannahme – Feststellungsklage nach § 4 S. 2 KSchG erheben. Da der Arbeitnehmer in diesem Fall nur gerichtlichen Schutz gegen die Änderung der Arbeitsbedingungen begehrt, wird empfohlen, dies eine Änderungsschutzklage zu nennen.

Prozessuales

1300 Die unmittelbare Erhebung der Änderungsschutzklage ist zugleich als konkludent erklärter Vorbehalt zu werten. Wird die Klage nicht fristgerecht erhoben, so erlischt nach § 8 KSchG der nach § 2 KSchG erklärte Vorbehalt. Hat die Klage des Arbeitnehmers nach fristgerechter Erhebung des Vorbehalts Erfolg, so gilt die Änderungskündigung als von Anfang an unwirksam, § 8 KSchG. Wird die Klage dagegen abgewiesen, so bleibt es bei den neuen geänderten Bedingungen.

Keine Geltung von § 167 ZPO

1301 **MERKSATZ**
Wird die Annahme unter Vorbehalt in der Klageschrift erklärt, ist zu beachten, dass es für die Einhaltung der Drei-Wochen-Frist nicht auf den Zeitpunkt der Klageeinreichung, sondern auf den der Zustellung beim Arbeitgeber ankommt. § 167 ZPO findet insofern keine Anwendung, da die Vorschrift nur dann eingreift, wenn zur Wahrung der Frist gerade eine Klageerhebung erforderlich ist. Dies ist bei der Vorbehaltserklärung jedoch nicht der Fall.[1299]

[1296] *BeckOK ArbR-Rolfs, § 2 KSchG Rn 57*
[1297] *SPV-Preis, Rn 1298*
[1298] *BAG, NZA 2009, 954, 956; BeckOK ArbR-Rolfs, § 2 KSchG Rn 66*
[1299] *BAG, NZA 1998, 1225, 1225 f. (zur Vorgängervorschrift § 270 III ZPO a.F.)*

4. Ablehnung und Klageerhebung

Viertens kann er die Bedingungen ablehnen und sich gegen die Kündigung mit der Kündigungsschutzklage wehren. In diesem Fall, muss er die Feststellungsklage nach § 4 S. 1 KSchG erheben. Wie eben bereits erwähnt, erlischt das Änderungsangebot durch die Ablehnung durch den Arbeitnehmer, § 146 BGB, wodurch die Änderungskündigung zur Beendigungskündigung wird. Zur begrifflichen Abgrenzung zum vorherigen Fall bietet es sich an, diese Klage als Änderungskündigungsschutzklage zu bezeichnen. *1302 Viertens: Änderungskündigungsschutzklage*

Die Wege 3. und 4. unterscheiden sich vor allem in den Konsequenzen, wenn der Arbeitnehmer den Prozess verliert. *1303 Konsequenzen, wenn der Arbeitnehmer den Prozess verliert*

MERKSATZ

Verliert der Arbeitnehmer den **Kündigungsschutzprozess** nach § 4 S. 1 KSchG, so verliert er damit auch seinen Arbeitsplatz, denn an einer Fortsetzung zu den neuen Bedingungen ist er ja nicht interessiert. Verliert er dagegen den Änderungsschutzprozess, § 4 S. 2 KSchG, so muss er nur die geänderten Arbeitsbedingungen akzeptieren.[1300]

So gesehen könnte man sich fragen, warum ein Arbeitnehmer überhaupt die Klage nach § 4 S. 1 KSchG erheben soll, läuft er doch Gefahr, seinen Arbeitsplatz zu verlieren. Für den Arbeitnehmer kommt es entscheidend darauf an, ob er es sich zur Not vorstellen kann, auch zu den geänderten Arbeitsbedingungen zu arbeiten, oder nicht. Will er dies unter keinen Umständen (z.B. wegen einer erheblichen Ortsveränderung), macht die Erhebung der Änderungsschutzklage für ihn keinen Sinn.

Einen weiteren Unterschied gibt es aber auch im Kontext der Weiterbeschäftigungsansprüche. Diese bestehen zwar nicht während der laufenden Änderungsschutzklage, wohl aber bei der Änderungskündigungsschutzklage (wenn ihre Voraussetzungen vorliegen).[1301] *1304 Weiterbeschäftigungsansprüche*

IV. SOZIALE RECHTFERTIGUNG DER ÄNDERUNGSKÜNDIGUNG

1. Grundlagen

Die Prüfungsmaßstäbe bei der Änderungskündigungsschutzklage und bei der Änderungsschutzklage unterscheiden sich nicht. *1305 Gleicher Prüfungsmaßstab*

Es kommt in beiden Fällen allein auf das Änderungsangebot an. D.h. die Änderungskündigung ist bereits dann **sozial gerechtfertigt**, wenn die dem gekündigten Arbeitnehmer angebotenen geänderten Arbeitsbedingungen sachlich gerechtfertigt und ihm zumutbar sind und es im Verhältnis dazu dem Arbeitgeber nicht zuzumuten war, den Arbeitnehmer weiter auf dem alten Arbeitsplatz zu den alten Bedingungen zu beschäftigen.[1302] *Nur Änderung muss sozial gerechtfertigt werden*

Hierfür spricht schon der Wortlaut des § 8 KSchG, der nicht darauf abstellt, ob die Kündigung als solche sozial gerechtfertigt ist, sondern darauf, ob die „Änderung der Arbeitsbedingungen" sozial ungerechtfertigt ist. *1306*

1300 MK-Hergenröder, § 2 KSchG Rn 2
1301 SPV-Preis, Rn 1302
1302 BAG, NZA 2014, 653, 655; BeckOK ArbR-Rolfs, § 2 KSchG Rn 72

> **MERKSATZ**
> Nach h.M. unterscheiden sich die Prüfungsanforderungen bei der Änderungskündigungsschutzklage und der Änderungsschutzklage nicht. In beiden Fällen ist nur zu prüfen, ob die Änderung der Arbeitsbedingungen sozial gerechtfertigt war.

2. Personenbedingte Änderungskündigung

Altersbedingte Leistungsminderung

1307 Eine personenbedingte Kündigung ist in Betracht zu ziehen, wenn der Arbeitnehmer seine bisherige Tätigkeit nicht mehr wie früher fortsetzen kann und ein anderer freier Arbeitsplatz, dem er genügen würde, vorhanden ist. In der Praxis spielt das eine Rolle, wenn wegen zunehmenden Alters die Leistungsfähigkeit abnimmt, aber andere, dem angemessene Arbeitsplätze vorhanden sind. In Betracht kommt eine personenbedingte Änderungskündigung auch als mildere Alternative zur krankheitsbedingten Beendigungskündigung.[1303]

3. Verhaltensbedingte Änderungskündigung

1308 Die verhaltensbedingte Kündigung ist zu erwägen, wenn durch eine Änderung der Arbeitsbedingungen mit dem Ende eines vertragswidrigen Verhaltens gerechnet werden kann.

BEISPIEL: Versetzung bei dauernden Streitereien mit einem bestimmten Kollegen.

Abmahnung nötig

Grundsätzlich bedarf es auch bei einer verhaltensbedingten Änderungskündigung einer vorherigen Abmahnung, da andernfalls die erforderliche negative Zukunftsprognose nicht gestellt werden kann.[1304]

4. Betriebsbedingte Änderungskündigung

1309 Die betriebsbedingte Änderungskündigung ist der wichtigste Anwendungsfall des § 2 KSchG. Bei ihr ist zu prüfen, ob das Beschäftigungsbedürfnis für den gekündigten AN zu den bisherigen Vertragsbedingungen entfallen ist.

1310 **KLAUSURHINWEIS**
Änderungskündigungen tauchen in Klausuren sehr selten auf. Der Lernaufwand ist deshalb zu reduzieren; gleiches gilt für den Umfang der vorliegenden Darstellung. Es wird empohlen, sich in der Sache am Schema für die ordentliche betriebsbedingte Änderungskündigung zu orientieren und – im Prüfungsfalle – zu versuchen, diese Kriterien auf den abgemilderten Fall der bloßen Änderung der Arbeitsbedingungen zu übertragen.

1311 Hier wird vor allem auf das Problem der **Entgeltreduzierung** eingegangen.

BEISPIEL: Der Arbeitgeber erklärt die Änderungskündigung mit dem Ziel der Streichung einer übertariflichen Lohnzulage.

Entgeltreduzierung

Die Anforderungen des BAG an eine Lohnreduzierung durch Änderungskündigung

---

1303 ErfK-Oetker, § 2 Rn 45
1304 LAG Nürnberg, NZA-RR 2012, 631, 633

sind besonders streng. Grundsätzlich sind nämlich einmal geschlossene Verträge einzuhalten. Geldmangel allein entlastet den Schuldner grundsätzlich nicht. Die Dringlichkeit eines schwerwiegenden Eingriffs in das Leistungs-/Lohngefüge, wie es die Änderungskündigung zur Durchsetzung einer erheblichen Lohnsenkung darstellt, ist deshalb nur dann begründet, wenn bei einer Aufrechterhaltung der bisherigen Personalkostenstruktur weitere, betrieblich nicht mehr auffangbare Verluste entstehen, die absehbar zu einer Reduzierung der Belegschaft oder sogar zu einer Schließung des Betriebs führen. Regelmäßig setzt deshalb eine solche Situation einen umfassenden Sanierungsplan voraus, der alle gegenüber der beabsichtigten Änderungskündigung milderen Mittel ausschöpft. Vom Arbeitgeber ist in diesem Zusammenhang zu verlangen, dass er die Finanzlage des Betriebs, den Anteil der Personalkosten, die Auswirkung der erstrebten Kostensenkungen für den Betrieb und für die Arbeitnehmer darstellt und ferner darlegt, warum andere Maßnahmen nicht in Betracht kommen.[1305]

V. AUSSERORDENTLICHE ÄNDERUNGSKÜNDIGUNG

Eine Änderungskündigung kann auch als außerordentliche Änderungskündigung erklärt werden. Allerdings ergibt sich dies **nicht aus dem Gesetz**. Im Gegenteil betrifft § 2 KSchG eigentlich nur die ordentliche Kündigung. § 626 BGB und § 13 I KSchG regeln nach ihrem Wortlaut nur die außerordentliche Beendigungskündigung. Vor allem enthält § 13 KSchG keinerlei Verweisung auf § 2 KSchG. **1312** Im Gesetz nicht geregelt

Trotzdem wird die Möglichkeit einer außerordentlichen Änderungskündigung inzwischen anerkannt, da es sich insoweit um ein **Redaktionsversehen des Gesetzgebers** handelt. Bei der nachträglichen Einfügung des § 2 in das KSchG wurde die Notwendigkeit einer Anpassung des § 13 KSchG übersehen. Vor allem ist nicht einzusehen, warum im Falle einer außerordentlichen Kündigung, welche den Arbeitnehmer in besonderer Weise belastet, das Ultima-Ratio-Prinzip nicht das mildere Mittel der außerordentlichen Änderungskündigung verlangen sollte. **1313** Wegen Verhältnismäßigkeitsprinzip anzuerkennen

Zur Ausfüllung dieser Lücke wird daher die Vorschrift des § 2 KSchG weitgehend entsprechend angewendet.[1306] Allerdings sind einige Modifikationen zu beachten, da der Wortlaut für die außerordentliche Kündigung nicht vollständig passt. § 2 KSchG analog

Das gilt z.B. für die relativ lange Frist des § 2 S. 2 KSchG (3 Wochen), da ein berechtigtes Interesse des Arbeitgebers an einer möglichst raschen Klärung der Rechtslage anzuerkennen ist. Die h.M. verlangt vom Arbeitnehmer deshalb, dass er seinen Vorbehalt unverzüglich im Sinne des § 121 BGB, also ohne schuldhaftes Zögern erklärt. Von der Rechtsprechung wird dieser unbestimmte Rechtsbegriff dahin ausgelegt, dass dem Arbeitnehmer 2 bis 3 Tage Bedenkzeit einzuräumen sind.[1307] **1314** Modifikation der Frist des § 2 S. 2 KSchG

In der Praxis sind solche Kündigungen selten. Kann mit der Änderung der Vertragsbedingungen nicht bis zum Ablauf der Kündigungsfrist abgewartet werden, ist eine Weiterbeschäftigung zu geänderten Bedingungen in der Regel auch nicht denkbar. Relevant werden außerordentliche Änderungskündigungen vornehmlich in den Fällen, in denen die ordentliche Kündigung gesetzlich oder vertraglich ausgeschlossen, eine Änderung des Vertragsinhaltes jedoch zwingend erforderlich ist.[1308] **1315**

1305 BAG, NZA 2006, 587, 588; Junker, ArbR, Rn 423
1306 BAG, NZA 2014, 1089, 1090 f.; 1987, 94, 95
1307 Vgl. BAG, AP Nr. 20 zu § 2 KSchG 1969
1308 BAG, NZA-RR 2011, 155, 157

VI. DER STREITGEGENSTAND

1316 Streitgegenstand der Änderungsschutzklage ist nicht die Wirksamkeit der Kündigung, sondern nur die Sozialwidrigkeit der Änderung der Arbeitsbedingungen. Demnach enthält der Antrag auf Feststellung der Unwirksamkeit der Änderungskündigung nicht gleichzeitig den Antrag auf Feststellung der Unwirksamkeit der in der Änderungskündigung (quasi „hilfsweise") liegenden Kündigung für den Fall, dass der Arbeitnehmer das Änderungsangebot ablehnt. Deshalb behandeln die Klagen nach § 4 S. 1 und S. 2 KSchG verschiedene Streitgegenstände.

Wird also nach Erhebung der Klage nach S. 2 später hilfsweise Klage nach S. 1 erhoben, so liegt darin eine Klageänderung, sodass § 7 KSchG eingreifen kann. Dann ist aber die analoge Anwendung des § 6 KSchG zu beachten.

Änderung der Arbeitsbedingungen

§ 4 S. 1 und S. 2 KSchG: verschiedene Streitgegenstände

VII. DIE TEILKÜNDIGUNG

1317 DEFINITION

Kündigt der Arbeitgeber nur einzelne Bestimmungen des Arbeitsvertrages unter Fortbestand der übrigen, ohne den Fortbestand des Vertrages in Frage zu stellen, so spricht man von einer **Teilkündigung**.

BEISPIEL (nach BAG, NJW 1983, 2285): Einem Werkreisenden wird durch einseitige Erklärung des Arbeitgebers die Anzahl seiner Verkaufsgebiete verkleinert.

1318 MERKSATZ

Teilkündigungen sind grundsätzlich unzulässig.[1309] Sie stellen einen einseitigen Eingriff in ein fortbestehendes Vertragsverhältnis dar, der mit dem Prinzip der Privatautonomie nicht vereinbar ist.

Unzulässig

1319 Im Fall einer vertraglich vereinbarten Teilkündigungsmöglichkeit handelt es sich in Wirklichkeit um einen Widerrufsvorbehalt, sodass die Teilkündigung in einen Widerruf umzudeuten ist. Die Ausübung des Widerrufsrechts muss billigem Ermessen entsprechen, andernfalls ist sie unwirksam, vgl. § 315 BGB.[1310]

Widerrufsvorbehalt

1320 Nur unter sehr strengen Voraussetzungen kann über eine Änderungskündigung einseitig der Lohn reduziert werden. Dies ist nur zulässig, wenn bei einer Aufrechterhaltung der bisherigen Personalkostenstruktur absehbar zu einer Reduzierung der Belegschaft oder sogar zu einer Schließung des Betriebs führt.[1311] Liegen diese strengen Voraussetzungen nicht vor, liegt eine unzulässige Teilkündigung vor.

Einseitige Lohnkürzung

1321 Eine Änderungskündigung mit dem Ziel, eine Anrechenbarkeit von finanziellen Leistungen auf den **Mindestlohn** zu erreichen, dürfte unzulässig sein.[1312]

MiLoG

1309 BAG, NJW 1983, 2285, 2285; MK-Hergenröder, § 2 KSchG Rn 45
1310 BAG, NJW 1983, 2285, 2285
1311 BAG, NZA 2008, 1182, 1183
1312 ArbG Berlin, becklink 1037523

DER BEFRISTETE ARBEITSVERTRAG

A. Einleitung

Ein befristeter Arbeitsvertrag liegt vor, wenn das Arbeitsverhältnis **durch Zeitablauf** oder **nach Zweckerreichung** endet, ohne dass es gekündigt zu werden braucht.

1322 Begriff

BEISPIEL 1: A wird von Arbeitgeber G während des Weihnachts- und Nachweihnachtsgeschäfts in der Zeit vom 1.12. bis zum 15.1. befristet beschäftigt.

BEISPIEL 2: Wegen eines Wasserschadens muss das Warenlager des Arbeitgebers G komplett neu sortiert und eingerichtet werden. Für die dadurch zusätzlich anfallende Arbeit, welche die Stammbelegschaft alleine nicht bewältigen kann, stellt G die Arbeitnehmer A und B befristet an. Der befristete Vertrag soll enden, wenn die Arbeiten erledigt sind.

In Beispiel 1 handelt es sich um einen zeitbefristeten und in Beispiel 2 um einen zweckbefristeten Arbeitsvertrag.

Zeit- und Zweckbefristung

Nach dem Wortlaut des § 620 I BGB scheinen derartige Befristungen unproblematisch zulässig zu sein. Die Befristung des Arbeitsvertrages hat für den Arbeitgeber auch mehrere Vorteile: Erstens kann sich der Arbeitnehmer bei der Beendigung durch Zeitablauf oder Zweckerreichung nicht auf den Kündigungsschutz nach KSchG berufen, da ja gerade keine Kündigung vorliegt. Zweitens müssen weder der Betriebsrat noch irgendwelche Behörden bei der automatischen Beendigung beteiligt werden.

1323 Drohende Umgehung von Kündigungsschutz

Vor diesem Hintergrund ist beim Abschluss eines befristeten Arbeitsvertrags stets die Gefahr einer **Umgehung von Arbeitnehmerschutzgesetzen** gegeben. § 620 III BGB stellt deshalb klar, dass für Arbeitsverträge § 620 I BGB keine Anwendung findet.[1313] Insoweit ist allein das Teilzeit- und Befristungsgesetz, TzBfG, maßgeblich.

§ 620 III BGB: Geltung des TzBfG

> **MERKSATZ**
> Wird das **Recht zur ordentlichen Kündigung** nicht ausdrücklich tarif- oder einzelvertraglich vereinbart, ist es bei einem befristeten Arbeitsverhältnis grundsätzlich ausgeschlossen, § 15 III TzBfG.

1324 Ausschluss ordentlicher Kündigung

1313 Palandt-Weidenkaff, BGB, § 620 Rn 4

B. Prüfungsschema

Die Zulässigkeit der Befristung eines Arbeitsvertrags ist anhand des folgenden Schemas zu überprüfen.

PRÜFUNGSSCHEMA

1325
1. Vorliegen eines Arbeitsvertrags
2. Vorliegen einer Befristung
3. Zulässigkeit der Befristung
   a) Keine Präklusion gem. § 17 S. 1 TzBfG
   b) Schriftform
   c) Zeitbefristung gem. § 14 II TzBfG
   d) Sachlicher Grund gem. § 14 I TzBfG

C. Systematik und Vertiefung

I. VORLIEGEN EINES ARBEITSVERTRAGS

TzBfG ist Arbeitnehmerschutzgesetz

1326 **MERKSATZ**

Das **TzBfG** gilt nur für Arbeitsverträge und nicht auch für Dienstverträge, § 3 TzBfG.

Ein Dienstvertrag kann jederzeit und ohne Grenzen befristet werden, § 620 I BGB.

Sic-non-Fall

1327 **KLAUSURHINWEIS**

Eine Klage auf Feststellung der Unwirksamkeit einer Befristung kann folglich nur erfolgreich sein, wenn der Kläger Arbeitnehmer ist. Somit liegt ein sog. **„sic-non-Fall"** vor.[1314]

Im Rahmen der Zulässigkeit der Klage genügt bei der Eröffnung des Rechtswegs also die bloße Behauptung, Arbeitnehmer zu sein. Ob die Arbeitnehmerstellung tatsächlich vorliegt, ist erst in der Begründetheit zu prüfen.

II. VORLIEGEN EINER BEFRISTUNG

1328 Die Feststellung, dass der Arbeitsvertrag befristet ist, bereitet in der Klausur keine Probleme. Der Sachverhalt wird diese Information vorgeben. Die Frage, was für eine Art von Befristung gegeben ist, spielt an dieser Stelle noch keine Rolle.

III. ZULÄSSIGKEIT DER BEFRISTUNG

Zwingendes Recht

1329 Das TzBfG ist zwingendes Arbeitnehmerschutzrecht. Die Parteien können hierüber gem. § 22 I TzBfG nicht disponieren. Der Arbeitnehmer kann daher nicht vor oder bei Vereinbarung einer Befristung auf die spätere Geltendmachung der Unwirksamkeit

---

1314 Zum „sic-non-Fall" vgl. oben bei Rn 724.

verzichten.[1315] Entsprechend findet § 14 TzBfG auf befristete Arbeitsverhältnisse unabhängig davon Anwendung, ob die Parteien vereinbart haben, dass eine Befristung i.S.d. TzBfG vorliegen soll oder nicht.

1. Arten der Befristung

Das TzBfG unterscheidet unterschiedliche Arten der Befristung. Unter dem Blickwinkel des Endes der Befristung gibt es die **kalendermäßige Befristung** gem. § 15 I TzBfG und die **Zweckbefristung** gem. § 15 II TzBfG. Unter dem Blickwinkel der Zulässigkeit der Befristung an sich wird zwischen **Zeitbefristungen** gem. § 14 II, IIa, III TzBfG und der **Sachgrundbefristung** gem. § 14 I TzBfG unterschieden.

1330

> **DEFINITION**
> Eine **Zeitbefristung** liegt vor, wenn die Dauer des Arbeitsverhältnisses kalendermäßig bestimmt ist, § 3 I 2 1. Alt. TzBfG.

1331 Zeitbefristung

Der kalendermäßig befristete Arbeitsvertrag endet mit dem Ablauf der vereinbarten Zeit, § 15 I TzBfG.

> **DEFINITION**
> Eine **Zweckbefristung** liegt vor, wenn sich die Dauer des Arbeitsverhältnisses aus Art, Zweck oder Beschaffenheit der Arbeitsleistung ergibt, § 3 I 2 2. Alt. TzBfG.

1332 Zweckbefristung

Dabei muss die Vereinbarung so eindeutig sein, dass es hinsichtlich des Zeitpunktes der Beendigung bzw. des Beendigungsereignisses nicht zu Zweifeln kommen kann. Anderenfalls ist die Befristung unwirksam.[1316]

Ein zweckbefristeter Arbeitsvertrag endet i.d.R. mit dem Erreichen des Zwecks, frühestens jedoch zwei Wochen nach Zugang der schriftlichen Unterrichtung des Arbeitnehmers durch den Arbeitgeber über den Zeitpunkt der Zweckerreichung, § 15 II TzBfG.

1333 Ende eines zweckbefristeten Vertrags

> **MERKSATZ**
> Eine Befristung eines Arbeitsvertrags ist entweder zulässig, wenn sie sich in den Grenzen der Zeitbefristung, § 14 II TzBfG, bewegt, oder durch einen sachlichen Grund gem. § 14 I TzBfG gerechtfertigt ist.
> Einen sachlichen Grund zur Befristung eines Arbeitsvertrags kann es sowohl bei einer Zeitbefristung als auch bei einer Zweckbefristung geben.

1334 Zulässigkeit einer Befristung

BEISPIELE für Zeitbefristungen: Saisonbedingter Mehrbedarf an Arbeitskräften, Vertretung eines anderen Arbeitnehmers während Mutterschutz oder Elternzeit, „Ferienjob" oder Erprobung eines Arbeitnehmers.

1315   BAG, NJOZ 2005, 3009, 3012
1316   MK-Hesse, § 14 TzBfG Rn 7

BEISPIEL für Zweckbefristungen: Befristung bis zum Abschluss bestimmter Arbeiten.

1335 Keine Anwendung findet das TzBfG auf die Befristung einzelner Vertragsbedingungen. Insoweit findet eine AGB-Kontrolle statt.

2. Präklusion, § 17 TzBfG

1336 Will der Arbeitnehmer die Unwirksamkeit der Befristung geltend machen, muss er entsprechend der in §§ 5 - 7 KSchG getroffenen Regelung innerhalb von drei Wochen nach dem vereinbarten Ende des befristeten Arbeitsvertrages Klage auf Feststellung erheben, dass das Arbeitsverhältnis aufgrund der Befristung nicht beendet ist, § 17 S.1 TzBfG. Dies gilt angesichts des klaren Wortlauts („Befristung ... rechtsunwirksam ist") auch für die Nichtbeachtung des Schriftformgebots.[1317]

1337 **KLAUSURHINWEIS**
Folglich ist bei der Befristungskontrolle die Präklusionsfrist vor dem Schriftformerfordernis zu prüfen. Hier liegt ein wichtiger Unterschied zum Kündigungsschutzrecht: Da gem. § 4 S. 1 KSchG die Präklusionsfrist nur durch den „Zugang der schriftlichen Kündigung" in Gang gesetzt wird, wird die Nichteinhaltung der Schriftform des § 623 BGB nicht von der Präklusionsfrist erfasst.

1338 Versäumt der Arbeitnehmer diese Frist, ist seine Klage insoweit unbegründet (materielle Präklusion). Bei der Frist des § 17 S. 1 TzBfG handelt es sich – ebenso wie bei § 4 KSchG – um einen gesetzlich konkretisierten Verwirkungstatbestand.

1339 **KLAUSURHINWEIS**
Wenn die Präklusionsfrist abgelaufen ist, spielt die Frage nach der ursprünglichen Wirksamkeit der Befristung keine Rolle mehr. Deshalb sollte in einer Klausur immer erst die Präklusionsfrist geprüft werden, bevor auf die Regeln zur Zeit- oder Sachgrundbefristung eingegangen wird.

3. Schriftform

1340 Eine Befristung muss gem. § 14 IV TzBfG schriftlich vereinbart werden. Das bedeutet, dass die Befristungsvereinbarung (mindestens) in einer Urkunde vom Arbeitgeber (bzw. einer vertretungsberechtigten Person) und vom Arbeitnehmer eigenhändig unterzeichnet sein muss. Kopien, Stempel, Faksimiles, Telefaxschreiben oder E-Mails reichen hierzu nicht aus.

BEISPIEL: Arbeitgeber G richtet an den Bewerber N ein eigenhändig unterzeichnetes Schreiben, in welchem er ihm den Abschluss eines befristeten Arbeitsvertrags anbietet. N nimmt dieses Angebot in einem von ihm eigenhändig unterzeichneten Schreiben an G an.

In diesem Fall ist das Schriftformerfordernis des § 14 IV TzBfG erfüllt. Gleiches gilt, wenn eine Vertragspartei in einem von ihr unterzeichneten Brief der anderen

---

1317 MK-Hesse, § 17 TzBfG Rn 21; Preis/Gotthard, NZA 2000, 348, 360; Richardi/Annuß, NJW 2000, 1231, 1235

Partei den Abschluss eines befristeten Arbeitsverhältnisses anbietet und diese das Angebot durch Unterschrift auf dem Schreiben annimmt.[1318]

Ein gerichtlich protokollierter Vergleich, der die vertraglichen Erklärungen beider Parteien beinhaltet, ersetzt die gesetzlich verlangte Schriftform, §§ 126 III, 127a BGB.

1341 Gerichtlich protokollierter Vergleich

> **MERKSATZ**
> Das Schriftformerfordernis gem. § 14 IV TzBfG gilt nur für die Vereinbarung der Befristung an sich und nicht für den der Befristung zugrunde liegenden sachlichen Grund oder deren sonstige Rechtfertigung oder für den übrigen Inhalt des Arbeitsvertrags.[1319]

1342 Schriftform nur für Befristung an sich

Sofern die Befristungsvereinbarung wegen fehlender Schriftform unwirksam ist, gilt das Arbeitsverhältnis als für unbestimmte Zeit geschlossen, § 16 S. 1 HS 1 TzBfG. In diesem Fall kann das Arbeitsverhältnis im Rahmen der gesetzlichen Grenzen auch vor dem vereinbarten Ende beiderseits ordentlich gekündigt werden, § 16 S. 2 TzBfG.[1320]

1343 Rechtsfolge mangelnder Schriftform

4. Die Zeitbefristung ohne Sachgrund

a) Grundsatz

Der Hintergrund für die Möglichkeit, einen Arbeitsvertrag gem. § 14 II, III TzBfG ohne sachlichen Grund zeitlich zu befristen, ist ein doppelter: Einerseits soll es Arbeitgebern ermöglicht werden, auf schwankende Auftragslagen und wechselnde Marktbedingungen durch befristete Einstellungen flexibel zu reagieren. Andererseits soll die Schaffung von (befristeten) Arbeitsplätzen gefördert werden, um die Eingliederung von Arbeitslosen in das Arbeitsleben zu erleichtern und um für Arbeitnehmer eine Brücke zur Dauerbeschäftigung zu schaffen.

1344 Gesetzeszweck

Dabei beträgt die zulässige Höchstdauer für die Befristung zwei Jahre, § 14 II 1 1. HS TzBfG, wobei innerhalb dieser Zeitspanne bis zu drei Verlängerungen einer Befristung zulässig sind, § 14 II 1 2. HS TzBfG.

1345 Höchstdauer der Zeitbefristung

BEISPIEL: Arbeitgeber G beschäftigt den Arbeitnehmer N für die Zeit vom 1.7. bis zum 31.12. befristet. Der Vertrag wird noch 3 mal verlängert; jeweils für 6 weitere Monate.

Ein wirksam sachgrundlos befristeter Arbeitsvertrag endet grundsätzlich auch dann mit Ablauf der Befristung, wenn der Arbeitnehmer zwischenzeitlich in den Betriebsrat des Unternehmens gewählt worden ist. Etwas anderes gilt nur, wenn der Arbeitnehmer darlegen und ggf. beweisen kann, dass der befristete Arbeitsvertrag lediglich wegen seiner Wahl in den Betriebsrat nicht verlängert worden ist. In einem solchen Fall kann sich der Arbeitgeber auf die Befristung nicht berufen, vgl. § 78 S. 2 BetrVG.[1321]

1346 Betriebsratsmitglied

1318 BAG, NZA 2006, 1402, 1403 f.
1319 BAG, NZA 2005, 401, 403
1320 BAG, NZA 2009, 1260, 1262
1321 BAG, NZA 2014, 1209, 1211

> **KLAUSURHINWEIS**
> Das Betriebsratsmitglied hat gemäß § 78 S. 2 BetrVG i.V.m. § 280 I, § 823 II, § 249 I BGB Anspruch auf Schadensersatz. Dieser ist im Wege der Naturalrestitution auf den Abschluss des verweigerten Folgevertrags gerichtet.

b) Anschlussverbot

1347 Eine Befristung nach § 14 II 1 TzBfG kann jedoch unzulässig sein, wenn mit demselben Arbeitgeber bereits zuvor ein befristetes oder unbefristetes Arbeitsverhältnis bestanden hat, § 14 II 2 TzBfG – sog. Anschlussverbot.

aa) Grundlagen

1348 Das Anschlussverbot soll Gestaltungsmissbräuche bei **Kettenbefristungen** verhindern.

> **BEISPIEL 1:** Arbeitgeber G hat den Arbeitnehmer N in der Zeit vom 1.2. bis zum 30.11. ohne Sachgrund befristet beschäftigt. Im Folgejahr möchte G den N – wiederum ohne Sachgrund – vom 1.4. bis zum 31.10 beschäftigen. Dies ist gem. § 14 II 2 TzBfG unzulässig.

1349 Für die Geltung des Anschlussverbots des § 14 II 2 TzBfG kommt es nach dem Wortlaut des Gesetzes auf den zeitlichen Abstand zwischen dem früheren Arbeitsverhältnis und dem nunmehr ohne Sachgrund befristeten Arbeitsverhältnis nicht an.[1322]

1350
> **MERKSATZ**
> Das **Anschlussverbot** des § 14 II 2 TzBfG hat das BAG einer teleologischen Reduktion unterworfen. Das Anschlussverbot greift nach dieser Rechtsprechung nicht, wenn die „Zuvor-Beschäftigung" mehr als 3 Jahre zurückliegt.[1323]

Das **Verbot der „Zuvor-Beschäftigung"** gem. § 14 II 2 TzBfG schränkt die Möglichkeiten einer sachgrundlosen Befristung ein, um Befristungsketten und den Missbrauch befristeter Arbeitsverträge zu verhindern. Das Anschlussverbot kann allerdings auch zu einem Einstellungshindernis werden. Seine Anwendung ist daher nur insoweit gerechtfertigt, als dies zur Verhinderung von Befristungsketten erforderlich ist. Das ist bei lange Zeit zurückliegenden früheren Beschäftigungen typischerweise nicht mehr der Fall. Hier rechtfertigt der Gesetzeszweck die Beschränkung der Vertragsfreiheit der Arbeitsvertragsparteien und die damit verbundene Einschränkung der Berufswahlfreiheit des Arbeitnehmers nicht.

Die Gefahr missbräuchlicher Befristungsketten besteht nach Ansicht des BAG regelmäßig nicht mehr, wenn zwischen dem Ende des früheren Arbeitsverhältnisses und dem sachgrundlos befristeten neuen Arbeitsvertrag mehr als drei Jahre liegen. Dieser Zeitraum entspreche auch der gesetzgeberischen Wertung, die in der regelmäßigen zivilrechtlichen Verjährungsfrist zum Ausdruck komme.

[1322] Kritisch hierzu z.B. schon Löwisch, BB 2001, 254, 255.
[1323] BAG, NZA 2012, 255, 257; 2011, 905, 906 f.; anders noch BAG, NZA 2005, 218, 220; diese Rspr. explizit ablehnend LAG Baden-Württemberg, BeckRS 2014, 67567; gem. Art. 100 I 1 GG und § 80 I BVerfGG ausgesetzt und die Entscheidung des BVerfG zu der Frage eingeholt, ob § 14 II 2 TzBfG mit Art. 12 I, 2 I, 3 I GG unvereinbar ist, durch ArbG Braunschweig, ArbRAktuell 2014, 366, 366.

BEISPIEL 2: Arbeitnehmer N war beim Arbeitgeber G in der Zeit vom 1.7.2007 bis zum 30.6.2008 befristet beschäftigt. G schließt mit N einen neuen ohne Sachgrund befristeten Vertrag für die Zeit vom 1.9.2011 bis zum 31.7.2012.

Die Befristung in Beispiel 2 unterfällt nach BAG nicht dem Anschlussverbot des § 14 II 2 TzBfG.

Nicht erfasst werden vom Anschlussverbot berufsvorbereitende Beschäftigungen i.S.d. § 26 BBiG, wie Praktika oder Volontariate, wenn sie nicht im Rahmen eines Arbeitsverhältnisses durchgeführt wurden.[1324]

1351 Berufsausbildung

> **MERKSATZ**
> Nach dem so genannten „Anschlussverbot" des § 14 II 2 (und IIa 4) TzBfG kann eine sachgrundlose Befristung nicht auf ein (mit oder ohne Sachgrund) befristetes Arbeitsverhältnis folgen, sofern der zeitliche Abstand 3 Jahre oder kürzer ist; umgekehrt (zunächst sachgrundlose Befristung, dann Befristung mit Sachgrund) ist dies hingegen möglich.[1325]

1352 Fazit

bb) Sonderfall: Vertragsänderung während der Laufzeit

Unter das Anschlussverbot des § 14 II 2 TzBfG fallen keine einvernehmlichen Änderungen der Arbeitsbedingungen während der Laufzeit eines ohne Sachgrund befristeten Arbeitsvertrags. Wird z.B. während der laufenden Befristung die wöchentliche Arbeitszeit erhöht, unterfällt dies nicht der Befristungskontrolle, da kein neues Arbeitsverhältnis begründet wird.[1326]

1353 Vertragsänderung von § 14 II 2 TzBfG nicht erfasst

BEISPIEL: So könnte ein Arbeitsverhältnis, das am 01.02.2011 bis zum 31.01.2012 geschlossen wurde, am 14.11.2011 (vor Ablauf der Befristung) bis zum 31.07.2012 verlängert werden. Zusätzlich könnte durch einen separaten Vertrag zwischen dem Arbeitnehmer und dem Arbeitgeber am 05.12.2011 (also gerade nicht zum Zeitpunkt der Verlängerung am 14.11.2011) z.B. die Arbeitszeit heraufgesetzt werden.

Wird demgegenüber im obigen Beispiel am 14.11.2011 sowohl die Wochenarbeitszeit z.B. von 20 auf 30 Wochenstunden heraufgesetzt und gleichzeitig die sachgrundlose Befristung verlängert, greift das Anschlussverbot des § 14 II 2 TzBfG. Eine Veränderung der Vertragsbedingungen schließt das Vorliegen einer Verlängerung i.S.d. § 14 I 1 TzBfG aus. Eine Ausnahme von diesem Grundsatz kommt nur in Betracht, wenn die geänderten Vertragsbedingungen für den Arbeitnehmer ausschließlich günstiger sind (z.B. Lohnerhöhung, nicht jedoch die Erhöhung der Wochenstundenzahl), oder wenn die Änderung allein auf Wunsch des Arbeitnehmers erfolgt.[1327]

1354 Probleme bei Vertragsänderung und Verlängerung

1324 BAG, NZA 2012, 255, 256 f.; 2006, 154, 155
1325 BAG, NZA 2011, 905, 906 ff.; Lembke, NJW 2006, 325, 326
1326 BAG, NZA 2006, 605, 606 f.
1327 BAG, NZA 2008, 701, 701 ff. = JuS 2008, 937; jurisPR-ArbR 4/2007, Anm. 4, Decruppe

> **MERKSATZ**
> Es ist zulässig, während der Laufzeit der Befristung auf die einvernehmliche Änderung bestimmter Vertragsbedingungen hinzuwirken und danach (oder auch davor) in einer separaten Vereinbarung die Laufzeit der Befristung zu ändern.

cc) Mit demselben Arbeitgeber

Arbeitgeber ist nicht gleich Betrieb

1355

> **MERKSATZ**
> Das Anschlussverbot knüpft nicht an eine vorangegangene Beschäftigung im selben Betrieb an, sondern allein daran, dass der Vertragsarbeitgeber in beiden Arbeitsverhältnissen identisch ist.[1328]

Konzern

Vertragsarbeitgeber ist die natürliche oder juristische Person, die mit dem Arbeitnehmer den Arbeitsvertrag geschlossen hat.[1329] Verschiedene Unternehmen desselben Konzerns sind folglich nicht derselbe Arbeitgeber i.S. des § 14 II 2 TzBfG.[1330]

Betriebsübergang **1356** Im Zusammenhang mit einem Betriebsübergang ist wie folgt zu unterscheiden: War das Arbeitsverhältnis bereits vor Vollzug des Betriebsübergangs beendet, ging es nicht gem. § 613a I BGB auf den Erwerber über. Damit steht das Anschlussverbot der späteren sachgrundlosen Befristung des Arbeitsverhältnisses mit dem Erwerber nicht entgegen. Geht das Arbeitsverhältnis hingegen gem. § 613a I BGB vom Betriebsveräußerer auf den Erwerber über, können sowohl Veräußerer als auch Erwerber später (BAG: innerhalb von drei Jahren) keine sachgrundlose Befristungsabrede mit dem Arbeitnehmer mehr treffen.[1331]

c) Arbeitnehmer, die das 52. Lebensjahr vollendet haben

§ 14 III TzBfG **1357** Hat der Arbeitnehmer das 52. Lebensjahr vollendet, ist gem. § 14 III TzBfG eine sachgrundlose Befristung bis zu einer Dauer von fünf Jahren zulässig, wenn der Arbeitnehmer zuvor mindestens 4 Monate i.S.d. § 119 III SGB III „beschäftigungslos" war, also arbeitslos war, Transferkurzarbeitergeld bezogen oder an einer öffentlich geförderten Beschäftigungsmaßnahme teilgenommen hat. Damit ist den Vorgaben des EuGH[1332] Rechnung getragen, wonach eine erleichterte Befristung nicht allein an das Alter anknüpfen darf.

Anschlussverbot gilt nicht **1358** Innerhalb dieser Gesamtdauer von 5 Jahren ist auch eine mehrfache Verlängerung des befristeten Arbeitsvertrags zulässig. Das Anschlussverbot des § 14 II 2 TzBfG gilt nach Wortlaut und Systematik für § 14 III TzBfG nicht.[1333] Deshalb dieselben Arbeitsvertragsparteien nicht gehindert, nach Ablauf der Höchstfrist von fünf Jahren weitere nach Abs. 3 befristete Arbeitsverträge zu schließen, sofern in der Zeit zwischen Beendigung des ersten und dem rechtlichen Beginn des zweiten Arbeitsverhältnisses eine mindestens vier Monate während Zeit der Beschäftigungslosigkeit oder einer der gleichstehenden Fördermaßnahmen liegt.

1328 Lembke, NJW 2006, 325, 327
1329 BAG, NZA 2005, 514, 515
1330 Lembke, NJW 2006, 325, 327
1331 Lembke, NJW 2006, 325, 327
1332 EuGH, NZA 2005, 1345, 1346 f. (Fall Mangold)
1333 ErfK-Müller-Glöge, § 14 TzBfG Rn 112b; Schiefer/Köster/Korte, DB 2007, 1081, 1084; a.A. MK-Hesse, § 14 TzBfG Rn 103a; Baader, NZA 2007, 713, 716 (europarechtswidrig)

d) Existenzgründer

Um Existenzgründern die Schaffung von Arbeitsplätzen zu erleichtern, können diese in den ersten vier Jahren nach Unternehmensgründung kalendermäßige Befristungen bis zur Dauer von vier Jahren vereinbaren, ohne hierfür eines sachlichen Grundes zu bedürfen, § 14 IIa TzBfG. Innerhalb dieser Gesamtdauer darf die Befristung mehrfach (also nicht nur wie sonst drei mal) verlängert werden.

1359 § 14 IIa TzBfG

e) Fragerecht

Der Arbeitgeber hat im Vorstellungsgespräch ein Fragerecht hinsichtlich einer eventuellen Vorbeschäftigung des Arbeitnehmers beim Arbeitgeber.[1334] Ob sich an dieser bislang ganz h.M. durch die Begrenzung des Anschlussverbots durch das BAG auf den für den Arbeitgeber überschaubaren Zeitraum von 3 Jahren etwas ändern wird, bleibt abzuwarten.

1360 Vorbeschäftigung

f) Angabe eines Sachgrundes

> **MERKSATZ**
> Wird im Arbeitsvertrag ein Sachgrund genannt, obwohl die Befristung schon nach den Regeln der Zeitbefristung zulässig wäre, kann nicht automatisch darauf geschlossen werden, die Vertragsparteien hätten die sachgrundlose Befristungsmöglichkeit abbedungen.[1335]

1361 Zulässige Zeitbefristung dennoch möglich

Der Arbeitgeber kann sich also trotz Nennung eines Sachgrunds im Arbeitsvertrag auf die Möglichkeit sachgrundloser Befristung nach § 14 II, IIa oder III TzBfG berufen.[1336]

5. Die Befristung mit sachlichem Grund

a) Grundsätzliches

Die Befristung eines Arbeitsvertrages ist gem. § 14 I TzBfG generell nur zulässig, wenn sie durch einen sachlichen Grund gerechtfertigt ist. Das gilt unabhängig von der Anwendbarkeit des KSchG.[1337]

1362 Anwendbarkeit des KSchG egal

Der Grund für diese Restriktion liegt in der vom Gesetzgeber angenommenen Paritätsstörung zwischen Arbeitgeber und Arbeitnehmer. Deshalb gilt es, durch gesetzliche Regelungen einen Missbrauch der Vertragsgestaltungsfreiheit zu verhindern.[1338]

Paritätsstörung

> **MERKSATZ**
> Die Befristung mit sachlichem Grund ist sowohl als Zeit- als auch als Zweckbefristung möglich.

1363 Zeit und Zweckbefristung

1334 Lembke, NJW 2006, 325, 326; vgl. auch BT-Dr 14/4374, S. 19
1335 BAG, NZA 2011, 1151, 1152; 2003, 916, 917
1336 Lembke, NJW 2006, 325, 327
1337 Palandt-Weidenkaff, BGB, § 620 Rn 11; Preis/Gotthardt, DB 2000, 2065, 2070; Richardi/Annuß, BB 2000, 2201, 2204; a.A.: Schiefer, DB 2000, 2118, 2121
1338 Preis, Ind. ArbR, § 70 II 1. a)

BEISPIEL 1: A wird von Arbeitgeber G während des Weihnachts- und Nachweihnachtsgeschäfts in der Zeit vom 1.12. bis zum 15.1. befristet beschäftigt.

BEISPIEL 2: Wegen eines Wasserschadens muss das Warenlager des Arbeitgebers G komplett neu sortiert und eingerichtet werden. Für die dadurch zusätzlich anfallende Arbeit, welche die Stammbelegschaft alleine nicht bewältigen kann, stellt G die Arbeitnehmer A und B befristet an. Der befristete Vertrag soll enden, wenn die Arbeiten erledigt sind.

Definition: sachlicher Grund

1364 | **DEFINITION**
Ein **sachlicher Grund für eine Befristung** liegt vor, wenn auch ein verständiger Arbeitgeber im konkreten Fall ein befristetes Arbeitsverhältnis anstelle eines unbefristeten geschlossen hätte.

Keine zeitliche Obergrenze

1365 Liegt ein sachlicher Grund für die Befristung des Arbeitsverhältnisses vor, kann dieses (solange der Grund fortbesteht) zeitlich unbegrenzt befristet werden.

MERKSATZ
Es gibt bei der Befristung mit Sachgrund keine maximale Befristungsdauer.

b) Einzelfälle

1366 Das TzBfG führt in § 14 I 2 Beispielsfälle („insbesondere") eines sachlichen Grundes auf. Durch diese gesetzliche Regelung sind im Wesentlichen schon bisher von der Rechtsprechung anerkannte sachliche Befristungsgründe normiert worden. Im Einzelnen sind dies:

aa) Betrieblicher Bedarf an der Arbeitsleistung besteht nur vorübergehend (Nr. 1)

1367 Gemeint ist zusätzlicher Bedarf oder vorausberechneter Minderbedarf.[1339]

BEISPIELE: Arbeitsverträge im Saisongewerbe (Landwirtschaft, Fremdenverkehr), befristete Arbeitsverträge im Baugewerbe oder mit Künstlern, Musikern und Schauspielern.

Unternehmerisches Risiko

1368 Allerdings darf der Arbeitgeber in Ausnutzung dieses Tatbestands nicht die gewöhnliche, durch allgemeine Bedarfsschwankungen begründete Unsicherheit über den zukünftigen Bedarf an Arbeitskräften, die zum unternehmerischen Risiko gehört, auf den Arbeitnehmer abwälzen.[1340]

Unzureichende Personalausstattung

1369 Auch liegt der Befristungsgrund Nr. 1 nicht vor, wenn dem Arbeitnehmer Daueraufgaben übertragen werden, die vom Stammpersonal wegen von vornherein unzureichender Personalausstattung nicht erledigt werden können.[1341]

Projektbedingter personeller Mehrbedarf

1370 Dagegen handelt es sich bei einem projektbedingten personellen Mehrbedarf grundsätzlich um einen die Befristung tragenden nur vorübergehenden

---

[1339] Palandt-Weidenkaff, BGB, § 620 Rn 18
[1340] BAG, AP Nr. 221 zu § 620 BGB Befristeter Arbeitsvertrag; Palandt-Weidenkaff, BGB, § 620 Rn 18
[1341] BAG, NZA 2010, 633, 634 f.

Arbeitskräftebedarf. In allen Fällen muss eine Prognose ergeben, dass aufgrund greifbarer Tatsachen mit einiger Sicherheit der Wegfall des Mehrbedarfs mit dem Auslaufen des befristeten Arbeitsverhältnisses zu erwarten ist.[1342]

BEISPIEL (nach BAG, NZA 2005, 357): Arbeitgeber G beschäftigt den Arbeitnehmer N befristet für den personellen Mehrbedarf, welcher durch das Projekt P hervorgerufen wird. Nach dem Ende des Projekts P könnte N aufgrund seiner Qualifikation auf einem freien Arbeitsplatz im neuen Projekt Q beschäftigt werden.

Der sachliche Befristungsgrund Nr. 1 ist gegeben, weil sich die Prognose des Arbeitgebers hinsichtlich des zeitlich begrenzten erhöhten Personalbedarfs nur auf das konkrete Projekt beziehen muss.

bb) Befristung erfolgt im Anschluss an eine Ausbildung oder ein Studium, um den Übergang in eine Anschlussbeschäftigung zu erleichtern (Nr. 2)

Der Befristungstatbestand Nr. 2 knüpft an das Motiv der Parteien an, das darauf abzielt, dem Arbeitnehmer den Übergang in eine Anschlussbeschäftigung zu erleichtern. Für die Praxis ist die Regelung weitgehend ohne Bedeutung, da sie im Grunde keinen Anwendungsbereich hat. Der Befristungsgrund einer Anschlussbeschäftigung an ein Studium läuft leer, weil in diesem Fall meist eine sachgrundlose Befristung nach § 14 II TzBfG möglich ist, da der Arbeitnehmer in aller Regel noch in keinem Arbeitsverhältnis zum Arbeitgeber gestanden haben wird.[1343] Nicht anders sieht es für eine erstmalige Beschäftigung eines Arbeitnehmers aus, der soeben eine Berufsausbildung i.S.d. § 3 II BBiG abgeschlossen hat, und zwar selbst dann, wenn er den praktischen Teil der Ausbildung beim einstellenden Arbeitgeber absolviert hat. Berufsausbildungsverhältnisse sind nämlich keine Arbeitsverhältnisse im befristungsrechtlichen Sinn, weil sie nicht auf den gegenseitigen Austausch von Leistungen, sondern auf die Berufsausbildung des Auszubildenden gerichtet sind.[1344]

Mithin hat der Sachgrund der Nr. 2 nur Bedeutung für Befristungen von mehr als zwei Jahren Dauer oder im Falle eines früheren, nicht länger als 3 Jahre zurückliegenden Arbeitsverhältnisses derselben Parteien vor dem Berufsausbildungsverhältnis, weil dann das Anschlussverbot gem. § 14 II 2 TzBfG greift.[1345]

1371 Motiv der Parteien

MERKSATZ
Das Gesetz verlangt jedoch nicht, dass die Ausbildung beim selben Arbeitgeber stattgefunden hat.[1346]

cc) Vertretung eines anderen Arbeitnehmers (Nr. 3)

Teil des Sachgrunds ist eine Prognose des Arbeitgebers über den voraussichtlichen Wegfall des Vertretungsbedarfs nach Rückkehr des zu vertretenden Mitarbeiters. Der Sachgrund der Vertretung setzt des Weiteren einen Kausalzusammenhang

1372 Kausalzusammenhang

1342 BAG, AP Nr. 15 zu Art. 13 Einigungsvertrag
1343 BAG, NZA 2012, 255, 256
1344 BeckOK ArbR-Bayreuther, § 14 TzBfG Rn 34
1345 BeckOK ArbR-Bayreuther, § 14 TzBfG Rn 35; EfK-Müller-Glöge, § 14 TzBfG Rn 29
1346 EfK-Müller-Glöge, § 14 TzBfG Rn 31; Palandt-Weidenkaff, BGB, § 620 Rn 19

zwischen dem zeitweiligen Ausfall des Vertretenen und der Einstellung der Vertretungskraft voraus.

Unmittelbare und mittelbare Vertretung zulässig

1373 Der zur Vertretung eines zeitweilig ausfallenden Mitarbeiters befristet eingestellte Arbeitnehmer kann zur Verrichtung solcher Aufgaben eingestellt zu werden, die der ausfallende Mitarbeiter auszuüben hatte, sog. **unmittelbare Vertretung**. Erforderlich für die Anerkennung eines Vertretungsfalles als Befristungsgrund ist dies aber nicht. Es genügt, dass durch den zeitweiligen Ausfall eines Mitarbeiters ein vorübergehender Beschäftigungsbedarf entstanden ist und die befristete Einstellung im Rahmen einer „Vertretungskette" wegen dieses Bedarfs erfolgt. Ob und wie der Arbeitgeber anlässlich dieser Einstellung die Arbeitsaufgaben im Rahmen seines Direktionsrechts umverteilt, sog. **mittelbare Vertretung**, ist unerheblich.[1347]

Gedankliche Zuordnung

1374 Werden dem befristet beschäftigten Arbeitnehmer Aufgaben übertragen, die der vertretene Mitarbeiter nie ausgeübt hat, besteht der erforderliche Vertretungszusammenhang nicht nur, wenn eine mittelbare Vertretung erfolgt, sondern auch dann, wenn der Arbeitgeber rechtlich und tatsächlich in der Lage wäre, dem vorübergehend abwesenden Arbeitnehmer im Falle seiner Anwesenheit die dem Vertreter zugewiesenen Aufgaben zu übertragen. In diesem Fall ist allerdings zur Gewährleistung des Kausalzusammenhangs zwischen der zeitweiligen Arbeitsverhinderung der Stammkraft und der Einstellung der Vertretungskraft erforderlich, dass der Arbeitgeber bei Vertragsschluss mit dem Vertreter dessen Aufgaben einem oder mehreren vorübergehend abwesenden Beschäftigten nach außen erkennbar gedanklich zuordnet. Dies kann insbesondere durch eine entsprechende Angabe im Arbeitsvertrag geschehen. Nur dann ist gewährleistet, dass die Einstellung des Vertreters auf der Abwesenheit des zu vertretenden Arbeitnehmers beruht. Darauf, ob und ggf. wie die bisherigen Aufgaben der vorübergehend abwesenden Stammkraft wahrgenommen werden, kommt es bei der sog. **gedanklichen Zuordnung** dagegen nicht an.[1348]

Freigestellte Personal- und Betriebsratsmitglieder

BEISPIELE: Unter die Nr. 3 fällt die Vertretung eines freigestellten Personalratsmitglieds, weil der Arbeitgeber davon ausgehen kann, dass der Vertretungsbedarf mit dem Ablauf der Amtsperiode des Personalratsmitglieds entfallen wird.[1349]

Gleiches muss für ein freigestelltes Betriebsratsmitglied gelten.

Dauernder Vertretungsbedarf

1375 Problematisch ist, ob § 14 I 2 Nr. 3 TzBfG auch bei einem wiederkehrenden oder dauernden Vertretungsbedarf eingreift. Der EuGH hat dies bejaht.[1350] Automatisch den Abschluss unbefristeter Verträge zu verlangen, wenn die Größe des betroffenen Unternehmens und die Zusammensetzung des Personals darauf schließen lassen, dass der Arbeitgeber mit einem wiederholten oder ständigen Bedarf an Vertretungskräften konfrontiert ist, gehe über mit der Richtlinie 1999/70/EG verfolgten Ziele hinaus. Das schließt aber nicht aus, dass der Einzelfall einer Missbrauchskontrolle unterzogen wird. Arbeitgeber sind auch nicht verpflichtet, eine – rechtlich mögliche – krankheitsbedingte Kündigung auszusprechen, um eine unbefristete Stelle zu schaffen. Nur wenn der Arbeitgeber im Ausnahmefall auf Grund ihm

---

1347 BAG, NJW 2006, 3451; NZA 2004, 925, 927; Palandt-Weidenkaff, BGB, § 620 Rn 20
1348 BAG, NZA 2015, 617, 617 f.
1349 BAG, NZA 2002, 896, 897 f.
1350 EuGH, NZA 2012, 135, 136 f.

vorliegender Informationen erhebliche Zweifel daran haben muss, dass die zu vertretende Stammkraft überhaupt wieder an ihren Arbeitsplatz zurückkehren wird, kann dies dafür sprechen, dass der Sachgrund der Vertretung nur vorgeschoben ist. Dann kann die Befristung unwirksam sein.[1351]

MERKSATZ 1376

Stets muss die Befristung wegen des Arbeitskräftebedarfs erfolgen, der durch die (vorübergehende oder dauernde) Abwesenheit des zu vertretenden Mitarbeiters entsteht. Fehlt dieser Kausalzusammenhang, ist die Befristung nicht durch den Sachgrund der Vertretung gerechtfertigt.[1352]

Für **Schwangerschaftsvertretungen** ist die Sonderregelung des § 21 BEEG zu beachten.   1377 Schwangerschaftsvertretungen

dd) Die Eigenart der Arbeitsleistung rechtfertigt die Befristung (Nr. 4)
Im Rahmen der Nr. 4 kommt es alleine auf die spezifischen Besonderheiten der Arbeitsleistung an.   1378

BEISPIELE: Bühnenengagements oder die Betreuung von Spitzensportlern durch Trainer. Nicht dagegen bei bloßer Nebentätigkeit.[1353]

Besondere Probleme ergeben sich bei dem aus Art. 5 I GG abgeleiteten Recht der Befristung im Bereich von Presse, Rundfunk und Fernsehen. Die verfassungsrechtlich unter dem Schutz von Art. 5 I GG stehende Vielfalt der Berichterstattung bzw. des Programms erfordert, sodass die Medien auf einen breit gestreuten Kreis geeigneter Mitarbeiter zurückgreifen können, was seinerseits voraussetzen könne, dass diese nicht auf Dauer, sondern nur für die Zeit beschäftigt werden, in der sie benötigt werden. Damit beschränkt sich dieser Befristungsgrund aber auf programmgestaltende Mitarbeiter und nicht z.B. auf einen Toningenieur.[1354]   1379 Bereich von Presse, Rundfunk und Fernsehen

ee) Die Befristung erfolgt zur Erprobung (Nr. 5).
Der Sachgrund der Erprobung wird davon getragen, dass sich die Parteien häufig nicht sofort endgültig binden, sondern zunächst im Rahmen eines Probearbeitsverhältnisses Klarheit darüber gewinnen wollen, ob eine dauerhafte Zusammenarbeit sinnvoll erscheint. Der Arbeitgeber, dessen Interesse insoweit im Vordergrund steht, ist berechtigterweise daran interessiert, zu prüfen, ob der neue Arbeitnehmer für die ihm zugedachte Stellung dauerhaft geeignet erscheint, und sich die Auflösung des Arbeitsverhältnisses zunächst zu erleichtern, wenn der Arbeitnehmer den an ihn gestellten Anforderungen nicht gerecht wird.   1380 Prüfung des dauerhaften Eignung für die Arbeitsstelle

Die Rechtsprechung hat verlangt, dass der Erprobungszweck durch eine entsprechende Vereinbarung (auch mündlich) Vertragsinhalt geworden ist.[1355] Weiterhin   Vertragsinhalt

---

1351 LAG Rheinland-Pfalz, NZA-RR 2013, 16, 17
1352 BAG, NZA 2010, 34, 35; NJOZ 2010, 1647, 1648
1353 Palandt-Weidenkaff, BGB, § 620 Rn 21
1354 BVerfG, NZA 1998, 1336, 1338 f.
1355 BAG, AP Nr. 163 zu § 620 BGB Befristeter Arbeitsvertrag

muss die Erprobungsdauer in einem angemessenen Verhältnis zum Erprobungszweck stehen.

1381 | **MERKSATZ**
In der Regel wird man eine **Probezeit** von bis zu sechs Monaten als rechtlich zulässig ansehen können, vgl. auch § 1 KSchG und § 622 II BGB.

Eine längere Probezeit kann zulässig sein, wenn die Art der zu leistenden Arbeit (etwa bei wissenschaftlichen oder künstlerischen Tätigkeiten) oder die Person des Arbeitnehmers (etwa Wiederaufnahme des erlernten Berufs nach langer Pause) dies rechtfertigt.

ff) In der Person des Arbeitnehmers liegende Gründe (Nr. 6)

1382 Die Befristung von Arbeitsverträgen mit Studenten, die neben dem Studium bezahlte Arbeit suchen, ihre Erwerbstätigkeit aber immer wieder den wechselnden Erfordernissen des Studiums anpassen müssen, ist im Arbeitsleben üblich und im Grundsatz sachlich gerechtfertigt.[1356] Allerdings kann im Einzelfall, sofern dies im konkreten Betrieb möglich ist, eine flexible Arbeitszeitgestaltung (z.B. Arbeitszeitkonten) einer Befristung vorzuziehen sein.

1383 Unter Nr. 6 fallen weiterhin die voraussehbare Dauer einer Aufenthaltserlaubnis und ein entsprechender Wunsch des Arbeitnehmers.[1357]
Letzteres kann nur angenommen werden, wenn der Arbeitnehmer auch bei einem Angebot auf Abschluss eines unbefristeten Vertrags nur ein befristetes Arbeitsverhältnis gewählt hätte.[1358]

1384 Der personenbedingte Befristungstatbestand erfasst auch die **Altersgrenze**. Eine auf das Erreichen des 65. Lebensjahrs abstellende Befristung ist grundsätzlich unbedenklich.[1359] Vereinbaren die Arbeitsvertragsparteien jedoch nach Erreichen des Renteneintrittsalters des Arbeitnehmers die befristete Fortsetzung des Arbeitsverhältnisses, ist die Befristung nicht ohne weiteres sachlich gerechtfertigt. Der Bezug von gesetzlicher Altersrente allein stellt noch keinen in der Person des Arbeitnehmers liegenden Grund i.S.v. § 14 I 2 Nr. 6 TzBfG dar. Die Befristung kann allerdings sachlich gerechtfertigt sein, wenn sie der Einarbeitung einer Nachwuchskraft dient.[1360]

gg) Haushaltsmittel für eine befristete Beschäftigung (Nr. 7)

1385 Dieser Befristungsgrund setzt eine zweckgebundene Zuweisung der Haushaltsmittel für die Erledigung von zeitlich begrenzten Tätigkeiten voraus. Außerdem muss der Arbeitnehmer entsprechend dieser Zweckbestimmung beschäftigt werden.[1361]

[1356] *BAG, NZA 1995, 30, 31; 1991, 18, 19*
[1357] *Palandt-Weidenkaff, BGB, § 620 Rn 23*
[1358] *BAG, NJOZ 2005, 3009, 3014*
[1359] *Demgegenüber stellt eine generelle tarifvertragliche Regelung einer Altersgrenze von 60 Jahren für Piloten eine unmittelbar auf dem Alter beruhende Ungleichbehandlung i.S.v. Art. 1 i.V.m. Art. 2 II lit. a der Richtlinie 2000/78/EG dar, EuGH, NZA 2011, 1039, 1041 f.*
[1360] *BAG, NJW 2015, 2682, 2684*
[1361] *BAG, NZA 2007, 332, 332 ff.*

hh) Die Befristung beruht auf einem gerichtlichen Vergleich (Nr. 8)

Der gerichtliche Vergleich (gemeint ist der Prozessvergleich gem. § 794 I Nr. 1 ZPO), mit dem die Parteien zur Beilegung einer Rechtsstreitigkeit ein befristetes oder auflösend bedingtes Arbeitsverhältnis vereinbaren, unterliegt keiner (weiteren) Befristungskontrolle. Deren Funktion erfüllt das Arbeitsgericht durch seine ordnungsgemäße Mitwirkung beim Zustandekommen des Vergleichs. Das Gericht wird in diesem Fall als Garant für einen angemessenen Ausgleich der wechselseitigen, grundrechtsgeschützten Interessen der Arbeitsvertragsparteien angesehen.

1386 Keine Befristungskontrolle des gerichtlichen Vergleichs

Deshalb fallen nur Vergleiche, die auf Grund eines gerichtlichen Vergleichsvorschlags geschlossen werden, vgl. § 278 VI 1 Alt. 2 ZPO, in den Anwendungsbereich des Gesetzes. Ein gerichtlicher Vergleich, der lediglich einen von den Parteien eingereichten Vergleichsvorschlag feststellt, vgl. § 278 VI 1 Alt. 1 ZPO, erfüllt diese Anforderungen nicht. Allerdings kann eine ausreichende Mitwirkung des Gerichts auch dann vorliegen, wenn sich das Gericht einen von den Parteien vorgelegten Einigungsentwurf als seinen Vorschlag zu eigen macht und diesen den Parteien nach § 278 VI 1 Alt. 2 ZPO unterbreitet.[1362] Außergerichtliche Vergleiche fallen mithin erst recht nicht unter Ziffer 8.

1387 Außergerichtlicher Vergleich

ii) Ungeschriebene sachliche Gründe

Neben den im Gesetz genannten sachlichen Gründen werden in der Gesetzesbegründung - ebenfalls beispielhaft - genannt: Arbeitsbeschaffungs- und Strukturanpassungsmaßnahmen nach dem SGB III und die übergangsweise Beschäftigung eines Arbeitnehmers auf einem Arbeitsplatz, dessen endgültige Besetzung durch einen anderen Mitarbeiter – z.B. nach abgeschlossener Berufsausbildung – vorgesehen ist.

1388 Arbeitsbeschaffungs- und Strukturanpassungsmaßnahmen

> **MERKSATZ**
> Kein sachlicher Grund ist natürlich die Unsicherheit über die künftige Entwicklung, die jeder wirtschaftlichen Tätigkeit innewohnt. Sie ist typisches Unternehmerrisiko und deshalb vom Arbeitgeber zu tragen.

1389 Unsicherheit über künftige Entwicklung

Ein befristetes Arbeitsverhältnis mit einer Schwangeren ist grundsätzlich möglich, bedarf aber eines sachlichen Grundes, der nicht in der Schwangerschaft selbst liegt.[1363]

1390 Schwangerschaft

c) Beurteilungszeitpunkt

> **MERKSATZ**
> Maßgebender Zeitpunkt für das Vorliegen oder Nichtvorliegen des sachlichen Grundes ist allein der Zeitpunkt des Vertragsabschlusses. Spätere Umstände berühren ihn nicht mehr.[1364]

1391 Zeitpunkt des Vertragsschlusses

1362 BAG, NJW-Spezial 2015, 274, 275
1363 BAG, NZA 1997, 1222, 1223
1364 BAG, AP Nr. 97 zu § 620 BGB Befristeter Arbeitsvertrag

Sonderkündigungsschutz

Das gilt auch für solche nach Vertragsabschluss eintretenden Umstände, die einen **Sonderkündigungsschutz** begründen würden.

Objektives Vorliegen des Sachgrundes ausreichend

1392 | **MERKSATZ**
Eine wirksame Befristung verlangt nicht, dass der Befristungsgrund Vertragsinhalt geworden oder dem Arbeitnehmer bei Vertragsschluss mitgeteilt worden ist. Das objektive Vorliegen des sachlichen Grundes bei Abschluss des Vertrages genügt.[1365]

d) Der sachliche Grund bei Kettenarbeitsverträgen

Nur sachlicher Grund der letzten Befristung maßgebend

1393 | **MERKSATZ**
Bei mehrfacher aufeinanderfolgender Befristung (sog. **Kettenbefristung**) überprüft das BAG nur für die letzte Befristung das Vorliegen eines sachlichen Grundes.[1366]

Neue Rechtsgrundlage

1394 Das gilt sogar dann, wenn die neue Befristung noch während des Laufs einer alten vereinbart wurde und dabei Tätigkeit und Gehalt völlig neu festgelegt wurden. Das BAG begründet dies damit, dass die Parteien ihr Arbeitsverhältnis mit jeder neu abgeschlossenen Befristung auf eine neue Rechtsgrundlage stellen, die fortan für ihre Arbeitsbeziehungen allein maßgeblich sein soll. Im vorbehaltlosen Abschluss eines befristeten Arbeitsvertrages liege zugleich die nicht anfechtbare Aufhebung eines früheren, möglicherweise unbefristeten Arbeitsvertrages.[1367]

§ 17 TzBfG

Das gleiche Ergebnis lässt sich auch – einfacher – über die Präklusionsfrist des § 17 TzBfG begründen.[1368]

Eine Ausnahme gilt nur für den Fall, dass die Parteien dem Arbeitnehmer bei Abschluss des Anschlussvertrags das Recht vorbehalten, die Wirksamkeit der Befristung des vorangegangenen Vertrags gerichtlich überprüfen zu lassen.[1369]

1395 | **KLAUSURHINWEIS**
Für Sie in der Klausur bedeutet dies, dass sie sich im Gutachten oder im Urteil grundsätzlich nur mit der sachlichen Rechtfertigung der letzten Befristung zu beschäftigen haben! Auf die sachliche Rechtfertigung früherer Befristungen ist allenfalls – nur soweit gefordert - im Hilfsgutachten einzugehen.

Indiz für den Mangel der sachlichen Rechtfertigung

1396 Eine Mehrzahl hintereinander geschlossener befristeter Arbeitsverträge (Kettenverträge) ist jedoch ein Indiz für den Mangel der sachlichen Rechtfertigung.[1370] Diese Würdigung beruht nicht nur darauf, dass die schutzbedürftigen Interessen des Arbeitnehmers mit dem längeren Bestand seiner Betriebszugehörigkeit wachsen, sondern auch darauf, dass sich die den vorangegangenen befristeten

---
1365 BAG, NZA 2002, 85, 86; zu einem eventuellen Wiedereinstellungsanspruch gleich im Text.
1366 BAG, NZA 2009, 35, 36; Palandt-Weidenkaff, BGB, § 620 BGB Rn 11
1367 BAG, NZA 2009, 35, 36
1368 ErfK-Müller-Glöge, § 14 TzBfG Rn 10
1369 BAG, NZA 2007, 803, 804 f.
1370 BAG, AP Nr. 149 zu § 620 BGB Befristeter Arbeitsvertrag

Arbeitsverträgen jeweils zugrunde liegende Prognose des Arbeitgebers, nach dem jeweils vorgesehenen Vertragsablauf werde kein Bedürfnis oder keine Möglichkeit zur Weiterbeschäftigung des Arbeitnehmers mehr bestehen, mit steigender Zahl der befristeten Arbeitsverträge immer häufiger als letztlich unzutreffend herausgestellt hat und deshalb seine Prognose, jedenfalls diesmal werde mit hinreichender Wahrscheinlichkeit eine Weiterbeschäftigung des Arbeitnehmers über das vorgesehene Vertragsende hinaus endgültig nicht mehr erforderlich oder nicht mehr möglich sein, einer verschärften Prüfung standhalten muss.[1371]

MERKSATZ 1397
Bei sehr langer Gesamtdauer oder einer außergewöhnlich hohen Anzahl aufeinander folgender Befristungen mit demselben Arbeitgeber, kann ein Rechtsmissbrauch vorliegen und die Befristung folglich unwirksam sein.[1372]

e) Kein Zitiergebot

Rechtlich ist die Angabe der Befristungsgrundlage oder des Sachgrunds nicht geboten. Es existiert kein Zitiergebot, sofern dies nicht in Tarifverträgen oder bestimmten Gesetzen, z.B. § 57b III HRG, explizit vorgesehen ist. 1398 Sachlicher Grund muss nicht angegeben werden

Anders ist dies nur bei Zweckbefristungen, vgl. § 15 II TzBfG, und auflösenden Bedingungen. Bei der Zweckbefristung muss der die Beendigung des Arbeitsverhältnisses bewirkende Zweck bekannt sein, bei der auflösenden Bedingung das in der Zukunft liegende Ereignis, von dem der Bestand des Arbeitsverhältnisses abhängen soll. Entsprechend ist das vertragsbeendende Ereignis als Wirksamkeitsvoraussetzung in der Abrede schriftlich zu fixieren.[1373] 1399 **Ausnahme:** Zweckbefristung

IV. VERHÄLTNIS ZUR ÄNDERUNGSKÜNDIGUNG

Fraglich ist, ob auch die **nachträgliche Befristung** eines unbefristeten Arbeitsverhältnisses eines sachlichen Grundes bedarf, oder ob insoweit der Schutz des § 2 KSchG (Änderungskündigung) ausreichend und vorrangig ist. 1400 Nachträgliche Befristung eines unbefristeten Arbeitsverhältnisses

BEISPIEL: Arbeitnehmer N hat bei Arbeitgeber G einen unbefristeten Arbeitsvertrag. G kündigt N den unbefristeten Vertrag schriftlich und bietet ihm gleichzeitig einen auf ein Jahr befristeten Arbeitsvertrag an.

MERKSATZ 1401 Sachlicher Grund nötig
Bei nachträglicher Befristung muss stets ein sachlicher Grund vorliegen.[1374]

Dem Arbeitnehmer wird durch eine solche Vereinbarung (unabhängig davon, ob er im Zeitpunkt der Befristungsvereinbarung bereits Kündigungsschutz genießt) für den Zeitpunkt der vereinbarten Beendigung des Arbeitsverhältnisses der

Es droht Umgehung von Kündigungsschutz

1371 BAG, AP Nr. 149 zu § 620 BGB Befristeter Arbeitsvertrag
1372 BAG, NZA 2012, 1359, 1362; 1351, 1355; EuGH, NZA 2012, 135, 138; ebenso, wenn (Fall aus Italien) über 11 Jahre gar keine regulären Besetzungsverfahren zum Zwecke von Festanstellungen durchgeführt werden (EuGH, NZA 2015, 153, 158 ff.).
1373 BAG, NZA 2006, 321, 323; BeckOK ArbR-Bayreuther, § 14 TzBfG Rn 136
1374 BAG, NZA 1999, 81, 81 f.; MK-Hesse, § 14 TzBfG Rn 19

Kündigungsschutz entzogen. Deshalb stellt sich auch in diesem Fall die Frage, ob durch das Vorgehen des Arbeitgebers der Kündigungsschutz funktionswidrig umgangen wird. Diese Frage ist im Rahmen der allgemeinen arbeitsgerichtlichen Befristungskontrolle durch die Prüfung des Vorliegens eines sachlichen Grundes zu beantworten.

Arbeitnehmer muss nicht Klage gem. § 2 KSchG erheben

1402 Der Arbeitnehmer verliert sein Recht, die sachliche Rechtfertigung der Befristung überprüfen zu lassen auch nicht dadurch, dass er die Änderungskündigung, die zur Befristung des Arbeitsvertrages geführt hat, nicht angegriffen, sondern das darin liegende Änderungsangebot vorbehaltlos angenommen hat. Regelmäßig verliert ein Arbeitnehmer, dem mehrere Möglichkeiten der Inanspruchnahme gerichtlichen Rechtsschutzes zur Verfügung stehen, nicht die eine Möglichkeit, wenn er die andere nicht wahrnimmt. Das gilt auch im Verhältnis von § 2 KSchG einerseits und Befristungskontrolle andererseits. Der Arbeitnehmer ist nicht gezwungen, den Weg über § 2 KSchG zu gehen.[1375]

V. RECHTSFOLGEN BEI RECHTSWIDRIGER BEFRISTUNG

Unbefristeter Arbeitsvertrag

1403 | **MERKSATZ**
Ist ein Arbeitsvertrag unter Verstoß gegen die gesetzlichen Regelungen des TzBfG befristet worden, so liegt ein unbefristeter Arbeitsvertrag vor, § 16 S. 1 HS 1 TzBfG.

1404 Gleiches gilt, wenn die Befristung gegen tarifvertragliche oder betriebsverfassungsrechtliche Vorschriften verstößt.

Beendigung verlangt Kündigung

1405 Dies hat zur Folge, dass das Arbeitsverhältnis nicht mit Ablauf der vereinbarten Zeit oder der Erreichung des vereinbarten Zwecks endet, sondern auf unbestimmte Zeit fortgesetzt wird. Zur Beendigung des Arbeitsverhältnisses muss daher ordentlich gekündigt werden.

§ 16 S. 1 TzBfG

1406 Grundsätzlich kann bei unwirksamer Befristung die ordentliche Kündigung frühestens zum Ablauf der beabsichtigten Befristung ausgesprochen werden, § 16 S. 1 HS 2 TzBfG.

> **BEISPIEL:** Arbeitnehmer N wird aufgrund eines befristeten Arbeitsvertrags wegen angeblich vorübergehend erhöhten Personalbedarfs vom 1.6.2007 bis zum 30.11.2011 im Kleinbetrieb des Arbeitgebers G befristet beschäftigt. Als G im November 2010 durch eine anwaltliche Beratung erfährt, dass es keinen sachlichen Grund für die Befristung gibt, will er N ordentlich kündigen.
>
> Die Kündigung ist frühestens zum 30.11.2011 zulässig.

§ 16 S. 2 TzBfG

1407 Wenn die Befristung allerdings alleine wegen mangelnder Schriftform unwirksam ist, kann auch vor dem vereinbarten Ende (im Rahmen der Fristen des § 622 II 1 BGB) gekündigt werden, § 16 S. 2 TzBfG.

1375 *BAG, NZA 1999, 81, 82; MK-Hesse, § 14 TzBfG Rn 19*

VI. KEIN WIEDEREINSTELLUNGSANSPRUCH

Stellt sich nach Ablauf eines wirksam befristeten Arbeitsvertrages heraus, dass sich entgegen der ursprünglich richtigen Prognose aufgrund neuer Umstände eine Möglichkeit zur Weiterbeschäftigung ergibt, so hat der befristet beschäftigte Arbeitnehmer grundsätzlich keinen Anspruch auf Wiedereinstellung. Die Rechtsprechung des Bundesarbeitsgerichts zum Wiedereinstellungsanspruch nach betriebsbedingter Kündigung[1376] kann nicht auf befristete Arbeitsverhältnisse übertragen werden.[1377] Bei einer falsch prognostizierten Befristung erhielte der Arbeitnehmer nämlich ein Mehr, nämlich einen unbefristeten Vertrag statt eines befristeten. Es handelte sich damit nicht mehr nur um eine Korrektur der Prognoseentscheidung des Arbeitgebers. Denn dieser hat eben den Arbeitnehmer nur befristet eingestellt. Ob er den gleichen Arbeitnehmer selbst bei von Beginn an richtiger Prognose auch unbefristet eingestellt hätte, ist damit nicht gesagt. Dies folgt daraus, dass der Arbeitgeber z.B. bei einer befristeten Einstellung zur Vertretung eines ausfallenden Mitarbeiters grundsätzlich in seiner Entscheidung frei ist, inwieweit er den Ausfall einer Stammkraft überhaupt überbrücken will. Vor diesem Hintergrund wäre es widersprüchlich, ihm diese Freiheit im Fall des sich überraschend ergebenden weiteren Vertretungsbedarfes zu versagen und ihn zur Weiterbeschäftigung des bisherigen Vertreters zu verpflichten.[1378] Ein genereller Wiedereinstellungsanspruch bei falsch prognostizierter Befristung rückte damit zumindest in die Nähe eines Abschlusszwangs, welchen unsere Rechtsordnung nicht vorsieht.[1379]

1408 Keine Parallele zur betriebsbedingten Kündigung

1409 Keine Anerkennung eines Abschlusszwangs

D. Klausurfall: „Die nachträgliche Befristung"

SACHVERHALT

Arbeitgeber E schloss mit Arbeitnehmer C am 16.12.2013 mündlich einen Arbeitsvertrag. Dabei wurde eine Befristung des Vertrags vom 1.1.2014 bis zum 31.10.2014 vereinbart. Grund für die Befristung ist die Vertretung der langfristig erkrankten Arbeitnehmerin A. Nach ärztlicher Prognose soll A erst im November 2014 wieder arbeitsfähig sein.
C nahm seine Arbeit am 4.1.2014 bei E auf. Ein schriftlicher Arbeitsvertrag wurde von C allerdings erst am 7.1.2014 unterzeichnet. Dieser sah als Ende des befristeten Arbeitsverhältnisses nunmehr allerdings den 30.11.2014 vor, da sich die ärztliche Prognose zur Arbeitsfähigkeit der A um einen Monat nach hinten verschoben hatte. Eine Woche nach Dienstantritt äußert C gegenüber E Zweifel bezüglich der Wirksamkeit der vereinbarten Befristung bis zum 30.11.2014.
E hält die Einwände von C für unerheblich. Schon die mündliche Vereinbarung vom 16.12.2013 stelle eine wirksame Befristung dar. Jedenfalls sei ein möglicher Mangel durch die Unterzeichnung des Arbeitsvertrags am 7.1.2014 nachträglich geheilt worden. Schließlich könne aber in der Unterzeichnung des Arbeitsvertrags am 7.1.2014 ein Neuabschluss eines befristeten Arbeitsvertrags gesehen werden. Die Befristung des Arbeitsvertrags sei darüber hinaus auch durch einen Sachgrund gerechtfertigt.

1410

1376 BAG, AP Nr. 1 zu § 1 KSchG 1969 Wiedereinstellung; hierzu Näheres bei Rn 1180.
1377 BAG, NZA 2002, 896, 898; LAG Düsseldorf, LAGE Nr. 60 zu § 620 BGB
1378 BAG, NZA 2002, 896, 898
1379 LAG Düsseldorf, LAGE Nr. 60 zu § 620 BGB

Ist das Arbeitsverhältnis von C wirksam durch den mündlichen Arbeitsvertrag vom 16.12.2013 oder den schriftlichen Arbeitsvertrag vom 7.1.2014 befristet worden?

LÖSUNG

Fraglich ist, ob das Arbeitsverhältnis von C durch den mündlichen Arbeitsvertrag vom 16.12.2013 oder den schriftlichen Arbeitsvertrag vom 7.1.2014 wirksam befristet wurde.

A. Wirksame Befristung durch mündlichen Arbeitsvertrag vom 16.12.2013

C und E haben sich am 16.12.2013 mündlich über die Einstellung von C, die Details sowie die Befristung des Arbeitsvertrags vom 1.1.2014 bis zum 31.10.2014 geeinigt. Das hierdurch unzweifelhaft bestehende Arbeitsverhältnis zwischen C und E wäre wirksam durch diesen Arbeitsvertrag vom 16.12.2013 befristet worden, wenn die Schriftform des § 14 IV TzBfG gewahrt wurde und der Befristung entweder ein Sachgrund nach § 14 Abs. 1 TzBfG bzw. die Voraussetzungen einer sachgrundlosen Befristung nach § 14 II TzBfG zugrunde gelegen hätten.

I. SCHRIFTFORMERFORDERNIS, § 14 IV TzBfG

Die Unwirksamkeit der Befristung könnte sich jedoch bereits aus § 14 IV TzBfG wegen Verstoßes gegen die Schriftform des § 126 BGB ergeben. § 126 BGB verlangt die eigenhändige Unterschrift von Arbeitgeber und Arbeitnehmer, welche durch die nur mündlich vereinbarte Befristung am 16.12.2013 nicht erfolgt ist. Somit liegt ein Verstoß gegen das Schriftformerfordernis des § 14 IV TzBfG vor, der gem. § 125 S. 1 BGB die Nichtigkeit der Befristung nach sich zieht.

II. HEILUNG DURCH UNTERZEICHNUNG AM 7.1.2014?

§ 141 BGB

Fraglich ist, ob die formnichtige mündliche Befristungsabrede durch die Unterzeichnung des schriftlichen Arbeitsvertrags vom 7.1.2014 gem. § 141 BGB rückwirkend wirksam geworden ist.

Keine bloße Bestätigung da neues Enddatum

Das setzt voraus, dass die Parteien mit der Unterzeichnung überhaupt den ursprünglichen mündlichen Vertrag heilen bzw. bestätigen wollten. Dagegen spricht schon, dass der Vertrag vom 7.1.2014 ein anderes Enddatum, nämlich den 30.11.2014 enthält. Schon diese veränderte Regelung spricht dagegen, dass die Parteien den ursprünglich mündlich geschlossenen Vertrag lediglich formwirksam niederlegen wollten.

Kein „nichtiger" Vertrag

Es könnte jedoch eine Bestätigung, § 141 II BGB, eines nichtigen Rechtsgeschäfts durch denjenigen, der es vorgenommen hat, vorliegen. § 141 II BGB setzt jedoch einen „nichtigen Vertrag" voraus. Der mündlich geschlossene Arbeitsvertrag ist jedoch – abgesehen von der Befristung – von Anfang an wirksam. Hiervon abgesehen hat die Bestätigung keine rückwirkende Kraft. Vielmehr entsteht durch die in ihr liegende Neuvornahme ein wirksames Geschäft. Folglich kann § 141 II BGB schon von der Rechtsfolge her nicht zur rückwirkenden Wirksamkeit der Befristung führen.[1380]

Die formnichtige mündliche Befristungsabrede vom 16.12.2013 wurde durch die Unterzeichnung des schriftlichen Arbeitsvertrags vom 7.1.2014 mithin nicht gem. § 141 BGB rückwirkend geheilt.

1380 BAG, NZA 2005, 923, 924 f.; 575, 576 f.

III. ERGEBNIS

Die Befristungsabrede vom 16.12.2013 ist bereits wegen Verstoßes gegen § 14 IV TzBfG unwirksam. Die Missachtung des Schriftformerfordernisses des § 14 IV TzBfG führt jedoch nicht zur Nichtigkeit des gesamten Arbeitsvertrags. Gem. § 16 S. 1 Hs. 1 TzBfG gilt der rechtsunwirksam befristete Arbeitsvertrag vielmehr als auf unbestimmte Zeit geschlossen. An die Stelle des unwirksam befristeten Arbeitsvertrags tritt ein unbefristeter Arbeitsvertrag.

Unbefristeter Vertrag als Folge der fehlenden Schriftform

B. Wirksame Befristung durch schriftlichen Arbeitsvertrag vom 7.1.2014

Das Arbeitsverhältnis zwischen C und E könnte jedoch durch den schriftlichen Arbeitsvertrag vom 7.1.2014 befristet worden sein. Denn ein wie hier bereits bestehender unbefristeter Arbeitsvertrag kann auch noch nachträglich befristet werden. Das gilt auch für einen mangels Schriftform unwirksam befristeten Arbeitsvertrag, der ein Arbeitsverhältnis auf unbestimmte Zeit nach sich zieht.[1381]

Nachträgliche Befristung an sich möglich

I. AUF BEFRISTUNG DES ARBEITSVERHÄLTNISSES GERICHTETE BEIDERSEITIGE WILLENSERKLÄRUNGEN

Voraussetzung für eine (nachträgliche) Befristung ist, dass die Parteien übereinstimmende, auf diese Rechtsfolge gerichtete Willenserklärungen abgeben haben. Daran fehlt es nach der Rechtsprechung des BAG in der Regel, wenn die Parteien nach Vertragsbeginn lediglich eine bereits zuvor mündlich vereinbarte Befristung in einem schriftlichen Arbeitsvertrag niederlegen. Dadurch wollten sie im Allgemeinen nur das zuvor Vereinbarte schriftlich festhalten und keine eigenständige rechtsgestaltende Regelung treffen. Anders verhält es sich jedoch, wenn die Parteien vor Vertragsbeginn und vor Unterzeichnung des schriftlichen Arbeitsvertrags mündlich keine Befristung vereinbart haben oder wenn sie eine mündliche Befristungsabrede getroffen haben, die inhaltlich mit der in dem später unterzeichneten schriftlichen Arbeitsvertrag enthaltenen Befristung nicht übereinstimmt. In diesem Fall werde im schriftlichen Arbeitsvertrag nicht lediglich eine zuvor vereinbarte mündliche Befristung schriftlich niedergelegt, sondern eine davon abweichende und damit eigenständige Befristungsabrede getroffen, durch die das zunächst bei Vertragsbeginn unbefristet entstandene Arbeitsverhältnis nachträglich befristet werden soll, sofern die weiteren Wirksamkeitsvoraussetzungen einer Befristung vorlägen.[1382]

Bedingung: Klarer Parteiwille

Entsprechend dieser Grundsätze ist davon auszugehen, dass im schriftlichen Arbeitsvertrag vom 7.1.2014 eine eigenständige Befristungsvereinbarung geschlossen wurde. Die schriftliche Vertragsfassung wich vorliegend von der vorangegangenen mündlichen Absprache inhaltlich ab, da in ihr eine längere Befristungsdauer vereinbart wurde, als die mündliche Vereinbarung vom 16.12.2013 vorsah.

Hier eigenständige Regelung, da abweichendes Enddatum

II. SCHRIFTFORMERFORDERNIS, § 14 IV TzBfG

Durch die Unterzeichnung des schriftlichen Arbeitsvertrags vom 7.1.2014 wurde die für Befristungsvereinbarungen erforderliche Schriftform des § 14 IV TzBfG im Sinne des § 126 Abs. 1, II BGB gewahrt.

1381 BAG, NZA 2008, 1184, 1185; 108, 109; 2005, 575, 577
1382 BAG, NZA 2008, 1184, 1185

III. MATERIELLE WIRKSAMKEITSVORAUSSETZUNGEN GEM. § 14 Abs. 1, II TzBfG

Allerdings wäre der Arbeitsvertrag vom 7.1.2014 als Befristungsvereinbarung unwirksam, wenn die Befristung nicht durch einen ausreichenden Grund gerechtfertigt und auch kein Fall einer sachgrundlosen Befristung gem. § 14 II, IIa, Abs. 3 TzBfG gegeben wäre.

Eine Prüfung, ob die Befristungsvereinbarung durch einen sachlichen Grund gem. § 14 Abs. 1 TzBfG gerechtfertigt ist, wäre dabei entbehrlich, wenn sie bereits als sachgrundlose Befristung zulässig wäre. Zur sachgrundlosen Rechtfertigung der kalendermäßigen Befristung des Arbeitsvertrags vom 7.1.2014 kommt jedoch mangels dahingehender Sachverhaltsangaben vorliegend weder eine Anwendung des § 14 IIa TzBfG, noch des § 14 Abs. 3 TzBfG in Betracht. Fraglich ist, ob die Befristungsvereinbarung durch § 14 II TzBfG gerechtfertigt ist.

> **KLAUSURHINWEIS**
> Wenn eine sachgrundlose Befristung zulässig ist, ist die Suche einem Sachgrund sinnlos und hat daher in der Klausur zu unterbleiben.

1. Sachgrundlose Befristung gem. § 14 II TzBfG

Nach § 14 II S. 1 Hs. 1 TzBfG ist die sachgrundlose Befristung eines Arbeitsvertrags ohne Vorliegen eines sachlichen Grundes bis zur Dauer von zwei Jahren zulässig. Gem. § 14 II S. 1 Hs. 2 TzBfG ist bis zu dieser Gesamtdauer auch die höchstens dreimalige Verlängerung eines kalendermäßig befristeten Arbeitsvertrags möglich.

Eine Befristung nach § 14 II S. 1 TzBfG wäre indes unzulässig, wenn mit demselben Arbeitgeber bereits zuvor ein befristetes oder unbefristetes Arbeitsverhältnis bestanden hätte, § 14 II S. 2 TzBfG. Eine solche Vorbeschäftigung mit demselben Arbeitgeber resultiert vorliegend daraus, dass C und E bereits am 16.12.2013 mittels der formnichtigen Befristungsvereinbarung einen unbefristeten Arbeitsvertrag geschlossen haben (s. o.).

Spätestens mit der tatsächlichen Arbeitsaufnahme am 2.1.2014 kam sodann ein Arbeitsverhältnis im Sinne des § 14 II S. 2 TzBfG zustande.

> **MERKSATZ**
> Die Rechtsprechung differenziert insofern zwischen dem Abschluss des Arbeitsvertrags und dem Entstehen des Arbeitsverhältnisses, auf das § 14 II S. 2 TzBfG abstellt. Das Arbeitsverhältnis verlangt auch die tatsächliche Arbeitsaufnahme.

Einer sachgrundlosen Befristung des Arbeitsvertrags vom 7.1.2014 nach § 14 II TzBfG steht mithin das Vorbeschäftigungsverbot des § 14 II S. 2 TzBfG entgegen.

> **KLAUSURHINWEIS**
> Das ist der schwierige Knackpunkt dieser Klausur: Die erste (mündliche) Befristung führt – mangels Schriftform – zu einem unbefristeten Vertrag. Die nachträgliche Befristung ohne Sachgrund scheitert dann zwingend am Anschlussverbot des § 14 II 2 TzBfG, weil der unbefristete erste Vertrag eine Vorbeschäftigung im Sinne dieser Vorschrift darstellt.

2. Bestehen eines sachlichen Grundes für die Befristung gem. § 14 Abs. 1 TzBfG
Die Befristungsvereinbarung vom 7.1.2014 wäre mithin nur dann wirksam, wenn ein sachlicher Grund im Sinne des § 14 Abs. 1 S. 1 TzBfG vorgelegen hätte. Als sachlicher Grund kommt vorliegend § 14 Abs. 1 S. 2 Nr. 3 TzBfG in Betracht. C ist hier zur Vertretung der erkrankten Arbeitnehmerin A eingestellt worden. Allerdings muss eine Prognose im Zeitpunkt des Vertragsschlusses ergeben, dass aufgrund greifbarer Tatsachen mit einiger Sicherheit der Wegfall des Mehrbedarfs mit dem Auslaufen des befristeten Arbeitsverhältnisses zu erwarten ist. Indem E die Befristung damit begründet, dass nach ärztlicher Prognose die Arbeitnehmerin A erst im November 2014 wieder beschäftigungsfähig ist, genügt er den Anforderungen an diese Prognose. Die Befristung auf der Basis des Vertrages vom 7.1.2014 war daher aus einem sachlichen Grund heraus gerechtfertigt.
Das Arbeitsverhältnis ist somit nach § 14 Abs. 1 S. 2 Nr. 3 TzBfG wirksam befristet worden.

C. Ergebnis
Zwar war die sachgrundlose Befristung des Arbeitsverhältnisses gem. § 14 II TzBfG nicht mehr zulässig; jedoch war die Befristung auf der Basis des schriftlichen Vertrages vom 7.1.2014 durch einen Sachgrund im Sinne des § 14 Abs. 1 TzBfG gerechtfertigt. Im Ergebnis ist das Arbeitsverhältnis wirksam auf bestimmte Zeit bis zum Ablauf des 30.11.2014 befristet worden.

FALLENDE

DIE ANFECHTUNG DES ARBEITSVERTRAGS

A. Einleitung

1411 Grundsätzlich gelten die Vorschriften des BGB-AT auch für das Arbeitsverhältnis, sofern sie nicht mit Wesen und Inhalt des Arbeitsverhältnisses unvereinbar sind. Deshalb sind auch die Vorschriften über die Anfechtung (§§ 119 ff. BGB) grundsätzlich auf Arbeitsverträge anwendbar.

Unterschied Anfechtung und Kündigung

1412 **MERKSATZ**
Zwischen Anfechtung und Kündigung besteht ein wichtiger Unterschied: Der Grund für eine **Anfechtung** liegt in einem **Willensmangel im Zeitpunkt des Vertragsschlusses**. Demgegenüber soll bei einer Kündigung ein Rechtsverhältnis, welches fehlerfrei zustandegekommen ist, für die Zukunft beseitigt werden, weil sich nach Abschluss des Vertrages die Voraussetzungen geändert haben oder eine Fortsetzung des Vertragsverhältnisses nicht mehr gewollt ist.

B. Prüfungsschema

PRÜFUNGSSCHEMA

1413
I. Zulässigkeit der Anfechtung
II. Anfechtungserklärung
III. Anfechtungsgrund
IV. Kausalität des Irrtums für die abgegebene Willenserklärung
V. Anfechtungsfrist
VI. Anfechtungsgegner
VII. Kein Ausschluss der Anfechtung
VIII. Rechtsfolge

C. Systematik und Vertiefung

I. ZULÄSSIGKEIT DER ANFECHTUNG

(Meist) Anfechtung durch den Arbeitgeber

1414 Der Arbeitsvertrag kommt durch zwei übereinstimmende Willenserklärungen zustande und kann deshalb grundsätzlich sowohl vom Arbeitgeber als auch vom Arbeitnehmer angefochten werden. Allerdings ist in der Praxis und in der Klausur vor allem die Anfechtung durch den Arbeitgeber relevant.

II. ANFECHTUNGSERKLÄRUNG

Gestaltungsrecht 1415 Die Anfechtungserklärung ist gem. § 143 I BGB eine **einseitige empfangsbedürftige Willenserklärung**. Sie ist – wie alle Gestaltungsrechte – unwiderruflich und bedingungsfeindlich, arg. ex § 388 S. 2 BGB.

Die Anfechtung des Arbeitsvertrags kann konkludent und auch formfrei erklärt werden. § 623 BGB greift schon vom Wortlaut her nicht. Die Anfechtungserklärung muss aber ihrem Inhalt nach eindeutig erkennen lassen, dass sich der Erklärende nicht an den Inhalt der Willenserklärung gebunden fühlt.

1416 § 623 BGB greift nicht

Fraglich ist, ob eine Kündigungserklärung in eine Anfechtungserklärung umgedeutet werden kann. Ein nichtiges Rechtsgeschäft kann nach § 140 BGB in ein anderes Rechtsgeschäft mit gleichen oder weniger weitgehenden Folgen umgedeutet werden. Das Ersatzgeschäft darf aber niemals weiter gehende Wirkungen als das ursprünglich beabsichtigte Rechtsgeschäft haben.[1383] Die Anfechtung beendet das Arbeitsverhältnis im Zeitpunkt des Zugangs mit sofortiger Wirkung. Die Anfechtung hat damit im Arbeitsverhältnis die gleiche Wirkung wie eine fristlose Kündigung.

1417 Umdeutung

> **MERKSATZ**
> Eine ordentliche Kündigung kann nie in eine Anfechtung umgedeutet werden.[1384] In Betracht kommt aber – wegen ihrer „sofortigen" Wirkung – eine Umdeutung einer außerordentlichen Kündigung in eine Anfechtung.[1385]

1418 Umdeutung bei Kündigung und Anfechtung

III. ANFECHTUNGSGRUND

1. Der Inhalts- oder Erklärungsirrtum, § 119 I BGB

Zulässig ist die Anfechtung wegen Irrtums in der Erklärungshandlung (z.B. Versprechen oder Verschreiben) oder wegen Irrtums über den Erklärungsinhalt.

1419 Versprechen oder Verschreiben

BEISPIEL: Arbeitgeber A will eine Stenotypistin einstellen, spricht aber von „Sekretärin", weil er sich über die Bedeutung der Begriffe irrt.

2. Der Eigenschaftsirrtum, § 119 II BGB

Anfechtungsvoraussetzung ist ein Irrtum über die verkehrswesentlichen Eigenschaften des Vertragspartners.

1420 Verkehrswesentliche Eigenschaften des Vertragspartners

> **DEFINITION**
> **Eigenschaften einer Person** sind neben den auf ihrer natürlichen Beschaffenheit beruhenden Merkmalen auch ihre tatsächlichen oder rechtlichen Verhältnisse und Beziehungen zur Umwelt, soweit sie nach der Verkehrsauffassung von Bedeutung sind und in der Person selbst ihren Grund haben, von ihr ausgehen oder sie unmittelbar kennzeichnen.[1386]

[1383] BAG, NJW 1976, 592, 592
[1384] BAG, NJW 1976, 592, 592
[1385] NK-Faust, BGB, § 140 Rn. 24; Staudinger-Roth, BGB, § 140 Rn 42; Molkenbur/Krasshöfer/Pidde RdA 1989, 337, 343; a.A. MK-Busche, BGB, § 140 Rn 31
[1386] BGH, NJW 1984, 230, 231; Hromadka/Maschmann, ArbR I, § 5 Rn 158

1421 Auf den Fall der Anfechtung des Arbeitsvertrags durch den Arbeitgeber bezogen bedeutet dies:

Verkehrswesentliche Eigenschaften des Arbeitnehmers

> **DEFINITION**
>
> **Verkehrswesentlich** ist eine Eigenschaft, wenn sie nach den objektiven Anschauungen des Rechtsverkehrs den Arbeitnehmer für die Erfüllung der arbeitsvertraglich vereinbarten Verpflichtungen als ungeeignet erscheinen lässt.[1387]

Leistungsfähigkeit

1422 Der **Grad der Leistungsfähigkeit** eines Arbeitnehmers oder eine vorübergehende Leistungsminderung sind zwar regelmäßig noch keine verkehrswesentlichen Eigenschaften. Anders verhält es sich jedoch, wenn die objektive Tauglichkeit des Arbeitnehmers durch seinen Gesundheitszustand erheblich herabgesetzt wird. Wenn der Arbeitnehmer wegen eines nicht nur kurzfristig auftretenden Leidens für die übernommene Arbeit nicht oder nicht ausreichend geeignet ist, kann ihm eine verkehrswesentliche Eigenschaft fehlen. Das gilt insbesondere auch dann, wenn der Arbeitnehmer durch ein Anfallsleiden (z.B. Epilepsie) in seiner für eine bestimmte Arbeitsaufgabe notwendigen durchschnittlichen Leistungsfähigkeit ständig erheblich beeinträchtigt ist.[1388]

Schwangerschaft

1423 **Schwangerschaft** ist keine verkehrswesentliche Eigenschaft, da sie kein Dauerzustand ist.[1389] Vor allem aber würde eine Anfechtung dem Sinn des MuSchG widersprechen, denn sie würde zur Entlassung der Schwangeren führen, was § 9 MuSchG gerade verhindern will.
Nach h.M. schließt die Schwangerschaft die Anfechtung des Arbeitsvertrags aus anderen Gründen nicht aus. So kann bei einem Anstellungsbetrug (z.B. Vorlage gefälschter Zeugnisse) natürlich auch gegenüber einer Schwangeren nach § 123 BGB angefochten werden.

Krankheit

1424 Wegen Krankheit kann nach § 119 II BGB nur angefochten werden, wenn die Krankheit und das Leiden die Arbeitsfähigkeit dauernd erheblich herabsetzen.[1390]

Vertrauenswürdigkeit

1425 Die **Vertrauenswürdigkeit** des Arbeitnehmers kann nur in besonderen Vertrauenspositionen eine verkehrswesentliche Eigenschaft begründen.[1391] Die Vertrauenswürdigkeit kann durch eine Vorstrafe erschüttert sein. Sie muss einschlägig sein und zur Annahme der Nichteignung des Bewerbers für den Arbeitsplatz führen. Irrelevant ist sie gemäß § 51 I BZRG, wenn sie aus dem Strafregister getilgt ist.

3. Die Täuschungsanfechtung, § 123 BGB

1426 Klausurrelevant ist auch und gerade die Täuschungsanfechtung nach § 123 BGB. Sie spielt vor allem als Folge von falschen Antworten des Bewerbers im Vorstellungsgespräch oder in Fragebögen im Bewerbungsverfahren eine Rolle.

[1387] Hromadka/Maschmann, ArbR I, § 5 Rn 158
[1388] BAG, AP Nr. 3 zu § 119 BGB
[1389] BAG, NJW 1962, 74, 74
[1390] Hromadka/Maschmann, ArbR I, § 5 Rn 159
[1391] BAG, NJW 1970, 1565, 1566

> **DEFINITION**
> Täuschung ist jedes Verhalten, durch das beim Gegenüber eine unrichtige Vorstellung erregt, bestärkt oder aufrechterhalten wird.[1392]

1427 Täuschung durch Tun

Die Täuschung kann im Vorspiegeln falscher Tatsachen bestehen. Die falsche Antwort in einem Vorstellungsgespräch oder einem Einstellungsfragebogen ist aber nur dann eine arglistige Täuschung, wenn die Frage zulässig war, also kein Recht zur Lüge bestand.

1428 Recht zur Lüge

> **KLAUSURHINWEIS**
> Dies wird z.T. bei der „Widerrechtlichkeit"[1393] und z.T. bei der „Arglist"[1394] geprüft. Es wird empfohlen, dem BAG zu folgen, wobei dies ein rein dogmatischer Unterschied ist, der keinerlei Auswirkung auf die Lösung des Falles hat.[1395]

Prüfung bei „Arglist"

Das bewusste **Verschweigen von Tatsachen** stellt nur dann eine arglistige Täuschung dar, wenn eine Pflicht zur Aufklärung bestand. Allerdings sind die Grenzen der Offenbarungspflicht des unbefragten Bewerbers eng zu ziehen. Eine derartige Offenbarungspflicht ist nur dann zu bejahen, wenn der Umstand, auf den der Arbeitnehmer ohne hierzu befragt worden zu sein nicht hingewiesen hat, die Durchführung des Arbeitsverhältnisses unmöglich macht oder sonst für den in Betracht kommenden Arbeitsplatz von ausschlaggebender Bedeutung ist.[1396]

1429 Täuschung durch Unterlassen

> **DEFINITION**
> **Arglistig** ist die Täuschung dann, wenn sie vorsätzlich zu dem Zweck vorgenommen wird, den Willen des Getäuschten zu beeinflussen. Es genügt insoweit bedingter Vorsatz, also das Bewusstsein, dass die Täuschung den anderen zu der Erklärung bestimmen könnte. Deshalb reicht es aus, wenn der Täuschende weiß, dass seine Angaben unrichtig sind, er aber mit der Möglichkeit rechnet, der Erklärungsgegner könnte in seiner Entscheidung durch die Täuschung beeinflusst werden, und dies billigend in Kauf nimmt, wobei die bewusst unwahre Aussage den Vorsatz erkennen lässt, auf den Erklärungswillen der Arbeitgebers einzuwirken.[1397]

1430 Definition: Arglist

IV. KAUSALITÄT DES IRRTUMS FÜR DIE ABGEGEBENE WILLENSERKLÄRUNG

Der Irrtum muss für die Abgabe der Willenserklärung kausal gewesen sein. Die Anforderungen an § 119 BGB und § 123 BGB unterscheiden sich jedoch insoweit. Bei § 119 BGB ist Ursächlichkeit gegeben, wenn der Erklärende die Erklärung bei Kenntnis der wirklichen Sachlage bei verständiger Würdigung, also frei von Eigensinn, subjektiven Launen und törichten Anschauungen, nicht oder so nicht abgegeben hätte.[1398]

1431 Unterschiedliche Anforderungen
1432 an die Kausalität

1392 BAG, NZA 1996, 371, 371
1393 BeckOK-Wendtland, BGB, § 123 Rn 15
1394 BAG, NJW 1958, 516, 517; unklar Hromadka/Maschmann, ArbR I, § 5 Rn 161: „nicht widerrechtlich – und damit nicht arglistig"
1395 Wer dem BAG folgt, spart sich auch – überflüssige – dogmatische Ausführungen zur Frage, warum das Merkmal der Widerrechtlichkeit geprüft wird, obwohl es nach dem Wortlaut nur in der Drohungsvariante zu prüfen ist; hierzu z.B. MK-Armbrüster, BGB, § 123 Rn 18.
1396 Hierzu schon oben beim Fragerecht des Arbeitgebers.
1397 BAG, NZA 1996, 371, 374
1398 BGH, NJW 1991, 2723, 2726; BeckOK-Wendtland, BGB, § 119 Rn 45

1433 Geringer sind die Anforderungen bei § 123 BGB. Hier genügt es für die Kausalität, wenn die Willenserklärung ohne die Täuschung bzw. Drohung überhaupt nicht, mit einem anderen Inhalt oder zu einem anderen Zeitpunkt abgegeben worden wäre. Eine Mitursächlichkeit genügt.[1399]

> **BEISPIEL:** Kausalität fehlt, wenn der Arbeitgeber im Prozess behauptet, er hätte die Arbeitnehmerin auch dann eingestellt, wenn diese die unwahr beantwortete Frage wahrheitsgemäß beantwortet hätte.[1400]

V. ANFECHTUNGSFRIST

1434 Zu beachten sind die Fristen, innerhalb derer die Anfechtung zu erfolgen hat. Dabei ist wie folgt zu differenzieren:

Anfechtung nach §§ 119, 120 BGB

1435 Anfechtung nach §§ 119, 120 BGB: Zur zeitlichen Konkretisierung des in § 121 I BGB verwandten unbestimmten Rechtsbegriffs „unverzüglich" ist die in § 626 II BGB enthaltene zweiwöchige Ausschlussfrist heranzuziehen. Dies wird mit der Vergleichbarkeit von Anfechtung und außerordentlicher Kündigung begründet, sowie mit der funktionellen Identität beider Beendigungstatbestände. Weiterhin sei es aus Gründen der Rechtssicherheit und der Rechtsklarheit erforderlich, im Bereich des Kündigungsschutzes eine weitgehende Objektivierung in Form von festen zeitlichen Maßstäben durchzuführen.[1401]

Anfechtung nach § 123 BGB

1436 Anfechtung nach § 123 BGB: Im Gegensatz zu § 121 I BGB enthält § 124 BGB für die zeitliche Begrenzung keinen unbestimmten Rechtsbegriff, sondern eine fest fixierte starre Ausschlussfrist von einem Jahr, sodass für § 626 II BGB (auch unter dem Gesichtspunkt der Verwirkung) kein Raum ist.[1402]

> **BEISPIEL:** Ein Arbeitnehmer bewirbt sich mit einem gefälschten Zeugnis um eine Stelle und wird er auf der Grundlage dieses Zeugnisses eingestellt. In diesem Fall kann der Arbeitgeber den Arbeitsvertrag wegen arglistiger Täuschung anfechten. Das gilt auch, wenn er erst Jahre später (im konkreten Fall nach achteinhalb Jahren) von der Täuschung erfährt und die Leistungen des Arbeitnehmers stets beanstandungsfrei waren.[1403]

VI. ANFECHTUNGSGEGNER

1437 Wenn der Arbeitgeber den Arbeitsvertrag anfechten will, so hat er die Erklärung dem Arbeitnehmer gegenüber abzugeben.

VII. KEIN AUSSCHLUSS DER ANFECHTUNG

§ 242 BGB

1438 Die Ausübung des Anfechtungsrechts kann nach § 242 BGB ausgeschlossen sein. Dies ist dann der Fall, wenn die Rechtslage des Getäuschten im Zeitpunkt der Anfechtung durch die arglistige Täuschung nicht mehr beeinträchtigt ist. Gerade auch aufgrund der Tatsache, dass das Arbeitsverhältnis ein Dauerschuldverhältnis darstellt, kann sich ergeben, dass der Anfechtungsgrund angesichts der nachträglichen Entwicklung so viel an Bedeutung verloren hat, dass er eine Auflösung des

---

[1399] BeckOK-Wendtland, BGB, § 119 Rn 37; MK-Hesse, BGB, Vor §§ 620-630 Rn 9
[1400] BAG, ArbRAktuell 2011, 320430
[1401] BAG, NJW 1980, 1302, 1303
[1402] BAG, NZA 1999, 975, 977
[1403] LAG Baden-Württemberg, DB 2007, 1197, 1198

Arbeitsverhältnisses nicht mehr rechtfertigen kann.[1404] Bei der vorzunehmenden Abwägung ist auf die vertraglich geschuldete Leistung (die Art der Tätigkeit des Arbeitnehmers) und den mit der Fragestellung verfolgten Zweck (vor allem bezogen auf den Aufgaben- und Tätigkeitsbereich des Arbeitgebers) abzustellen.

BEISPIEL: Der Arbeitnehmer verschwieg eine strafrechtliche Verurteilung zu einer Haftstrafe. Die Straftat hatte jedoch keinen Bezug zum Arbeitsverhältnis. Im Zeitpunkt der Anfechtungserklärung stand fest, dass der Arbeitnehmer einen Freigängerstatus erhält. In diesem Fall entfällt das Anfechtungsrecht i.d.R. wegen Rechtsmissbrauchs.[1405]

VIII. RECHTSFOLGE

Arbeitsrechtliche Besonderheiten gelten hinsichtlich der Wirkung der Anfechtung. Eigentlich wirkt die Anfechtung gem. § 142 I BGB auf den Zeitpunkt des Vertragsschlusses zurück. Hiervon gibt es im Arbeitsrecht eine Ausnahme:

1439 Ausnahme von § 142 I BGB

> **MERKSATZ**
> Die Anfechtung eines bereits in Vollzug gesetzten (aktualisierten) Arbeitsverhältnisses wirkt nur **ex nunc** (für die Zukunft), da die bereicherungsrechtliche Abwicklung den erforderlichen Sozialschutz nicht gewährleistet und der Abgeltung der bereits geleisteten Arbeit nicht gerecht wird.

1440 Keine Rückwirkung der Anfechtung

Die §§ 812 ff. BGB sind nur auf den einmaligen Leistungsaustausch zugeschnitten.

> **MERKSATZ**
> Für die Zeit bis zur Anfechtung gilt der Arbeitsvertrag als voll wirksam.

Vorsicht ist insoweit bei der Begriffsbildung geboten:

1441

> **KLAUSURHINWEIS**
> In diesem Zusammenhang darf nicht der Begriff des „**faktischen Arbeitsvertrages**" gebraucht werden. Da die Anfechtung wie eine außerordentliche Kündigung wirkt, wird der Bestand des Arbeitsvertrages in der Vergangenheit nicht berührt. Deshalb ist der Vertrag in der Vergangenheit auch kein „faktischer" (wie z.B. im Fall der Nichtigkeit des Vertrages wegen unerkannter Geisteskrankheit eines Vertragspartners), sondern ein voll wirksamer. Der Begriff des „fehlerhaften" Vertrages darf jedoch verwendet werden.

Fehlerhafter Vertrag, aber kein „faktischer"

Die gerade geschilderten Gründe für die ex nunc Wirkung greifen natürlich nicht ein, wenn es zu einer Arbeitsaufnahme noch gar nicht gekommen ist. Dann wirkt die Anfechtung entsprechend § 142 BGB ex tunc, also rückwirkend. Das gleiche gilt, wenn der Arbeitsvertrag zwar zunächst aktualisiert, zu einem späteren Zeitpunkt – aus welchen Gründen auch immer – aber wieder außer Funktion gesetzt wurde

1442 Ausnahmen von der Ausnahme

1404 BAG, NZA 1994, 407, 409
1405 BAG, NZA 1988, 731, 731

und der Arbeitnehmer von da an keine Arbeitsleistung mehr erbringt. In diesem Fall wirkt die Anfechtung auf den Zeitpunkt der Außerfunktionssetzung zurück.[1406]

Das gilt auch dann, wenn der Arbeitgeber im Anschluss an eine krankheitsbedingte Arbeitsunfähigkeit des Arbeitnehmers wegen arglistiger Täuschung die Anfechtung erklärt. Auch bei Krankheit des Arbeitnehmers liegen die oben angeführten Gründe für eine Ausnahme von der ex tunc Wirkung (§ 142 BGB) der Anfechtung nicht vor. Arbeitnehmerschutzgesichtspunkte stehen dem nicht entgegen, da der arglistig täuschende Arbeitnehmer nicht schutzwürdig ist.[1407]

1443 **MERKSATZ**

Die Rechtsprechung des BAG zur Wirkung der Anfechtung hat demnach folgende Struktur:

Regel: Die Anfechtung des (Arbeits-)Vertrages wirkt grundsätzlich ex tunc (§ 142 BGB).

Ausnahme: Der bereits in Vollzug gesetzte Arbeitsvertrag kann nicht mit rückwirkender Kraft wieder beseitigt werden. In diesem Fall wirkt die Anfechtung nur ex nunc.

Ausnahme von der Ausnahme: Wird das zunächst aktualisierte Arbeitsverhältnis – aus welchen Gründen auch immer – zwischenzeitlich wieder außer Funktion gesetzt, wirkt die Anfechtung auf den Zeitpunkt der Außerfunktionssetzung zurück.

Auch ex nunc-Wirkung bei § 123 I BGB

1444 Diskutiert wird die Frage, ob bei arglistiger Täuschung – mangels Schutzwürdigkeit des Täuschenden – eine generelle Rückwirkung der Anfechtung gem. § 142 I BGB eingreifen soll. In diesem Fall müsste das Arbeitsverhältnis gem. den Vorschriften des Bereicherungsrechts rückabgewickelt werden. Hiergegen spricht schon, dass das Bereicherungsrecht nicht zum „Ersatzstrafrecht" gemacht werden darf.[1408] Auch bei einer Anfechtung gem. § 123 I BGB bleibt es deshalb bei der grundsätzlichen ex nunc-Wirkung der Anfechtung.[1409]

IX. KEINE MITWIRKUNGSRECHTE BETRIEBSRATES

§ 102 BetrVG gilt nicht analog

1445 Der Betriebsrat kann gemäß § 99 BetrVG nicht erreichen, dass ein bestimmter Bewerber eingestellt wird. Die Frage, wer eingestellt wird, liegt letztendlich im Verantwortungs- und Entscheidungsbereich des Arbeitgebers. Da dieser in seiner Entscheidung grundsätzlich frei ist, wen er einstellen will, muss er auch frei in der Entscheidung darüber sein, ob er einen Fehler bei der Einstellung durch Anfechtung rückwirkend beheben will. Ein Anhörungsrecht des Betriebsrates würde diesen Grundsätzen entgegenstehen, sodass kein Anhörungsrecht vor der Anfechtung gem. § 102 BetrVG analog besteht.

1406   *BAG, NJW 1984, 446, 447*
1407   *BAG, NZA 1999, 584, 585 f.*
1408   *Die arglistige Täuschung kann ggf. als Anstellungsbetrug gem. § 263 StGB strafbar sein.*
1409   *BAG, NJW 1984, 446, 447; MK-Hesse, BGB, Vor §§ 620-630 Rn 22; a.A. Joussen, NZA 2006, 963, 967*

AUFHEBUNGSVERTRAG

A. Einleitung

Neben der einseitigen Beendigung des Arbeitsverhältnisses durch eine Kündigungserklärung kann der Arbeitsvertrag auch durch zwei übereinstimmende Willenserklärungen aufgehoben werden. Ein derartiger Aufhebungsvertrag (der Gesetzgeber spricht vom **„Auflösungsvertrag"**, § 623 BGB) ist auch im Bereich des Arbeitsrechts prinzipiell zulässig. — **1446** „Auflösungsvertrag"

Aufhebungsverträge sollen eigentlich die Ungewissheit einer gerichtlichen Auseinandersetzung vermeiden und dem Arbeitnehmer das berufliche Fortkommen erleichtern. Auch viele Kündigungsschutzprozesse enden in Gestalt eines das Verfahren beendenden Vergleichs mit einem Aufhebungsvertrag. — **1447** Vergleich

Relevanz für eine Klausur erlangt ein Aufhebungsvertrag nur, wenn einer der Vertragspartner (in der Regel der Arbeitnehmer) den Abschluss des Aufhebungsvertrags nachträglich bereut und sich fragt, ob er sich von diesem wieder lösen kann.

B. Prüfungsschema

Für die Prüfung der Möglichkeit, sich von einem Aufhebungsvertrag zu lösen, gibt es kein Prüfungsschema im eigentlichen Sinn. Vielmehr steht die Frage im Mittelpunkt wie die Lösung vom geschlossenen Vertrag erfolgen kann. Diese geben dann die zu wählenden Schemata vor. — **1448**

C. Systematik und Vertiefung

I. ZULÄSSIGKEIT EINER KLAGE

Will der Arbeitnehmer die Unwirksamkeit eines Aufhebungsvertrags geltend machen, muss er eine **Feststellungsklage** nach § 256 ZPO erheben. Mit dieser begehrt er die Feststellung, dass zwischen ihm und dem Arbeitgeber auch über das im Aufhebungsvertrag vereinbarte Beendigungsdatum hinaus ein Arbeitsverhältnis besteht. — **1449** Feststellungsklage

Wie immer ist für diese Feststellungsklage ein besonderes **Feststellungsinteresse** notwendig, das durch eine Leistungsklage nicht zu befriedigen ist. Diese Voraussetzung ist im Fall einer Klage auf Feststellung des Fortbestands des Arbeitsverhältnisses wegen Unwirksamkeit eines Aufhebungsvertrags erfüllt, weil die Unsicherheit über den Bestand des Arbeitsverhältnisses eine Vielzahl von gegenwärtigen und zukünftigen Einzelbeziehungen betrifft, die sich einerseits durch eine Leistungsklage (noch) nicht klären lassen, während anderseits das Feststellungsurteil eine sinnvolle und sachgemäße Erledigung der Streitpunkte verspricht.[1410] — **1450** Feststellungsinteresse

---

1410   BAG, NZA 1994, 209, 210

II. BEGRÜNDETHEIT EINER KLAGE

1. Wirksamkeit des Aufhebungsvertrags an sich

1451 In der Begründetheit ist als erstes der Frage nachzugehen, ob der Vertrag an sich wirksam geschlossen worden ist. Hier können zunächst allgemeine Probleme aus dem BGB AT auftauchen z.B. Probleme bei der Vertretungsmacht oder das Problem des Dissenses.[1411]

1452 Eine arbeitsrechtliche Besonderheit liegt darin, dass der Aufhebungsvertrag bei Arbeitsverhältnissen gem. § 623 BGB schriftformbedürftig ist. Hierbei ist es nicht ausreichend, wenn lediglich der Arbeitnehmer unterhalb der Verzichtserklärung unterschreibt. Nach § 126 I 1 BGB muss bei einem Vertrag die Unterzeichnung der Parteien auf derselben Urkunde erfolgen und die Unterschrift hat den Urkundentext räumlich abzuschließen.[1412]

Klageverzichtsvereinbarungen

1453 **Klageverzichtsvereinbarungen**, die im unmittelbaren zeitlichen und sachlichen Zusammenhang mit dem Ausspruch einer Kündigung getroffen werden, sind Auflösungsverträge i.S. des § 623 BGB und bedürfen daher ebenfalls der Schriftform.

> **MERKSATZ**
> Unter den Begriff Auflösungsvertrag fallen sämtliche in der Praxis in Erscheinung tretenden Verträge, die die Beendigung des Arbeitsverhältnisses bezwecken.

Klageverzichtserklärungen

Denn der Verzichtsvertrag wird gerade deshalb geschlossen, weil zu diesem Zeitpunkt noch unsicher ist, ob die bereits ausgesprochene und noch angreifbare Kündigung ihr Ziel herbeiführen wird.[1413]

§ 307 I 1 BGB

1454 Sofern dem Arbeitnehmer für den Verzicht keine Gegenleistung (etwa in Bezug auf den Beendigungszeitpunkt, die Beendigungsart, Zahlung einer Entlassungsentschädigung, Verzicht auf eigene Ersatzansprüche) versprochen wird, ist der Klageverzicht gem. § 307 I 1 BGB unwirksam, da ihm einseitig das Recht zur gerichtlichen Überprüfung der Kündigung entzogen wird. Im Gegensatz dazu erhält der Arbeitgeber bereits mit Unterzeichnung des Klageverzichts Rechtssicherheit im Hinblick auf die Beendigung des Arbeitsverhältnisses, ohne dass er die Drei-Wochen-Frist abwarten muss.[1414]

Kündigungsbeschränkung

1455 Für die Wirksamkeit eines Aufhebungsvertrags spielt es keine Rolle, ob der Arbeitgeber dem Arbeitnehmer gegenüber in seinem Kündigungsrecht z.B. durch das KSchG, das MSchG oder das SchwbG beschränkt ist.

> **MERKSATZ**
> **Kündigungsbeschränkungen** sind für die Wirksamkeit eines Aufhebungsvertrags grundsätzlich bedeutungslos.[1415]

[1411] Hierzu Näheres im Skript BGB AT.
[1412] BAG, NZA 2007, 1227, 1228
[1413] BAG, NZA 2007, 1227, 1228 f.
[1414] BAG, NZA 2008, 219, 221; kritisch z.B. NJW-Spezial 2008, 115, 115 f.
[1415] Hromadka/Maschmann, ArbR I, § 10 Rn 6

Wird jedoch ein formularmäßiger Klageverzicht in einem Aufhebungsvertrag erklärt, der zur Vermeidung einer vom Arbeitgeber angedrohten außerordentlichen Kündigung geschlossen wird, benachteiligt dieser Verzicht den Arbeitnehmer unangemessen i.S.v. § 307 I, II Nr. 1 BGB, wenn ein verständiger Arbeitgeber die angedrohte Kündigung nicht ernsthaft in Erwägung ziehen durfte.[1416] Im Ergebnis teilt damit die Klageverzichtsklausel das rechtliche Schicksal des Aufhebungsvertrags. 1456 Vermeidung einer Kündigung

Weiterhin unterliegt ein „Aufhebungsvertrag", der auf die befristete Fortsetzung des Arbeitsverhältnisses gerichtet ist, der Befristungskontrolle.[1417] 1457 Befristungskontrolle

Aufhebungsverträge in Form eines gerichtlichen Vergleichs müssen ordnungsgemäß protokolliert (§ 160 III Nr. 1 ZPO), vorgelesen und genehmigt werden (§ 162 I ZPO). 1458 Gerichtlicher Vergleich

2. Lösungsmöglichkeiten vom Aufhebungsvertrag

Ist der Aufhebungsvertrag an sich wirksam abgeschlossen worden, stellt sich die Frage, ob der Arbeitnehmer die Möglichkeit hat, sich von diesem zu lösen. 1459

In Betracht kommen ein Widerruf gem. §§ 312, 312, 312g, 355 BGB eine Inhaltskontrolle gem. §§ 307 ff. BGB und eine Anfechtung.

> **KLAUSURHINWEIS**
> Der Sachverhalt wird stets die Information beinhalten, dass der Arbeitnehmer dem Arbeitgeber gegenüber erklärt, dass er den Vertrag „nicht gelten lassen" wolle. Mit dieser oder einer ähnlichen Formulierung ist dann Weg für eine Auslegung dieser laienhaften Erklärung eröffnet. In Betracht kommt eine Auslegung als Widerruf oder als Anfechtung und natürlich die Prüfung der §§ 307 ff. BGB.

a) Widerruf bei möglicher Überrumpelung des Arbeitnehmers

Meistens sind die Sachverhalte in Klausuren so gestaltet, dass der Arbeitgeber den Arbeitnehmer auf der Arbeit plötzlich zum Gespräch bittet und ihm (z.B. wegen ungenügender Leistungen, wegen häufiger Krankheiten oder wegen eines notwendigen Personalabbaus) einen Aufhebungsvertrag zur Unterschrift vorlegt, der vom Arbeitnehmer unterschrieben wird. 1460 Widerruf möglich?

Fraglich ist, ob hierin eine **Überrumpelung des Arbeitnehmers** – als Verbraucher – erblickt werden kann, welche diesem ein Widerrufsrecht gem. §§ 312, 312b, 312g, 355 BGB einräumen würde. §§ 355, 312 I 1 BGB

Nach der bis zum 12. Juni 2014 geltenden Rechtslage war dies zu verneinen. Eine Überrumpelung wurde angenommen, wenn der Verbraucher völlig überraschend mit den Vertragsgesprächen konfrontiert wurde, sodass er unvorbereitet und in seinen Reaktionsmöglichkeiten beschränkt war. § 312 I BGB a.F. stellte dazu einen Katalog von typischen Orten auf, an denen ein Verbraucher gerade nicht mit der Aufnahme von Vertragsverhandlungen rechnen musste. Die genannten „typischen Orte" mussten jedoch in Abhängigkeit zu der zu verhandelnden Vertragsmaterie gesehen werden. Der Arbeitsplatz war dabei jedoch geradezu ein „typischer" Ort, an dem der Arbeitnehmer damit rechnen musste, von seinem Arbeitgeber auf sein Arbeitsverhältnis angesprochen zu werden. In der Regel war eine Überrumpelung daher zu verneinen.[1418] 1461 Arbeitsplatz ist typischer Ort für arbeitsvertragsbezogene Gespräche

---

1416 BAG, NZA 2015, 676, 678
1417 BAG, NJW 2000, 2042, 2042 f.
1418 BAG, NZA 2004, 597, 600; Junker, ArbR, Rn 430

1462 Hieran hat sich in der Sache durch die Neuregelung der Widerrufsvorschriften nichts geändert.[1419] Ein Widerrufsrecht würde nach dem Wortlaut des § 312b I Nr. 1 BGB einen Vertrag erfordern, der bei gleichzeitiger körperlicher Anwesenheit eines Verbrauchers und einem Unternehmer an einem Ort geschlossen wird, der kein Geschäftsraum des Unternehmers ist. In diesem Sinn wird jedoch der Arbeitsplatz als Geschäftsraum anzusehen sein, da der Unternehmer gerade dort seiner geschäftlichen Tätigkeit nachgeht, sodass Verträge über Arbeitstätigkeiten nicht von § 312b I Nr.1 BGB erfasst sind. Findet nämlich die Vertragsanbahnung bzw. der Vertragsschluss in einem regulären Geschäftslokal, d.h. an einem für den Vertrag typischen Ort, statt, schützt § 312b BGB den Verbraucher gerade nicht. Wo, wenn nicht „auf der Arbeit", muss der Arbeitnehmer damit rechnen, von seinem Arbeitgeber auf arbeitsrechtliche Fragen – auch einen Aufhebungsvertrag – angesprochen zu werden? Mithin auch nach neuer Rechtslage eine Widerrufsmöglichkeit der Willenserklärung zum Abschluss eines Aufhebungsvertrags nicht in Betracht.

Unterbliebene Aufklärung über drohende Sperrfrist

1463 **MERKSATZ**
Belehrt der Arbeitgeber den Arbeitnehmer nicht über die drohende 12-wöchige Sperrzeit nach § 144 SGB III und die Verkürzung der Bezugsdauer um die Dauer der Sperrfrist, mindestens jedoch ¼ der Anspruchsdauer, so macht auch dies den Aufhebungsvertrag nicht unwirksam. Allenfalls kommt ein Schadensersatzanspruch des Arbeitnehmers gem. § 280 I BGB in Betracht.

b) Inhaltskontrolle gem. §§ 307 ff. BGB

Gem § 307 III BGB kontrollfrei

1464 Die Inhaltskontrolle der Vertragsaufhebung als solcher scheitert schon daran, dass der Aufhebungsvertrag keine Regelungen enthält, welche von Rechtsvorschriften abweichen oder diese ergänzen, § 307 III BGB, da er ja das Arbeitsverhältnis „nur" aufheben soll. Abreden über den unmittelbaren Gegenstand der Hauptleistung unterliegen zum Schutz der Vertragsfreiheit keiner Inhaltskontrolle.[1420]

MERKSATZ
Der **Inhaltskontrolle** unterliegen aber Nebenbestimmungen des Aufhebungsvertrages, z.B. eine Ausgleichsklausel.[1421]

c) Anfechtung gem. § 123 I 2. Var. BGB wegen Drohung mit Kündigung

Möglich: Widerrechtliche Drohung mit Kündigung

1465 Zusätzlich zur oben geschilderten möglichen Überrumpelung des Arbeitnehmers sind die Sachverhalte meist so gestellt, dass der Arbeitgeber dem Arbeitnehmer mit der Kündigung droht, falls der Arbeitnehmer sich nicht bereit findet, den vorgelegten **Aufhebungsvertrag** zu unterschreiben.

aa) Anfechtungsgrund

1466 In diesen Fällen kommt eine Anfechtung des Aufhebungsvertrags durch den Arbeitnehmer nach § 123 I 2. Var. BGB wegen widerrechtlicher Drohung in Betracht.

1419 Hromadka/Maschmann, ArbR I, § 10 Rn 15
1420 BAG, NZA 2013, 1206, 1207; Hromadka/Maschmann, ArbR I, § 10 Rn 14
1421 Junker, ArbR, Rn 429

Die Annahme eines Antrags auf Beendigung des Arbeitsverhältnisses kann wie jede andere Willenserklärung nach den §§ 119 ff. BGB angefochten werden. Arbeitsrechtliche Besonderheiten bestehen insoweit nicht.

Die Ankündigung einer ordentlichen (erst recht einer außerordentlichen) Kündigung ist regelmäßig ein empfindliches Übel. In ihr liegt eine Drohung im Sinne des § 123 I BGB, durch die der Arbeitnehmer zum Abschluss eines Aufhebungsvertrags bestimmt werden soll.

Fraglich ist die Widerrechtlichkeit der Drohung. Sie ist nach Auffassung des BAG gegeben, wenn der Arbeitgeber nach verständiger Würdigung davon ausgehen muss, dass die Kündigung einer arbeitsgerichtlichen Prüfung mit hoher Wahrscheinlichkeit nicht standhalten wird, er sie also auch nicht ernsthaft in Erwägung ziehen durfte.[1422]

1467 Problem: Widerrechtlichkeit

MERKSATZ
Für die Widerrechtlichkeit der Drohung ist es nicht erforderlich, dass die angekündigte Kündigung, wenn sie ausgesprochen worden wäre, sich in einem Kündigungsschutzprozess als rechtsbeständig erwiesen hätte. Es wird kein „fiktiver Kündigungsschutzprozess" geführt.[1423]

Kein „fiktiver Kündigungsschutzprozess"

BEISPIELSFÄLLE, in denen eine Kündigung nicht ernsthaft in Erwägung gezogen werden darf: Verhaltensbedingte Kündigung ohne Abmahnung, Kündigung einer Schwangeren ohne die nach § 9 III 1 MuSchG erforderliche Genehmigung, Kündigung ohne Anhörung des Betriebsrats.

KLAUSURHINWEIS
Für die Klausur bedeutet dies, dass zu prüfen ist, ob das Inaussichtstellen des empfindlichen Übels (Kündigung) widerrechtlich war. Das ist dann der Fall, wenn o.g. Voraussetzung vorliegt. Diese Konstellation führt also zu einer Inzidentprüfung: Innerhalb des Prüfungspunktes der Widerrechtlichkeit der Drohung bei § 123 I BGB sind die Voraussetzungen einer Kündigung zu prüfen; allerdings mit reduzierten Anforderungen, da ja nur die „hohe Wahrscheinlichkeit" zu prüfen ist. In einem Gutachten müsste dies etwa zu folgendem Obersatz führen: „Ein verständiger Arbeitgeber hätte jedenfalls nicht gekündigt, wenn die Kündigung offensichtlich unwirksam gewesen wäre."

1468 Inzidentprüfung der Kündigung mit reduziertem Prüfungsmaßstab

Die Widerrechtlichkeit der Drohung wird durch eine dem Arbeitnehmer eingeräumte Bedenkzeit nicht ohne weiteres beseitigt. Die angedrohte Kündigung wird durch die Bedenkzeit nicht „wirksamer" und beseitigt insbesondere nicht die Inadäquanz zwischen dem Mittel (Androhung der Kündigung) und dem Zweck (Abschluss des Aufhebungsvertrags).

1469 Einräumung von Bedenkzeit

Eine Bedenkzeit kann allerdings die Kausalität der Drohung für den späteren Abschluss des Aufhebungsvertrags beseitigen. Das kommt in Betracht, wenn der

Kausalitätsproblem

1422 BAG, NZA 2006, 841, 843 f.; 2003, 1055, 1055
1423 BAG, NZA 2006, 841, 843 f.; 1996, 1030, 1031

Arbeitnehmer die Bedenkzeit genutzt hat, um die Konditionen des Aufhebungsvertrags durch aktives Verhandeln erheblich zu seinem Gunsten zu verbessern, insbesondere wenn er selbst rechtskundig ist oder zuvor Rechtsrat eingeholt hat beziehungsweise aufgrund der Dauer der Bedenkzeit hätte einholen können.[1424]

1470 Hat der Arbeitgeber aber bereits gekündigt und schließen die Parteien später einen gerichtlichen Vergleich über die Beendigung des Arbeitsverhältnisses, so kann der Arbeitnehmer eine Anfechtung des Vergleichs regelmäßig nicht auf die Kündigung stützen. Denn insoweit liegt im maßgeblichen Zeitpunkt des Zustandekommens des Vergleichs keine Drohung mehr vor, weil die Kündigung ja bereits ausgesprochen ist.[1425]

Anfechtbarkeit von Eigenkündigungen

1471 Das BAG hat diese Grundsätze auf die Anfechtbarkeit von Eigenkündigungen übertragen, die der unter Druck gesetzte Arbeitnehmer in einer solchen Situation ausspricht.[1426]

bb) Anfechtungsfrist

Fraglich: § 2 KSchG analog

1472 Für die Anfechtung gem. § 123 BGB läuft eigentlich gem. § 124 BGB eine Jahresfrist. Dies erscheint jedoch vor dem Hintergrund des berechtigten Interesses an rascher Klärung der Rechtsfrage, ob ein Arbeitsverhältnis fortbesteht oder nicht, als eine überaus lange Frist. Deshalb wird z.T. eine Analogie zur Änderungskündigung gem. § 2 KSchG befürwortet, weil auch dort der Arbeitgeber mit einer Kündigung drohe.[1427] Dann wäre die Frist zur Erklärung der Anfechtung drei Wochen.

1424 *BAG, NZA 2008, 348, 354 f.*
1425 *BAG, NZA 2007, 466, 469*
1426 *BAG, NZA 1996, 875, 876*
1427 *Hromadka/Maschmann, ArbR I, § 10 Rn 20*

WEITERE BEENDIGUNGSGRÜNDE

A. Störung der Geschäftsgrundlage

Ein Arbeitnehmer kann sich gemäß § 313 BGB wegen Störung der Geschäftsgrundlage nicht auf das Fehlen einer Kündigungserklärung oder eines anderen Beendigungstatbestandes berufen, wenn der ganze Vertrag gegenstandslos geworden ist.

1473 Ganzer Vertag wird gegenstandslos

BEISPIEL: Das hat das BAG z.B. für einen Fall angenommen, in welchem ein DDR-Bürger an seinem Arbeitsplatz von der Stasi festgenommen und unmittelbar aus der Haft in die Bundesrepublik abgeschoben wurde und nach dem Fall der Mauer von seinem alten Arbeitgeber Weiterbeschäftigung verlangte. Da der Zweck des Arbeitsverhältnisses durch äußere Umstände endgültig oder doch auf unabsehbare Zeit unerreichbar geworden ist, was auch erkennbar war, sei die Geschäftsgrundlage des Arbeitsvertrages entfallen.[1428]

B. Rücktritt

Ein zum gleichen Ergebnis wie die Kündigung führender Rücktritt gem. §§ 325, 326 BGB ist nach allg. Ansicht durch § 626 BGB als Spezialvorschrift ausgeschlossen. Die Erklärung eines „Rücktritts" vom Arbeitsvertrag kann aber im Wege der Auslegung oder der Umdeutung als Kündigung angesehen werden.[1429]

1474 § 626 BGB ist Spezialvorschrift

1428   BAG, NJW 1996, 476; dieses Urteil basiert noch auf der aus § 242 BGB abgeleiteten Rechtsfigur des Wegfalls der Geschäftsgrundlage.
1429   Palandt-Weidenkaff, BGB, Vorb v § 620 Rn 8

BETRIEBSÜBERGANG

A. Einleitung

§ 613a BGB — **1475** Geht der Betrieb, in dem der Arbeitnehmer beschäftigt ist, durch Rechtsgeschäft auf einen neuen Inhaber über, so tritt dieser in die z.Zt. des Übergangs bestehenden Arbeitsverhältnisse ein, § 613a I 1 BGB. Der Betriebsübergang führt deshalb nicht zu einer Beendigung des Arbeitsverhältnisses.

Gesetzlicher Wechsel des Arbeitgebers — **1476** **MERKSATZ**
Die **Folge des Betriebsübergangs** ist ein gesetzlicher Vertragspartnerwechsel auf Arbeitgeberseite.[1430]

Schutz der Arbeitnehmer — **1477** Ziel des § 613a ist es, einen Gleichlauf von Arbeitsplatz und Arbeitsverhältnis sicherzustellen. Die weitgehenden Rechtsfolgen des § 613a BGB sollen den Erwerber treffen, der das wirtschaftliche Substrat aus der übergegangenen Einheit zieht. Bildlich gesprochen: Wer sich durch Übernahme sächlicher, immaterieller oder personeller Mittel „in ein gemachtes Bett legt", soll als Betriebsübernehmer haften. Schließlich soll die Kontinuität des Betriebsrats gewährleistet werden.[1431]

Abgrenzung zur Betriebs- bzw. Gesamtrechtsnachfolge — **1478** Der Betriebsübergang ist streng von der Betriebsnachfolge zu unterscheiden. Beim Betriebsübergang gehen mit dem Betrieb (nur) die Arbeitsverhältnisse auf den neuen Inhaber über. Bei der Betriebsnachfolge (auch Gesamtrechtsnachfolge genannt) übernimmt der neue Inhaber kraft Gesetzes die Stellung des bisherigen Betriebsinhabers und damit auch das gesamte Vermögen und die Schulden des Betriebs.
Im Gegensatz zum Betriebsübergang sind die Fälle der Betriebsnachfolge im Gesetz klar geregelt. Hierzu gehören z.B. die Vererbung, §§ 1922 ff. BGB, die Verschmelzung von Kapitalgesellschaften, die Umwandlung einer Gesellschaft und die Übernahme eines Handelsgeschäfts, §§ 25, 28 HGB.

1479 **MERKSATZ**
Vom Geltungsbereich des § 613a BGB nicht erfasst werden Betriebsübergänge, die im Wege der Gesamtrechtsnachfolge kraft Gesetzes vollzogen werden.[1432]

„Gesetzlicher Betriebsübergang" — Man kann in diesem Fällen aus Sicht der betroffenen Arbeitnehmer von einem **„gesetzlichen Betriebsübergang"** sprechen. Der neue Betriebsinhaber tritt automatisch in die Rechtsposition des bisherigen Inhabers ein. Damit tritt er auch in die zwischen dem bisherigen Betriebsinhaber und den Arbeitnehmern bestehenden Arbeitsverhältnisse ein. Die Gesamtrechtsnachfolge führt deshalb schon vom Rechtscharakter her zu demselben Ergebnis, das § 613a BGB für den rechtsgeschäftlichen Betriebsübergang gesondert anordnet. Weil der Schutzzweck des § 613a BGB in Fällen der Gesamtrechtsnachfolge ohnehin erreicht wird, bedarf es einer besonderen Anwendung des § 613a BGB nicht.

1430 MK-Müller-Glöge, BGB, § 613a Rn 77
1431 ErfK-Preis, § 613a BGB Rn 5; MK-Müller-Glöge, BGB, § 613a Rn 6 f.
1432 BAG, NZA 2006, 848, 850

B. Prüfungsschema: Voraussetzungen eines Betriebsübergangs

> **DEFINITION** 1480
> Ein **Betriebsübergang** i.S.d. § 613a BGB liegt vor, wenn
> - ein Betrieb oder Betriebsteil
> - durch Rechtsgeschäft
> - auf einen neuen Inhaber übergeht.

Der Gesetzgeber hat die drei Voraussetzungen für einen Betriebsübergang nicht näher erläutert. Die Beurteilung, ob im Einzelfall ein Betriebsübergang vorliegt, muss deshalb anhand von Indizien aus der – leider nicht einheitlichen – Rechtsprechung vorgenommen werden.

C. Systematik und Vertiefung

I. BETRIEB ODER BETRIEBSTEIL

1. Grundlagen

Erforderlich ist zunächst, dass ein Betrieb oder Betriebsteil übertragen wird. Hierbei ist nicht der allgemeine arbeits- bzw. betriebsverfassungsrechtliche Begriff des Betriebs maßgebend. Vielmehr ist Maßgebend die Richtlinie 2001/23/EG. Diese verlangt in Art. 1 I b den „Übergang einer ihre Identität bewahrenden wirtschaftlichen Einheit im Sinne einer organisierten Zusammenfassung von Ressourcen (Hilfsmitteln) zur Verfolgung einer wirtschaftlichen Haupt- oder Nebentätigkeit." 1481 Eigenständiger Betriebsbegriff

1482

> **MERKSATZ**
> Es muss sich um den Übergang einer organisatorisch abgrenzbaren wirtschaftlichen Einheit auf einen neuen Rechtsträger unter Wahrung ihrer Identität handeln.[1433]

Bei der Entscheidung, ob es sich um einen die **Identität wahrenden Übergang** handelt, ist folglich eine Gesamtabwägung nötig, bei der folgende Punkte einfließen:[1434] 1483 Gesamtabwägung

- Um welche Art des Unternehmens/Betriebs handelt es sich?
- Gingen materielle Betriebsmittel über? (Eigentumslage ist egal)[1435]
- Welchen Wert besaßen die immateriellen Aktiva zum Zeitpunkt des Übergangs?
- Wurde die Hauptbelegschaft übernommen?
- Ging die Kundschaft über?
- Sind sich die Tätigkeiten ähnlich, die vor und nach dem Übergang vorgenommen wurden?
- Wie lange wurde die Geschäftsfortführung u.U. unterbrochen?

1433 EuGH, NZA 1997, 433, 433; BAG, NZA 2007, 1431, 1432
1434 EuGH, NZA 2003, 1385, 1386; BAG, NZA 2007, 1431, 1432
1435 BAG, NJW 2006, 2141 LS 4

Produktions- **1484** | **MERKSATZ**
betrieb | Bei einem **Produktionsbetrieb** kommt es überwiegend auf sachliche Betriebsmittel, wie z.B. Gebäude, Maschinen, Produktionsanlagen, Werkzeuge, Rohstoffe, Halb- und Fertigfabrikate, Fahrzeuge und Transportgeräte, an, ohne dass die immateriellen Betriebsmittel bedeutungslos sein müssen.

Dienstleistungs- **1485** Vor allem bei **Dienstleistungsunternehmen** stellt sich noch die Frage:
unternehmen

- Wurden "Know-How-Träger" übernommen?
- Wurden die Arbeitsorganisation und die Betriebsmethoden übernommen?

Das bedeutet nicht, dass bei einem Dienstleistungsunternehmen die materiellen Betriebsmittel Bedeutung keine erlangen. Bei einem Speditionsunternehmen spielt z.B. die Übernahme der LKWs eine entscheidende Rolle.[1436] Allerdings besteht deren Betriebsvermögen hauptsächlich aus Rechtsbeziehungen. Das sind in erster Linie die immateriellen Betriebsmittel, die Kundenliste, das „Know how" und der „Good Will", also die Einführung des Unternehmens auf dem Markt. sowie auch Geschäftsräume und Geschäftslage, sofern diese Bestandteile des Betriebes es ermöglichen, den bisherigen Kundenkreis zu halten und auf den neuen Betriebsinhaber überzuleiten.[1437]

Fraglich ist, ob die organisatorische Einheit nur auf Seiten des Veräußerers vorliegen muss.

Zur Notwen- **1486** | **MERKSATZ**
digkeit des | Es ist strikt zu unterscheiden zwischen dem Veräußererbetrieb und dem
Fortbestehens | Erwerberbetrieb:
der organisato-
rischen Einheit Beim **Veräußererbetrieb** verlangt das BAG weiterhin, dass eine organisatorisch
auf Seiten des abgrenzbare wirtschaftliche Einheit vorgelegen hat.[1438]
Erwerbers Beim **Erwerberbetrieb** hingegen will der EuGH ausreichen lassen, dass die funktionale Verknüpfung zwischen den übertragenen Produktionsfaktoren beim Erwerber beibehalten bleibt.[1439]

1487 Unerheblich ist, ob nach dem „eigentlichen" Betriebsübergang Änderungen in der Ausrichtung des Betriebs eintreten.

Zeitpunkt der | **MERKSATZ**
Veräußerung | Bei der Beurteilung, ob es sich um einen Betrieb oder einen Betriebsteil handelt,
maßgeblich | ist auf den Zeitpunkt der Veräußerung abzustellen.

1436 EuGH, NZA 2001, 249, 251 (Busse eines Linienbusunternehmens)
1437 Loritz, RdA 1987, 65, 70. Allerdings würde ein Betriebsübergang abzulehnen sein, wenn z.B. bei einem Linienbusunternehmen gar keine Busse übernommen werden würden, Hessisches LAG, BeckRS 2013, 67506.
1438 BAG, NZA 2012, 504, 507
1439 EuGH, NZA 2009, 251, 253

2. Auf Dauer angelegt

Die Einheit muss auf Dauer angelegt sein. Ihre Tätigkeit darf sich nicht auf die Ausführung eines bestimmten Vorhabens beschränken.

1488

BEISPIEL: Die Übertragung einer Baustelle zur Fertigstellung begonnener Arbeiten auf einen anderen Unternehmer ist kein Betriebsübergang.

3. Organisierte Zusammenfassung von Ressourcen

Die Einheit muss eine organisierte Zusammenfassung von Ressourcen personeller oder materieller Art darstellen, die eine wirtschaftliche Haupt- oder Nebentätigkeit (mit eigener Zielsetzung) ausübt.[1440] Auf eine Gewinnerzielungsabsicht kommt es dabei nicht an.

1489

4. Tatsächliche Weiterführung

Der Erwerber muss den Betrieb oder Betriebsteil auch tatsächlich weiterführen. Die bloße Möglichkeit der Fortführung reicht nicht aus.

1490 Möglichkeit der Fortführung reicht nicht

BEISPIEL 1: Der Rückfall einer verpachteten Gaststätte an den Verpächter (eine Brauerei, die selbst keine gastronomischen Betriebe betreibt), ist kein Betriebsübergang, wenn die Brauerei die Gaststätte nicht fortführt, sondern Umbauarbeiten vornimmt.

Die Beibehaltung der „organisatorischen Selbstständigkeit" der übertragenen Einheit ist nicht erforderlich, wohl aber die Beibehaltung des Funktions- und Zweckzusammenhangs zwischen den verschiedenen übertragenen Faktoren, der es dem Erwerber erlaubt, diese Faktoren zur Verfolgung einer bestimmten wirtschaftlichen Tätigkeit zu nutzen, auch wenn sie in eine andere Organisationsstruktur eingegliedert wird.[1441]

1491 Beibehaltung des Funktions- und Zweckzusammenhangs

Werden die vorhandenen Organisationsstrukturen und Funktions- und Zweckzusammenhänge vollständig oder im Wesentlichen zerschlagen, liegt kein Betriebsübergang vor.

1492 Zerschlagung

BEISPIEL 2 (nach BAG, NZA 2010, 499): Ein neuer Pächter erwirbt eine Betriebskantine und stellt das Konzept von der Zubereitung frischer Speisen auf die Anlieferung fertiger Gerichte aus einer Großküche um, die vor Ort bloß noch aufgewärmt werden. Den Köchen wird gekündigt.

Trotz erfolgter Übernahme der Betriebsmittel (in Beispiel 2 Einrichtung des Speisesaals, der Kücheneinrichtung etc.) kann ein Betriebsübergang dennoch ausgeschlossen sein, wenn der Erwerber aufgrund eines veränderten Betriebskonzepts diese nur noch teilweise benötigt und nutzt. Das gilt jedenfalls dann, wenn der Erwerber erhebliche Änderungen in der Organisation und der Personalstruktur des Betriebs eingeführt hat, sodass in der Gesamtschau keine Fortführung des früheren Betriebs anzunehmen ist.

1440 BAG, NZA 2009, 905 LS 1
1441 BAG, NZA 2009, 905 LS 4; hierzu auch EuGH, NZA 2009, 251, 253

Änderung des bisherigen Betriebskonzepts

Nach diesen Grundsätzen hat im Beispiel 2 kein Betriebsübergang stattgefunden. Es liegt eine erhebliche Änderung des bisherigen Betriebskonzepts und damit auch der Betriebs- und Arbeitsorganisation vor. Mit den Köchen sind frühere Arbeitsplätze mit prägender Funktion weggefallen.[1442]

5. Mehr als bloße Funktions- oder Auftragsnachfolge

1493 Es muss sich um mehr als eine bloße Funktions- oder Auftragsnachfolge handeln. Die reine Übertragung der Tätigkeit an sich stellt keinen Betriebsübergang dar.

Beim Veräußerer muss bereits ein Betriebsteil existieren

Ein Betriebsteilübergang i.S.v. § 613a BGB setzt voraus, dass ein selbstständig übertragbarer Betriebsteil vorliegt. Das verlangt, dass beim Veräußerer bereits ein organisatorisch verselbstständigter Betriebsteil gegeben ist, der unter Wahrung seiner Identität beim Betriebsteilerwerber weitergeführt wird.[1443] Es reicht nicht aus, wenn der Erwerber mit einzelnen bislang nicht teilbetrieblich organisierten Betriebsmitteln einen Betrieb oder Betriebsteil gründet. Überdies ist erforderlich, dass der Erwerber gerade die wesentlichen Betriebsmittel des Teilbetriebs übernimmt.[1444]

1494 | **DEFINITION**
Ein **Betriebs- oder Betriebsteilübergang** nach § 613a I BGB setzt die Wahrung der Identität der wirtschaftlichen Einheit voraus.

Der Begriff der wirtschaftlichen Einheit bezieht sich auf eine organisierte Gesamtheit von Personen und Sachen zur Ausübung einer wirtschaftlichen Tätigkeit mit eigener Zielsetzung.[1445]

Definition: Wahrung der Identität der wirtschaftlichen Einheit

1495 | **DEFINITION**
Eine **Wahrung der Identität** der wirtschaftlichen Einheit setzt voraus, dass diese in ihrer ursprünglichen Identität übergeht, sodass der neue Inhaber den Betrieb fortführen kann. Dabei darf Einheit allerdings nicht als bloße Tätigkeit verstanden werden. Ihre Identität ergibt sich auch aus anderen Merkmalen wie ihrem Personal, ihren Führungskräften, ihrer Arbeitsorganisation, ihren Betriebsmethoden und den ihr zur Verfügung stehenden materiellen und immateriellen Betriebsmitteln.[1446] Entscheidend ist, dass der eigentliche Kern des zur Wertschöpfung erforderlichen Funktionszusammenhangs beim Übernehmer als solcher existent bleibt, denn nur dann kann aus der alten Einheit Nutzen gezogen werden.

BEISPIEL 1 (nach BAG, NZA 2008, 110): Mehrere Unternehmen erwerben bzw. mieten nach einer insolvenzbedingten Stilllegung eines anderen Unternehmens lediglich einzelne Betriebsmittel.

1442 BAG, NZA 2010, 499, 500 f. Damit verfolgt das BAG eine restriktivere Linie als der EuGH in seiner Entscheidung „Klarenberg" (EuGH, NZA 2009, 251; dazu Grobys, NJW 2009, 2032). In dieser Entscheidung erachtet es der EuGH für ausreichend, wenn der Erwerber bestimmte Produktionsfaktoren in seine neue Organisationsstruktur eingliedert, um „derselben oder einer gleichartigen wirtschaftlichen Tätigkeit" nachzugehen. Eine solche Vergleichbarkeit der wirtschaftlichen Tätigkeiten liegt im vorliegenden Fall sicher vor.
1443 BAG, NZA 2004, 845 LS 2
1444 BAG, NZA 2006, 794 LS
1445 BAG, NJW 2006, 2138, 2139
1446 BAG, DB 2000, 622, 623

In Beispiel 1 liegt schon deshalb kein Betriebsübergang vor, weil die alte Einheit aufgehoben und aus ihr kein Nutzen mehr gezogen wird.

Diesen Kriterien kommt je nach der Art des betreffenden Betriebes unterschiedliches Gewicht zu. Gerade bei betriebsmittelarmen und dienstleistungsorientierten Branchen und Arbeitszwecken, bei denen es wesentlich auf die menschliche Arbeitskraft und weniger auf die Betriebsmittel ankommt, kann eine Gesamtheit von Arbeitnehmern, die durch ihre gemeinsame Tätigkeit dauerhaft verbunden sind, eine wirtschaftliche Einheit in diesem Sinne darstellen. *Art des betreffenden Betriebes*

Deshalb kann z.B. gerade die Übernahme der „Hauptbelegschaft" in Brachen, in denen es im Wesentlichen auf die menschliche Arbeitskraft ankommt, ein Indiz für die Wahrung der wirtschaftlichen Einheit sein. *Übernahme der „Hauptbelegschaft"*

Gerade hier bestehen massive Abgrenzungsprobleme zur bloßen Funktions- bzw. Auftragsnachfolge.

> **MERKSATZ** 1497
> Die reine **Funktionsnachfolge** erfüllt nicht die Voraussetzungen eines Betriebsübergangs.[1447]

Betriebsübergang nach § 613a BGB einerseits und **Funktionsnachfolge** andererseits bilden ein Gegensatzpaar, weil die so genannte Funktions- oder Auftragsnachfolge gerade nicht die Übernahme eines funktionsfähigen Betriebs, sondern lediglich den „Eintritt" in eine zuvor von einem anderen Unternehmen wahrgenommene neue Aufgabe zum Gegenstand hat. Betrieb oder Betriebsteil im Sinne einer „wirtschaftlichen Einheit" dürfen nicht mit einer bloßen Tätigkeit gleichgesetzt werden. Wer also – gleich, ob im Wege konzerninterner Funktionsverlagerung oder als externer Wettbewerber – lediglich eine bestimmte, zuvor von einem anderen Arbeitgeber ausgeführte Aufgabe ohne deren betriebliches „Substrat" übernimmt und sie im Wesentlichen unverändert fortführt, wird allein dadurch noch nicht zum „anderen Inhaber" i.S. von § 613a I 1 BGB; er kann mithin ohne Bindung an vorhandene Arbeitsverträge die erforderliche Belegschaft komplett neu einstellen oder auf bereits vorhandene eigene Personalressourcen zurückgreifen.[1448] *Eine bloße Tätigkeit ist keine wirtschaftliche Einheit*

> **MERKSATZ** 1498
> Eine reine **Auftragsnachfolge** ist kein Betriebsübergang.

Eine bloße Auftragsnachfolge ist nicht gegeben, wenn der neue Auftragnehmer einen nach Zahl und Sachkunde wesentlichen Teil des bisherigen Personals oder identitätsprägende Betriebsmittel übernimmt.[1449]

BEISPIEL 2: Die bloße Vergabe der Reinigungstätigkeit an ein externes Reinigungsunternehmen, ohne dass irgendwelche Betriebsmittel oder die bislang mit der Reinigung beschäftigten Arbeitnehmer übernommen werden, ist kein Betriebsübergang.

1447 EuGH, NZA 1997, 433, 434 f. (Putzfrau – Fall Ayse Süzen)
1448 Zu den auftauchenden Abgrenzungsproblemen Willemsen, NJW 2007, 2065 ff.
1449 BAG, NZA-RR 2009, 469, 471 f.

BEISPIEL 3: Ein Reinigungsauftrag für ein Verwaltungsgebäude wird an ein anderes Unternehmen U vergeben, welches 60 von 70 Arbeitnehmern des bisherigen Auftragnehmers im Wesentlichen unverändert mit der Reinigung des Gebäudes weiterbeschäftigt.

In Beispiel 3 ist keine reine Auftragsnachfolge gegeben. U hat die Hauptbelegschaft in einer durch die menschliche Arbeitskraft geprägten Branche übernommen. Folglich ist in Beispiel 3 ein Betriebsübergang gegeben.

BEISPIEL 4 (nach BAG, NZA 2000, 371): Die Übernahme eines Notariats ist kein Betriebsübergang, da wesentliches Substrat des Notariats die höchstpersönliche Notarbefugnis ist.

Fazit

1499 An einer identitätswahrenden Fortführung und damit an einem Betriebsübergang fehlt es, wenn die alte Einheit zerstört wird. Dies ist zu bejahen, wenn Betrieb oder Betriebsteil in eine schon vorhandene andere Einheit vollständig integriert, somit aufgelöst wird und den Übergang nicht überlebt. Auch eine sofortige Stilllegung steht der Verwirklichung des Tatbestands entgegen, wie im Übrigen auch jede andere, inhaltlich wesentliche Umstrukturierung. Der Neuaufbau einer Arbeitsorganisation ist etwas anderes als die Weiternutzung einer schon beim Veräußerer bestehenden Einheit und vermeidet § 613a BGB tatbestandlich.[1450]

6. Betriebsteil bei Querschnittsfunktionen

Teilbetriebsübergang

1500 Die gesetzlichen Regelungen des § 613a BGB finden auch Anwendung, wenn nicht der gesamte Betrieb, sondern nur ein Betriebsteil durch Rechtsgeschäft erworben wird. Dies setzt voraus, dass die erworbenen Elemente schon beim Betriebsveräußerer eine Einheit dargestellt haben und diese vom Erwerber identitätswahrend fortgeführt wird.[1451]

Damit ein Arbeitsverhältnis auf den Betriebserwerber übergeht, muss der Arbeitnehmer aber der übergegangenen Einheit zugeordnet sein.

Arbeitnehmer in Querschnittsfunktionen

1501 Die Zuordnung von Arbeitnehmern in Querschnittsfunktionen bei einem Betriebsteilübergang bereitet häufig Probleme. Dabei sind zwei Konstellationen zu unterscheiden:

Organisatorisch eigenständige Querschnittsabteilung

Besteht eine organisatorisch eigenständige Querschnittsabteilung, d.h. eine abgegrenzte Einheit mit eigener Leitung, gehen die dieser Abteilung zugeordneten Arbeitnehmer nur dann auf den Erwerber über, wenn dieser auch die Querschnittsabteilung selbst als Betriebsteil im Sinne des § 613a BGB übernimmt. Dies gilt auch für Arbeitnehmer der Querschnittsabteilung, die fast ausschließlich Tätigkeiten mit Bezug zum übertragenen Betriebsteil verrichtet haben.[1452]

Keine organisatorisch eigenständige Querschnittsabteilung

1502 Besteht dagegen keine organisatorisch eigenständige Querschnittsabteilung, muss für die mit Querschnittsfunktionen befassten Arbeitnehmer eine Zuordnung

---

1450 Zur Darlegungs- und Beweislast ausführlich: Commandeur/Kleinebrink, NJW 2008, 3467, 3469 f.
1451 BAG, NZA 2011, 1231, 1232 f.
1452 BAG, NZA 2003, 315, 317; BAG, NZA 1998, 249, 251

zum übergehenden oder zum verbleibenden Betriebsteil festgestellt werden. Eine Zuordnung zum übergehenden Betriebsteil setzt in der Regel voraus, dass ihre Tätigkeit ausschließlich oder wesentlich dem übergehenden Betriebsteil zugute kam. In Zweifelsfällen soll nach einer in der Literatur vertretenen Auffassung den betroffenen Arbeitnehmern ein Wahlrecht zustehen, ob sie dem verbleibenden oder dem übernommenen Betriebsteil zugeordnet werden wollen.[1453]

BEISPIEL (nach BAG, NZA 2011, 1231): Bei der Wasserwerke-GmbH bestand eine technische Abteilung „Trinkwasser", eine weitere technische Abteilung „Abwasser" sowie die kaufmännische Abteilung, die die Verwaltungsvorgänge beider Bereiche bearbeitete.
Die beiden Zweckverbände Trinkwasser und Abwasser wollten die von der W-GmbH erledigten Aufgaben wieder selbst durchführen und kündigten deshalb alle Verträge. Sie übernahmen verschiedene bewegliche und unbewegliche Betriebsmittel. Der Trinkwasserzweckverband übernahm zudem fast alle Arbeitnehmer, die bei der GmbH in der technischen Abteilung „Trinkwasser" beschäftigt waren, und der beklagte Abwasserzweckverband die Arbeitnehmer aus dem Bereich „Abwasser". Aus dem kaufmännischen Bereich der GmbH stellten die Zweckverbände dagegen nur vereinzelt Arbeitnehmer ein. Ein nicht übernommener Mitarbeiter macht das Vorliegen eines Betriebsübergangs auf den Abwasserzweckverband geltend, weil er 80 % seiner Arbeitszeit mit Verwaltungsaufgaben aus diesem Bereich verbracht habe..

Im Beispiel liegt kein Betriebsübergang vor. Damit ein Arbeitsverhältnis aus einer Querschnittsabteilung (meist – wie hier auch – Verwaltung) auf den Betriebserwerber übergeht, muss der Arbeitnehmer der übergegangenen Einheit zugeordnet sein. Daran fehlt es im Beispiel. Einen Betriebsteil „Kaufmännische Verwaltung Abwasser" gab es bei der GmbH nicht als übertragbare Einheit. Diese hatte organisatorisch nur die technischen Abteilungen „Trinkwasser" und „Abwasser" getrennt. Keiner der Zweckverbände hat die für beide Bereiche zuständige kaufmännische Abteilung der GmbH übernommen.

Querschnittsabteilung: Verwaltung

II. ÜBERGANG DURCH RECHTSGESCHÄFT

Ein Betriebsübergang liegt nur vor, wenn der Betrieb oder Betriebsteil durch Rechtsgeschäft übergeht. Durch diesen weit auszulegenden Begriff soll nur zur **Betriebsnachfolge** (Gesamtrechtsnachfolge) kraft Gesetzes abgegrenzt werden.

1503 Abgrenzung zur Betriebsnachfolge

MERKSATZ
Ein Rechtsgeschäft zwischen altem und neuem Inhaber ist der Regelfall, jedoch nicht zwingend erforderlich.

1504 Vertrag zwischen neuem und altem Inhaber nicht nötig

Das Fehlen einer unmittelbaren vertraglichen Beziehung ist allerdings ein Indiz gegen das Vorliegen eines Betriebsübergangs.

Etwas anderes kann sich aber bei der **Neuvergabe von Aufträgen** ergeben. Wenn die Identität eines Betriebs maßgeblich durch sein Personal und nicht durch

1505 Neuvergabe von Aufträgen

1453   ErfK-Preis, § 613a BGB Rn 72 m.w.N.

materielle und immaterielle Betriebsmittel gewahrt wird, kann ein Unternehmer eine vorhandene Arbeitsorganisation durch Übernahme der Arbeitnehmer weiter nutzen, ohne im Regelfall mit dem bisherigen Auftraggeber in Verhandlungen treten zu müssen. Von einem rechtsgeschäftlichen Betriebsübergang ist daher auch auszugehen, wenn ein Neuauftragnehmer eine im Wesentlichen unveränderte Arbeitsaufgabe auf vertraglicher Grundlage übernimmt und die Arbeitnehmer zu diesem Zweck einvernehmlich weiterbeschäftigt. Die Möglichkeit der Betriebsfortführung wird dann durch ein Bündel von Rechtsgeschäften erworben.

> **BEISPIEL:** Neuvergabe eines Reinigungsauftrags, der bisher von Unternehmen U erledigt wurde, an Unternehmen V. Wenn V einen wesentlichen Teil der Belegschaft übernimmt, liegt ein Betriebsübergang von U auf V vor.

1506 Ein Betriebsübergang setzt auch nicht die Wirksamkeit des Rechtsgeschäfts voraus. Für die Annahme eines Betriebsübergangs sind der tatsächliche Übergang und die Nutzung der wesentlichen Betriebsmittel entscheidend.[1454] Somit stellt auch die nach Feststellung der Unwirksamkeit erfolgende Rückübertragung auf den früheren Betriebsinhaber einen weiteren Betriebsübergang dar. Doch kann der Schutzzweck der Norm, die zur Rechtsunwirksamkeit des Rechtsgeschäfts führt, Vorrang vor § 613a BGB haben. Dies ist für die Bestimmungen zum Schutze Geschäftsunfähiger anzunehmen.[1455]

Wirksamkeit des Rechtsgeschäfts nicht nötig

III. ÜBERGANG AUF EINEN NEUEN INHABER

1507 Ein Betriebsübergang setzt voraus, dass ein Inhaberwechsel stattfindet.

Definition: Inhaberwechsel

> **DEFINITION**
> Ein **Inhaberwechsel** liegt nur dann vor, wenn die Rechtspersönlichkeit wechselt, in deren Namen der Betrieb geführt wird.[1456]

Es kann sich dabei sowohl um eine natürliche Person, als auch eine juristische Person (auch des öffentlichen Rechts) handeln.

> **BEISPIEL 1:** An der Fortführung durch einen neuen Rechtsträger fehlt es, wenn lediglich die Gesellschafter einer KG ausgewechselt werden.[1457]

> **BEISPIEL 2:** Der Kauf von 51 % der Geschäftsanteile der G-GmbH durch die A-AG ist kein Betriebsübergang.

1508 Es ist also zu unterscheiden zwischen einem **„Share-Deal"** (also einem Anteilskauf) und einem **„Asset-Deal"** (also einem Kauf der Aktiva). Nur im letztgenannten Fall kann es zu einem Betriebsübergang kommen.[1458]

„Share- und Asset-Deal"

1454 BAG, NZA-RR 2008, 367, 369
1455 MK-Müller-Glöge, BGB, § 613a Rn 67
1456 BAG, NZA 2007, 1428, 1430
1457 BAG, NZA 2007, 1428, 1430
1458 Ausführlich Hausch, BB 2008, 1392 ff.

> **MERKSATZ** — Zeitpunkt
> Für den Zeitpunkt eines Betriebsübergangs ist die tatsächliche Weiterführung und Wiederaufnahme der Geschäftstätigkeit entscheidend.

IV. ABGRENZUNG ZUR BETRIEBSSTILLLEGUNG

> **MERKSATZ** — 1509
> Betriebsveräußerung und Betriebsstilllegung schließen sich systematisch aus.

Unter **Betriebsstilllegung** ist die Auflösung der zwischen Arbeitgeber und Arbeitnehmer bestehenden Betriebs- und Produktionsgemeinschaft zu verstehen. Dies setzt voraus, dass der Unternehmer die bisherige wirtschaftliche Betätigung in der ernstlichen Absicht einstellt, die Verfolgung des bisherigen Betriebszweckes dauernd oder für eine ihrer Dauer nach unbestimmte, wirtschaftlich nicht unerhebliche Zeitspanne nicht weiter zu verfolgen.[1459]

Einstellung der bisherigen wirtschaftlichen Betätigung

BEISPIEL: Der Arbeitgeber kündigt allen Arbeitnehmern, löst etwaige Mietverträge zum nächstmöglichen Zeitpunkt auf, veräußert die Betriebsmittel, über die er verfügen kann, und stellt die Betriebstätigkeit vollständig ein.

> **MERKSATZ** — 1510
> Mit der Stilllegung des gesamten Betriebs entfallen alle Beschäftigungsmöglichkeiten.

Eine **Stilllegungsabsicht** des Arbeitgebers liegt allerdings dann nicht vor, wenn dieser seinen Betrieb veräußert. Die Veräußerung des Betriebs allein ist – wie sich aus der Wertung des § 613a BGB ergibt – keine Stilllegung, weil die Identität des Betriebs gewahrt bleibt und lediglich ein Betriebsinhaberwechsel stattfindet.

Eine (auch grenzüberschreitende) Verlagerung stellt grundsätzlich einen Betriebsübergang und keine Stilllegung dar. Bedingt ist, dass die wesentlichen materiellen und immateriellen Produktionsmittel einer betrieblichen Einheit gemeinsam verlagert und die Produktion an einem neuen Standort, der vom alten nicht weit entfernt ist, weitergeführt wird. Das BAG lässt offen, bei welcher Entfernung zum neuen Standort das BAG einen Betriebsübergang nicht mehr annehmen würde.[1460] Eine Entfernung von mehreren 100 km hielt das BAG für zu groß.[1461] Dabei bleibt unklar, warum die Entfernung der Standorte überhaupt ein geeignetes Kriterium für das Vorliegen eines Betriebsübergangs ist.[1462]

1511 (Grenzüberschreitende) Verlagerung

V. RECHTSFOLGEN EINES BETRIEBSÜBERGANGS

Sofern ein sog. Betriebsübergang i.S.d. § 613a BGB vorliegt, hat dies weit reichende Konsequenzen.

1512

1459 BAG, NZA 2009, 1267, 1268
1460 BAG, NZA 2011, 1143, 1146
1461 BAG, 8 AZR 335/99, BeckRS 2009, 67931
1462 Kritisch insoweit auch Schansker/Bauer, ArbRAktuell 2011, 298

1. Rechtsstellung des Erwerbers

a) Grundsatz

1513 Der Arbeitsvertrag geht „so wie er ist" auf den neuen Betriebsinhaber über (**gesetzliche Vertragsübernahme**). Änderungen können sich aber ergeben, wenn im Betrieb des Erwerbers ein eigener Tarifvertrag besteht, § 613a I S. 2-4 BGB.[1463]
Trotz des Betriebsübergangs bleiben im Alt-Betrieb erworbene „**Senioritäten**" und Betriebszugehörigkeitszeiten erhalten, was für gesetzliche Wartefristen, z.B. § 1 KSchG oder § 4 BUrlG, und Kündigungsfristen, § 622 II 1 BGB, relevant ist.[1464]

1514 Der im Arbeitsverhältnis mit dem ehemaligen Arbeitgeber erwachsene Kündigungsschutz geht bei einem Betriebsübergang jedoch nicht mit dem Arbeitsverhältnis auf den Betriebserwerber über, wenn in dessen Betrieb die Voraussetzungen von § 23 I KSchG nicht vorliegen. Daher entfällt der Kündigungsschutz, wenn im Betrieb des neuen Arbeitgebers nicht mehr als zehn Arbeitnehmer beschäftigt werden.[1465]

b) Verbindlichkeiten

1515 Der Erwerber tritt mit dem Zeitpunkt des Betriebsübergangs in alle Verbindlichkeiten aus den Arbeitsverhältnissen ein. Er haftet auch für rückständige Lohnforderungen und Gratifikationen. Das gilt aber nicht für Forderungen bereits ausgeschiedener Arbeitnehmer. Für diese muss weiterhin der alte Arbeitgeber alleine aufkommen.

1516 **KLAUSURHINWEIS**
Für alle anderen Verbindlichkeiten, z.B. Forderungen von Kunden oder Lieferanten, gilt § 613a BGB nicht. Jedoch ist insoweit z.B. an die §§ 25, 28 HGB zu denken, die insoweit eine eigenständige Anspruchsgrundlage bilden.

2. Rechtsstellung des bisherigen Arbeitgebers

1517 Als Folge eines Betriebsübergangs endet das Arbeitsverhältnis mit dem bisherigen Arbeitgeber.

MERKSATZ
Ausschlussfristen beginnen mit dem Zeitpunkt des Übergangs zu laufen.

1518 Der bisherige Arbeitgeber haftet gem. § 613a II BGB neben dem neuen Inhaber für Ansprüche, soweit sie vor dem Zeitpunkt des Übergangs entstanden sind und vor Ablauf von einem Jahr nach diesem Zeitpunkt fällig werden, als **Gesamtschuldner**. Werden solche Verpflichtungen nach dem Zeitpunkt des Übergangs fällig, so haftet der bisherige Arbeitgeber für sie jedoch nur anteilig.

BEISPIEL: Der Betrieb geht am 31.7. auf einen neuen Inhaber über. Für das in jedem Monat zu einem Zwölftel erdiente 13. Monatsgehalt haftet der neue Arbeitgeber voll, der alte Arbeitgeber hingegen nur zu 7/12.

1463 *Hierzu z.B. BAG, NZA-RR 2011, 30 ff.*
1464 *BAG, NJW 1993, 2016, 2018*
1465 *BAG, NZA 2007, 739, 740*

3. Rechtsstellung des Arbeitnehmers

a) Recht auf Unterrichtung

Der bisherige Arbeitgeber oder der neue Inhaber hat gem. § 613a V BGB die von einem Übergang betroffenen Arbeitnehmer vor dem Übergang in Textform zu unterrichten über:

1519 Inhalt der Unterrichtung

1. den Zeitpunkt oder den geplanten Zeitpunkt des Übergangs,
2. den Grund für den Übergang,
3. die rechtlichen, wirtschaftlichen und sozialen Folgen des Übergangs für die Arbeitnehmer und
4. die hinsichtlich der Arbeitnehmer in Aussicht genommenen Maßnahmen.

> **MERKSATZ**
> Arbeitgeber und Betriebserwerber sind hinsichtlich der Unterrichtung, die einen **Auskunftsanspruch des Arbeitnehmers** darstellt, nach § 613a V BGB Gesamtschuldner.[1466]

Gesamtschuldner des Auskunftsanspruchs

Die Unterrichtungspflicht betrifft insbesondere folgende Fragen: Weitergeltung oder Änderung der bisherigen Rechte und Pflichten aus dem Arbeitsverhältnis (z.B. zum Fortbestand oder zur Ablösung individual- oder tarifrechtlicher Regelungen), Möglichkeit des Widerspruchs, Haftung des bisherigen Arbeitgebers und des neuen Inhabers gegenüber dem Arbeitnehmer, Kündigungsschutz und die identifizierbare Benennung des Erwerbers.[1467]

1520

Die Unterrichtung hat in Textform, § 126 b BGB zu erfolgen. Möglich ist also auch eine Unterrichtung per Post, Fax oder E-Mail.[1468]

Textform

1521

> **MERKSATZ**
> Im Fall der **Nichtunterrichtung** beginnt gem. § 613a VI 1 BGB die Monatsfrist für einen Widerspruch gegen den Betriebsübergang, § 613a V BGB, nicht zu laufen.

Rechtsfolge bei Nichtunterrichtung

Informiert die Arbeitgeberseite den Arbeitnehmer also nicht ordnungsgemäß, so kann dieser noch lange Zeit nach dem Betriebsübergang diesem widersprechen und kehrt dadurch zu seinem alten Arbeitgeber zurück.[1469]

> **MERKSATZ**
> Auch eine **fehlerhafte Unterrichtung** setzt die Widerspruchsfrist nicht in Gang.[1470]

1522 Fehlerhafte Unterrichtung

1466 Willemsen/Lembke, NJW 2002, 1159, 1162
1467 Ausführlich BAG, NZA 2006, 1268, 1269 f.; BeckOK-Fuchs, BGB, § 613a Rn 78
1468 BeckOK-Fuchs, BGB, § 613a Rn 79
1469 Zum Widerspruchsrecht gleich Näheres.
1470 BAG, 10.11.2011 – 8 AZR 277/10; NZA-RR 2010, 74, 74; NZA 2006, 1268, 1270

Dies gilt auch dann, wenn der Arbeitgeber über für den Betriebsübergang eigentlich unwesentliche Punkte falsch informiert.

1523 **KLAUSURHINWEIS**
An dieser Stelle besteht für den Prüfer die Möglichkeit, **Inzidentprüfungen** von Fragen einzubauen, die mit dem Thema Betriebsübergang überhaupt nichts zu tun haben. Prüfungspunkt im Gutachten ist die Frage, ob der Arbeitnehmer fristgemäß widersprochen hat.

BEISPIEL: In der Unterrichtung ist ein Fehler bei der Frage der Übertragung von Resturlaub auf das Folgejahr. In diesem Fall hat die Widerspruchsfrist gar nicht zu laufen begonnen.

MERKSATZ
Die fehlende oder fehlerhafte Unterrichtung führt nicht zur Unwirksamkeit einer arbeitgeberseitigen Kündigung.[1471]

b) Widerspruchsrecht

aa) Grundlagen
1524 Der Arbeitnehmer, der von einem Betriebsübergang betroffen ist, kann diesem gem. § 613a VI BGB widersprechen. In diesem Fall bleibt er (oder wird er wieder) Arbeitnehmer in einem bisherigen Betrieb.

MERKSATZ
Das **Widerspruchsrecht** ist weder an eine Begründung noch gar an einen sachlichen Grund gebunden.[1472]

Die Widerspruchsfrist von einem Monat läuft erst ab Zugang der vollständigen und fehlerfreien Unterrichtung i.S.d. § 613a V BGB.

1525 Hinsichtlich des Adressaten des Widerspruchs hat der Arbeitnehmer gem. § 613a VI 2 BGB ein Wahlrecht. Er kann also sowohl dem alten als auch dem neuen Inhaber gegenüber widersprechen. Bei mehreren aufeinanderfolgenden Betriebsübergängen kann der Arbeitnehmer aber nur dem letzten Übergang widersprechen und sich dabei nur an den letzten Erwerber und den letzten Veräußerer wenden.[1473]

1526 Verlangt ein Arbeitnehmer im Zuge eines Betriebsübergangs vom Betriebswerber die Fortsetzung seines Arbeitsverhältnisses, so muss er die Fristen beachten, die er für einen Widerspruch gegen den Übergang seines Arbeitsverhältnisses einzuhalten hätte. Beginnt allerdings diese Widerspruchsfrist mangels Unterrichtung über den Betriebsübergang nicht zu laufen, gilt Gleiches auch für die Frist für das

---

[1471] BAG, NZA 2005, 1302, 1305
[1472] BeckOK-Fuchs, BGB, § 613a Rn 82
[1473] BAG, NJW-Spezial 2015, 52

Fortsetzungsverlangen. Dieses kann dann nicht mehr verfristet, sondern allenfalls verwirkt sein.[1474] Eine Verwirkung des Widerspruchsrechts liegt z.B. auch vor, wenn der Arbeitnehmer im Kündigungsschutzprozess gegen den Betriebserwerber sich dahingehend vergleicht, dass gar kein Betriebsübergang und demzufolge kein Arbeitsverhältnis besteht.[1475]

bb) Rechtsfolge

Rechtlich ist das Widerspruchsrecht ein Gestaltungsrecht in Form eines „Rechtsfolgenverweigerungsrechts".[1476] Es ist mit **„ex-tunc-Wirkung"** ausgestattet, wirkt also auf den Zeitpunkt des Betriebsübergangs zurück.[1477]

1527 Rückwirkung

> **MERKSATZ**
> Rechtsfolge des wirksam ausgeübten Widerspruchs ist, dass das Arbeitsverhältnis des Arbeitnehmers mit seinem bisherigen Arbeitgeber fortbesteht.

Im Hinblick auf die Rückwirkung des Widerspruchs bejaht die h.M. einen Anspruch auf Vergütung für die Zeit zwischen Betriebsübergang und Erklärung des Widerspruchs nach den Grundsätzen des faktischen Arbeitsverhältnisses.[1478]

1528 Faktisches Arbeitsverhältnis

Trotz der dadurch eintretenden (merkwürdig anmutenden) „Verdoppelung der Arbeitsverhältnisse" (ein wirksames mit dem Veräußerer und ein fehlerhaftes mit dem Erwerber) ist dem zu folgen. Die ex-nunc-Wirkung würde es nämlich ermöglichen, dass der Erwerber durch eine Kündigung in das Arbeitsverhältnis gestaltend eingreift. Dies verträgt sich aber nicht mit dem Schutz der negativen Vertragsfreiheit des Arbeitnehmers durch das Widerspruchsrecht. Der Arbeitnehmer darf zwischen dem „alten" und dem „neuen" Arbeitgeber wählen. Dieses Wahlrecht wird jedoch konterkariert, wenn man dem Erwerber in der Entscheidungsphase des Arbeitnehmers eine Gestaltungsmöglichkeit im Hinblick auf das Arbeitsverhältnis zubilligt.[1479]

Verdoppelung der Arbeitsverhältnisse

> **MERKSATZ**
> Die ex-tunc-Wirkung des Widerspruchs führt jedoch nicht rückwirkend zum Annahmeverzug des Veräußerers, weil der Arbeitnehmer diesem seine Arbeitsleistung vor dem Widerspruch nicht angeboten hat und weil er während seiner Arbeitsleistung im Betrieb des Erwerbers zur Leistungserbringung beim Veräußerer auch nicht imstande gewesen ist.[1480] Ein Annahmeverzug kommt erst nach dem Widerspruch in Frage, weil in dem Widerspruch das wörtliche Angebot i.S.d. § 295 BGB liegt.[1481]

1529 Annahmeverzug des Veräußerers

1474 BAG, 8 AZR 326/09
1475 BAG, NZA 2014, 774, 776
1476 BAG, NZA 2004, 481, 483; Klumpp/Jochums, JuS 2006, 687, 687
1477 BAG NZA 2006, 1406, 1410; 1268, 1273; a.A: Rieble, NZA 2004, 1, 4 ff.
1478 LAG Köln, LAGReport 2004, 331, 332; BeckOK-Fuchs, BGB, § 613a Rn 84; Worzalla, NZA 2002, 353, 358
1479 Klumpp/Jochums, JuS 2006, 687, 688
1480 LAG Köln, LAGReport 2004, 331, 332; Klumpp/Jochums, JuS 2006, 687, 688; Rieble, NZA 2004, 1, 7
1481 Franzen, RdA 2002, 258, 269; Klumpp/Jochums, JuS 2006, 687, 689 f.

cc) Betriebsbedingte Kündigung nach Widerspruch

Personalüberhang nach Widerspruch

1530 Sofern ein oder mehrere Arbeitnehmer dem Betriebsübergang widersprechen, kann es im Betrieb des Veräußerers zu Personalüberhang und folglich zu betriebsbedingten Kündigungen kommen. Diese fallen auch nicht unter das Kündigungsverbot des § 613a IV BGB, weil die Kündigung in diesem Fall nicht wegen des Betriebsübergangs, sondern wegen des durch Widerspruch aufgetretenen Personalüberhangs erfolgt.

Der „sachgrundlose" Widerspruch

1531 Lange Zeit war streitig, ob sich der **„sachgrundlose"** Widerspruch dann bei der Sozialauswahl nach § 1 III KSchG zum Nachteil des widersprechenden Arbeitnehmers auswirkt.[1482]

Dies wird vom BAG inzwischen verneint.[1483] Im Rahmen der Sozialauswahl sind nur die vier gesetzlichen Kriterien zu berücksichtigen. Dies schließt damit grundsätzlich die Berücksichtigung der Gründe für den Widerspruch im Rahmen der Sozialauswahl aus. Anderenfalls würde das Widerspruchsrecht auch weitgehend entwertet.

c) Kündigungsverbot des § 613a IV 1 BGB

§ 134 BGB

1532 Nach § 613a VI 1 BGB i.V.m. § 134 BGB ist eine anlässlich eines Betriebsübergangs ausgesprochene Kündigung wegen Verstoßes gegen ein gesetzliches Verbot unwirksam. Dies muss innerhalb der dreiwöchigen Präklusionsfrist der §§ 4, 7 KSchG geltend gemacht werden.

Kündigung aus anderen Gründen

Die Kündigung aus anderen Gründen ist jedoch gem. § 613a IV 2 BGB nicht ausgeschlossen. In der Klausur bedeutet dies, dass eine Kündigung „wegen" Betriebsübergangs durch das Vorliegen eines anderen Kündigungsgrundes widerlegt wird.

Abgrenzung zur betriebsbedingten Kündigung

1533 Dabei kann es zu massiven Abgrenzungsproblemen zur **betriebsbedingten Kündigung** kommen.

> **BEISPIEL** (nach BAG, NZA 1997, 148): Der Arbeitgeber rationalisierte (verkleinerte) den Betrieb durch Kündigungen während einer Betriebspause („Kurzarbeit Null"), um die Verkaufschancen des Betriebs zu verbessern. Ohne die Rationalisierung hätte der Betrieb stillgelegt werden müssen.

Das BAG verneinte hier eine Kündigung anlässlich eines Betriebsübergangs, da die Rationalisierung die Veräußerung ermöglichen sollte und die Alternative die Stilllegung des Betriebs war.[1484] Dem könnte man z.B. entgegengehalten, dass so der Übergang des Arbeitsverhältnisses von der Zustimmung des Erwerbers abhängig gemacht werde, was § 613a IV 1 BGB gerade verhindern wolle.

Betriebsübergang nach Kündigung

1534 Besondere Probleme ergeben sich auch, wenn es nach der betriebsbedingten Kündigung doch nicht zur ursprünglich geplanten Betriebsstilllegung, sondern zu einem Betriebsübergang kommt.

Die betriebsbedingte Kündigung wird dadurch nicht gem. § 613a IV BGB unwirksam, denn maßgeblich ist der Zeitpunkt des Zugangs der Kündigung gem. § 130 BGB

[1482] Bejahend noch BAG, NZA 2005, 1302, 1305
[1483] BAG, NZA 2008, 33 ff.; so z.B. schon Gaul NZA 2005, 730, 732
[1484] BAG, NZA 1997, 148, 149

(**Prognoseprinzip**).[1485] Eine Kündigung wegen eines Betriebsübergangs, der zu diesem Zeitpunkt gar nicht geplant war, scheidet deshalb aus.

BEISPIEL: Der Veräußerer kündigt wirksam betriebsbedingt (z.B. wegen einer geplanten Betriebsstilllegung) jedoch kommt es danach (überraschend) zu einem Betriebsübergang.

Die Kündigung ist wegen des Prognoseprinzips wirksam. Das BAG hat dem Arbeitnehmer in diesem Fall aber einen **Fortsetzungsanspruch** (Anspruch „auf Wiederbegründung der vertraglichen Hauptpflichten") aus § 242 BGB gewährt und der Vorschrift ausnahmsweise eine Anspruchs begründende Wirkung zuerkannt.[1486] Ist der betriebsbedingte Kündigungsgrund noch während der Kündigungsfrist weggefallen, so hat der Arbeitgeber, jedenfalls wenn er bisher keine weiteren Dispositionen getroffen hat, regelmäßig kein schutzwürdiges Interesse daran, es bei der Beendigung des Arbeitsverhältnisses zu belassen.[1487] Dies gilt auch, wenn der Arbeitgeber den Wegfall der Beschäftigungsmöglichkeit treuwidrig herbeigeführt hat, § 162.[1488]

Fortsetzungsanspruch

Dabei kann als Folgeproblem die Frage nach der Sozialauswahl bei der Wiedereinstellung auftauchen. Bei der Auswahl der wieder einzustellenden Arbeitnehmer hat er soziale Gesichtspunkte zu berücksichtigen.[1489] Ob dies auf eine entsprechende Anwendung von § 1 III KSchG oder auf § 315 BGB zu stützen ist, ist für das Ergebnis gleichgültig.

Keinen Fortsetzungsanspruch gibt es bei einem Betriebsübergang während eines Insolvenzverfahrens. Hier überwiegt das Interesse an einer beschleunigten und rechtssicheren Abwicklung der Beendigungsstreitigkeiten.[1490]

1535 Insolvenzverfahren

1485 BAG, NZA 2003, 93, 99; 1998, 251, 252
1486 BAG, NJW 1997, 2257, 2258
1487 BAG, NZA 2008, 357, 358 f.; 2000, 480, 481, NZA NJW 1997, 2257, 2259
1488 BAG NZA 2006, 1096, 1101
1489 BAG, NZA 1998, 701, 704
1490 BAG, NZA 2005, 405, 406 f.

STICHWORTVERZEICHNIS

Die Zahlen beziehen sich auf die **Randnummern** der Abschnitte.

A

Abfindungsanspruch, § 1a KSchG	1183
Ablöseprinzip	88
Abmahnung	
Entfernungsanspruch	1095
Abmahnungsentfernungsanspruch	1095
AGB	
Ausbildungskosten	249
Ausgleichsklauseln	237
Auslegung	188
Ausschlussfristen	194, 215, 231
Besonderheiten des Arbeitsrechts	207, 236
Blue-Pencil-Test	242
Einbeziehung	186
Generalklausel	221
Grundlagen	169
Prüfungsschema	178
salvatorische Klauseln	176
Schriftformklauseln	196
Vertragsstrafe	209
AGG	
Anwendungsbereich	549
Belästigung	568
Benachteiligung	558
Beweislast	572
Entschädigung	602
Fristen	609
Grundlagen	543
Kündigungsschutz	966
Rechtfertigungsgründe	577
Rechtsfolgen	590
Verschulden	589
allgemeiner Beschäftigungsanspruch	305
Änderungskündigung	
§ 167 ZPO	1301
außerordentliche	1312
Grundlagen	1278
Potestativbedingung	778, 1292
soziale Rechtfertigung	1306
Anfechtung	
Aufhebungsvertrag	1465
Eigenschaftsirrtum	1420
Erklärungsirrtum	1419
Frist	1434
Grundlagen	1411
Inhaltsirrtum	1419
Mitbestimmung	1445
Recht zur Lüge	1428
Rechtsfolge	1439
Täuschung	1426
Umdeutung	1417
Arbeitgeber	
Definition	72
Kapitalgesellschaft	75
Personengesellschaften	76
Arbeitnehmer	
Arbeitnehmerähnliche Person	53
Azubis	64
Definition	38
Gesellschafter	42
Gesellschaftsorgan	43
Indizien	35
Leitende Angestellte	62
Praktikanten	64
Verbraucher	67
Volontäre	64
Arbeitnehmerähnliche Person	53
Arbeitsrecht	
Arbeitnehmerschutz	2

Definition	21
Einleitung	1
Geschichte	10
Rechtsquellen	81
Standort Deutschland	6
Teilbereiche	23
Arbeitsrechtlicher Gleichbehandlungsgrundsatz	492
Arbeitsunfall	691
Arbeitsverhältnis	24
Arbeitsvertrag	
Allgemeine Geschäftsbedingungen	169
Anfechtung, siehe dort	1411
Arbeitsleistungspflicht	263
Arbeitsverhältnis	24
Aufhebungsvertrag, siehe dort	1446
Befristung, siehe dort	1322
Beschäftigungsanspruch	305
Betriebsrisiko	360
Betriebsübergang, siehe dort	1475
essentialia negotii	144
faktischer	91
fehlerhafter	91
Fragerecht des Arbeitgebers	117
Geschäftsunfähigkeit	111
Gleichbehandlungsgrundsatz	492
Gratifikationen (siehe dort)	503
Hauptpflicht AG	296
Hauptpflicht AN	263
Minderjährigkeit	110
Nebenpflichten AG	297
Nebenpflichten AN	283
Offenbarungspflichten	134
Recht zur Lüge	138
Rückabwicklung	113
Schadensersatzansprüche, siehe dort	641
Schlechtleistung	279
Schmiergeldverbot	294
Treuepflicht	283
Vertragstheorie	89
Verzug und Unmöglichkeit	311
Wegerisiko	320
Weiterbeschäftigungsanspruch	339
Werkvertrag, Abgrenzung	26
whistleblowing	289
Wirtschaftsrisiko	369

Aufhebungsvertrag	
Anfechtung	1465
Grundlagen	1446
Schriftform	1452
Widerruf	1460
Ausgleichsklauseln	237
Außerordentliche Kündigung	
Abmahnung	1265
Einzelfälle	1232
Frist des § 626 II BGB	1211
Grundlagen	1202
Präklusionsfrist	1207
Umdeutung	1272
Verdachtskündigung	1242
wichtiger Grund	1219

B

Befristung	
Anschlussverbot	1347
Grundlagen	1322
Kettenarbeitsverträge	1393
nachträgliche	1410
Präklusion	1336
Sachgrund	1362
Schriftform	1340
Wiedereinstellungsanspruch	1408
Zeitbefristung	1344
Bereicherungsrechtliche Rückabwicklung	113
Betrieb	
Betriebsbegriff	79
Betriebsübergang	79
Betrieblich veranlasste Tätigkeit	642
Betriebliche Übung	508, 525
Betriebsrisiko	
Arbeitskampfrisiko	372
Betriebsrisikolehre	360
Wirtschaftsrisiko	369
Betriebsübergang	
Betrieb oder Betriebsteil	1481
Betriebsbegriff	79
Betriebsstilllegung	1509
Funktions- oder Auftragsnachfolge	1493
Grundlagen	1475
Kündigungsschutz	874

Kündigungsverbot	1532
Rechtsfolgen	1512
Unterrichtung	1519
Voraussetzungen	1480
Widerspruchsrecht	1524

BUrlG

Dauer des Urlaubs	450
Erfüllung	459
Erlöschen	467
Ersatzurlaubsanspruch	472
Grundlagen	432
Kausalität	446
Teilurlaub	452
Urlaubsabgeltungsanspruch	482
Urlaubsentgelt	475
Urlaubsgeld	479
Wartezeit	440

D

Druckkündigung	1199

E

EFZG

Anspruchsdauer	404
Feiertag	424
Forderungsübergang	422
Fortsetzungserkrankung	408
Grundlagen	374
Höhe der Fortzahlung	418
Kausalität	391
Verschulden	396
Voraussetzungen	379
Ein-Euro-Job	41
Einleitung, Funktion des Arbeitsrechts	1
Entgeltfortzahlung an Feiertagen siehe bei EFZG	424
Entgeltfortzahlung im Krankheitsfall siehe bei EFZG	374
Erholungsurlaub siehe BUrlG	432
essentialia negotii	144

F

faktischer Arbeitsvertrag	91
fehlerhafter Arbeitsvertrag	91
Fragerecht des Arbeitgebers	117
Freistellungsanspruch	673

G

Geschäftsunfähigkeit	111
Geschichte des Arbeitsrechts	10
Gesellschafter als Arbeitnehmer	42
Gesellschaftsorgan als Arbeitnehmer	43
Gleichbehandlung siehe AGG	543
Gleichbehandlungsgrundsatz	492

Gratifikationen

Betriebliche Übung	508, 525
Gratifikationstypen	529
Grundlagen	503
Rückzahlungsklauseln	534
Stichtagsklausel	540
Günstigkeitsprinzip	83, 88

K

Klage des AN

Arbeitnehmerbegriff	723
objektive Klagenhäufung	761
örtliche Zuständigkeit	732
punktueller Streitgegenstand	745
Rechtswegeröffnung	722
sic-non-Fall	724
statthafte Klageart	739
Zulässigkeit	720

Krankheit

Unmöglichkeit	325
Krankheit und Verzug	347, 350
Kündigungsfristen	976

Kündigungsschutz

§ 102 BetrVG	880
§ 103 BetrVG	906
§ 167 ZPO und Präklusion	832
§ 5 KSchG und Präklusion	834
Abmahnung	952, 1074
Anwendbarkeit KSchG	918
außerdienstliches Verhalten	1053

außerordentliche Kündigung, siehe dort	1202	**L**		
		Leitende Angestellte	62	
Auszubildende	866			
Begründung der Kündigung	789	**M**		
Berechtigung zur Kündigung	799			
betriebsbedingte Kündigung	1101	Mankohaftung	678	
Betriebsrat Mitbestimmung	879	Maßregelungsverbot	871	
Betriebsratsmitglied	906	Minderjährigkeit	110	
Betriebsratsmitglieder	864	**Mitbestimmung**		
Betriebsübergang	874	Wirksamkeitsvoraussetzung	278	
Diskriminierung	966			
Druckkündigung	1199	**N**		
kombinierter Kündigungsschutzantrag	750	Normenpyramide	81	
krankheitsbedingte Kündigung	1011			
Kündigungsfrist	976	**O**		
Kündigungsverbote	838			
Maßregelungsverbot	871	Objektive Klagenhäufung	761	
Mischtatbestand	1277	Offenbarungspflichten	134	
Mutterschutz	839			
Nachschieben von Kündigungsgründen	894	**P**		
personenbedingte Kündigung	988	Personenschäden	691	
Potestativbedingung	778	**Präklusionsfrist**		
Präklusionsfrist 773, 775, 811, 820, 986, 1207		§ 167 ZPO	1198	
Prognoseprinzip	945	**R**		
punktueller Streitgegenstand	745			
Rücknahme der Kündigung	819	Recht zur Lüge	138	
Schriftform	779	Rechtsquellen	81	
Schwerbehinderung	853	**Rechtsweg**		
Sittenwidrigkeit	958	Arbeitnehmerähnliche Person	58	
Sozialauswahl	1129	Organvertreter	51	
Soziale Rechtfertigung	936	Rechtsweg für Organvertreter	51	
Sozialwidrigkeit, Näheres dort	917	Rückabwicklung, Bereicherungsrecht	113	
Tendenzbetriebe	1068	Rücktritt vom Arbeitsvertrag	1474	
Treuwidrigkeit	958			
Umdeutung	1272	**S**		
Unkündbarkeit	837			
verhaltensbedingte Kündigung	1049	**Schadensersatzansprüche**		
Verhältnismäßigkeitsprinzip	949	§ 104 I SGB VII	694	
Wartezeit	920	§ 105 SGB VII	704	
Wiedereinstellungsanspruch	1180	Arbeitsunfall	691	
Zugang	807	Außenwirkung	673	
Zulassung der verspäteten Klage	834	Betrieblich veranlasste Tätigkeit	642	
		Beweislast	667	
		Freistellungsanspruch	673	

Gestörte Gesamtschuld	707	**U**	
Grundlagen	641	Umdeutung	1272, 1417
Haftungsbeschränkung des AN	650	Unfallversicherung	694
Mankohaftung	678	Unternehmen	80
Personenschäden	691	**Urlaub**	
Unfallversicherung	694	siehe BUrlG	432
Wegeunfall	701		
Sozialwidrigkeit		**V**	
Abmahnung	952, 1074		
Abmahnung im Vertrauensbereich	1091	**Verbraucher**	
		Arbeitnehmer	67
Abmahnung und personenbedingte Kündigung	1007	Verdachtskündigung	1242
		Verzug und Unmöglichkeit	
Anwendbarkeit KSchG	918	275 I	318
außerdienstliches Verhalten	1053	275 III	321
betriebsbedingte Kündigung	1101	615 S. 1	333
Grundlagen	917	Annahmeunfähigkeit	332
Interessenabwägung	954	Annahmeunwilligkeit	331
krankheitsbedingte Kündigung	1011	Annahmeverzug des AG	337
		Grundlagen	311, 330
Mischtatbestand	940, 1009	Krankheit	325, 347, 350
personenbedingte Kündigung	988	Kündigung	343
Prognoseprinzip	945	**W**	
Sozialauswahl	1129		
Sozialauswahl im Kleinbetrieb	1176	Wegerisiko	320
Soziale Rechtfertigung	936	Weiterbeschäftigungsanspruch	305
Tendenzbetriebe	1068	Weiterbeschäftigungsanspruch, 102 V BetrVG	109
ultima ratio	949		
verhaltensbedingte Kündigung	1049	Weiterbeschäftigungsurteil	107
Verhältnismäßigkeitsprinzip	949	Werkvertrag	26
Wiedereinstellungsanspruch	1180	Wiedereinstellungsanspruch	1257, 1408
Spezialitätsprinzip	88		
Störung der Geschäftsgrundlage	1473	**Z**	
		Zulässigkeit der Klage	720

T

Teilzeit
siehe TzBfG 610
Tendenzbetrieb 129
TzBfG
Anspruchsvoraussetzungen 615
Benachteiligungsverbot 632
Betriebliche Gründe für Ablehnung 625
Grundlagen 610
Überstunden 640